孙子兵法与三十六计

延边人民出版社

图书在版编目(CIP)数据

孙子兵法与三十六计/李 薇主编.—延吉：延边人民出版社,2006.12（2009.5 重印）

(经典阅读文库)

ISBN 978-7-80698-111-5

Ⅰ.孙… Ⅱ.李… Ⅲ.章回小说-中国-明代 Ⅳ.I222.742

中国版本图书馆 CIP 数据核字(2009)第 051343 号

丛书主编:李 薇

责任编辑:申明仙

经典阅读文库

孙子兵法与三十六计

李 薇 主编

出 版:延边人民出版社

地 址:吉林省延吉市友谊路 363 号

网 址:http://www.ybcbs.com

印 刷:北京雨田海润印刷有限公司

发 行:延边人民出版社

开 本:787×1092 1/16

印 张:480 印

字 数:4800 千字

版 次:2006 年 12 月第 1 版

印 次:2009 年 10 月第 2 次印刷

印 数:5000 册

标准书号:ISBN 978-7-80698-111-5

全套定价:720.00 元(全十五册)

前言

华夏数千年文明演变和历史发展的长河中，贤人智者如繁星般涌现。气吞山河、雄才伟略的盛世帝王；运筹帷幄、决胜千里之外的军中统帅；可歌可泣、广为传颂的英雄故事；豪情万丈、泼墨成画的文化巨匠；医术精湛、妙手回春的济世圣医，如同一颗颗璀璨的明珠，汇集成一幅气势恢弘的历史画卷……

《经典阅读文库》是一套系列丛书，全套共十五册。编者以中国历史文化传承为基点，贯穿五千年文明进程，历史兴衰。引领读者在感叹中品悟中国博大精深的文化内涵，并把最具代表性的文学精品和医学巨著介绍给读者，希望读者在历史文化的熏染下，得到深刻的启迪。

《水浒传》、《西游记》、《三国演义》、《红楼梦》被誉为中国文学史上的四大名著，是在华人世界中最具影响力的文学经典。毛泽东说过："生子当如仲谋，交友如鲁达，信心如唐僧，读书就读四大名著"。研读中国四大名著，是对我国传统人文、社会、伦理、历史、地理、民俗、处世谋略的最深入的巡礼。

《史记》、《资治通鉴》、《二十五史》、《中华上下五千年》、《中国历代名人传》、《中国历代皇帝传》、《中国历代皇后传》是以各个时代最具代表性的人物和故事，记载了中国五千年的朝代更迭、历史进程。"以史为鉴，可以知兴替"。中华民族的历史浩淼博大，蕴含着丰富的治国安邦之经验，也记载了先人们在追求社会进步所遭遇的曲折和苦痛。嗅着书香，让我们一起来探求和了解中国伟大的历史吧。

《孙子兵法与三十六计》是根据我国古代卓越的军事思想和丰富的斗争经验总结而成的兵书，是我国古代流传下来最早、最完整、最著名的军事著作，在中国军事史上占有重要的地位，其军事思想对中国历代军事家、政治家、思想家产生深远的影响，其已被译成日、英、法、德、俄等十几种文字，在世界各地广为流传，享有"兵学圣典"的美誉。

《四书五经》是中国儒家的经典著作。四书指的是《论语》、

《孟子》、《大学》和《中庸》；而五经指的是《诗经》、《尚书》、《礼记》、《周易》和《春秋》，简称为“诗、书、礼、易、春秋”，在之前，还有一本《乐经》，合称“诗、书、礼、乐、易、春秋”，这六本书也被称做“六经”，其中的《乐经》后来亡佚了（焚书坑儒导致），就只剩下了五经。《四书五经》是南宋以后儒生学子的必读之书。

《唐诗宋词鉴赏》是唐诗和宋词的合称。唐代是我国古典诗歌发展的全盛时期，唐诗是我国优秀的文学遗产之一，也是全世界文学宝库中的一颗灿烂的明珠；宋词是中国古代文学皇冠上光辉夺目的一颗巨钻，她以姹紫嫣红、千姿百态的风神，与唐诗并称双绝。本书收录了唐诗和宋词最精华的部分，并作出精辟的注释和解析，以方便读者在轻松阅读中，受益无穷。

《本草纲目》是明朝伟大的医药学家李时珍所编撰。全书的编写历时29年余。是集我中华医药学成就之大成的传世经典。此书在语言文字、历史、地理、植物、动物、矿物、冶金等领域也有着突出的成就和深远的影响。本书十七世纪末得到广泛的传播，先后译成日、朝、法、德、英、俄等文字出版。《本草纲目》对世界自然科学有着举世公认的卓越贡献，被生物学家达尔文誉为：“1596年的百科全书”。

《经典阅读文库》的编撰工作历时两年余，汇聚了编者辛勤的汗水和智慧的光芒。本套丛书在编撰过程中得到了诸多教育界同仁的鼎力支持，在此表示最衷心的感谢。正是你们一丝不苟的工作态度，最大限度的避免了书中细节上的瑕疵；正是你们不吝的协助，本套丛书才真正成为读者探寻和了解中国历史文化的知识盛宴。

孙子兵法

目录

三十六计

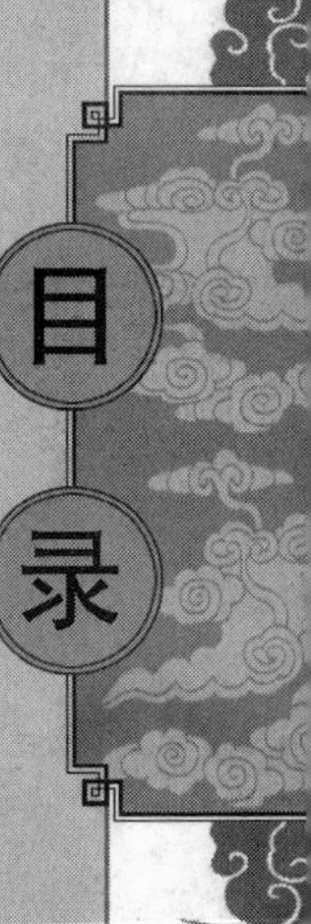

目
录

目录

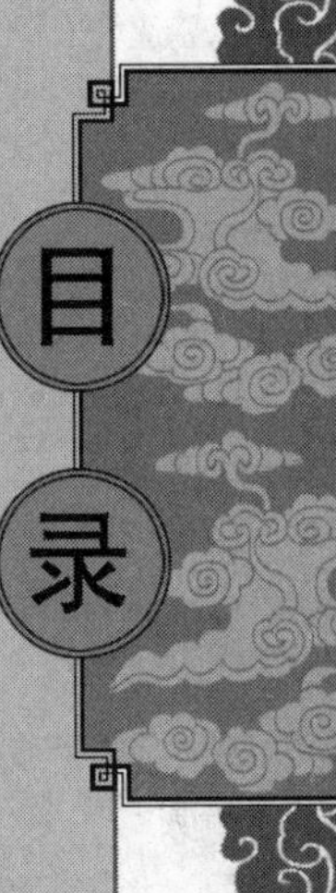

目
录

目录

孙子兵法

一、计　篇

原文

孙子曰：兵者，国之大事，死生之地，存亡之道，不可不察也。

故经之以五事，校之以七计，而索其情。

一曰道，二曰天，三曰地，四曰将，五曰法。道者，令民于上同意，可与之死，可与之生，而不畏危也。天者，阴阳、寒暑、时制也。地者，高下，远近、险易、广狭、死生也。将者，智、信、仁、勇、严也。法者，曲制、官道、主用也。凡此五者，将莫不闻，知之者胜，不知之者不胜。

故校之以七计，而索其情。曰：主孰有道？将孰有能？天地孰得？法令孰行？兵众孰强？士卒孰练？赏罚孰明？吾以此知胜负矣。

将听吾计，用之必胜，留之；将不听吾计，用之必败，去之。计利以听，乃为之势，以佐其外。势者，因利而制权也。

兵者，诡道也。故能而示之不能，用而示之不用，近而示之远，远而示之近。利而诱之，乱而取之，实而备之，强而避之，怒而挠之，卑而骄之，佚而劳之，亲而离之，攻其无备，出其不意。此兵家之胜，不可先传也。

夫未战而庙算胜者，得算多也；未战而庙算不胜者，得算少也。多算胜，少算不胜，而况于无算乎！吾以此观之，胜负见矣。

译文

孙子说：战争是一个国家的头等大事，关系到军民的生死，国家的存亡，是不能不慎重周密地观察、分析、研究。

因此，必须通过敌我双方五个方面的分析，七种情况的比较，得到详情，来预测战争胜负的可能性。

一是道，二是天，三是地，四是将，五是法。道，指君主和民众目标相同，意志统一，可以同生共死，而不会惧怕危险。天，指昼夜、阴晴、寒暑、四季更替。地，指地势的高低，路程的远近，地势的险要、平坦与否，战场的广阔、狭窄，是生地还是死地等地理条件。将，指将领足智多谋，赏罚有信，对部下真心关爱，勇敢果断，军纪严明。法，指组织结构，责权划分，人员编制，管理制度，资源保障，物资调配。对这五个方面，将领都不能不做深刻了解。了解就能胜利，否则就不能胜利。

所以，要通过对双方各种情况的考察分析，并据此加以比较，从而来预测战争胜负。哪一方的君主是有道明君，能得民心？哪一方的将领更有能力？哪一方占有天时地利？哪一方的法规、法令更能严格执行？哪一方资源更充足，装备更精良，兵员更广大？哪一方的士兵训练更有素，更有战斗力？哪一方的赏罚更公正严明？通过这些比较，我就知道了胜负。

将领听从我的计策，任用他必胜，我就留下他；将领不听从我的计策，任用他必败，我就辞退他。听从了有利于克敌制胜的计策，还要创造一种势态，作为协助我方军事行动的外部条件。势，就是按照我方建立优势、掌握战争主动权的需要，根据具体情况采取不同的相应措施。

用兵作战，就是诡诈。因此，有能力而装做没有能力，实际上要攻打而装做不攻打，欲攻打近处却装做攻打远处，攻打远处却装做攻打近处。对方贪利就用利益诱惑他，对方混乱就趁机攻取他，对方强大就要防备他，对方暴躁易怒就可以撩拨他怒而失去理智，对方自卑而谨慎就使他骄傲自大，对方体力充沛就使其劳累，对方内部亲密团结就挑拨离间，要攻打对方没有防备的地方，在对方没有料到的时机发动进攻。这些都是军事家克敌制胜的诀窍，不可先传泄于人也。

在未战之前，经过周密的分析、比较、谋划，如果结论是我方占据的有利条件多，有八、九成的胜利把握；或者如果结论是我方占据的有利条件少，只有六、七成的胜利把握，则只有前一种情况在实战时才可能取胜。如果在战前干脆就不做周密的分析、比较，或分析、比较的结论是我方只有五成以下的胜利把握，那在实战中就不可能获胜。仅根据庙算的结果，不用实战，胜负就显而易见了。

战例

越国灭吴国之战

吴国和越国是春秋后期在长江下游崛起的两个国家。在此之前，他们在很长一段时间里共同依附楚国，是楚国的盟国。春秋中期，吴国通过兼并战争取得了大量土地，疆域不断扩大，实力不断增强，在大国争霸的局势中逐渐崭露头角并开始叛楚攻楚，以求中原争霸。这时弱小的越国，在吴楚战事频繁时常常策应楚国、牵制吴国，成为吴国心腹之患。吴国为了在中原争霸中除掉后患，在柏举之战击败了楚国之后，开始发动吴越之间的战争。公元前 497 年，越王允常去世，其子勾践继位。吴王阖闾乘越国允常之丧，率军攻越。吴越二军在李隽（今浙江嘉兴西南）对阵时，越军两次用死士攻击吴军严整的阵势，均未能奏效。最后越王勾践驱使犯了死罪的囚徒，列为三行一起在吴军阵前自杀，使吴军军心涣散。越军乘其不意，突然发起攻击，大败吴军，阖闾受伤而死。

吴王阖闾死后，其子夫差即位。夫差按照其父“必毋忘越”的遗嘱，在伍子胥、伯嚭的辅助下，日夜加紧练兵，准备出兵攻越。越王勾践于即位后的第 3 年（前 494 年）春得到夫差准备攻越的消息后，在准备还不充分，兵力还不够充足的情况下，决定先发制人，出兵攻打吴国。吴王夫差派出精兵，迎战越军于夫椒（今江苏苏州西南）。由于吴军实力较强，越军战败。越军损失巨大，最后只剩下 5000 人，退守会稽山（今浙江绍兴东南）。吴军乘胜追击，把会稽包围得水泄不通。在这危急存亡关头，勾践采纳了范蠡的建议，决定以屈求生。勾践一面准备死战，一面派文种去向吴王夫差求和，以美女、财宝疏通吴太宰伯嚭，要他劝说夫差允许越国作为吴的属国存在下来，那时，勾践愿做吴王的臣仆，忠心侍奉吴王；不然，勾践将“尽杀其妻子，燔（烧）其宝器，悉五千人触战。”在伯嚭的劝说下，吴王夫差准许议和。吴军撤军回国。

越国战败后，越王勾践将治理国家的大权交给文种，自己和范蠡一道去吴国给夫差当奴仆，越国的王后也做了吴王夫差的女奴。勾践为吴王驾车养马，他的夫人为吴国打扫宫室。他们住在囚室，秽衣恶食，极尽屈辱而从不反抗。由于勾践能卑事吴王，同时又贿赂伯嚭，最后，勾践终于取得了吴王的信任，3 年后被释放回国。

越王勾践回国后，首先下了一道“罪已诏”，检讨自己与吴国结仇，使很多百姓在战场上送命的失误。他还亲自去慰问受伤的平民，抚养阵亡者的遗族。他在坐卧的地方悬挂了苦胆，吃饭的时候也要先尝尝苦胆的滋味。他“身自耕作，夫人自织，食不加肉，衣不重采。”勾践还针对越国战败，人口减少、财力耗尽的情况，制订了休养生息的政策以恢复国家的元气。他明确规定：妇女怀孕临产时，要报告官府，由官府派医生去看护；生男孩奖给 2 壶酒和 1 条狗；生女孩奖给 2 壶酒和 1 只小猪。生 3 胞胎的由官府出钱请乳母，生双胞胎由官府粮食。凡死了嫡子的人家，免除 3 年劳役；死了庶子的，免除 3 个月劳役。由于改革内政，减轻刑罚、赋税，提倡百姓开荒种地，越国在 10 年中没有人向人民征收赋税，百姓每家都有 3 年的粮食储备。由于勾践实行了一系列“去民之所恶，补民之不足”的政策，越国百姓亲近他的感情，如对父母一般。

勾践在改革内政的同时，还开展卓有成效的外交战。对吴国，他继续实行以退为进的战略，麻痹腐蚀夫差。经常地送给夫差优厚的礼物，表示忠心臣服，以消除他对越国的戒备，助其骄气；同时又破坏吴国经济，用高价收买吴国的粮食，造成吴国粮食困难；他用离间之计使夫差对伯嘉偏听偏信，对伍子胥更加疏远，挑起其内部争斗。这些措施的实施，壮大了自己，削弱了敌人，为伺机灭吴奠定了基础。

吴王夫差战胜越国后，领土得到扩展，势力日益强大，夫差也因胜而骄，过高地估计了自己的力量，看不到勾践决定灭吴的意图。公元前484年，夫差闻齐景公已死，便决定出兵北上伐齐。吴军击败齐军于艾陵。公元前482年，夫差又约晋定公和各国诸侯7月7日到黄池（今河南封丘西南）会盟。夫差为了炫耀武力，圆他称霸中原之梦，带去了吴国3万精锐部队，只留下一些老弱的军士同太子一起留守国内。夫差的空国远征，给了越国以可乘之隙。越王勾践在吴军刚离国北上时，就想出兵攻吴。范蠡认为时机未到，他分析说："吴王北会诸侯于黄池，精兵从王，国中空虚，老弱在后，太子留守，兵始出境未远，闻越击其空虚，兵还不难也。"他劝勾践暂缓出兵。数月之后，范蠡估计吴军已到黄池，便同意勾践出兵。勾践调集越军4万9千人，兵分两路，一路由范蠡、后庸率领，由海道人淮河，切断北去吴军的归路；一路由大夫畴无余、欧阳为先锋、勾践亲率主力继后，从吴国南面边境人吴直逼姑苏。

吴太子友得知越军趁虚出击吴国，急忙率兵到泓上（今江苏苏州近郊）阻止越军的进攻。太子友根据国内精锐部队全部北上黄池的现实，决定采取不与越军交战，坚守待援的策略，同时派人请夫差尽快回军。然而，当越军与先锋军到达时，吴将王孙弥庸一眼望见了被越军俘获的他父亲的"姑蔑旗"在空中招展，不由得怒火中烧，也就顾不得太子友坚守疲敌的主张了。他率领他的部属5000人出击，打败了越军的先锋部队，俘虏了越大夫畴无余、欧阳。首战小胜，使吴将更加骄傲轻敌。不久，勾践的主力到达，向吴军发起了猛攻。越军一举击败吴军，俘虏了太子友，进入吴国国都姑苏。越军缴获了大批物资，取得了这场袭击战的胜利。

夫差在黄池正与晋定公争做霸主，听说越军攻下姑苏，太子被俘，恐怕影响霸业，就一连杀掉7个来报告情况的人，封销这一不利消息，并用武力威胁晋国让步，勉强做了霸主。随后夫差就急忙回军。在回国的途中，吴军连连听到太子被杀、国都被围等一系列失利的消息，军士完全丧失了斗志。夫差感到现在回国立即反击越国没有必胜的把握，就在途中派伯嘉向越求和。勾践和范蠡估计自己的力量还不能马上把吴国消灭，同意议和，撤兵回国了。

夫差回到吴国，本想马上报复越国，但是吴国由于连年战争，生产遭到破坏，经济消耗很大，国内又闹灾荒，因此，他感到一时还没有实力对越实施报复。于是他宣布"息民散兵"，企图恢复力量，待机再举。

文种见吴国开始致力于增强国内经济实力，便觉得越国应抓住有利时机及时完成灭吴大业，如果等到吴国经济实力得到恢复，那么战胜吴国将更加困难。于是文种向勾践建议，应抓紧目前吴军疲惫，国内防务松弛的机会再次攻吴。勾践采纳了他的建议，于公元前478年乘吴国大旱，仓储空虚之时，准备大举攻吴。

战前，勾践征求并采纳了群臣关于明赏罚、备战具、严军纪、练士卒等建议，做

了充分的临战准备。为了争取人民的支持，他以为国复仇为号，鼓励出征者奋力作战，留乡者专心生产，并规定独子及体弱有病者免服兵役，兄弟二人以上的留一人在家奉养父母。出师攻吴时，又宣布吴王夫差的罪状，号召吴国人民反对夫差。

这年3月，越军进军到笠泽（苏州南面，与吴淞江平行的一条江）。吴国也发兵迎击，两军夹江对峙。越国把军队分为左右两翼，勾践亲率六千精兵为中军。黄昏时，勾践命左右二军分别隐蔽在江中；半夜时，二军鸣鼓呐喊，进行佯攻。夫差误以为越军两路渡江进攻。连夜分兵两翼迎战。勾践率主力偃旗息鼓，潜行渡江，出其不意地从吴军的两路中间的薄弱部位展开进攻。吴军大败。越军乘胜猛追，再战于没（今苏州南）三战于郊（今苏州郊区）。越军三战三捷，占领了所到之地，使吴国军事力量土崩瓦解，改变了吴强越弱的形势。

吴军笠泽战败后，退而固守姑苏。姑苏城坚，越军一时未能攻下。勾践采取长期围困的战略，使吴军在2年后终于势穷力竭。这时，越军再次发起强攻，打进姑苏城。夫差率残部逃到姑苏台上，又被越军包围。他派人向勾践求和但越国君臣灭吴之心已定。夫差在无望之中自杀而死。越国终于取得了吴、越之战的最后胜利。

马陵之战

战国中期，齐军在马陵（今河南范县西南）大败魏军的一次著名伏击战。

魏于桂陵之战中被齐击败，又被秦夺去河西重镇少梁（今陕西韩城西南）、旧都安邑（今属山西运城），然其实力尚未根本削弱。周显王二十五年（公元前344），魏又召集邹、鲁、宋、卫等国赴逢泽（今河南开封南）会盟，自称为王。齐、楚、韩等国对此不满，拒不赴会。次年，魏命庞涓率军伐韩。

韩求救于齐。孙膑认为可待韩、魏两败俱伤时出兵，既可令韩完全听命于齐，又有更大的把握胜魏强兵。齐威王于桂陵战后图谋继续利用三晋矛盾，给魏以致命打击，遂采孙膑之议，暗中许诺齐将出兵，韩得此诺即全力抗魏，五战俱败之后全面倒向齐国。二十七年，齐以田肦（一说田忌）为主将、孙膑为军师，发兵救韩。

孙膑仍以攻其必救的“围魏救赵”战法，直奔魏都大梁，庞涓闻齐进军国都，遂撤韩围回师，欲击齐军于大梁，然齐军在过阿（今山东阳谷东北）、鄄（今鄄城北）入魏境不久，知韩围已解，即还师回齐。魏军不甘计划落空，兴兵遣将，以太子申为上将军，庞涓为将，率军10万追击齐军，过外黄（今河南兰考东南）时，太子申本欲听从徐子之议退军，但庞涓自恃精锐，邀功心切，欲全歼齐军，并深入齐本土。孙膑见魏军来势凶猛，即因势利导，以逐日减灶之法示弱。魏军一路追来，见齐军遗灶，庞涓果以为齐军经长途跋涉，兵力已损失大半，不堪一击。其志益骄，竟不用主力，只率轻车锐卒昼夜兼程追赶。齐军到达马陵，孙膑见马陵地势险隘，道路狭窄，两旁林木茂密，又估计魏军必于傍晚到达此地，遂在马陵设伏，将蒺藜布于前，当作沟堑；以战车、大盾构成野战的前沿壁垒，令弓弩手埋伏其后；在战车上布置弓弩手

和执戟甲士。魏军果如期而至，进入齐军伏击圈，因连日疾行而疲惫不堪。齐军则以逸待劳，万弩齐发，全面出击，歼灭庞涓所率部众，杀庞涓（一说自杀）。又乘胜进攻，掳魏太子申，全歼魏军。魏国实力大损，其势始衰，齐、秦逐渐成为东西方对峙的强国。

马陵一战，齐军再次运用“批亢捣虚”（《史记·孙子吴起列传》）之策，迫使魏军回救，陷于被动；针对庞涓骄傲轻敌，不过早与之决战，而以退兵减灶之计调动魏军，出奇制胜，以作战指导的高度主动性、灵活性，创造了中国古代战争史上一个出色的机动战例。

王翦伐楚

秦王政按照“远交近攻”的战略方针，从公元前230年起，相继并吞了汉、赵、魏、燕等国，紧接着就把矛头指向了楚国。

在大举伐楚之前，秦王政征询将领们对楚作战需要多少兵力。青年将领李信陶醉于灭燕战争中的功劳，十分自信地答道：“楚国屡遭挫败，人心不齐，士气不振，我看有二十万人马就足够了。”

接着，秦王政又征询老将王翦的意见。王翦却说：“楚国土地辽阔，人口众多，虽然屡遭挫败，但仍有相当兵力，不可轻视。以臣愚见，要讨平楚国，非有六十万大军不可！”

听了这话，秦王政觉得王翦上了年纪，缺乏勇气，便采纳了李信的意见，命李信、蒙恬率兵二十万进攻楚国。

王翦见自己的建议不被采纳，便乘机称病告老还乡，回到故土频阳（今陕西富平北），杜门谢客，过他的安闲生活去了。

秦王政二十二年（公元前225年），李信和蒙恬率兵分别伐楚。李信攻克平舆（今河南汝南东）、鄢郢（今河南鄢陵西北），蒙恬率军攻占了寝（今安徽阜阳境内），两军会于城父（今河南襄城西）。

连战皆捷之后，李信踌躇满志，自以为必能完成灭楚大功。楚军大将项燕则利用秦军轻敌冒进和求战心切的特点，率军尾随骚扰，连续三天三夜，使秦军顾此失彼，疲惫不堪，终于大败秦军。李信前功尽弃，逃回秦境。

秦王政听说李信战败的消息，只得去请老将王翦出征。他恳切地说：“我不听将军的意见，让李信伐楚，结果大败，辱没了秦军的威名。事已如此，只得请老将军去辛苦一趟。”

王翦推辞说：“老臣年迈多病，实在难当如此重任。”

秦王政说：“将军虽然有病，还请勉为其行。难道将军忍心看寡人的笑话吗？”

王翦感到难以推辞，便说：“您如果一定要我率军发出，非有六十万人马不可，否则臣下万万不敢受命！”

秦王政迫于军情危急，只好答应王翦的要求，并拜其为大将，让他率军伐楚。

临行时，秦王政亲自在霸上（今陕西西安东）为王翦践行。席间，王翦一再请求多赏赐自己一些美地豪宅，秦王政一一答应。

王翦率军经兰田至武关，一路上连续五次派人回朝，请求秦王快点赏赐他田园房舍。这一举动，引起了人们的纷纷议论，就连他身边的亲随人员都觉得太过分了，劝他说："将军一路上不向秦王报告军国大事，却不断派人要求封赏，这样做是否有些过分了呢？"

王翦笑着回答说："你们有所不知啊！自古以来哪个君王没有猜忌之心？难道秦王不是这样的人吗！他交给我六十万大军，几乎是秦国的全部兵力了，他怎么能放心呢？一旦心生疑忌，轻则派人监督，束缚我的手脚；重则解除兵权，甚至还会招来杀身之祸。我一再请求赏赐，难道真的是为了一点田地和房屋吗？不！这不过是借此让他对我放心，使我能够放手用兵罢了。"

王翦率军进至平舆一线。楚国听说王翦增兵而来，就动员了全国的兵力来抵御。王翦见楚军兵多将广，士气高昂，便下令深沟高垒，坚壁不战，以求以逸待劳之利。楚将项燕数次挑战，甚至派人到阵前叫骂，王翦一概置之不理。他一面坚守阵地，操练人员；一面派人运送粮草，改善士兵生活，并亲自同士兵同食同住。这样过了很长一段时间，秦军士气大增。

两军相持，旷日持久。楚军军心涣散，士气大减，项燕便命令部队向东撤退。王翦乘机下令追击。

秦军长期养精蓄锐，一声令下，个个奋勇争先，遂大败楚军。楚军大将项燕也被杀死。秦军乘胜分兵攻掠楚国城镇。公元前223年，王翦完全平定楚地，俘虏了楚王负刍，楚国灭亡。

二、作战篇

原文

孙子曰：凡用兵之法，驰车千驷，革车千乘，带甲十万，千里馈粮，则内外之费，宾客之用，胶漆之材，车甲之奉，日费千金，然后十万之师举矣。

其用战也胜，久则钝兵挫锐，攻城则力屈，久暴师则国用不足。夫钝兵挫锐，屈力殚货，则诸侯乘其弊而起，虽有智者不能善其后矣。故兵闻拙速，未睹巧之久也。夫兵久而国利者，未之有也。故不尽知用兵之害者，则不能尽知用兵之利也。

善用兵者，役不再籍，粮不三载，取用于国，因粮于敌，故军食可足也。国之贫

于师者远输，远输则百姓贫；近师者贵卖，贵卖则百姓财竭，财竭则急于丘役。力屈财殚，中原内虚于家，百姓之费，十去其七；公家之费，破军罢马，甲胄矢弓，戟盾矛橹，丘牛大车，十去其六。

故智将务食于敌，食敌一钟，当吾二十钟；忌杆一石，当吾二十石。

故杀敌者，怒也；取敌之利者，货也。车战得车十乘以上，赏其先得者，而更其旌旗。车杂而乘之，卒善而养之，是谓胜敌而益强。

故兵贵胜，不贵久。故知兵之将，民之司命。国家安危之主也。

译文

孙子说：要兴兵作战，需做的物资准备有，轻车千辆，重车千辆，全副武装的士兵十万，并向千里之外运送粮食。那么前后方的军内外开支，招待使节、策士的用度，用于武器维修的胶漆等材料费用，保养战车、甲胄的支出等，每天要消耗千金。按照这样的标准准备之后，十万大军才可出发上战场。

因此，军队作战就要求速胜，如果拖的很久则军队必然疲惫，挫失锐气。一旦攻城，则兵力将耗尽，长期在外作战还必然导致国家财用不足。如果军队因久战疲惫不堪，锐气受挫，军事实力耗尽，国内物资枯竭，其他诸侯必定趁火打劫。这样，即使足智多谋之士也无良策来挽救危亡了。所以，在实际作战中，只听说将领缺少高招难以速胜，却没有见过指挥高明巧于持久作战的。战争旷日持久而有利于国家的事，从来没有过。所以，不能详尽地了解用兵的害处，就不能全面地了解用兵的益处。

善于用兵的人，不用再次征集兵员，不用多次运送军粮。武器装备由国内供应，从敌人那里设法夺取粮食，这样军队的粮草就可以充足了。国家之所以因作战而贫困，是由于军队远征，不得不进行长途运输。长途运输必然导致百姓贫穷。驻军附近处物价必然飞涨，物价飞涨，必然导致物资枯竭，物财枯竭，赋税和劳役必然加重。在战场上，军力耗尽，在国内财源枯竭，百姓私家财产损耗十分之七。公家的财产，由于车辆破损，马匹疲惫，盔甲、弓箭、矛戟、盾牌、牛车的损失，而耗去十分之六。

所以明智的将军，一定要在敌国解决粮草，从敌国搞到一钟的粮食，就相当于从本国启运时的二十钟，在当地取得饲料一石，相当于从本国启运时的二十石。

所以，要使士兵拼死杀敌，就必须怒之，激励之。要使士兵勇于夺取敌方的军需物资，就必须以缴获的财物作奖赏。所以，在车战中，抢夺十辆车以上的，就奖赏最先抢得战车的。而夺得的战车，要立即换上我方的旗帜，把抢得的战车编入我方车队。要善待俘虏，使他们有归顺之心。这就是战胜敌人而使自己越发强大的方法。

所以，作战最重要、最有利的是速胜，最不宜的是旷日持久。真正懂得用兵之道、深知用兵利害的将帅，掌握着民众的的生死，主宰着国家的安危。

战例

城濮之战

城濮之战发生于鲁僖公二十八年（公元前632年），它是春秋时期晋、楚两国为争夺中原霸权而进行的第一次战略决战。在这场战争中，楚军在实力上占有优势，但是由于晋军善于“伐谋”、“伐交”，并在战役指导上采取了正确的扬长避短、后发制人的方针，从而最终击败了不可一世的楚军，“取威定霸”，雄踞中原。

春秋时期，大国争霸，最先崛起的是东方的齐国。齐桓公死后，齐国内乱不已，霸业遂告中衰。这时，位于长江中游地区的楚国乘机向黄河流域扩展势力，并在泓水之战中挫败宋襄公图霸的企图，将自己的势力范围发展到长江、淮河、黄河、汉水之间，控制了郑、蔡、卫、宋、鲁等众多中小国家。正当楚国势力急剧向北发展的时候，在今山西、河南北部、河北西南一带的晋国也兴盛了起来。公元636年，长期流亡在外的晋公子重耳历尽艰辛，终于回国即位，是为晋文公。他执政后，对内修明政治，任贤使能，发展经济，崇俭省用，整军经武；对外高举“尊王”旗帜，争取与国，从而逐步具备了争夺中原霸权的强大实力。

晋国的壮大崛起，引起了楚国的严重不安。两国之间的矛盾因此日趋尖锐。而围绕对宋国的控制权，终于导致了这一冲突的全面激化。

公元前634年，鲁国因和曹、卫两国结盟，几度遭到齐国的进攻，便向楚国请求援助。而泓水之战后被迫屈服于楚的宋国，这时看到晋文公即位后晋国实力日增，也就转而依附晋国。楚国为了维持自己在中原的优势地位，便出兵攻打齐、宋，并想借此来扼制晋国势力的东进和南下。而晋国也不甘心长期局促于黄河以北一带，于是便利用这一机会，以救宋为名，出兵中原。

公元前633年冬，楚成王率领楚、郑、陈、蔡多国联军进攻宋国，围困宋都商丘。宋成公于危急中派大司马公孙固到晋国求救。晋国大夫先轸认为这正是“报施救患，取威定霸”的良机，力主晋文公出兵。但是，当时晋、宋之间隔着曹、卫两国，劳师远征，有侧背遇敌的危险；况且楚军实力强大，正面交锋也无必胜把握。正当晋文公为此踌躇犹豫之际，狐偃进而向晋文公提出建议：先攻打曹、卫两国，调动楚军北上，以解救宋国，这样就坚定了晋文公出兵的决心。战略方针确定后，晋国君臣随即进行了战前准备，将原来的两个军扩编为上中下三个军，并任命了一批比较优秀的贵族官吏出任各军的将领。准备就绪后，晋文公遂于公元前632年1月统率大军渡过黄河，进攻卫国，很快占领了整个卫地。接着，晋军又向曹国发起了攻击，三月间，攻克了曹国都城陶丘（今山东定陶），俘虏了曹国国君曹共公。

晋军攻打曹、卫两国，原来的意图是想引诱楚军北上，然而楚军却不为所动，依然全力围攻宋都商丘。于是宋国又派门尹般向晋告急求援。这就使得晋文公感到进退为难：如不出兵驰援，则宋国力不能支，一定会降楚绝晋，损害自己称霸中原的计划；但若出兵驰援，则原定诱使楚军于曹、卫之地决战的战略意图便将落空，且己方兵力有限，在远离本土情况下与楚军交战恐难以取胜。为此，晋文公再度召集大臣进行商议。先轸仔细分析了形势，建议让宋国表面上同晋国疏远，然后由宋国出面，送一份厚礼给齐、秦两国，由他们去请求楚军撤兵。同时晋国把曹、卫的一部分土地赠送给宋国，以坚定宋国抗楚的决心。楚国同曹、卫本来是结盟的，如今看到曹、卫的土地为宋所占，必定会拒绝齐、秦的劝解。齐、秦既接受了宋国的厚礼，这时便会抱怨楚国不听劝解，从而同晋国站在一起，出兵与楚国作战。晋文公对此计颇为赞赏，马上一一施行。楚成王果然拒绝了齐、秦的调停，而齐、秦见楚国不给自己面子，也大为恼怒，便出兵助晋。齐、秦都是当时的大国，他们放弃中立立场，使得晋、楚双方的力量对比发生了重大的变化。

楚成王看到晋、齐、秦三大国结成联盟，形势明显不利于己。就主动把楚军撤退到楚国的申地（今河南南阳），并命令戍守谷邑的大夫申叔迅速撤离齐国，要求令尹子玉将楚军主力撤出宋国，避免与晋军冲突。他告诫子玉，晋文公非等闲人物，不可小觑，凡事要量力而行，适可而止，知难而退。但是子玉却骄傲自负，根本听不进楚成王的劝告，仍坚决要求楚成王允许他与晋军决战，以消弥有关他指挥无能的流言，并请求楚成王增调兵力。楚成王优柔寡断，同意了子玉的决战请求，希冀他侥幸取胜；但是又不肯给子玉增拔充足的决战兵力，只派了西广、东宫和若敖之六卒等少量兵力前往增援。

子玉得到了楚成王增派的这部分援兵后，更加坚定了他同晋军作战的决心。为了寻找决战的借口，他派遣使者宛春故意向晋军提出了一个“休战”的条件：晋军撤出曹、卫，让曹、卫复国，楚军则解除对宋都的围困，撤离宋国。子玉这一招不怀好意，实际上是要让晋国放弃争霸中原、号令诸侯的努力。但晋文公棋高一着，采纳了先轸更为高明的对策：一方面将计就计，以曹、卫同楚国绝交为前提条件，私下答应让曹、卫复国。另外扣留了楚国的使者宛春，以激怒子玉来寻战。子玉眼见使者被扣，曹、卫叛己附晋，果然恼羞成怒，倚仗楚、陈、蔡联军兵力的优势，气势汹汹地扑向晋军，寻求战略决战。晋文公见楚军向曹都陶丘逼近，为了避开楚军的锋芒，选择有利的决战时机，诱敌深入，后发制人，遂下令部队主动“退避三舍”，撤到预定的战场——城濮（今河南濮城）一带。

晋军的“退避三舍”，实际上是晋文公谋略胜敌的重要一着妙棋，它在政治上争得了主动——“君退臣犯，曲在彼矣”，赢得了舆论上的同情。在军事上造就了优势——便于同齐、秦等盟国军队会合，集中兵力；激发晋军将士力战的情绪；先据战地，以逸待劳等等。从而为晋军后发制人，夺取决战胜利奠定了坚实的基础。对晋军的主动后撤，楚军中不少人都感到事有蹊跷，主张持重待机，停止追击。然而刚愎自用的子玉却认为这正是聚歼晋军，夺回曹、卫的大好时机，挥兵跟踪追至城濮。

晋军在城濮驻扎下来，齐、秦、宋诸国的军队也陆续抵达和晋军会合。晋文公检阅了部队，认为士气高昂、战备充分，可以同楚军一战。楚军方面，决战的准备也在积极进行之中，子玉将楚军和陈、蔡两国军队分成中、左、右三军。中军为主力，由他本人直接指挥；右翼军由陈、蔡军队组成，战斗力薄弱，由楚将子上统率；左翼军也是楚军，由子西指挥。

公元前632年4月4日，城濮地区上空战云弥漫，晋楚两军在这里展开了一场战车大会战。在决战中，晋军针对楚中军较强、左右两翼薄弱的部署态势，以及楚军统帅子玉骄傲轻敌、不谙虚实的弱点，采取了先击其翼侧，再攻其中军的作战方针，有的放矢发动进攻。晋下军佐将胥臣把驾车的马匹蒙上虎皮，出其不意地首先向楚军中战斗力最差的右军——陈、蔡军猛攻。陈、蔡军遭到这一突然而奇异的打击，顿时惊慌失措，一触即溃。楚右翼就这样迅速就歼了。

接着晋军又采用“示形动敌”，诱敌出击，尔后分割聚歼的战法对付楚的左军。晋军上军主将狐毛，故意在车上竖起两面大旗，引车后撤，装扮出退却的样子。同时，晋下军主将栾枝也在阵后用战车拖曳树枝，飞扬起地面的尘土，假装后面的晋军也在撤退，以引诱楚军出击。子玉不知是计，下令左翼军追击。晋中军主将先轸、佐将郤臻见楚军中了圈套，盲目出击。便立即指挥最精锐的中军横击楚左军。晋上军主将狐毛、佐将狐偃也乘机回军夹攻。楚左翼遭此打击，退路被切断，完全陷入了重围，很快也被消灭了。子玉此时见其左、右两军均已失败，大势尽去，不得已下令中军迅速脱离战场，才得以保全中军。楚军战败后，向西南撤退到连谷，子玉旋即被迫自杀。城濮之战就此以晋军获得决定性胜利而告结束。

北魏攻夏统万城之战

这是一场用纯粹的骑兵攻拔城池的典型的空前战例。指挥者为北魏太武皇帝拓跋焘。

北魏始光三年（426）九月，北魏太武帝拓跋焘闻夏主赫连勃勃卒，诸子互相残杀，局势动荡，遂遣司空奚斤率兵4．5万袭夏蒲坂（今山西永济西南），宋兵将军周几率万人袭陕城（今河南陕县）。十月，魏帝自平城（今山西大同东北）出发，于十一月进至君子津（今内蒙古准格尔旗东北黄河上），时值黄河封冻，遂率轻骑2万越河袭夏国都统万城（今陕西靖边东北白城子）。此城始建于东晋义熙九年（413），夏国役使10万劳力、历时7载建成；城坦高约8丈，基厚30步，上广10步，宫墙高约4丈，蒸土筑就，锥不能进，异常坚固。夏主赫连昌见魏军来攻，率兵出战，败退入城。魏军于城北大肆抢掠，俘、杀数万人，得牛马十余万，因城坚难下，遂徙其民万

余家而还。夏弘农太守曹达闻周几将至，不战而走。周几长驱直入三辅（今陕西关中地区）。奚斤攻克蒲坂，并于十二月率兵进入长安（今西安西北），秦、雍（今陕西、甘肃一带）氐羌皆降于魏。北凉主沮渠蒙逊及氐王杨玄均遣使附魏。

次年正月，魏帝还平城，闻夏主命平原公赫连定率兵2万往攻长安，遂下令大造攻具，再谋攻夏。并于三月命高凉王拓跋礼镇守长安，另遣将于君子津造桥。四月，魏奚斤军与夏军相持于长安。魏帝欲乘虚袭统万，命司徒长孙翰等率3万骑为前驱，常山王拓跋素等率步兵3万为后继，南阳王伏真等率步兵3万运送攻具，另以将军贺多罗率精骑3000居前为候骑，充当前哨。五月，魏帝留下龙骧将军陆俟督诸军以防柔然，自率众离平城，从君子津渡河至拔邻山（今内蒙古准格尔旗境）筑城。这时，拓跋焘突发奇想，打算巧攻统万城，决定留下所有步兵，自己亲率骑兵去进攻。所有大臣都认为步兵是攻坚主力，不可舍弃。拓跋焘力排众议，说道："用兵之术，攻城最下。必不得已，然后用之。今以步兵，攻具皆惊，彼必惧而坚守。若攻不时拔，食尽兵疲，外无所掠，进退无地。不如以轻骑自抵其城，彼见步兵未至，意必宽弛；吾羸形以诱之，彼或出战，则成擒矣。所以然者，吾之军士去家二千余里，又隔大河，所谓'置之死的而后生'者也。"这便是拓跋焘给群臣的理由。于是拓跋焘留下大多数大臣和所有的步兵以及辎重，以轻骑3万倍道先行。六月，魏帝率军至统万，分兵埋伏于深谷之中，以少数人马至城下诱战。夏军坚守不出。魏帝退军示弱，另遣5000骑西掠居民。北魏以少量骑兵直抵城下，故意示弱，诱固守之夏军脱离坚城。夏主得知魏军粮尽，且步兵未至，乃急率步骑3万出击。魏帝收众伪遁，引而疲之。夏军分两路追击。时遇风雨，飞沙蔽天，魏军逆风，不利作战。魏帝分出两队精锐骑兵为左右两队，绕到夏军主力身后而顺风击之，大败夏军。赫连昌不及入城，逃奔上邽（今甘肃天水）。魏军入统万城，获夏王、公、卿、将、校及后妃、宫人等以万数，府库珍宝、器物不计其数，马30余万匹，牛羊数千万头。与魏军相持于长安的赫连定闻统万已破，亦奔上邽。魏帝率军东还，以拓跋素为征南大将军，与执金吾桓贷、莫云留镇统万。

拓跋焘赏罚分明，他常挂在嘴边的一句话是："法者，朕与天下共之，何敢轻也。"拓跋焘成年后，颇识事体，生活十分清俭，讨厌奢华。进入统万城，拓跋焘见夏国皇宫富丽堂皇，大怒说："竖子之国，一个巴掌大的国家，竟敢如此滥用民力！如此奢华！怎能不灭亡！"有不少大臣向拓跋焘提出，加固京城的城防，并且加强城建。拓跋焘不以为然，说："古人说得好：'在德不在险。'赫连勃勃造了那么坚固无比的统万城，最后不还是被朕攻灭，国破家亡。如今天下还没有平定，朕更需要人力上战场去打仗，而不是发动老百姓去建造房屋城墙。"而作为国本的军事上的开销，拓跋焘则绝不吝惜。

此战，魏太武帝审时度势，见统万城坚而不强攻，采取孤立统万扫清外围之策，并且极其善于骑兵野战指挥，获得较大战果。

萨达姆进攻伊朗和出兵科威特之战

公元1979年7月17日，萨达姆取代贝克尔成为伊拉克独揽大权的铁腕人物——共和国总统。

野心勃勃而又颇有煽动力的萨达姆接管伊拉克党政军全权之后不久，伊拉克便成为阿拉伯世界的重要活动中心，甚至成为阿拉伯世界一些国家的“救世主”和“庇护神”。据1980年5月22日《革命报》报道：伊拉克在1979年下半年支出2.5亿美元用以补偿发展中国家因石油价格上涨所遭受的损失。1980年，伊拉克又向亚洲、非洲和拉丁美洲一些国家提供了好几亿美元的援助。与之同时，凭借石油工业雄厚经济力的支撑，和萨达姆野心的驱动，伊拉克的军事力量也膨胀。萨达姆执政后不久，伊拉克武装部队即由5万人发展到25万人，拥有坦克2500辆，装甲运兵车2500辆，战斗机和轰炸机700架，而且还公开地寻找获得核武器的途径。

这一切都说明，萨达姆想以武力称雄于阿拉伯世界，而他的第一个进攻目标便选择了中东石油大国之一——伊朗。

1980年8月，萨达姆打出“泛阿拉伯主义”和“遏止霍梅尼输出伊斯兰革命”的旗号捍然出兵占领了伊朗席林堡地区的部分领土；9月12日，更大举向纵深推进，攻占伊朗130平方公里领土；9月22日，在袭击了伊朗10个机场后，萨达姆亲自乘坐苏式坦克挥军长驱直人，直逼伊朗首都德黑兰。

按照萨达姆原来的军事战略是实行“三叉”方案，即大举进攻胡齐斯坦；在迈哈兰附近实施封锁转移；占领伊朗北部的席林堡，阻止伊朗军队反扑。而这些步骤集中到一点则是，企图在两星期内，将伊朗霍梅尼政权扼杀在来不及反抗的闪电战中。然而，由于萨达姆对自己军队的士气缺乏足够的自信和对敌方力量估计不足以及缺乏系统的克敌制胜的战略和战术，因而到了实战之中，便犯了两个严重错误：一是在战略上，伊军既不积极夺取城市，又不大规模挺进，而是采取包围城市的办法，企图依靠远距离炮击和空袭迫使敌方投降。二是在战术上，不是把占绝对优势的重型机械化部队用来对付敌方的防阵地，而是把先进的苏式坦克埋入沙土中伪装起来进行远程射击和防卫，结果不仅是萨达姆两周解决战斗的设想落了空，而且由于战场上决策迟疑，使伊朗赢得了时间，很快地组织起坚强反击，以致酿成一场长达8年的两伊消耗战，旷日持久战争的结局是两败俱伤：双方伤亡人数几乎与持续20余年的越南独立战争中伤亡人数相当，经济损失则更大，双方平均每月损耗10亿美元，单是毁灭石油设施一项，价值即达数百亿美元。从伊拉克一方来说，发动这次战争欠下的外债达800亿美元，最后还得从已经攻占伊朗的绝大部分领土上撤兵。

然而，萨达姆并未从两伊战争的巨额损失中吸取教训。他称霸中东的野心仍然不死。两伊战争才结束1年多，又悍然出兵入侵邻国科威特，挑起规模更大的海湾战争。科威特是世界第五大石油国，年产量超过1亿吨，萨达姆出兵科威特就是想使伊

拉克控制的石油储量达到1920亿吨，占世界总储量的21%，可以与世界第一大石油国沙特阿拉伯并驾齐驱。

1990年8月2日，10万伊军不宣而战越过边界直扑科威特首都，仅1天时间便完成了对科威特的军事占领。科威特作为向西方发达国家输送石油的主要国家之一，突然遭到野蛮入侵，立即引起以美国为首的西方各大国强烈反应，同时也遭到阿拉伯世界许多国家的谴责。美国总统布什在伊拉克入侵科威特的当天就发表声明，说是为了保卫美国在海湾地区“长远而重要的利益”，他将“不惜采取任何必要的措施”，美国参谋长联席会议主席斯考克罗夫特措词更加严厉，明确提出：“为保卫美国在海湾的根本利益，美国应刻不容缓地采取军事行动，向沙特阿拉伯和海湾地区派兵”。随之便在美国的倡导下，建立了多国部队司令部。这时，联合国也出面干预，提出解决海湾危机的方案，主要是要求伊拉克立即无条件地从科威特撤军，恢复科威特的合法政府以及这个国家的主权、独立和领土完整。与之同时，联合国安理会还通过了对伊拉克实行经济制裁的有关决议。尽管这期间，一些阿拉伯和欧洲共同体国家，以及苏联、中国曾提出过种种和平解决争端的方案，进行过多方斡旋，但都被萨达姆的顽固拒绝；长达5个半月的外交斡旋努力毫无效果。萨达姆利令智昏，毫不审时度势，既不认真思考本国的承受能力，也不认真掂量多国部队的军事实力，更不考虑国际舆论对自己的不利，一意孤行地坚持自己的侵略政策，实际上是把自己一步一步推向绝路。

1991年1月17日，伊拉克首都巴格上空突然响起了猛烈的爆炸声，多国部队“沙漠盾牌”行动开始了，在14个小时内，多国部队空军在连续3次大规模袭击中，向伊拉克境内的预定目标投下了1．8万吨炸弹，相当于当年投下广岛原子弹威力的1．5倍！此后，又以每天2000架次的频率对伊方目标进行多层次轰炸，伊拉克的军事首脑机关、指挥通讯中心、核生化设施、导弹阵地、机场、防空阵地，以及首都巴格达的许多重要设施都付之一炬，“沙漠风暴”行动的第一步——空中打击，基本上实现了摧毁伊拉克指挥控制系统和削弱其作战能力及战争潜力的战略目的。

2月24日凌晨1时，多国部队开始在地面发起全线进攻。其实，早在3个月前，多国部队司令施瓦茨科普夫将军就酝酿实行声东击西战术，一方面陈军科威特南部的伊军正面，形成佯攻态势，另方面又在东海岸大肆宣扬海军陆战队的近海演习。对多国部队的上述行动，伊军不知是计，竟将主力调至东线布防，而西线的伊沙边境仅留下1个师把守。多国部队见到伊军中计，便在全线进攻前夕，暗中将主力调到西部战

线，并在以后的战斗中，迅速穿插到了伊军左翼。多国部队这种声东击西迂回包抄战术，避开了伊军强大的正面防御，直捣敌方的心脏，使得萨达姆猝不及防。

伊军有 40 多个师被歼或完全丧失了战斗力。伊拉克在海湾战争中被彻底打败了，不可一世的萨达姆不得不举起白旗，宣布无条件接受联合国对伊拉克提出的 12 项条款，其中包括接受空中封锁，释放人质，承认科威特领土主权，以及对因其入侵和非法占领科威特而使科威特和第三国及其公民及企业所遭受的任何损失、破坏或伤害承担责任。而伊拉克国内呢？由于连年用兵，军费支出极大，国家财政赤字增加，生产力遭到极大破坏，经济危机十分严重，生活必需品奇缺，物价飞涨，人民生活痛苦不堪，政局也极不稳定，萨达姆每日如坐针毡，再也不像以往那样神气了。

孙子兵法　三、谋攻篇

原文

孙子曰：夫用兵之法，全国为上，破国次之；全军为上，破军次之；全旅为上，破旅次之；全卒为上，破卒次之；全伍为上，破伍次之。是故百战百胜，非善之善也；不战而屈人之兵，善之善者也。

故上兵伐谋，其次伐交，其次伐兵，其下攻城。攻城之法，为不得已。修橹轒辒，具器械，三月而后成；距堙，又三月而后已。将不胜其忿而蚁附之，杀士卒三分之一，而城不拔者，此攻之灾也。故善用兵者，屈人之兵而非战也，拔人之城而非攻也，毁人之国而非久也，必以全争于天下，故兵不顿而利可全，此谋攻之法也。

故用兵之法，十则围之，五则攻之，倍则战之，敌则能分之，少则能逃之，不若则能避之。故小敌之坚，大敌之擒也。

夫将者，国之辅也。辅周则国必强，辅隙则国必弱。故君之所以患于军者三：不知军之不可以进而谓之进，不知军之不可以退而谓之退，是谓縻军；不知三军之事而同三军之政，则军士惑矣；不知三军之权而同三军之任，则军士疑矣。三军既惑且疑，则诸侯之难至矣。是谓乱军引胜。

故知胜有五：知可以战与不可以战者胜，识众寡之用者胜，上下同欲者胜，以虞待不虞者胜，将能而君不御者胜。此五者，知胜之道也。

故曰：知彼知己，百战不殆；不知彼而知己，一胜一负；不知彼不知己，每战必败。

译文

孙子说：战争的原则是：使敌人举国降服是上策，用武力击破敌国就次一等；使敌人全军降服是上策，击败敌军就次一等；使敌人全旅降服是上策，击破敌旅就次一

等；使敌人全卒降服是上策，击破敌卒就次一等；使敌人全伍降服是上策，击破敌伍就次一等。所以，百战百胜，算不上是最高明的；不通过交战就降服全体敌人，才是最高明的。

所以，上等的军事行动是用谋略挫败敌方的战略意图或战争行为，其次就是用外交战胜敌人，再次是用武力击败敌军，最下之策是攻打敌人的城池。攻城，是不得已而为之，是没有办法的办法。制造大盾牌和四轮车，准备攻城的所有器具，起码得三个月。堆筑攻城的土山，起码又得三个月。如果将领难以拟制焦躁情绪，命令士兵象蚂蚁一样爬墙攻城，尽管士兵死伤三分之一，而城池却依然没有攻下，这就是攻城带来的灾难。所以善用兵者，不通过打仗就使敌人屈服，不通过攻城就使敌城投降，摧毁敌国不需长期作战，一定要用"全胜"的策略争胜于天下，从而既不使国力兵力受挫，又获得了全面胜利的利益。这就是谋攻的方法。

所以，在实际作战中运用的原则是：我十倍于敌，就实施围歼，五倍于敌就实施进攻，两倍于敌就要努力战胜敌军，势均力敌则设法分散各个击破之。兵力弱于敌人，就避免作战。所以，弱小的一方若死拼固守，那就会成为强大敌人的俘虏。

将帅，国家之辅助也。辅助之谋缜密周详，则国家必然强大，辅助之谋疏漏失当，则国家必然衰弱。所以，国君对军队的危害有三种：不知道军队不可以前进而下令前进，不知道军队不可以后退而下令后退，这叫做束缚军队；不知道军队的战守之事、内部事务而同理三军之政，将士们会无所适从；不知道军队战略战术的权宜变化，却干预军队的指挥，将士就会疑虑。军队既无所适从，又疑虑重重，诸侯就会趁机兴兵作难。这就是自乱其军，坐失胜机。

所以，预见胜利有五个方面：能准确判断仗能打或不能打的，胜；知道根据敌我双方兵力的多少采取对策者，胜；全国上下，全军上下，意愿一致、同心协力的，胜；以有充分准备来对付毫无准备的，胜；主将精通军事、精于权变，君主又不加干预的，胜。以上就是预见胜利的方法。

所以说：了解敌方也了解自己，每一次战斗都不会有危险；不了解对方但了解自己，胜负的机率各半；既不了解对方又不了解自己，每战必败。

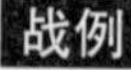

烛之武退秦师

鲁僖公三十年九月十日，晋文公、秦穆公联合围攻郑国，因为郑国曾对晋文公无礼，并且在与晋国结盟的情况下又与楚国结盟。晋军驻扎在函陵，秦军驻扎在泛南。

佚之狐对郑伯说："郑国处于危险之中，如果能派烛之武去见秦伯，一定能说服他们撤军。"郑伯同意了。烛之武推辞说："我年轻时，尚且不如别人；现在老了，做不成什么了。"郑文公说："我早先没有重用您，现在危急之中求您，这是我的过错。

然而郑国灭亡了，对您也不利啊！”烛之武就答应了。

夜晚用绳子将烛之武从城上放下去，去见秦伯，烛之武说：“秦、晋两国围攻郑国，郑国已经知道要灭亡了。如果灭掉郑国对您有好处，那就烦劳您手下的人了。越过晋国把远方的郑国作为秦国的东部边境，您知道是困难的，您何必要灭掉郑国而增加邻邦晋国的土地呢？邻邦的国力雄厚了，您的国力也就相对削弱了。假如放弃灭郑的打算，而让郑国作为您秦国东道上的主人，秦国使者往来；郑国可以随时供给他们所缺乏的东西，对您秦国来说，也没有什么害处。况且，您曾经对晋惠公有恩惠，他也曾答应把焦、瑕二邑割让给您。然而，他早上渡河归晋，晚上就筑城拒秦，这是您知道的。晋国有什么满足的呢？现在它已把郑国当作东部的疆界，又想扩张西部的疆界。如果不侵损秦国，晋国从哪里取得它所企求的土地呢？秦国受损而晋国受益，您好好掂量掂量吧！”

秦伯高兴了，就与郑国签订了盟约。并派杞子、逢孙。杨孙帮郑国守卫，就率军回国。

子犯请求晋文公下令攻击秦军。晋文公说：“不行！假如没有那人的支持，我就不会有今天。借助了别人的力量而又去损害他，这是不仁义的；失掉自己的同盟国，这是不明智的；以混乱代替联合一致，这是不勇武的。我们还是回去吧！”这样晋军也撤离了郑国。

晏婴智挫晋谋

齐国曾是春秋战国时期第一个称霸的国家，但是，齐桓公死后，齐国就逐渐衰败了。过了100年，齐景公当上了国君，为了恢复齐国的往昔繁盛，齐景公任用了晏婴等一批贤臣，使齐国再度走上欣欣向荣的道路。

齐国的繁荣和强盛引起了称霸中原的晋国的不安。晋平公为了向诸侯各国显示一下自己“霸主”的威力和巩固其地位，就想征伐齐国，给齐国一点厉害看看。为了探清楚齐国的虚实，晋平公派大夫范昭出使齐国。

范昭到了齐国，齐景公设盛大宴会款待晋国使者。酒到酣处，范昭对齐景公说：“请大王把酒杯借我用一下。”齐景公不知其意，便吩咐侍从：“把我的酒杯斟满，为上国使者敬酒！”侍从倒满酒恭恭敬敬地送到范昭面前，范昭端起酒，一饮而尽。

晏婴把范昭的举止和神色看在眼里，大为愤怒，厉声命令斟酒的侍从：“撤掉这个酒杯！给国君换一个干净的。”

范昭闻言，吃了一惊。于是，他干脆佯作喝醉，站起身，手舞足蹈地跳起舞来，边舞还边对乐师说：“请给我奏一曲成周之乐，以助酒兴！”

乐师从晏婴命令侍从撤杯的举动中看出了范昭的用意，站起来对范诏说：“下臣不会奏成周之乐。”

范昭连讨没趣，借口已经喝醉，告辞回驿馆去了。

齐景公见范昭不悦而去，心中不安，责怪晏婴说："我们要跟各国友好往来，范昭是上国使者，怎么能惹怒人家呢？"

晏婴回道："范昭不过是以喝醉为名来试探我国的实力，为臣的这样做，正是要挫掉他的锐气，使他不敢小看我们。"

乐师也跟着说："成周之乐是供天子使用的，范昭不过是个小小使者，他也大狂妄了。"

齐景公恍然大悟。

第二天，范昭拜见齐景公，连连向齐景公道歉，说自己酒醉失礼。齐景公回了几句客套话，然后派晏婴带范昭去齐国的军营和街市上参观。

范昭回国后，不无感触地对晋平公说："齐国国力不弱，群臣同心，暂时不可图谋。"

晋平公于是灭了攻伐齐国的念头。

毛泽东指挥的平津战役

1948 年 11 月，在毛泽东的战略思想指引下，人民解放军猛烈地袭击张家口，揭开了平津战役的序幕。

战报传到当时中共中央驻地——西柏坡时已是 11 月 30 日零时，毛泽东判断当时的军事发展形势，作出了重要军事布置：一方面命令攻取张家口外围柴沟、万金、古卫、怀安、沙岭子等重要据点的杨成武、李井泉兵团迅速完成阻击工事，吸引从北平西进增援的敌军，务使张家口敌军无法逃跑。另方面，又命令杨德志、罗瑞卿，耿飚兵团包围怀来之敌。同时，为了更好地对付由北平西进张家口增援的敌军，毛泽东还特别指示杨李兵团切断张家口、宣化、怀来敌军之间的联系，实行分割包围，既不让他们会合，也不让他们向绥远或北平方向逃窜。

对于毛泽东的战略意图，张家口敌军前线指挥官孙兰峰和由北平向张家口增援的敌 35 军军长郭景云都茫然无知，就是驻北平的敌华北"剿总"司令傅作义也揣摸不透。郭景云打到张家口后，围城的解放军不战自退，傅作义还以为是解放军兵力不足，无力再战了。于是便同意郭景云留在张家口"待战"，妄图消灭一部分解放军主力，以减轻北平所受的压力；同时也为确保西上归绥的道路畅通，好为自己留一条逃跑的后路。然而，既然郭景云的 35 军已西进增援张家口，华北"剿总"傅作义的整个军力布置便出现了西重东轻的态势。而且，傅作义还没有料到，这时东北人民解放军已由沈阳出发，正向河北蓟县挺进，即将逼近平津。傅作义虽然也曾一度想过要放弃张家口，把军力收缩到平津一带集中，以加强防守，但又舍不得放在张家口的大批武器、弹药、服装、粮秣等物资，当然也是没有料到东北人民解放军行动如此迅速，所以才打消了放弃张家口的念头。直到发现东北解放军主力出现在北平附近，这时想急令郭景云的35军回防时已经晚了。35军遭到我军阻击无法向北平靠拢。这时，傅作义又接到紧急军报：距北平80公里的密云县突遭东北共军主力一部袭击，国民党正规军3个团及地方保安军1个团被歼……细细思忖这一系列情况，傅作义恍然大悟：原来解放军袭击张家口是一种障眼法，目的是要掩蔽东北解放军主力入关！一急之下，傅作义急电郭景云，命他率部在空军的支援下立即赶回北平；同时命令张家口守军司令孙兰峰务必固守到底；再又急调驻守天津塘沽的92军和94军的1个师以及62军一部加强北平防卫。然而，终因推迟了时日，丢失了战机，傅作义的挽救措施已无法奏效。在毛泽东的直接指挥下，解放军杨李兵团完成了对张家口的严密包围；郭景云的35军也在新保安地区被我军包围，尽管傅作义又派出了104军和16军前往接应，但突围仍没有成功。敌军突围的结果是104军被歼，军长安春山被俘，16军也遭重创。不仅如此，而且也就在这时，我东北人民解放军主力分为两路，一路越过喜峰口入关，经蓟县、三河等地攻击前进，前锋攻至北平近郊海滨、宛平、丰台、石景山、门头沟、通县、廊坊等地，直通北平德胜门、西直门和南苑机场。另一路则由冷口和山海关人关，目标直指天津和塘沽，该主力沾北宁路南下，相继占领唐山、芦台、军粮城、杨柳青，直抵塘沽外围，切断了天津与塘沽之间敌军的联系。

此时此刻，傅作义发现自己陷入四面楚歌之中，北平已是兵临城下，且各条退路都已被切断。为了摆脱困境，他不得不施出缓兵之计，派遣北平某报社社长崔××和记者李××出城与解放军接触，要求和平谈判。由于我军看出他的真实意图是想拖延时间等待外援，并无和谈诚意，因而谈判没有成功。也就在这以后不几天，傅作义又连续接到二则紧急军情报告：一则是他的主力35军已在新保安全军被歼，军长郭景云自杀；一则是张家口守军也全部被歼，守军司令孙兰峰逃走。两则败讯像利刃一般刺痛他的心，傅作义越加感到绝望了。这时，他进退维谷，心急如焚，脑子里充满了矛盾，一方面，他感到时至今日，似乎只有和谈才有出路。回想自己数十年从军生活，为蒋介石卖命，却因不是蒋的嫡系而处处遭受排挤。这次出任华北“剿总”司令，也是蒋介石出于无奈才要他出来收拾烂摊子的。蒋介石排除异己，心狠手辣，再死心塌地为他卖命又能有什么前途？另方面，他又不那么甘心，自己是在直奉战争中因孤军坚守涿州三个月而闻名于世的“守城名将”，素以饶勇善战著称，想当年率军参加长城抗战，绥远抗战，何等威风！难道今天率领几十万大军镇实北平竟要垮于共军手下？特别是他还心怀重重顾虑：多年来与解放军作战，与人民为敌，罪行累累，已被列为战犯名单，现在接受和谈，是否真能获得中共方面的理解和宽恕？真是战也不行，和也难料，心里面“十五个吊桶打水七上八下”。尽管我地下工作者通过种种形式向他宣传政策，传递信息，人民解放军也通过电台向他开展和平攻势，这些都对他的思想触动很大，但终因成见过深，还是不能作出最后的决断。

平津战事的发展，大体上是沿着中共中央军委和毛泽东的设想进行的。1948 年 12 月 11 日毛泽东在给东北野战军首长林彪和罗荣桓的电报中，命令东北野战军进关以后，从 12 月 11 日到 12 月 25 日两周内采取的基本作战原则是围而不打（例如对张家口，新保安），有些则是隔而不围（即只作战略包围，隔断诸敌联系，而不作战役包围，例如对平、津、通州），主要是拖住敌人，堵死敌人的退路，然后再分别情况各个歼灭。北平傅作义已有求和之意，而天津的陈长捷则一再表示要顽抗到底，为了给负隅顽抗者以应有的惩罚，同时也是给北平傅作义敲响最后的警钟，促使他走和平道路，我人民解放军在完成多个战略包围布置后，集中优势兵力对天津发起总攻，从 1949 年 1 月 14 日开始，经过 29 小时激战，全歼守敌 13 万余人，俘虏敌天津警备司令陈长捷，解放了天津。这一下，傅作义的一切幻想算是彻底破灭了。这时，我地下工作者乘机利用敌方内部存在的种种矛盾，特别是傅作义复杂的心理矛盾（诸如既对蒋介石有所不满，又对共产党有怀疑；既有爱国心的一面，又有不甘心失败的虚荣心一面；既想和平起义，又怕得不到人民的谅解和宽恕等等）作大量的分化瓦解和说服教育工作，在大势已去，形势所迫的情况下，傅作义经过反复思量终于作出了最后的选择：不走天津陈长捷负隅顽抗、自取灭亡的道路，而走放下武器和平起义的光明之路。

1949 年 1 月 31 日，中国人民解放军迈着威武雄壮的步伐，列队进入北平市，在千百万人民的欢呼声中，北平市正式宣布和平解放，毛泽东指挥的平津战役获得了彻底胜利！

孙子兵法　四、军形篇

原文

孙子曰：昔之善战者，先为不可胜，以待敌之可胜。不可胜在己，可胜在敌。故善战者，能为不可胜，不能使敌之必可胜。故曰：胜可知，而不可为。

不可胜者，守也；可胜者，攻也。守则不足，攻则有余。善守者藏于九地之下，善攻者动于九天之上，故能自保而全胜也。

见胜不过众人之所知，非善之善者也；战胜而天下曰善，非善之善者也。故举秋毫不为多力，见日月不为明目，闻雷霆不为聪耳。古之所谓善战者，胜于易胜者也。故善战者之胜也，无智名，无勇功，故其战胜不忒。不忒者，其所措胜，胜已败者也。故善战者，立于不败之地，而不失敌之败也。

是故胜兵先胜而后求战，败兵先战而后求胜。善用兵者，修道而保法，故能为胜败之政。

兵法：一曰度，二曰量，三曰数，四曰称，五曰胜。地生度，度生量，量生数，数生称，称生胜。

故胜兵若以镒称铢，败兵若以铢称镒。胜者之战，若决积水于千仞之溪者，形也。

译文

孙子说：以前善于用兵作战的人，总是首先创造自己不可战胜的条件，并等待可以战胜敌人的机会。使自己不被战胜，其主动权掌握在自己手中；敌人能否被战胜，在于敌人是否给我们以可乘之机。所以，善于作战的人只能够使自己不被战胜，而不能使敌人一定会被我军战胜。所以说，胜利可以预见，却不能强求。

敌人无可乘之机，不能被战胜，且防守以待之；敌人有可乘之机，能够被战胜，则出奇攻而取之。防守是因为我方兵力不足，进攻是因为兵力超过对方。善于防守的，隐藏自己的兵力如同在深不可测的地下；善于进攻的部队就象从天而降，敌不及防。这样，才能保全自己而获得全胜。

预见胜利不能超过平常人的见识，算不上最高明：交战而后取胜，即使天下都称赞，也不算上最高明。正如举起秋毫称不上力大，能看见日月算不上视力好，听见雷鸣算不上耳聪。古代所谓善于用兵的人，只是战胜了那些容易战胜的敌人。所以，真正善于用兵的人，没有智慧过人的名声，没有勇武盖世的战功，而他既能打胜仗又不出任何闪失，

原因在于其谋划、措施能够保证，他所战胜的是已经注定失败的敌人。所以善于打战的人，不但使自己始终处于不被战胜的境地，也决不会放过任何可以击败敌人的机会。

所以，打胜仗的军队总是在具备了必胜的条件之后才交战，而打败仗的部队总是先交战，在战争中企图侥幸取胜。善于用兵的人，潜心研究致胜之道，修明政治，坚持致胜的法制，所以能主宰胜败。

兵法：一是度，即估算土地的面积，二是量，即推算物资资源的容量，三是数，即统计兵源的数量，四是称，即比较双方的军事综合实力，五是胜，即得出胜负的判断。土地面积的大小决定物力、人力资源的容量，资源的容量决定可投入部队的数目，部队的数目决定双方兵力的强弱，双方兵力的强弱得出胜负的概率。

获胜的军队对于失败的一方就如同用“镒”来称“铢”，具有绝对优势优势，而失败的军队对于获胜的一方就如同用“铢”来称“镒”。胜利者一方打仗，就象积水从千仞高的山涧冲决而出，势不可挡，这就是军事实力的表现。

战例

邯郸之战

周赧王五十六年至五十八年（公元前259—前257年），秦军与赵、魏、楚联军在

邯郸（今河北境）进行的一次城池攻守作战。

秦军分多路进攻赵都邯郸。因秦壬听信范雎言，准赵割六城求和而退兵。当赵孝成正准备按和约割让六城时，虞卿认为割地与秦，秦势更强，赵“地有尽而秦之求无已”（《史记·平原君虞卿列传》），如此赵将灭亡；建议以六城赂齐国，联齐抗秦。赵王用其谋，派虞卿东见齐王，商讨合纵抗秦计划；并借魏国使者来赵连络合纵之机，与魏订立盟约；同时将灵丘（今山西境）送楚相黄歇，结好楚国，对韩、燕亦极力交好。在国内则积极发展生产，重整军备，进行抗秦准备。

秦昭襄王见赵既违约不割六城，反而与东方诸国合纵对付秦国，遂于五十六年九月，令五大夫王陵率军攻赵。秦军长驱直入，于次年正月进抵赵都邯郸城下。赵上卿廉颇率军顽强抵抗，赵相平原君散家财于士卒，编妻妾入行伍，鼓励军民共赴国难；并选3000精兵，不断出击，疲惫秦军。王陵战至第二年，秦军五校（每“校”领军800人）阵亡，仍不能取胜。秦昭襄王命白起接替王陵为帅。白起认为，赵自长平之战后结亲于燕，连好于齐、楚，合纵之势业已形成，其元气恢复，国库充实，而秦军虽然胜于长平，但将士死亡大半，国内空虚。现在，却要隔着千山万水，争夺别人的国都，如果赵与诸侯盟国内外夹击，则秦军必败。白起推说旧疾复发，不肯应命。昭襄王无奈，只好令王龁接替王陵为主将，继续围攻邯郸。秦军死伤过半，仍不能下。

魏王派晋鄙率军10万救赵。秦王派人威胁魏王说：“诸侯中有敢于救赵者，败赵后首先攻先救赵者”。魏王恐惧，命晋鄙大军暂停于邺（今河北临漳西南）观望。魏相信陵君决定救赵。他依靠魏王宠妃如姬盗得虎符，带勇士椎杀晋鄙，夺其兵权。并下令说，父子都在军中，父回国；兄弟都在军中的，兄回国；没有兄弟的独子，回家奉养父母。最后，挑选8万精兵，于五十八年进击秦军。当时楚春申君黄歇亦率军救赵到达安阳（今河南境）。秦军作战失利，秦昭襄王又令白起领兵攻赵。白起始终托病不出。秦昭襄王罢其官爵，迫使白起在杜邮（今陕西西安西北）自杀。

十二月，魏、楚两国军队先后进抵邯郸城郊，屡败秦军。赵国守军配合城外魏、楚两军出城反击。在三国军队内外夹击之下，秦军大败，损失惨重。王龁率残部逃回汾城（今山西侯马北）；秦将郑安平所部2万余人被联军团团包围，只好降赵，邯郸之围遂解。联军乘胜进至河东（今山西西南地区）。秦军复败，退回河西（今山西、陕西间黄河南段）。秦国和赵、魏、楚三国签约息兵，把以前占领的河东郡还于魏；太原郡（今太原西南）还于赵；上党郡（今山西长治北）还于韩。

此战，是秦国独强的战略格局形成后，关东诸侯合纵抗秦取得的第一次大胜。秦昭襄王在赵国内部团结、外部合纵抗秦形势已成的情况下，单纯从兵力对比出发，认为秦强赵弱，坚持攻赵，在战略上已属失策；而在初战失利、顿兵坚城时，仍一再增兵继续强攻，置魏、楚援军于不顾，在作战指导上亦欠稳妥，因而导致失败，推迟了灭亡六国的进程。此战表明，客观条件是否具备和主观指导的正确与否，对于战争胜负起着极为重要的作用。

襄樊之战

襄樊之战是元朝统治者消灭南宋统一中国的一次重要战役，是中国历史上宋元封建王朝更迭的关键一战。这次战役从南宋咸淳三年（1267 年）蒙将阿术进攻襄阳的安阳滩之战开始，中经宋吕文焕反包围战，张贵张顺援襄之战，龙尾洲之战和樊城之战，终因孤城无援，咸淳九年（1273 年）吕文焕力竭降元，历时近 6 年，以南宋襄樊失陷而告结束。

襄樊之战是南宋与蒙古之间一场决定生死存亡的重要战争，蒙哥死后，忽必烈从鄂州匆匆北归夺了汗位。也就是这一时期，灭宋战争的进攻重点改为襄樊，实现了由川蜀战场向荆襄战场的转变。南宋襄樊地处南阳盆地南端，襄阳和樊城南北夹汉水互为依存，“跨连荆豫，控扼南北”，地势十分险要，自古以来为兵家必争之地，也是南宋抵抗蒙古军队的边隆重镇。咸淳三年（1267 年）十一月，南宋降将刘整向忽必烈进献攻灭南宋策略，“先攻襄阳，撤其捍蔽”，他认为南宋如果“无襄则无淮，无淮则江南唾手可下也”。刘整“攻宋方略，宜先从事襄阳”的建议为忽必烈所采纳，宋元战争进入了元军对南宋战略进攻的新阶段。

忽必烈根据刘整的建议，开始实施对襄阳的战略包围。首先，建立陆路据点，作为攻宋的根据地。早在 1261 年夏，忽必烈根据刘整建议，遣使以玉带贿赂南宋荆湖制置使吕文德，请求在襄樊城外置榷场，吕文德应允。请求在襄樊城外置榷场，吕文德应允。蒙古使者以防止盗贼、保护货物为名，要求在襄樊外围筑造土墙，目光短浅的吕文德竟然同意。于是元人在襄樊东南的鹿门山修筑土墙，内建堡垒，建立了包围襄樊的第一个据点。咸淳四年（1268 年），蒙将阿术在襄樊东南鹿门堡和东北白河城修筑堡垒，切断了援襄宋军之路。咸淳六年（1270 年），蒙将史天泽在襄樊西部的万山包百丈山筑长围，又在南面的岘山、虎头山筑城，连接诸堡，完全切断了襄阳与西北、东南的联系，襄樊成为一座孤城。这一时期元军在襄樊外围修筑 10 余处城堡，建立起长期围困襄樊的据点，完成了对襄樊的战略包围。其次，建立水军，寻求制服南宋的战术优势。咸淳三年（1267 年）秋，阿术率军攻打襄阳，俘人略地而归，宋军乘蒙古回军之际，在襄阳以西的安阳滩派水军扼其归路，然后派骑兵直冲其阵，蒙古军队大乱，都元帅阿术坠马，险些被宋军活捉。蒙将怀都选善识水性的士卒泅水夺得宋军战舰，其余将领奋勇拼杀，才将宋军击退，转败为胜。安阳滩之战，蒙古军队

虽然打败了宋军，但却暴露出水军不占优势的弱点。咸淳六年（1270 年），刘整与阿术谋议，“我精兵突骑，所当者破，惟水战不如宋耳。夺彼所长，造战舰，习水军，则事济矣”。忽必烈当即命刘整“造战船，习水军”，以图进取襄阳。刘整遂造船 5000 艘，日夜操练水军，又得到四川行省所造战舰 500 艘，建立起一支颇具规模的水军，从而弥补了战术上的劣势，为战略进攻准备了必要条件。从咸淳四年蒙军筑鹿门堡、修白河城到咸淳六年（1270 年）完全包围襄阳，蒙古军队已处于战略上的优势，南宋政府为挽救危局，进行了反包围战与援襄之战，从而揭开了襄樊之战的序幕。

宋咸淳四年（1268）九月，忽必烈命刘整、阿术等率军围困襄阳和樊城（今湖北襄樊），从此同襄、樊军民开始了长达五、六年之久的襄樊保卫战。而从咸淳四年蒙军筑鹿门堡、修白河城到咸淳六年（1270 年）完全包围襄阳，蒙古军队已处于战略上的优势，南宋政府为挽救危局，进行了反包围战与援襄之战，从而揭开了襄樊之战的序幕。

咸淳三年（1267 年）冬，南宋任命吕文焕知襄阳府，兼京西安抚副使。次年十一月，为打破蒙军鹿门、白河之围，吕文焕命襄阳守军进攻蒙军，但被蒙古军队打败，宋军伤亡惨重。

次年，既宋咸淳五年（1269），三月，宋将张世杰率军与包围樊城的蒙军作战，又被阿术打败。七月，沿江制置使夏贵率军救援襄阳，遭到蒙古军与汉军的联合伏击，兵败虎尾洲，损失 2000 余人，战舰 50 艘。又派丞相史天泽前往规划。蒙古军在襄、樊四周修城筑围，封锁汉水，控扼水陆要冲；同时造战船，练水军；并屡败南宋援军。襄樊被困三年，但贾似道却一直对宋度宗封锁消息，甚至有敢说蒙军攻宋的就贬被职也有被借故杀掉的。咸淳六年，李庭芝任京湖制置大使，督师援襄，屡战不利。而原因是另一名将领范文虎不受李庭芝节制，只听命于贾似道，牵制束缚了李庭芝的救援行动。

咸淳六年（1270 年）春，吕文焕出兵襄阳，攻打万山堡，蒙军诱敌深入，乘宋军士气衰退，蒙将张弘范、李庭反击，宋军大败。九月，宋殿前副都指挥使范文虎率水军增援襄阳，蒙军水陆两军迎战，大败宋军，范文虎逃归。咸淳七年（1271 年），范文虎再次援襄，蒙将阿术率诸将迎击，宋军战败，损失战舰 100 余艘。这一时期，宋蒙两军虽然在襄樊外围进行了长达 3 年的争夺战，但因蒙军包围之势已经形成，不但南宋援襄未能成功，而且襄樊城中宋军反包围的战斗也不可能胜利，宋军只好困守襄阳，败局已定。

襄、樊长期被围断援，供饷困难。而宋度宗和权相贾似道却无心援救。咸淳七年十一月（1271 年），蒙古建国号为元，加紧对襄、樊的进攻，并对樊城发动总攻，襄樊之战正式开始。三月，阿术、刘整、阿里海牙率蒙汉军队进攻樊城，攻破城廓，增筑重围，进一步缩小了包围圈，宋军只好退至内城坚守。四月，南宋京湖制置大使李庭芝移驻郢州（今湖北钟祥），招募襄阳府（今湖北襄樊市）、郢州（今湖北钟祥县）等地民兵 3000 余人，于襄阳西北清泥河修寨造船，募民兵，并利用襄阳西北的请泥

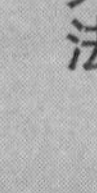

河以轻舟百艘装满兵甲物资。派总管张顺、路分钤辖张贵率领都统制救援襄阳。二张率轻舟百艘，士卒3000及大批物资出发，临行前张顺激励士卒说："这次救援襄阳的行动，任务十分艰巨，每个人都要有必死的决心和斗志，你们当中的有些人并非出于自愿，那就赶快离去，不要影响这次救援大事。"当时3000水军群情振奋，斗志昂扬，表示坚决完成任务。五月，救援战斗开始，二张率舟师在高头港集结船队，把船连成方阵，每只船都安装火枪、火炮，准备强弓劲弩，张贵在前，张顺在后，突入元军重围。船队到达磨洪滩，被布满江面的蒙军船舰阻住，无法通过。张贵率军强攻，将士一鼓作气，先用强弩射向敌舰，然后用大斧短兵相接，冲破重重封锁，元军被杀溺而死者不计其数，又转战一百二十余里，于五月二十五日抵达襄阳，时襄阳被困已有5年之久,。激战中，张顺牺牲，几天以后，襄阳军民在水中得到他的尸体，披甲执弓，怒目圆睁，襄阳军民怀着沉痛敬佩的心情安葬了张顺，并立庙祭祀。

外援船的到来，极大的鼓舞了襄、樊军民。张贵入援虽然给襄阳守军带来希望，但在元军严密封锁下，形势仍很严峻。张贵入襄后，派人潜回郢州，联络郢州的殿帅范文虎，约定南北夹击，打通襄阳外围交通线，计划范文虎率精兵5000驻龙尾洲接应，张贵率军和范文虎会师。但范文虎却于会师前两天退屯三十里，而元军得知消息后，迅速占领龙尾洲，以逸待劳。当张贵按约定日期辞别吕文焕，率兵3000顺汉水而下，检点士兵时，发现少了一名因犯军令而被鞭笞的亲兵，张贵大惊，对士兵们说："我们的计划已经泄露，只有迅速出击，敌人或许还来不及得到消息。"他们果断地改变了秘密行动，乘夜放炮开船，杀出了重围。元军中阿术、刘整得知张贵突围，派数万人阻截，把江面堵死。张贵边战边行，接近龙尾洲，在灯火中远远望见龙尾洲方向战舰如云，旌旗招展，以为是范文虎接应部队，举火晓示，对方船只见灯火便迎面驶来。等到近前，才发现来船全是元军，他们先占领了龙尾洲，以逸待劳。宋元两军在龙尾洲展开一场遭遇战，宋军因极其疲惫，战斗中伤亡过大，张贵力不能支，被元军俘获，不屈被害，元军派4名南宋降卒抬着张贵尸体晓示襄阳城中，迫使吕文焕投降，吕文焕杀掉降卒，把张贵与张顺合葬，立双庙祭祀。从此，襄、樊与外界中断联系。

咸淳九年（1273年）正月，樊城被元军攻破，元军为尽快攻下襄樊，于咸淳八年（1272年）秋采取了分割围攻战术。元将阿里海牙认为："襄阳之有樊城，犹齿之有唇也。宜先攻樊城，樊城下则襄阳可不攻而得。"为切断襄阳的援助，元军对樊城发起总攻。咸淳九年（1273年）初，元军分别从东北、西南方向进攻樊城，忽必烈又派遣回回炮匠至前线，造炮攻城。元军烧毁了樊城与襄阳之间的江上浮桥，使襄阳城中援兵无法救援，樊城有全孤立了。刘整率战舰抵达樊城下面，用回回炮打开樊城西南角，进入城内。南宋守将牛富率军巷战，终因寡不敌众，牛富投火殉职，偏将王福赴火自焚，樊城陷落。

樊城失陷以后，襄阳形势更加危急。吕文焕多次派人到南宋朝廷告急，但终无援兵。襄阳城中军民拆屋作柴烧，陷入既无力固守，又没有援兵的绝境。咸淳九年

（1273年）二月，阿里海牙由樊城攻打襄阳，炮轰襄阳城楼，城中军民人心动摇，将领纷纷出城投降。元军在攻城的同时，又对吕文焕劝降，吕文焕感到孤立无援，遂举城投降元朝，襄樊战役宣告结束。襄、樊这一军事重镇的陷落，决定了南宋灭亡的命运。

宋元襄樊之战经过长期较量，终于以元胜宋败结束，蒙元的胜利，在于战略上处于主动地位，建立了包围襄樊的堡垒，以逸待劳，又注重弥补战术上的不足，制造战船，训练水军，在襄樊战役中发挥了巨大作用。宋朝统治者不重视边备，将帅软弱无能，吕文德见利忘义，使蒙古军队占据了襄阳有利地位，在反包围战过程中，因将帅不和，步调不一等原因犯了一系列战术错误，战斗中基本上执行了消极防御策略，导致了被元军围困5年之久的不利地位，最后归于失败。但是二张援襄的传奇式行动，气壮山河，留名青史，体现了南宋爱国军民保卫领土、抗敌御侮的智慧和勇气，为后人所传颂。

孙子兵法　五、兵势篇

原文

孙子曰：凡治众如治寡，分数是也；斗众如斗寡，形名是也；三军之众，可使必受敌而无败者，奇正是也；兵之所加，如以瑕投卵者，虚实是也。

凡战者，以正合，以奇胜。故善出奇者，无穷如天地，不竭如江海。终而复始，日月是也。死而更生，四时是也。声不过五，五声之变，不可胜听也；色不过五，五色之变，不可胜观也；味不过五，五味之变，不可胜尝也。战势不过奇正，奇正之变，不可胜穷也。奇正相生，如循环之无端，孰能穷之哉！

激水之疾，至于漂石者，势也；鸷鸟之疾，至于毁折者，节也。故善战者，其势险，其节短。势如扩弩，节如发机。

纷纷纭纭，斗乱而不可乱；浑浑沌沌，形圆而不可败。乱生于治，怯生于勇，弱生于强。治乱，数也；勇怯，势也；强弱，形也。

故善动敌者，形之，敌必从之；予之，敌必取之。以利动之，以卒待之。

故善战者，求之于势，不责于人，故能择人而任势。任势者，其战人也，如转木石。木石之性，安则静，危则动，方则止，圆则行。故善战人之势，如转圆石于千仞之山者，势也。

译文

治理大军团就象治理小部队一样有效，是依靠合理的组织、结构、编制；指挥大军团作战就象指挥小部队作战一样到位，是依靠明确、高效的信号指挥系统；整个部队与敌对抗而不会失败，是依靠正确运用“奇正”的变化：攻击敌军，如同用石头砸

鸡蛋一样容易，关键在于以实击虚。

大凡作战，都是以正兵作正面交战，而用奇兵去出奇制胜。善于运用奇兵的人，其战法的变化就象天地运行一样无穷无尽，象江海一样永不枯竭。象日月运行一样，终而复始；与四季更迭一样，去而复来。宫、商、角、徵、羽不过五音，然而五音的组合变化，永远也听不完；红、黄、蓝、白、黑不过五色，但五种色调的组合变化，永远看不完；酸、甜、苦、辣、咸不过五味，而五种味道的组合变化，永远也尝不完。战争中军事实力的运用不过“奇”、“正”两种，而“奇”、“正”的组合变化，永远无穷无尽。奇正相生、相互转化，就好比圆环旋绕，无始无终，谁能穷尽呢。

湍急的流水所以能漂动大石，是因为使它产生巨大冲击力的势能；猛禽搏击雀鸟，一举可致对手于死地，是因为它掌握了最有利于爆发冲击力的时空位置，节奏迅猛。所以善于作战的指挥者，他所造成的态势是险峻的，进攻的节奏是短促有力的。“势险”就如同满弓待发的弩那样蓄势，“节短”正如搏动弩机那样突然。

旌旗纷纷，人马纭纭，双方混战，战场上事态万端，但自己的指挥、组织、阵脚不能乱；混混沌沌，迷妹蒙蒙，两军搅作一团，但胜利在我把握之中。双方交战，一方之乱，是因为对方治军更严整：一方怯懦，是因为对方更勇敢；一方弱小，是因为对方更强大。军队治理有序或者混乱，在于其组织编制；士兵勇敢或者胆怯，在于部队所营造的态势和声势；军力强大或者弱小，在于部队日常训练所造就的内在实力。

善于调动敌军的人，向敌军展示一种或真或假的军情，敌军必然据此判断而跟从；给予敌军一点实际利益作为诱饵，敌军必然趋利而来，从而听我调动。一方面用这些办法调动敌军，一方面要严阵以待。6. 所以，善战者追求形成有利的“势”，而不是苛求士兵，因而能选择人才去适应和利用已形成的“势”。善于创造有利“势”的将领，指挥部队作战就象转动木头和石头。木石的性情是处于平坦地势上就静止不动，处于陡峭的斜坡上就滚动，方形容易静止，圆形容易滚动。所以，善于指挥打仗的人所造就的“势”，就象让圆石从极高极陡的山上滚下来一样，来势凶猛。这就是所谓的“势”。

战例

马陵之战

庞涓自马陵大败而回，怀着揣揣不安的心情来见魏惠王，伏地请罪。魏惠王念他多次建立战功．此次偶有不慎，也未伤魏国的根本。因此说他虽然桂陵兵败有罪，但攻取邯郸有功，权当将功赎罪。庞涓感激涕零，立即向惠王保证说：“我一定要平服天下，以报效大王。哪怕万箭穿胸，也死而无悔。”

庞涓毕竟是老谋深算，而且野心也不减当年。不久，他又对赵国、齐国玩弄起了他的政治手腕，一方面，他将邯郸正式归还赵国，诱使赵国跟魏国在漳水达成和议，

结成新的同盟。

另一方面，他行贿齐国大臣，诽谤田忌、孙膑，以造成齐国的混乱。看到这两招均已奏效．庞涓不禁眉飞色舞，又开始策划新的战争。

正巧这时庞涓得到一个情报，说是韩国攻下了郑国，正在与赵国私通，要联合夹击魏国。庞涓想：“管它是假是真，我庞涓一定要先发制人，剿灭韩国。”他把自己的想法对魏惠王一说，魏惠王立即同意。为了结这次征战打气壮威，魏惠王还特地任命太子申为上将军，庞涓为大将，命他们率兵十万，讨灭韩国。

公元前341年春，太子申和庞涓正式出兵。庞涓还给赵国下了一道手令、要赵国出兵助战，否则将以私通韩国问罪。于是庞泪打着魏、赵联合欢韩的旗号，更加壮大了声威。

韩国哪里是魏国的对手，得知魏国出兵的消息，国君韩昭侯急急忙忙地写了一封信，派使臣到齐国请求援军。

韩昭侯的求救信到达后，齐威王立即召集大臣们商议。

威王问：“韩国请求我们出兵援救，我们出不出兵？是早些出兵去救，还是晚些出兵去救？”

相国邹忌马上回答说：“魏、韩火并，我们应该感到庆幸。出兵救韩，必然得罪魏国。魏国以后再找我们算账，就会后患无穷。不如不出兵。”

大将田忌却持另一种意见，他说：”我们不援救韩国，韩国就要失败。魏国吞并韩国．实力就会大增。那时候就会直接威胁到我们头上。还是早些出兵援救韩国为好。”

威王感到两人说的都有道理，一时也拿不定主意。他见孙胺坐在一旁低头沉思，便问道：“军师的意见如何？”

孙膑抬起头来，不慌不忙地说：“我看，不出兵救韩不行！弃韩国，就肥了魏国，这对我们不利。马上出兵救韩也不利！韩、魏尚未交锋，军队都没受到损失，我们出兵过早，就会替韩国来承受魏国的进攻，等于被韩国牵着鼻子走。这对我们也同样不利。”

威王焦急地问：“那我们该怎么办呢？”孙腔继续说：“还是晚出兵为好！大王可以先答应韩国的请求，表示救兵即到。韩国有恃无恐，就会拼命抵抗，使魏军酌实力不断消耗。同时，魏国灭韩心切，也会全力以赴，加紧进攻。

韩国面临亡国的危险，必然倾心投靠我们齐国。到那时，我们再出兵救韩，既容易打败精疲力竭的魏军，又会深得韩国的欢心。这样用兵不多，而双重利益都能收到，岂不更加有利!”

威王频频点头，完全采纳了孙腔的意见。一面让韩国使臣火速回复韩昭侯，说齐兵很快就到广面命令田忌、孙腔调集部队，加紧准备。

韩国使臣星夜起回韩国国都郑（今河南新郑)，报告韩昭侯。

昭侯得知救兵将至，感到有了依靠．使命令军队拼命抵抗，给进犯的魏军以很大的打击。但是，韩国实力毕竟虚弱，怎能抵挡得住魏军的凶猛进攻！结果，韩军五战皆败，节节失利；魏军虽受到一点损失，却步步进遏。眼看魏军就要打到韩国的国都了。

韩昭侯急盼齐国援兵，只好将韩委属于齐，原作齐国的肩国。

这正是孙膑预料的出兵好时机。齐咸王立即正式任命田忌为大将，田婴为副将，孙膑仍作军师，统率十万大军前去救韩。

大将田忌学着围魏救赵的方法，不是直奔韩国救援，而是宣取魏国国都大梁。却说庞涓正在率兵向韩都挺进．美滋滋地想：“要不了几天，韩国就是我们的了。”突然接到边防快报，说齐国已经大举进犯魏境，直逼大梁。这突如其来的消息，像晴天一声霹涝，使庞涓大惊失色。想当年，我庞涓没有及时回援，竞让齐军从我鼻子底下溜了过去，逼近大梁，弄得我大败而归。这次竟敢故伎重演，又玩起这个花招。看我这次给你们点厉害尝尝。他决定吸取教训，火速回援，先破齐军，再来灭韩。于是命令魏军，前队变作后队．后队转为前队，离韩返魂，并亲自率领精锐轻骑，一马当先，去直接拦击齐兵。

这时，齐军已经突破魏国的边境防线，正乘胜向西挺进。孙膑得知庞涓回援的消息，对田忌说：“魏军一向强悍勇猛，轻视齐军，我们循其意愿，装出胆怯的样子来，引诱他们中计。”

田忌问：“胆怯的样子该怎么个装法?”

孙膑说：“兵法有这么一条：急行百里而争利的，要损折上将；急行五十里而争利的，只有半数的军队能赶上。为让他们急行百里来争利，我们可以用退兵减灶之计。我们进入魏境的第一天，造的是十万人煮饭用的灶，那么到第二天就减为五万人用的灶，第三天再减为三万人用的灶。以此来显示我们的军队人员天天在减少。”

田忌顿时领倡，使命令全军多备干粮，逐日减灶，制造了齐军天天逃散的假象。

且说庞涓率领魏军返回魏境来拦击齐军，见齐军已经西进，便紧紧跟踪追击。一连迫了三天，他亲自察看到，齐军的锅灶在天天减少，不由得喜上眉梢。他得意洋洋地说：“我一向就知道齐军胆小如鼠。他们进入我国境内不过三天，逃跑的兵士就已超过半数，还有什么战斗力?”

太子申提醒他说：“齐军诡计多端，恐怕不可信以为真。”庞涓冷笑道：“要诡计也不能饿着肚子行军。待我赶上前去，抓住他们。即使其中有诈，你率大军随后赶到，也可以解决他们。”

于是，太子申留作后队。庞涓不用步兵，只带领精锐轻骑，一天赶两天路程，企

图抓住齐军，一举全歼。

再说孙照乘车随军前进，不断计算着魏军骑兵的速度和魏、齐两军的距离，估计在这天傍晚，魏军就会赶到马陵（今河南范县西南)。马陵地形险要，两旁是山，通路狭窄，正是打伏击的好地方，孙膑与田忌当即决定，就在这里设下伏兵。

齐军紧张池行动起来，他们砍倒两旁树木，推下许多山石，横七竖八地堵塞住道路。孙膑命人在路夯惟一留下的一棵大树上，剥去树皮，露出白木，写上了七个大篆“庞涓死于此树下”，下落“孙膑题”。又命齐军的射箭能手一万人，夹路埋伏在山坡上，约定当天夜晚，但见树下火光闪现，一齐放筋，不得有误。

一阵隐隐约约的马嘶声划破了寂静的夜空。不一会儿，庞涓率领的轻骑先头部队就出现了。魏军累得气喘吁吁，汗流挟背，连那些高头大马身上也沁着汗水。马陵道上堆满的乱石和树木，阻挡了他们的去路。庞涓见道路阻塞，感到大事不妙，急得团团打转。忽见路旁一棵孤零零的大树上，似有字迹，但因天黑，看不大清楚。他便叫士兵点上火把照亮，看看树上到底写的是什么。

火把照亮了树上的字迹，庞涓不看则已，一看大惊失色．浑身打颤．哀叫道：“又中了孙肤这瘸子的计了！”就在这火光闪现、话音未落之际，齐军伏兵万筋齐发，魏军兵马死伤一片。残存的魏国兵士顿时乱成一团，四处乱窜，争相逃命。庞涓也身中数箭，无力指挥。又听得齐军在四下里高喊：“军师神算，活捉庞涓！”只气得庞涓口吐鲜血，滚下马来。这时齐兵蜂拥而来，庞涓已到了绝望的境地。他拔出宝剑，长叹一声，说：“今番倒成就了孙膑这瘸子的声名:”说罢，引颈自则，永远躺倒在污秽的血泊之中。

孙膑见庞涓已死，立即兵分两路，田忌在左，田婴在右，夹击魏军的后续部队。太子申在后队，闻知庞涓中计，慌忙扎住魏军。不料齐军已从两侧包抄上来，魏兵惊惶失措，不知所往。太子申还没有来得及逃跑，就被田哭活捉，成了齐军的俘虏。至此，魏军主力全部被歼。齐军高唱凯歌，富气洋洋地返回齐国。齐威王盛宴搞赏三军。韩昭侯为感谢齐国援救之恩，派人前往祝贺。魏惠王经过桂陵、马陵两仗，元气大伤，深感国力不支，也派使臣前来讲和。从此，魏国国力大衰，齐国则威慑东方。孙膑也因此而名杨天下。

淝水之战

淝水之战为中国历史上著名的以少胜多的战例。它确定了南北朝时期长期分裂的格局。

西晋末年的腐败政治，引发了社会大动乱，中国历史进入了分裂割据的南北朝时期。在南方，晋琅邪王司马睿于公元317年在建康（今江苏南京）称帝，建立东晋，占据了汉水、淮河以南大部分地区。在北方，各少数民族政权纷争迭起。由氐族人建立的前秦国先后灭掉前燕、代、前凉等割据国，统一了黄河流域。以后又于公元373

年攻占了东晋的梁（今陕西汉中）、益（今四川成都）二州，将势力扩展到长江和汉水上游。前秦皇帝苻坚因此踌躇满志，欲图以“疾风之扫秋叶”之势，一举荡平偏安江南的东晋，统一南北。

公元383年8月，苻坚亲率步兵60万、骑兵27万、羽林郎（禁卫军）3万，共90万大军从长安南下，同时，苻坚又命梓潼太守裴元略率水师7万从巴蜀顺流东下，向建康进军。近百万行军队伍“前后千里，旗鼓相望。东西万里，水陆齐进。”苻坚骄狂地宣称：“以吾之众旅，投鞭于江，足断其流。淝水之战”这就是著名典故“投鞭断流”的来历。

东晋王朝在强敌压境，面临生死存亡的危急关头，以丞相谢安为首的主战派决意奋起抵御。经谢安举荐，晋帝任命谢安之弟谢石为征讨大都督，谢安之侄谢玄为先锋，率领经过7年训练，有较强战斗力的“北府兵”8万沿淮河西上，迎击秦军主力。派胡彬率领水军5千增援战略要地寿阳（今安徽寿县）。又任名桓冲为江州刺史，率10万晋军控制长江中游，阻止秦巴蜀军顺江东下。

10月18日，苻坚之弟苻融率秦前锋部队攻占了寿阳，俘虏晋军守将徐元喜。与此同时，秦军慕容垂部攻占了郧城（今湖北郧县）。奉命率水军驰援寿阳的胡彬在半路上得知寿阳已被苻融攻破，便退守硖石（今安徽凤台西南），等待与谢石、谢玄的大军会合。苻融又率军攻打硖石。苻融部将梁成率兵5万进攻洛涧（在今安徽淮南东），截断淮河交通，阻断了胡彬的退路。胡彬困守硖石，粮草用尽，难以支撑，写信向谢石告急，但送信的晋兵被秦兵捉住，此信落在苻融手里。苻融立刻向苻坚报告了晋军兵少，粮草缺乏的情况，建议迅速起兵，以防晋军逃遁。苻坚得报，把大军留在项城，亲率8千骑兵疾趋寿阳。

苻坚一到寿阳，立即派原东晋襄阳守将朱序到晋军大营去劝降。朱序到晋营后，不但没有劝降，反而向谢石提供了秦军的情况。他说：“秦军虽有百万之众，但还在进军中，如果兵力集中起来，晋军将难以抵御。现在情况不同，应趁秦军没能全部抵达的时机，迅速发动进攻，只要能击败其前锋部队，挫其锐气，就能击破秦百万大军。”谢石起初认为秦军兵强大，打算坚守不战，待敌疲惫再伺机反攻。听了朱序的话后，认为很有道理，便改变了作战方针，决定转守为攻，主动出击。

11月，谢玄派遣勇将刘牢之率精兵5千奔袭洛涧，揭开了淝水大战的序幕。秦将梁成率部5万在洛涧边上列阵迎击。刘牢之分兵一部迂回到秦军阵后，断其归路；自己率兵强渡洛水，猛攻秦阵。秦军惊慌失措，勉强抵挡一阵，就土崩瓦解，主将梁成和其弟梁云战死，官兵争先恐后渡过淮河逃命，1.5万余人丧生。洛涧大捷，极大鼓舞了晋军的士气。谢石挥军水陆并进，直抵淝水（今淝河，在安徽寿县南）东岸，在八公山边扎下大营，与寿阳的秦军隔岸对峙。苻坚站在寿阳城楼上，一眼望去，只见对岸晋军布阵整齐，将士精锐。连八公山上的草木，他也感到类似人形，误认为是晋兵，颇为惊慌，对苻融说：“此亦劲敌，何谓弱也?”这就是著名的典故“草木皆兵”的来历。

由于秦军紧逼淝水西岸布阵，晋军无法渡河，只能隔岸对峙。谢玄就派使者去见苻融，用激将法对他说："君悬军深入，而置阵逼水，此乃持久之计，非欲速战者也。若移阵少却，使晋兵得渡，以决胜负，不亦善乎?"秦军诸将都表示反对，但苻坚认为可以将计就计，让军队稍向后退，待晋军半渡过河时，再以骑兵冲杀，这样就可以取得胜利。苻融对苻坚的计划也表示赞同，于是就答应了谢玄的要求，指挥秦军后撤。但秦兵士气低落，结果一后撤就失去控制，阵势大乱。谢玄率领8千多骑兵，趁势抢渡淝水，向秦军猛攻。朱序则在秦军阵后大叫："秦兵败矣！秦兵败矣！"秦兵信以为真，于是转身竞相奔逃。苻融眼见大势不妙，急忙骑马前去阻止，以图稳住阵脚，不料战马被乱兵冲倒，被晋军追兵杀死。失去主将的秦兵越发混乱，彻底崩溃。前锋的溃败，引起后续部队的惊恐，也随之溃逃，行成连锁反应，结果全军溃逃，向北败退。秦军溃兵沿途不敢停留，听到风声鹤唳，都以为是晋军追来（这就是著名典故"风声鹤唳"的来历）。晋军乘胜追击，一直到达寿阳附近的青冈。秦兵人马相踏而死的，满山遍野，充塞大河。苻坚本人也中箭负伤，逃回至洛阳时仅剩10余万。

晋军收复寿阳，谢石和谢玄派飞马往建康报捷。当时谢安正跟客人在家下棋。他看完了谢石送来的捷报，不露声色，随手把捷报放在旁边，照样下棋。客人知道是前方送来的战报，忍不住问谢安："战况怎样?"谢安慢吞吞地说："孩子们到底把秦人打败了。"客人听了，高兴得不想再下棋，想赶快把这个好消息告诉别人，就告别走了。谢安送走客人，回到内宅去，他的兴奋心情再也按捺不住，跨过门槛的时候，跟踉跄跄的，把脚上的木屐的齿也碰断了。这是著名的典故"折屐齿"的来历。

淝水之战，前秦军被歼和逃散的共有70多万。唯有鲜卑慕容垂部的3万人马尚完整无损。苻坚统一南北的希望彻底破灭，不仅如此，北方暂时统一的局面也随之解体，再次分裂成更多的地方民族政权，鲜卑族的慕容垂和羌族的姚苌等他族贵族重新崛起，各自建立了新的国家，苻坚本人也在两年后被姚苌俘杀，前秦随之灭亡。此战的胜利者东晋王朝虽无力恢复全中国的统治权，但却有效地遏制了北方少数民族的南下侵扰，为江南地区社会经济的恢复和发展创造了条件。

淝水之战确定了南北朝的长期分裂。以后南朝宋的刘裕于公元417年入长安，但是部队将领在关中发生内讧，得而复失。450年北魏的拓跋焘从黄河北岸一路穿插，推进到长江北岸，但是北人难以适应南方气候，将士染病甚多，不能久驻。侯景反复叛变，先叛北齐而投奔南梁，后又叛梁自立为主，也曾于公元548年陷建康，不久即为部下所杀，都去统一全国的目标甚远。直到公元589年才有继承北周的隋文帝杨坚的"天下大同""区宇一家"。至此已去淝水之战206年。

淝水之战也成为以少胜多的著名战例，载入军事史，对后世兵家的战争观念和决战思想产生着久远影响。

五胡十六国时期，基本完成北方统一的前秦与盘踞江左的东晋政权于公元383年在淮南淝水展开了一场"规模惊人"的大战。这是一场北国勇武雄健之风与江左雍容散淡之气的世纪对决，也是一次决定五胡时代中国命运的交锋。这场战争的结果完全出乎当时很多人的意料之外，史书告诉我们，东晋军队以少胜多，八万晋军战胜了号称九十七万的前秦大军。

这场令人错愕不已的战争，所引发的影响和余波远远超出了战争本身，中国中古时代三世纪、四世纪的政治格局因此发生了改变。淝水之战直接导致了前秦统治的分崩离析，后来前秦主苻坚也被叛乱者姚苌缢杀。而偏居江左的东晋，则赖此战得以继续维持其政权，汉文化正朔也藉此传承下来。中国大分裂、大混乱的局面不但未能终结，还愈演愈烈，南北统一，被整整推后了两个世纪。可以说，没有前秦在淝水之战后的崩溃，就不会有拓拔氏北魏的崛起，长达一百六十余年的南北朝也无从谈起，更遑论承袭于北魏北周的隋唐时代了。

官渡之战

官渡之战发生在东汉末年三国鼎立局势形成之前。当时，东汉王朝已经名存实亡，各地、州豪强官吏以镇压黄巾起义为名占据地盘，扩大、发展势力范围，形成了许多大大小小的割据势力。这些割据势力之间连年争战，互相兼并，全国上下出现了军阀混战局面。

当时割据武装集团主要有：河北的袁绍，兖豫的曹操，徐州的吕布，扬州的袁术，江东的孙策，荆州的刘表，幽州的公孙瓒，南阳的张绣等等。在这些割据武装势力中，袁绍与曹操的势力较强。袁绍出身于世代官僚地主家庭，人称“袁氏四世三公”（三公：是指当时掌握最高军政大权的 3 个官——太尉、司徒、司空，袁氏四代都做这 3 个官，故称四世三公）。他是东汉末年官僚大地主的代表人物，在公元 195 年，袁绍经过几番征战，已经占有冀州、青州、并州、幽州，是一支地广兵多、势力较强的割据力量。

曹操出身于官僚地主家庭。公元 184 年，他参加了镇压黄巾军起义，后升为西园新军的典军校尉。他曾经参加反对董卓之战，并投靠于袁绍。在镇压黄巾起义的战斗中，曹操组成并发展了自己的武装力量，与袁绍势力分离。至公元 196 年，曹操已占有了兖州、豫州地区，成为黄河以南的一支较强的割据势力。

曹操与袁绍两大割据集团，到公元 199 年夏，大致形成了沿黄河下游南北对立的局面。袁绍在败了河北的公孙瓒后，就已将整个河北地区都控制在自己的手中，为了进一步称霸中原，袁绍准备南下与曹操决战。当时，袁绍拥军 10 万，具有较强的实力；曹操不仅兵力不如袁绍众多，且南面有荆州刘表、江东的孙策与他为敌，处于不

利的地位。但是曹操客观地分析了袁绍兵多但内部不团结，而且袁绍性格疑忌，骄傲轻敌，常常贻误有利战机的情形，决定以自己所能集中的近万兵力抗击袁绍的进攻。公元200年，袁、曹两军在官渡作战。在这场战斗中，曹操善于捕捉战机，能够根据战场势态的发展灵活地变换战术，以正兵抵挡袁军的进攻，以奇兵袭击袁军的屯粮库，烧毁了袁军的全部粮草，使袁军国心动摇，内部分裂，最后击败了袁军，创造了中国历史上以弱胜强的著名战例。

公元199年，袁绍谋划南下进攻曹操的统治中心许昌。袁绍手下的谋士诅授、田丰以为袁军与公孙瓒作战3年，军队已相当疲劳，应先"务农逸民"，休养生息，以增强经济与军事力量。他们主张暂时不急于攻打曹操。但是，袁绍的另外两个谋士审配、郭图则力主马上出兵攻曹。袁绍采纳了审配、郭图的意见，挑选精兵十万，战马万匹，陈兵黄河北岸，准备伺机渡河，同曹操决战。

袁绍举兵南下的消息传到许昌，曹操手下的一些部将为袁绍表面的优势所吓倒，认为袁军强不可敌。但曹操很了解袁绍，他对将士们说，袁绍野心虽大，但缺少智谋，表面上气势汹汹，而实际上，谋略不足；他疑心重且忌人之能，兵虽多但组织指挥不明而且将帅骄傲、政令不一。因此，战胜他是有把握的。曹操的谋士荀或也分析了袁绍军队的情况，认为袁军内部不团结，将帅、谋士之间矛盾重重，并非坚不可摧。曹操与荀或的分析，增强了曹军战胜袁军的信心。曹操经过对敌我双方兵势情况的分析，决定采取以逸待劳，后发制人的战略方针。他将主力调到黄河南岸的官渡（官渡是夺取许昌的必经之地），以阻挡袁军的正面进攻，同时派卫凯镇抚关中地区，以魏种守河内，防止袁绍从西路进犯；又派臧霸等率兵从徐州入青州，从东方钳制袁绍军队；派于楚屯守黄河南岸的重要渡口延津（今河南延津北），协助扼守白马（今河南滑县东，在黄河南岸）的东郡太衬刘延，阻滞袁绍军渡河和长驱南下进攻。

公元199年12月，正当曹操布置对袁绍的作战计划的时候，刘备起兵，占领了曹操征服吕布后占驻的徐州及下邳等地，并派关羽驻守。东海及附近郡县亦多归附刘备。刘军增至数万人，并与袁绍联系打算合力进攻曹操。

曹操为了避免两面作战，打算首先击破刘备。公元200年正月，曹操亲率精兵东击刘备，将刘备击败。当刘、曹作战时，袁绍的谋士田丰建议袁绍袭击曹军的后方，袁绍犹豫不决，没有采纳田丰的建议。因此，曹操顺利地击败了刘备，使刘备只身逃往河北投靠了袁绍，然后及时返回官渡继续抵御袁绍的进攻。

公元200年正月，袁绍发布声讨曹操的檄文。2月，袁绍大军开进黎阳（今河南浚县东北），把这里作为指挥部，企图渡河寻求曹军主力决战。袁绍首先派大将颜良进攻白马的东郡太守刘延，夺取黄河南岸要点，以保障主力渡河。颜良率军渡过黄河，直扑白马与刘延交战，刘延在白马坚守城池，士兵伤亡严重。这时，曹操的谋士荀攸向曹操献计说：我军兵少，集结在官渡的主力也只有3、4万人，要对付袁绍众多的兵力，正面交锋恐怕不易得手，应设法分散袁绍的兵力。他提议曹操引兵先到延津，佯装要渡河攻击袁绍后方，这样，袁绍必然分兵向西；然后我军再派轻装部队迅速袭击进攻白马的袁军，攻其不备，一定可以击败颜良。曹操采用了荀攸这一声东击西之计，袁绍果然分兵增援延津。曹操见袁绍中计，立即调头率领轻骑，派张辽、关羽为前锋，急趋白马。曹军在距白马十余里路时，颜良才发现他们。关羽迅速地迫近颜良军，乘其措手不及，刺颜良于万众之中。袁军大乱，纷纷溃散。

袁绍围攻白马失败，并丧失了一员大将，十分恼怒。曹操解了白马之围之后，便沿黄河向西撤退。袁绍率军渡河追击曹操，这时沮授又谏阻袁绍说：军事上的胜负变化应仔细观察。现在最好的办法还是驻黄河北岸，分兵进攻官渡，若能攻下，大军再过河也不为晚；如果贸然南下，万一失败就有全军覆没的危险。袁绍骄傲自负，根本不听他的劝告。沮授见袁绍如此固执，便推说有病向袁绍要求辞职，袁绍不准，还把他统领的军队交给了郭图指挥。

于是，袁绍领军进至延津以南，派大将文丑与刘备率兵追击曹军。曹操命令士卒解鞍放马，又故意将辎重丢弃道旁，引诱袁军。待袁军逼近争抢辎重时，曹操才命令上马，突然发起攻击，打败了袁军，杀了文丑，顺利地退回官渡。

白马、延津两次战斗是官渡大战的前哨战。袁军虽初战失利，但兵力仍占优势。7月，袁绍进军阳武（今河南中牟北），准备南下进攻许昌。这时沮授又劝袁绍说：我方士兵虽多，但不及曹军勇猛。曹操的粮食、物资不如我们多，速战对曹军有利而对我们不利，我们应用旷日持久的办法消耗曹军的实力。但是袁绍仍然不听。袁军于8月逼近官渡，双方在官渡相对峙。

曹军在官渡设防，想寻找时机打击袁军。9月间，曹操向袁绍军发起了一次进攻，但未能取胜。此后，曹操便深沟高垒，固守阵地。袁绍见曹军坚壁不出，便命令士兵在曹军营外堆起土山，砌起高楼，用箭射击曹军。曹营士兵来往行走都得用盾牌遮蔽身体或匍匐前进。曹操发明了一种抛发石块的车子，发射石块将袁军的壁楼击毁。袁军又挖掘地道以攻曹军，曹操则命令士兵在营内挖掘长沟来截断袁军地道。这样双方之间你来我挡地相持了大约3个月。在相持的过程中，曹操产生了动摇，他觉得自己兵少，粮食也不足，士卒极为疲劳；后方也因袁绍派刘备攻击于汝南、颖川之间而不太稳定，这样长期与袁绍周旋相当危险。因此曹操便想退还许昌。他写信给留守许昌的荀或，征求他的意见。荀或回信建议曹操坚持下去，他指出：曹军目前处境困难，同样袁军的力量也几乎用尽，这个时候正是战势即将发生转折的时刻，也是用奇之时，不能失去即将出现的战机，这时谁先退却谁便会陷入被动。曹操听取了他的意见，一方面决心坚持危局，加强防守，命负责供给粮秣的官员想法解决粮草补给问题；另一方面则积极寻求和捕捉战机，想给袁军以有力的打击。

曹操决定以截烧袁军粮食的办法争取主动。他先派人把袁绍将领韩猛督运的数千辆粮车截获烧掉了。不久，袁绍又把1万多车粮食集中在乌巢，派淳于琼等率军守护。沮授鉴于前次粮草被烧，便建议袁绍另派一支部队驻扎在淳于琼的外侧，两军互为犄角，防止曹军抄袭。袁绍觉得此举多余，没有采纳。

袁绍的另一谋士许攸向他献策说：“曹操兵少，集中力量与我军相持，许昌一定

空虚，我们可以派一支轻骑日夜兼程袭击许都。这样可以一举拔取；即使许都拿不下来，也会造成曹操首尾不相顾，来回奔命的局面，也可以进而打败他。”袁绍却傲慢地说：“不必，我一定要在此擒住曹操。”他拒绝这一出奇制胜的建议，继续与曹操相持。

恰巧在此时，许攸的家属在邺城犯了法，被留守邺城的审配关押起来了。许攸一怒之下，星夜离开袁营，投降了曹操。曹操热情地迎接他。许攸见曹操重视自己，就向他介绍袁军的情况并献计说：袁绍的辎重粮草有1万多车在故氏、乌巢，屯军防备不严，如果以精兵袭击，出其不意烧掉他的粮草，不出3天，袁绍必定失败。”这时，粮食是关系到双方胜败的关键，曹操当时只有1个月的军粮，许攸的建议，正符合曹操寻找战机出奇制胜的重要一着，毫不迟疑地立即实行。他留曹洪、荀攸等守大营，自己亲率步骑5000前往攻打乌巢。

曹军一行一律改穿袁军的服装，用袁军的旗号，夜间从偏僻小道向乌巢进发。途中，他们遇到袁军的盘问，曹军诡称是袁绍为巩固后路调派的援军，骗过了袁军的盘问。到达后，他们立即放火烧粮。袁军大乱，淳于琼等仓促应战。黎明时，淳于琼见曹军人少，就冲出营垒迎战曹军。曹操挥军冲杀，淳于琼又退回营垒坚守。袁绍得知这一情况后，又作出了错误的决策。他不派重兵增援淳于琼，反而认为这是攻下官渡的好机会。他命令高览、张合等大将领兵去攻打曹军大营。张合指出这样做很危险，曹操领精兵攻打乌巢，如果乌巢有失，事情就不好办了。张合主张先救乌巢。但袁绍手下的谋士郭图迎合袁绍的意图，坚决主张攻打曹营，他认为攻打曹营，曹操必定引兵回救，这样，乌巢之围就会自解。于是袁绍只派少量军队救援乌巢，而以主力攻官渡的曹营，曹营十分紧固，一时攻打不下。

曹操得知袁军进攻自己大本营的消息后，并没有马上回救，而是奋力击溃淳于琼的军队，决心将袁绍在乌巢积存的粮食全部烧掉。这时，袁绍增援的骑兵迫近乌巢，曹操左右的人请求他分兵去阻挡。曹操没有分兵，说：“等敌人到了背后再报告!”这样，曹军士卒都与敌军殊死决战，最后大破淳于琼军，杀了淳于琼并将其全部粮草烧毁。

乌巢粮草被烧光的消息传到袁军前线，袁军军心动摇。原来反对张合用重兵救援乌巢主张的郭图等害怕袁绍追究自己的责任，就在袁绍面前说张合为袁军失败而高兴。张合遭到了中伤，既气愤又害怕，便与高览一起焚毁了攻战器具，投降了曹操。这使得袁军军心更加惶惑，军队不战自乱。这时，曹操趁机率军全面发起攻击，迅速消灭了袁兵7万多人，袁绍仓皇退回了河北。官渡之战以曹胜袁败而告结束。

官渡之战中，曹操之所以能够以弱胜强，首先在于他在谋略上高于袁绍。在袁绍以绝对优势的兵力来进攻他时，他能够客观地分析敌我双方的优势与劣势，制订出以逸待劳，后发制人的作战方针。在具体实施时，也能够抓住要害。这一点可以从曹操选择官渡作为主要战场上看得出来。曹操一开始就把主力布置在官渡，而不是沿黄河处处设防，这是因为官渡地处鸿沟上游，濒临汴水。鸿沟运河西连虎牢、巩、洛要

隘，东下淮泗，为许昌北、东之屏障。因此，官渡是袁绍夺取许昌的必争之地。守住了官渡，就能扼其咽喉，使袁不得进，为反攻歼敌创造了条件。其次，曹操的胜利还在于他精通兵法，并能够灵活运用。在白马、延津前哨战中，曹操以佯攻示形于敌，调动袁军并分散了他们的兵力；在白马初战告捷领兵撤退时，能以利诱敌，以卒待敌，最后击败了袁军，顺利地退回官渡。在决战中，曹操善于听取部下的正确意见与建议，懂得在敌强我弱的形势下只有灵活地变换战术，正奇并用才能变被动为主动的道理。因此他积极创造有利于自己的战略态势，在得知袁军将全部粮草聚集在乌巢又疏于防守的信息后，一举烧毁了袁军的全部粮草，为主力部队战胜敌军奠定了坚实的基础。

官渡之战是孙子兵法所说用兵作战“以正合，以奇胜”的极好印证。袁绍的失败，败在他不知择人而任势，不懂战术的变换。他只知正面作战，不懂正奇并用；同时又骄傲自负，不能听取下属的正确意见，以至于常常坐失良机，最后将原有的兵力优势丧失殆尽。

孙子兵法　六、虚实篇

原文

孙子曰：凡先处战地而待敌者佚，后处战地而趋战者劳。故善战者，致人而不致于人。能使敌人自至者，利之也；能使敌人不得至者，害之也。故敌佚能劳之，饱能饥之，安能动之。

出其所不趋，趋其所不意。行千里而不劳者，行于无人之地也；攻而必取者，攻其所不守也。守而必固者，守其所必攻也。故善攻者，敌不知其所守；善守者，敌不知其所攻。微乎微乎，至于无形；神乎神乎，至于无声，故能为敌之司命。

进而不可御者，冲其虚也；退而不可追者，速而不可及也。故我欲战，敌虽高垒深沟，不得不与我战者，攻其所必救也；我不欲战，虽画地而守之，敌不得与我战者，乖其所之也。

故形人而我无形，则我专而敌分。我专为一，敌分为十，是以十攻其一也。则我众敌寡，能以众击寡者，则吾之所与战者约矣。吾所与战之地不可知，不可知则敌所备者多，故所备者多，则吾所与战者寡矣。故备前则后寡，备后则前寡，备左则右寡，备右则左寡，无所不备，则无所不寡。寡者，备人者也；众者，使人备己者也。

故知战之地，知战之日，则可千里而会战；不知战之地，不知战日，则左不能救右，右不能救左，前不能救后，后不能救前，而况远者数十里，近者数里乎！以吾度之，越人之兵虽多，亦奚益于胜哉！故曰：胜可为也。敌虽众，可使无斗。

故策之而知得失之计，作之而知动静之理，形之而知死生之地，角之而知有余不足之处。故形兵之极，至于无形。无形，则深间不能窥，智者不能谋。因形而措胜于

众，众不能知。人皆知我所以胜之形，而莫知吾所以制胜之形。故其战胜不复，而应形于无穷。

夫兵形象水，水之形，避高而趋下，兵之形，避实而击虚。水因地而制流，兵因敌而制胜。故兵无常势，水无常形。能因敌变化而取胜者，谓之神。故五行无常胜，四时无常位，日有短长，月有死生。

译文

孙子说，大凡先期到达战地等待敌军的就精力充沛、主动安逸，而后到达战地匆忙投入战斗的就被动劳累。所以，善战者调动敌人而决不为敌人所调动。能够调动敌人使之自动前来我预想的战地，是用利益来引诱；能使敌人不能先我来到战场，是设置障碍、多方阻挠的结果。所以，敌人若处军安逸，能使之疲劳；若敌人粮食充足就能使之匮乏；若敌人安然不动，就能使他不得不行动起来。

通过敌人不设防的地区进军，在敌人预料不到的时间，向敌人预料不到的地点攻击。进军千里而不疲惫，是因为走在敌军无人抵抗或无力抵抗的地区，如入无人之境。我进攻就一定会获胜，是因为攻击的是敌人疏于防守的地方。我防守一定稳固，是因为守住了敌人一定会进攻的地方。所以善于进攻的，能做到使敌方不知道在哪防守，不知道怎样防守。而善于防守的，使敌人不知道从哪进攻，不知怎样进攻。深奥啊，精妙啊，竟然见不到一点形迹；神奇啊，玄妙啊，居然不漏出一点消息。所以能成为敌人命运的主宰。

进攻时，敌人无法抵御，那是攻击了敌人兵力空虚的地方；撤退时，敌人无法追击，那是行动迅速敌人无法追上。所以我军要交战，敌人就算垒高墙挖深沟，也不得不出来与我军交战，是因为我军攻击了它非救不可的要害之处；我军不想与敌军交战，虽然只是在地上画出界限权作防守，敌人也无法与我军交战，原因是我已设法改变了敌军进攻的方向。

所以，使敌军处于暴露状态而我军处于隐蔽状态，这样我军兵力就可以集中而敌军兵力就不得不分散。（如果敌我总兵力相当），我集中兵力与一点，而敌人分散为十处，我就是以十对一。这样，（在局部战场上）就出现我众敌寡的态势，在这种态势下，则我军所与战者用力少而成功多也。敌军不知道我军所预定的战场在哪里，就会处处分兵防备，防备的地方越多，能够与我军在特定的地点直接交战的敌军就越少。所以防备前面，则后面兵力不足，防备后面，则前面兵力不足，防备左方，则右方兵力不足，防备右方，则左方兵力不足，所有的地方都防备，则所有的地方都兵力不足。兵力不足，全是因为分兵防御敌人；兵力充足，是由于迫使敌人分兵防御我。

所以，既预知与敌人交战的地点，又预知交战的时间，即使行军千里也可以与敌人交战。不能预知与敌人交战的地点，又不能预知交战的时间，仓促遇敌，就会左军不能救右军，右军不能救左军，前军不能救后军，后军不能救前军，何况远的相距十里，近的也有好几里呢。依我对吴国所作的分析，越国虽然兵多，但对他的胜利又有什么帮助呢？所以说：胜利是可以创造的，敌人虽然兵多，却可以使敌人无法有效地参加战斗。

通过仔细分析可以判断敌人作战计划的优劣得失；通过挑动敌人，可以了解敌方的活动规律；通过“示形”，可以弄清地形是否对敌有利；通过试探性进攻，可以探明敌方兵力布置的强弱多寡。所以，示形诱敌的方法运用得极其巧妙时，一点破绽也没有。到这种境地，即使隐藏再深的间谍也不能探明我的虚实，智慧高超的敌手也想不出对付我的办法。根据敌情采取制胜的策略，即使摆在众人面前，众人也理解不了。人们都知道我克敌制胜的方法，却不能知道我是怎样运用这些方法制胜的。所以战胜敌人的战略战术每次都是不一样的，应适应敌情灵活运用。

兵的性态就象水一样，水流动时是避开高处流向低处，用兵取胜的关键是避开设防严密实力强大的敌人而攻击其薄弱环节；水根据地势来决定流向，军队根据敌情来采取制胜的方略。所以用兵作战没有一成不变的态势，正如流水没有固定的形状和去向。能够根据敌情的变化而取胜的，就叫做用兵如神。金、木、水、火、土这五行相生相克，没有哪一个常胜；四季相继相代，没有哪一个固定不移，白天的时间有长有短，月亮有圆也有缺。万物皆处于流变状态。

战例

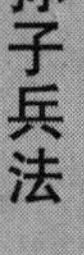

袁崇焕炮击努尔哈赤

1616年，努尔哈赤建立后金。此后，他见明边关防务松弛，就不断发动进攻，到1622年，关外的大片土地已归后金，并且直接威胁山海关。

明廷一片慌乱：究竟是退守关内，还是在关外拒敌？大臣们分持两种意见，议而不决。想派人去关外指挥，又愁没人！

正当此时，刚从关外实地调查归来的兵部职方主事袁崇焕自告奋勇去守辽东。于是袁崇焕立刻被破格提升为佥事，星夜赶奔关外监督军事。

袁崇焕到任后，主张积极防御，“坚守关外，以捍关内”，决定在山海关外的宁远（今辽宁兴城）建立防线。因为宁远地形险要，东边是滔滔的渤海，西面是高高的群山，还可以和峙立海中的觉华寺互为犄角。在此设防，就可以扼住入关的通道。而辽东经略王在晋则主张“重点设险，卫山海以卫京师”，坚持要在山海关外八里铺筑重关。这无疑是一种消极防御的方针。两人意见不合，袁崇焕只好以书面形式上报京师。

不久，朝廷即派兵部尚书孙承宗来山海关，孙承宗是个很有眼光的人，他通过实地调查，支持了袁崇焕，并委派他去宁远驻防。

袁崇焕到宁远后，见城墙只修了三分之一，且厚度和高度都不够，立即下令修筑城墙，要求墙基宽3丈，墙头宽2丈4尺，墙高3丈3尺，还在城墙头上修了6尺高

的射箭护身墙，宁远成了一个坚固的军事重镇。公元1624年，袁崇焕得孙承宗批准，又把防线向前推进200里，形成了以宁远、锦州为重点的宁锦防线。

在此关键时刻，朝廷派胆小如鼠的高弟接替孙承宗的职务，他不顾袁崇焕的坚决反对，把锦州、右屯等地的守军全撤回了山海关，仓猝之间，连十多万石军粮也丢弃了。努尔哈赤得知明辽东前线换了主帅，前线防务自动撤离，立即调十三万大军，浩浩荡荡地杀了过来。宁远城共有一万多兵马，袁崇焕只好让百姓全部退入城中，烧掉所有民房，不给敌人留下任何掩体。

1月24日，努尔哈赤开始攻城。袁崇焕早已命人用水泼在城墙上，冻了一层冰，惯于爬城的后金兵怎么也爬不上这光溜溜的城墙。金兵又搬来云梯、撞车，努尔哈赤亲自督战，大批骁勇的主兵头顶盾牌，前仆后继。袁崇焕在城头上指挥明军用石头、弓箭、各种火器狠狠打击。但明军炮石、火器有限，又无援军，只利速战。袁崇焕令炮手对准金兵密集的地方轰击，金军成片成片地倒下，努尔哈赤只好收兵。

第二天，努尔哈赤又调集铁甲军顶着盾牌，分十几处登城。后金军箭如飞蝗越过城墙，眼看各处人马拥了上来，明军将士们急得直跺脚，可袁崇焕就是不许开炮，直等金兵接近城下，他才下达命令。霎时炮声震动天地，金兵死伤不计其数，侥幸未伤者仓皇逃命，互相践踏，连努尔哈赤也受了重伤，只得退兵，明军出城追杀金兵，大胜而归。

班超鄯善国先发制人

公元13年，汉明帝派班超率领36名将士出使西域，想跟西域各国建立友好关系。

班超首先到了鄯善国，国王热情接待了他们。可是没几天，国王突然对他们冷淡起来。班超想：准是匈奴使者也到了鄯善国，匈奴人多势众，国王惧怕匈奴人，当然就冷淡我们了。

恰在此时，鄯善国侍者来送饭，班超突然问道："匈奴使者住在哪？"鄯善国本来对这件事瞒得很严，不料被班超一语说破，侍者以为班超早已知道此事，只好如实奉告。班超立即把侍者扣留起来，对随行的36人说道："匈奴人刚到这里，国王的态度就变了，如果他派兵把我们抓起来交给匈奴人，那还有活命吗？"

众人都道："事到如今，只有同舟共济，生死关头，一切听从将军指挥！"

"不入虎穴，焉得虎子!"班超奋然说，"我们只有杀了匈奴使者，才能断绝鄯善国王投靠匈奴人的念头。"

当晚，气温骤降，飞沙走石，班超率30余轻骑，顶着寒风，直奔匈奴人驻地。接近营寨之时，班超命十人持鼓，绕到营寨后面，叮嘱他们见前面火起，就击鼓呼喊，虚张声势；又命二十人各持弓箭、刀枪，摸到敌营前埋伏。一切布置停当，班超率领数骑冲进敌营，顺风放火。霎时，火光四起，战鼓声，喊杀声响成一片。匈奴人从梦中惊醒，惊慌失措，顿时乱做一团。班超一马当先，连杀三人，部下一拥而上，匈奴使者和30多随从当场被砍死，余下的100多名匈奴士卒全部葬身火海，班超部下无一人伤亡。

第二天，班超将匈奴使者的头扔在鄯善国王的脚下，鄯善国王吓得面如土色。班超乘机向他宣传汉朝的威德，劝他与汉和好。鄯善国王本来对匈奴经常来勒索财物不满，又见汉使者有勇有谋，当即答应与汉朝建立友好关系。

由于班超主动出击，取得了出使西域的第一个胜利。以后，他又处处争取主动，避免被动，先后使于阗间、疏勒等西域诸国归服了汉朝。此后，他治理西域30多年，为当地的发展做出了巨大的贡献。

耳环的妙用

孟尝君是战国时期有名的四公子之一，在齐国担任相国的重要职务。这一年，齐王的夫人死了，孟尝君为此大伤脑筋：齐王要立谁为夫人呢？倘若是个与自己做对的人，那就麻烦了，搞不好，相国要职也会被别人夺走。

齐王有七名宠妾，个个如花似玉，齐王经常与六名宠妾在一起。孟尝君想："齐王要立夫人肯定会从这六人中挑选一位，不过，哪一位是齐王最喜欢的呢？"孟尝君想来想去，想到了一个好主意，他命人制作了七个耳环，每个耳环都用上等美玉制作，其中一个耳环最精巧、最珍贵，然后把六个耳环献给齐王，齐王看到这么精美的耳环，立刻高兴地把它们赐给了六个宠妾。

过了几天，孟尝君再次进宫会见齐王，悄悄地观察齐王身边的七位美人，见她们都戴上了自己进献的耳环，其中一位美人戴上那一对特殊的耳环更显得楚楚动人。告别齐王回府后，孟尝君立即命人起草奏章，劝齐王立那位楚楚动人的美女为夫人。齐王接奏，正合心意，便立最中意的美人为夫人。

那位当上了夫人的美人身价倍增，自然不会忘记孟尝君，所以孟尝君还是平平安安地做他的相国，齐国百姓也因此安居乐业。

"一品脱汗"与"一加仑血"

美国四星上将巴顿有一句名言："平时一品脱汗，可节省战时一加仑的血。"巴顿

在北非的作战经历是对这句话的最好诠释。

1942年初，巴顿将军意识到自己所率领的部队迟早要开往北非作战，于是模拟北非的实战环境，在因迪奥附近的沙漠中建造了一个训练中心。训练中心的气温经常高达48摄度，令全军将士叫苦不迭。即使是这样，巴顿将军毫不“心软”，他命令全体将士每天只许带一壶水，当一天的艰苦训练结束时，还要命令各级军官率部下在沙漠里跑上一英里。巴顿将军则率先垂范，与士兵们跑在一起。“残酷”的训练磨练了全军将士的意志，从精神和物质两个方面为开赴北非作战作好了准备。

不久，赴北非作战的命令下达了。巴顿将军率部队进入北非后，迅速适应了北非的沙漠环境和气候，他的部队攻无不克、战无不胜、屡建奇功。直到这时候，全军将士才深深领悟了流淌在因迪奥训练中心的汗水的价值。

“铁娘子”金·坎贝尔

别以为一提起“铁娘子”就是英国前首相撒切尔夫人，加拿大前女总理金·坎贝尔在性格和作风两方面丝毫不逊于撒切尔夫人。

坎贝尔于1985年步入政界，当时的总理马尔罗尼慧眼识才，将其提升为司法部长兼总检察长。坎贝尔上任伊始就夸下海口：她作为司法部长的所做所为让人永远铭记。人们还来不及对坎贝尔的大话作出评论，坎贝尔已连续实施了三项重大决定：（一）保证公民和政府之间的关系公平合理；（二）采取各种措施加强社会保护；吸收各种新思想。在坎贝尔的积极主张和推动下，政府通过了严厉的反强奸法和枪支管理法，严肃处理了多桩棘手案件。坎贝尔从此令人刮目相看！

坎贝尔的雷厉风行及强硬作风深得马尔罗尼赞赏。1993年1月，马尔罗尼任命坎贝尔为国防部长——由一位与军队素无渊源、连一点军事常识也不懂的女人统帅三军，这在加拿大以及整个北约军事组织之中都是史无前例的。

坎贝尔以自己的行动消除了人们对她的怀疑：重新研究削减防务预算计划：购买50架英意合作生产的直升机以加强加拿大空军力量。

坎贝尔的名声与日俱增。正在这时，在任已达9年之久的总理马尔罗尼宣布要辞去总理一职，由一位新人来领导加拿大。坎贝尔觉得时机到了，她公开宣布：“我已经成熟，具备干练、冷静、圆滑的个性，完全能够胜任总理职务。”

坎贝尔在充分利用了自己几年来的光辉政绩的同时，大力渲染了对自己有利的诸方因素。例如：在过去的24年中，出任加拿大总理的都是魁北克省人，许多加拿大人希望能有一位非魁北克人出任，坎贝尔正是这样的人选。又如：美国新任总统克林顿上台后大刮“变革”之风，许多加拿大人也希望国内会发生“变革”，坎贝尔一直被视为当代新一代的代表，在她身上充分体现了“新形象、新时代、以至新性别”。

尽管如此，坎贝尔仍丝毫不敢懈怠，她说：“对于竞选，绝不能头脑发热，这一点很重要。许多人都栽在这上面。”

1993年6月13日，坎贝尔终于以52．7%的选票入主总理府，令西方政坛和整个世界为之一惊。

未雨绸缪，巧觅“知音”

北京东方化工厂是一所靠引进国外先进技术、先进设备，以生产丙烯酸为主的化工厂。这所化工厂年生产能力为3．8万吨，据调查，当时国内市场年所需丙烯酸量仅为1万吨，这样，工厂尚未投产，产品就面临“过剩”的窘况。

丙稀酸是一项填补国内空白的重要化工产品，但是，产品没有销路又是个关系到工厂前途和命运的大问题。工厂领导在经过慎重考虑后，决定采用建厂和开发市场同步进行的策略。

整整二年，化工厂的20多位化工专家走遍了除西藏、台湾以外的全国29个省、市、自治区，深入到252个不同行业的企业进行了调查，摸清了丙烯酸的市场脉胳，以崭新的方式开发丙烯酸的新市场。

（一）“试用”，东方化工厂投资40万元，从国外买回300吨丙烯酸及酯，以低价“赠送”给全国各地需要使用丙烯酸的工厂企业，请这些企业“试用”，并坦言相告：将来东方化工厂的产品就是这样，如果有异，保证退货。

（二）“开发”。河南新乡化工四厂本来不需要丙烯酸这种原料，东方化工厂大胆地把石油研究院研制的泥浆处理剂成果介绍给新乡化工四厂，同时送去20吨丙烯酸供他们使用。结果，河南新乡化工四厂名声鹊起，成了大庆油田和胜利、中原等几个大油田的主要供货者；同时，新乡化工四厂也成了东方化工厂的最大主顾之一。

东方化工厂高瞻远瞩，未雨绸缪，巧觅“知音”，使其充分掌握了市场的主动权。工厂投产后，连年获得大发展。

反过来试一试

日本横滨市有一位不动产推销员，他在推销市南区一块4000平方米的土地时，费了九牛二虎之力，却屡“推”屡败，最后这位推销员也灰心丧气了。

其实，这块土地的地理位置及其它条件都不惜，唯一的缺点是噪音较大，推销员每次都是向客户大谈这块土地的好处，尽力掩盖它的不足，而客户们一旦实地考察，立刻就发现了它的噪音问题，这就是推销员受挫的原因，一个朋友向推销员建议：“为什么不反过来试一试呢?”

不久，又一位客户来了。推销员了解到客户是川崎市人，而且知道客户是住在工厂厂区附近，整天生活在噪音的纷扰之下，于是在向客户介绍这块土地的优越之处后，格外强调了一下这块土地的不足之处。

“只是，这块土地距附近的工厂不算很远，噪音大了些。”推销员说，“这是这块土地较为便宜的原因。如果您不介意，买下它来，还是很合算的。”

推销员把客户带到这块土地上，客户详细地察看了四周的建筑状况，拍着推销员的肩头说：“您是一位诚实的人。原先我还以为噪音有多大呢，比起我在川崎来——我是住在十吨卡车的发动机不停地轰鸣的地方，那要好多了！而且，一到下午5点，这里的噪音就停止了，不像我在川崎的家，整夜轰鸣不止。这块土地我买下了！”

朋友，倘若您也遇到了本文开始时所出现的问题，可否也“反过来试一试”？

苏代劝魏王立太子为相

苏代是战国时期有名的说客。

春秋战国时期的一个耐人寻味的现象是：诸侯各国都拥有一批“游士”，他们把“游士”派到其它国家去担任要职，以获取对自己有利的情报或更大的好处。

这一年，魏国的相国田需死了，相国这一左右国政的要职立刻成为国内、国外政客们关注的焦点。当时，秦国的张仪、齐国的孟尝君、韩国的犀首都在魏国做官，都对相国一职垂涎三尺，楚国的权臣昭鱼担心这三个人掌权，因为谁掌权都对楚国不利，于是急忙向苏代求计。

昭鱼对苏代说：“田需死了，张仪、孟尝君、犀首都想谋取相国一职，他们谁当相国都对楚国不利，趁魏王还没拿定主意，先生赶快想个办法啊！”

苏代问：“您认为谁当相国才会对楚国有利呢？”

昭鱼道：“太子。”

苏代思索了一会儿，说：“好吧，我马上到魏国去，让太子当上相国。”

苏代到了魏国，见到魏王，对魏王说：“我刚从楚国来，楚国的昭鱼很担心魏国的相国一职由谁来担当。我对昭鱼说：‘魏王是位经验丰富的国君，他绝不会选择张仪、孟尝君、犀首中的任何一个人。’”魏王笑道：“你怎么会知道我不会这样做呢？”苏代说：“张仪为相，必然依附秦国！孟尝君为相，与齐结盟无疑；犀首为相，不用说，肯定跟韩国好。大王心中了然，何必问我呢？”魏王连说：“不错！不错！”稍停，又问苏代：“先生认为何人可为相国？”“当然是太子了。”苏代随口答道，“太子为相，张仪、孟尝君、犀首都会去讨好太子，也都会尽心尽力，魏国还有什么后顾之忧！”魏王再一次点头称好。

苏代离开魏国后，魏王果然任命太子为相国。张仪、孟尝君、犀首各从自己的利益出发，互相牵掣，魏国无所作为，昭鱼如愿以偿。

向顾客请罪

日本东京的一家百货公司在晚间停业盘点货物时，发现多了一台“索尼”牌唱机的内件。毫无疑问，这是白天售出唱机时漏装了内件，公司上至经理，下至店员无不

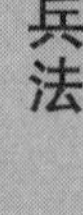

大吃一惊。他们搬出售货发票，一张一张地查对，然后根据发票上的地址、姓名向购买索尼唱机的人一一进行查询，忙了整整一个通宵，天亮以后终于在某旅馆里找到了一位购买了索尼唱机的美国顾客。

美国顾客为唱机没有内件而大动肝火，准备早餐后就去找该公司“算帐”。这时候，电话铃响了，他急忙拿起话筒。

“您好！您在昨天购买了一台索尼唱机，对吗？”

“是的。”美国顾客怒冲冲他说，“可是它没有内件……”

“真对不起！这是我们工作的最大失误，特此向您表示12分的歉意。”

百货公司的工作人员一面在电话里向美国顾客再三道歉，一面通知顾客：公司马上派人把新的唱机给他送去，请他在住处稍候。

过了50分钟，百货公司的一位副经理携一名年轻职员敲开了美国顾客的门，俩人一见到顾客立即鞠大躬，行大礼，并口口声声说是来谢罪的。副经理和年轻职员不但送来了新唱机，加赠著名唱片一张、蛋糕一盒、毛巾一条。年轻职员还郑重地宣读了一份公司的备忘录，上面记载了公司上下是如何通宵达旦地纠正自己所犯下的这一错误的。

美国顾客大为感动，不但一腔怨气没了，而且，在以后很长一段时间，他逢人就讲这件事，日本东京的这家百货公司也因此声誉雀起。

郑州化学试剂厂绝处逢生

1981年5月，初东明就任郑州化学试剂厂厂长。新官上任，初东明没有一丝“春风得意”的感觉——难啊！工厂产品滞销，工人们连工资都发不出去，要开发新产品吧，一时间又弄不出个头绪，初东明的心头怎能不沉甸甸的呢！

但是，初东明没有被困难吓倒，他主动“出击”，四方寻求有利的信息，以求“绝地逢生”。俗话说：“功夫不负有心人。”几经周折，初东明终于了解到一条珍贵的信息，国家商业部的有关部门进口了一批油漆（两万吨），价值9000万元，但这批油漆是按照欧洲地中海区域的特点配制的，在中国却不适应，必须重新配制，否则，全部报废！商业部连连向国内十多家有关工厂求援，但各家工作都不敢承揽这项“美差”，商业部为此大伤脑筋。

初东明心头一震：油漆市场前景看好，本厂是化学试剂厂，揽下这个活完全有条件！可是，几个同事却向他泼了一桶冷水：“人家上千职工的大厂子都不敢揽下这差事，我们这百多号人的小厂却要去啃‘硬骨头’？只怕‘骨头’没‘啃’了，把‘牙’，都崩掉了。”初东明咬咬牙说：“这问题我不是没想过，风险大不大？大！但这同时又是我们厂走出绝境的一个机遇。‘机不可失，时不再来’，我们绝不能犹豫！”

初东明力排众议，果断进京请缨，接下了这项为两万吨油漆重新配方、调制的重任。经过一个多月的苦战，这批拥有多项优点的按地中海气候配制的油漆终于成功地

按照中国人的需要改制好了。油漆一上市，顿时销售一空，当月创产值40万元，初东明又乘胜前进，用四年的时间将工厂年产值提高了20倍，将一个濒临破产的工厂转变为国内同行中的佼佼者。

求师

李斯特·费兰茨是19世纪欧洲新浪漫主义乐派的创始人，欧洲最优秀的钢琴表演艺术家。他从小就显示出无与伦比的音乐天赋。

费兰茨的父亲李斯特·亚当是一位音乐爱好者。每天晚上，小费兰茨都坐在钢琴旁，如醉如痴地听父亲演奏。

一天，亚当问儿子："你记住了一些曲调吗?"小费兰茨奇怪地望着爸爸："怎么是'一些'呢？我全都记住了!"

"真的?"父亲有些不相信，他考了考儿子，一切都跟儿子说的一样，又惊又喜的父亲于是开始教儿子唱歌、弹琴。这时，费兰茨刚5岁。

小费兰茨整天泡在钢琴旁，他以比一个中等程度的孩子快十倍、百倍的速度推动着当老师的父亲如何授课。很快，父亲面临了一个尴尬的局面：他已没什么新东西可以传授给儿子了，而且，儿子在识谱方面更显出异乎寻常的才能，在他面前放一本乐谱，只要让他看一眼，就马上能演奏，拿走乐谱他可以凭记忆演奏全曲!

到维也纳去，给儿子找一位真正的导师。

亚当找到他的上司，请求帮助，"公爵大人，我是您的多波尔扬牧羊场的首席会计员，我卑贱地请求您允许我那名叫费兰茨的儿子为您进行表演。"

公爵也是一个音乐迷，他答应了亚当，并让亚当把儿子带到他面前，然后，他拿来一本乐谱放在钢琴架上，说："孩子，你弹一下第七页。"

费兰茨先通读了一遍乐谱，然后平静地开始演奏。

突然，主人把考试的螺丝又紧了一扣："孩子，你演奏的是什么调性了"

"D小调。"

"那你用B小调再重奏一次。"

费兰茨连瞬间的犹豫都没有，立刻用B小调弹奏起来，节奏既不快也不慢，恰到好处。

公爵大为惊异。"真不可想象!"他转而对亚当说："你可以到总管那里去报到，他会派人帮你搞到去维也纳的通行证。"

然而，孩子的母亲不愿意去维也纳，而总管大人也没有给亚当在维也纳安排工作。

亚当没有改变主意，他变卖了所有的家产，钢琴、橱柜、图书、家禽和唯一的珍品——一块旧金表，然后义无返顾地迁入维也纳，找了一个索价不高的房子住下来。

亚当挨门挨户地拜访了维也纳的先生们，但是，所有的先生都指出：能给这个孩子当老师只有一个人——贝多芬的学生卡尔·车尔尼。

车尔尼在一个星期六，抱着某种不大相信的心情接待了这两位不速之客。

当亚当带着12分的虔诚、忐忑不安他说明自己的来意之后，车尔尼答道："很遗憾，我实在太忙，无法接收新的学生。"

老李斯特似乎一下于衰老了许多，他痛苦而失望地站了起来："先生，我们远道而来，为了这孩子的教育问题，已经承受了巨大损失……"

"望子成龙总要付出代价的……"

费兰茨不愿意听成年人乏味的对话，从椅子上溜下来，轻手轻脚地走到钢琴边，他掀开钢琴盖，坐在琴凳上演奏起来。

车尔尼大为恼火，在他的房间里，居然敢有人如此粗鲁无礼！但是，小费兰茨的琴声太美了！这位著名教育家的怒火转瞬之间就被惊叹取代了："这孩子跟谁学的？"

"教授先生，他是跟我练的，"一道慈祥的目光从车尔尼的眼镜片后面闪过："教这孩子的事，我愿意承担！"

从此，费兰茨的表演艺术提高得更快了。

重庆谈判

抗日战争胜利后，蒋介石代表国民党政府接连向远在延安的毛泽东发出三份电报，邀请毛泽东到重庆商讨战后的的国家大事。

蒋介石的此举并非真正为了"和平"，而是有如下几个原因：其一，抗战胜利后，国内外的舆论都反对内战，渴求和平；其二，蒋介石的主力部队都聚集在重庆、四川等地，要把部队开上"前线"，还需要时间；其三，蒋介石认为毛泽东不敢到重庆去，也不可能去，这样，蒋介石就会把内战的责任全推到中国共产党人的身上，使中国共产党人处于被动地位，而他则可以堂而皇之地胡作非为。

对于蒋介石的"邀请"，中国共产党内的许多高级领导也都顾虑重重：蒋介石一向翻手为云、覆手为雨，最不讲信义，万一把毛泽东"扣"在重庆怎么办？国内的许多著名民主人士也认为蒋介石是在搞阴谋，毛泽东不可能去重庆谈判。

毛泽东不愧是位叱咤风云的英雄，他纵览天下，权衡利弊，知已知彼，毅然回电蒋介石，同意赴重庆谈判。

1945年8月28日下午3时30分，毛泽东率中共代表团在国民党政府的代表张治中和美国驻华大使赫尔利的陪同下，自延安飞抵重庆。在谈判期间，毛泽东以大无畏的无产阶级政治家的胸怀和气魄大长了中国共产党人的志气，赢得了全国各民主党派的尊敬和信任，赢得了全国的人心，取得了主动权。

经过43天的艰苦谈判，《国共双方代表会谈纪要》于10月10日在重庆签定。协议规定，坚决避免内战，在和平、民主、团结、统一的基础上，建设独立、自由、富强的新中国。

10月11日，大智大勇的毛泽东安全返回延安。

不久，蒋介石撕毁“协议”，挑起全面内战，向中国共产党控制的“解放区”发起全面进攻。蒋介石的倒行逆施使全国人民认清了他的反动嘴脸，加速了蒋家王朝的灭亡。

郤至之死与栾书之生

春秋时期，晋国国君厉公无信权臣胥童。胥童为了达到独揽朝廷大权的目的，想方设法要铲除朝廷重臣郤至、郤錡、郤犨和栾书。中行偃等五人。郤錡得知胥童的阴谋，对郤至说：“胥童已经把刀放在我们的脖子上了，与其坐着等死，不如赶快采取行动。”郤至却表示反对，他说，“我们接受国君的俸禄，就应该遵从国君的命令。我们又没有什么过失，国君怎么会听从胥童的话杀掉我们呢?”郤錡见郤至不听从自己的劝告，只好悻悻地离去。

不久，宦官孟张因喝醉了酒抢走了郤至准备用来献给晋厉公的一头猪，郤至在盛怒之下将孟张射死。晋厉公不明其故，胥童乘机煽风点火，说郤至、郤錡、郤犨想要谋反，晋厉公大怒，立刻派胥童率800铁甲兵去捉拿郤至等三人。胥童率兵包围了郤府，将郤至、郤錡、郤犨三人当场杀掉，又率领兵马将栾书、中行偃二位大夫抓到宫中，请晋厉公处死栾书和中行偃。

晋厉公说：“一天之内，我已杀掉了三名大夫，再杀二人，天下人会指责我的。再说，栾书和中行偃也没有什么罪过啊。”

胥童再三请求，晋厉公担心会引起朝廷大臣们的反对，执意不从，下令将栾、中两人释放，仍旧让他们担当原来的官职。

栾书和中行偃侥幸逃生，而人私下商议：“君王饶得我们一命，胥童却是时刻要置我们于死地，我们可不能白白地等死。”栾书和中行偃磨刀霍霍，利用晋厉公一次离宫到一位大臣府中宴饮的机会，将晋厉公软禁起来，又捕获胥童，立即将胥童处死。此后，栾书和中行偃废掉晋厉公，迎立公子周为晋国国君，史称晋悼公。

吕后求计安太子

刘邦立惠帝为太子后，戚夫人又生了一个儿子，取名如意。戚夫人十分得宠，所以每每要求刘邦废了太子，改立如意。刘邦起初并不在意，戚夫人连连恳求，刘邦遂存了废长立幼之念。吕后见此情势，焦急万分，急忙让自己的弟弟建成侯吕泽把张良请到家中问计，张良推脱不过，只好献上一计。

原来，当时天下有四位名士：东园公、夏黄公、綺里季、角里先生。刘邦十分看重这四个人，但四名士因为刘邦傲慢，誓不为汉臣，逃往山野，隐居起来。张良建议吕泽把他们请出来辅佐太子，刘邦见后或许会放弃废除太子的念头。吕后大喜，连忙

派吕泽拿着太子的亲笔信，带着厚礼去恭请四名士，四名士权衡利弊后，果然出山来辅佐太子，在吕泽家住了下来。

汉高帝十一年，英布叛汉。当时，高帝刘邦正在患病，想派太子统兵出征，讨伐英布。吕后得知后，不知如何是好，急忙让吕泽去向四名士求教。四名士说："太子出征，战胜不能提升，战败却要遭祸。况且，那些将军都是早年跟随皇上打天下的虎将，如何肯听从太子号令？此行肯定无功而还。再加上戚夫人日夜陪伴主上，如意又早晚都在主上面前，这样一来，太子实在是凶多吉少。"四名士建议吕后亲自去找刘邦求情，让皇上亲自出征。

吕后立刻去见刘邦，边哭边把四人所教之言说了一遍。刘邦不知情由，说道："我也看竖子难以将兵，还是我自己去吧。"张良也乘机建议说，"可让太子为将军，监管关中兵马。"刘邦于是亲自出征，留下太子。

刘邦于第二年得胜回朝，由于病情日益加重，更换太子的心情也就更加急切了。一日刘邦在宫中设宴，太子相陪。饮酒之间，刘邦突然看见太子身后站着四个老人，一问，四人各自报上名号，刘邦方知是自己多年寻访不到的那四位名士。这四人还接着说："太子大仁大孝，天下拥戴，所以我们特来投奔。"刘邦听后，心中暗想："连这四人都来保太子，看来太子羽翼已丰。"从此，刘邦再也不想更换太子了。吕后这才将一颗悬着的心放了下来。

齐魏桂陵、马陵之战

齐魏桂陵、马陵之战，发生在战国中期，是齐、魏两国争夺中原霸权的战争，在这二场战争中，由于齐国军事家孙膑将孙子兵法的"避实击虚"、"攻其所必救"、"致人而不致于人"的战略思想进行了创造性的运用，因而一举击败了实力强大的魏国军队，使魏国的实力逐渐减弱，最终丧失了霸主地位。

战国初年，魏国在齐、魏、韩、赵、秦、楚、燕七国中首先成为强盛的国家。一方面是由于魏国在三家分晋时，分得了今山西西南部的河东地区，这一地区，原本生产较发达，经济基础较好；另一方面，是由于魏国在魏文侯时期，任用了李悝、吴起、西门豹等人，进行了各方面的改革。魏国在政治上逐步废除了世袭的禄位制度，实行"食有劳而禄有功"的制度，建立起比较健全的封建地主政权。在经济上，魏国推行"尽地力"和"善平籴"的政策，并且兴修水利，鼓励开荒，促进了生产的发展。在军队建设上，建立了"武卒"制度，考选勇敢有力的人加以训练，大大地提高

了军队的战斗力。这些措施的实施，使魏国日益强盛起来。魏惠王时期，魏国将国都从安邑（今山西夏县北）迁到河南中部的大梁（今河南开封），从而使魏国的国力达到了它的鼎盛时期。

齐国在当时也不是较大的诸侯国。公元前356年，齐威王即位后，任邹忌为相，改革政治，加强中央集权，进行国防建设，国力逐渐强盛。在魏国不断向东扩展的形势下，齐国为了同魏国抗衡，便利用魏国与赵、韩之间的矛盾，展开了对魏的斗争。

公元前354年，赵国为了同魏国抗衡，向卫国发动了进攻，企图夺占位于赵、魏之间的卫国领土，取得战略上的有位地位。卫国原是魏国的属国，现在赵要将它变为自己的属国，魏国当然不允许。魏国借口保护卫国，即出兵包围了赵国的国都邯郸。赵与齐是盟国，当邯郸告急时，赵国派使者于公元前353年向齐国求救。齐国此时正在图谋向外发展，因此答应救赵。

齐威王召集大臣商讨救赵的办法。齐相邹忌主张不去救赵，齐将殷干朋则认为不救不仅对赵国失去信用，而且对齐国本身也不利。他从齐国的利益出发，提出了一个先让赵、魏两国相互攻战，使之两败俱伤，然后齐国“承魏之弊”出兵救赵的战略方针。齐威王同意了殷干朋的意见。齐国少量兵力南攻襄陵，以牵制、拖住魏国，坚定赵国抗魏的决心。齐军主力则按兵不动，静观事态发展，准备在时机成熟时出兵救赵。

公元前353年，魏国攻破了赵都邯郸。这时，齐威王认为出兵救赵的时机已经成熟，于是就命令田忌为主将，孙膑为军师，统率大军救援赵国。

孙膑原是《孙子兵法》作者、春秋时期著名军事家孙武的后裔。年轻时他曾和魏国人庞涓一起学习过兵法，后来庞涓在魏国做了将军，他自知能力不及孙膑，便不怀好意地将孙膑请到魏国。魏惠王对孙膑的欣赏，加重了他对孙膑的嫉妒。庞涓伪造了罪名，私用刑法割断孙的两脚，并在他的脸上刺字涂墨，妄图使他永远不能够出头露面。孙膑忍辱负重在魏多时，直到有一天他听说齐国使者来到魏，才得以犯人的身份偷偷地见了使者。齐使了解到孙膑是个了不起的人才，就暗地把他藏在车子里，带回了齐国。不久，孙膑得到齐将军田忌和齐威王的赏识。这次齐军救赵，威王是打算派孙膑为主将发兵前往的，但孙膑不想把自己的名字暴露出来，以免引起庞涓的注意，于是孙膑推说自己是受刑身残的人，不宜为将。齐威王遂改用田忌为主将，孙膑为军师，大举伐魏救赵。

田忌打算直奔邯郸，同魏军主力交战以解邯郸之围。孙膑不赞成他这种打法，提出了“批亢捣虚”、“疾走大梁”的正确策略。他说：“要解开乱成一团的丝线，不能用手硬拉硬扯；而要排解别人打架，自己不能帮助去打。派兵解围的道理也一样，不能以硬碰硬，而应该避实击虚，避强击弱，冲其要害，使敌人感到行动困难，有后顾之忧，自然就会解围了。现在魏、赵相攻，已经相持了一年多，魏军的精锐部队都在赵国，留在自己国内的是一些老弱残兵。我看你应该统率大军迅速向魏国都城大梁进军。这样一来，魏军必然回兵自救，我们可以一举而解救赵国之围，同时又能使魏军疲于奔命，便于我们打败它。”田忌采纳了孙膑的意见，率齐军主力向魏国国都大梁进军。大梁是魏国的政治经济中心。庞涓得知大梁危急的消息，大惊失色。魏军不得不以少数兵力控制历尽艰辛刚刚攻下的邯郸，而以主力急忙回救大梁。这时，齐军已将地势险要的桂陵作为预定的作战区域，迎击魏军于归途。魏军由于长期攻赵，兵力消耗很大；长途跋涉使士卒更加疲惫不堪，而齐军则是占有先机之利，以逸待劳，士气旺盛。因此，面对齐军的阻击，魏军完全陷入了被动挨打的地位，终于惨败而归。

魏军虽然败于桂陵之战，但魏国仍具有一定实力，并未因此而放弃邯郸。后来，因为秦国不断向魏进攻，魏国没有力量同时与东方的齐赵和西方的秦国进行战争，才放弃了吞并赵国的打算。真正使魏遭到严重削弱是十年后发生的马陵之战。

公元前342年，魏国攻打韩国。韩国急忙向齐求救。齐相邹忌主张不救。田忌认为如不救韩，韩将有被魏吞并的危险，主张尽早救之。孙膑既不同意不救，亦不同意早救。他认为：现在韩、魏两军均未疲惫，如果不考虑到利害得失发兵去救，将陷人政治上被动听命于韩、军事上代韩受兵的地位，胜利亦无把握。魏国此次出兵，意在灭韩，我们应因势利导，首先向韩表示必定出兵相救，促使韩国竭力抗魏。等到韩国处于危亡之际，再发兵救援，韩国到那时必须感激齐国，齐国既能“深结韩之亲”，又可“晚承魏之弊”；既可受韩重利，又可得到尊名，一举两得。齐威王采纳孙膑的建议，并亲自接待韩国使者，暗中答应出兵帮助。韩国仗恃着齐国的帮助，坚决抵抗。韩、魏先后五次交战，韩国均失败了。这时，韩国又向齐告急。齐威王在韩魏俱疲的时机，又任命田忌为主将，孙膑为军师，率领齐军攻魏救韩。孙膑又使出“围魏救赵”的老办法，直向魏都大梁进军。魏国主将庞涓听到这个消息，即立即把军队从韩国撤回来，这时，齐军已经越过齐国边界，进入魏国的国境了。孙膑知庞涓已从后面赶来，于是对田忌说：“魏国的军队素来强悍英勇，看不起齐国，我们应因势利导，装着胆怯而逃亡的样子，诱魏军中计。兵法上说，乘胜追赶敌人，如果超过百里以上，就会因为给养路线太长，使上将有受挫折的危险；如果超过五十里以外，因为前后不能接应，也只有一半军队能够赶上。现在我军进入魏国境内已有很远了，可用减灶之计。我们齐军今日进入魏地，在宿营地做10万个灶，明日只做5万个灶，后日到宿营也只做3万个灶，逐日减灶，使魏军认为我们怯战，逃亡士兵很多，他们必须趾高气扬，日夜兼程前来追逐。这样，既消耗了他们的力量，又麻痹了他们的斗志，然后我们再用计来打败他们。”田忌采纳了这个计划。

庞涓回兵进入国境，得知齐军早已前去，于是急起直追。一路之上，庞涓仔细观察了齐军安营地方的遗迹，以了解敌情。追了3天，虽然还没有追上，庞涓却喜形于色，很有把握地认定齐军怯战，逃亡的士兵已过半数。他当机立断，决定甩下步兵，只统率一部分轻装的精锐部队。以一天走两天的路程，快速追赶齐军。孙膑估计了庞涓追兵的行程，认定晚上必然到达马陵（河北大名东南）。马陵道路狭窄，在两山中间，险阻峻隘，便于埋伏军队。孙膑命士卒将道路两侧树木统统砍倒，只留下最大的一棵树，其余的树乱七八糟地横在路上，以阻塞交通。在留下的那棵树的东面，剥去

一大块树皮，露出白色的树身，在上面用黑煤写上几个大字："庞涓死于树下"。孙膑又在军中抽调最会射箭的士卒一万人，分成两队埋伏在道路两旁的阻险之处，并吩咐他们只要看到树下的火光一亮，就立即朝树下放箭。他又调一部分军队隐蔽在离马陵不远的地方，只等魏军一过，便从后面截断退路。果然，那天晚上庞涓率领轻骑进入马陵道，他隐隐约约地看到一棵大树露出白木，上面有着一行字，但瞧不清楚，于是他叫士兵点起火把来看，上面写的是："庞涓死于此树下"，庞涓心里一惊，知道又上当了。这时，齐军万箭齐发，魏军大乱溃散，庞涓自知败局已定，便愤恨自杀。齐军在庞涓自杀之后，乘胜进攻，大败魏，俘虏太子申。

马陵之战使魏国遭到从未有过的惨败。接着，齐、秦、赵从东西北三面夹攻魏国。公元前340年，秦商鞅用计抓到魏公子卬，大破魏军，魏国又一次惨败。后来到"会徐州相王"时，强盛一时的魏国终于向齐国表示了屈服，战国的形势由此发生重大转折，齐国代替魏国而称霸诸侯。

桂陵之战和马陵之战，孙膑都成功地运用了《孙子兵法·虚实篇》中所提出的"避实击虚"、"攻其所必救"的作战原则，将实力强大的魏军屡次击败。在具体实施这些原则时，齐军善于选择魏赵、魏韩双方精疲力竭的有利时机攻击大梁，迫使魏军回师救援而进入齐国事先预计的战场，使魏军完全陷入了被动挨打的地位。齐军则因"知战之地、知战之日"而以逸待劳，一举获胜。从桂陵、马陵之战中，我们看到孙子的"避实击虚"、"攻其所必救"、"先处战地而待敌"、"致人而不致于人"等军事理论由孙膑进行了富有创造性的运用，其合理性与科学性经受了时间的检验与历史的印证。

孙子兵法　七、军争篇

原文

孙子说：凡用兵之法，将受命于君，合军聚众，交和而舍，莫难于军争。军争之难者，以迂为直，以患为利。故迂其途而诱之以利，后人发，先人至，此知迂直之计者也。

故军争为利，军争为危。举军而争利则不及，委军而争利则辎重捐。是故卷甲而趋，日夜不处，倍道兼行，百里而争利，则擒三军将，劲者先，疲者后，其法十一而至；五十里而争利，则蹶上将军，其法半至；三十里而争利，则三分之二至。是故军无辎重则亡，无粮食则亡，无委积则亡。

故不知诸侯之谋者，不能豫交；不知山林、险阻、沮泽之形者，不能行军；不用乡导者，不能得地利。故兵以诈立，以利动，以分和为变者也。故其疾如风，其徐如林，侵掠如火，不动如山，难知如阴，动如雷震。掠乡分众，廓地分利，悬权而动。先知迂直之计者胜，此军争之法也。

《军政》曰：言不相闻，故为之金鼓；视不相见，故为之旌旗。夫金鼓旌旗者，所以一人之耳目也。人既专一，则勇者不得独进，怯者不得独退，此用众之法也。故夜战多火鼓，昼战多旌旗，所以变人之耳目也。

三军可夺气，将军可夺心。是故朝气锐，昼气惰，暮气归。善用兵者，避其锐气，击其惰归，此治气者也。以治待乱，以静待哗，此治心者也。以近待远，以佚待劳，以饱待饥，此治力者也。无邀正正之旗，无击堂堂之阵，此治变者也。

故用兵之法，高陵勿向，背丘勿逆，佯北勿从，锐卒勿攻，饵兵勿食，归师勿遏，围师必阙，穷寇勿迫，此用兵之法也。

译文

孙子说：用兵的原则，将领接受君命，从召集军队，安营扎寨，到开赴战场与敌对峙，没有比率先争得制胜的条件更难的事了。“军争”中最困难的地方就在于以迂回进军的方式实现更快到达预定战场的目的，把看似不利的条件变为有利的条件。所以，由于我迂回前进，又对敌诱之以利，使敌不知我意欲何去，因而出发虽后，却能先于敌人到达战地。能这么做，就是知道迂直之计的人。

“军争”为了有利，但“军争”也有危险。带着全部辎重去争利，就会影响行军速度，不能先敌到达战地；丢下辎重轻装去争利，装备辎重就会损失。卷甲急进，白天黑夜不休息地急行军，奔跑百里去争利，则三军的将领有可能会被俘获。健壮的士兵能够先到战场，疲惫的士兵必然落后，只有十分之一的人马如期到达；强行军五十里去争利，先头部队的主将必然受挫，而军士一般仅有一半如期到达；强行军三十里去争利，一般只有三分之二的人马如期到达。这样，部队没有辎重就不能生存，没有粮食供应就不能生存，没有战备物资储备就无以生存。

所以不了解诸侯各国的图谋，就不要和他们结成联盟；不知道山林、险阻和沼泽的地形分布，不能行军；不使用向导，就不能掌握和利用有利的地形。所以，用兵是凭借施诡诈出奇兵而获胜的，根据是否有利于获胜决定行动，根据双方情势或分兵或集中为主要变化。按照战场形势的需要，部队行动迅速时，如狂风飞旋；行进从容时，如森林徐徐展开；攻城掠地时，如烈火迅猛；驻守防御时，如大山岿然；军情隐蔽时，如乌云蔽日；大军出动时，如雷霆万钧。夺取敌方的财物，掳掠百姓，应分兵行动。开拓疆土，分夺利益，应该分兵扼守要害。这些都应该权衡利弊，根据实际情况，相机行事。率先知道“迂直之计”的将获胜，这就是军争的原则。

《军政》说：“在战场上用语言来指挥，听不清或听不见，所以设置了金鼓；用动作来指挥，看不清或看不见，所以用旌旗。金鼓、旌旗，是用来统一士兵的视听，统一作战行动的。既然士兵都服从统一指挥，那么勇敢的将士不会单独前进，胆怯的也不会独自退却。这就是指挥大军作战的方法。所以，夜间作战，要多处点火，频频击鼓；白天打仗要多处设置旌旗。这些是用来扰乱敌方的视听的。

对于敌方三军，可以挫伤其锐气，可使丧失其士气，对于敌方的将帅，可以动摇

他的决心，可使其丧失斗志。所以，敌人早朝初至，其气必盛；陈兵至中午，则人力困倦而气亦怠惰；待至日暮，人心思归，其气益衰。善于用兵的人，敌之气锐则避之，趁其士气衰竭时才发起猛攻。这就是正确运用士气的原则。用治理严整的我军来对付军政混乱的敌军，用我镇定平稳的军心来对付军心躁动的敌人。这是掌握并运用军心的方法。以我就近进入战场而待长途奔袭之敌；以我从容稳定对仓促疲劳之敌；以我饱食之师对饥饿之敌。这是懂得并利用治己之力以困敌人之力。不要去迎击旗帜整齐、部伍统一的军队，不要去攻击阵容整肃、士气饱满的军队，这是懂得战场上的随机应变。

所以，用兵的原则是：对占据高地、背倚丘陵之敌，不要作正面仰攻；对于假装败逃之敌，不要跟踪追击；敌人的精锐部队不要强攻；敌人的诱饵之兵，不要贪食；对正在向本土撤退的部队不要去阻截；对被包围的敌军，要预留缺口；对于陷入绝境的敌人，不要过分逼迫，这些都是用兵的基本原则。

战例

尚婢婢以屈求伸

吐蕃赞普达磨于公元 842 年逝世，因他无子，宠妃綝氏立自己 3 岁的内侄为赞普，而没有立赞普达磨的宗族。首相不服，被她杀了。洛川门（今甘肃武山县东）讨击使论恐热早有篡国之心，闻得此事。自封国相，和青海节度使勾结，举兵造反。论恐热很快就杀败官军，占了渭州。

不过，论恐热有块心病，他很担心尚婢婢袭击他的后方。尚婢婢是鄯州（今青海乐都县一带）节度使，文武双全，为人宽厚，治军有方。论恐热决定先灭尚婢婢，以绝心腹之患。

公元 843 年，论恐热率大军攻鄯，行军途中，遇到了少有的坏天气：行到镇西（今甘肃省东乡族自治县以西）时，狂风大作，电闪雷吗。突然间，一个劈雷，草原上烈火熊熊，被雷劈死被火烧死十几名裨将，一百多头牲口，论恐热以为是上天发怒，不敢前行。

尚婢婢闻得此事，马上命人送去大批物品，去犒赏论恐热的将士。尚婢婢的部将十分生气，都说："论恐热来打我们，我们却去给他送礼，这不太胆怯了吗？"尚婢婢说："我哪里是真给他送礼啊，我只不过是假装臣服，助长他的骄气。论恐热率大军前来，简直把我们看得像蝼蚁一样不堪一击，现在遇上天灾，正犹豫不决，我们此时去送礼，他肯定信以为真，不再防备我们，而我们正好养精蓄锐，等待良机。"部将听了，非常佩服。

尚婢婢的使臣来到论恐热军中，呈上厚礼和尚婢婢的亲笔信。论恐热展开一看，只见上面写道："国相举义师匡国难，只要派人送个信来，谁敢不听，何必亲劳大驾。

我仅嗜读书，更兼资质愚钝，如能退回乡里，才是我平生之愿望……”

论恐热很高兴，对部下说：“尚婢婢是个书呆子，就知道啃书本，哪会打仗！等我当了赞普，给他个宰相职位，叫他在家呆着算了。”于是放心地撤兵走了。

“吐蕃如果没有国主，我们就归大唐，怎能屈从这类犬鼠之人！”尚婢婢见论恐热中计，抚摩着大腿笑着说。

一晃儿三个月过去了，尚婢婢一切准备就绪。他派庞结心、莽罗薛两员大将将兵五万，突然进攻论恐热的驻地大夏川（今甘肃政和县附近）。

莽罗薛领兵4万埋伏于山谷险地，庞结心领兵1万藏在柳林之中。又派一千轻骑登上山头，用箭把信射入城中，羞辱论恐热。论恐热见信、暴跳如雷，破口大骂。他率兵数万怒冲冲出城追杀。大兵刚至柳林，即遭庞结心拦击，猝不及防，论恐热折了许多人马。但一会儿功夫，庞结心的人马渐呈败相，拨马而逃。论恐热兵追出几十里，眼见庞结心的人马逃入山谷，也就追了进去。

突然，杀声震天，谷内外伏兵四起，庞结心领兵返身掩杀，论恐热的几万人马被切成数段，恰在此时，谷内又刮起了狂风，走石飞沙，溪水漫溢、论恐热的士兵被杀死、溺死者不可数计，几十里内全是尸体。

几十名将士保卫着论恐热逃出谷口，又遇伏击，论恐热单骑侥幸逃脱，余者全部战死。

邮票的妙用

查理斯·华特先生是美国纽约某大银行的职员。一次，某公司向该银行申请一笔贷款，银行对该公司的信用有怀疑，派华特先生去进行调查。恰好，该公司的董事长是华特先生的一位旧相识，华特先生便径直进入了董事长的办公室。

刚刚坐定，董事长的女秘书忽然从门后探进头来，说了一句话：“真抱歉，今天没有什么邮票送给您。”

女秘书一眼看见办公室中有客人，面有难色，把头缩了回去，董事长也有些不好意思，连忙向华特解释说：“我有个儿子，12岁，正在收集邮票。”随后把话题一转，询问华特的来意。

华特毫不隐讳他讲明了自己的目的。董事长对银行的疑虑有些反感，故意不回答华特的问题，令华特十分尴尬，华特只好与董事长话别。

回到家中，华特久久不能平静。“太不够朋友了。”他想，“但是，任务没完成，不能交差，还得想办法呀！”

华特忽然想起了那位女秘书，“该死的秘书小姐，也许正是因为她才把事情弄糟的。”华特在心中诅咒着。过了一会儿，女秘书的话又在耳边响起：“……今天没什么邮票送给您。”华特跳了起来，“邮票！对，是邮票——董事长不是说他的儿子正在收集邮票吗？银行里每天都有来自世界各地的邮件，世界各国的邮票都有，为什么不在邮票上做做文章呢！”

第二天，华特带着数十枚精致的邮票去找董事长，并让女秘书先去通报：“我是来给董事长送邮票的。”

董事长立刻热情地接待了华特，两个人从眼前的几十枚邮票谈起，一直谈到最早出现的“黑便士”，董事长很高兴地把爱子的照片拿了出来，让华特观看。最后，不待华特开口，董事长就滔滔不绝地把该公司的情况一一向华特作了介绍，自己不明了的地方，董事长还召来部下让部下给华特介绍。

华特先生终于圆满地完成了上司交给的任务。

县令巧破窃银案

古时候，一位客人在某旅店过夜时丢了50两银子。当天晚上，客人独自一室，又没有外出过，因此客人怀疑是店老板偷走了银子，店老板矢口否认，客人便向县衙告了一状。

县令在传汛店老板后，也怀疑银子确系店老板所窃，但苦于没有人证、物证，不能定案。县令为官多年，颇有办案经验，经过一番思索，县令想出一条妙计来。县令把店老板唤到面前，用毛笔在店老板手心上写下一个：“赢”字，对店老板说：“你到门口台阶下去晒太阳吧！如果时间长了，这个字还在，你的官司就打赢了。”店老板不知县令的葫芦里卖的是什么药，只好到台阶下去晒太阳。

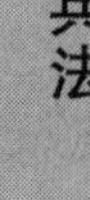

县令把店老板支走后，找来一名精悍的差役，让他如此如此行一事。差役奉命赶到旅店，对老板娘说：“你家主人已承认偷了客人的银子，快把银子交出来吧！”老板娘生性狡猾，一口回绝道：“我不知道什么银子！”差役无奈，只好把老板娘带回公堂。

老板娘进入公堂前，见丈夫坐在台阶下面，心中感到奇怪，但又不敢问。进入公堂后，县令问道：“你家主人已承认偷了客人的银子，你为何还不交出来？”老板娘还是一口回绝道：“我不知道什么银子。”县令突然向公堂外大声喝问道，“店老板，你的赢，字还在不在？”

店老板在台阶下唯恐输了官司，连忙回答：“在！在！”

在那个地方，“赢字”与“银子”的读音极其相似，老板娘做贼心虚，一听丈夫承认“银子”还在，连忙跪在地上认罪。

县令当即派差役随老板娘回旅店取出赃银，店老板见状，面如灰上，磕头如捣蒜。

大面额过期支票

美国某地有一家糕点厂，质量上乘，价格也合理，产品远销他州，很受欢迎。

具有讽刺意味的是：糕点厂附近有一家大旅店，生意兴旺，但就是不进该糕点厂的货。

原来，旅店经理对该糕点厂有些成见，而糕点厂的推销员会找旅店经理推销糕点时又欠礼貌，令旅店经理不悦。数次接触后，旅店经理干脆给糕点厂的推销员吃了“闭门羹”，因此，整整过了十年，糕点厂的糕点仍然没能够打入大旅店的“市场”。

一天，糕点厂老板招募了一位年轻的推销员。年轻的推销员得知糕点厂与大旅店之间的不和谐关系后，决心要打破这种“僵”局，把本厂的糕点打入大旅店的市场。推销员很会动脑筋，他深知这件事成败的关键取决于旅店经理，于是把目光盯在了旅店经理身上。没过多久，推销员就打听到旅店经理有一个怪癖——经理有一张大面额的过期支票，但他却引之为荣，视之为宝，经常向人炫耀这张过期支票。推销员找到旅店经理身边的人，向他们吹风说道：“听说经理有一张举世无双的大面额支票，不胜仰慕，真想一睹为快，不知经理能否开恩接见我?”旅店经理身边的人把推销员的话转告给经理，经理听了十分高兴，立即指示手下人：“可以把他带来!”推销员被引荐到旅店经理那里，宾主落座，彼此都很高兴。经理详细地向推销员介绍了与大面额支票有关的情况，推销员对此表示了十二分的敬意。正如推销员所期望的那样，他刚回到工厂，经理就把电话打了过来：“请你把你们厂糕点样品送过来吧!”推销员喜滋滋地立即把糕点样品送了过去。第二天，糕点厂正式接到旅店经理的通知：旅店乐意购买贵厂的糕点食品。

一个十余年没有解决的大难题就这样轻松地被年轻的推销员在一个小时之内解决了。

柯尔以退为进

英国友尼利福公司总经理柯尔可谓是一位深谙“以退为进”道理的大师。在企业经营和商业谈判中，柯尔不时采取退让策略，把更多的利益让给对方，而这样做的结果则往往是退一步却进了两步。

非洲东海岸是块富饶的宝地，柯尔很早就在这块土地上建立了友那蒂特非洲子公司、从业人员达 14 万。公司的重要财源之一是依靠栽培食用油料落花生。二战结束后，非洲各地掀起民族独立运动高潮，独立的国家纷纷把土地收归国有，友那蒂特非洲子公司也时刻面临被逐出的危险。在这个关键时刻，柯尔飞到非洲，在老朋友的帮助下，对友那蒂特非洲子公司采取了六项改革措施，（一）子公司在各地的首席经理人员一律采用非洲人；（二）非洲人与白人同工同酬、（三）成立干训所，培养非洲人干部；（四）与所在国互惠互利；（五）以退步来寻找生存之道，（六）不可拘于体面问题，而应以创造最大利益为目的。在与几内亚政府交涉时，柯尔主动表示将公司撤出去。几内亚力柯尔的诚意所感动，出人意料地表示希望柯尔的公司留下来。在与加纳政府交涉时，柯尔主动地把栽培地交还加纳政府，加纳也为柯尔的诚意所感动，请柯尔的友尼利福公司为政府食用油料的买卖代理人，这意味着柯尔在加纳是食用油经营权的唯一占有者。在非洲其他国家，柯尔的主动退让策略也都得到了大小不同的“回报”。实际上，在风起云涌的非洲独立运动中，柯尔不但没有受到损失、反而有所收获。

柯尔的信条是，不拘束于体面，相互受益为重。

虎口脱险

1948 年 12 月，当淮海战役的枪炮声惊扰得坐镇在南京的蒋介石惶惶不可终日时，被蒋介石软禁在南京中央路 156 号的“云南王”龙云突然失踪！

龙云从 1927 年起任云南省政府主席兼国民革命军第 23 路总指挥，集全省军政大权于一身。到了 1948 年，龙云已统治云南 18 年，固此有“云南王”之称。

蒋介石从来不信任非嫡系部队，但由于在内地从事反共内战，无暇顾及龙云。抗战爆发后，云南成为后方基地。以后，蒋介石以援缅作战为名，把十多个军调入云南，蒋龙的矛盾加大，在全国人民同仇敌忾抗日的形势下，龙云权衡利害得失，暗中与中共合作，并公开保护进步力量，这一下激怒了蒋介石。1945 年 10 月 3 日，蒋介石派杜津明率第 5 军突然开进昆明，以武力把龙云劫持到重庆，名义上任军事参议院院长，实际上软禁起来。1946 年 3 月，蒋介石回到南京，即将龙云安置在中央路 156 号，龙云住宅的左侧、右前方、大门对面都有特务在严密监视。龙云外出，特务也尾随在后。

1948 年秋，蒋家王朝摇摇欲坠、龙云听到一个消息：蒋介石准备逃往台湾，并且要把他也挟持去台湾。龙云大吃一惊，立刻筹划逃离南京。经过反复斟酌，龙云选定了美国人陈纳德，认为只有他可以助一臂之力。

抗日期间，陈纳德的航空公司（商业性质）与龙云有过密切往来，关系很融洽，龙云与陈纳德的私人关系也很好。

龙云派会讲英语的秘书刘宗岳去找陈纳德，“真正的要人已经有的飞台湾，有的飞往广州了，龙将军可能被人家扔在后面，因此他派我来看望您，想请将军帮忙设法弄一架飞机，让他离开南京，飞往广州。”

陈纳德这个美国人很讲交情，当他得知蒋介石并没有公开的命令限制龙云的行动时，一口应允帮忙。双方先后密谋了三次，直至 12 月 1 日才商定了由陈纳德提出的从南京飞往广州的全部计划。

陈纳德的计划是：他从广州带了一个亲信秘书魏罗伯到上海来，魏罗伯以公司的名义视察上海和南京两处的航空站。南京机场有陈纳德民航队的汽车，有特别牌照，可以免检。魏罗伯开车去接龙云（当然不能去中央路156号）上飞机，然后，飞往上海，陈纳德在上海迎候。飞机加油后，直飞广州，广州机场也有人迎候。

一切准备稳妥，龙云命令手下人大办年货，杀猪宰羊，以迷惑监视他的特务们。

12月8日，龙云在刘宗岳的陪同下，登上陈纳德航空队的C－47型运输机飞离甫京，平安抵达广州，当晚八时正，龙云登上去香港的轮船，离开了广州。

龙云抵达香港后给蒋介石写了一封长信，蒋介石读罢，破口大骂："娘希匹！毛人凤这个混蛋，怎么放跑了龙云！"

但是，蒋介石认为这只是龙云的一个诡计，龙云肯定隐藏在京沪一带某个秘密地点。蒋介石命令毛人凤严密搜查，同时发布了全国戒严令——但结果是"竹篮打水，一场空"。

原价销售法

被誉为"日本绳索大王"的岛村宁次在几年前还是一个穷光蛋，他的成功有赖于"原价销售法"。

开始，岛村以五角钱的价格大量买进麻绳，然后以原价卖给东京一带的纸袋工厂。这是一桩赔本生意，岛村心甘情愿地赔本干了一年，赢得了一个"岛村的绳索真便宜"的好名声，于是，订货单源源不断地飞来。这时候，岛村拿着购物收据对订户说："这是我一年来购买绳索的收据，这一年，我一分钱也没赚你们的，长此下去，我只好破产了。"订户为岛村的诚实所感动，情愿每根绳索增加5分钱。岛村又拿着卖物收据找到供货商："一年来，我是一分钱也没有赚到，只是给你做了义务推销员，再干下去，我是受不了了。"供货商翻阅着一张又一张原价卖出去的发票，感动不已，于是每根绳索降低5分钱供货。这样，岛村每卖一根绳索就能赚1角钱，其利润已相当可观了。

没过几年，岛村就成为一个腰缠万贯的富翁了。

岛村宁次深有感触他说："原价销售法开始时吃亏，尔后便占大便宜。实际上这是一种极力高明的经营诀窍，只有那些胆识谋略过人的企业家才敢于为之。"

齐姜计遣重耳

齐姜是春秋时齐桓公的女儿，聪明、漂亮且胸怀大志。晋国的公子重耳因内乱而逃到齐国后，齐桓公就把齐姜嫁给了重耳。

重耳在国外已飘零了十余年，如今在齐国住上等房屋，吃美味佳肴，有娇妻侍妾

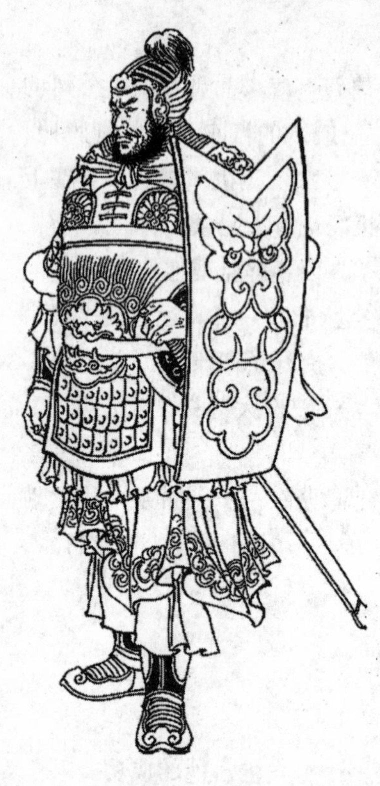

陪伴，渐渐地把恢复晋国君位的大志忘在了脑后。重耳贪图享乐，忘乎所以，但跟随重耳逃亡在齐国的九位大臣却心急如焚。一天，九位大臣在桑树下商议劫持重耳离开齐国，不料，却被在桑林中采桑的女侍偷听到了。女侍把大臣们的话如实转告给齐姜，齐姜又一字不漏地转告给重耳，劝重耳为前程着想，离开齐国，向其他国家求援，以恢复君位。谁知，重耳听后却不以为然，说："我没想离开齐国啊，再说，我也舍不得离开你。"说完，就把齐姜揽入怀中。

齐姜知道重耳被一时的安乐所迷惑，舍不得离开齐国，于是找到重耳的几位大臣，对他们说："我知道你们想要劫持公子，离开齐国，这是为公子复位着想啊！可是，公子本人却迷恋齐国，不想走。我想在今天晚上把他灌醉，你们连夜载他出走吧！只是，公子如果有复位的那一天，请不要忘记我。"九位大臣想不到一个女子竟会如此深明大义，连连向齐姜致谢。

当天晚上，齐姜办下一桌丰盛的酒宴，请重耳开怀畅饮。齐姜又说又笑，重耳好不得意。夫妻俩人，你一杯，我一杯，齐姜连连劝酒，重耳喝得酩酊大醉。这时候，早已等候在外面的几位大臣匆匆走了进来，他们把重耳抬出屋，放在车上，赶着车，一刻不停地离开了齐国都城。等重耳酒醒后，一行十人，已经在齐境以外了。

后来，重耳在秦穆公的帮助下，回到晋国做了国君，史称晋文公。晋文公没有忘记齐姜，派人把齐姜从齐国接到了晋国。

不说话打赢官司

这是一则古老的英国民间故事。

一天，一个穷人骑马到外地去，到了中午，他把马栓在一棵树上，然后，坐到一边去吃饭。这时候，一个有钱有势的人也骑马来到这里，并把马也拴在那棵树上。

穷人吃了一惊，说："请不要把马拴在那里，我的马还没驯服好呢，它会踢死你的马！"

有钱有势的人回答，"我想拴在哪里，就拴在哪里，用不着你一个乡巴佬来教训我！"拴好马后，他也坐下来吃饭。

过了一会儿，真如穷人所警告的那样，两匹马互相踢咬起来，不待它们的主人跑上前，野性未驯的穷人的马已把对方的马踢死了。有钱有势的人勃然大怒，扯住穷人，把穷人带到法官那里，让穷人赔他的马。

法官问穷人："你的马是怎样踢死他的马的！"

穷人心想，"他是有钱人，跟他争辩也说不清楚，不如先不说话，且看看他怎么说。"于是一言不发。

法官又问："你的马真的踢死了他的马吗？"

穷人还是闭口不言。

法官一连串提出了许多问题，穷人就是不开口说话。

法官对有钱有势的人说："看看，他是个哑巴，不会说话，怎么办呢？"

有钱有势的人急了："他不是哑巴！刚才见到他时，他还说话了呢。"

法官问："他说什么了？"

有钱有势的人说："他说，'请不要把马拴在那里，我的马还没驯好呢，它会踢死你的马！'"

法官皱起眉头，说："这么看来，过错不在于他了。他已在事先警告过你，因此，他不应该赔偿你的马。"

有钱有势的人只好自认诲气。

法官又问穷人："你为什么不回答我的间话呢？"

穷人回答道："尊敬的法官先生，我是个穷人，一时间又找不到很好的话来为自己辩护。我想，还是由他自己来说吧——现在，他不是把问题说得很清楚了吗？"

孙知县断"争妻"案

清朝时，合肥县县民刘某之女小娇先后许给三家：一个武官的儿子、一个商人、一个小财主。三家人为娶小娇，互不相让，告到了县衙。

合肥县知县大人姓孙，受理"争妻"案后，思索再三，方才理出一个头绪，宣布开庭审案。

武官的儿子申诉说："小娇是自幼由父母作主许配给我的，理应我娶。"

商人说："你一走十多年，没有音讯，小娇的父亲死了，小娇的母亲才把小娇许配给我，理应我娶。"

小财主说："你去经商，一走二年，连个话也没捎回来，小娇已一十八岁，不能在家久等，我已送了聘礼，理应我娶小娇。"

孙知县对小娇说："你一个姑娘不能嫁给三个男人，本官又不能偏袒任何一方，你愿意嫁给谁，可挑选一个。"

众目睽睽之下，一个女孩子怎么好张嘴"选"丈夫呢！小娇含羞低头，一言不发。

孙知县连连催问，小娇只是不说话。孙知县问得火起，喝道："此案本是荒唐，你又不肯开口，说！你到底想要如何？"

小娇又羞又恨，被逼问得无话可答，一气之下，喊道："我想死！"

孙知县道：“此话可是当真？”

小娇羞愤已极，心想：“事已至此，不管嫁给谁，另外两个人都不会罢休，如今在公堂之上，出了这么大的丑，以后还如何做人？不如一死了之。”于是毅然喊道：“我只愿马上就死！”

孙知县一拍惊堂木，道：“一女嫁三夫，古来未有，看来此案只有如此，方可了结！来人！拿毒酒来！”

一个差役应声走到孙知县面前，孙知县写下一张字据，命差役去库房中取毒酒。差役接过字据，转身离去，不一会儿捧回来一瓶“毒酒”，放到小娇面前。小娇一狠心，含泪捧起毒酒，咕噜噜下肚去，痛苦地捧着肚子，在地上翻了几个滚，直挺挺地躺倒在地。差役走上前，摸摸小娇的鼻子，对知县说：“死了！”

孙知县对堂下的三个男人说：“你们谁要此女，就把她拉走！”三个男人你看我，我看你，都不开口。

孙知县对小财主说：“你已送下聘礼，此女归你，你可速速背走！”

小财主说：“我的轿子怎能坐一个死人！”

孙知县又让商人背走，商人也一口回绝。

武官的儿子见状，走上前说：“我奉父亲之命娶小娇为妻，小娇虽死，也是我的妻子，我要用夫妻之礼埋葬她！”说罢，背起地上的“死尸”，大步走出公堂。

武官的儿子背着小娇回到客店，忽然发现小娇还有一口气，于是把小娇放到床上，守候在床边。当天晚上，小娇醒来，恢复如初，两人遂结为夫妻。

原来，孙知县在字据上写的几个字是：取麻药酒，孙知县以此“迂回”之计，使这一棘手的“争妻”案得以完美解决。

魏、蜀争夺汉中之战

赤壁之战后，刘备占据了荆州、益州，与占据黄河流域的曹操、占据江南的孙权形成了三足鼎立的形势。公元215年，曹操消灭了西北的马超、韩遂势力后，亲率大军进军汉中的张鲁，占据了汉中。汉中地处益州，曹操的进军汉中，使刘备感到自己在四川的统治权及其稳定性受到影响，而且，由于汉中地理位置十分重要，刘备亦不甘心它落于曹操手中，于是曹操、刘备争夺汉中之战发生了。在汉中之争开始时，刘备在争夺战中处于不利的地位，但由于刘备用“知迂直之计”，善于将不利因素化为有利因素，成功地抢占了军队要地——定军山，从而争得了这场战争的制胜权，最终占据了汉中，迫使曹军退出四川，取得了这场争战的胜利，也巩固了自己在四川的统治权。

公元215年，曹操消灭了西北马超、韩遂势力后，便亲率大军进攻汉中的张鲁，以占据汉中。

张鲁是东汉时期“五斗米道”的道教传教人，被东汉统治者封为镇民中郎将后，领汉宁太守，成为封建统治者。张鲁得知曹操进攻汉中，自思以汉中一隅之地，不足与曹操对抗，想投降曹操，但他的弟弟张卫不同意。张卫在曹军到达平阳关（今陕西勉县西北）时，率领一万多人拒关坚守，平阳关最终还是被曹操攻破，张鲁及巴中地区的宗人首领均投降了曹操。因此，曹操基本上控制了汉中及巴中地区。

刘备对于曹操势力进入汉中，而且深入巴中地区十分担心。他派部将黄权出兵击败了曹军在巴中地区的势力，控制了这一地区。

这时曹操的军队驻扎在汉中。他的丞相司马懿曾向他建议，要他抓住时机进攻益州。曹操鉴于西蜀守备不易攻破，且自己后方还不稳定，因而没有采取军事行动。不久，他把原驻守在长安的大将夏侯渊调来驻守汉中，自己领兵回到了中原。

汉中的地理位置对于刘备、曹操来说都是十分重要的。它是四川东北的门户，曹操占据汉中，可以使益州北方无险可守，这对占据四川不久的刘备无疑形成了极大的威胁；而汉中如果被刘备占据，那么刘备则可以攻关中，退可以守益州。因此，刘备决心将汉中夺回自己的手中。

公元217年，刘备亲率主力进攻汉中，留诸葛亮守成都，负责军需供应。刘备大军屯驻阳平关，想攻下这一战略要点。刘备选精兵万余轮番攻阳平关，始终没能得手。双方在阳平关相峙一年有余。

公元219年正月，刘备经充分的准备与策划，决定采取行动以改变这种长期相持的局面。刘备率军避开地势险要、防守严密的阳平关，南渡汉水，沿南岸山地东进，一举抢占了军事要地定军山。定军山是汉中西面的门户，地势险要，刘备占领了定军山，就打开了通向汉中的道路，并且威胁着阳平关曹军侧翼的安全。夏侯渊被迫将防守阳平关的兵力东移，与刘备争夺定军山。以防止刘备进军和北上，曹军在汉水南岸和定军山东侧建营垒，修围寨，设鹿角（一种栅栏式的防御工事）。刘备军夜攻曹营，火烧南围鹿角。夏侯渊命张合守东南，自率轻骑往救南围。刘备军又急攻东围，并派黄忠率精兵埋伏在东、南围之间的险要地段。张合不支，夏侯渊又急忙率军回援东围。黄忠居高临下，以逸待劳，突然攻击行进中的夏侯渊。夏侯渊毫无防备，战败溃逃，夏侯渊本人也被黄忠斩杀，张合率军退守阳平关。

夏侯渊死后，曹军由张合统领。曹操得知汉中战场失利。亲率主力从长安出斜谷，迅速赶赴阳平前线救援汉中。这时，蜀军士气旺盛，刘备通过定军山争夺战改变了以前的被动局面，也信心十足。他对随从的部将说："曹操虽然再来，也将是无能为力了，汉中必然归我所有。"待曹军到达汉中后，刘备利用有利地形，拒守险要之处而不与曹操决战。同时，刘备遣游兵扰袭曹军后，劫其粮草，断其交通。曹军攻险不胜，求战不得，粮食缺乏，军心恐慌，后无斗志，士卒逃亡者不少。一个多月后，曹操不得不放弃汉中，全军撤回了关中。刘备如愿占据了汉中，不久，他派刘封、孟达等攻取了汉中郡东部了房陵（今湖北房县）、上庸（今湖北竹山西南）等地，势力得到了扩大与巩固。汉中争夺战以刘备的胜利而告结束。

孙武在《孙子兵法·军争篇》中提出，用兵作战最困难之处在于争夺制胜条件。

从刘备、曹操争夺汉中之战中，也确实证实了孙子这一观点的正确性。交战之初，曹操据汉中，扼守阳平关这一军事要地，打退刘备军队的多次进攻，使得刘备处于长期屯兵坚城要塞之下而毫无进展的被动状态之中；而后来，当刘备抢占了另一更为有利的军事要地定军山时，形势便完全发生了逆转。刘备由被动变为主动，由受制于人变为制于人——能够以逸待劳，调动曹军，使曹军疲于奔命，来回奔走，以至于最后陷入了求战不得，进退两难的境地。争夺制胜权的重要，从曹、刘两军前后所处的决然相反的地位中，充分地体现了出来。

刘备之所以能变被动为主动，最主要的一点是他在关键时刻能够做到“以迂为直，以患为利”。在初战不利的情况下，刘备停止了以硬碰硬的作战方法，通过长途迂回，占领了另一军事要地定军山，取得了战争的主动权。此后，刘备便反客为主，调动曹军并在运动中伏歼灭了曹军，刘军面对曹操的援军，采取以主力守险不战，以游兵扰其后方的战略，迫使曹军撤出了汉中。所以，我们可以毫不过分地说，刘备的夺取汉中，是运用了孙子“迂直之计”而取得的。

孙子兵法　八、九变篇

原文

孙子曰：凡用兵之法，将受命于君，合军聚合，圮地无舍，衢地合交，绝地无留，围地则谋，死地则战，途有所不由，军有所不击，城有所不攻，地有所不争，君命有所不受。

故将通于九变之利者，知用兵矣；将不通九变之利，虽知地形，不能得地之利矣；治兵不知九变之术，虽知五利，不能得人之用矣。

是故智者之虑，必杂于利害，杂于利而务可信也，杂于害而患可解也。是故屈诸侯者以害，役诸侯者以业，趋诸侯者以利。

故用兵之法，无恃其不来，恃吾有以待之；无恃其不攻，恃吾有所不可攻也。

故将有五危，必死可杀，必生可虏，忿速可侮，廉洁可辱，爱民可烦。凡此五者，将之过也，用兵之灾也。覆军杀将，必以五危，不可不察也。

译文

孙子说：用兵的原则，将接受国君的命令，召集人马组建军队，在难于通行之地不要驻扎，在四通八达的交通要道要与四邻结交，在难以生存的地区不要停留，要赶快通过，在四周有险阻容易被包围的地区要精于谋划，误入死地则须坚决作战。有的道路不要走，有些敌军不要攻，有些城池不要占，有些地域不要争，君主的某些命令也可以不接受。

所以将帅精通“九变”的具体运用，就是真懂得用兵了；将帅不精通“九变”

的具体运用，就算熟悉地形，也不能得到地利。指挥作战如果不懂“九变”的方法，即使知道“五利”，也不能充分发挥部队的战斗力。

智慧明达的将帅考虑问题，必然把利与害一起权衡。在考虑不利条件时，同时考虑有利条件，大事就能顺利进行；在看到有利因素时同时考虑到不利因素，祸患就可以排除。因此，用最另人头痛的事去使敌国屈服，用复杂的事变去使敌国穷于应付，以利益为钓饵引诱敌国疲于奔命。

所以用兵的原则是：不抱敌人不会来的侥幸心理，而要依靠我方有充分准备，严阵以待；不抱敌人不会攻击的侥幸心理，而要依靠我方坚不可摧的防御，不会被战胜。

所以，将领有五种致命的弱点：坚持死拼硬打，可能招致杀身之祸；临阵畏缩，贪生怕死，则可能被俘；性情暴躁易怒，可能受敌轻侮而失去理智；过分洁身自好，珍惜声名，可能会被羞辱引发冲动；由于爱护民众，受不了敌方的扰民行动而不能采取相应的对敌行动。所有这五种情况，都是将领最容易有的过失，是用兵的灾难。军队覆没，将领牺牲，必定是因为这五种危害，因此一定要认识到这五种危害的严重性。

战例

身勾践佯攻渡江

周敬王四十二年，由于连年征战，本已国力疲乏的吴国又遇上、了大旱灾，府库空空，饥民遍野，防务松弛。越王勾践认为这又是一次大举伐吴、洗雪国耻的好机会，遂举兵再次伐吴。

吴王夫差闻得勾践又来进攻，将至笠泽（今江苏吴江县一带）。慌忙率吴国全部人马迎敌。夫差在江北，勾践在江南，两军隔江对垒。

勾践登高遥望江北，见夫差军队数量和自己的差不多。他和范蠡、文种研究对策，决定佯攻取胜：范蠡率右军逆江而上，文种率左军顺流而下，先于黄昏之时在江中隐蔽好，夜里再虚张声势，诱敌上钩。勾践自已则亲率中军主力，伺机渡江。

夜半之时，夫差突然听到左右两处战鼓齐鸣，喊声震天，以为越军分两路渡江，急忙分两路迎敌。早就作好一切准备的勾践见吴军主力已一分为二，各向左右奔去，立刻偃旗息鼓，从中间部位潜行渡江。留守在这里的吴军已经所剩不多，竟成了吴军防线的薄弱环节。勾践轻而易举地击溃守军，渡过江去，乘胜追击至没邑（今江苏吴县南）。吴国左右两军扑空后急急回救，到没邑时已是人困马乏，又被勾践杀得落花流水，望风而逃。勾践在后面猛追，在吴都城郊区追上吴军。此时，范蠡和文种所率领的左右两路军也已渡江赶来，围歼吴军。吴军大败。夫差带着仅存的残兵败将逃入城中，闭门不出。

勾践见消灭吴国有生力量的目的已经达到，遂班师回国。

赵奢智救阏与城

赵惠文王之时，赵国有个与上卿廉颇、蔺相如同等地位的人，他就是赵奢。

赵奢本是一个收税小吏，执法很严，曾杀了平原君赵胜手下九名抗税家臣。后来，赵惠文王让他管理全国税收，又管得有条有理，赵王很信任他。

赵惠文王二十九年，秦国将领胡阳率兵包围了赵国的阏与城（今山西和顺）。赵惠文王召集大臣研究。廉颇、乐乘等人都说道路险远，难以救援。赵奢却说："在远征途中的险狭之地打仗，如两鼠争斗于洞中，勇者胜。"赵惠文王遂命赵奢领兵去救阏与。

谁知赵奢离开邯郸后，只向西行军30里就停了下来，还下了一道命令："有来谈军事、劝我急速进兵者，斩！"眼见秦军在武安（今河北武安县西南）西侧昼夜操练人马，磨刀霍霍，将士们都很着急。有个军吏实在忍耐不住，来见赵奢，请求速救武安，被赵奢砍了头。

将近一个月，赵奢仍旧按兵不动，还不停的加固工事，构筑营垒。秦国派人到赵奢营中，赵奢用好酒好肉款待他，客客气气地送他走了。明知是来刺探军情，赵奢只是不动声色。

送走秦国间谍，赵奢立即下令拔营，急行军一昼夜，来到阏与前线。赵奢还让善于射箭的军士迅速到距阏与五十里一带构筑营垒。

秦将胡阳没想到赵奢会有此一举，他听了秦间谍的报告，还以为赵军驻足不前，自己指日便可夺取阏与。此时方知上当，气急败坏地率领全部人马也赶到那里。

这时，又有一个叫许历的军士冒死来见赵奢，他说宁可受腰斩之刑，也要和赵奢谈谈作战问题。这次，赵奢却说："前令是在离开邯郸之时，为迷惑秦军下的，现在已经过时了，你讲吧！"

许历说道："要马上占领阏与北山，先上山者胜，后上山者败。"赵奢认为有理，立即派一万精兵火速抢占北山。

赵军刚刚登上山顶，秦军也已来到山下，他们蜂拥而上，山上赵军箭如雨下，秦军几次冲锋，都没有冲上去。

赵奢见时机已到，下令总攻。赵军从四面八方掩杀过来，秦军弃甲抛戈，狼狈而逃，阏与之围解除了。

朱元璋巧施诈降计

陈友谅占据江州，他一直把朱元璋视为心腹之患，遂率所有兵力顺流而下，攻打朱元璋，元顺帝至正二十年攻占采石（今安徽省马鞍山市长江东岸）和太平（今安徽当涂），自立为帝，国号为汉。紧接着，陈友谅又率领“江海鳌”、“混江龙”、“塞断江”、“撞倒山”等巨舰，进逼应天（今江苏南京）。

大兵压境，朱元璋的部下将士都有些紧张。因为陈友谅的水军是朱元璋的十倍，又善于水上作战。有些人竟主张撤退或投降。朱元璋听取了刘基的建议，决定诱敌深入，打伏击战。

朱元璋召来康茂才，让他写一封诈降信给陈友谅。原来这康茂才是元朝降将，本是陈友谅的老友，朱玩璋认为他是诈降的合适人选。

康茂才欣然答应，他说：“陈友谅不讲信义，杀了我的同乡好友徐寿辉，我正要报此大仇……”于是修书一封，信上说“建议兵分三路进攻应天，茂才所部把守应天城外江东桥，愿为内应，打开城门，直捣帅府，活捉朱元璋……”康茂才派一名陈友谅熟识的老仆去送信，临行之际，康茂才再三叮嘱，以防露出破绽。

陈友谅读了康茂才的信，心中不免高兴起来，他想，自己大军一路势如破竹，谅他康茂才也不敢诈降。但他还是反复盘问老仆人，老仆应对如流，言辞恳切，陈友谅深信不疑。他当即对老仆人说：“我马上分兵三路取应天，到时以‘老康’为暗号，但不知茂才所守之桥是木桥还是石桥。”“是木桥”。老仆答道。

送走老仆人的第二天，陈友谅水陆并进。他亲率数百艘战船顺江而下，前哨到大胜港时，遭朱元璋手下将领阻击，无法登岸，又见新河航道狭窄，于是下令直奔江东桥，以便和康茂才里应外合。船到江东桥，陈友谅见是一座石桥，心中起疑。原来，朱元璋为了防备康茂才的假投降变成真投降，已于当天夜里把木桥改造成石桥了。陈友谅急命部下高喊“老康”，喊了多时，竟无人答应，方知中计，急令陈友仁率水军冲向龙湾。几百艘战船聚集于龙湾水面，陈友谅下令一万精兵登陆修筑工事，企图水陆并进，强攻应天城。

此时，只见卢龙山顶上黄旗挥动，战鼓齐鸣，朱元璋的大将徐达、常遇春率军分从左右杀来，修筑工事的一万精兵顿时被冲得大乱。尽管陈友谅大声呼喝，仍然制止不住，败军逃到江边，蜂拥登船。陈友谅急令开船，哪料正当退潮之际，近百条战船全部搁浅，徐达与常遇春乘势上船追杀，陈友谅溃不成军，只好跳进小船逃跑了。

朱元璋巧施诈降之计，诱敌深入，打败了十倍于自己的敌人，从此改变了敌我力量的对比，争得了战争的主动权。

狄青掷钱稳军心

北宋时期，南方广源州的侬智高起兵反叛朝廷，宋仁宗派大将军狄青前去平定。

狄青率大军离开桂林后，由于山路艰险，一些士兵开了小差，而且，日落日出，开小差的现象一天比一天严重，即使严加惩处，也收效不大。狄青手下有个多才多智的谋士，叫做刘易，狄青向刘易请教对策，刘易搜肠刮肚，终于想出一条妙计。

几天后，大军在途中休息。狄青召集身边的将士，对他们说："此次远征，山高水险，路途坎坷，吉凶难卜，难怪弟兄们开小差。我现在想借助神明来测知吉凶，我把100个铜钱扔上天空，待它们落到地上，如果个个面朝上，那就是吉，我们就进军；如果有一个铜钱不是面朝上，那就是凶，我们就班师回朝，诸位意见如何？"众将上齐声说"好"。

狄青命令一名亲兵拿来一袋铜钱，狄青伸手从袋子中抓了一把。数足是100个，攥在手中，然后闭上双眼，虔诚地祷告："神明保佑！神明保佑……"

将士们一个个瞪大眼睛，望着狄青。

突然，狄青睁开两眼，将100个铜钱抛入空中，待铜钱落地，将士们纷纷跑上前观看——100个铜钱个个面朝上！顿时，"神明保佑"的欢呼声响震山谷，三军将士无不欢欣鼓舞。

狄青向天空中跪拜致意，然后命人拿来100只钉子，把100个铜钱钉在地上，又用青纱罩在上面，还亲自动手加了封，最后，再次祷告："待大军得胜回朝，一定用厚礼祭奠神明，到那时再取回这些铜钱！"

其实，这是谋士刘易借助将士们迷信鬼神的心理来稳定军心的一条"诡计"——因为所有100个铜钱的上、下都是"面"，铜钱和"将士"都是事先精心安排好的。

果然，狄青掷铜钱以后，士气高涨，再也没人开小差。狄青指挥三军迅速南进，一举平定了侬智高的叛乱。

太史慈智截奏章

东汉末年，宦官专权，官场腐败。当时有一个奇特的现象是：官吏们为一已私利，尔虞我诈、互相攻击，官司打到朝廷，谁先"告状"，谁就能赢。

太史慈就遇到了这样一桩事：他所在的州郡中，刺史（州的最高长官）与郡守（郡的最高长官）翻了脸，刺史抢先一步，派人把奏章送人京都，郡守写好奏章，已晚了一步。郡守决定挑选一名精明能干的人设法抢在刺史之前把奏章送上去，太史慈被郡守选中了。

太史慈怀揣郡守的奏章，马不停蹄地赶到京都洛阳，发现刺史派出去送奏章的人正等候在接受奏章的官署前，还没有把奏章送上去。太史慈心生一计，拍马上前，装作朝廷命官的样子问："你是哪里来的？是送奏章吗？"

刺史派去的官吏不辨真假，如实做了口答。

太史慈又问："奏章的格式有没有错误啊？拿给我看看！"

那人立即从车中取出奏章，双手呈给太史慈。太史慈接过奏章，走马观花地看了一遍，取出一把刀子，把奏章划成碎片，又乘对方惊愕之际，说：“我是奉郡守之令来察看刺史的奏章是否已经呈递上去的，不过，郡守并未让我毁掉刺史的奏章，现在我们是难兄难弟了，大丈夫四海为家，我们何必为他们之间的勾心斗角卖命呢？大家都逃走吧！”

太史慈说服那名官吏与他一起逃出京城，然后各奔前程。太史慈走了一程后，又折回京都，把郡守的奏章呈送上去，方才回到故乡向郡守交差。

刺史得知自己的奏章被毁，急忙再写奏章，日夜兼程送往京城，但朝廷早已收到郡守的奏章，对刺史的奏章不感兴趣，因此，这一场“窝里斗”，以刺史的失败而告终。

太史慈自此以智勇双全而闻名。

故作迷惘的日本日公司

美国 S 公司与日本 B 公司进行过一场许可证贸易谈判。

谈判开始后，先由美方代表发言。美方代表详详细细介绍了己方的立场、态度和具体措施，日方代表只是埋头记录。美方代表发言结束，向日方代表征求意见，但所有日方代表都你望我、我望你，目中一片迷惘。美方代表不知出了什么事情，感到很奇怪，日方代表则说：“我们不明白。”美方代表问哪些地方不明白，日方代表回答：“全不明白。”然后，补充了一句：“请允许我们回去研究一下。”第一轮谈判就这样结束了。

数星期后，美、日又开始了第二轮谈判。令美方代表惊异的是：日方代表全是新人。于是美方代表只好从头开始，将美方的立场、态度、具体措施逐一作了详细介绍。日方代表认真地作着记录，没有一个人打岔。美方代表介绍完毕，向日方代表征求意见，日方代表又是你瞪我、我瞪你，谁也不开口说话。美方代表再次征询意见，日方代表说话了：“我们不明白。”“什么地方不明白？”“全不明白。”日方代表提出休会，他们要回去研究，美方代表只好同意。

马拉松式的“一言堂”谈判持续了半年多，被激怒的美国人大骂日本方面毫无诚意。就在这时，日本 B 公司的代表团突然飞至美国。这一回，不待美国人开口，他们就拿出精心准备好的方案，以无可挑剔的语言与美国人讨论所有的细节，美国 S 公司的代表毫无准备，只好与日本 B 公司签订了一个对日方明显有利的协议。

装聋作傻与聘贼自盗

顾客大多有一种占便宜的思想。英国有一家不很大的商铺，经营者是兄弟俩人，他们就是利用顾客的这种心理，大赚其钱的。

在一般的情况下，兄弟俩人一个人在里面不露面，一个人在外面照看货物。当顾

客来挑选货物时，在外面照看货物的人故意装作不知道货物的价格，而向里面大声发问，里面的人回答。比如：“A 型男士皮鞋多少钱一双了?”“18 英磅!”外面的人听到后（当然，顾客也听至到），佯作听错，道：“是 15 英磅!”顾客一看有便宜可占，立刻付钱，拿起货物就走。

其实，A 型男士皮鞋的一般售价就是 15 英磅，或者，不到 15 英磅。

兄弟俩人的装聋作傻之术，屡试不衰。

欧洲有一家大商场因为屡屡失窃而大伤脑筋。商场采用了种种反窃措施，但都见效不大，商场经理苦思良策。

一天，商场幸运地在众目睽睽之下抓获了一名窃贼，经理发现，连续几天，商场的货物都平安无事，经理茅塞顿开，于是高薪雇用小偷，让他们定期来商场偷窃。

当然，“小偷”总是要被当场捉住。而且，在众多顾客的注视下，小偷不但灰溜溜地支出了“偷窃”的货物，还要交出一笔罚金，否则，商场就要把他们扭送有关部门处理。

久而久之，这家商场以防盗有力而闻名全城，狡猾的窃贼很少敢于光顾。商场虽然要不时地付给小偷一笔钱，但比起失窃的货物来，还是要少得多。

“沙漠之狐”的狡猾

被世人称为“沙漠之狐”的德军元帅埃尔温·隆美尔用兵迅捷、狡诈，以至当时的英国首相丘吉尔喊出了这样的话：“隆美尔！隆美尔！什么都可以不管，只要能打败他就行!”

1940 年 5 月，当时还是德军第 7 装甲师少将师长的隆美尔被切本特思森林挡住去路。隆美尔要攻击的法军地堡防线就在森林后面，但是法军在森林中构筑了坚固的前沿工事。如何才能平安通过森林突然地出现在法军地堡防线前面呢？隆美尔灵机一动，拿起话筒，下达了命令：“各指挥官请注意！现在即将通过森林，坦克全速前进，炮手、电报员、装弹手以及指挥官一律坐在坦克外面，摇动白旗，不许放一枪一炮。”军令如山倒，德军官兵对这一道几乎等于自杀的命令虽然不理解，但还是执行了，隆美尔本人也坐在坦克外面，不停地摇动着白旗。法国官兵从前沿工事中站起来，迷茫地望着一辆辆德军坦克从眼皮下驰过，不知该如何是好。切本特思森林被抛在身后之后，隆美尔命令一个装甲营断后，以防法军在突然省悟后追击，其主力则向毫无防备的法军地堡防线发起迅雷不及掩耳的攻击，将法军防线彻底击溃。

1941 年 2 月，隆美尔奉命进驻非洲，支援意大利伙伴。当隆美尔率先头部队一个装甲营和一个侦察营驰入利比亚首都的黎波里时，该城已处在英军的攻击之下。隆美尔冷静地分析了形势，下令按照惯例进行入城阅兵式——一辆又一辆德军坦克围绕政府议会大厦没完没了地转着圈——在人们印象中，德军有着数不尽的坦克。阅兵式结束，隆美尔又命令部下用纸板、木头和其它材料做成几百辆足以乱真的假坦克，又让

卡车和摩托车在假坦克间穿梭来往，“演戏”给英军的侦察飞机看。英军果然上当，迟迟不敢对隆美尔发起进攻。隆美尔赢得了时间，后续部队陆续跟了上来，实力大增。

隆美尔在非洲战场上屡创“奇迹”，但因涉嫌暗杀希特勒，被逼服毒自杀身亡。

韦维尔将军开创“特种战争”

1940 年 7 月 10 日，意大利独裁者墨索里尼向英国宣战，企图从利比亚向东，从东非向西北，切断地中海生命线，掐住英国在非洲的咽喉。当时墨索里尼在非洲的总兵力约有四十余万，而他的对手——英国中东总司令韦维尔将军只有 3．6 万人和几支小股部队。9 月 13 日，意大利鲁道夫·格拉齐亚尼元帅率大军进入埃及，英军被迫后撤。

形势是异常严峻的。韦维尔将军深知硬拼只能死路一条，只有靠计谋来取胜。经过再三思索，韦维尔将军决定“组建”一支“强大”的“部队”来恫吓意军——他命令从伦敦统帅部派来的克拉克准将制造了数百辆橡皮坦克、数百门橡皮野炮和一辆又一辆的橡皮载重卡车，这些坦克、野炮、卡车在打足气后与实物同样大小，放掉气后，则能够装入板球袋内、饼干盒内，和弹药箱般大小。克拉克还命令工程兵修建了假公路和制造了坦克履带痕迹，让阿拉伯人骑着骆驼和马，后面拖着耙形装置，掀起漫天灰尘。当意大利的侦察机飞临侦察时，一阵阵猛烈的高射炮火逼得侦察机不敢低飞，结果，当格拉齐亚尼元帅观察冲洗出来的照片后，他惊恐地发现：在他的右翼，英军的坦克和大炮要比自己强大得多！

格拉齐亚尼不敢轻举妄动。同时，由于得到英军增援部队正在途中的情报，格拉齐亚尼害怕侧翼被英军切断，便命令部队洛亚历山大公路挖筑战壕防守，停止进攻。

墨索里尼对格拉齐亚尼的滞缓大为不满，三令五申，催逼他进军，甚至扬言要撤换他，但格拉齐亚尼心怀畏怯，就是按兵不动。

韦维尔将军的迷惑战术赢得了宝贵的时间，当英国增援部队赶来后，韦维尔将军突然向格拉齐亚尼的意军发起攻击，长驱 650 英里进入利比亚。战至 1941 年 2 月 7 日，韦维尔将军以死 500 人、受伤 1400 人、失踪 55 人的代价，俘获意军 13 万人及 400 辆坦克、1290 门大炮。

韦维尔将军开创的欺诈战术，成功地迷惑了意军统帅，从而使英军掌握了战争的主动权。此后，这种欺诈战术在非洲战场广为应用，战功显赫的英国首相丘吉尔还送了它一个尊号：“特种战争”。

阿里亚死里逃生

中世纪时，西欧处于“神权”的统治之下，某国因此制定了一条奇特的法律，抓

阄决生死。具体作法是，法官在宣判前把写有“生”和“死”的两张字条装人同一个瓶中，犯人当众从瓶中抽出一张字条，如果是“生”当众释放；如果是“死”，即被处死：法官宣称，这是“神意裁判”。

一个名叫阿里亚的人一直反对宗教，在他的鼓动下，许多人都对这种“神意裁判”表示反对，认为不公平；一些该死的恶棍得以逃生；一些无罪过的人反而要死去。

宗教裁判所早就想置阿里亚于死地，他们授意政府将阿里亚逮捕，又授意法官在两张字条上都写下“死”字，然后开庭审判阿里亚。

阿里亚是个很有声望的人，开审的那一天，法庭里座无虚席，人山人海，大家都想看看阿里亚如何与法庭斗争到最后，开审的铃声响过后，一切都按部就班，最后，首席法官宣布判决，当众把两张卷好的字条塞入瓶中，让阿里亚去抓阄。

法庭立即沉静下来，有人幸灾乐祸，有人惴惴不安，所有的人都把目光盯在瓶口。

阿里亚平静地走到瓶子前，伸出手指捏住一张字条——他既没有呈给法官，也没有当众打开，而是看也不看地塞入口中，咽下肚去。

法官们都大吃一惊：既然谁也不知道阿里亚抓到的是“生”，还是“死”那么，唯一的办法就是看瓶中的那张字条了。在催促之下，首席法官只好拿出瓶中的字条，并当众打开——“死”！

“自由了！阿里亚！”

人们欢呼雀跃，簇拥着阿里亚走出了法庭。

原来，在开庭之前，在众多的审判员中有一人是阿里亚的朋友，他偷偷地把这一置他于死地的消息告诉给了阿里亚，让阿里亚自己去想办法。

阿里亚终于用智谋挫败了宗教裁判所的阴谋，“死”里逃“生”。

孔镛妙计除阿溪

明弘治年间，贵州清平卫有个叫阿溪的山民首领。阿溪人很狡滑，又桀骜不驯。他有个叫阿剌的养子，能身着三重铁甲，舞动三丈长矛，三五丈宽的沟堑一纵即过。阿溪有谋，阿剌有勇，这二人沆瀣一气，简直无法无天。

阿溪怂恿人抢劫过往客商，官府追究，要求他帮助时，阿溪就先索重贿，然后捉一个远处不相干的人抵罪，远处的人非常俱怕，只得拥他做寨主；对附近的山民弱者，阿溪就加收赋税，强行分掉他们的牲口……

这一年，孔镛担任贵州巡抚。他听说阿溪行为不端，就向监军、将帅们打听，他们都说阿溪是好人。孔镛感到这些人说的是假话，就亲自去查访。

清平卫有个叫王通的指挥官，孔镛得知他是一个清正耿直的人，就向他了解情况。孔镛问道：“听说阿溪为害甚大，请你把情况告诉我！”王通沉默不语。孔镛再三问他，他才惴惴他说：“如果我说了，您要是治不了他，那我一家老小可就活不成了！”孔镛微笑着说：“请你不必担心，只管说吧！”王通这才一五一十地把情况全部说了出来。

孔镛从王通那里不但了解了阿溪所犯罪行，而且得知官军中的监军、将帅是他的靠山，阿溪每年都通过指挥王曾、总旗陈瑞二人，向那些军官们送上厚礼。有这些贪官污吏的庇护，阿溪更加有恃无恐。

第二天，孔镛当众选任王曾为巡官，待众官散去后，孔镛沉下脸来，质问王曾“为何身为指挥，私通贼寇”，并历数他的罪状，声称要治他死罪。王曾十分恐惧，跪地磕头。

孔镛说：“我可以饶了你，但有一个条件，你必须把阿溪给我捉来。”王曾推荐陈瑞作帮手，孔镛应允，让他即刻把陈瑞叫来。

陈瑞来到之后，孔镛又是像审王曾那样，严加盘问，陈瑞禁不住偷眼看王曾。王曾说，“大人什么都知道了，他准许我们将功赎罪，我们想办法捉拿阿溪。”陈瑞只好答应下来。

阿溪和阿刺，一个是虎，一个是狐狸，要捉他俩，谈何容易。二人煞费苦心，好不容易想出了一条计。

原来，当地人喜欢斗牛，阿溪和阿刺更好此道。王曾和陈瑞决心在这斗牛上做文章，一切准备好之后，陈瑞去见阿溪，饮酒之间，二人谈起了斗牛。陈瑞说他刚在寨子外边见到一条好牛，阿溪一听，立刻眼红了。陈瑞又说牛贩子不像本地人，难以强迫他进寨，怂恿阿溪带牛去比一下。阿溪来了兴致，骑马牵牛，和阿刺一起，往寨外走去。果见路边拴着一头好牛。

阿溪刚想叫两头牛比试，有人报告说巡官到了。陈瑞告诉他，巡官就是王曾。“老王真走运，又升了巡官了！”阿溪笑着说。

陈瑞说：“新巡官巡视山寨，照礼我们得去迎接，何况是老朋友。”阿溪和阿刺听了，遂拍马向前。陈瑞又说：“带佩刀见新巡官，新巡官不吉利。”二人毫不疑心，随手解去佩刀，前去参见王曾。谁知一见面，王曾就大声责备他们欢迎不恭，官气十足。还没说上几句话，猛听得王曾大喝一声，无数士兵从草丛中窜出，一拥而上。阿刺没了武器，威力大减，虽空手击伤几十人，仍然无济于事，阿溪、阿刺都被绑了起来。

时隔不久，阿溪、阿刺即被孔镛在贵阳正法，为清平卫除了大害。

众义士救存赵氏孤儿

战国时期，赵国的大司寇屠岸贾与相国赵盾有仇。屠岸贾是国君的宠臣，他在国君面前对赵盾进行诬陷。然后，亲率大兵包围了赵府，把赵盾的儿子赵朔及赵家的三百多口人全部杀死。清点人数时，发现只有赵朔的妻子——赵国国君景公的姐姐逃走了。

原来，赵朔的妻子身怀六甲，即将生育，她事先得到消息，逃回了王宫。

屠岸贾派重兵围住王宫，只等赵朔的妻子生下孩子后，把孩子杀死，以绝后患。

相国赵盾有两个忠实的门客，公孙杵臼和程婴。赵家满门抄斩后，公孙杵臼约程婴一齐殉难。程婴说："赵夫人怀了孕，如果生下男孩，我要把他抚养成人；如果生下的是女孩，我们再死不迟。"不久，赵夫人生下一个儿子，程婴是一位医生，假作给赵夫人看病，进入宫中。赵夫人认识程婴；对程婴说："这孩子是赵家的一点骨肉，请你一定要带出去，有朝一日好为赵家报仇。"说完，进入内室，服毒自杀。

程婴把孩子放入药箱中，匆匆带出王宫，正遇到下将军韩厥。韩厥为赵家抱不平，屠岸贾准备屠戮赵府的消息就是他告诉赵朔、赵夫人的。韩厥放程婴人宫后，先后把身边的士兵打发走，独自一人等候程婴。韩厥对程婴说："我知道你药箱里装的是赵氏孤儿。我韩厥虽在屠岸贾手下，但我不是坏人。现在，你快走吧！我死了之后就再也没人知道这事了。"说完，拔出宝剑，自刎而死。

程婴向韩厥的尸体拜了几拜，提着药箱，飞快地逃离了王宫。

屠岸贾得知赵氏孤儿已被人救走，又怕又恨，立即派人在全国范围内张贴告示：限3天之内交出赵氏孤儿，否则，把全国半岁之下的男婴孩全部杀光！

程婴眼见赵氏孤儿难保，对公孙杵臼说，"屠岸贾要杀半岁以下婴孩，赵氏孤儿难保。我的妻子刚刚生下一个儿子，与赵氏孤儿不差几天，我想让我的儿子冒充赵氏孤儿，抱着他去自首，赵氏孤儿就交给你了。"

公孙杵臼问程婴："你多大年纪了?"程婴回答："45岁。"

公孙杵臼指着满头银发，说："我今年已70岁了。你想，孩子要报仇，至少还要等20年，到那时候我已90高龄，谁能保证我活那么长的时间呢？我看，你还是把亲骨肉送到我这里来，然后告发我藏匿赵氏孤儿，抚养赵氏孤儿的重任就交给你吧。"

程婴抱着公孙杵臼放声大哭。

第二天，程婴向屠岸贾"告发"了公孙杵臼，屠岸贾亲自率领三千甲兵进入首阳山中将公孙杵臼抓获。屠岸贾问："孤儿在哪里?"公孙杵臼矢口抵赖。屠岸贾冷笑一声，命令甲士们四处搜寻，终于在一处暗室中搜出了白白胖胖的"赵氏孤儿"。屠岸贾将"赵氏孤儿"细细端详一番，狠狠地摔在岸石上，将"赵氏孤儿"摔成肉饼。

20年后，赵氏孤儿长大成人。

这时候，景公对飞扬跋扈的屠岸贾已越来越不满，并决心除掉屠岸贾。程婴见时机已到，将赵氏的冤情禀告景公，在将军魏绛的支持下，景公将屠岸贾斩杀，为赵盾一家平反昭雪。

晋国灭曹国

公元前 632 年，楚国攻打宋国，宋国急忙向盟国晋国求援。晋文公接到宋国的紧急求援信，立即传令出兵救宋。大臣狐偃对晋文公说："宋国离我们太远，只怕我们的大军未到，宋国已经支持不住了。曹国和卫国就在我们附近，他们都是楚的盟国，我们出兵进攻曹、卫，楚国必然来救，那时，宋国的包围就可自行解除了。"

晋文公采纳了狐偃的建议，挥师攻打卫国，夺取了卫国的五鹿（今河南境内），又包围了曹国的都城。曹国不敌晋国，曹共公惊惶失措。有人向曹共公献计："何不诈降诱晋军入城？待晋军入城后一举歼灭它们！"

曹共公认为此计可行，派使者向晋文公求降。晋文公根本不把曹国放在眼中，喜滋滋地接受了曹共公的请求，并与使者约定，第二天入城受降。

第二天，晋国毫无戒备地入城受降。不料，先头部队刚入城，曹军就关上了城门，入城的少量晋军被曹军全歼。曹共公为恐吓晋军，还把晋军士兵的尸体排列在城墙上。

曹共公的做法引起晋文公的愤怒，他下令把部队开到曹国人的坟地上，扬言要挖掘曹国人的祖坟，把坟中的尸体全扔出去——在当时，人们对祖宗的坟地十分敬畏，曹共公立刻就屈服了。为了"谢罪"，曹共公答应把晋军阵亡士兵的尸体装在棺内，以庄重的礼仪送出城，晋文公再次同意了曹共公的请求。

这一回，晋文公多了个心眼——趁曹军大开城门礼送棺材队伍出城之机，突然发起攻击，冲入城中。曹军本来就不是对手，眼见晋军精锐攻入城来，一哄而散，曹共公也成了晋国的阶下之囚。

楚国正在攻打宋国的都城，接到卫、曹的告急求援信，慌忙来救，但还是晚了一步。

丘福失察铸大错

明成祖朱棣登基后，元朝残余势力仍很猖獗。公元 1409 年 7 月，朱棣派淇国公丘福为征虏大将军，率 10 万精骑剿伐漠北的鞑靼。朱棣惟恐有失，再三告诫丘福："用兵须慎重。千万不要轻易进军，不要被蒙骗。"丘福出发后，朱棣仍不放心，又连传圣旨："军中如有人认为可以轻取鞑靼的，万万不可相信。"

8 月，丘福亲自率轻骑千余人行至胪朐河（今蒙古克鲁伦河），在与鞑靼游骑的遭遇战中，丘福抓获一名鞑靼"尚书"——其实，这是鞑靼可汗本雅失里故意派出的一名间谍。丘福如获至宝，亲自审问"尚书"。"尚书"供认说："本雅失里听说将军

来到，仓皇逃去，离此不过三十里。”丘福毫不怀疑，率领轻骑就追。

连续两天，丘福在鞑靼“尚书”的引导下，多次追上鞑靼军。鞑靼军每战必败，且战且退。丘福认为鞑靼军是胆怯，孤军深入，穷追不止。

右参将李远劝阻说：“将军只凭俘虏的一句话就贸然轻进，万一其中有诈，敌人是在诱我上钩，我军人少势孤，后果不堪设想！”

左副将军工聪力劝道：“李将军言之有理，我们恐怕自己中奸计。不如结营自守，等待大部队到来，再取鞑靼不迟。”

左参将王忠、右副将火真也劝道：“皇上再三嘱咐我们要小心、慎重，不可被敌人豪骗，难道将军不记得了？”

丘福恼羞成怒，喝道：“将在外，君命有所不受。不从命者，斩！”

众将无可奈何，明知前去凶多吉少，也只好硬着头皮跟随丘福往前闯。没过多久，鞑靼大军如同浓云般涌来，霎时将丘福等人重重围住。王聪率先战死，丘福、火真、王忠、李远力尽被俘，尽遭杀戮，丘福的先头部队全军覆灭，明军后续部队闻报后，仓惶后退。

亚耗传到京城，朱棣大怒，不但剥夺去丘福的封爵，还把丘福的家眷发配到边远的南疆。

马占山斗日寇

1931年“九·一八”事变后，东北三省的辽宁、吉林先后落入日寇手中，惟有黑龙江省代理省主席马占山高举“东北义勇军”的大旗，与日寇形成对峙。

马占山出身“绿林”。当时，黑龙江省主席万福麟已逃往北平，其子万国宝携银行现款及黄金珠宝也逃之夭夭，马占山一无钱二无粮三无重武器。更为严峻的是：黑龙江的西南部张海鹏部及西北部凌升的骑兵旅都已投降日寇作了汉奸，马占山三面受敌。马占山对部下说：“他妈的！人活百年不也是死吗？咱姓马的认为跟日本鬼子打仗打死也是难得的光荣。胜也打，败也打，一定打到底，就是不当汉奸！”

日本关东军司令部企图以收买和武力威胁同时进行的手段迫使马占山投降，马占山坦然相待。日本特务林义秀奉土肥原之令去诱降马占山，马占山顺水推舟，一口气提出了四个条件：（一）拨给一万支步枪、五百挺轻机枪、三百挺重机枪、三万枚手榴弹、一百五十门重炮；（二）拨给一万五千套被服；（三）拨给一千吨粮食；（四）借给五百万银元。林义秀把马占山的要求转告给关东军司令部，关东军司令部立即拨给了五十万银元和三万斤粮食及一部分被服，交由林义秀转给马占山，但没有给一枪一弹。马占山立即派自己的亲信赵国藩拿着50万银元火速到苏联去购买军火。

日本关东军司令部在送走银元和粮食的同时，命令关东军村井旅团和张海鹏的汉奸部队逼近嫩江桥，准备向省会发起进攻。马占山闻讯，亲自率领一个骑兵团增援嫩江桥。村井少将以为大军一到，马占山必定俯首称臣，因此并未做好战斗准备。日军接近嫩江桥，突然枪炮齐鸣，先头部队被杀得尸横遍地。村井恼羞成怒，以重炮猛轰守军，激战十多个小时，马占山的一千多名守军伤亡大半，幸亏马占山及时赶到，才稳住阵脚。

但是，日军越打越猛，血肉之躯难敌钢铁炮弹，马占山孤注一掷，调来500名蒙古骑兵，把守桥任务交给参谋长，连夜率领500骑兵迂回到村井少将旅团部的后面，向村井的旅团部发起突袭。霎时，刀光闪、人头落，村井旅团的官兵全做了无头之鬼。村井惊闻旅团部遭到马占山的攻击，慌忙率领部队回救，但见一颗颗头颅都落在白茫茫的雪地上，一具具无头的皇军尸体散布在荒野上、炮车边、院落中……村井自知无法向关东军司令部“交代”，拔出战刀，刺入自己的腹中。

马占山就是这样一位传奇式的民族抗战英雄。

洛克菲勒的算计

美国大财阀洛克菲勒在密沙比发现了蕴藏丰富的铁矿，但他同时又发现这块土地早已有了主人——他们是梅里特兄弟，德国人。洛克菲勒恨自己来晚了一步，只好耐心地等待时机。

1873年，经济危机席卷全美国，市面银根紧缩；梅里特兄弟一筹莫展。一天，梅里特兄弟家中来了一位不速之喜——是本地牧师劳埃德。梅里特兄弟款待了客人，并与客人友好地交谈起来。言谈中，梅里特兄弟谈到了现实的窘困，劳埃德关切他说，“不就是资金不足吗？我有一个很有钱的朋友，看在我的面上，也许，他会帮助你们的。”梅里特兄弟喜出望外，立刻恳请劳埃德助一臂之力。劳埃德一口应允，数天后，劳埃德回复梅里特兄弟，说他的朋友答应帮忙，请梅里特兄弟立一张字据以为凭证。这是合情合理的事，梅里特兄弟想也没想，就按照劳埃德的口述写了一张字据：“今有梅里特兄弟借到考尔贷款42万整，利息3厘，空口无凭，特立此为证。”梅里恃兄弟写完后，又念了一遍，觉得没有什么不对的地方，就在字据上签了字。

过了半年。一天，劳埃德突然来到梅里特兄弟家中，对兄弟两人说：“我的朋友洛克菲勒来了一个电报，要求马上索回那笔贷款。”梅里特兄弟慌了，固为那笔巨款早已被他们用到矿产上去了，根本无力立即偿还。兄弟两人被迫走上法庭。

梅里特兄弟的英语不很熟练，对美国的法律也知道得有限。劳埃德的律师在法庭上引经据典，侃侃而谈：“借据上写得十分明确，是考尔贷款。依据美国法律，考尔贷款是贷款人可以随时追回的贷款，借款人要么立即偿还，要么宣布破产。”

梅里特兄弟在借款之时只想到要付利息，作梦也没想到“考尔”会有这么多的含义。兄弟俩恍然大悟：是劳埃德把他们领入了洛克菲勒设下的陷阱。但是，为时已晚，梅里特兄弟只好含泪宣布破产，把苦心经营的矿产全部卖给洛克菲勒，作价52万元。

换句话说，洛克菲勒只用10万元就买下了可创造出数不尽财富的密沙比大铁矿。

智夺顿河桥

第二次世界大战时，苏军在斯大林格勒地域发起反攻，准备把 33 万溃败的德军包围消灭。要实现这个战略目标，首要的任务就是夺取德纵深地区卡拉奇附近的顿河上的唯一一座铁桥，这是德军撤退的必经之路！

苏军第 26 坦克军接受了这一艰巨任务。

当时，德军已抢在苏军前面向顿河大桥开进，苏军想要越过挡在自己前面的德军简直不可思议！第 26 坦克军军长罗金少将望着漆黑的天空，猛然下定决心，发布命令："打开所有的车灯，排成纵队向顿河大桥全速前进！"

德军就在身边，而且，德军还在公路沿线构筑了防御阵地，罗金少将的命令无疑是等于自杀！但是，军令如山倒，苏军坦克部队的上百辆坦克义无反顾地执行了命令。

德军官兵作梦也想不到苏军坦克敢于在自己的炮口前面打开灯、排成纵队行进，人人都认为是自己的部队，没有一个人上前询问或发出质疑。于是，浩浩荡荡的苏军坦克大军从德军的眼皮下面驶过，一直驶上顿河大桥。

德军的退路被截断了，33 万大军成为苏军的瓮中之鳖。

苏秦临终一计

中国有句成语：悬梁刺骨。其中，"刺骨"讲的是战国时期著名的政治家苏秦的故事。苏秦在事业开始的时候屡遭失败，他去游说秦国，秦王没有搭理他，他灰榴溜地回到家中，父母不跟他说话，妻子不给他缝衣服，嫂子也不给他做饭吃。苏秦从此发愤读书，每当困倦之时，拿起妻子纳鞋用的锥子就往大腿上刺去，顿时，鲜血流出，疼痛难忍，困乏随之一扫而光，苏秦捧起书本，继续苦读。经过一年多的苦读，苏秦又去游说赵、韩、魏、楚、燕、齐等六国联合抗秦，六国共同封苏秦为宰相，赵国还加封他为武安君，苏秦的名字从此威震天下。

苏秦在赵国住了一段时间、又在燕国住了一段时间，最后在齐国住了下来。齐王对苏秦很信任，大事小情都要跟苏秦商量，这引起了齐国大夫的嫉妒，最后竟发展到派刺客刺杀苏秦的地步。

一天晚上，苏秦正在书房里读书，一名蒙

面刺客从窗口跳进来，一剑刺入苏秦胸膛，苏秦大叫一声："有刺客！"随即倒在血泊之中。苏秦的卫士急忙跑入书房，刺客已逃之夭夭。

齐王听说苏秦遇刺，急忙来看望苏秦。苏秦已奄奄一息，挣扎着说："刺客……身材，高……高大，臣……有一计……能抓到真正……刺客……"苏秦上气不接下气他说出一计后，就死了。

齐王回到宫中，众大臣都来询问苏秦的死因，与苏秦争宠的那些大臣则格外关心齐王对苏秦之死是什么态度。齐王满面怒容，恨恨地说："真是知人知面不知心！我尊他为上宾，封他为宰相，他竟然是燕国派来的奸细！不将他五马分尸，不足以解我心头之恨！"

齐王说干就干，当即派人把苏秦的尸体拉到市场上，命人把苏秦的头和四肢分别栓在五辆马车上，当众宣布了苏秦的"罪恶"后，一声令下，五辆马车向五个不同的方向奔去，苏秦的尸体顷刻之间分成了五个部分。

齐王命令将苏秦的尸体抛在街头，不许埋葬，然后吩咐取道回宫。正在这时，一个身材魁梧的人从众百姓中走了出来，声称苏秦是他刺杀的，请齐王给他赏赐。

齐王道："你为齐国立下赫赫大功，我自然重重有赏。不过，假如众百姓都声称是他杀的，都来向我求赏，我该给谁呢?"

刺客回答："大王明察，只有我可以证明苏秦确是我杀死的。"于是，把行刺过程讲了一遍。

齐王静静地听着，刺客所言与自己所掌握的情况果然完全一致，于是，对刺客说："不错！苏秦是你所刺杀的——苏秦先生可以在九泉之下瞑目了！"齐王命令卫士："将刺客给我拿下！"

刺客大吃一惊，方知中计。

齐王杀掉刺客，用隆重的礼仪埋葬了苏秦。

萧惠轻敌遭惨败

公元前1049年，辽主派大将萧惠统率大军进攻西夏。萧惠是辽国的老将，战功显赫，此次出征，兵多将广，粮船、战舰绵延百里。

萧惠趾高气扬，他认为：新登基的小西夏王还不足两岁，西夏国由太后掌权。一个是幼子，一个是女人，能有多大本事敢与自己抗衡！

大军进入西夏境后，始终未见西夏一兵一卒，萧惠起疑，遂派小队人马前去侦察。侦察人员还没有回来，萧惠又心急起来，命令部队立刻出发。属下劝阻说："我们远路而来，情况不明，应该安营布防，以防意外，不可深入。"原来，此时萧惠军中的战马都用来运输粮草等军用物资，骑兵战士步行，一点战斗准备也没有。

萧惠不以为然，命令部队继续前进。

这一天，辽军刚刚安营，派出侦察的骑兵跑回来，气喘吁吁地说。前方发现西夏大军。萧惠竟然喝令把侦察人员绑起，要把他推出去斩首，因为他以为侦察人员在虚报军情。

就在此时，战鼓声、喊杀声响成一片，西夏兵从山坡上猛冲下来，势不可挡。辽军仓皇应战，抵挡不住，四散奔逃，萧惠和一些将士们尚未穿上盔甲、就慌忙上马。西夏军万箭齐发，射向溃逃的辽兵，辽兵成片成片地倒下。萧惠奋力死战，方才逃得性命。

萧惠盲目自信，被西夏军杀了个措手不及，损兵大半，连亲生儿子也死在乱军之中。

张作霖皇姑屯殒命

张作霖是位“东北王”。1926 年，张作霖联合皖系、直系军阀打败了冯玉祥的国民军，进驻北平（北京），被众军阀推举为中华民国军政府陆海军大元帅。

张作霖独霸东北，得到日本帝国主义的支持。日本帮助张作霖平定了郭松龄的叛乱，张作霖却没有兑现许诺日本人的密约，这使日本人不悦。张作霖入北京后，答应日本人筑铁路的要求，但日本人想把张的私人允诺变为政府间的正式协定予以公布，张作霖不同意，日本人大为不满。1928 年 4 月，国民党新军阀开始“北伐”，张作霖准备退出北京，回归东北，日本人乘机对张施加压力，要求张答应日本人的要求，张作霖自认为手中拥有几十万军队，一口拒绝了日本人。日本人恼羞成怒，磨刀霍霍，决计干掉张作霖，另觅新的傀儡。

张作霖知道自己得罪了日本人，也听闻了一些风声，但仍不相信日本人会对自己下毒手。为此，他故布疑阵，先是说 6 月 1 日离京，后又说 6 月 2 日离京，实际上是在 6 月 3 日凌晨登上火车离开北京的。

张作霖的专车于 6 月 4 日清晨 5 点多钟驶抵沈阳西北一公里半的皇姑屯站——死神在这里已张开了一张黑网。

皇姑屯站是中国的京奉铁路和日本人经营的南满铁路交叉处。皇姑屯站以北有一座桥，南满铁路在桥上通过，京奉铁路在桥下通过，日本关东军参谋部人员在这里安放了 30 麻袋黄色炸药，专候张作霖的到来。5 点半稍过，张作霖专车前的警卫车首先通过了铁桥，待张作霖乘坐的第 8 节车厢通过铁桥时，远在 500 米外瞭望台中守候的日本军大尉按下电钮，引爆了炸药。刹时，天崩地裂一声巨响，列车从中间掀了起来，几节车厢连同桥梁一起被炸翻，张作霖当场脸部被炸成重伤，昏死过去。

张作霖迅速被送往在沈阳的大元帅府抢救，数小时后，因抢救无效，命赴黄泉。张作霖的高级助手封锁了张作霖已死的消息，对外只说还在昏迷中，同时火速把张作霖的儿子少帅张学良接回沈阳，接替了张作霖的职务。

12 月 29 日，已经控制了局势的少帅张学良向全国发出通电：东北三省和热河省同时服从南京政府——自此，蒋介石的国民党政府完成了全国“统一“。

“印第安纳波利斯”号的沉没

印第安纳波利斯号是美国第五舰队的旗舰。1945 年 7 月 29 日，在距 8 月 15 日日军签字投降仅剩半个多月之时，在太平洋上被日军潜艇击沉，教训惨痛，发人深省。

印第安纳波利斯号因在冲绳战役中受伤，一度停泊在马雷岛内进行修理。出坞后，它执行了把准备在日本投掷的原子弹的主要部件运到提尼安岛的任务。任务完成后，即离开提尼安岛，经关岛驰向菲律宾的莱特，准备编入位于冲绳岛附近的第 95 特混编队。此时是 1945 年的 7 月 28 日。

印第安纳波利斯号的舰长是麦克维伊海军上校，拥有 25 年的海军生涯。离开关岛时，关岛的美军指挥官曾告诫他，在跑预走航线一百海里范围内，美舰曾两次遭到日本潜艇的攻击，但麦克维伊上校认为美军已完全控制了太平洋，日军不会再有什么作为，因此根本不把上司的警告放在心上。

麦克维伊太小瞧日本人了——日本“伊一 58”号潜艇自 7 月中旬以来就巡航在关岛——帛硫群岛——菲律宾——冲绳——关岛之间的美国艇只的航线上，随时准备向美舰发起突袭。“伊一 58”号是日本最新式的潜艇，续航力为 15000 海里，可连续活动 3 个月，装备有 6 个鱼雷发射管和 19 条九五型鱼雷。

29 日 22 时，印第安纳波利斯号在平静的海面上 15．7 节的航速行驶着。就在这时，伊一 58 号上浮到 60 英尺的深度用潜望镜对海面进行搜索，迅速发现了印第安纳波利斯号。日本人沉着地调整潜艇的方向，冷静地发布了准备攻击的命令。当潜艇与美舰相距仅有 1500 米时，6 条鱼雷以间隔 3 秒的速度射出，15 秒钟即发射完毕，而美舰的雷达对这一切竟熟视无睹，没有做出任何反应。

0 时 30 分，成 3 度扇面直扑印第安纳波利斯号的 6 条鱼雷准确击中目标，强烈的爆炸将美舰的底部、侧舷炸得粉碎，舰上的内部通讯全部中断，所有的管道部遭到破坏。爆炸声尚未消失，印第安纳波利斯号已严重的倾斜，麦克维伊舰长只好下令弃舰，不多一会儿，印第安纳波利斯号即沉入 2194 米的海底。

但是，悲剧还没有结束。印第安纳波利斯号上有官兵 1200 人，美军舰爆炸时，约有 350 人死亡，其余 850 人活着落水。7 月 30 日、8 月 1 日都有美机飞越落水者的上空，并将自己的发现向上级作了报告，但均无人理睬。8 月 2 日 10 时，又一架美机发现了他们，并立即向上司发报，美军才投入力量开始了紧张的救援。救援工作持续了 5 天，有 316 名落水者侥幸获救，其余 534 人全部葬身大海。

印第安纳波利斯号的沉没是美国海军史上的一个悲剧。

萧翼骗取《兰亭集序》

唐太宗十分推崇二王（王羲之、王献之）的书法，陈玄奘天竺取经回国，唐太宗

特建慈恩寺雁塔，命太子作记，自制序文，想用王羲之字体剪集成序刻在雁塔之上。于是，诏命天下各州部广集二王法帖，先后收得1300余贴，惟有最珍贵的《兰亭集序》不见踪影。

御史萧翼对唐太宗说："《兰亭集序》真本是王家的传家之宝，现传至湖南永欣寺辨才和尚手中。皇上要用，臣自然会想办法取来。"

唐太宗道："果然如此，朕重重赏你！"

萧翼从唐太宗那里要来几本王羲之的真迹杂帖，便打扮成一个落拓书生，乘小船行至湘潭，每天游山逛水，必到永欣寺逗留。时间一长，萧翼与辨才和尚由不识到相识，由相识到相交——萧翼六艺精通，辨才和尚更是琴棋诗，无所不晓。

一天，萧翼与辨才和尚谈及书法，故意说："先祖留有几件二王法帖，但不知真假，请上人法鉴如何?"

辨才和尚一听先人的真迹，乐得合不拢嘴，连说："快拿出来了快拿出来!"

萧翼拿出早已准备好的几本杂帖，送到辨才面前，辨才认真观赏后，道："此系真品，但非先人得意之作，贫僧所藏《兰亭集序》才是珍品。"

萧翼大笑道："《兰亭集序》早已不在人间，你是从何处得来的?"

辨才和尚争辩道："二王乃是贫僧先祖，此帖传至贫僧已经七代，待明日，贫僧请你观赏，如何?"

第二天，辨才和尚果然早早地拿出藏于梁上的《兰亭集序》请萧翼观赏。萧翼横挑鼻子竖挑眼，故意指出此字有疑、彼字有嫌，硬说《兰亭集序》是赝品，把个辨才和尚气晕了头。最后，竟要求萧翼留下二王真迹以供自己印证。

萧翼进出辨才和尚的禅房多了，守房的弟子也不再戒备他。一天，萧翼看准辨才和尚出寺去了，立即进入永欣寺中，对守房弟子说："老当家忘记带净巾了，让我来取。"说罢，径直进入辨才和尚的屋中，迅速把《兰亭集序》和自己带来的二王真迹杂帖收拾好，带出永欣寺，坐上小船，飞快驶离湘潭，回长安去了。

辨才和尚回到寺中，不见了《兰亭集序》和二王真迹杂帖，一问守房弟子，方知是萧翼进来过。辨才如梦初醒，顿时倒在地上晕死过去，虽经抢救活转过来，但从此悒郁成疾，一年后即含恨死去。

萧翼回京缴旨，被唐太宗封为员外郎。

唐太宗死后，《兰亭集序》真品被做为陪葬品埋入了地下。

南文子挫败智伯

战国初期，晋国大权落入智伯手中。智伯为了提高自己的声望和扩大实力，不断地对外发动战争，邻近的小国纷纷遭殃。

这一年，智伯把目光盯住了弱小的卫国，他的如意算盘是：让晋国太子颜佯做在晋国待不下去的模样，逃到卫国避难，自己派精兵混在太子颜的出逃队伍中，以做内

应，等自己兴兵后，里应外合一举灭掉卫国。

太子颜带领一队人马“逃”到卫国边境，向守关卫将陈述了自己“逃离”晋的原因，期望能进入卫国，见到卫国国君。卫将急忙将情况汇报给卫王，请示卫王是否可以放太子颜一行人入关。卫王觉得太子目的话可信，于是下令准备车马，去边境迎接太子颜。卫国大臣南文子是个智勇双全的贤臣，卫将秉报卫王的后，他全听在耳中，这时，他挺身劝道：“大王怎么能仅凭几句话就让他国人进入我国呢？我听说太子颜是个安分守己的人，怎么会突然犯罪？再说，从太于颜说的话来看，他‘犯’的罪也不至于非出逃不可啊！”卫王恍然大悟，但是，转而一想，太子颜来投奔自己，不去迎接也不对，便下令道：“告诉守关将军，太子颜来我国，要欢迎！太子颜的随从不能太多，车辆不超过五乘。”智伯的阴谋破灭了。

智伯不甘心自己的失败。过了一段时间，智伯为表示对卫国的“友好”，派人给卫王送去了数匹骏马和无瑕白璧。卫王看着骏马、捧着白璧，乐得合不拢嘴，诸位大臣也七嘴八舌地连连夸赞，惟独南文子站在一边，一言不发。

卫王感到奇怪，问南文子：“你好像有什么心事似的，为什么闷闷不乐啊？”

南文子回答：“晋国是个大国，我们是个小国，天下哪里有大国无缘无故送东西给小国的道理啊！大王不担心这里面还有其它缘故吗？”

卫王放下白璧，道：“你说得对，我们应该提防晋国才是。”随即下令：守疆将士，不得松懈！发现敌情，立即传报。

智伯派人把骏马和白璧献给卫王，目的是要麻痹卫国，趁卫国失去警惕，趁虚而入。骏马和白璧送给卫王不久，他就率领晋军抵达晋、卫的边境上，令他吃惊的是：卫国不但没有放松戒备，反而严阵以待。智伯悻悻地对身边的将佐说：“卫国有能人在，我们不要再打它的主意了！”于是，班师回国。

春申君之死

春申君是战国时期著名的四公子之一，名叫黄歇，是楚国人。

楚考烈王在位期间，春申君执掌楚国的大权。楚考烈王没有儿子，春申君多次为楚王选美女入宫，但仍然无一怀孕。春申君担心国君去世后，围绕君位一事会发生内乱，因此暗暗着急。

春申君门下有一名食客名叫李园，是赵国人。李园的妹妹颇有姿色，李园想把妹妹献给楚王，但听说楚王宫中的美女都不生育，唯恐自己的妹妹入宫后也不能生育，于是想出一条妙计，故意向春申君请假回赵国去了。隔了很长时间，李园才从赵国回来。春申君问李园为何耽搁了这么长的时间，李园回答：“齐王派人聘我妹妹入宫为王妃，我与齐的使者周旋，所以延误了归期。”春申君也很好色，心想，“既然是齐王想聘，肯定长得不错。”便问：“入宫了没有？”李园道：“还没有”。春申道：“可否带来让我一见？”李园道：“我有心让妹妹伺奉您惟恐您不满意。”春申君大喜道：

“你把她带来吧!”

春申君将李园的妹妹纳为侍妾，没过多久，李园的妹妹就怀孕了。

李园的妹妹遵照李园的嘱托，对春申君说，“夫君在楚国为相二十多年了，这是楚王信任你的缘故。楚王现在没有儿子，他死了之后，肯定要立他的兄弟即位，他的兄弟要委任自己的亲信为相，到那时夫君的相位就保不住了。妾身现在已经有孕，别人又不知道，夫君何不把我献给楚王，到那时如能生下个儿子，天下不就是夫君的了吗?”春申君还以为此妾是在为自己着想，毫不怀疑。他妻妾成群，一想到又有这么多的好处，便把李园的妹妹秘密地移出相府，然后把她推荐给了楚王。

楚王被李园的妹妹所诱，整日与李园的妹妹在一起，数月后，李园的妹妹分娩，果然是个男孩！楚王欣喜万分，当即立这个孩子为太子，李园也因此地位日益显赫。

李园成了楚国的权贵，渐渐感到春申君成了他最大的政敌，他又担心春申君会把太子的真象说出来，便网罗刺客，下决心杀掉春申君。

李园的阴谋被春申君的门客朱英探知。朱英将李园的阴谋告诉给春申君，并献计道：“李园现在养了不少亡命之士，这是为了对付您的。现在，楚王病人膏肓，没有几天活头了，楚王一死，李园就会首先进入宫中，杀掉你，夺取大权。如果让我到宫中充当侍卫，楚王一死，李园入宫，我就立即杀掉他，你就可免去灾祸了。”

春申君对朱英的话视为一笑，说：“李园对我很好，你多心了!”

朱英见春申君大难临头还不觉醒，害怕自己与春申君一起蒙难，连夜逃离了楚国。

公元前238年4月，楚考烈王病逝。李园果然抢先入宫，待春申君赶到时，李园的刺客一涌而出，将春申君当场刺杀，又把春申君全家斩尽杀绝。

春申君盲目自信，疏于防患，又不能听取属下的意见，不仅自己亡于非命，还祸及家族，可悲可叹。

韩信背水杀敌

楚汉相争时，汉大将韩信，在平定魏国以后，又率兵进攻赵国。赵王和他的将相成安君陈余、广武君李左君率领大军20万，守住井陉口（在今河北获鹿西，即井陉关），准备上前迎击韩信。

当时军政实权，操在成安君陈余的手里，广武君李左君为他千里运送粮食，一定难按时送到，士兵都有遭到饥饿的可能。广武君对成安君说：“井陉的道路狭窄难行，粮食不易运输，倘若给我3万大兵，从小路去阻断韩信的粮道，你的大军，深沟高垒，守住营阵坚决不出战，那时候他就前进不能攻击，后退不能回去，我率领大兵从后面攻击，不到10天，他会全军惨败的。”

成安君是个脑筋不会变通只知道死读书的人，以为用兵要讲仁义道德，不可用阴谋诡计，同时他认为韩信的兵队，虽然可称数万之多，实际上只不过几千而已，又从千里迢迢之处赶来，一定会疲倦困乏不堪，像这种情形，再逃避他而不进攻，未免被人取笑胆小，所以没有接受广武君的意见。

韩信探听得广武君的计划没有被采取，快乐得很，便大胆的带领部队，直奔赵军而来，在离井陉口 30 里的地方扎营。

到了半夜，韩信突然间发生一道紧争命令，要军中选出轻快的骑兵 2000 人，每人带着一面代表汉军的大红旗，从小路登上山，绕道到井陉山后，埋伏在丛林中，注意偷看赵国兵营的动静，并且警告军士说：“赵国军队，发现我国军队后，我军立即退回，对方必然空营来追击我国军队，那时候，你们赶快奔进赵军营里去，把赵国的旗子拔下来，挂上我们汉军的大红旗子。”那些人立即出发而去。

韩信接着吩咐手下副将，叫做饭的吏卒准备供应一些餐点给士兵们吃，而且要很快去做，随即宣布说：“这只是临时充饥，等到明天打败了赵军，大家再回来吃个饱。”将士们听了，都不相信，嘴里勉强答应了一声“是”。韩信随后派了 1 万人马，背着一条叫抵水的河流，排列成即将作战的样子，赵兵远远看见对方背水布阵，大家觉得很好笑，隔天，互相攻打了一阵，汉军突然把旗鼓抛弃了，一副失败的样子，退回河岸。赵军看见汉军惨败而退，于是空营而出，追赶上来争先恐后的抢夺旗鼓。

汉军既然已退到背水阵上，知道后面是河，不能再退，大家便拼死到底，这时，山上埋伏的汉军，早已按照韩信的指示，奔进赵营去，把赵军的旗子尽行拔去，竖起了 2000 面红色的汉军旗帜。

赵汉两军在混乱的战争中，战了很久，赵军难以得到胜利，想退回本营，不料举兵一看，营区已经遍地竖起了汉军的旗帜，大吃一惊，以为汉军已经俘虏了赵王和将士们，击破了赵军，于是在战场作战的赵军，立即纷乱起来，各寻生路，部将虽也严密阻止，但是完全不起作用，汉军因而能两面夹击，赵军大败，韩信把成安君捉住，在抵水上杀了，把赵王也俘虏了。

事后诸将问韩信：“兵法上说，要尽量避免水泽在作战上发生不利之影响，现在你反而背水布阵，竟然获胜，是什么道理?”韩信说：“在兵法上有‘陷之死地而后生，置之亡地而后存。’的说法，我就是利用现在的情势，使将士们能人人各自奋战啊!”

九、行军篇

原文

孙子曰：凡处军相敌，绝山依谷，视生处高，战隆无登，此处山之军也。绝水必远水，客绝水而来，勿迎之于水内，令半渡而击之利，欲战者，无附于水而迎客，视生处高，无迎水流，此处水上之军也。绝斥泽，唯亟去无留，若交军于斥泽之中，必依水草而背众树，此处斥泽之军也。平陆处易，右背高，前死后生，此处平陆之军

也。凡此四军之利，黄帝之所以胜四帝也。

凡军好高而恶下，贵阳而贱阴，养生而处实，军无百疾，是谓必胜。丘陵堤防，必处其阳而右背之，此兵之利，地之助也。上雨水流至，欲涉者，待其定也。

凡地有绝涧、天井、天牢、天罗、天陷、天隙，必亟去之，勿近也。吾远之，敌近之；吾迎之，敌背之。军旁有险阻、潢井、葭苇、林木、翳荟者，必谨覆索之，此伏奸之所处也。

敌近而静者，恃其险也；远而挑战者，欲人之进也；其所居易者，利也；众树动者，来也；众草多障者，疑也；鸟起者，伏也；兽骇者，覆也；尘高而锐者，车来也；卑而广者，徒来也；散而条达者，樵采也；少而往来者，营军也；辞卑而益备者，进也；辞强而进驱者，退也；轻车先出居其侧者，陈也；无约而请和者，谋也；奔走而陈兵者，期也；半进半退者，诱也；杖而立者，饥也；汲而先饮者，渴也；见利而不进者，劳也；鸟集者，虚也；夜呼者，恐也；军扰者，将不重也；旌旗动者，乱也；吏怒者，倦也；杀马肉食者，军无粮也；悬缻不返其舍者，穷寇也；谆谆翕翕，徐与人言者，失众也；数赏者，窘也；数罚者，困也；先暴而后畏其众者，不精之至也；来委谢者，欲休息也。兵怒而相迎，久而不合，又不相去，必谨察之。

兵非贵益多也，惟无武进，足以并力、料敌、取人而已。夫惟无虑而易敌者，必擒于人。卒未亲而罚之，则不服，不服则难用。卒已亲附而罚不行，则不可用。故合之以文，齐之以武，是谓必取。令素行以教其民，则民服；令素不行以教其民，则民不服。令素行者，与众相得也。

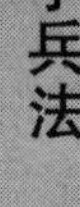

译文

孙子说：在各种不同地形上处置军队和观察判断敌情时，应该注意：通过山地，必须依靠有水草的山谷，驻扎在居高向阳的地方，敌人占领高地，不要仰攻，这是在山地上对军队的处置原则。横渡江河，应远离水流驻扎，敌人渡水来战，不要在江河中迎击，而要等它渡过一半时再攻击，这样较为有利。如果要同敌人决战，不要紧靠水边列阵；在江河地带扎营，也要居高向阳，不要面迎水流，这是在江河地带上对军队处置的原则。通过盐碱沼泽地带，要迅速离开，不要逗留；如果同敌军相遇于盐碱沼泽地带，那就必须靠近水草而背靠树林，这是在盐碱沼泽地带上对军队处置的原则。在平原上应占领开阔地域，而侧翼要依托高地，前低后高。这是在平原地带上对军队处置的原则。以上四中“处军”原则的好处，就是黄帝之所以能战胜其他四帝的原因。

大凡驻军总是喜欢干燥的高地，避开潮湿的洼地；重视向阳之处，避开阴暗之地；靠近水草地区，军需供应充足，将士百病不生，这样就有了胜利的保证。在丘陵堤防行军，必须占领它向阳的一面，并把主要侧翼背靠着它。这些对于用兵有利的措施，是利用地形作为辅助条件的。上游下雨，洪水突至，禁止徒涉，应等待水流稍平缓以后。

凡遇到或通过“绝涧”、“天井”、“天牢”、“天罗”、“天陷”、“天隙”这几种地形，必须迅速离开，不要接近。我们应该远离这些地形，而让敌人去靠近它；我们应面向这些地形，而让敌人去背靠它。军队两旁遇到有险峻的隘路、湖沼、水网、芦苇、山林和草木茂盛的地方，必须谨慎地反复搜索，这些都是敌人可能埋设伏兵和隐伏奸细的地方。

敌人离我很近而安静的，是依仗它占领险要地形；敌人离我很远但挑战不休，是想诱我前进；敌人之所以驻扎在平坦地方，是因为对它有某种好处。许多树木摇动，是敌人隐蔽前来；草丛中有许多遮障物，是敌人布下的疑阵；群鸟惊飞，是下面有伏兵；野兽骇奔，是敌人大举突袭；尘土高而尖，是敌人战车驶来；尘土低而宽广，是敌人的步兵开来；尘土疏散飞扬，是敌人正在拽柴而走；尘土少而时起时落；是敌人正在扎营。

敌人使者措辞谦卑却又在加紧战备的，是准备进攻；措辞强硬而军队又做出前进姿态的，是准备撤退；轻车先出动，部署在两翼的，是在布列阵势；敌人尚未受挫而来讲和的，是另有阴谋；敌人急速奔跑并排并列阵的，是企图约期同我决战；敌人半进半退的，是企图引诱我军。

抵兵倚着兵器而站立的，是饥饿的表现；供水兵打水自己先饮的，是干渴的表现；敌人见利而不进兵争夺的，是疲劳的表现；敌人营寨上聚集鸟雀的，下面是空营；敌人夜间惊叫的，是恐慌的表现；敌营惊扰纷乱的，是敌将没有威严的表现；旌旗摇动不整齐的，是敌人队伍已经混乱。敌人军官易怒的，是全军疲倦的表现；用粮食喂马，杀马吃肉，收拾起汲水器具，部队不返营房的，是要拼死的穷寇；低声下气同部下讲话的，是敌将失去人心；不断犒赏士卒的，是敌军没有办法；不断惩罚部属的，是敌人处境困难；先粗暴然后又害怕部下的，是最不精明的将领；派来使者送礼言好的，是敌人想休兵息战；敌人逞怒同我对阵，但久不交锋又不撤退的，必须谨慎地观察他的企图。

打仗不在于兵力越多越好，只要不轻敌冒进，并集中兵力、判明敌情，取得部下的信任和支持，也就足够了。那种既无深谋远虑而又轻敌的人，必定会被敌人俘虏。士卒还没有亲近依附就执行惩罚，那么他们会不服，不服就很难使用。士卒已经亲近依附，如果不执行军纪军法，也不能用来作战。所以，要用怀柔宽仁使他们思想统一，用军纪军法使他们行动一致，这样就必能取得部下的敬畏和拥戴。平素严格贯彻命令，管教士卒，士卒就能养成服从的习惯；平素从来不严格贯彻命令，管教士卒，士卒就会养成不服从的习惯。平时命令能贯彻执行的，表明将帅同士卒之间相处融洽。

战例

李从珂与后唐兴亡

五代后唐的李从珂从小就跟随庸明宗李嗣源南征北战，立下汗马功劳，被封为潞王。李嗣源死后，其子李从厚继位，史称闵帝。闵帝年纪小，朝政全由朱弘昭等人把持。朱弘昭将朝廷重臣贬的贬、黜的黜，李从珂难逃厄运，于是在凤翔（陕西凤翔县）起兵。朝廷闻报，立即派西都留守王思同领兵征讨。

凤翔城墙低矮不坚，护城河也很浅。王思同没费多少力气就连克凤翔东西关城，直逼凤翔城下。李从珂见形势险危，冒险登上城楼向城外将士呼喊道："我从小就跟随先帝出生入死，打下今天的江山，如今朝廷奸邪之人当道，挑拨我们骨肉之情，我有什么罪过，非要置我干死地呢?"说罢，声泪俱下。

王恩同带来的兵将都曾跟随李从珂出征过，十分同情李从珂；羽林指挥使杨恩权本来就跟朱弘昭不合，乘机大喊道："大相公（即李从珂）才是我们的真正主人啊！"率领自己的部队投降了李从珂。杨思权进入凤翔城，呈上一张白纸，要求李从珂在攻克京师后封他为节度使，李从珂当即在白纸上写下"思权可任邠宁节度使"九个字，把纸交还给杨思权。消息传到其他还在攻城的将士中间，步军左厢指挥使尹晖嚷道："杨思权已经入城受封了，我们还拼什么命啊?"将士们闻言，纷纷扔下兵器，要求归顺李从珂。王思同见大势已去，只好抛下军队逃命去了。

李从珂由败转胜，喜从天降，倾尽城中财物犒赏备将士，李从珂又发布东进命令：凡攻入京都洛阳者，赏钱百缗，将士们欢声雷动。

王思同逃回洛阳，闵帝惊惶失措。侍卫亲军都指挥使康义诚率兵去征讨李从珂，结果全军投降了李从珂，引导李从珂杀入洛阳。在这种情况下，太后被迫下令废除闵帝，立潞王李从珂为皇帝。李从珂即位后，下诏打开库府犒赏将士以兑现出征时的诺言，哪知道库府空空如也，而犒赏所需费用高达 50 万缗。李从珂以各种手段搜刮民财，逼得老百姓上吊投井；又把宫廷中的各种器物，包括太后、太妃的簪珥都拿了出来，才勉强凑了 20 万缗，还缺五分之三。

端明殿学士李专美劝说李从珂道："国家的存亡在于修法度、立纲纪，如果一味犒赏，即使有无穷的财宝也填不满骄兵的欲壑。"

李从珂认为李专美言之有理，对士卒不再一味纵容，但他唯恐有乱，不敢从根本上修法度、立纲纪，对违法乱纪行为也是大事化小、小事化了，一味迁就。

李从珂即位后的第三年，河东节度使石敬瑭兴兵造反。由于李从珂治军不严，纲纪不明，派出去平叛的队伍一意孤行，降的降，逃的逃，通敌的通敌，石敬瑭长驱直入洛阳，李从珂含恨登楼，举火自焚，后唐从此灭亡。

郭威治军

五代十国时，后汉爆发了李守贞、赵思绾、王景崇沆瀣一气的“三镇之乱”，后汉朝廷派大将郭威统兵征伐。郭威出征前向老太师冯道请教治军之策，冯道说：“李守贞是员老将，他所依靠的是士卒归心，如果你能重赏将士，定然能打败他。”郭威连连点头。

郭威率兵进抵李守贞盘踞的河中城（今山西永济县蒲州镇）外，断绝了河中城与外界的联系，以长期围困的方法，逼迫李守贞投降。遵照冯道的教诲，郭威对部下有功即赏，将士受伤患病即去探望，犯了错误也不加惩罚，时间长了，冯道之法果然赢得了军心，但却滋长了姑息养奸之风。

李守贞陷入重围，几次想向西突围与赵思绾取得联系都被郭威击退，几乎是一筹莫展。一天，李守贞忽然听到将士们在议论郭威治军的事情，眉头一皱，想出一条计来：他让一批精明的将士扮作贫民百姓，潜出河中城，在郭威驻军营地附近开设了数家酒店，酒店不仅价格低廉，甚至可以赊欠。郭威的士卒们三五成群地入酒店喝酒，经常喝得酩酊大醉，将领们却不加约束。李守贞见妙计奏效，悄悄地遣部将王继勋率千余精兵乘夜色潜入河西后汉军大营，发起突袭。后汉军毫无戒备，巡逻骑兵都喝得不省人事，王继勋一度得手。

郭威从梦中惊醒，急忙遣将增援，但将士们你看我，我看你，竟畏缩不前。危急中，裨将李韬舍命冲出，众将士才发一声呐喊，鼓足勇气，跟了上去。王继勋兵力太少，功亏一篑，退回河中城。

这一次突袭为郭威敲响了警钟，使郭威痛感军纪松弛的危险，于是下令：“如果不是犒赏宴饮，所有将士不得私自饮酒，违者军法论处。”

谁知，军令刚刚颁布，第二天清早，郭威的爱将李审就违令饮酒。郭威又气又恨，思索再三，还是令人将李审推出营门，斩首示众，以正军法。

众将士见郭威斩杀爱将李审，放纵之心才有所收敛，军纪得以维护。不久，郭威向河中城发起攻击，一举平定李守贞，又平定了赵思绾和王景崇，“三镇之乱”结束了。

明成祖治天下

明成祖朱棣是明太祖朱元璋的第四子，他依法治天下，使一个国家逐步走向稳定，为明朝276年的天下奠定了基础。明成祖强调法治。一次，一名立有战功的将官触犯了刑法，刑部官员为将官说情，希望明成祖能“论功定罪”。明成祖批评刑部官员说：“执法应该公正，赏罚应该分明。过去他有功，朝廷已经奖赏了他；如今他犯了法，那就该给他治罪。如果不治罪，那就是纵恶，纵恶如何能治理天下呢？不能‘论功定罪’，而是要依法治罪。”

明成祖对外戚的约束很严，凡外戚“生事坏法”者都被处以死罪。有一次，太子的妻兄张旭放纵家僮影响很坏。明成祖得知，亲自召见张旭，对张旭说：“你是皇上的亲戚，最应该遵纪守法，否则，我要罪加一等来惩治你。如果不这样，大家都去欺凌百姓，天下怎么能治理好？请你当心！”

明成祖继承了父亲勤政的好作风，每天除了早朝之外，还有晚朝。明成祖认为早朝过于繁忙，没时间与大臣们交谈，早朝之后他就把六部尚书留下来，与他们促膝谈心，交换各种意见，制定相关的法律政策，然后推而广之。

明成祖认为人才是治国的栋梁，因此，不但三令五申地告诫吏部（任免官吏的机构）官员要把有才能的人选拔上来，而且指示吏部官员对人才要做到“人尽其才”，即充分发挥每一个人的特有才能。明成祖曾说过一段发人深省的话：“君子敢直言，不怕丢官丢命，因为他是为国家着想；小人阿谀奉承，只想升官发财，因为他是为一己私利着想。”

为了把各地有才能的人选拔上来，朱棣诏令对全国各州县的官吏进行考核，以九年期限为满考核，对那些在满考核中政绩卓著的官吏除嘉奖之外，都留在京城六部中任职。

明成祖讨厌阿谀奉承，喜欢直言快语。为了鼓励大臣们说真话、说实话，明成祖不止一次对众大臣表白道：“国家大事甚多，我一个人再有能力，也难免有忘记的和处理错的，希望大家发现我忘记了就提醒我，做错了批评我，大家千万不要有所顾忌啊！”

一次，贵州布政司在奏折中写道：皇上的恩诏到达思南府，大岩山间都响起“万岁”的声响，这是皇上的威恩远加山川的灵验啊！一些大臣听了这段话都纷纷向明太祖祝贺。明太祖面现不悦，说：“在山顶上呐喊，千山万谷都会回应，这本是很平常的事，你们想用阿谀奉承来讨我欢心，实在不是贤人君子的作为！”

明成祖在位22年，扩大了疆域，发展了经济，使天下得以大治。闻名于世的多达两万二千多卷的类书《永乐大典》就是明成祖集全国三千多有名望的文人墨客编纂而成。

巴顿血战洛林

乔治·史密斯·巴顿是第二次世界大战中美军的杰出将领、陆军四星上将。

巴顿治军甚严，但他同时又十分体恤和关怀自己的下属。巴顿了解官兵对家属信

件的关心，为此，部队专设了一辆邮递专车，总是及时地把邮件送到每一名官兵手中。巴顿对于部队的伙食、换季服装、健康状况总要亲自过问。他曾给全军将士写过一封私信，内容是谈如何预防和治疗一种叫做“堑壕足”的疾病。巴顿总是喜欢在白天上前线视察，他说：“应该让士兵们经常看到指挥官奔赴前线，而不要让他们看见他在撤回后方。”

1944 年 9 月，美军统帅部命令巴顿的第 3 集团军向法兰克福挺进，但德国人已在他前面布下了 63 个师，其中有 15 个装甲师和装甲步兵师，而且利用法国人遗留下来的边境要塞和马奇诺防线做为自己的防御战线。进攻是异常艰难的。

9 月 5 日，第 3 集团军的进攻严重受挫。三天后，德军突然发起反攻，激战半天多，德军的进攻才被遏制住。双方的拉锯战打了半个多月。9 月 30 日，希耶河以东的第 12 军第 35 师在德军一个军兵力的攻击下，阵地岌岌可危，师长请求将部队撤到希耶河西。巴顿大发雷霆，坐上轻型飞机冒着枪林弹雨飞抵第 12 军司令部宣布取消撤退命令：“第 35 师必须与阵地共存亡，不能后退半步！”下完命令，巴顿又急速赶到第 6 装甲师司令部，亲自组织部队发起反攻。结果，第 35 师不仅保住了阵地，还向前推进了 5 英里。

进入 10 月份，天气一天比一天冷，由于美军的兵力有限，德军火力猛烈，美军官兵只好在凄风苦雨中坚守阵地。部队中，非战斗性减员大增，厌战、思乡、士气不振如同瘟疫一般在各部队中蔓延。但是，巴顿的第 3 集团军是个例外——10 月下旬，巴顿的外甥因公来到第 3 集团军，他所遇到的每一个人都保持着一种“标准的军人姿态”：胡子刮得溜光，头戴钢盔，系领带，打绑腿，皮靴擦得亮铮铮的。

11 月份后，天空连降暴雨，面对美军的进攻，德军利用坚固的工事和暴雨造成的有利形势顽强抵抗，但巴顿仍以不屈不挠的精神指挥第 3 集团军攻克德军最坚固的要塞——梅斯。在军事史上，1301 年以来，梅斯要塞是首次被人以强攻手段占领的。此后，巴顿战胜了恶劣的气候和复杂的地形，迫使德军从摩泽尔河、尼德河、萨尔河的防御阵地后撤。

11 月 25 日，巴顿将军在梅斯城检阅了攻占梅斯城的英雄部队。一个多月以来，巴顿的第 3 集团军解放了一千六百多平方英里土地，其中有 873 座城镇，打死打伤德军 8．8 万人，俘敌 3 万多人，而第 3 集团军只伤亡 2．3 万人。

马学士恩威并用伏悍妇

清朝时期，常州有位马学士，心怀坦荡，为人正直。马学士有个门生姓黄，其妻张氏，三十多岁了，还不生育。在封建社会里，传宗接代，养儿育女是件大事，但黄生畏妻如虎，不敢纳妾，马学士得知，就赠给黄生一个妾侍。张氏因此对马学士恨之入骨，时时想要报复。

几年后，马学士的妻子死了，想再娶一个妻子。张氏认为时机已到，不惜用重金买通媒婆给马学士介绍了一位远近闻名的凶辣女子。马学士成竹在胸，欣然同意。张氏亲自到该女子处，悉心教导她一番驭夫之术，幸灾乐祸地准备看“热闹”。

新婚之夜，马学士让众妾及女仆来拜见主妇，新夫人突然把眼一瞪，拿出一根写有“三代传家宝”的五色棒，破口大骂道：“堂堂学士，养如此多的妾、仆；成何体统?”说罢，举棒就向众妾的头上、脸上打去，谁知，众妾不但不避，还一拥而上，夺过新夫人手中的五色棒，把新夫人打得抱头鼠窜，躲入洞房，嚎啕大哭。众妾和女仆一面哈哈大笑，一面敲锣打鼓，将新夫人的哭声掩盖住。新夫人连哭带骂，扬言不愿活了。岂料，话音未落，一个女仆从门缝中塞进一把刀和一根绳子，众妾放下锣鼓，拿起木鱼狂敲不止，口中念念有词，齐声祝愿新夫人早升仙界。

新夫人黔驴技穷，只好向马学士下跪求饶，表示愿意痛改前非，与众妾和女仆和睦相处。马学士早料到会有这么一天，乘势扶起新夫人，又让众妾、女仆重新拜见主妇，然后把田契帐簿交给新夫人，让她主持家政。一家人竟过得和和气气、欢欢乐乐。

张氏不断派人到马家来打探消息，听人说新妇一反在娘家的面孔，对丈夫服服贴贴，对众妾和仆人和和气气，大为惊诧，待了解到新妇降服的经过后，气得险些晕死过去!

岛井信治郎恩威并施

岛井信治郎是日本国桑得利公司的老板。岛井信治郎对工作极其认真，不允许下属有任何工作上的失误，一旦发现失误，岛井信治郎就会暴跳如雷、破口大骂。有一次，一名员工忍受不了岛井信治郎严厉而令人难堪的责骂，当场晕倒在地。因此，每当岛井信治郎下去巡视时，员工们就会悄悄地传告，“敌机来了!”

其实，岛井信治郎在生活中并不是这样，他对下属的关心是无微不至的。

创业之初，桑得利公司的条件很艰苦，寝室的卫生状况较差，还有臭虫。一天，岛井信治郎听到一名员工在抱怨，“该死的臭虫，搅得我一晚上没睡好!”当天晚上，员工们熟睡后，岛井信治郎拿着蜡烛蹑手蹑脚地进入寝室，到柱子的裂缝中、柜子的空隙中为员工们抓臭虫。一名员工偶然起夜，看见了老板的举动，激动得热泪盈眶。

桑得利公司的高级职员作田在进入公司不久，他的父亲不幸去世。作田不愿惊动公司里的人，想独自办完丧事。但是，出殡的那一天，岛井信治郎带领全公司的人去为作田帮忙，令作田感动不已。

正是因为这样，桑得利公司的职员们都愿意为老板卖力气，对于老板的苛求也能够理解，而那句“敌机来了”的话，也就不带有什么“敌意”了。

八千只书包与一流公司

索尼公司是当今世界响当当的一流公司。

索尼公司创建之初，日本还处于困难时期。当时，做父母的想要给自己的孩子买一个书包也是件困难的事情。一天，索尼公司的经理井深太偶然听到有人向他的亲属借旧书包给子女上学用，井深太大为感慨。静思之后，井深太向助手了解了本公司职员的生活状况，亲自到商场批发来一批书包，赠送给公司内有刚入学子弟的员工，全体员工们激动不已。

井深太从一只书包上看到了书包的凝聚力，为了培养全体员工对公司的感情，他每年都要邀请员工家属到公司参观，并亲手把一只只书包赠给即将入学的小朋友。进入70年代后，日本的经济发达了，国民的生活水平有了很大的提高，但是，索尼公司邀请员工到公司参观和赠送书包的作法却没有变。迄今为止，公司共向员工们赠送了八千多只书包。

索尼公司名扬天下，这与公司上下团结一心是分不开的。

十亿富翁的成功之路

保罗·盖蒂不到24岁时就成为一个独立的石油经营者，并赚到了第一个百万美元。

盖蒂的大部分时间都用在钻探上，他穿着满身油污的工作服与工人们吃在一起、干在一起，深得他的雇员们的信赖。

有一次，一位老练的油田工人出现在盖蒂的钻井场地，提出要在盖蒂手下找一份工作。盖蒂知道他是在一家大公司工作，问他：“那里的条件比我这里好多了，为什么非要到我这里来呢?”油田工人怒冲冲他说，“我在那个钻井场已干了五个月，只钻了四千英尺!”

盖蒂笑了，问：“那么，你认为要是由我来干，需要多少天才能钻这么深?”

油田工人口答：“10天！我敢打赌。这就是我为什么不愿在那边干的原因。”

这个油田工人后来成了盖蒂手下的骨干成员。

盖蒂坚持认为：伙计与老板之间所存在的紧密团结精神与相互信任是至关重要的。

有一次，盖蒂在加利福尼亚西尔滩油田租得一小块土地，而这一小块土地又只能通过一条长四百多英尺、宽不足4英尺的地面来接通补给路线，载运物质和装备的卡车根本开不进去，同行们都劝盖蒂：“把这一块油田忘记吧！你永远不会在那里钻出一口井来——一百万年也作不到。”

盖蒂与他的工人们商量，一个钻井工人说：“老板，让我们前去看看，我们会找到某种办法，不要担心!”

盖蒂与工人们一起来到那块土地上，工人们向盖蒂提出了运用小型钻井设备和铺设窄轨铁路的办法，不但很快地打出了井，而且很快地产出了油。

盖蒂的事业就是这样迅速发展起来的。到了1951年，盖蒂已拥有了一个浩大的

"潮水石油公司"，仅此一个公司，其资产就超过了八亿美元！

如今，盖蒂的石油公司及其它矿产勘探公司活跃在全球四个大洲上，其财产在十亿美元以上。

司马穰苴治军有方

司马穰苴是齐国人，本性田，因治军有方、战功卓著而被齐景公任命为大司马，掌握全国的军权。

齐国曾是春秋时期的第一个霸主国，齐桓公死后，齐国的势力逐渐衰落。到了齐景公时期，邻近的晋国和燕国肆无忌惮地夺去了齐国的阿邑、甄邑和黄河以南的大片土地后，仍不停地向齐国内地推进。"布衣"出身的田穰苴就是在这种背景下出任大将军的。

田穰苴受任于危难之际，对齐景公说："我不过是一个微不足道的人，如今一下子官列众大夫们的职位之上，恐怕将士们不会听从我的号令，如果您能派一个您最信任而且地位又尊贵的人给我作监军，这事就好办了。"齐景公觉得田穰苴言之有理，就把最受自己宠信的大夫庄贾派去了。田穰苴与庄贾申明了军法，并且约定："明天正午，我们在军门相会。"

到了第二天，田穰苴早早地来到军营，等侯庄贾到来好升帐点兵。可是，时间一点点地过去，就是不见庄贾的人影。田穰苴急了，他命令士兵在军门前设置下观察日影的木表和计时用的漏壶以判定庄贾到达军营的时间。

日影东斜，庄贾还是没有到来。

田穰苴命令士兵放倒木表，把漏壶中的水倒掉，然后步入军营升帐点兵，申令军法军纪，操练军队。

日薄西山的时候，庄贾才醉醺醺地来到军营。原来，庄贾依仗齐景公的宠爱，一向骄傲蛮横，而且，田穰苴所率领的这支部队是他以前带过的，自己在那里颇有威信，因此不把田穰苴看在眼里。这一天，他在府中与给他送行的亲友吃喝，早已把正午到达军营的约定置之脑后。

田穰问庄贾："为什么来晚？"

庄贾漫不经心他说，"亲友为我送行，多喝了几杯。"

田穰苴道："作为一个将军，从接受国君命令的那个时刻起，他就要把家中的事忘掉。如今敌人已深入我们的国土，前线的士兵正在跟敌人血战，国君心焦如焚，全国百姓的性命都取决于我们，你还讲究什么请客送行呢？"于是召来执法的军官问："订好时间而到时迟到的人，按军法该怎么办？"执法军官答："该斩！"

庄贾顿时吓得面无人色，派家人飞马去向齐景公求救，但齐景公的赦令来到，庄贾早已人头落地。

过了不多时，齐景公的使者带着符节驰入军营。田穰苴问执法军官："在军营中

驰骋，按军法该怎么办？“执法官道：“该斩！”田穰苴说：“国君的使者不能杀，但也不能不处理。”于是下令把使者的车夫斩首，又砍掉马车左边的一根立木和杀死车子左前方的一匹边马向三军示众。处理完毕，田穰苴命令使者回去向齐景公报告，自己则率领三军星夜向前线进发。

行军途中，田穰苴对士兵们的住宿、饮食以及疾病等事，都亲自关心、安置，他还拿出自己的资财和士兵们共同享用，跟士兵们在一起吃，在一起休息。

晋军和燕军听到了田穰苴的一系列做法后，知道遇上了劲敌，晋军撤兵回国，燕军也退过黄河。田穰苴乘机全部收复了齐国的失地。

齐景公闻知后，亲率文武大臣到城外迎接凯旋的齐军，尊封田穰苴为大司马。司马迁特为田穰苴写了一篇小传：《司马穰苴列传》。

戚继光聚精兵

“戚家军”是一支名垂青史的光荣军队，他的创建者是明朝参将戚继光。

明朝嘉靖年间，江浙沿海一带倭寇横行，戚继光奉命组建一支新军抵抗倭寇。嘉靖三十八年（公元1559年），戚继光亲赴义乌、永康等地招募了四千多名新兵，对新兵进行精心训练。

戚继光把实战杀敌作为最重要的训练。他按士兵的年龄大小、身材高矮、体质强弱不同，分别授予不同的兵器，让士兵身穿重甲、手握重器、脚裹沙袋练习体力、手力和脚力。倭寇的活动范围集中在江浙沿海一带，戚继光根据江浙沿海的地形和倭寇的作战特点，创制了鸳鸯阵法、两仪阵法、小三才阵法和三才阵法，这些阵法，长短兵器结合，变化无穷，在实践中显示了无穷的威力。戚继光还制定了严格的军纪，要求全军将士做到“冻死不拆屋，饿死不掳掠”，违者严加惩处。一次，一名跟随戚继光多年的亲兵违反了军规，戚继光得知后，立刻命令依照军法斩首示众，众将士无不惊然。

对于那些作战勇敢、立有战功的将士，戚继光总是论功行赏，不断地把他们提拔到重要的职位上来。

戚继光的“新军”组建不久，倭寇在台州（今浙江沿海）一带登陆，戚继光与倭寇交战九次，九战九捷。倭寇逃离浙江，转而骚扰福建、广东沿海，戚继光又转战福建、广东，在广东横屿岛歼敌两千多人，在广东牛田连破倭营六十多座，在福建将

倭寇全部逐走。

由于戚继光的卓越功绩，戚继光的“新军”被人们亲切地称为“戚家军”。

商鞅取信于民

商鞅是我国古代的一位政治家、变法家。他本是卫国的没落贵族，听说秦孝公下令求贤，来到秦国。秦孝公听商鞅谈论富国强兵之道，很赞同他的变法主张。

公元前356年，秦孝公任用商鞅，实行变法。法令包括如下内容：打破土地上的纵横田界，承认土地私有、买卖自由，奖励耕战，建立县制。但商鞅担心老百姓不按新法做。为取信于民，就在国都咸阳的南门外，立起一根三丈的木柱子，命官吏看守，并且下令：谁将此木搬到北门，赏黄金10镒（古20两为一镒，一说24两为一镒）。当时围观的人很多，但大家一是不明白此举的意途，二是不相信有这等好事，所以没人敢动。

商鞅闻报，心想：百姓没有肯搬立木的，可能是嫌赏钱太少吧！于是他又下令，把赏钱增加到50镒。听了新的赏格，老百姓更加怀疑了。但重赏之下必有勇夫，没出三天，就有一个不听邪的壮汉，把那木柱扛到了北门。

商鞅立刻召见了搬木柱的人，对他说：“你能听从我的命令，是个好百姓。”立刻赏他50镒黄金。

这个消息不胫而走，举国哄动，大家都说商鞅有令必行，有赏必信。

第二天，商鞅即公布变法令，虽然新法遭到一些贵族特权阶层的反对，但新法在秦国终于得到顺利实行。

“鸦片大王”坤沙与“金三角”

“金三角”是当今世界的三大毒品产地之一，其总面积至少在15万至20万平方公里之间，在这块土地上至少有三千多个村寨、一百多万人口，每年约生产鸦片一千五百吨。

出生于缅甸掸邦莱莫山弄掌大寨的坤沙控制着金三角70%的毒品生产和贩运业务，因此，坤沙自诩为“鸦片大王”。

坤沙拥有一支战斗力很强的“毒品走私护运队”，人员在四千至五千左右。统治这样一支庞大的武装，坤沙的绝着是：恩威并用，刚柔相济。坤沙很讲“义气”，尤其对掸族人重感情。坤沙对部队实行供给制，士兵每月还发放津贴，中队长以上的官员则按照各人职务的大小在海洛因提炼厂占有股份，按股分红。因此，“护运队”的官兵都愿为坤沙效死力。坤沙绝对不允许自己的部下吸毒，凡有吸毒者一律枪毙！

坤沙深知世界各国对毒品的憎恨，在几经挫折之后，他巧妙地利用“金三角”长期存在的民族问题及民族矛盾，把其“毒品走私护运队”改名为“掸邦革命军”，鼓吹制造和贩运毒品是为掸邦的“独立革命运动”筹措经费，要为掸族同胞的“自由独立”战斗到底。坤沙公开为自己辩护道：“我们掸邦的人，自然知道鸦片不是好东西，吸食的人受了害，贩卖的人发了财。可是，俄国人和美国人生产了中子弹，人们为什么不问问中子弹扔下来会不会死人？吸食海洛因的人要死，那是自己愿意去死。每一个吸毒的人都知道吸毒有危险，但他们愿意出重金去购买。”坤沙还说：“我的人民、掸邦的人和我，都是为了从缅甸，也从泰国争得独立而斗争。我们得不到任何外援，种植鸦片就理所当然地成了我们唯一的经济来源。”

不少人嘲笑坤沙道，“假如坤沙的护运队是革命，那世界上所有的毒品贩子就都是革命家了。”

嘲笑归嘲笑，一个事实是：坤沙不仅赢得“金三角”各村寨老百姓的支持，在国际上也赢得某些国家和领导人的承认。例如：美国前卡特政府就派遣过一个非正式代表团到“金三角”调查坤沙的“民族独立运动”及其与贩毒之间的关系。

不过，坤沙的前景并不乐观：担任掸族民族独立运动领袖的人并不是坤沙，而是一个叫莫亨的掸族人（至少名义上如此）；“金三角”的周围，缅甸和泰国的正规军以及美国毒品管制局都在设法剿除他。现在，他已无法再活动下去了，不得不向政府投诚。

梅考科恩威并济

梅考科是美国有名的富翁。成名之前，他也曾一贫如洗，他的“富”是靠自己的勤奋和精明换来的。

梅考科尤其精于对内部员工的管理。

梅考科在公司内没有严格的规章制度，违者必罚，绝不姑息。一次，一位跟梅考科干了二十多年的老工人喝醉了酒，在工房里跟工头大闹起来，工头立刻向梅考科作了汇报。梅考科大笔一挥：“立即开除。”

老工人是梅考科创业时的患难之交，创业最艰难的时候，公司一连三个月分文没发，许多人都弃梅考科另攀高枝去了，但老工人却没有走。对于这样一位“知己”，梅考科当然不会“开除”了事。他找到老工人，与老工人谈心。原来，这位老工人的妻子刚刚死去，留下了两个年纪不大的孩子。偏偏祸不单行，一个孩子不慎跌断了腿，老工人心绪不好，只好借酒消愁，恰恰又被工头发现了，工头把他一顿臭骂，老工人借助酒劲，就跟工头干开了。

梅考科拿出厚厚的一叠钞票，塞给老工人，对他说：“你回去把家务好好料理料理吧！”

老工人心头一亮，感激他说：“老板，您不开除我了？”

“不不！制度面前人人平等，开除的成命是不能收回来的。”梅考科握住老工人的手，坚决他说，“不过，请放心，我绝不会让老朋友走上绝路的”

梅考科坚定不移地开除了有二十多年交情的老朋友，令全公司的员工刮目相看。事后，梅考科安排老工人在自己的一个牧场中做了管家，这又令知情的人赞叹不已。

周恩来的外交艺术

周恩来是当今世界的伟人之一，他的外交艺术令世界各国的政治家为之倾倒。

1972年尼克松总统访问中国时，尼克松处处让基辛格充当“主角”，而大大冷落了国务卿罗杰斯及美国国务院的官员。甚至在会见毛泽东时，尼克松总统也只带了基辛格一个人，而没有让国务卿罗杰斯出席。罗杰斯对此大为不满，对没有经国务院赞同的中美联合公报提出了种种批评，这使尼克松总统大为恼火。周恩来从乔冠华和为罗杰斯当翻译的章含之那里了解到了尼克松与罗杰斯的矛盾后，在尼克松一行行至上海下榻于锦江饭店时，立刻去拜访罗杰斯。

周恩来进入锦江饭店，当电梯在“13”处停下时，周恩来吃了一惊，”难怪罗杰斯等人有意见，西方人最忌讳‘13’，怎么能安排在这一楼层呢?”

当时，尼克松夫妇住在第15层，基辛格被安置在第14层，罗杰斯及国务院官员均住在第13层，周恩来因忙于谈判中美公报的内容，没有过问这件事。

周恩来进入罗杰斯的房间，寒暄之后，先对美国国务院对美国乒乓球队的来访的大力支持表示感谢，然后说：“有个很抱歉的事，我们疏忽了，没有想到西方人的风俗对‘13’的避讳”。他停了停，转而用风趣的语言说：“我们中国有个寓言，一个人怕鬼的时候，越想越可怕；等他心里不怕鬼了，到处上门找鬼，鬼也就不见了——西方的‘13’就像中国的鬼!”

周恩来的话说得众人哈哈大笑，罗杰斯及其属下的怨气顿时减了一半。

有一次，周恩来在中南海勤政殿举行国宴招待外国友人。服务员端上来一道菜，这道菜用冬笋、蘑菇、红菜等组成一个“”图案，取中国民俗“福”之意。不料，一位朋友用筷子把图案翻了过来，变成了象征纳粹法西斯的“王”标志，在座的人都大吃一惊，不知如何是好。周恩来看在眼里，连忙端起酒杯，劝酒道：“这不是法西斯的标志！是我们中国传统的一种叫‘万’字的图案，象征着万事如意，是对客人的良好祝愿。”稍停，周恩来又用风趣的语言说：“就算是法西斯标志也没关系，来！来！我们一齐动手把它消灭就是了。”满座外宾顿时放声大笑，气氛立刻热烈起来。

朱元璋宴请茹太素

洪武八年（公元1375年）秋至第二年的初夏，太白星在白天出现在空中，地震和水灾接连不断，朱元璋认为这是上天对他的警告，于是发布诏书，让全国的臣民向他提意见，以达到兴利除弊、国泰民安的目的。

茹太素当时任刑部侍郎，他很快就写出了一篇长达一万七千多字的奏疏，在早朝

时呈了上去。朱元璋最讨厌冗长的文章，当茹太素的奏疏读到6370个字的时候，文章还没有触及正题。朱元璋来火了，恰好下面一段文字的大意是：这几年来，有才能的人侥幸活下来的百无一二，如今任命的大都是迂腐庸俗之士。朱元璋再也忍不住了，喝斥道“你是刑部侍郎，刑部官吏大大小小有二百人，你说，哪些是迂腐庸俗之人?”茹太素见朱元璋发怒，又没想到朱元璋会问这么一个问题，顿时哑然。

这时候，几个惯于阿谀奉承的大臣乘机弹劾茹太素：“陛下，茹太素耸言惑众，分明是在发泄对皇上的不满，理应治罪!”

朱元璋杀了一大批功臣，最忌讳人家提这件事，盛怒之下，一声吆喝，令殿前校尉重重地打了茹太素二十大板，茹太素被打得皮开肉绽、鲜血淋淋。

散朝后，开国重臣宋濂批评朱元璋说：“管理好国家要靠法治，人为君者最忌朝令夕改。皇上发布诏令请全国臣民提意见，茹太素是奉诏行事，对皇上一片忠心，即使是有错误，也不该责打。如此下去，谁还敢给陛下提意见呢?”

朱元璋默默无言。当天晚上，他拿起茹太素的奏疏一个字一个字地往下读，读到一万六千五百字以后，终于看到了茹太素提出的五条建议，这五条建议至少有四条切中时弊，完全应该接受和实行。

第二天早朝，朱元璋当众训斥了那几个心怀叵测的大臣，并且承认了自己的过失，他说：“我没有听完茹太素的奏疏就发怒，这是我的不对。”散朝后，朱元璋在便殿设宴招待茹太素，以示自己真诚悔过和对茹太素的嘉奖。但是，朱元璋毕竟是个皇上，要保住自己的尊严。祝酒时，朱元璋对茹太素说：“金杯同汝饮，白刃不相饶!”意思是，你对我忠诚，我们金杯同饮，共享富贵；如果你有异心或失职，我的钢刀可是不认人的。茹太素举杯作答道：“丹诚图报国，不避圣心焦。”意思是：我只是一心一意报效国家、报效皇上，对皇上的责难能够理解，不怕皇上不高兴。

朱元璋就是用这种恩威并用、刚柔相济的手段来巩固、加强自己的统治的。

东、西魏沙苑、渭曲之战

东晋时期，刘裕北伐灭南燕、后秦之后，于公元420年6月迫晋恭帝让位，自立为帝，国号为宋，史称刘宋。刘宋政权占领了中国黄河以南的大部分地区，而北方则被鲜卑族拓跋氏建立的北魏政权所占领，形成南北对立的两个政权。而后，刘宋经历了齐、梁、陈等朝代的更迭；北魏则分裂为东、西魏，后变为北齐、北周。沙苑、渭曲之战即发生在北魏分裂后的东、西魏之间。

公元534年，统一了我国北方的北魏分裂为东魏和西魏两个政权。西魏建都长安（今陕西西安），政权为丞相宇文泰所把持。东魏都邺（今河北漳南），政权为丞相高欢所把持。双方政权为吞并对方，进行过多次的战争。发生于公元537年的沙苑、渭曲之战只是其中的一次。在这次战争中，东魏出动20万大军进攻西魏，西魏军则以7000精骑迎战。由于西魏军统帅宇文泰在处军相敌方面高出东魏高欢一筹，因而西魏

军能够以弱胜强，赢得了这场战争的胜利。

公元534年，北魏分裂为东、西魏后，东魏依仗地广人多，军事上占有相对的优势，便出动军队企图占领西魏重要关口潼关，但被西魏击退。此后，东魏二次出军攻战潼关未成。宇文泰对于高欢多次袭击西魏要地愤愤不平，便于公元537年8月率军东进，攻占了东晋的军事要地恒农（今河南三门峡市西）。没过多久，东魏高欢就命大将高敖曹领兵3万，由洛阳向西反击恒农；同时自率主力20万，由太原、临汾南下，从蒲坂（今山西永济西）西渡黄河，进袭关中，从而拉开了沙苑、渭曲之战的序幕。

从高欢行动的趋向看，他是想分二路向安安方向推进。一路由高敖曹军从洛阳至恒农，夺回恒农后向潼关、渭南方向推进；另一路由高欢亲自带领，从蒲坂西渡黄河，占领军事要道华州，然后向前推进，急取与高敖曹军会合。

西魏宇文泰得知高欢西进的消息，决定尽全力阻止敌军西进。他一面命大将卞熊坚华州（今陕西大荔），阻止魏军西进；一面派人到各地征调兵马，并从恒农抽调出近万人回救关中。东魏高敖曹趁势包围了恒农；高欢军渡过黄河后，即攻华州城，然而华州城坚难攻，于是高欢命军队在距华州北30余里的许原屯驻。

宇文泰军回到渭南后，便欲进攻高欢。部将们认为，各地征调的兵马还未赶到，敌我兵力悬殊较大，还是暂不迎战为好。宇文泰坚持已见。他解释说：现在东魏军远道而来，首攻华州不下，便屯兵许原观望，说明他们军队人数虽多，但没战斗力，也没有苦战克敌的精神，我们趁他立足未稳，地理不熟，趁机迎击。如果让其站稳脚跟，继续西进，逼近长安，那就会动摇人心，形势对西魏将更为不利。宇文泰的解释打消了部将的疑虑。西魏军抓紧做好北渡渭水的准备。

9月底，西魏军在渭水上搭好浮桥。宇文泰亲率轻骑7000，携带3天的粮秣，北渡渭水。10月1日，宇文泰军进至距东魏军60里处的沙苑（今陕西大荔南）驻扎下来。

宇文泰驻军在沙苑扎营后，立即派人化装成许原一带的居民，潜入东魏兵营附近活动，侦察高欢军队的情况。经过侦察，宇文泰证实了自己的判断。在人数的对比上，宇文泰认识到敌军确实强于自己，但东魏军战斗力不强，而且骄傲轻敌。这时，

宇文泰部将李弼建议利用10里渭曲（渭河弯曲部分）沙丘起伏、沼泽纵横、芦苇丛生的有利地形，采取预先埋伏，布设口袋，诱敌深入的伏击之计，一举消灭敌人。这个建议正符合宇文泰出奇制胜的想法，于是，宇文泰欣然采纳此建议，决定利用渭曲复杂的地形环境打一场歼灭战。

高欢听说西魏军已进至沙苑，便决定寻找宇文泰所率的西魏军决战。高欢取胜心切，在未作认真部署的情况下便从许原率兵前来交战。西魏国见敌军出动，便依照先前的谋划在渭曲布设了埋伏，并规定伏兵以击鼓为号，以突然袭击的战法，围歼东魏军于既设阵地。高欢军行进至渭曲附近，大将解律羌举见到渭曲沼泽、沙丘伏起，茂密的芦苇纵横于沼泽地深处，觉得这苇深泥泞的地形不利野战，便向高欢建议留下部分兵力在沙苑与宇文泰相持，然后另以精骑西袭长安。高欢急于寻找宇文泰军决战，没有同意他的意见。高欢提出放火烧芦苇，以火攻的办法攻击西魏军。但是他的部将侯景提出异议说："我们应当活捉宇文泰以示百姓，如果火烧芦苇，把他一起烧死，尸体不好辨认，谁能相信呢?"高欢的另一部将彭乐也附和说："以我军的兵力，几乎是以一百个对他们一个，还怕打不赢吗?"在属下盲目乐观与自信面前，高欢利令智昏，放弃了火烧芦苇的主张，下令挥军前进，进入沼泽沙丘搜索宇文泰军。东魏军自恃兵多势众，混乱竞进深入沼泽地，而且毫无战斗队形。宇文泰待东魏军进入伏击圈后，擂鼓出击。西魏军从左右两翼猛烈冲击东魏军，将其截为数段。东魏军遭到突然袭击，本来乱糟糟的队形更加乱成几团，在陌生而又复杂的地形中无法展开。东魏军穷于应战，自相践踏；西魏军趁势拼死奋战，杀东魏军6000余人，俘敌8万，东魏军大败溃散，高欢逃至蒲津，渡河东撤。沙苑、渭曲之战以西魏的胜利与东魏的大败宣告结束。

沙苑、渭曲之战在东、西魏众多次数的交战中算不上是大的战役，但我们仍可从这一次战役中窥视出东、西魏军在复杂地形条件下行军作战、处军相敌方面的长短优劣。从战争的全过程中可以看出，西魏宇文泰在军事部署及"处军"、"相敌"方面，均深得兵法要领。孙武在《孙子兵法·行军篇》中提出，处军的要领在于善于利用地形将军队处置好，地形的选择应于己有利而于敌不利；相敌的要领则在于正确地分析判断敌情，在于善于透过敌军活动的现象看到其本质。沙苑、渭曲之战决战前夕，宇文泰不为东魏的兵势所吓倒，还从高欢攻华州不下而屯兵许原的现象中，分析、判断出东魏军人多势众却无战斗力的事实，制订了伏击制敌的计划；为了更准确地了解敌情，将敌军引入伏击圈，宇文泰将军队驻扎在许原敌营附近，并派人化装侦察，摸清了敌军的基本情况，最后歼灭敌人于事先布好的伏击圈中，一举击败敌军。东魏军的失败，一方面是由于骄傲轻敌，另一方面也在于他们的恃众冒然轻进。临战前，高欢及部将明知地形不利，易遭伏击，然主帅决策时听不进正确意见，反依错误建议行事，违背孙子所说的处军、相敌的原则，最终导致了失败。

《孙子兵法·行军篇》说："兵非益多也，惟无武进……夫惟无虑而易敌者，必擒于人。"对照东魏军的失败，孙子处军、相敌原则的重要价值，可见一斑。

刘邓大军鏖兵羊山集

1947年7月，刘伯承、邓小平率领的晋冀鲁豫野战军，根据中央军委的命令，从豫北出发，渡过黄河，向大别山方向挺进。一路上，过关斩将，攻郓城、夺定陶，直逼羊山集，决心在这里一举歼灭蒋介石嫡系精锐部队第66师。

羊山集是一个有居民1000余户的大镇。古老的镇子依山而立，东西走向，约莫有五华里长，东关有个圆圆的山包，好像仰着的“羊头”；中间一段曲而长，好像躬着背的“羊身”；西头则是小山包一个一个地挤在一起，由低渐高，好像翘起的“羊尾”。远远望去，羊山集的地形就像一头正在吃奶的小羊羔。

羊山集这个地方自古便是屯兵据守之地，羊山的周围，至今还保存着明末时期的墙寨；以后日军侵占这里，又在原有的墙寨外面，按东、南、西三面，挖了丈余深的水壕；如今国民党第66师开进，又在墙寨、水壕之间加筑了一道坚固的鹿砦，大大小小，明明暗暗的碉堡、射击孔密密麻麻地分布在鹿砦之中，火力可以控制羊山集周围1000米以外。敌军第66师师长名叫宋瑞珂，毕业于黄埔军校第三期，很有些战术眼光，骁勇而又多谋。他巧妙地利用羊山的“羊身”、“羊头”制高点，与山下集镇的民房构成核心阵地，隐蔽工事一层又一层，防卫体系相当严密；再加上，第66师是蒋介石嫡系精锐，配备了一流武器装备，战斗力很强，更增加了我军进攻的难度。

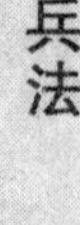

7月13日晚7时，刘邓大军第二、三两纵队扫除了羊山集外围敌军阵地后，开始向镇内进攻。按照作战部署，第二纵队攻“羊尾”，第三纵队攻“羊头”，分别从东西两面向镇内实施合进攻击。但却未料到，这两条进攻道路都多水，部队爆破鹿砦企图向前突进时，羊山上的“头”“背”“尾”和镇内制高点四面火力一齐猛压过来，我军伤亡很大，攻击未果，拂晓时被迫撤出战斗。

7月16日，我二、三纵队召开党委扩大会，研究羊山集战斗形势，到会的同志对第一次攻击失利，义愤填膺，纷纷要求再战，但激动之余，却未对第一次进攻失利的原因作深入分析，只是决定重新调整部署兵力，继续强攻。17日晚，第二次攻击开始，由第三纵队第8旅第22团主攻“羊头”，第二纵队第19团主攻“羊尾”。战斗打响后，我22团战士在炮火掩护下，奋勇向前，突破层层封锁，跃过寨墙、水壕和鹿砦，一批批倒下了，又一批批冲上去，终于越过峭壁，攻上“羊头”，但却未料到“羊头”石坚少土，一时无法构筑工事，等到天一大亮，全团兵力便暴露在山上，以致伤亡很大，无法立足，被迫撤出战斗。第二纵队第19团主攻“羊尾”，情况与第三纵队相似，虽然攻上了“羊尾”，但在天亮后，敌军居高临下，进行轰击，部队三面受敌，伤亡惨重，最后只有第三营像钉子一样扎在“羊尾”的几个小山包上，其余部队也被迫撤出战斗，第二次进攻又宣告失利。

对于第二次失利，我前线指挥仍未认真分析原因，总结教训，只是决定再加强兵力，以二、三纵队的全部兵力向羊山集横压过去，希图通过硬拼死打，一举成功。殊

不知因连日大雨，羊山脚下，成了一片沼泽，水壕积水深至两米，山上泥溜苔滑，敌军阻击的火力，密集得像一堵墙。我主攻部队一次又一次艰难地攻上“羊头”“羊尾”，与敌军反复争夺山头，战斗至为激烈。“羊头”是敌军防御系统的核心，敌师长宋瑞珂增调兵力，多次冲锋反扑，来势极为凶猛，我主攻部队又另由镇南、镇西突破前沿，深入纵深，宋瑞珂又把火力集中到这里，炮火像山洪般地猛压下来，我攻击部队一排排应声倒下，一批批地被埋在被炮火掀起的泥土里，实在无法前进，于是我军第三次攻击又告失利。

我军接连三次进攻，均告失利。这时，雨下得越来越大，越来越猛，水壕里的水已经漫出壕外，整个羊山集成了泽国、水乡、血海，一片汪洋……。

7 月 23 日，刘伯承司令员亲自驱车来到羊山集前线，与纵队首长陈锡联、陈再道共同总结经验教训，研究下一步对策。下面是他们的一段对话：

刘司令员：“这仗打得太蠢，太蠢了。不管你是多么高的指挥官，权威有多大，一个口令能叫成千上万的人向你立正，但是你没有权力让哪怕是一个士兵作无谓的牺牲！歼敌 3000，自损 800，一个指挥员不但要负歼敌 3000 之责，也要负自损 800 之责，不能随死一个人！……”

陈再道：“司令员，仗没打好，责任在我……”

陈锡联：“三纵担任总攻，打羊山我是总指挥。司令员，请处分我吧！”

陈再道：“我们主要的问题是轻敌，连打了几个胜仗，开始麻痹大意了。对敌军的防御能力估计过低，对羊山的地形和敌情侦察得不详细。第一次攻击，5 旅报告已攻下了‘羊尾’，其实是因为天黑，对敌形不熟悉，并没有真正占据‘羊尾’，只是攻下了几个小山包。而我们则听说‘羊尾’攻下了，就让 4 旅向羊山集发起正面进攻，结果到天亮时，敌人居高临下，用火力向我反击，我军队形密集，遭到炮火大量杀伤……”

陈锡联：“我们三纵过黄河后一直没有机会参战，眼见得兄弟部队攻郓县，拿定陶，打六营集，更挑起了战士们急于求战的情绪，对敌情的侦察不够仔细，工事做得不够坚固……”

刘伯承：“那你们就凭硬打死拼了，是不是?！……”

经过这次认真分析形势，总结经验教训，在刘伯承、邓小平的亲自指导下，7 月 27 日，我军再次重新组织力量，发起攻击，当晚 12 时我军占领了羊山集制高点，这时，敌 66 师多次呼叫援兵不至，28 日下午，我军终于取得了攻占羊山集的彻底胜利，歼敌 23000 人，敌师长宋瑞珂被俘。

十、地形篇

原文

孙子曰：地形有通者、有挂者、有支者、有隘者、有险者、有远者。我可以往，彼可以来，曰通。通形者，先居高阳，利粮道，以战则利。可以往，难以返，曰挂。挂形者，敌无备，出而胜之，敌若有备，出而不胜，难以返，不利。我出而不利，彼出而不利，曰支。支形者，敌虽利我，我无出也，引而去之，令敌半出而击之利。隘形者，我先居之，必盈之以待敌。若敌先居之，盈而勿从，不盈而从之。险形者，我先居之，必居高阳以待敌；若敌先居之，引而去之，勿从也。远形者，势均难以挑战，战而不利。凡此六者，地之道也，将之至任，不可不察也。

兵有走者、有驰者、有陷者、有崩者、有乱者、有北者。凡此六者，非天地之灾，将之过也。夫势均，以一击十，曰走；卒强吏弱，曰驰；吏强卒弱，曰陷；大吏怒而不服，遇敌怼而自战，将不知其能，曰崩；将弱不严，教道不明，吏卒无常，陈兵纵横，曰乱；将不能料敌，以少合众，以弱击强，兵无选锋，曰北。凡此六者，败之道也，将之至任，不可不察也。

夫地形者，兵之助也。料敌制胜，计险隘远近，上将之道也。知此而用战者必胜，不知此而用战者必败。故战道必胜，主曰无战，必战可也；战道不胜，主曰必战，无战可也。故进不求名，退不避罪，唯民是保，而利于主，国之宝也。

视卒如婴儿，故可以与之赴深溪；视卒如爱子，故可与之俱死。厚而不能使，爱而不能令，乱而不能治，譬若骄子，不可用也。知吾卒之可以击，而不知敌之不可击，胜之半也；知敌之可击，而不知吾卒之不可以击，胜之半也；知敌之可击，知吾卒之可以击，而不知地形之不可以战，胜之半也。

故知兵者，动而不迷，举而不穷。故曰：知彼知己，胜乃不殆；知天知地，胜乃可全。

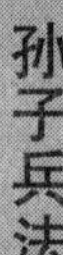

译文

孙子说：地形有“通”、“挂”、“支”、“隘”、“险”、“远”等六种。凡是我们可以去，敌人也可以来的地域，叫做“通”；在“通”形地域上，应抢先占开阔向阳的高地，保持粮道畅通，这样作战就有利。凡是可以前进，难以返回的地域，称作“挂”；在挂形的地域上，假如敌人没有防备，我们就能突击取胜。假如敌人有防备，出击又不能取胜，而且难以回师，这就不利了。凡是我军出击不利，敌人出击不利的地域叫做“支”。在“支”形地域上，敌人虽然以利相诱，我们也不要出击，而应该率军假装退却，诱使敌人出击一半时再回师反击，这样就有利。在“隘”形地域上，

我们应该抢先占领，并用重兵封锁隘口，以等待敌人的到来；如果敌人已先占据了隘口，并用重兵把守，我们就不要去进攻；如果敌人没有用重兵据守隘口，那么就可以进攻。在“险”形地域上，如果我军先敌占领，就必须控制开阔向阳的高地，以等待敌人来犯；如果敌人先我占领，就应该率军撤离，不要去攻打它。在“远”形地域上，敌我双方地势均同，就不宜去挑战，勉强求战，很是不利。以上六点，是利用地形的原则。这是将帅的重大责任所在，不可不认真考察研究。

军队打败仗有“走”、“驰”、“陷”、“崩”、“乱”、“北”六种情况。这六种情况的发生，不是天时地理的灾害，而是将帅自身的过错。地势均同的情况下，以一击十而导致失败的，叫做“走”。士卒强捍，军官懦弱而造成失败的，叫做“驰”。将帅强悍，士卒懦弱而失败的，叫做“陷”。偏将怨仇不服从指挥，遇到敌人擅自出战，主将又不了解他们能力，因而失败的，叫做“崩”。将帅懦弱缺乏威严，治军没有章法，官兵关系混乱紧张，列兵布阵杂乱无常，因此而致败的，叫做“乱”。将帅不能正确判断敌情，以少击众，以弱击强，作战又没有精锐先锋部队，因而落败的，叫做“北”。以上六种情况，均是导致失败的原因。这是将帅的重大责任之所在，是不可不认真考察研究的。

地形是用兵打仗的辅助条件。正确判断敌情，考察地形险易，计算道路远近，这是高明的将领必须掌握的方法，懂得这些道理去指挥作战的，必定能够胜利；不了解这些道理去指挥作战的，必定失败。所以，根据分析有必胜把握的，即使国君主张不打，坚持打也是可以的；根据分析没有必胜把握的，即使国君主张打，不打也是可以的。所以，战不谋求胜利的名声，退不回避失利的罪责，只求保全百姓，符合国君利益，这样的将帅，才是国家的宝贵财富。

对待士卒象对待婴儿，士卒就可以同他共患难：对待士卒象对待自己的儿子，士卒就可以跟他同生共死。如果对士卒厚待却不能使用，溺爱却不能指挥，违法而不能惩治，那就如同骄惯了的子女，是不可以用来同敌作战的。只了解自己的部队可以打，而不了解敌人不可打，取胜的可能只有一半；只了解敌人可以打，而不了解自己的部队不可以打，取胜的可能也只有一半。知道敌人可以打，也知道自己的部队能打，但是不了解地形不利于作战，取胜的可能性仍然只有一半。所以，懂得用兵的人，他行动起来不会迷惑，他的战术变化无穷。

所以说：知彼知己，胜乃不殆；知天知地，胜乃可全。

战例

蒙哥殒命钓鱼城

蒙哥继位做了蒙古可汗后，采用迂回的策略，绕道西南，向南宋发起进攻。蒙哥先派其弟忽必略攻克了云南，然后亲率西路主力四万人马，经六盘山进入四川，苦战一年，抵达钓鱼城（今四川合川县）下。

钓鱼城地处嘉陵江、涪江、渠江的汇合之处，山城的四周尽是悬崖绝壁，犹如刀削，真可谓是“一夫当关，万夫莫开”。蒙哥企图越过钓鱼城，进军重庆，与蒙古南路军会师，直取南宋都城临安，钓鱼城因此成为蒙哥的必争之地。

钓鱼城的守将王坚忠于南宋朝廷，抗蒙志坚。早在蒙哥到达之前就已储备了足够的粮食，开拓了水源。山城中有百姓约十万人，守城将士也有一万余人。

蒙哥先派降将晋国宝入钓鱼城劝降。王坚命士卒将晋国宝押至演武场上斩首示众，并对众将士说：“今后谁再敢说一个‘降’字，晋国宝就是他的榜样！如果我有背叛朝廷的行为，大家就砍下我的头颅！”自此以后，钓鱼城中再无一人敢说‘降’。

蒙哥见劝降无效，一面派将军纽磷到涪州的蔺市建造浮桥阻止宋军的增援，一面亲率大军使用种种手段向钓鱼城发起一次又一次的进攻。王坚率全城军民据险而战，一连数月，蒙古军死伤惨重，但钓鱼城则岿然不动。

这期间，南宋理宗皇帝派四川制置副使吕文德率战舰千艘增援钓鱼城，但行至合川附近，战舰遭到蒙古军的拦截，无功而还。

蒙哥击败南宋的援军，派前锋大将汪德臣到钓鱼城下劝降。汪德臣单人匹马来到城下，没喊上几句话，城上飞下一块巨石打中了他的肩膀，当天晚上，汪德巨就在营中吐血而死。

蒙哥久攻钓鱼城不下，又损失一员大将，心中十分焦灼。为了观察钓鱼城内的虚实，蒙哥命令士兵在钓鱼城前修造起一座高高的瞭望台。王坚发现蒙哥在城下亲自督建，吩咐将士准备炮石轰击瞭望台。蒙哥不知道钓鱼城城上的情况，瞭望台建好后，连忙登上台顶，王坚心中大喜，连忙命令士兵发炮。在大炮的连续轰击下，瞭望台被摧毁，蒙哥本人也被飞石击成重伤，不久即死去。蒙古人只好载着蒙哥的尸体解钓鱼城之围北撤。

钓鱼城之战使日薄西山的南宋王朝又得以延续了二十世纪多个春秋。

李嗣源绕道救幽州

五代时期，契丹首领耶律阿保机率 30 万大军包围了晋国的北方军事重镇幽州（今北京市西南）。晋王李存勖派大将李嗣源统率 7 万人马增援幽州，解幽州之围。

李嗣源与诸将商议进军之计，说：“敌人多是骑兵，人数众多，又已先处战地，外出游骑没有辎重之忧，而我军多是步兵，人数又少，还必须有粮草随军而行。如果在平原上与敌人相遇，敌军只需把我军粮草截走，我军就会不战自溃，更不用说用骑兵来冲击我们了！”

针对这种不利情况，李嗣源从易州出发，不是走东北直奔幽州，而是先向正北，越过大房岭（今河北房山县西北），然后沿着山涧向东走。

李嗣源率大军餐风饮露，月夜兼程，一直行进到距幽州只剩下 60 里远的地方，突然与一支契丹骑兵遭遇，契丹人才发现晋军派来了救兵。契丹兵大吃一惊，慌忙向后撤退，李嗣源与养子李从珂率领3000骑兵紧随契丹人的身后，晋军大部队则紧紧跟随在李嗣源的骑兵后面。不同的是，契丹骑兵行走在山上，晋军行走在山涧中。

行至山口，契丹万余骑兵挡住了去路。李嗣源知道成败在此一举，摘掉头盔，用契丹语向敌人喊道，“你们无故侵犯我国，晋王命我卒百万之众，直捣两楼（契丹首府），将你们全部消灭！”说完，一马当先，冲人敌阵，斩杀契丹酋长一名。众将士见主帅身先士卒，群情激奋，斗志倍增，纷纷杀人敌阵。契丹骑兵被迫向后退却，晋军的大部队乘机走出山口。

出山之后即是一马平川的大平原。由于失去山地的保护，极易遭受骑兵攻击，李嗣源命令步兵砍伐树枝作为鹿砦，人手一枝，每当部队停下来或遭到契丹骑兵攻击时，即用树枝筑成寨子，契丹骑兵只能环寨而行，而晋军乘机放箭，契丹人马死伤惨重。

逼近幽州时，晋军拖后的步兵拖着草把、树枝行进，一时间，烟尘滚滚，契丹兵不知虚实，以为晋军援兵甚多，未战先怯。等到决战来临，李嗣源率骑兵在前、步兵随后，有组织地掩杀过来。契丹兵斗志皆无，丢弃了大量的车帐、牲畜，狼狈逃去。

至此，幽州重镇得以保全。

电岩炮台与鸡冠山堡垒之谜

日俄战争期间，日本为夺取俄国在华的利益，向驻旅顺的俄军发起了一次又一次猛烈的进攻，双方都付出了沉重的代价。

旅顺口有一座电岩炮台，它修筑在俯瞰大海的陡壁之上，背靠巍峨的黄金山。俄国人在陡壁上安置了几十门大炮，居高临下，将一艘又一艘日军战舰击沉海底。日本海军对电岩炮台恨之入骨，曾集中所有的舰炮火力对电岩炮台进行了毁灭性的轰击。令日军指挥官大为震惊的是：所有的炮弹竟没有一颗击中炮台！后来，无能的俄军指挥官被日军的轰击吓破了胆，命令电岩炮台停止开炮，向日军投降。日军登上炮台一看，方才恍然大悟、电岩炮台所在的陡壁悬崖是孤立于大海边上的，陡崖的后面是一条山谷，越过山谷才是黄金山——从海上望去，电岩炮台与黄金山是一个整体，它就座落在黄金山的半山腰上。日军的大炮向黄金山山腰猛轰不止，所有的炸弹都落入陡崖后面的山谷中去了。

修筑在东鸡冠山的北堡垒与电岩炮台有同工异曲之妙。

日军为夺取东鸡冠山北堡垒曾在三个月内向该堡垒发动了几十次进攻，付出了上万日军官兵的生命。好几次，日军指挥官从望远镜中看到成千士兵呐喊着冲入了堡垒，但俄军堡垒照旧在喷吐死亡的火焰，而“冲入”堡垒的日军官兵却犹如落入了没有底的深渊，连个影子也看不见了。

原来，俄军的堡垒前有一条宽30米的交通沟，交通沟隐在山坡之下，而堡垒中

还有一圈枪眼是隐蔽在下面，面向交通沟的。激战中，俄军有意停止放枪，引诱日军官兵向前冲锋，待日军官兵跳入交通沟，他们再从隐蔽在下方的枪眼中开枪把日军官兵击毙。

电岩炮台和鸡冠山堡垒都已成为历史遗迹，它们是日、俄帝国主义者侵略我国的罪证。

南方大厦巧作雨伞生意

广州南方大厦是国内屈指可数的商业大厦之一，80 年代曾创下年销售总额 2. 7 亿元的纪录，列全国第一位。此中原因当然很多，但南方大厦善于发挥自己独特的地理优势，巧作生意，不能不算一个重要原因。

1982 年，南方大厦的销售主管从气象部门得知一条重要信息：明春雨季长、雨量大，广州多阴雨天。这位主管在核实了气象消息之后，决定预先购入一批雨伞。事有凑巧，当时深圳有一家公司因积压了 25 万把雨伞而一筹莫展，主管果断地支付了 100 万元巨款，将人家的“陈货”放在自己的库中“陈”了起来。第二年春天，广州果然阴雨不断，25 万把雨伞还不等雨季过去，早已销售一空。

令大厦内的职员和同行们不解的是，雨季刚刚过去，广州阳光灿烂，这位销售主管又购入了 20 万把雨伞，人们议论纷纷：“主管是不是发财发错了头？不下雨了购入这么多伞卖给谁？再说，即使是下雨，广州市民们的伞早已买得不少了，谁还买雨伞啊？”

说也怪，气象预报指出：降雨区离开广州不断北上，然后在长江流域和黄河流域止步不前。南下的游客们都知道这一天气趋势，而且很喜欢广州的雨伞，于是在返归之前，人人都选购一把称心的雨伞。这时候，广州市的其他商厦大多已没有货源，南方大厦“天马行空”，又发了一笔好财！

“吃铁路饭”发家的小厂

山西省平陆县轴瓦厂是个集体所有制的小工厂，厂址偏僻，离县城还有八十多里。轴瓦厂一直生产一种工程机械轴瓦，由于种种原因，轴瓦的销售量日益减少。1987 年，新任厂长胡王九临“危”组“阁”。胡王九现实地分析了工厂的窘况：（一）竞争对手多，老产品没出路；（二）国家压缩基建规模，工程机械使用率大幅度下降，老产品只能库存。结论必须开创新路，出新产品。可是，出什么样的新产品呢？胡王九对全国近百个单位提供的轴瓦市场信息进行了筛选分析，决定生产火车头抱轴瓦作为自己的主攻方向。胡王九的理由是：（一）铁路是国家的交通命脉，又正处于发展时期，产品的潜在市场广阔；（二）本厂距离生产机车电机主机的永济电机厂较近，占有地利。（三）现在全国只有八家工厂生产机车抱轴瓦，只要自己的产品过硬，完

全可以打入直至占领机车抱轴瓦这一宏大市场。

胡王九说干就干。经过二年多的努力，轴瓦厂不仅成了永济电机厂的抱轴瓦“定点生产厂家”，还与四十多个铁路机务段建立了供货关系。在全国抱轴瓦市场上，他们的产品占有率达60%。工厂还被铁道部确定为铁路外抱轴生产定点厂家。在短短四年内，胡王九“吃铁路饭”发“家”，工厂产值翻了四番。

岳飞巧借地形战襄阳

南宋绍兴年间，岳飞受命去收复被金人的傀儡政权——伪齐所占领的襄阳、邓州等六郡。

襄阳车临襄江，据险可守；襄阳的右面是一马平川的旷野，正是厮杀的战场。驻守襄阳的伪齐守将李成有勇无谋，把骑兵布防在江边上，却命令步兵驻扎在平地上。岳飞了解了李成的布防情况后，破敌之计了然于胸。他命令部将王贵，“江边乱石林立，道路狭窄，正是步兵的用武之地，你可利用江边的地形，率领步兵，用长枪攻击李成的骑兵。”岳飞又命令部将牛皋：“敌步兵列阵于平野，你率骑兵冲击敌步兵，不获全胜不得收兵！”两将领命而去。

战斗开始后，王贵率步兵冲入李成江岸的骑兵队伍中，一支支长长的利枪直往战马的腹部刺去，一匹匹战马应枪而倒。江边道路坎坷，前面的战马倒毙后，后面的战马无路可走，也纷纷跌倒，许多战马被迫跳入水中，李成的骑兵很快就失去了战斗力。

牛皋是员猛将，他率领铁骑闪电般地向李成的步兵发起冲击，李成的步兵连招架之力都没有，纷纷丧命铁蹄之下，转瞬之间，步兵队伍就全线崩溃。

李成眼巴巴地看着自己的队伍土崩瓦解，掉转马头，弃城而去，岳飞顺利地收复了襄阳城。

此后，岳飞又乘胜收复了邓州等五郡，被宋高宗提升为清远军节度使。

马援巧借地形平诸羌

东汉初年，塞外羌人经常侵入内地。仅光武帝刘秀派大将马援任陇西太守，平定诸羌。

各部落羌人闻知马援到来，用辎重、树木堵塞了允吾谷（今青海乐部附近）通道，企图凭借险隘，顽抗到底。马援对陇西的地形了如指掌，如今羌人占有利地形，人数又多，如果一味硬攻，肯定要吃大亏。于是，他一面派一员部将率部分兵力在正面进行佯攻，以吸引羌人；一面亲率主力部队在当地汉人向导的指引下，巧妙地利用山谷中的小道作掩护，悄悄地迂回到羌人的大本营后面，然后突然发起进攻。

羌人仓皇应战，狼狈溃逃。但羌人对地形更熟悉，他们迅速重新集结，凭借山高地险的优势，以逸待劳，与马援形成对峙。

马援在山下正面安营下寨，并不急于进攻。到了夜间，马援挑选精锐骑兵数百名，利用夜幕作掩护，神不知鬼不觉地绕到山后，摸入羌人的营中放起火来，山下正面的汉军乘机擂鼓助威、齐声呐喊：羌人不知汉军的虚实，乱作一团，纷纷离山逃遁。马援挥军追杀，大获全胜。

羌人退回塞外后，经过一年的准备，以参狼羌为首的诸羌联合在一起，再次侵入武都（今甘肃成县西）。马援闻报，率4000人马前去平息，双方在氐道县（今甘肃礼县西北）相遇。

羌人再次凭借有利的地形，据险而守，任凭汉军百般挑战，就是稳坐山头不战。马援在详细勘察了羌人的据守情况和周围的山势地形后，发现了羌人有一个致命的弱点，水源不足。马援指挥部队夺取了羌人仅有的几个水源，断绝了羌人的水和粮草，没过多久，羌人即不战自溃：一部分羌人投降了马援，大部分羌人远遁塞外。陇西从此安定下来。

郭进据险拒辽军

公元979年，宋大宗赵光义在平定南方之后，又兴兵讨伐北方的北汉。宋太宗命潘美为北路都讨使，进攻太原，自己随军亲征。由于北汉是辽国的属臣，宋大宗又命令将军郭进在石岭关驻守，以堵截辽国的援兵。

北汉见宋太宗亲自出征，急忙向辽国求援。辽景帝派宰相耶律沙和冀王塔尔火速增援。耶律沙和塔尔走后，辽景帝还不放心，又派南院大王耶律斜轸率其部属前去援救。

耶律沙驰授北汉进至石岭关附近的白马岭，宋军已抢先占据白马岭的高地险隘。这时，刚下过几场暴雨，山洪暴发，原先并不深的山涧已淹至人的腰部，而且宽阔了不少。面对湍急的涧水和守卫在高地隘口的宋军，耶律沙准备安营扎寨，等待后续部队，塔尔则耻笑耶律沙胆小，执意要率先头部队渡涧。

耶律沙劝道："宋军早已占据有利地形，我军贸然渡涧，必定凶多吉少，还是小心为妙！"

塔尔道："北汉危在旦夕，只怕我们去晚了救不得他们。"于是下令渡涧。

守卫在白马岭上的宋军见塔尔率辽军渡涧，一个个摇旗呐喊，击鼓助威，但就是不出击。塔尔以为宋军是在虚张声势，放心大胆地向对岸缓慢前进。郭进等塔尔的先头部队渡过山涧大半之后，令旗一挥，命令守在隘口的士兵放箭。刹时，乱箭如蝗，辽兵纷纷中箭倒下，又被急流卷走。侥幸登上对岸的士卒还来不及立足稳定，宋军的骑兵又疾驰而至，将辽兵砍翻在涧边，塔尔虽然勇猛无比，但人在激流之中，有力用不出来，塔尔和他的儿子以及五名将领都被乱箭射死在山涧之中，连尸体也没有留下来。如果不是南院大王耶律斜轸及时赶到，辽军伤亡还会更。

辽军被堵截在石岭关，宋大宗从容向太原发起进攻，北汉主刘继元久盼辽军不至，无力对抗宋军，只好开城向宋太宗投降。

“名将之花”凋谢在太行山上

“名将之花”是日本军界对以“蒙疆驻屯军”司令官身份兼任日军第2独立混成旅团长的阿部规秀的赞誉。

阿部规秀有“山地战专家”之称，因战功显赫于1939年10月被擢升为中将，出任北线进攻晋察冀边区总指挥。不久，日军迁村宪吉大队在所谓的“冬季大扫荡”中被聂荣臻司令员领导的晋察冀抗日根据地军民歼灭。阿部规秀恼羞成怒，亲率一千五百余名日军精锐，杀气腾腾地扑向我边区根据地。出发前，阿部规秀给他的子女写了一封信：“……爸爸从今天起去南方战斗！回来的日子是十一月十四日，虽然不是什么大战斗，但也将是一场相当的战斗。八时三十分乘汽车向来源城出发了，我们打仗的时候是最悠闲而且最有趣的，支那已经逐渐衰弱下去，再使一把劲就会投降了……”何等的骄狂！

11月7日，在一片烟雨迷朦之中，日军进入黄土岭地区。狡猾的阿部规秀命令先头部队抢占了路侧小高地，然后才命令大部队跟进。阿部规秀担心黄土岭中会有埋伏，但直到花费了数小时走出黄土岭也没有遇到一名八路军战士，阿部规秀放心了，命令部队继续前进。

阿部规秀上当了。聂荣臻司令员在歼灭迁村宪吉大佐后就准备激怒日军，把日军引入黄土岭一带的险山恶谷中，再打一个漂亮的伏击战。聂荣臻把他的部队埋伏在黄土岭附近的一条长长的狭谷中。

阿部规秀的部队进入埋伏圈后，军分区司令员杨成武指挥1团、2团、3团、25团和特务团从西、南、北三个方面同时发起攻击，百余挺轻重机枪伴着猛烈的炮火把日军压缩在山沟中。日军凭借武器优势拼死杀出重围，返回黄土岭，妄图逃回涞源城。日军退至上庄子村，我军抢占了制高点，将全村控制于我军火力之下。激战中，1团团长陈正湘从望远镜中发现邻近的教场村山根部有一群日军军官出没，其中有几个军官正举着望远镜在观察我军阵地。陈正湘立刻意识到这是日军的观察所或指挥部，他急忙把炮兵连长杨九秤调来，一连向日军观察所（指挥部）发射了四颗炮弹。

陈正湘的判断完全正确——那里正是阿部规秀的指挥所。“阿部中将……在这座房子的前院下达作战命令的一瞬间，敌人的一颗迫击炮弹飞来，在距中将几步远的地方落下爆炸。转瞬之间，炮弹碎片给中将的左腹部和双腿以数十处致命的重伤……大陆战场之花凋谢了”（日本陆军省发布的《阿部规秀阵亡公告》）。

日军将领们惊呼：“‘名将之花’凋谢在太行山上！”

黄土岭战斗以歼敌九百余人，击毙日酋阿部规秀的辉煌战绩永载史册。

大树底下好乘凉

唐宣宗时，漳州刺史林简言曾著书立说，记述了他的生平见闻。林简言记述了这样一件事：一年夏天，林简言到渭城办理公务，路过一个叫东渭桥的地方。林简言又饿又渴，远远看见一棵大槐树下面有个饭摊，许多客人都在树下纳凉、喝水、吃饭。林简言也驱马直奔大槐树，在树下的饭摊边下马驻足，吃饱喝足后才重新上路。

几年后，林简言因公再次路过东渭桥，忽然想起了那棵大槐树，便宜奔大槐树而去——大槐树依旧枝繁叶茂、如盖如伞，但树下的饭摊不见了，代之的是一幢新瓦房、大院落，南来北往的客人们在院落又吃、又喝，无限惬意。

林简言心想："真是大树底下好乘凉啊！"

又过了数年，林简言去陕西韩城有公干，第三次路过东渭桥，但大槐树不见了、大瓦房不见了、大院落也不见了。林简言诧异不解，找到地方里正，询问原因。

原来，东谓桥附近还有一个做饭食生意的人——某甲，他看到槐村下的摊贩凭借槐树之利大发其财，而自己的生意无人光顾，就处心积虑地想要搞垮摊贩。东渭桥有一个无赖，很会模仿猫头鹰啼叫，某甲给了无赖一笔钱，让无赖爬上槐树，天天晚上模仿猫头鹰啼叫不止，摊贩因此恐惧不安。不久，摊贩的母亲病了，某甲乘机唆使巫婆对摊贩说："这都是猫头鹰啼叫的缘故，鬼怪附体！只有砍掉大槐树，猫头鹰离去，鬼怪才会跟着走，你母亲的病也就好了。"摊贩不知是计，听信巫婆的话，砍倒了大槐树。摊贩的饭庄失去了大槐材的庇护，炎夏酷暑，来往的客人见此地不能纳凉，就再也不停下来喝水吃饭了。摊贩的生意一天比一天难做，终于完全破产了。

日军官兵葬身沼泽地

第二次世界大战末期，英军向入侵缅甸孟加拉湾的日军发起一连串的猛烈攻势，日军司令官山本大郎走投无路，只好率领一千多陆军官兵向兰里岛逃去。英军指挥官望着狼狈遁去的日军官兵，发出一阵冷笑："不必追赶了，那里的沼泽地就是他们的坟墓！"

日军逃入兰里岛，展现在他们面前的是一片漫无边际的沼泽地。如血的夕阳下，沼泽地被染上了一片触目惊心的玫瑰色，东一汪、西一汪的水洼于波光闪烁，不时还冒出一个个气泡，呼呼然在水面炸响。侦察队长和夫向山本司令官报告说："司令官，这片沼泽地有鳄鱼出没，非常危险！"

山本吼道："皇军效忠天皇，几条鳄鱼就能挡住我们的去路吗？快走！谁要再说鳄鱼，扰乱军心，枪毙！"

疲惫不堪的队伍深一脚、浅一脚地踏入沼泽地，缓缓向前挪动。沼泽地好像是无边无沿，一千多名日军官兵行至半夜，月亮已高高地升上天空，全体官兵仍然望不到

沼泽地的边缘。突然，一阵阵“哗哗哗”的水声从沼泽地深处响起，和夫向水响处望了一眼，顿时打了个冷颤，“不好，快跑!”他拉住侦察兵佐佐木向官兵稀少的东南方跑去，幸运的是，他们发现了一处露出水面半尺高的土埂，俩人急忙登上土埂，回头望去，一大片黑乎乎的怪物穆蓦然浮出水面，怪物的双眼反射着寒目的冷光，沼泽中一片阴森、恐怖。

“哎呀，我的腿，腿啊!”

一个惊恐的惨叫声率先打破沼泽地的沉寂，几乎是在同一时刻，沼泽地中便被震耳欲聋的惊叫声、呼救声、哀嚎声淹没了——这中间，也夹杂着奋力搏击，开枪射击和手榴弹的爆炸声。

佐佐木突然发现了挥刀乱砍的山本太郎。“山本司令官!”佐佐木恐惧地叫了一声，转瞬之间，山本太郎发出了一声哀嚎，抛掉战刀，一头扎倒在水洼中。

太不可思议了，仅仅十多分钟，一千多名活生生的日军官兵全倒在了水洼中，寒森森的月光下，鳄鱼们张着血盆大嘴，得意地喘息着……

侦察队长和夫及佐佐木等二十多名官兵因逃上沼泽地中的高地侥幸逃脱一死。

就这样，英国人未花费一枪一弹，借助恐怖的沼泽地消灭了劲敌。

纳纽游击队勇挫美军

1962 年 8 月，美军企图袭击南越广义省纳纽地区的人民武装。为此，美军精心做了五天的准备，对纳纽地区实施了侦察并做了试探性的轰炸，甚至派了一架武装直升机进行试探性降落。其实，纳纽只有四十余名游击队员留守，主力部队早已到外地作战去了，美机的侦察是闭塞眼睛捉麻雀，一无所获。

8 月 30 日清晨，美军以 8 架轰炸机打头阵，对纳纽狂轰乱炸了一番。6 时 45 分，24 架武装直升机在战斗机的掩护下，以编队形式飞抵纳纽上空，中间两个编队同时下降，放下绳梯，美军官兵准备下机。这时，四十余名游击队员凭借山高崖陡、乱石耸立及岩洞隐蔽的有利地形，以三挺机枪和一些步枪对准美机猛烈开火，美军直升机当即被击落一架，其余的直升机慌忙逃走，已经着陆的美军及南越伪军官兵躲入草丛中、岩石后面，胡乱开枪，给自己壮胆。

11 时，美军为营救地面的美、伪军，派出直升机 11 架飞抵纳纽。游击队员们隐蔽在山岩后面，再次以密集的火力击落一架直升机。美军从空中和地面同时向游击队猛烈射击，但游击队员们巧妙利用有利地形，不断变换位置，令美、伪军无计可施。二小时后，美军又以 8 架武装直升机增援地面的美、伪军，游击队员在子弹打光的情况下，主动撤离了战场，美、伪军这才慌忙爬上直升机，飞回大本营。战斗至此结束。

纳纽袭击战、美军先后出动 51 架轰炸机、武装直升机对付只有四十余人的游击队，美军损失直升机二架，数架受伤，部分官兵阵亡，而南越游击队无一伤亡，重要

原因之一是游击队员们充分利用了自己所熟悉的有利地形。

黑旗军设伏歼法军

1882 年 3 月，法国国王派遣交趾支那海军司令李威利为主帅，率“远征军”攻占越南首都河内。正在中越边境屯垦的黑旗军首领刘永福应越南邀请率兵进入越南。李威利占据河内，武器装备优良，刘永福感到难以强攻取胜，于是将部队埋伏在河内城西 2 里处的纸桥，引诱李威利出城。

纸桥桥面很窄，仅容一人通行。纸桥周围林木茂盛，可潜伏千军万马。从纸桥至怀德有一条大道，路两侧是稻田，也很适合部队隐蔽。

3 月 19 日凌晨，法军通过纸桥行至关帝庙附近，埋伏在那里的杨著思营突然开枪射击，法军河内城防司令韦鹭当场重伤倒地。李威利指挥炮兵向黑旗军猛烈轰击，又指挥法国“胜利号”、“维拉号”两舰的海军及步兵轮番向黑旗军发起攻击，杨著思壮烈牺牲，主阵地被李威利占领。

但是，刘永福率黑旗军主力仍潜藏在林木中，没有轻举妄动。

李威利错误估计了形势，认为黑旗军已经溃败，企图乘胜直捣黑旗军的根据地。李威利在对关帝庙附近的村落略加搜索后，沿大道向怀德疾进。

刘永福见李威利已进入“口袋”，命令装备有快枪的吴凤典营穿过稻田，向李威利发起突然攻击，又指挥黄守忠营和刘成良营及退守的杨著思余部对法军前后夹击。黑旗军奋勇冲入法军之中，与法军展开白刃格斗，使其炮火优势无法发挥，激战持续了两个小时，李威利及三十多名法军军官丧命，四百余人的部队除极少数人逃得性命外，其余全部亡命纸桥。

刘永福的威名从此令法军官兵胆寒。

陈赓伏击“皇军观战团”

1943 年 10 月，日寇华北派遣军总司令冈村宁次为消灭晋冀鲁豫边区太岳区的抗日武装力量，调集二万兵力，对太岳区进行残酷的“铁棍扫荡”。冈村宁次为取得经验指导其它地区的“扫荡”，从各地抽调一百多名少尉以上的军官组成“皇军观战团”到前线“观战”。

“铁棍扫荡”开始后，日军十分猖狂。八路军第 386 旅第 16 团团长陈赓以一个小分队钳制日寇，自己则率主力突破日寇封锁线，于 10 月 18 日晚进入临汾附近的韩略村。临汾是冈村宁次“扫荡”的前敌指挥所所在地，韩略村位于临汾至屯留的公路边。当地老百姓向陈赓反映：日寇汽车每天早晨从临汾出发，晚上回来，去时满载军用物资或部队，回来时运载抢来的物资。陈赓派出侦察员察看了韩略村附近的地形，发现距韩略村不远有一条山沟，两侧是两丈多高的悬崖峭壁，汽车就从山沟中间穿过，如果能把山沟两端“堵死”，敌人插翅难飞！陈赓决定在这个山沟伏击日寇，狠狠地打击一下日寇的嚣张气焰。10 月 22 日晚，陈赓调动部队和民兵，潜入山沟，布下了天罗地网。

天亮后，日寇 13 辆汽车载着“皇军观战团”和警卫士兵趾高气扬地驶入山沟。日寇做梦也没有想到八路军的一个主力团会突破他们的防线跑到这里来。突然，爆豆似的枪声和“轰”、“轰”的手榴弹爆炸声响震山谷，日寇的最前面几辆汽车和最后面几辆汽车被炸药和手榴弹炸毁，既不能前进，又无法后退，完全陷于被动挨打的局面，损失惨重。但是，这是一群训练有素的军官，在短时间的惊惶之后，日寇聚集在一名少将军官的周围，企图收缩兵力，夺取立足点，等待援兵。

陈赓识破日军阴谋，居高临下，集中兵力向日寇军官聚拢处发起猛攻。日寇军官只能凭借汽车拼死抵抗，而一辆辆汽车又纷纷中弹焚毁。负责保卫“皇军观战团”的日寇军官见大势已去，首先切腹自杀，其余军官不是被击毙，就是自杀，一百多名日寇军官和众多的警卫士兵除 3 人侥幸逃生外，其余的全部被歼灭在山沟中。

冈村宁次听说“皇军观战团”遭伏击，火速调集数千人在 6 架飞机的配合下向临汾“合围”而来，但陈赓早已指挥 16 团跑得无影无踪了。

诸葛亮草船借箭

公元 208 年（献帝建安 13 年），曹操率领马步水军 83 万，水陆并进，计伐东吴。诸葛亮分析天下形势，向刘备建议：往投东吴，使南北相持，我军将可从中得利。刘备接受了诸葛亮的献计，当即派他去东吴进行游说。诸葛亮奉命来到江东，几次用计，多番曲折，先是“舌战群儒”，促使孙权与周瑜下定决心与曹军抗争。然而，在这过程中，由于诸葛亮屡屡表现出非凡的智慧与才能，遭到东吴都督周瑜的嫉恨，周瑜决心设计除掉诸葛亮，为东吴根除后患。草船借箭就是因周瑜蓄意谋害诸葛亮而由诸葛亮导演出的精彩一幕。它生动地说明诸葛亮用兵具有知己、知彼、知天、知地的特点和才能。

却说这一天，周瑜在大营中邀请诸葛亮与众将官一道议事。大家坐定后，周瑜对诸葛亮说：近日即将与曹军会战，水上交锋，先生以为应该用何种武器为先？诸葛亮说：大江之上，两军交锋，应以弓箭为先。周瑜说：先生所言，正与我意相合。只是现在军中箭枝甚缺，能否请先生监造 10 万枝箭，以作应敌之需；这是公事所在，还望先生不要推辞哩！诸葛亮明知这是周瑜设计陷害，但他却心中有数，便回答说：都督委派之事，我岂敢推辞，只是不知 10 万枝箭，何时即需备齐呢？周瑜说：10 日之内备齐如何？诸葛亮说：曹操大军，即将到来，若等 10 日，恐怕误了大事哩！周瑜听了有些纳闷，心想：我限 10 日，正要难为于他。他却反说 10 天时间太长，这是何意？便问诸葛亮道：那么，依先生之见，那应是几天完成才好呢？诸葛亮说：只消 3 天，便可向您缴纳 10 万枝箭，以应急需。周瑜听了更是暗暗吃惊，说道：这可是军

中无戏言呀！诸葛亮说：我岂敢戏弄您大都督呀！您如不信，我愿立下军令状，3日之内缴不出10万枝箭，甘愿按军令受罚！周瑜听了诸葛亮的话，以为这下诸葛亮是中了自己的计了，大喜过望，当即命令军政司拿来纸笔让诸葛亮签下军令状，并假惺惺地对诸葛亮说：待您完成这件大事，我定当重谢，摆酒为先生庆功！诸葛亮说：今日造箭已经来不及了，从明天算起吧，到第3天您来取箭就是了，说罢便告辞而去。诸葛亮走后，当时任周瑜军中赞军校尉的鲁肃吃惊地对周瑜说：诸葛亮莫不是有诈吧，3天怎能造成十万枝箭呢？周瑜说：管他的，是他自己送死，又不是我逼迫他。今日他当众立下令状，这下便插翅也难逃了；我还要吩咐工匠故意拖延时间，所需要的器材也迟迟不给他备齐，看他如何是好！您与诸葛亮交情甚好，不妨到他那里去探听一下虚实，看他到底怎样动作。

说罢，鲁肃便来到了诸葛亮住处，诸葛亮一见鲁肃来到，故意装作为难起来，对鲁肃说：子敬（鲁肃的号）呀，您可得救救我哩！3日之内如何能造成10万枝箭啊！鲁肃说：这全是先生自取其祸，教我怎能相救哩！诸葛亮说：事到如此，别的事我也不求您了，只求一件事，借给我20艘船，每艘船配军士30人，船上一律用青布作成幔帐，各扎稻草千余来，分布于幔帐两边，这样，我包管3天后缴纳10万枝箭就是了。只是我的这个要求，请您务必不能告诉都督，不然的话，他又会坏我大事。对于诸葛亮这点微不足道的要求，鲁肃满口答应了，回到周瑜那里真的没有提诸葛亮借船的事，只说孔明根本用不着什么造箭的器材和工匠，一切他自有道理。周瑜听了鲁肃的回报感到十分奇怪，但又想不出怪在哪里，便说：那好吧，看他3天内怎样拿10万枝箭来见我！

却说鲁肃按诸葛亮的要求私自拨出20艘船，每船30人，以及布幔、稻草束等一一齐备，只等诸葛亮调用。却不料第一天并不见诸葛亮的动静，第二天也还是不见动静，直到第三天四更天时，诸葛亮才秘密邀请鲁肃来到船中。鲁肃问道：您叫我到船上来是为什么呀？诸葛亮说：特地请您来一同去取箭哩！鲁肃感到奇怪，问道：到哪里去取箭呀？诸葛亮笑着说：这您就不需多问了，等船开到前面您自然会明白的。说罢，命令士卒用长长的绳索把20艘船连在一起，朝着北岸魏营的方向开去。这天晚上，大雾迷漫，长江之上，更是迎面不辩人影。诸葛亮只是催促船队加速前进，到五更天时，已经靠近曹军水寨了。这时，诸葛亮吩咐军士把船倒过来，头朝西，尾朝东，一线儿摆开，就在船上擂鼓呐喊。鲁肃吓得不行，说道：先生，你这样大吹大擂，假若曹操听到了，出兵来攻，如何是好？诸葛亮笑着说：不碍事，我料他曹操见到大雾迷漫，不辨虚实，必不敢出兵，我们只管喝酒取乐，等天亮雾散，便回营去。

且说曹操营中，听得江上擂鼓呐喊，水军首领毛玠、于禁慌忙报告曹操。曹操听到报告，下令道：江上重雾，吴军忽至，必有埋伏，切切不可轻动，可拨水军弓弩手5000人前去以乱箭射之。说着又派人叫张辽、徐晃也各带陆军弓弩手3000人前往江边助射。这样水陆两军弓弩手合计共约万余人，一齐向江中放起箭来。一霎时，箭如聚雨。过了一阵，诸葛亮又教军士把船再换个方向，头朝东，尾朝西，并且更逼近水寨受箭，一面还继续擂鼓呐喊。就这样，一直闹到日出雾散，诸葛亮才下令向江东返航。这时，20艘船上的稻草束上已排满的箭枝，等到曹操发觉派兵来追赶时，诸葛亮的船已经走了20多里，任你怎样也追不上了。

在返航的路上，诸葛亮对鲁肃说：我叫士兵大略地算计了一下，每艘船约莫受箭5000—6000千枝，不费我们半分之力，已经得了10万余枝箭，明日用它来射曹军，这岂不是很合算吗？鲁肃听了这话佩服得五体投地，问道：先生真是神人呀，您怎么会知道今天有大雾呢？诸葛亮回答道：为将者用兵打仗，如果不通天文不识地利，不晓阴阳，不看阵图，不明兵势，那岂不是一个庸才？用那样的人带兵是注定要误事的。我在3日前便已算定今日必有大雾，所以才敢在周瑜面前夸下海口，立下军令状哩。说着说着，船已到岸，周瑜正派500军士在江边等候搬箭，计数的结果竟计10万有余，周瑜想害死诸葛亮的阴谋又没有得逞。

东晋灭南燕之战

淝水之战后，前秦政权为姚苌、姚举建立的后秦所取代。北方原在前秦控制下的各族上层又建立起十几个割据政权，出现了再度分裂的局面。它们互相争夺，战乱不已。这些割据政权主要有后燕、西燕、南燕、北燕、大夏、西秦、北魏、南凉、后凉、西凉、北凉等。南燕恭容德原是后燕的范阳王，久镇邺城（今河北临漳西南）。公元396年北魏军南下，后燕被截割为南北两部。南部的恭容德屡被魏军所困，于公元398年迁往滑台（今河南滑县）建立南燕，又因滑台四面受敌，于次年将都址迁往广固（今山东益都县西北）。在这些割据政权中，比较强大的政权是北魏。与东晋连壤的是南燕和后秦，东晋在淝水之战后收复了保、兖、青、司、豫、梁6州（今山东、江苏、河南、陕南），但不久因东晋内部争权夺利，这些地方得而复失，为南燕、后秦占领。在不久爆发的孙恩起义、桓玄叛乱中，平民出身的刘裕因镇压起义和平息叛乱而官至于车骑将军，掌握了东晋朝廷的军政大权。

刘裕当权后，在政治上实行排除异己，强化自己势力的措施；经济上，他迫于农民起义的压力，实行了减轻征调徭役、田租，以缓和阶级矛盾；军事上以恢复中原为号召，训练军队，积极准备北进。这些措施的实行，使刘裕在东晋政权中的地位得到巩固，东晋的经济实力也逐渐增强。这时，刘裕开始酝酿北伐战争的战略。刘裕将北

伐战争的第一个目标列为南燕，欲一举灭南燕，收复失地，进一步提高自己的声望。在灭南燕之战中，刘裕准确地判断敌情，慎重选择了北伐的路线，利用地形之变灵活地变换战术，取得了北伐的胜利。

公元409年，南燕主慕容超派将军慕容兴宗率骑兵攻陷东晋的宿豫（今江苏宿迁），俘宿豫的阳平太守和济阴（今山东定陶西北）太守而去。不久又派将军公孙攻陷济南，俘太守及百姓男女千余人而去。彭城以南的广大民众纷纷筑坞堡自卫，抗击南燕军。刘裕为争取广大民众的支持，提高自己的威望，决定北伐南燕，恢复故地。

刘裕进攻南燕的主张，除得到左仆射孟昶、本骑司马谢裕等少数人的支持外，多数朝臣对灭燕的信心不足。刘裕分析了南燕国土幅员较小，政治腐败及没有长远的战略眼光等弱点，决心北伐灭燕。刘裕制订了沿途筑城，分兵留守，巩固后方，主力长趋北进的作战方针。同年4月11日，刘裕率兵十余万从建康出发，由水路过长江，由淮水至泗水前进。5月，刘裕抵达下邳（今江苏沂北）留下航船辎重，率步骑向琅琊（今山东临沂北）进发。刘裕在所过之处沿途筑建城堡，分兵留守，以防南燕骑兵的袭击和切断后路。不久，晋军到达南燕境内的琅琊。晋军到达时，南燕已风闻晋国北伐军将至，急忙将营城（今山东莒县）、梁父（今山东泰安）的守军撤走。晋军继续向前开进，欲从琅琊至广固直捣南燕都城。当时，自琅琊至广固有三条路：一是由琅琊经莒城，越大岘山（今山东沂水北）直趋临朐、广固。这是条捷径，水路运输比较方便。但大岘山很险峻，山高70丈，周围20里，其上关口（今穆陵关）仅能通一车，号称“齐南天险”。二是向东北经营城、东武（今山东诸城）人潍水北上，再转而西趋广固。这条路比较迂远，劳师费时。三是向北越泗水经梁父，转而向东北达广固。这条路山路过长，不利行军，运输困难。刘裕根据南燕鲜卑人战前曾利用其骑兵优势二次攻入东晋冷北地区，仅仅掠掳而去而不攻城占地的事实，判断南燕首领定是没有远计的贪婪之徒，又从南燕弃守莒城、梁父等要地的情况，判断燕军是不准备在大岘山以南作战，而意在让晋军主力深入南燕腹地，以便依托临朐、广固等坚城，在平坦地区同晋作战，以发挥他们的骑兵优势。刘裕通过对南燕的分析，决定走第一条线路。刘裕手下的部将有些疑虑，提出：“如果南燕军峙大岘山之险伏击我军，或坚壁清野绝我粮资，我军孤军深入，恐怕不仅无法灭燕，而且还将败无归路”。刘裕向他们解释道：“我已经谨慎考虑过了。鲜卑人贪得无厌，不知深谋远虑，进则专思抢掠，退则吝惜禾苗，他们一定以为我孤军深入，不能持久；他们进不会过临朐，退不会守广固，我敢断定，他们绝不会守险清野。”刘裕的解释，坚定了部将北越大岘山、直捣南燕腹地迥燕军作战的决心。

在南燕，慕容超听说东晋军北上，便召群臣议与晋作战对策。征虏将军公孙五楼向恭容超提出上、中、下三策。他认为，晋军远道而来，利在速战，我军不要与之争锋，宜扼守大岘，阻其深入；旷日持久，挫其锐气；然后选精骑沿海南下，绝其粮道，另命兖州（州治梁父）之兵缘山东下，腹背夹击，这是上策。命令各地郡守依险固守，坚壁清野，毁掉田里的庄稼，使晋军无粮可惊，求战不得，旬月之间即可获

孙子兵法

胜，这是中策。纵敌人岘，然后出城拒战，此为下策。公孙五楼的上策是比较可取的。如采取这一方略，燕军可凭险固守，阻晋军进入南燕腹地，即使退却，也有利于发挥燕军骑兵的作用。这一计策可谓是可攻可守，可以坚持较长时间的作战。但是，恭容超没有采纳。他认为东晋远道而来，一定疲惫，势不能久。而自己据五州（南燕设并、幽、徐、兖、青五州）之地，拥富庶之民，铁骑万群，麦禾布野，为何先除苗徒民，使自己受损失呢？慕容超采纳了公孙五楼的下策，不听手下将领的谏阻，调回莒城梁父的守军，修筑广固城池，整顿兵马以待晋军。

6月12日，晋军到达东莒，接着兵过大岘山。刘裕见晋军已过险地，高兴地对左右说："现在我们已顺利过了危险地带，士卒深入敌腹地，因拼死作战；原野上到处是成熟的庄稼，我军无缺粮之忧，可以说，胜利离我们不远了。"不久，晋军临近临朐。南燕、东晋军交相争夺水源城，展开了激烈地争夺战。晋军以死力争，夺取了水源。晋军夺得水源后，刘裕布置军队准备与南燕军争夺临朐。6月18日，晋军主力到达临朐城南附近。慕容超出主力骑兵夹击晋军。刘裕针对南燕骑兵在平川作战时所具有的优势，布置晋军以车兵四千名在步兵的两翼，以骑兵在车后机动，组成一个步、骑、车兵相互配合的阵势。这种阵势有效地抵御了燕军骑兵对晋军步兵主力的冲击，兵车上的长矛还阻碍了骑兵的进攻。双方激战半日，未见胜负。参军胡潘向刘裕建议出奇兵走偏僻的小道去袭击临朐城。刘裕接受他的建议，派兵奇袭临朐。临朐守城兵力薄弱，被晋军一举攻下。慕容超惊慌失措，率领余部逃到了广固城中，晋军首战告捷。

晋军在临朐取胜后，连夜乘胜发起追击，直逼广固城下。广固城四周绝涧，一时难以攻取。刘裕命晋军修筑长墙围困敌军，同时就地取粮，停止了从后方运送粮草。慕容超不是积极防御，而是一心指望后秦的援兵到来，消极地等待缓兵。晋军一方面对敌展开了强有力的政治攻势，瓦解敌军，一方面利用敌降将张纲善于制造攻城器具的特长，让他设计出新的攻城器具。公元410年2月初，晋军四面攻城，尚书悦寿开门迎降。慕容超率数十名骑兵突围逃走，后被晋军追获，送建康城斩杀。至此，东晋灭南燕之战以晋胜燕亡而告结束。

东晋灭南燕之战，刘裕能够取胜的主要原因，在于他了解敌人，了解自己，同时也了解地形对于己方的利弊。他正确地分析了南燕政权贪婪、知近利而无远虑的特点，料定目标短浅的慕容超不会凭险固守大岘山，果断地选择了一条捷径直人敌国腹地。刘裕在这次战争中，不仅"料敌制胜，计险厄远近"，而且做到了孙子所说的"动而不迷，举而不穷"。他善于根据敌情制订相应的作战措施，采取灵活的战术、战法来战胜敌人。刘裕根据南燕骑兵善于在平川地形作战，而晋军步兵在平川作战又容易被骑兵冲垮的情况，将车阵这一古老的作战队形与战法运用到作战中，组成了一个步、骑、车兵相结合的阵势，在作战中有效地抑制了燕军之所长。在两军相持时，刘裕及时运用奇兵袭击敌人薄弱的后方，有力地打击了敌人，为取得最后胜利奠定了基础。反观燕军之所以失败，除了慕容超目光短浅与骄横自负外，另一种重要原因还在于慕容超不懂得如何利用地形的便利克敌制胜。

孙子兵法 十一、九地篇

原文

用兵之法，有散地，有轻地，有争地，有交地，有衢地，有重地，有圮地，有围地，有死地。诸侯自战其地者，为散地；入人之地不深者，为轻地；我得亦利，彼得亦利者，为争地；我可以往，彼可以来者，为交地；诸侯之地三属，先至而得天下众者，为衢地；入人之地深，背城邑多者，为重地；山林、险阻、沮泽，凡难行之道者，为泛地；所由入者隘，所从归者迂，彼寡可以击吾之众者，为围地；疾战则存，不疾战则亡者，为死地。是故散地则无战，轻地则无止，争地则无攻，交地则无绝，衢地则合交，重地则掠，泛地则行，围地则谋，死地则战。

古之善用兵者，能使敌人前后不相及，众寡不相恃，贵贱不相救，上下不相收，卒离而不集，兵合而不齐。合于利而动，不合于利而止。敢问："敌众整而将来，待之若何？"曰："先夺其所爱，则听矣。"兵之情主速，乘人之不及，由不虞之道，攻其所不戒也。

凡为客之道，深入则专。主人不克，掠于饶野，三军足食；谨养而勿劳，并气积力；运兵计谋，为不可测。投之无所往，死且不北。死焉不得，士人尽力。兵士甚陷则不惧，无所往则固，深入则拘，不得已则斗。是故其兵不修而戒，不求而得，不约而亲，不令而信，禁祥去疑，至死无所之。吾士无余财，非恶货也；无余命，非恶寿也。令发之日，士卒坐者涕沾襟，偃卧者涕交颐，投之无所往，诸、刿之勇也。

故善用兵者，譬如率然。率然者，常山之蛇也。击其首则尾至，击其尾则首至，击其中则首尾俱至。敢问兵可使如率然乎？曰可。夫吴人与越人相恶也，当其同舟而济而遇风，其相救也如左右手。是故方马埋轮，未足恃也；齐勇如一，政之道也；刚柔皆得，地之理也。故善用兵者，携手若使一人，不得已也。

将军之事，静以幽，正以治。能愚士卒之耳目，使之无知；易其事，革其谋，使人无识；易其居，迂其途，使民不得虑。帅与之期，如登高而去其梯；帅与之深入诸侯之地，而发其机。焚舟破釜，若驱群羊，驱而往，驱而来，莫知所之。聚三军之众，投之于险，此谓将军之事也。九地之变，屈伸之利，人情之理，不可不察也。

凡为客之道，深则专，浅则散。去国越境而师者，绝地也；四通者，衢地也；入深者，重地也；入浅者，轻地也；背固前隘者，围地也；无所往者，死地也。是故散地，吾将一其志；轻地，吾将使之属；争地，吾将趋其后；交地，吾将谨其守；衢地，吾将固其结；重地吾将继其食，圮地，吾将进其途；围地，吾将塞其阙；死地，吾将示之以不活。故兵之情：围则御，不得已则斗，过则从。

是故不知诸侯之谋者，不能预交；不知山林、险阻、沮泽之形者，不能行军；不用乡导，不能得地利。四五者，一不知，非霸王之兵也。夫霸王之兵，伐大国，则其众不得聚；威加于敌，则其交不得合。是故不争天下之交，不养天下之权，信己之私，威加于敌，则其城可拔，其国可隳。施无法之赏，悬无政之令。犯三军之众，若使一人。犯之以事，勿告以言；犯之以利，勿告以害。投之亡地然后存，陷之死地然后生。夫众陷于害，然后能为胜败。故为兵之事，在顺详敌之意，并敌一向，千里杀将，是谓巧能成事。

是故政举之日，夷关折符，无通其使，厉于廊庙之上，以诛其事。敌人开阖，必亟入之，先其所爱，微与之期。践墨随敌，以决战事。是故始如处女，敌人开户；后如脱兔，敌不及拒。

译文

孙子说：按照用兵的原则，军事地理有散地、轻地、争地、交地、衢地、重地、圮地、围地、死地。诸侯在本国境内作战的地区，叫做散地。在敌国浅近纵深作战的地区，叫做轻地。我方得到有利，敌人得到也有利的地区，叫做争地。我军可以前往，敌军也可以前来的地区，叫做交地。多国相毗邻，先到就可以获得诸侯列国援助的地区，叫做衢地。深入敌国腹地，背靠敌人众多城邑的地区，叫做重地。山林险阻沼泽等难于通行的地区，叫做圮地。行军的道路狭窄，退兵的道路迂远，敌人可以用少量兵力攻击我方众多兵力的地区，叫做围地。迅速奋战就能生存，不迅速奋战就会全军覆灭的地区，叫做死地。因此，处于散地就不宜作战，处于轻地就不宜停留，遇上争地就不要勉强强攻，遇上交地就不要断绝联络，进入衢地就应该结交诸侯，深入重地就要掠取粮草，碰到圮地就必须迅速通过，陷入围地就要设谋脱险，处于死地就要力战求生。

从前善于指挥作战的人，能使敌人前后部队不能相互策应，主力和小部队无法相互依靠，官兵之间不能相互救援，上下级之间不能互相联络，士兵分散不能集中，合兵布阵也不整齐。对我有利就打，对我无利就停止行动。试问：敌人兵员众多且又阵势严整向我发起进攻，那该用什么办法对付它呢？回答是：先夺取敌人最关心爱护的，这样就听从我们的摆布了。用兵之理贵在神速，要乘敌人措手不及的时机，走敌人意料不到的道路，攻击敌人没有戒备的地方。

在敌国境内进行作战的一般规律是：越深入敌国腹地，我军军心就越坚固，敌人就不易战胜我们。在敌国丰饶地区掠取粮草，部队给养就有了保障。要注意休整部队，不要使其过于疲劳，保持士气，养精蓄锐。部署兵力，巧设计谋，使敌人无法判断我军的意图。将部队置于无路可走的绝境，士卒就会宁死不退。士卒既能宁死不退，那么他们怎么会不殊死作战呢！士卒深陷危险的境地，就不再存在恐惧，一旦无路可走，军心就会牢固。深入敌境军队就不会离散。遇到迫不得已的情况，军队就会殊死奋战。因此，不须整饬就能注意戒备，不用强求就能完成任务，无须约束就能亲密团结，不待申令就会遵守纪律。禁止占卜迷信，消除士卒的疑虑，他们至死也不会逃避。我军士卒没有多余的钱财，并不是不爱钱财；士卒置生死于度外，也不是不想长寿。当作战命令颁布之时，坐着的士卒泪沾衣襟，躺着的士卒泪流满面，但把士卒置于无路可走的绝境，他们就都会象专诸、曹刿一样的勇敢。

善于指挥作战的人，能使部队自我策应如同“率然”蛇一样。“率然”是常山地方一种蛇，打它的头部，尾巴就来救应；打它的尾，头就来救应；打它的腰，头尾都来救应。试问：可以使军队象“率然”一样吧？回答是：可以。那吴国人和越国人是互相仇视的，但当他们同船渡河而遇上大风时，他们相互救援，就如同人的左右手一样。所以，想用缚住马缰、深埋车轮这种显示死战决心的办法来稳定部队，是靠不住的。要使部队能够齐心协力奋勇作战如同一人，关键在于部队管理教育有方。要使强弱不同的士卒都能发挥作用，在于恰当地利用地形。所以善于用兵的人，能使全军上下携手团结如同一人，这是因为客观形势迫使部队不得不这样。

主持军事行动，要做到考虑谋略沉着冷静而幽深莫测，管理部队公正严明而有条不紊。要能蒙蔽士卒的视听，使他们对于军事行动毫无所知；变更作战部署，改变原定计划，使人无法识破真相；不时变换驻地，故意迂回前进，使人无从推测意图。将帅向军队赋予作战任务，要象使其登高而抽去梯子一样。将帅率领士卒深入诸侯国土，要象弩机发出的箭一样一往无前。对待士卒要能如驱赶羊群一样，赶过去又赶过来，使他们不知道要到哪里去。集结全军，把他们置于险境，这就是统帅军队的要点。九种地形的应变处置，攻防进退的利害得失，全军上下的心理状态，这些都是作为将帅不能不认真研究和周密考察的。

在敌国境内作战的规律是：深入敌境则军心稳固，浅入敌境则军心容易涣散。进入敌境进行作战的称为绝地；四通八达的地区叫做衢地；进入敌境纵深的地区叫做重地；进入敌境浅的地区叫做轻地；背有险阻前有隘路的地区叫围地；无路可走的地区就是死地。因此，在散地，要统一军队意志；在轻地，要使营阵紧密相连；在争地，要迅速出兵抄到敌人的后面；在交地，就要谨慎防守；在衢地，就要巩固与列国的结盟；入重地，就要保障军粮供应；在圮地，就必须迅速通过；陷入围地，就要堵塞缺口；到了死地，就要显示死战的决心。所以，士卒的心理状态是：陷入包围就会竭力抵抗，形势逼迫就会拚死战斗，身处绝境就会听从指挥。

不了解诸侯列国的战略意图，就不要与之结交；不熟悉山林、险阻、沼泽等地形情况，就不能行军；不使用向导，就无法得到地利。这些情况，如有一样不了解，都不能成为称王争霸的军队。凡是王霸的军队，进攻大国，能使敌国的军民来不及动员集中；兵威加在敌人头上，能够使敌方的盟国无法配合策应。因此，没有必要去争着同天下诸侯结交，也用不着在各诸侯国里培植自己的势力，只要施展自己的战略意图，把兵威施加在敌人头上，就可以拔取敌人的城邑，摧毁敌人的国都。施行超越惯例的奖赏，颁布不拘常规的号令，指挥全军就如同使用一个人一样。向部下布置作战任务，但不说明其中意图。只告知利益而不指出危害。将士卒置于危地，才能转危为安；使士卒陷于死地，才能起死回生。军队深陷绝境，然后才能赢得胜利。所以，指导战争的关键，在于谨慎地观察敌人的战略意图，集中兵力攻击敌人一部，千里奔袭，斩杀敌将，这就是所谓巧妙用兵，实现克敌制胜的目的。

因此，在决定战争方略的时候，就要封锁关口，废除通行符证，不充许敌国使者往来；要在庙堂里再三谋划，作出战略决策。敌人一旦出现间隙，就要迅速乘机而入。首先夺取敌人战略要地，但不要轻易与敌约期决战。要灵活机动，因敌情来决定自己的作战行动。因此，战争开始之前要象处女那样显得沉静柔弱，诱使敌人放松戒备；战斗展开之后，则要象脱逃的野兔一样行动迅速，使敌人措手不及，无从抵抗。

战例

失街亭马谡丧命

三国时期，司马噫用计杀掉叛将孟达后，奉魏主曹睿之令，统率20万大军杀奔祁山。诸葛亮在祁山大寨中闻知司马懿统兵而来，急忙升帐议事。

诸葛亮道："司马懿此来，必定先取街亭，街亭是汉中的咽喉。街亭一失，粮道即断，陇西一境不得安宁，谁能引兵担此重任？"

参军马谡道："卑职愿往。"

蜀帝刘备在世时曾对诸葛亮说："马谡言过其实，不可大用。"诸葛亮想起刘备的话，心中有些犹豫，便说："街亭虽小，但关系重大。此地一无城廓，二无险阻，守之不易，一旦有失，我军就危险了。"

马谡不以为然，说；"我自幼熟读兵书，难道连一个小小的街亭都守不了吗？"又说："我愿立下军令状，如有差失，以全家性命担保！"

诸葛亮见马谡胸有成竹，于是让马谡写下军令状，拔给马谡二万五千精兵，又派上将王平做马谡的副手，并嘱咐王平："我知你平生谨慎，才将如此重任委托给你。下寨时一定要立于要道之处，以免魏军偷越"。

马谡和王平引兵走后，诸葛亮还是不放心，又对将军高翔说："街亭东北上有一城，名为柳城，可以屯兵扎寨，今给你一万兵，如街亭有失，可率兵增援"。高翔接令，领兵而去。

马谡和王平来到街亭，看过地形后，王平建议在五路总口下寨，马谡却执意要在路口旁的一座小山上安寨。王平说："在五路总口下寨，筑起城垣，魏军即使有十万人马也不能偷越；如果在山上安寨，魏军将山包围，怎么办?”马谡笑道：“兵法上说：居高临下，势如破竹，到时候管教他魏军片甲不存!”王平又劝道：“万一魏军断了山上水源，我军岂不是不战自乱?“马谡道：“兵法上说：置之死地而后生，魏军断我水源，我军死战，以一当十，不怕魏军不败!”于是，不听王平劝告，传令上山下寨。王平无奈，只好率五千人马在山西立一小寨，与马谡的大寨形成犄角之势，以便增援。

司马懿兵抵街亭，见马谡下寨在山上，不由仰天大笑，道：“孔明用这样一个庸才，真是老天助我啊!”他一面派大将张郃率兵挡住王平，一面派人断绝了山上的饮水，随后将小山团团围住。蜀军在山上望见魏军漫山遍野、队伍威严，人人心中惶恐不安，马谡下令向山下发起攻击，蜀军将士竟无人敢下山；不久，饮水点滴皆无，蜀军将士更加惶恐不安；司马懿下令放火烧山，蜀军一片混乱。马谡眼见守不住小山，拼死冲下山，杀开一条血路，向山西逃奔，幸得王平、高翔以及前来增援的大将魏延的救助，方才得以逃脱。

街亭一失，魏军长驱直入，连诸葛亮也来不及后撤，被困于西城县城之中，被迫演出了一场“空城计”。

诸葛亮退回汉中，依照军法将马谡斩首示众，又上表蜀后主刘禅，自行贬为右将军，以究自已用人不当之过。

中途岛大战

1942 年 4 月，美国飞机从航空母舰上起飞，成功地轰炸了日本东京，令日本举国震惊。联合舰队司令山本五十六决心击溃美国舰队，在东条英机的支持下，发起了规模空前的中途岛大战。

中途岛位于太平洋东西两岸的中间，距檀香山 1900 公里，是美国海、空军重要基地，失去中途岛，珍珠港就会落入日本人手中，太平洋也会随之陷落。因此，美国人对中途岛也格外重视。

日本的作战计划是：山本率主力舰队与美舰决战；南云忠一率第一航空母舰舰队担任主攻（该舰队拥有“赤城”、“加贺”、“飞龙”、“苍龙”四艘大型航空母舰，运载 261 架飞机）；另一支舰队护送 12 艘运输舰，运载 5800 名官兵，准备在中途岛登陆；还有 3 支舰队准备攻打阿留申群岛。

日本首先对沙岛和东岛同时发起攻击，企图迷惑美军。但美军已对日军的行动了如指掌——海军作战情报处截获破译了日军发出的 90% 的密码电报。5 月 20 日，美军从截获的电报中得知了日军的所有行动计划，唯一不能确认的是“AF”——日军进攻的目标。情报长官罗彻福少校认为 FA 是指中途岛，为此，他设计了一个圈套；发出一份紧急电报；说中途岛上的水蒸馏塔坏了。日军截获了这份电报后又向东京报告“AF”显然缺水。日军的阴谋彻底暴露了。美海军司令尼米兹将军亲自飞往中途

岛，把所有能派出去的飞机都派到了中途岛，还增加了驻军：增设了高射炮群，然后张开口袋静等日军。

6月4日凌晨，南云忠一在向美军发起第一次攻击后，突然接到报告：东北200英里处发现敌舰10艘，南云大吃一惊，在如此大的舰队后面必定有航空母舰！南云正准备下令攻击敌舰，美舰派出飞机来轰炸。日舰的飞机起飞迎战，击落美机数十架，当日机回到舰上加油时，从美国“企业”号航空母舰上飞来的3架俯冲轰炸机直扑日舰“赤诚”号、“加贺”号、“苍龙”号。日本军舰上一片火海。

山本五十六得知战况，惊得目瞪口呆。

中途岛战役，日军损失大型航空母舰4艘、重型巡洋舰1艘、飞机332架，兵员损失3500人，而美军仅损失航空母舰1艘、驱逐舰1艘、飞机147架、兵员307人。从此后，日军失去了海空控制权和战略主动权。

斯大林格勒战

斯大林格勒战役是第二次世界大战的转折点。

斯大林格勒原名察里津，位于伏尔加河下游西岸，是苏联内河航线的重要港口，又是苏联南方的铁路交通枢纽和重要工业城市。希特勒在1942年4月签发的第41号作战指令中明确规定：“无论如何，必须竭尽一切努力到达斯大林格勒市区。或者，至少使这座城市处于重炮射程之内，从而使它不能再成为工业中心和交通枢纽。”

对于这样一个战略要地，苏军最高统帅部当然不会掉以轻心。斯大林对他的将军们说：“我们岂能坐等德寇首先攻击！必须在广阔的正面上先敌实施一系列突击和摸清敌人的准备情况。”

1942年5月12日，苏西南方面军以45个师，从南、北两个方面向哈尔科夫地区的德军发起强大攻势，经过半个月的血战，苏军失利，24万人被俘。

在这种情况下，苏军主动撤退，并建立了新的斯大林格勒方面军，由戈尔道夫中将任司令员。

8月23日，德军成功地把斯大林格勒的防御分割为两部分，并逼近了伏尔加河。希特勒还命令空军把斯大林格勒炸成了一片废墟，情况十分危急。

但是，希特勒被胜利冲昏了头脑，他竟然企图同时拿下斯大林格勒和高加索两个战略地要。斯大林在这个关键时刻果断任命骁勇善战的朱可夫为最高统帅部副统帅，直接指挥斯大林格勒战役。

朱可夫以积极防御的战术造成德军的大量伤亡，想方设法滞缓德军的进攻，而自己则从各个地区征调部队增援斯大林格勒。

激战到11月，德军在伏尔加河、顿河和斯大林格勒的交战中损失了近70万人、1000辆坦克、2000门大炮和1400架飞机，而苏军则集聚了110万军队，并配备了崭新的T－34型坦克和1250门“卡秋莎”火箭炮，形势变得对苏军有利。

1942年11月19日晨，苏军向德军发起全面反攻，并将德军主力30万人压缩在一个包围圈中。德国援军推进到离被围德军只有40公里的地方，但德军的坦克因缺少燃料，失去了死里逃生的良机。

1943年2月2月，经过200天的激战，被围德军全部被歼或投降。

斯大林格勒战役敲响了德国法西斯的丧钟。

铁铉死守济南

朱元璋死后，朱元璋的孙子朱允樫继承帝位，史称建文帝。公元1399年，皇叔朱棣起兵自北平（今北京）南下，先后大败征虏将军耿炳文、大将军李景隆，不费一兵一卒就占领了德州（今山东德州），气焰十分嚣张。

这时候，山东参政铁铉正在向德州督运粮草，闻说德州已失，立刻把粮草运回济南。铁铉与参军高巍商议道："朱棣南下，目标是夺取都城金陵（南京）。济南是朱棣的必经之地，守住济南，就保卫了金陵。"高巍支持铁铉守护济南，二人又得到济南守将盛庸、宋参军的支持，四人同心，一面整顿兵马，一面加固城墙，做好了守城准备。

几天后，朱棣统率大军进至济南城下。由于铁铉等人已做好准备，朱棣续发起进攻都被铁铉击退。朱棣心生一计，决水灌城，大水涌入济南城中，百姓惶惶不安。铁铉面对大水也心生一计，决定把朱棣诱入城中杀掉。铁铉召集城中父老数百人，让他们带上自己的"降韦"，出城见朱棣。朱棣不知是计，答应了城中父老的请求，并让他们告诉铁铉，明日进城受降。

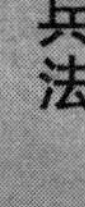

铁铉闻报后，在城门上方悬起一块重达千斤的铁板，命令士兵大开城门，专侯朱棣到来。第二天，到了约定的时间，朱棣见城门大开，门内外跪着一大批百姓和徒手的守城将士，就放心大胆地骑马走过吊桥，向城门走去。刚到城门前，大铁板忽地坠落下来，将朱棣的坐骑砸倒，朱棣则被战马掀翻在地。朱棣的卫土急忙把朱棣扶起换了一匹战马，躲过城上飞下的乱箭，一口气跑过吊桥，返回大营。

朱棣对铁铉恨之入骨，发誓要攻下济南，活捉铁铉，但铁铉有盛庸、高巍和宋参军的全力支持，城内粮草充足，上下齐心，朱棣一连攻打了三个月，也没有把济南城攻克。

这时，建文帝已派大军收复了德州；转而向朱棣包抄过来。朱棣担心受到夹击，只好解了济南之围，悻悻退回北平。

济南之战后，建文帝升任铁铉为兵部尚书，任命盛庸为历城侯，高巍和宋参军等人也各有封赏。

瓜达尔卡纳尔岛之战

瓜达尔卡纳尔岛（下称瓜岛）位于太平洋所罗门群岛最南端，面积约2500平方

英里，与图拉吉岛相邻，是二战期间日军逼近美国——澳大利亚重要生命线的最前沿，也是美军遏制日军南侵和向日本本土发起反攻的起点。

对于这样一个战略要岛，日本统帅部在战争之初却忽略了，他们认为瓜岛不过是“南太平洋上一个无足轻重的海岛”，当美国人抢先占领了这个海岛之后，日本统帅部立刻如梦方醒，命令清野土木大佐率精锐部队2000人火速歼灭瓜岛美军，夺取瓜岛。

守卫瓜岛的美军只有400人，他们凭借有利的地形，给日军以残酷的杀伤。当日军发起集团攻击时，美军又唤来飞机和大炮，给日军以毁灭性轰击，瓜岛上弥漫着血腥味。战争进入白炽化，日军总司令山本五十六亲自坐镇指挥，而美国海军司令欧内斯特－金上将也不甘落后，双方不停地将大量舰只、飞机和部队投入瓜岛之战。

清野土木以残忍成性闻名，他指挥日军以武士道精神，爬过同伴的尸体往上冲；美国人杀红了眼，何况无退路而言，一批批日军士兵卧在他们同伴的尸体上死去。绝望的清野土木在失败的情况下，烧掉团旗后开枪自杀。在一个隐蔽处，一个纵队的日军甚至连逃都来不及，全部被飞来的炮弹、炸弹炸死。

在海上，双方的军舰和飞机也打成一团，日本方面有两艘大型战舰、一艘巡洋舰和三艘驱逐舰被击沉，美国则损失了两艘巡洋舰和五艘驱逐舰。

经过100天铁与血的激战，惨遭失败的日军从瓜岛狼狈撤出，美军赢得了胜利。

瓜岛之战宣告了日本人在南太平洋末日的到来。在这场血腥的战斗中，美军仅死亡1592人，日军则死亡5万人之多。

杨成武飞夺泸定桥

1935年9月，红军长征到达了大渡河。

当年，太平天国翼王石达开就是在大渡河边全军覆没的，蒋介石自以为胜券在握，对部下说：“前有大渡河，后有金沙江，又有几十万大军左右堵击，共军有翅也难飞过！”

红军先遣队一团团长杨得志指挥红军抢占了大渡河渡口安顺场，夺得了几条渡船，派17勇士乘船渡过了大渡河。但是，几万大军靠几条渡船是渡不过河的，毛泽东命令红军二师为左路沿西岸北上，迅速夺取泸定桥，以便红军主力过河。

泸定桥已有两个团的国民党军驻守，又有两个旅国民党军正在增援途中。红军先锋团四团团长王开湘和政委杨成武接到夺取泸定桥的命令时距泸定桥还有120公里，时间只有一天！

先锋团四团神速进军，在猛虎岗，他们全歼守敌一个营，乘胜追击，又击溃敌一个营和团部，在晚7点到达距泸定桥还有55公里的一个小村庄。这时，电闪雷鸣，大雨如注，红军战士一边嚼生米、喝雨水，一边在泥水中向泸定桥挺进。

雨渐渐小了，红军战士正暗自庆幸，忽然发现对岸出现一长串的火把，原来是敌人的援军也正在赶路！杨成武立即命令红军战士点起火把，快速前进。

对岸的国民党军还以为河这边是他们的友军，一边吹号联络，一边拼命喊问："啥子部队呀？"杨成武命令司号员吹响敌人的联络信号，敌人果然不再发问。到了午夜12点时，劳累不堪的国民党军终于支持不住，就地宿营了，而先锋四团则抓紧时间在第二天早晨6点钟抢先赶到泸定桥，攻占了西岸和西桥头。

泸定桥全长103米，由九根碗口粗的铁索组成，横跨在波浪翻滚的大渡河上，两侧各有两根铁索作扶手，红军到达时，国民党军已把铁索上的木板全部拆除。泸定桥的东端即是泸定城，城墙高两丈多，西城门正好堵住桥头，国民党军认为凭此天险，又有两个团的兵力防守泸定桥，红军即使是插上翅膀，也飞不过去。

杨成武召开了全团连以上干部大会，命令连长廖大珠率二连为突击队、三连为第二梯队，于下午4时发起总攻。总攻开始，所有的司号员一齐吹响了冲锋号，所有的武器一齐向东岸开火，22名突击队员扶着铁栏、踏着铁索、冒着枪林弹雨，一步步向对岸逼近……

国民党守城部队被红军的英勇气势惊呆了，他们放火烧着了桥头亭，企图用火焰挡住逼近桥头的红军战士，但突击队员们冲入大火中、越过火墙，冲入泸定城中，经过两个小时激战，红军占领泸定城，稳稳控制了泸定桥。

第二天，毛泽东、周恩来、朱德率红军主力经泸定桥渡过了大渡河。

蒋介石使红军成为"石达开第二"的阴谋彻底破灭了。

平型关大捷

1937年"八·一三"淞沪会战后，日军长驱直入。八路军115师、120师、129师在国民党军节节败退的情况下开赴华北敌后战场对日作战，115师下辖第343旅第685和686团、第344旅第687和788团及独立团等五个支队，共一万五千余人。1937年9月14日，师长林彪率先头部队进抵大营镇，迅速查明了平型关地区的情况。

平型关是古长城的一处关隘，它北接恒山余脉，南连五台山，又有一条峡谷山道东至冀北，西达雁门，地势异常险要。特别是从平型关山口至灵丘县东河南镇的古道，沟深路窄，两侧的高地很利于隐蔽部队。

9月24日，部队在突然来临的暴风雨中，冲过水势汹涌的山洪，进入伏击地域。整个部署是：堵住两头，实施中间突击，分割歼敌。

向平型关阵地进攻的日军部队是板垣征四郎中将率领的日军第5师团21旅两个联队，共两千多人。板但征四郎以骁勇善战闻名，其师团的武士道精神在日军中享有盛名，进入华北以来，板垣征四郎势如破竹，因此，根本没把中国军队放在眼中。

破晓时分，日军乘坐百余辆汽车缓慢地驶入山沟，其后是骡马炮队，压后阵的是少量骑兵部队。刚下过暴雨，路面狭窄，又十分泥泞，日军行至兴庄至老爷庙一带时，你挤我拥，混乱不堪。日军已全部进入埋伏圈后，我方下达了攻击命令。

115师居高临下，手榴弹、迫击炮弹三五成群地落入日军的汽车上、骡马炮队中和敌群之中。训练有素的日军在短时间的惊惶之后，立即凭借汽车、大炮和一切可利用的地形进行了顽强的抵抗，并率先抢占了制高点老爷庙。343 旅旅长李天佑命令第3 营不惜代价地夺取了老爷庙，日寇向老爷庙发起了一次次反扑，均遭失败，战斗空前的激烈、残酷。

板垣为解救被围困的日军，急调蔚县、涞源的日军火递增援平型关，被杨成武率独立团和骑兵营阻截在腰站。

激战至下午 1 时，我军 687 团投入战斗，向日寇的后卫部队发起猛攻，日军慌作一团。各部队按预定计划，将日军分割、围歼。

下午 4 时，平型关大战胜利结束。115 师毙敌一千三百余人，缴获步枪一千余支、机枪二十余挺，击毁汽车一百余辆，缴获马车二百余辆及大量其它的战利品。

平型关战役是八路军东渡黄河后的首次大胜仗，打破了日军“不可战胜”的神话，对鼓舞全国军民打败日本侵略者有着深远的影响。平型关战役也是中国军队抗战以来令全世界刮目相看的第一次大胜仗。

偷袭珍珠港

位于太平洋中夏威夷岛的珍珠港是美国太平洋舰队的所在地，珍珠港对于确保美国海、空军对太平洋的控制至关重要。因此，尽管日本本土距珍珠港有 3500 海里之遥，日本军国主义者还是甘冒很大的风险，于 1941 年 11 月 7 日清晨，对珍珠港实施突然攻击。

为了保证偷袭的成功，日本的海、空军早在几个月前就开始了针对袭击珍珠港的训练：飞行训练集中在日本四大岛屿中最南端的九州岛；海军部队的训练选择在四国岛海岸附近；高空轰炸机和鱼雷轰炸机的驾驶员则在南方鹿儿岛海湾附近训练。

美国人作梦也没有想到日本人会对珍珠港发起攻击，而且，美国人并不想直接介入战争，而是准备坐收渔翁之利，因此，11 月 7 日的凌晨，珍珠港内一派和平宁静气氛，94 艘舰艇上的大部分官兵都沉浸在安然的梦乡中，高射炮和高射机枪边几乎无人在值班。

在天边露出鱼肚白的时候，日本的 6 艘航空母舰和其它 33 艘舰只载者 406 余架飞机准时进入预定海域。7 时 48 分，攻击开始，第一批 183 架飞机率先从航空母舰的甲板上起飞，碧空万里，竟没有一架美国飞机升空迎战，也没有高射炮火的烟云！日军的狂轰滥炸持续了近二个小时。当珍珠港的值班参谋墨菲中校将日本人偷袭珍珠港的情报报告给美国海军作战部长斯塔克时，斯塔克竟然不相信。

珍珠港一仗，日本人只损失了 29 架飞机、5 艘特制潜艇；而美国损失了 450 架飞机、40 余艘舰艇，伤亡官兵 4500 余人，太平洋舰队几乎被摧毁。

美国人被激怒了。美国不能失去珍珠港，也不能没有太平洋舰队，12 月 8 日，美国正式宣布对日作战，太平洋战争爆发了。

苏空降部队惨败布克林

1943 年 9 月，苏军为扩大德涅伯右岸布克林的登陆场，阻止德军预备队的开进，临时组建了一支空降兵军，计划在 9 月 24 日夜间实施空降。德军发现了苏军的企图后，紧急抽调了一个步兵师、一个摩托化步兵师和一个坦克师增援布克林，并增加了高射火器和探照灯，准备一举消灭苏军空降部队。

苏军并不知道德军已在布克林严阵以待，他们费了九牛二虎之力才集中了第三、第五两个伞兵旅（原计划还有第一伞兵旅），在运输力量不足的情况下，于 9 月 24 日仓促实施原作战计划。17 时 30 分，运载第三伞兵旅的飞机起飞，这一天晚上，苏军共出动运输机 296 架次，向布克林地区空投了 4575 和 666 个投物袋。由于空降着陆过于分散，旅长又没有配备大型电台，无法与苏军主力取得联系，也无法与所属各团、营、连取得联系，第三伞兵旅在布克林成了一支“孤军”——就伞兵旅内部而言，全旋通信中断，上下级互不沟通，在德军的猛烈攻击下，被分割的小伞兵群，一面艰难作战。一面竭力聚拢，企图合并成较大的伞兵群。

第五伞兵旅的情况更糟。运输机到达预定集结地后，机场缺少足够的加油车为它们加油，致使运输机只能单机起飞，整整一个夜晚才空降了两个营，约一千余人，其空降兵的命运与第三伞兵旅完全一样。

苏军空降兵着陆后，东躲西藏，昼伏夜出，只能充当“游击队员”的角色，完全未能实现预定的战役目的。空降的“游击队员”们一直坚持了两个多月的顽强战斗，直至 11 月 28 日才与苏军渡河部队会合，这是苏军空降部队最糟糕的一次空降作战。

空前残酷的凡尔登争夺战

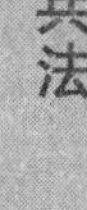

位于法国和德国边境一个高地上的凡尔登要塞距法国首都巴黎仅 220 公里。要塞正面防御地域达 112 公里，纵深 15 至 18 公里，由拥有 11 个师、632 门火炮的法军第 3 集团军守卫。第一次世界大战时，德军为夺取这一战略要地，先后投入了 46 个师的兵力。

1916 年 2 月 21 日，德军第 5 集团军首先向凡尔登正面约 13 公里长的防御阵地发起猛攻。德军总攻发射了二百多万发炮弹，使用了毒瓦斯和喷火器，还出动了飞机轰炸，终于攻克了凡尔登法军的第一道防御阵地，突破了法军的第二道防线。法军紧急调遣 19 万大军增援凡尔登，遏制住了德军的强劲攻势，战斗进行到 3 月 8 日，德军只向前推进了 4 公里。

法军的形势依然很险恶。就在这时，法军炮兵射出的一发炮弹因操作失误偏离了方向，竟鬼使神差地击中德军隐藏在斯潘库尔森林中的一个庞大的秘密弹药补给基地，引爆了基地中的 45 万余发大口径炮弹。德军的大炮顿时变成一堆废铁。法军抓住战机发起反攻，夺回了一部分阵地。在盟友英国和后备部队的增援下，法国又把第10集团军开入凡尔登，加强了要塞的防卫。

6月7日，德军以20个师的兵力再次向凡尔登发起攻击。德军向要塞发射了11万发窒息性毒气炮弹和催泪性毒气炮弹，法军拼死顽抗，双方死伤惨重。战斗进行到7月1日，由于英俄的参战，德军被迫从凡尔登前线抽调兵力去对付英俄，战争的主动权渐渐转到法国人手中。10月24日，法军以17个师的兵力在150架飞机和700多门大炮的掩护、支援下向德军发起反攻，一举夺回了重要的杜奥蒙炮台和伏奥炮台，收复了所有丢失的阵地，历时约10个月的凡尔登战役结束了。

凡尔登战役，法军总计投入66个师。在整个战役中，德军伤亡60万人，法军伤亡35．8万人，战斗残酷异常。因此，凡尔登战役又有“凡尔登绞肉机”之称。

法国在凡尔登战役中的胜利打破了德国企图速战速决，进而征服法国的梦想，加速了德国在第一次世界大战中的失败。

项羽破釜沉舟败章邯

秦朝末年，秦二世胡亥派大将章邯统率大军击败了陈胜、吴广的起义军，然后又北渡黄河，进攻赵国，将赵王歇包围在钜鹿（今河北平多西南）。赵王歇惊忙向楚国求救，楚怀王派宋义为上将军、项羽为次将、范增为末将，统率大军援救赵国。

宋义知道章邯是员骁勇善战的老将，不敢与章邯交战。援军到达安阳（今河南安阳西南）后，宋义按兵不动，一住就是46天。项羽对宋义说：“救兵如救火，我们再不出兵，赵国就要被章邯灭掉了！”宋义根本不把项羽放在眼里，对项羽说：“冲锋陷阵，我不如你，运筹帷幄，你就不如我了。”并且传下命令：“如有人轻举妄动，不服从命令，一律斩首！”项羽忍无可忍，拔剑斩杀宋义，自己代理上将军，并命令黥布和蒲将军率两万人马渡过漳河援救赵国。

黥布和蒲将军成功地截断了秦军粮道，但却无力解赵王歇钜鹿之围，赵王歇再次派人向项羽求救。项羽亲率全军渡过漳河，到达北岸后，项羽突然下令：将渡船全部凿沉，将饭锅全部打碎，将营房全部烧掉，每个人只带三天的干粮。将士们惧怕项羽的威严，谁也不敢多问。项羽对将士们说：“我们此次进军，只能前进，不能后退，后退就是死路一条！”将士们眼见一点退路也没有，人人抱着死战到底的决心与秦军拼杀。结果，项羽率楚军以一当十，九战九捷，章邯的部将苏雨被杀、王离被俘、涉间自焚而亡，章邯狼狈逃走，钜鹿之围遂解。

钜鹿之战打出了楚军的威风。从此以后，项羽一步步登上了权利的最高峰，成为了名扬天下的“西楚霸王”。

赫连勃勃死地求生破强敌

我国古代十六国时期，夏王赫连勃勃亲率精骑2万攻人南凉国境，掳获数十万头牛、羊、马和数不胜数的财物，踏上归途。

南凉国君秃发傉檀统率大军追赶。部将焦朗献计道："赫连勃勃治军甚严，我军不如避其锐气，绕道而行，守住险关，再寻破敌之计。"

大将贺连讥笑焦朗胆小："焦将军何必长他人志气，灭自己威风。我军兵多将广，赫连勃勃又为几十万牲畜所累，怕他什么?"

秃发傉檀认为贺连言之有理，一声令下，数万兵马以排山倒海之势向赫连勃勃追去。

赫连勃勃得知秃发傉檀率大军追来，有心迎战，又担心寡不敌众；有心退却，又舍不得几十万头牛羊和一车车的财物。思来想去，唯有"置之死地而后生"一计可以两全。赫连勃勃察看了附近地形，选择在阳武下峡与南凉决一死战。时值初冬，峡中河水已经封冻。赫连勃勃下令将峡中积冰全部凿开，又命令把所有的车辆塞住通道，断绝了将士们的退路，迫使全军将士拼死一搏，求得生路。

果然，秃发傉檀率南凉兵追至阳武下峡时，夏军见退路已绝，人人奋力拼杀，个个以一当十。赫连勃勃左臂中箭，鲜血直流。他大喝一声，将箭拔出，挥动长剑杀入南凉阵中。夏军见国主如此勇武，军心大振，南凉军队兵败如山倒，一个个落荒而逃。

赫连勃勃指挥夏军，乘胜追击八十余里，秃发傉檀一败涂地，只带少数亲信逃得性命。

"蜜蜂军团"帮助松下集团度过难关

"蜜蜂军团"是日本国松下集团所属年轻研究技术团的别称。"军团"由22名年轻技术干部组成，他们都是大学毕业，且有担任五六年主任级工作职务的经验。

任何一个企业的成功都是在不断地扫除前进道路上的障碍后取得的。松下集团也不例外。随着企业的不断扩大，松下也一度陷入机构庞大、人浮于事。指挥不灵的困境，"蜜蜂军团"就是为了克服上述问题而应运诞生的。

"蜜蟀军团"是联系松下集团生产总部和事业部的枢纽。其具体作法是：军团成员每两个人组成一个小组，下到松下集团公司内的160个事业现场参与直接生产。蜜蜂军团的成员既与事业部长联系，又与工人、技术人员打成一片，他们把在实际生产中发现的问题与事业部长共同研讨，制定出改革措施，写明各项改革的步骤和达到的效果，经事业部长签名后付诸实施，事业部长必须严格执行各项改革措施，并将工作进展情况及时上报公司的生产部，生产部则根据公司的具体情况向事业部下达指示。"蜜蜂军团"的二人小组在完成了在该事业部的任务后则转向另一个事业部。这样，松下集团的160个事业部，各自的特点、优秀的管理方法、技术进步水平，就通过"蜜蜂"的作用，相互交流，融会贯通。

"蜜蜂军团"还定期向生产总部汇报各事业部的生产、销售情况以及干部、员工的思想动态，使松下集团的决策人能随时了解全集团公司的状况，便于作宏观的控制、指挥。松下发展到今天，“蜜蜂军团”的功绩不可埋没。

“现在就做！”

世界保险业的巨子克来门提·史东于1902年5月4出生于美国芝加哥的一个穷困无援的家庭中，父亲很早去世，由母亲将他抚养成人。

史东十多岁时就开始帮助母亲从事保险业工作。母亲命令他到办公大楼从上至下争取顾客，史东感到害怕，站在办公大楼外面的人行道上，两条腿直发抖，这时候最能给史东以鼓励的一句话就是：“现在就做！”正是在这句话的鞭策之下，史东才有勇气从一个办公室进入另一个办公室。

20岁时，史东建起了自己的“联合保险代理公司”，而且第一天就拉了54份保险。当时，许多人都对“联合保险代理公司”的前途持怀疑态度，史东却一往无前地将他的公司一扩再扩，从美国的东海岸一直发展到西海岸，还雇用了1000名保险推销人员。

就在史东的事业蒸蒸日上的时候，大萧条的寒流席卷了美国，许多中小工商业倒闭，人们都想把钱存下来以度将来更艰难的日子，再也没有人想到史东的保险公司去投保了。

史东冷静地面对现实，他认为：“如果你在困难的时期以决心和乐观来应付，你总会有利益可得。”史东把自己的想法灌输给自己的部下——如今，推销队伍只剩下200人了，他带领着部下艰难奋战。

1930年，一度十分兴盛的宾夕尼亚伤亡保险公司因不景气而停业，并愿以160万美元出售。

史东得知这一消息，决心乘此良机将该公司买下来，但是，他没有这么多钱，他对自己说了句：“现在就做！”带领律师走入了巴的摩尔商业信用公司董事长的办公室（宾夕尼亚伤亡保险公司归该公司所有）。

“我想买你们的保险公司。”

“很好，160万美元，你有这么多钱吗？”

“没有，不过，我可以借。”

“向谁借？”

“向你们借。”

这真是一桩不可长议的买卖。但是，经过多次洽谈，商业信用公司还是同意了。

克来门提·史东买下宾夕尼亚伤亡保险公司后，苦心经营，终于将一家微不足道的保险公司发展成为今日的美国混合保险公司，史东本人也跻身于美国富翁之列，其财产至少在5亿美元以上。

朱元璋放舟绝归心

元朝末年，农民起义风起云涌，元朝统治摇摇欲坠。公元1355年6月，朱元璋率红巾军3万人由和州（今安徽合县）乘战船千艘渡过长江，攻占了元军盘踞的牛渚矶（今马鞍山市长江东岸），夺取了大量的粮食。

红巾军中有很多将士是和州人，时值和州大灾，粮食奇缺，和州的将士都想把粮食运回和州，不愿继续进军。

朱元璋与大将徐达、常遇春商议道："退返和州，前功尽弃，而且再要攻取牛渚矶也并非一件容易的事，如今之计只有断绝将士的归心，否则，大事难成。"

徐达和常遇春都点头赞同。于是，朱元璋立刻传令亲信将士赶到江边，将停泊在江边的千余艘战船的缆绳砍断，放任战船顺江而下。转眼间，浩浩荡荡的船队就顺水而去，消失在浩渺的烟波雾霭之中。

全军将士都目瞪口呆，不知到底发生了什么事。

朱元璋对将士们说："我们要想建立功业，就不能为一时的安乐所困扰，太平城（今安徽当涂县境内）离此不远，我们必须攻下太平把它作为立足之地，然后攻取金陵，成就大业。"

将士们面面相觑，但战船尽失，退路已无，只好死心跟着朱元璋去进攻太平城。太平城守将鄂勒哲布哈从未遇到过如此不要命的队伍，交战不久即弃城逃走，红巾军夺取了太平城，有了安身之地。

此后，朱元璋迅速进军，不断扩大了自己的势力，终于在公元1368年推翻了元朝统治，一统天下，建立了明朝。

不认"天命"认"拼命"

欧阳德平刚刚长到两岁，左腿就因病致残。祖父忧心忡忡地抱着小德平，天天都在哀叹："长大了，这孩子靠什么生活？"

欧阳德平15岁就告别了学校，一步一摇地走进了一家服装店，当了一名学徒。出师那天，师傅拍着他的肩膀说："凭你这双巧手，挂牌开个店，穷不了。"

他没有急于开店，先后走进几家服装企业当设计师，继续学习和锻炼。当他的"欧阳德平服装店"终于开张之后，师傅的话兑现了，仅一年多，他就盖起了楼房，还娶上了媳妇。

正在这时，一件偶然的事情改变了欧阳德平的人生之路。

欧阳德平生活在湖北省天门市车湾村。村里有一个有15名职工的人造革手套厂。由于经营不善，已累计亏损2万多元，工资发不出去，40平方米的厂房破烂不堪，12台缝纫机快生锈了。村党支部书记找到欧阳德平，请他帮忙办好这个厂子。

到这样的厂子去，这意味着抛弃自己的“小康”之家，与手套厂、全村共患难。但欧阳德平立即答应了，连一点点附加条件也没提，从此，他就一步一摇一步一晃地走进了手套厂。

进厂后，他的职务是特派技术员。他想的第一件事是给厂子找个出路，让大家早日致富。经过调查了解，欧阳德平拿出了自己的建议：人造革货不对路，最好转产服装。1982年7月，湖北天门东方红服装厂诞生了。有人劝他说：“全国服装厂家多达上万，你腿脚不便，信息不灵，搞不好就会身败名裂。”

欧阳德平激愤他说：“瘸子也是人，不认“天命’认‘拼命’，豁出去也要闯一番事业!”

欧阳德平决心开发新产品，但苦苦思索仍然没个眉目。他到电影院看了一场《追捕》，影片主人公杜丘的服饰引起了他的遐思。散场了，他赶紧又买了几张票，连续看了好几场。回家后，熬了个通宵，设计出一种新颖别致的灯芯绒“社丘服”夹克衫。适逢武汉正举办省二轻产品展销会，欧阳德平带着他的样品在展销会上一露面，颇有见地的客商们就纷纷围上来，询问、洽谈、订货，10万、100万、200万……

一夜之间，企业起死回生。新厂房盖起来了，二百多名新职工招进来了。此后，欧阳德平又相继推出“瓦尔特衫”、“光夫衫”、“幸子服”……

1984年，欧阳德平当上了厂长，这年他只有25岁。

1985年，厂子工业产值达五百多万元，1988年达到一千多万元。欧阳德平还果断地引进外国先进设备，使企业效益大大提高，产品远销美国、日本、香港等国家和地区。1988年，欧阳德平荣膺全国优秀青年企业家称号。

“幽静”战胜“繁华”

非律宾有一家地理位置极差，但生意却极佳的餐馆，餐馆经营得成功全在于餐馆老板的奇思妙想。

这家餐馆的生意起初并不好：由于地处偏远，且交通不方便，去餐馆用餐的顾客很少。有人建议老板干脆关掉餐馆，另谋它路。老板思索再三，决定看看其它餐馆的经营状况后再说。于是，老板扮作一个顾客，一个餐馆、一个餐馆地去察访。最后，老板发现，那些地处闹市区、生意较好的餐馆有一个共同点，“现代派”味道十足，“闹”得不能再“闹”。老板不止一次发现一些不喜欢“热闹”的顾客直皱眉头，匆匆用餐后，匆匆离去。

老板想起了自己餐馆所处的独特幽静的地理位置，不由跃跃欲试，“来个“幽静高雅，会是怎么样呢?”

老板是个雷厉风行的人，他请来装修工将餐馆的外貌精心装饰得淡雅、古朴；屋内的装饰只用白、绿两种颜色：白色的柱子、白色的桌椅，绿色的墙、绿色的花草。老板还用莎士比亚时代的酒桶为顾客盛酒，用从印度买来的“古战车”为顾客送菜。

奇迹出现了：早已被喧嚣声搅得烦不胜烦的顾客们听说有一个古朴幽静的餐馆可以进餐，你传我，我传他，纷至沓来，谷馆的生意顿时好转。

状元郎张謇投身实业

江苏人张謇 16 岁考取秀才，32 岁中举人，41 岁中状元，是清末民初著名的学问家、政治家、军事家、实业家。为了实现“实业救国”的理想，他弃官经商，从 1895 年秋天起，开始了艰难的筹办纱厂的活动。

张謇原计划在通州、上海两地进行集股，以“商办”名义招 6000 股，每股 100 两银子，共 60 万两白银，先办纱机 2 万绽。但是，旧中国长时期处于闭关自守状态，人们对“工厂”是怎么一回事都还不知道，民间集股的设想很快化为泡影，张謇只好向官府寻求帮助。

恰好，清政府官方有一批积压了三年无人问津的纺纱机急望脱手，这批纱机是从英国购买来准备办湖北纺织官局用的，共有纱绽 4、8 万枚。有关人士与张謇商议后，将纱机作价 50 万两入股张謇的大生纱厂，另招商股 50 万两，把大生纱厂改“商办”为“官商合办”。但商人们对官府疑虑重重；纷纷反对“官商合办”方案。张謇思虑再三，求得老友张之洞的帮助，把折价 50 万两的官机分一半给张謇的大生纱厂，将大生纱厂的总股本降为 50 万两，把“官商合办”改为“绅领商办”。这样，张謇只得再招股 25 万两即可。几经周折，大生纱厂终于在 1899 年 5 月 23 日正式开车。

开工之后，资金周转是个大问题，按每季度周转一次计算，最少需 36 万两！张謇东奔西跑，无法筹到这笔巨款，只好背水一战，拼命地纺纱，尽快地卖纱。张謇的无奈之举应了中国的一句俗话：“苍天不负有心人。”这一年，织户们都改用机纱织布，传统土纱无人问津，因此，纱价扶摇直上，大生纱厂大难不死，总算是站稳了脚。

然而，张謇的头脑并没有发热，他深知要使企业发展必须以先进的科技作保障。当时，英国是纺织技术最高的国家，有大量纺织人才。张謇以重金礼聘了一名英国专家来纱厂参与管理，使纱厂的棉纱质量日益提高，不但超过了市场上的同类产品，还把日本纺织品一步步地逐出了市场。在此基础上，张謇吸收了世界上其它成功企业的经验，大力发展多元化的企业经营体制。到 1920 年前后，大生纱厂已发展成为拥有农、工、商几十个企业的大生财团，这些企业互相支援、同舟共济，使“大生”立于不败之地。

张謇不计个人名利，在异常艰难的条件下建立起民族资本的实业来抵制外资的人侵，功垂千古。

李愬雪夜袭蔡州

唐朝在安史之乱后，国家开始从鼎盛走向衰弱，各地出现了藩镇割据的局面。各地节度使割据一方，独揽军政、财政大权，营造自己的独立王国，并在实力雄厚之时抗拒朝廷。藩镇割据势力的发展，进一步削弱了唐王朝的统治。唐王朝为了维护统一的局面，恢复中央集权，便在国家财力比较丰厚和边疆形势逐渐缓和的情况下，开始致力于削弱藩镇割据。公元807年，唐宪宗顺利地平定了西川、夏绥、镇海三镇的叛乱，开始向淮西、成德的割据势力讨伐。李愬奇袭蔡州就是唐朝廷军队平定淮西节度使吴元济割据势力的战例。在这场奇袭战中，李愬针对士兵因屡战屡败而产生的厌战心理，制定了利用险峻的地形，恶劣的天气袭击敌人的策略，以此稳定士兵的情绪，坚定他们殊死作战的决心。最后，他的军队在雪夜攻下了蔡州城，活捉了吴元济。这场战斗的胜利，对平定淮西、成德的藩镇割据势力起了决定性的作用。

元和九年（公元814年），淮西节度使吴少阳病死，其子吴元济自己袭了吴少阳之职，拒纳唐朝吊祭使者，并且发兵在今河南舞阳、叶县、鲁山一带四处烧杀掳掠。唐宪宗决定对他用兵讨伐。朝廷调集军队从四面进攻淮西，其中南、北方向的军队曾稍有些进展；东、西路军则被淮西军击败。公元815年至816年间，唐廷曾多次调整淮西的东、西路军的统帅。朝廷派唐邓节度使高霞寓接任原西路军将领严绶，而高霞寓在朗山的一次战斗中击败了淮西军后，不久就在文城栅（今河南遂平西南）大败。其后，再换袁滋接替高霞寓，在仍没有什么进展的情况下，李愬作为唐、邓随节度使代替袁滋，继续担负从西面进攻淮西的任务。可以说，李愬在四路军屡战屡败的情况下上任的。

公元817年正月，李愬到达蔡州。当时，唐军在连败之后，士气低落，士兵都十分惧怕作战。李愬上任后对士兵说："天子知道我李愬柔懦，能忍受战败之耻，所以派我来安抚你们。至于攻城进取，那不是我的事。"士卒们听了李愬的这些话，才稍稍安下心来。

李愬针对官兵们的这种心理状态，首先做了许多安定军心的工作。他亲自慰问士卒，抚恤伤病者。当地由于战乱频繁，大批老百姓逃往他乡。李愬派人安抚当地百姓，以他的军队保护他们。在军中，李愬也不讲究长官的威严，不强调军政的严整。他的这些行动，一方面安抚了士兵，另一方面也是向敌人佯示无所作为。他的行动果然麻痹了吴元济，吴元济对这位上任前名位不高，也没有什么名气的唐军将领放松了戒备。

在将士情绪稍稳定一些后，李愬开始着手修理器械，训练军队，以提高军队的战斗力。他制订并实行了优待俘虏及降军家属的政策，在先后俘获了吴元济手下的官员、将领丁士良、陈光洽、吴秀琳、李佑等人后，对他们给予信任，并且委以官职，并通过他们逐渐摸清了淮西军的险易虚实。

同年5月，李愬夺占了蔡州的一些外围要点并占领了蔡州以南的白狗、汶港、楚城等地，切断了蔡州与附近申州、光州的联系。5月26日，李愬派兵攻打朗山，淮西军队前来救援，唐军遭到内外夹击而失利。他手下诸将都懊丧不已，但李愬并不气馁，他说："我如连战皆胜，敌必戒备。此次败北，正可麻痹敌军，为以后攻其不备奠定基础。"他在战后招募了敢死的士兵3000人，早晚亲自训练，以增加军队的突击力，为袭击蔡州作准备。

9月28日，李愬经周密准备，率军出其不意地攻占了关房（今河南遂平）外城，淮西军千余人被歼，其余人退到内城坚守。李愬命军队佯退诱敌，淮西军以骑兵五百追击官军，官兵受惊欲退，李愬下令道："敢后退者斩。"于是官军又回军力战，击退敌军。将士们要乘胜追击攻取其城，李愬不同意，他认为，如不攻此城，敌人必分兵守之，而敌人兵力分散，正好利于夺取蔡州，因此他下令还营。这时，降将李佑向李愬建议："蔡州的精兵都在洄曲及周围拒守，蔡州城内都是些老弱兵卒，可以乘虚直抵蔡州城，等外边的叛军听到消息，吴元济就已经被擒了。"李佑的意见，正好与李愬的想法不谋而合。

10月，李愬见袭击蔡州的条件已经成熟，便开始部署袭击蔡州计划：李愬命随州刺史史文镇守文城栅；命降将李佑、。李忠义（即李宪）率3000士兵为前驱，自己率3000人为中军，李进城率3000人为后军，奇袭蔡州。为严守行动秘密，军队从文城栅出发时，李愬不告诉他们行动的目的地，只命令说：往东前进。这一天天气阴晦，风雪交加，军队东行60里后，到达张柴村。李愬率军迅速袭破了这个村子，全歼淮西军布置在这里的守军及通报紧急情况的烽火兵，抢占了这一要地。李愬命令士兵稍事休息，吃点干粮，并布置留下500人截断桥梁，以防洄曲方面的淮西军回救蔡州，另留500人以警戒朗山方向的救兵。布置完毕后，李愬亲自带领部队乘夜冒雪继续向东急进。将领们请示去哪里，李愬告诉他们：去蔡州城捉拿吴元济！将士们听了都大惊失色，以为此去必死无疑。这夜的天气异常寒冷，大风夹送着大雪，旌旗也被风撕裂，沿路都可看见冻死的兵士和马匹，军队所经的道路非常险峻，尽是官军从未走过的。因为李愬宣布了严格的军纪，因而没有人敢违抗。军队继续行进了70里，赶到蔡州时，天还没亮。城外有个鹅鸭池，李愬命令惊打鹅鸭以掩盖军队行进的声音，分散淮西军的注意力。

自从吴少阳抗拒朝廷以来，官军不到蔡州城下已有30多年了，因此蔡州城的戒备松弛，淮西军未作防范。李愬的军队很快进入了蔡州城并占领了战略要地。天明雪止之时，有人告诉吴元济说，唐军已至并占领了蔡州。这时，吴元济根本不相信唐军会来得如此迅速，后来听到李愬的号令，才仓促率亲兵登上牙城（内城）抗拒。蔡州民众帮助唐军火烧内城南立，唐军破门擒获吴元济。当时，吴元济的部将董重质拥有的精兵数万据守洄曲，李愬派人厚抚董重质的家属，叫董重质之子前往召降董军，使这部分淮西军归降朝廷。唐廷北路军此时也占据洄曲。申、光二州的守兵见蔡州已破，也先后投降，淮西平定吴元济之战至此宣告结束。

淮西藩镇平定后，成德方面的割据势力慑于唐军的压力，也先后上表归顺朝廷。淮西、成德为唐代藩镇据势力中的强镇，这两个方面割据势力的削平与归顺，使唐王朝又获得了暂时的统一。

从李愬奇袭蔡州而取胜的过程可以看出，李愬不仅通晓孙子所说的一些重要的用兵原则，如示弱惑敌、速战速决、避实击虚等等，而且他还善于根据士兵的心理状态，利用地形、气侯等作战条件对士兵心理的影响，确保军队战斗力的充分发挥。这就是《孙子兵法·九地篇》所说：“投之亡地而后存，陷之死地然后生”。

孙子兵法　十二、火攻篇

原文

凡火攻有五：一曰火人，二曰火积，三曰火辎，四曰火库，五曰火队。行火必有因，因必素具。发火有时，起火有日。时者，天之燥也。日者，月在箕、壁、翼、轸也。凡此四宿者，风起之日也。

凡火攻，必因五火之变而应之：火发于内，则早应之于外；火发而其兵静者，待而勿攻，极其火力，可从而从之，不可从则上。火可发于外，无待于内，以时发之，火发上风，无攻下风，昼风久，夜风止。凡军必知五火之变，以数守之。故以火佐攻者明，以水佐攻者强。水可以绝，不可以夺。

夫战胜攻取而不修其功者，凶，命曰“费留”。故曰：明主虑之，良将慎之，非利不动，非得不用，非危不战。主不可以怒而兴师，将不可以愠而攻战。合于利而动，不合于利而止。怒可以复喜，愠可以复说，亡国不可以复存，死者不可以复生。故明主慎之，良将警之。此安国全军之道也。

译文

孙子说：火攻形式共有五种，一是火烧敌军人马，二是焚烧敌军粮草，三是焚烧敌军辎重，四是焚烧敌军仓库，五是火烧敌军运输设施。实施火攻必须具备条件，火攻器材必须随时准备。放火要看准天时，起火要选好日子。天时是指气候干燥，日子是指月亮行经“箕”、“壁”、“翼”、“轸”四个星宿位置的时候。月亮经过这四个星宿的时候，就是起风的日子。

凡用火攻，必须根据五种火攻所引起的不同变化，灵活部署兵力策应。在敌营内部放火，就要及时派兵从外面策应。火已烧起而敌军依然保持镇静，就应等待，不可立即发起进攻。待火势旺盛后，再根据情况作出决定，可以进攻就进攻，不可进攻就停止。火可从外面放，这时就不必等待内应，只要适时放火就行。从上风放火时，不可从下风进攻。白天风刮久了，夜晚就容易停止。军队都必须掌握这五种火攻形式，等待条件具备时进行火攻。用火来辅助军队进攻，效果显著；用水来辅助军队进攻，攻势必能加强。水可以把敌军分割隔绝，但却不能焚毁敌人的军需物资。

凡打了胜仗，攻取了土地城邑，而不能巩固战果的，会很危险，这种情况叫做“费留”。所以说，明智的国君要慎重地考虑这个问题，贤良的将帅要严肃地对待这个问题。没有好处不要行动，没有取胜的把握不能用兵，不到危急关头不要开战。国君不可因一时愤怒而发动战争，将帅不可因一时的气忿而出阵求战。符合国家利益才用兵，不符合国家利益就停止。愤怒还可以重新变为欢喜，气忿也可以重新转为高兴，但是国家灭亡了就不能复存，人死了也不能再生。所以，对待战争，明智的国君应该慎重，贤良的将帅应该警惕，这是安定国家和保全军队的基本道理。

战例

赵襄子水淹智伯

晋国是战国初期的大国，但掌握国家大权的却不是晋王，而是智伯、赵襄子、魏桓子和韩康子四个人。智、赵、魏、韩四家统治晋国，其中智伯的势力最大，但智伯并不满足，时刻想灭亡赵、魏、韩，独霸晋国。

公元前455年，智伯以晋王的名义要求赵、魏、韩三家各拿出100里土地和户口送归公家，表面上是为公，实际上是为了削弱赵、魏、韩三家的力量。魏桓子和韩康子惧怕智伯，只好忍痛支出土地和户口，赵襄子一口回绝道：“土地是祖先传下来的，我不能随便送给别人!”

智伯闻报大怒，召集魂桓子和韩康子来到自己府中，对他们说：“赵襄子竟敢违抗国君的命令，不可不伐。灭掉赵襄子，我们三家平分赵襄子的土地、户口。”

魏桓子和韩康子不敢不听从智伯的话，又见可以分得一份好处，便各自率领一队人马随智伯去进攻赵襄子。赵襄子情知不敌智、魏、韩三家联军，急忙退到先主赵简子的封地晋阳（今山西太原市西南），依靠坚固的城墙、丰足的粮食和百姓的拥戴，以守为攻。

智伯指挥智、魏、韩三家人马把晋阳城围得水泄不通，赵襄子率城内百姓同仇敌忾，激烈的战斗一直打了两年多，智伯仍在晋阳城外，赵襄子仍在晋阳城头，双方难以决出胜负。智伯劳民伤财，又恐日久人心生变，千方百计想要尽快结束这场战争。一天，智伯望见晋水远道而来，绕晋城而去，立刻有了主意。他命令士兵们在晋水上游筑起一个巨大的蓄水池，再挖一条河通向晋阳城，又在自己部队的营地外筑起一道拦水坝，以防水淹晋阳城时也淹了自己的人马。蓄水池筑好后，雨季到来。智伯待蓄水他蓄满水后，命人挖开堤坝，汹涌的大水即沿着河道扑向晋阳城，将晋阳全城泡在水中。但是，全城军民爬上房顶和登上仅剩6尺未淹的城墙上坚持守护，宁死也不投降。智伯得意志形，大笑道：“我今天才知道水可以用来灭亡别人的国家!”

赵襄子对家臣张孟谈说："情况已十分危急了，我看魏、韩两家并非真心帮助智伯，我们今天灭亡了，明天就会轮到他们，你去找魏桓子和韩康子吧！"

张孟谈连夜出城找到魏恒子和韩康子，对他们说："智伯今天用晋水灌晋阳，明天就会用汾水灌安邑（魏都）、用绛水灌平阳（韩都），我们为什么不联合起来消灭智伯，平分智伯的土地呢！"

魏桓子和韩康子正在担心自己会落得与赵襄子一样的下场，于是和张孟谈定下除掉智伯的计策。两天后的晚上，赵襄子与魏桓子、韩康子共同行动，杀掉守堤的士兵，挖开护营的堤坝，咆哮的晋水顿时涌入智伯的营中。智伯从梦中惊醒，慌忙涉水逃命，但前有赵襄子，左有魏桓子，右有韩康子，智伯被杀死，智伯的军队也全部葬身大水之中。

智伯灭亡后，晋国的大权旁落在赵、魏、韩三家之中，这就是后来的赵国、魏国和韩国。

周瑜纵火战赤壁

东汉末年，曹操在平定北方、统一中原之后。统率20万（号称80万）大军沿长江东进，企图迫使占有江南六郡的孙权不战而降，然后一统中国。

这时候，屡遭败绩的刘备已退守到长江南岸的樊口。受刘备的委托，诸葛亮只身一人前往柴桑会见孙权。诸葛亮舌战群儒，坚定了孙权迎战曹操的决心，于是，孙权和刘备结为联盟，共同抗曹，孙、刘的军队与曹操的军队在赤壁相遇，拉开了赤壁大战的序幕。

曹操的军队不善水战，初次交锋，孙、刘占了上风。曹操命令荆少降将蔡瑁、张允训练水军，周瑜大会群英，巧施离间计，使曹操斩杀蔡瑁、张允。曹操失去善于水战的指挥，窘迫之际，将大船、小船或三十为一排，或五十为一排，首尾用铁环连锁连一起，这样，大江之上，任凭风大浪大，战船不再颠簸，曹操自以为得计。

周瑜得知消息，决心用火攻打败曹军。但是，时值冬季，江上多西北风，如果用火攻，不但烧不了曹军，反倒要烧了自家战船，周瑜为此坐卧不宁。诸葛亮能察天文地理，早已测知冬至前后将会有一场大东南风出现，于是自告奋勇，要"借"一场东南大风，助周瑜一臂之力。

周瑜惊喜若狂，又得大将黄盖以死相助，以"苦肉计"骗得曹操的信任，在东南风乍起之时，驾着十余只载满浇上了油和裹有硫磺等易燃物的干草的战船，在夜幕来临之际，迅速接近了曹操的战船。黄盖一声令下，点燃干草，十余艘战船在东南风的劲吹之下，犹如十余只火龙，直扑曹操的战船。

刹时间，江面上烟火冲天。曹操的战船连在一起，一船着火，几十只船跟着着火，曹操的水军士兵大部分烧死、溺死在江中。大火从江面蔓延到曹军岸边的营寨，岸边的曹营也变成了一片火海。

孙、刘联军乘势水陆并进，曹操从华容小道侥幸逃得性命，20 万大军损失殆尽。

赤壁一战，为以后的魏、蜀、吴“三国鼎立”奠定了基础。

骇人的黄绿色雾团

第一次世界大战进入到第二个年头后，在西线，在比利时的伊普尔地区，就像斗累了的西头斗牛一样，英法联军与德军静静地对峙着、对峙着。

伊普尔是比利时的一个古镇，护城河又宽又深。伊普尔城西南有一座高 500 英尺的康默尔山，英法联军正是凭借它紧紧守卫着伊普尔这块阵地。

1945 年 4 月 22 日，这是人类战争史上一个难忘的日子。

暮色苍茫时，在朗热马尔克和伊泽运河之间的阿尔及利亚狙击兵和非洲轻步兵忽然发现一片奇异的、呈黄绿色的雾团缓缓地向他们压了过来。数分钟过后，黄绿色的雾团“飘”到他们面前，“淹”没了他们，他们开始扼着喉咙，发出疯子般的尖叫，一些人拼命地向四处奔跑，一些人则痛苦地倒在地上……

所有的人都惊惶失措。他们终于意识到，这是德军的一种“新式武器”。

黄绿色雾团“飘”过，15000 名官兵中毒，5000 人当即死亡，法军阵地上出现了四英里半的缺口。

这是德军施放的化学毒剂——氯气。

德军研制化学武器并施放化学毒剂，早在这一年的 3 月份，英法联军的指挥官就已经知道了。1915 年 1 月，德军首先对俄军施放了这种毒剂，但由于气象原因，德军没有成功。也许正是因为这个缘故，英法联军的最高统帅部才对此视若罔闻。德军在总结了第一次失败的教训后，决定在伊普尔以北的英法联军接合部作一次“尝试”——它们安置了数千个毒气圆筒，借助风势，足足施放了 5 分钟，放出氧气达 160 多吨。结果，毫无戒备的英法联军在悄然无声的战斗中付出了惨痛的代价。

事后，德军参谋总长法尔肯海因说：“如果及早施放毒气，（战争）就不会这样了。”

从此后，形形色色的生化武器正式步入了战争。

借阎罗和死人赚大钱

日本国千代人寿保险公司的推销员桂木一郎有一天忽发异想，决定“借”阎罗王和死人来试试运气，于是，他精心录制了一段死人与阎罗王的对话。

死人：“这是什么地方？我本应去天国的啊，为什么到了这里？”

阎罗：“你没有资格去天国啊。”

死人：“为什么？”

阎罗：“你看，你一走了之，你的妻小连一日三餐都成了大问题，你怎么会有资格进天国呢？”

死人：“我是因意外事故而死的啊，这不是我的责任！”

阎罗：“可是，假如你在生前投保了人寿保险。你的家人就不会这样艰难度日了啊！”

死人：“……”

桂木一郎提着录音机，走东串西，不停地向人们播放着这一段录音，劝说众人投保人寿保险，令人难以置信的是，仅1985年，桂木一郎就招揽了数亿日元的保险金，使同行们刮目相看！

巧借白鹅守悬崖

公元前四世纪末，罗马人被高卢人打败，退到罗马城后的卡庇托林山上。卡庇托林山一边是悬崖峭壁，另一边山势较平坦，但也是易守难攻。卡庇托林山的山顶有一座女神庙，罗马人视女神为自己的保护神，长年祭祀女神。

高卢人领袖高林带领七万精兵，在向卡庇托林山发起一次又一次进攻均遭到惨败后，改变了战略，决定长期围困卡庇托林山。把罗马人饿死在山中。罗马执政官曼里识破了高林的诡计，派了一名叫做波恩的年轻人从悬崖峭壁上拽着葛藤爬下山，去寻求救兵。但是，波恩双脚刚刚落地就被高卢人发现，高卢人杀死了波恩，并向高林作了报告。高林暗暗得意，他认为沿着波恩下山的路线爬上山，可以给罗马人致命的一击。

高林选择了一个漆黑的夜晚，挑选了最勇敢、最敏捷、最强壮的将士，一寸寸、一尺尺地从悬崖下向山顶上攀登。

卡庇托林山一片沉寂。罗马人认为悬崖峭壁高不可攀，因此在悬崖这一边没有设置岗哨。

高卢人一点一点地逼近了山顶。可是，就在即将登上悬崖的时候，一阵响亮的“嘎——嘎嘎！”“嘎嘎嘎——”的鹅叫声突然打破了夜的宁静，把沉睡中的曼里唤醒。

这些鹅是用来奉献给女神的，它们浑身上下洁白如雪。虔诚的罗马人被围困多日，宁肯挨饿也要把鹅喂饱。

曼里从沉睡中惊醒，突然意识到发生了某种危险，握住宝剑就冲了出去——他发现悬崖边有几个黑影。

从睡梦中惊醒的罗马战士也都握着刀剑和长矛冲了出去。

刚刚爬上悬崖的高卢人立足未稳就被赶下了悬崖，跟在后面的高卢人也被英勇的罗马战士用石块和投枪打了下去，高林的阴谋破败了。

从此，机敏的鹅成了罗马人最忠实的“哨兵”。

这场战争一直持续了七个月，当严冬降临时，高卢人不得不撤离了卡庇托林山，撤回了本土。

白鹅拯救了罗马人。

为了表示对白鹅的敬意，罗马人尊白鹅为“圣鹅”，为白鹅在中心广场竖立起巨大的雕像，还抬着白鹅举行盛大的游行。

曹彬火烧水寨灭南唐

公元974年9月，大将曹彬奉宋太祖赵匡胤之命统率水军进攻金陵的南唐政权。曹彬连克铜陵、芜湖、采石矶等地，于第二年的正月逼近南唐都城金陵。曹彬挥师进至金陵城外围，南唐的军队背靠金陵城摆下阵势，族旗猎猎，蔚为壮观。特别是南唐的水军，扼江而守，一道又一道的栅门，十分坚固，令宋军不敢小觑。

时值初春，北风凛冽，曹彬与部将李汉琼观察南唐的水寨，俩人情不自禁地想起了当年周公瑾火烧赤壁的战事来。李汉琼叹道：“可惜没有内应，不然，何不效周郎，来一次火烧金陵!”

曹彬道：“如今西北风甚猛，如用火攻，定可将南唐水军所设的栅门烧毁。到那时，我们乘势攻击，南唐军必然一片混乱，不怕金陵城不破!”

李汉琼道：“此言有理!”于是，俩人商定了火攻的具体措施。

李汉琼命令士兵们割取河岸的芦苇装上小船，又在芦苇上浇上油料，将小船驶近栅门，点燃油料。顷刻间，火借风势，风助火威，大火烧毁坚固的水栅门，小船驶入南唐军的水寨，火焰熊熊的小船迅速引燃了南唐军的战船，南唐水军纷纷跳船逃生。曹彬乘势掩杀，一举攻破南唐水寨，兵临金陵城下，将金陵城团团包围。

曹彬对金陵城围而不攻，自春至冬，半年过去，城内连烧饭的柴草也没有了。南唐国君李煜（YU、与）企图与赵匡胤讲和，赵匡胤一口回绝。这一年的11月，曹彬命令宋军全力攻城，守城南唐军士饥寒交迫，无力抵抗，固若金汤的金陵城终于被曹彬攻破，南唐政权至此灭亡。

谢安助友卖蒲扇

谢安曾做过东晋宰相，因在犯水以数万之众打败数十万之众的前秦军队而名扬天下。

谢安有一个同乡在广州做官，离职回乡的时候，这位同乡在广州卖了五万把蒲扇，准备在建康停留时卖掉。谁知到了建康，一连好几天，蒲扇摆到市面上，竟无一人问津。同乡心急如焚，只好去找谢安帮忙。谢安问：“你有多少扇?”同乡答：“五万把。”谢安沉吟不语。

当时，建康天气转凉，不时还下一场小雨，蒲扇已经成了过时之物，这就是蒲扇无人问津的原因。要在这样的季节里卖掉五万把蒲扇谈何容易!

同乡急了："你是当朝一品宰相，一人之下，万人之上，总不会一点办法也没有啊!"

一句话，提醒了谢安。谢安送同乡回客店，跟同乡要了一把蒲扇，然后拿着蒲扇，离开客店，谢安没有直接回宰相府，而是摇晃着蒲扇，潇潇洒洒地在闹市中四处游览，故意引起人们的注意。

"当朝一品宰相在逛市场!"

谢安逛市场的消息不胫而走，他摇晃着蒲扇，大摇大摆地在街市中行进的潇洒姿态更令满建康城的人倾心。在朝中当官的争先效仿，社会上的三教九流紧随其后，贫民百姓也紧跟着"过把瘾"，建康城内，蒲扇立刻成了、抢手货"。商人们眼看蒲扇有利可图，竟相找到谢安的同乡，高价把蒲扇抢购一空，把谢安的同乡乐得合不拢嘴。

谢安巧"借"自己的"名人效应"，不费吹灰之力，帮助友人把五万把蒲扇全部推销完。

洪秀全借"拜上帝教"称王

洪秀全出生在广东花县福源水村的一个农民家庭中，后来做了乡村塾师，曾四次参加科举考试，四次名落孙山。鸦片战争后，洪秀全目睹了清政府的腐败无能，终于从沉溺于科举仕途的梦幻中猛醒过来，决心寻找一条改变社会现状和个人前途的新路。

洪秀全在广州的时候，从传教士手中得到一本基督教的传道书《劝世良言》。书上说：只有"上帝"是真神，其他一切人们所崇拜的偶像都是妖魔，而一切人都是"上帝"的子女，都是平等的。洪秀全大受启发，心想："如果创立一个'拜上帝教'，自称是上帝的儿子，专为除妖降魔，推翻清政府，建立一个人人平等的'太平天国，而下凡，一定能得到人心，轰轰烈烈干一番事业!"于是，洪秀全创立了"拜上帝教"。

洪秀全不辞辛苦，深入到贫苦百姓中传教，很快就发展了两千多教徒。就在"拜上帝教"日益壮大的时候，广西连年灾荒，百姓困苦不堪，各地农民纷纷挺而走险，举起造反大旗。洪秀全见时机成熟，以"上帝"的名义召集各县"拜上帝教"教徒二万余人，于1885年1月11日在金田村发动了起义。义军称"太平军"，建号"太平天国"。3月19日，太平军在灵湖大败清军，在万众庆贺的欢呼声中，洪秀全宣布"登极"，正式称"天王"，并加封五军主将。

洪秀全凭借"拜上帝教"称天王，他领导的太平天国运动持续了14年，纵横18省，动摇了清政府的统治，加速了清朝的灭亡。

黑郁金香的诞生

荷兰人视郁金香花为国宝。但是，多少年过去，荷兰人梦寐以求的黑色郁金香花仍然只是一个美丽的梦。

1979 年，生长在阿姆斯特丹以北乌蒂尼多村的基尔特·哈克曼决心为荷兰人实现这一梦想。哈克曼从 10 岁开始就加入了栽培郁金香的队伍，这时他已是乌蒂尼多村郁金香品种改良联合会主任，已有十多年郁金香栽培经验。

哈克曼的原则是：借助前人的成果，在前人成功的基础上，培育真正的黑色郁金香新品种。哈克曼首先选取深紫色的“黑郁”、“黑鹦鹉”、“黑美人”与茎长、花形好的“横彼”、“黄金果实”进行种间可能的杂交，然后选用前紫色的“夜之后”做母本，选用深紫色的“维也纳之林”做父本进行杂交。第二年初春，哈克星把育芽箱移入培养室，在精心培育下，育芽箱中的“新郁金香种”逐渐发育成火柴头大小的球茎并长出娇嫩的绿叶。入夏，绿叶枯死了，哈克曼谨慎地掘出球茎，妥善存放起来，以备下一个种植季节来临时再进行培植。这样的程序共重复了五年。

五年中，球茎渐渐长大，1985 年底已完全成熟。哈克曼将这些球茎分别种到花盆里。1986 年 2 月 18 日午夜过后，哈克曼照例做当日最后一次的巡视，突然，他的眼睛一亮，一个黑得发亮的小花蕾含苞欲放——那是真正的黑色郁金香！

荷兰人世世代代梦寐以求的黑郁金香花诞生了。

举世瞩目的海湾战争

1990 年 8 月 2 日，伊拉克不顾各方面的斡旋与警告，悍然出兵占领了科威特。联合国决定组织以美国为首的多国部队对伊拉克进行惩罚，并把这次惩罚行动称为“沙漠盾牌”。

8 月 3 日，美国参谋长联席会议主席鲍威尔将军发布美军进入高度战备状态的命令。8 月 4 日，在戴维营敲定了“沙漠盾牌”军事行动计划。以富有沙漠作战经验的美国中央司令部司令施瓦茨科普夫上将为首的作战指挥中心随即在沙特阿拉伯设立了前线指挥部。

8 月 7 日凌晨 2 时，美国总统布什正式签署了“沙漠盾牌”行动方案；7 时 30 分，即部署行动，付诸实施。美国 82 空降师先头部队 2300 人 48 小时内即赶抵沙特；一星期内，美国海湾部署了 50000 人；又隔 20 天后，400 余架各种型号的战斗机、轰炸机进入阵地，“独立”号，“艾森豪威尔”号，“萨拉托加”号 3 艘航空母舰分别驶人阿曼湾、红海、地中海水域，“锁眼”照相侦察卫星、“曲棍球”雷达侦察卫星、“大酒瓶”和“漩涡”通讯卫星都进入轨道。同时，还有 27 个西方国家和第三世界国家向海湾派出了军队。

如此强大的军事阵营，陈兵海湾地区，目的是要迫使伊拉克放弃侵略，从科威特撤兵。可是，伊拉克总统萨达姆却毫不示弱，在他的坚持下，伊拉克进行了全国总动员：正规军由 90 万扩展到 125 万，凡是四肢健全的男性公民几乎都领到了武器；不惜牺牲部分领土与伊朗讲和，从两伊边境抽调数十个师加强南线防御；按照纵深部署、梯次支援防御、机动纵深力量进行反击的原则，萨达姆部署了50多万军队，3500辆坦克，2500辆装甲车，以及1500门大炮，并在阵地四周设置了沙墙、油沟、雷场等等设施，准备与多国部队伍打一场持久的消耗战。

同时，萨达姆还认为沙漠天险对他十分有利。在阿拉伯半岛这片不毛之地，沙丘起伏，河床干涸，风狂沙猛；有些地带，地表虽然结成一层干硬沙土，下面却是凶险难测；在一些干湖浅滩上，几小时前还能安营扎寨，升降飞机，几小时后，就可能变成能置人于死地的陷坑；有的地段，遍地是鹅卵石，坦克和装甲车以及履带式自行装甲火炮行动非常困难；再加上白天气温奇热，阳光下飞机表面温度高达100℃，常规兵车车内温度之高也令人难以忍受，稍有不慎，就会造成灼伤……总之，萨达姆以为，凭此沙漠天险，也足以抵御多国部队进攻。

然而，事实却与萨达姆的预料截然相反。

为了突破伊拉克的坚固防线和天然屏障，多国部队首先采用了“火攻”战术。1991年1月l7日，当地时间凌晨2时50分，多国部队发起了大规模空袭。F－15E歼击轰炸机、F－117A隐型战斗机及“旋风”式歼击轰炸机，有如漫天飞蝗飞临伊拉克上空，重磅炸弹倾泻而下；“威斯康星”号和“密苏里”号舰上106枚“战斧式”巡航导弹呼啸而至。在这一天中的14个小时内，多国部队的作战飞机和制导武器，连续进行了3次大规模轰击，向伊拉克境内预定目标投掷了1. 8万吨炸弹，相当于1. 5倍当年轰炸日本广岛的原子弹的威力！此后，多国部队又以每天2000架次的出动率，对伊方目标进行多层次的连续的狂轰滥炸。

伊拉克葬身于一片火海之中！山崩地裂，鬼哭神嚎！巴格达几乎来不及作出反应便陷入瘫痪：国防部被炸毁，空军司令部被炸毁，总统府被炸毁，伊军的导弹基地、防空火炮、指挥部掩体、通讯系统都一一被炸得稀巴烂！又经过一星期的猛烈轰炸，整个伊军指挥更是基本失灵，军心大为恐慌。

1月24日，多国部队经过周密测算，判断时机已到，便发起了全线地面攻击。53万大军从边境几个方向同时突破伊军前线各师的防线，一路横冲直撞，所向披靡，几乎没有遇到多少顽强抵抗，也几乎没有人员伤亡便深入伊拉克境内。4天战斗，战绩辉煌：第一天俘虏伊军1. 4万，第二天又俘虏5万，其中还有10名将军。15万伊军精锐共和国卫队望风而逃。

总计，从1月17日开战，到2月27日结束，短短40天内，伊军有40多个师被歼或完全丧失战斗力，423辆坦克损失了370辆，2870辆装甲运兵车被摧毁l856辆，3110门火炮被缴获2140门，至少有8万士兵被俘，伤亡达8. 5万人。惨败之余，萨达姆只好举起白旗向多国部队求降了。

能不能说，海湾战争也是现代战争中一次以“火攻”取胜的例证呢？我想是可以的。

孙子兵法　十三、用间篇

原文

孙子曰：凡兴师十万，出征千里，百姓之费，公家之奉，日费千金，内外骚动，怠于道路，不得操事者，七十万家。相守数年，以争一日之胜，而爱爵禄百金，不知敌之情者，不仁之至也，非民之将也，非主之佐也，非胜之主也。

故明君贤将所以动而胜人，成功出于众者，先知也。先知者，不可取于鬼神，不可象于事，不可验于度，必取于人，知敌之情者也。

故用间有五：有因间，有内间，有反间，有死间，有生间。五间俱起，莫知其道，是谓神纪，人君之宝也。乡间者，因其乡人而用之；内间者，因其官人而用之；反间者，因其敌间而用之；死间者，为诳事于外，令吾闻知之而传于敌间也；生间者，反报也。

故三军之事，莫亲于间，赏莫厚于间，事莫密于间，非圣贤不能用间，非仁义不能使间，非微妙不能得间之实。微哉微哉！无所不用间也。间事未发而先闻者，间与所告者兼死。凡军之所欲击，城之所欲攻，人之所欲杀，必先知其守将、左右、谒者、门者、舍人之姓名，令吾间必索知之。

必索敌间之来间我者，因而利之，导而舍之，故反间可得而用也；因是而知之，故乡间、内间可得而使也；因是而知之，故死间为诳事，可使告敌；因是而知之，故生间可使如期。五间之事，主必知之，知之必在于反间，故反间不可不厚也。

昔殷之兴也，伊挚在夏；周之兴也，吕牙在殷。故明君贤将，能以上智为间者，必成大功。此兵之要，三军之所恃而动也。

译文

孙子说：凡兴兵十万，征战千里，百姓的耗费，国家的开支，每天都要花费千金，前后方动乱不安，戍卒疲备地在路上奔波，不能从事正常生产的有七十万家。这样相持数年，就是为了决胜于一旦，如果吝惜爵禄和金钱，不肯用来重用间谍，以致因为不能掌握敌情而导致失败，那就是不仁到极点了。这种人不配作军队的统帅，算不上国家的辅佐，也不是胜利的主宰。

所以，明君和贤将之所以一出兵就能战胜敌人，功业超越众人，就在于能预先掌握敌情。要事先了解敌情，不可求神问鬼，也不可用相似的现象作类比推测，不可用日月星辰运行的位置去验证，一定要取之于人，从那些熟悉敌情的人的口中去获取。

间谍的运用有五种，即乡间、内间、反间、死间、生间。五种间谍同时用起来，使敌人无从捉摸我用间的规律，这是使用间谍神妙莫测的方法，也正是国君克敌制胜的法宝。所谓乡间，是指利用敌人的同乡做间谍；所谓内间，就是利用敌方官吏做间谍；所谓反间，就是使敌方间谍为我所用；所谓死间，是指制造散布假情报，通过我方间谍将假情报传给敌间，诱使敌人上当，一旦真情败露，我间难免一死；所谓生间，就是侦察后能活着回来报告敌情的人。

所以在军队中，没有比间谍更亲近的人，没有比间谍更为优厚奖赏的，没有比间谍更为秘密的事情了。不是睿智超群的人不能使用间谍，不是仁慈慷慨的人不能指使间谍，不是谋虑精细的人不能得到间谍提供的真实情报。微妙啊，微妙！无时无处不可以使用间谍。间谍的工作还未开展，而已泄露出去的，那么间谍和了解内情的人都要处死。凡是要攻打的敌方军队，要攻占的敌方城市，要刺杀的敌方人员，都须预先了解其主管将领、左右亲信、负责传达的官员、守门官吏和门客幕僚的姓名，指令我方间谍一定要将这些情况侦察清楚。

一定要搜查出敌方派来侦察我方军情的间谍，从而用重金收买他，引诱开导他，然后再放他回去，这样，反间就可以为我所用了。通过反间了解敌情，乡间、内间也就可以利用起来了。通过反间了解敌倩，就能使死间传播假情报给敌人了。通过反间了解敌情，就能使生间按预定时间报告敌情了。五种间谍的使用，国君都必须了解掌握。了解情况的关键在于使用反间，所以对反间不可不给予优厚的待遇。

从前殷商的兴起，在于重用了在夏朝为臣的伊挚，他熟悉并了解夏朝的情况；周朝的兴起，是由于周武王重用了了解商朝情况的吕牙。所以，明智的国君，贤能的将帅，能用智慧高超的人充当间谍，就一定能建树大功。这是用兵的关键，整个军队都要依靠间谍提供的敌情来决定军事行动。

战例

女艾谍浇

清朝人朱逢甲在《间书》中说：“用间始于夏王少康，使女艾间浇。”朱逢甲的话可以在《左传·哀元年》中找到确凿的记载：“……使女艾谍浇。”其意思是：国君少康把一个名叫女艾的人派到浇所统治的地方去进行间谍活动。

少康是夏朝的第六个君主，他为什么要派女艾去充当间谍？女艾又是什么人？这要从夏朝的第三个君主太康谈起。

太康是个只知道吃喝玩乐的人，经常外出打猎，高兴之至，数月不归。这样的国君是不会得到他的臣民拥护的。太康手下有一位勇猛善射的大将——后羿（也就是传说中的那位射落九个太阳的猛士）。他利用太康外出的机会把持了夏朝的大权，立太康的弟弟仲康为国君。仲康是夏朝的第四位国君。太康有家难归，客死他乡。

后羿大权独揽，目空一切。时间长了，他也不理朝政，醉心于山野行猎的趣事去了。后羿属下有个叫寒浞的阴谋家，他在骗取了后羿的信任后，不但谋杀了后羿，还夺取了后羿的爱妻，并与后羿的妻子生下了两个儿子：浇和豷。塞浞把过和戈这两个

地方封赏给了他们。

仲康的儿子相是夏朝的第五位国君。寒浞担心相会危及自己，残忍地杀掉了相。当时，相的妻子已经怀孕，她从墙洞侥幸逃生，生下了儿子少康。少康长大成人后在有虞氏部落居住下来。有虞氏首领十分器重少康，把两个女儿都嫁给了少康，还给了少康一小片土地和500名奴隶。

少康一直把杀父之仇记在心上。但是仅凭一小片土地和500名奴隶要想复仇绝非易事，少康思来想去，想到了使用“间谍”。少康有一位忠心耿耿的仆人，名字叫女艾。女艾不仅对少康忠贞不二，而且智勇双全。少康把自己的想法对女艾说了，女艾欣然赴任。

女艾到了浇所统治的地方，骗得了浇的信任，他源源不断地把浇的情况报告给少康，又与少康拟定了灭浇的行动计划，终于一举消灭了浇。随后，乘胜出兵，又剿灭了豷，这时，寒浞已经死了。少康回到故园，恢复了夏朝。

少康是我国第一个使用间谍的国君。令人深思的是：有史记载的第一次“用谍”就促成了一件这么大的事情，间谍的作用的确不可轻估！遗憾的是，关于这一段史实，史书上记载得不够详细。

第一个破译密码的人

世界上第一个破译密码的人是斯巴达人莱桑德。

公元前6～4世纪，雅典和斯巴达之间暴发了一场旷日持久的战争，斯巴达统帅莱桑德得到波斯帝国允诺的支持后，望眼欲穿地等候波斯的援兵，但时间一天天过去，波斯的援兵杳无音信。莱桑德派了一名间谍和一位使节去探察波斯人在搞什么鬼，但间谍和使节也一去不归。莱桑德坐卧不安。

就在这时候，斯巴达人抓获了一名行迹可疑的行路人，并把他带到了莱桑德面前。莱桑德见可疑人披一件破烂的羊皮袄，系一条羊皮腰带，俨然一个逃亡奴隶，又是哑巴，甚感失望。他扯下哑巴的羊皮旧带狠狠地抽去——突然，莱桑德发现羊皮回带的背面，乱糟糟地写满了希腊字母。莱桑德冷静下来，“难道这腰带上有什么秘密?”他亲自在哑巴身上摸了个遍，但一无所获；他又下令把哑巴的头发剃光，哑巴的头皮上现出两行烙着的希腊文——足以证明哑巴是雅典人的间谍。从其行走路线判断，他是前往波斯帝国的。莱桑德笑了，“总算找到些蛛丝马迹。”

莱桑德决心从羊皮腰带上搞个水落石出，但无论怎么察看羊皮腰带，就是看不出个头绪。莱桑德看得两眼发麻，无意识地把羊皮带卷了起来——“嗯？怎么回事?”莱桑德发现羊皮腰带上的字母并非杂乱无章，而似乎是有一定的规律。莱桑德命令士兵拿来一根根圆筒形木棒，尝试着把羊皮腰带一圈、一圈地缠绕在木棒上，最终找到了一根最合适的木棒，羊皮腰带上的字母立即组成一个个单词，汇成了一段意思完整的重要情报。

情报的大意是：雅典人已知道波斯人杀掉了莱桑德派出的间谍和使节，准备与莱桑德决一死战；波斯人将在决战时候，突然袭击莱桑德，置斯巴达人于死地。

莱桑德怒不可遏，立即重新调整部署，率大军渡过大海，向波斯帝国发起突然袭击。波斯淬不及防，一败涂地。莱桑德回师后，借助余威，又打败了雅典。

莱桑德破译古代雅典人的“天书”纯属偶然，但由此而获得的胜利是具有重大意义的，莱桑德也因此名垂青史。

陈平离间项羽君臣

陈平是汉高祖刘邦的大谋士，曾为汉高祖“六出奇计”（《史记·陈丞相世家》）。

公元前204年，刘邦被项羽包围在荥（YING、应；四川县名）阳城中已达一年之久，断绝了汉军的外援和粮草通道。刘邦内外交困，计无所出，便去请教陈平。

陈平献计道：“项羽为人猜忌信谗，他所依赖的不过是亚父范增、钟离昧、龙且等人。而且，每到赏赐功臣时，他又吝啬爵位和封邑，因此士人不愿意为他卖命。大王如能舍得几万金，可用反间计，离间其君臣关系，使之上下疑心，引起内讧，到那时我军乘机反攻，定能击败楚军。”

刘邦慨然交给陈平四万金。陈平用重金收买楚军中的将士，让他们散布流言：“钟离昧、龙且、周殷等将领功绩卓著，但却不能封王，他们将要与汉王联合……”

谣言传到钟离昧等人耳中，众人哭笑不得。谣言传到项羽耳中，项羽果然起了疑心，不再与钟离昧等人商议军机大事，甚至对亚父范增也怀疑起来。适逢刘邦派使者与项羽讲和，项羽便派使者回访，企图探察谣言的真伪。

陈平听说项羽的使者到了，正中下怀，立刻指使侍从抬起上等的餐具和十分丰盛的食品，待一见楚使之后，又佯装惊讶，低声议论道：“原以为是亚父范增的使者，却是项王使者！”于是匆忙把原物送回，又换上劣等食物及餐具。楚使受此大辱，回去后一五一十地报告给了项羽，项羽的疑心越发加大。

亚父范增不知道项羽对他不再信任，几次三番地劝项羽速取荥阳，否则会夜长梦多，又生它变。项羽故意冷却范增，不理睬范增。范增对项羽忠心耿耿，见项羽竟然疑心自已，气愤他说：“天下事成败已定，请君王好自为之，臣乞还这把老骨头，退

归乡里！”不料，项羽顺水推舟，居然答应他。范增又气又恨，归乡途中，背生痈疽，未等回到故乡彭城，一病死去。

这是陈平“六出奇计”中的第一计。

范增是项羽的主要谋士。范增离去；项羽对钟离眛等人又不信任，于是陈平又施乔装诱敌之计，让将军纪信冒充刘邦开东城门出降，吸引楚军到东门外围看，而刘邦和陈平等人在众将的掩护下乘西门楚兵空虚之计，大开西门，匆匆逃离荥阳。

一年后，刘邦击败项羽，建立了汉王朝。

偷一台苏联喷气式发动机

前苏联的图－104喷气机是高科技的结晶，令西方人垂涎三尺。苏联民航机在法国巴黎布尔歇机场设有一个仓库，这就为法国人猎取苏联人的先进航空技术提供了一个场所。法国间谍人员勒鲁瓦先依靠潜入仓库偷窃飞机零件或者用特制砂纸擦下点金属粉末等方法获取零零散散的苏联航空技术，在屡屡得手后，法国间谍机关干脆下了一个指令给勒鲁瓦，偷一台苏联喷气式发动机！

勒鲁瓦大吃一惊：“发动机？那可是装在飞机上面的啊！怎么可能去明目张胆地拆卸人家的飞机？”

但是，天无绝人之路，机会来了——一架图－104飞机上的发动机出了问题，苏联人从国内运来一台新发动机。在卸下旧发动机后，苏联人将它放入木箱中，加了铅封，送进了仓库，并且命令有关人员从陆路用火车将旧发动机运回国。

勒鲁瓦利用苏联人既吝啬又谨慎的特点，在一夜之间组建了一个运输公司，击败了所有的竞争对手，夺得了为苏联人运输发动机的差事。在启运之前，勒鲁瓦将从机场通往火车站的所有道口都布置了间谍，又把沿线所有的警察都换成自己的部下，还进行了几次“夺机”演习。

苏联人把启运发动机的时间安排在一个傍晚。当发动机装上车后，勒鲁瓦及其助手驾车行驶在前，苏联人紧紧跟随在后。训练有素的法国间谍硬是“挤”到了勒鲁瓦与苏联人之间，在经过一个十字路口时，勒鲁瓦驾车刚刚驶过，红灯亮了，“挤”进来的法国间谍紧急刹车，一下就把苏联人挡住。苏联人也不是好惹的，一打方向盘，越过前面的法国间谍车，企图闯过红灯。不料，勒鲁瓦早有安排，苏联人的汽车刚驶人十字路口，一辆旧卡车风驰电掣而至，“哐啷！”两车撞在一起。

片刻之后，苏联人从惊惶中清醒过来，发现自己的车子还能行驶，启动车子就想跑。但是，旧卡车司机跳下车，挡在了苏联人的前面，扯住苏联人大喊大叫。人们不知发生了什么事，纷纷围拢上来，交通立刻陷入瘫痪。“警察”不慌不忙地走过来，把卡车司机和苏联人带到了警察局。

勒鲁瓦得手后，一路绿灯，一口气开到法国某空军基地——那里早已聚集了法国最优秀的航空工程技术人员，他们有条不紊地对铅封取样、启封、开箱、吊出发动机，然后，分解发动机、拍照、绘图、测数据……凌晨五点，他们将这台当时在世界上属于第一流的喷气式发动机组装好，按原样加上铅封，装上勒鲁瓦的卡车，运到火车站。

警察局内，苏联人大吵大闹，但办案人员却漫不经心。好不容易结案了，已经是清晨六点。苏联人赶到火车站，仔细检查了包装箱和铅封，没有发现任何可疑之处，还以为自己是虚惊一场。

通过这次行动，法国人掌握了苏联人独占的高机密航空工程技术，大大缩短了自己与苏联人在航空工程技术上的差距。

亚德利破译大盗窃码

抗战期间，蒋介石聘请有"美国密码之父"、"世界破译巨星"之称的破译专家赫伯特·亚德利到重庆主持密码破译工作。亚德利连续破译了日本间谍的密码，但对由驻扎在重庆郊区川军师部发出的密码却束手无策。军统局特务头子戴笠明访暗察，搞清楚了密电是由一名川军高射炮部队军官发出的，该军官原系土匪，有"独臂大盗"之称，而且精通英文。戴笠想要逮捕大盗，但又苦无证据。

亚德利在通读了截获的密码后，确认大盗使用的是一种"无限不重复式"密码，密码本是一本常见的英文长篇小说，小说的前100页中的连续3页，每页第一个词分别是Her、Light、grain或groin。

简直是天方夜谭！

戴笠对亚德利的推断大打折扣。亚德利为证实自己的假设只有一个办法：找到那本英文小说。亚德利继续推导：大盗很可能把那本英文小说放在书橱中与其它英文书籍放在一起。因此，潜入书房，找到那本书就可以破译密码。

如何进入书房呢？亚德利想起了自己新结识的一位女友徐贞，徐贞也是那位大盗的朋友。在跟徐贞谈了自己的想法后，徐贞从民族大义出发，一口应允。

在徐贞的周旋下，大盗邀请徐贞和她的美国朋友亚德利去家中作客。大盗不知道亚德利的真实身份，当他将自己的漂亮的白人情妇多萝茜介绍给亚德利时，亚德利故作被多萝茜的美貌所震摄，惊慕不已，大盗则认为亚德利是个无名鼠辈，遂对他不再介意。凑巧的是，丰盛的宴席刚刚摆好，发生了空袭，大盗因公务在身，不得不返回部队去，把两位客人扔给了多萝茜。亚德利巧妙地与多萝茜纠缠在一起，徐贞则利用这个千载难逢的机会溜入书房，在美国著名女作家赛珍珠的长篇小说《大地》的第17、18、19页上发现了各页的第一个词正是那三个词。

徐贞在离开书房时被大盗的仆人发觉。

亚德利回到寓舍，立即找来一本《大地》。大盗的密码全被破译出来——大盗是日本间谍，还是汪精卫伪政权派驻重庆的高级代理人，据此，蒋介石挖出了一个超级谍网。其中蒋介石的德国军事顾问赫尔·韦纳。赫尔·韦纳让大盗将中国高射炮的最高射程发给日本人，日本空军因此在重庆上空肆意飞行，狂轰滥炸。

戴笠从此对亚德利佩服得五体投地。

亚德利获得嘉奖，但徐贞女士却受到冷遇。亚德利敏感到日本人会残酷地进行报复，劝徐贞女士寻求戴笠的保护，徐贞没有听，结果被日本间谍杀害。

二十世纪大间谍佐尔格

1941年。日本国。

身兼陆军大臣、内政大臣要职的首相东条英机气咻咻地叱骂道："饭桶！六年了，再不破译，军法从事！"

被叱骂的人是东京反间谍局局长大阪，他是东条的亲信，曾在关东军宪法司令部工作。六年来，一道道神秘的电波不分日夜地从日本这个岛国上飞入空中，令大阪伤透了脑筋。电波是谁发出去的？发给谁？那是些什么内容？尽管日本的反间谍机关使用了德国最新仪器进行"测位"，但还是一无所获。

大阪使用了一切手段，对一切可疑的人都进行了严密的监视。尽管没有任何证据，大阪还是下令拘捕了一个叫做宫城的画家。在审讯中，宫城突然跳窗而出，企图自杀。在宫城家中，大队搜出了一些奇怪的信件，于是，一场大规模的搜捕开始了。

过了三天，前首相近卫的顾问兼秘韦尾崎秀实被捕。随后，日本法相岩村签署了逮捕帝国元老西园寺的孙子及前首相的儿子犬养的拘票，但是，对于拘捕德国使馆的新闻专员佐尔格这样的大举措，法相和大阪都不敢擅自定夺。

大阪就是为这事来向东条英机汇报的。东条英机将怒气发泄完，飞快地签署了这份非同一般的拘捕令。

希特勒的德国是日本最亲密的战友。

里哈尔德－佐尔格出生在俄国的南高加索，母亲是俄国人，父亲是德国人。佐尔格的祖父弗里德利赫·佐尔格是无产阶级革命导师马克思和恩格斯的亲密战友，也许是老佐尔格的血流动在小佐尔格的血管中的缘故吧，参加了第一次世界大战后的佐尔格就立志要为解放全人类而奋斗终生。

佐尔格奉苏共中央命令搞情报工作始于1931年，当时他在中国。1933年，佐尔格回到希特勒统治的德国，在取得纳粹党驻报社特派员的信任后，他被派到日本东京。佐尔格谨慎地组建了"拉姆扎小组"，其核心成员是：佐尔格、法国记者勃兰科·武凯利奇、日本画家宫城四德、《朝日新闻》记者尾崎秀实。

1937年，日本记者尾崎秀实成了近卫首相私人顾问。一年后，佐尔格的好友奥特上校被提升为德国驻日大使。这两项人事变动为佐尔格的拉姆扎小组提供了重要的情报来源。

仅在最后三年，佐尔格就向苏共中央发出了65420组密码，即32．71万个字！

这些情报包括：日本侵华的绝密计划、诺门坎事件的军事部署、希特勒进攻苏联的计划、德意日三国军事同盟谈判内容及德军在苏联边境集结情况、日本的汽油贮备量、日本不向苏联西伯利亚进军的情报……等等，等等。

日军南京大屠杀的一幅幅骇人照片及数字有很大一部分就是佐尔格在中国时现场拍摄和记录下来，寄回当时的德国而保存下来的。

拉姆扎小组包括九个国家的人，日本人、苏联人、德国人、朝鲜人、中国人、美国人、南斯拉夫人和丹麦人，报务员是德国商人马克斯·克劳森。

1943 年 9 月，佐尔格和尾崎秀实被日本帝国主义者处以死刑，宫城和武凯利奇也先后死于狱中。

佐尔格及其拉姆扎小组为世界人民反法西斯战争所做出的贡献永垂不朽。

“男装丽人”川岛芳子

川岛芳子的真名叫爱新觉罗·显玗，是满清皇室肃亲王善耆的第 14 位公主，肃亲王的曾祖父是皇太极的第一王子。显玗于 1912 年随其养父到了日本，学会了精湛的骑术和超群的枪法，她喜欢把自己打扮成一个美俊的男人，因此有“男装丽人”之称。在日本的生活不仅造就了显玗的“川岛芳子”的日本名字，也为显玗的谍海生涯敲开了大门。

川岛芳子投身谍海干的第一桩大事就是谋杀“东北王”张作霖。川岛芳子利用自己是肃亲王第 14 公主的身份轻而易举地进入了张作霖在天津的私邸。川岛芳子本想见到少帅张学良，但张学良正忙得不可开交。便派贴身副官郑某接见川岛芳子。郑某一见川岛芳子即拜倒在她的石榴裙下，将张作霖的行踪和盘托出，日本人因此得以在皇姑屯将张作霖送上西天。

清废帝爱新觉罗·溥仪被冯玉祥逐出紫禁城后，辗转到了天津静园。日本人把溥仪从静园劫到旅顺，又带到东北，匆忙间，将皇后抛在了天津。溥仪要求日本人“帮助”把皇后接到东北来，日本人便将这一任务交给川岛芳子。1931 年 11 月，川岛芳子带着一个“患重病”的朋友住进了溥仪在天津的住宅，不久，朋友“病故”，众目睽睽之下，皇后也到“灵前”致哀。按照中国传统，人死后要运回老家，川岛芳子堂而皇之地命人抬着棺材离开了静园——棺材里面躺着皇后。

1932 年上海“1·28”事变前，川岛芳子只身潜入吴淞炮台，向日军提供了精确的吴淞炮台布防情况，蒋介石二次下野之前，又是川岛芳子将这一绝密情报汇报给日本关东军，使日军及时调整了对华的侵略部署；为了维护满洲帝国的统治、恢复清室在中国的帝制，川岛芳子还芽上特制军服，以安国军司令的身份参加了热河战役。

日寇投降后，川岛芳子作为第一号女汉奸于 1946 年被关入北京监狱中，于 1948 年 5 月被国民党政府以汉奸罪判处死刑。

黄浚，被美色拉下水

1937年“七·七”卢沟桥事变后，蒋介石在南京行政院召开绝密的最高国防会议，签署绝密令：立即封锁江阴至汉口段长江水域，先行歼灭在上海的日本海军陆战队，拦截和猎取泊于江阴以上长江各口岸的全部日军军舰和商船。但是，一夜之间，日军在上述水域内的六十余艘战舰和三千多名官兵全部撤走。

蒋介石气急败坏，泄密！有日本间谍潜伏在高级军政长官身边。

几乎与此同时，蒋介石准备出席南京中央军校的一次会议，日特企图潜入会场，幸被门卫发现，仓惶逃走。又过了几天，蒋介石准备乘英国大使冠尔专车前往上海视察，因故未能成行，但冠尔开车离开南京即遭日本飞机轰炸扫射，身负重伤。

蒋介石暴跳如雷。

戴笠日夜不停地行动起来，他发现汪精卫的主任秘书黄浚经常出入国民党军政要员光临的汤山招待所，与一个叫廖雅权的女招待勾勾搭搭。再一查廖雅权——真实姓名叫做南造云子，是潜伏南京多年的日本间谍。

戴笠很快查清了黄浚与日本间谍传递情报的方法：（一）黄浚每天到玄武湖公园散步，把情报放入公园内的一个树洞内；（二）紧急重大情报送到新街口一家外国人开的咖啡店中。

戴笠火速把黄浚及其儿子逮捕归案，铁案如山。黄浚父子供认不讳，两人即刻被处以极刑。

黄浚出卖的情报给中国人民造成的损失是无可估量的。

日本国窃取到吴淞口要塞的炮位分布图，用大口径火炮将我军几十门远程大炮一一摧毁，我方全体官兵无一生还。

日方逃生的七十余艘战舰和三千多官兵卷土重来，给中国的地面部队以重创，中方的旅团长级军官伤亡达一半，官兵伤亡约有十万余人。

戴笠在捕捉黄浚父子时，先行将南造云子捉获，但南造云子竟用巨金买通一名狱卒逃出了戒备森严的南京老虎桥监狱。南造云子狂妄至极，只潜藏了一年就又出现在上海。一天，南造云子驱车行驶到百乐门咖啡厅附近，她刚停下车，推开车门——一连三颗子弹射入她的身体——地狱的门为她敞开了。

睡在将军身边的女间谍

玛塔·哈莉是第一次世界大战中最成功的间谍之一，她受雇于德国，其间谍代号是H·21。第一次世界大战爆发后，哈莉奉命打入法国刺探军情。起初，法国对入境签证审查很严，哈莉无法入境。哈莉稍稍动了一下脑筋，以其媚丽的容貌、极富性感的表演，摄走了荷兰驻法国领事的魂魄，领事先生轻松地为哈莉弄到签证，把哈莉送入法国。

哈莉曾是红极一时的舞蹈明星。进入巴黎后，她施展开自己的全部伎俩，令昔日曾拜倒在她石榴裙下的法国军政要人再次为她倾倒。当时，已退役的莫尔根将军因战争需要回到陆军部担任要职，时逢老伴刚刚去世，见到哈莉后，顿时神魂颠倒，迫不及待地邀请哈莉住到他那里去。哈莉正中下怀，欣然搬人莫尔根家中，睡到了将军的身边。

哈莉很快就搞清楚了莫尔很将军把机密文件藏到了什么地方——书房的秘密金库。秘密金库的锁使用的是拨号盘，号码拨不对，金库是不会打开的，而知道秘密号的人只有莫尔根将军一个人。哈莉好几次想试一试运气，但都无法打开，于是只好寻找开锁的号码。

哈莉不可能去询问莫尔根将军—再愚蠢的间谍也不会这样做的，她认为莫尔根年纪大了，不可能把号码记在脑子里，很可能是记录在什么地方。趁将军熟睡之机，哈莉搜遍了一切可能记录号码的地方——抽屉里、写字台上、笔记本中、手帕上……均一无所获。哈莉是个不会轻易认输的女人，何况这时候，德国间谍机关向她发出指令：莫尔根将军处藏有新式武器的绝密文件，迅速窃取。

一天晚上，哈莉用放有安眠药的酒灌醉了莫尔根，悄悄地进入书房，来到金库门边。哈莉看了看手表，“已是下半夜二点钟了，得抓紧！”她双手握住拨号盘，按照从1到9的数字逐一通过组合来转动拨号盘。

时间一分钟、一分钟地过去。哈莉累得直不起腰来，十个手指又痛又酸，还是一无所获。眼看天就要亮了，哈莉懊丧地抬起头——忽然，她神差鬼使般地被墙上的挂钟吸弓住了——住进将军的寓所已有一段时间了，在她的印象里，那个挂钟好像一直未走动过。她似乎还建议过将军把钟修理一下，将军也曾随口答应过，但是……

哈莉的目光凝聚在静止的钟面上，9时35分15秒——“3515”，“不对！”哈莉叹了口气，“这是个五位数，而拨号盘是六位数。”

哈莉失望地垂下头。忽然，一道灵光闪过她的脑海——为什么要是9点呢？难道就不能是21点吗？对！就是213515！

哈莉兴奋地转动拨号盘——“213515”，“咔！”清脆、悦耳，哈莉从来没有听到过如此动人的声响。

金库的门终于被打开了，金库中藏有英国建造的一九型最新坦克设计图和其它绝密文件。哈莉迅速取出了微型照相机……

战后，权威人士透露，玛塔·哈莉的这一次行动至少使协约国的军队损失10万人！

良将李牧之死

李牧是战国时期赵国继老将廉颇之后的著名将领，因长期驻守赵国北方边防和抵

救赵国于危难之中有功，受封为武安君。

公元前229年，秦王嬴政派大将翦和杨端分兵两路进攻赵国，赵王迁命李牧和将军司马尚领兵阻击秦军。秦将王翦久经沙场，智勇双全，李牧与王翦战了个平手，交战一年之久，双方各有胜负。

秦军攻战，远离本土，时间长了，后勤供应发主了困难，而且士兵厌战情绪高涨。秦嬴政为了尽快结束战争，决心用离间计除掉李牧。

赵国的谋士王敖是受秦王嬴政的命令潜伏在赵国的间谍。王敖接到嬴政的密令后，借故来到王翦的军营对王翦说："秦王让我们尽快除掉李牧，打败赵国，请老将军给李牧写封信，商议讲合，其余的事情由我来做。"

王翦知道工敖是"自己人"，对王敖的话心领神会。王敖走后，王翦立即写好讲和的书信，派使者送给李牧。李牧不知是计，于是回了封信，派使者送给王翦。从此以后，双方的使者濒繁往来，为和谈的条件"讨价还价"。

王敖回到赵国都城邯郸，拿出秦王派人送来的金银珠宝广交"朋友"，四处活动。王敖早就探知赵王最宠信大臣郭开，平日里经常出入郭开府中，这时更是无日不往。郭开贪得无厌，忌贤妒能，王敖投其所好，奇珍异室、黄金白银，无所不送。郭开每每设宴款待，酒酣之后，无所不谈。一天，王敖对郭开说："李牧在与王翦秘密来往，据说，秦王答应李牧，破赵之后，封李牧为代王……"

郭开得知这一消息，认为是向赵王邀宠的好时机，急忙报告给赵王。赵王半信半疑，派人去李牧处察访，果然发现了李牧与王翦来往的许多信件。王敖乘机对赵王说："李牧驻守北疆，十几万匈奴人都不是他的对手；四年前肥下一战，把占优势的秦军打得大败而退。如今王翦只有几万人马，他却按兵不动。这不是心怀叵测是什么？"

赵王迁认为王敖的话有道理，派使看到李牧大营中传令：升赵葱为大将，接替李牧的兵权。

赵葱有郭开作后盾，强行接管了李牧的兵权并将李牧杀害。王翦得知李牧已死，挥兵长驱直入。赵葱指挥不利，一败而不可收拾，还赔上了自家性命，秦军大获全胜。

美人计诱印尼学子上贼船

阿丹脱拉是印度尼西亚万隆大学理工科的高材生，被印尼政府免费送入苏联明杰列夫大学化学系深造。一天，阿丹脱拉正专心致志地在学校图书馆读书，一个身材修长、美丽柔和的俄罗斯姑娘走到他的身边，“请问，我可以坐在这儿吗?”姑娘的声音犹如一阵春风，吹得阿丹脱拉心头热乎乎的。“当然可以。”阿丹脱拉指着身边的椅子回答。从此，他们相识了。

姑娘的名字叫娜塔莎。有一次娜塔莎约阿丹脱拉在校园里散步，天忽然下起了大雨，把两个人浇得犹如落汤鸡。娜塔莎把阿丹脱拉领入自己的独身宿舍，让阿丹脱拉脱掉湿衣服，而自己进入卫生间洗澡。阿丹脱拉擦干身上的雨水，娜塔莎从卫生间出来了——娜塔莎只穿了一件薄薄的睡袍，雪白的肌肤、丰满的乳房、蓬松的长发、含情脉脉的双眼……阿丹脱拉被俘虏了。

娜塔莎是苏联克格勃第一总局七处的情报员，担负着收集日本和东南亚各国经济情报的任务。阿丹脱拉天天与娜塔莎在一起鬼混。一离开娜塔莎就像掉了魂似的。这时候，克格勃向他摊牌了，他们将阿丹脱拉与娜塔莎在一起做爱的一组组照片放在阿丹脱拉面前，扬言要寄给印尼有关部门，阿丹脱拉只好屈服。

阿丹脱拉离开苏联后进入日本信越聚合体株式会社东京工厂当研究生，他的勤奋和独创精神深得日本导师的赏识，因此，他得以接近机密资料。当时，日本人正集中力量进行“塑料成型技术研究”。此项高科技成果在军事领域的应用十分广泛，苏联人根据阿丹脱拉窃取的技术情报迅速研制出居世界领先地位的超级塑性炸药和塑性地雷，令北约集团大为震恐。为此，阿丹脱拉得到了 10 万美元的奖赏。

此后，阿丹脱拉又成功地窃得有机化工合成产品氯化乙烯基配制表这份价值连城的工业技术情报，克格勃又奖给阿丹脱拉 15 万美元。

阿丹脱拉被美色和金钱弄晕了头，频频与苏联驻日本国的间谍接头，频频传送窃到手的各种情报，终于露出了马脚，就在他幻想即将成为百万富翁的时候，日本警视厅的侦探出现在他面前，把他送进了监狱。

诡计多端的双面间谍

南斯拉夫的达斯科·波波夫投身间谍事业纯属偶然。1940 年 2 月，波波夫的好友——德国军事情报局的约翰尼·杰伯逊请波波夫帮助自己卖掉 5 条被封锁在特里斯特的德国船，波波夫明知约翰尼是在策动他做一名纳粹间谍，他还是照办了。据波波夫回忆说：他想利用这一特殊地位为反法西斯事业做点什么。不久，英国军事情报第六处明确指示他：“你就准备为那些德国人‘效劳’吧，要巧妙地与他们搞好关系，让他们把你派到伦敦或某个中立国家去。”

波波夫如愿以偿地被德国间谍机关派到了英国，他的任务是为德军轰炸英国的城市、军事设施提供可靠情报。在英国军事情报处第六处的帮助下，彼波夫拍摄了伪造的飞机场照片、海军的各种“重要”情报、各战略要地的“地形图”、虚构的英国东海岸布雷图、英国对付德军毒气战的计划……

这些情报有多大价值呢？仅举两例：根据波波夫的情报，希特勒完全取消了对英国实施毒气战的想法，打消了从东海岸进攻英国的念头。

波波夫在英国结识了嘉黛·沙利它，她是奥地利一个纳粹头子的女儿，但她从不与父亲同流合污。波波夫将嘉黛发展为自己的助手，德国情报机关也对嘉黛深信不疑。

1943 年 4 月，英国军事情报处第六处探知德国人正在研制一种叫 FZG－76 型火箭（即 V－1 火箭）的新武器，波波夫奉命去德国寻找该武器的生产厂家和生产地点。波波夫到了德国后迅速查找到德国皮尼蒙德附近的两家工厂批量生产一种无人驾驶、能运载一吨重炸弹的“单翼飞机”，英国空军马上对这一地区进行了密集轰炸，使德方停止生产达半年之久。

达斯科·波波夫的活动在德国军事情报局的严密监视下，终于露出了破绽。1944 年 5 月中旬，英国军事情报第六处紧急通知波波夫：“……速国里斯本，通知其他人员转移，德国人已经察觉。”波波夫火速赶回里斯本，但德国人抢先了一步，除波波夫死里逃生外，波波夫手下在欧洲的间谍全部以身殉职。

波波夫的谍报生涯中有许多浪漫色彩，从某一角度说，这也是他间谍生活的需要。西方间谍机关称达斯科·波波夫是“最勇敢、最快乐的谍报天才”，波波夫自己则说：“要使自己在风险丛生中幸存下来，最好还是不要太认真对待生活为好。”

杨广计施间术夺皇位

杨广是隋文帝的次子，被封为晋王，远离京城，驻在其封地扬州。杨广对其哥哥杨勇被封为太子十分妒忌，时刻想取而代之。为了探听京城的消息，他以重金收买隋文帝的宠妃陈贵人，探知了隋文帝对杨勇不满的情报。原来，杨勇生活奢侈、贪爱美色，还有杀害其正妻元妃的嫌疑；隋文帝担心杨勇不能继承自己的事业。杨广立即把自己装扮成一个“正人君子”。他只与正妻萧妃住在一起；隋文帝和孤独皇后每次派人去扬州看望他，他都厚礼迎送；每次入朝都布置得俭朴无华，因此博得了隋文帝和独孤皇后的欢心。

杨广向夺取太子之位迈出了第一步，便急不可奈地把手伸进了京城。他把自己的密友宇文述派去拉拢朝廷重臣杨素的弟弟杨约。宇文述借宴请杨约赌博取乐之机，把价值连城的奇珍异宝一件件地全“输”给了杨约。杨约感到奇怪，追问珍宝的来历。宇文述坦言说：“这是晋王的赐赏。”又说：“自古以来，有贤德的人都是择良主而事。

如今，杨勇已失宠，你们兄弟受皇上恩宠多年，但仇人也不少，一旦皇上死去，你们还依靠准呢？如果能说服皇上改立晋王为太子，太子对你们兄弟感恩戴德不尽，我这也是为你们着想啊！"

杨约把宇文述的话转告给杨素，杨素知道隋文帝对杨勇不满，但不知道独孤皇后的态度。一天，杨素借入宫参加宴会之机向独孤皇后进言说："晋王孝顺友爱，谦恭节俭，很像皇上。"独孤太后十分感动，连连责怨杨勇，还赠送了不少金银给杨素，杨素于是下定决心扶立杨广为太子。此后，隋文帝派杨素去观察杨勇对废黜太子的反应，杨素故意激怒杨勇，隋文帝因此对杨勇愈感到不安，日夜派人监视杨勇。

杨广又以重金收买杨勇宫中的官员姬威，让姬威上疏告杨勇谋反。姬威权衡利害，咬咬牙，站到了杨广一边。

公元600年10月9日，隋文帝终于下定决心废除了杨勇的太子封号，立晋王杨广为太子。三年之后，杨广乘隋文帝病重之际，命令杨素和亲信张衡害死了隋文帝，夺取了皇位，史称隋炀帝。

日本"客商"窃取显影剂配方

80年代的一天，一批日本"客商"到法国一家久负盛名的照相器材厂参观，这家照相器材厂的核心机密是新显影剂的配方。

照相器材厂的实验室主任殷勤地带领着"客商"在工厂各地参观，最后进入了实验室。"客商"们都是行家，他们不停地提出各种不同的问题，实验室主任百问不烦地给"客商"们解答。实验室主任有接待各种"客商"的丰富经验，就在他笑容可掬地为"客商"们做解答时，他发现一位"客商"在显影溶液前停了下来，而且伸长脖子、弯下腰贴近了盛显影溶液的器皿，在转瞬即逝的一刹那间，他的领带末端侵入了溶液之中。实验室主任知道：日本"客商"回去后，只要把领带上的溶液化验一下，就能准确无误地分析出显影的配方，从而制造出完全相同的新显影剂。

实验室主任不动声色地继续带领"客商"们在实验室里参观，同时对身边的女服务员悄悄地嘱咐了几句。

参观结束，"客商"们鱼贯走出实验室，当那位日本"客商"即将迈出实验室时，漂亮的女服务员彬彬有礼地挡在他的面前，呈上一条新领带，说："您的领带弄脏了，请换上这一条，好吗？"

日本"客商"只好尴尬地摘下沾有显影溶液的领带，把它交给服务小姐。实验室主任凭借他的机警，维护了自己工厂的利益。

谁谋杀了拿破仑？

1821年5月5日下午5时49分，世界近代史上叱咤风云的传奇人物、威震欧洲的卓越军事家、名扬全球的法兰西第一帝国皇帝拿破仑－波拿巴在被茫茫大海包围着的圣赫勒拿岛上磕然去世，时年仅51岁。

对于拿破仑的死因，八名医生在对拿破仑的遗体进行解剖后，提出了四份不相同的报告。拿破仑则在遗嘱中写道：“我死于非命”，“被英国执政者及所雇凶手谋害了。”

拿破仑在滑铁卢战役失败后，于1815年10月被英国人囚禁于英属圣赫勒拿岛上。当时，拿破仑剽悍幢壮，精力充沛；可是，仅仅过了6年，就一病而逝。人们有理由提出怀疑：是谁谋杀了拿破仑？

为此，人们争论了一百三十多年。

到了1955年的秋季，貌似堂·吉河德再生的瑞典牙科医生斯坦·福舒特悄然加入了这个论坛。福舒特虽然是个牙医，但他又对生物学和药理学非常感兴趣，偏好阅读拿破仑的文献专著。当他阅读完拿破仑当年的侍卫长路易·马尔尚写的《回忆录》后，福舒特的心情再也不能平静了。福舒特将拿破仑1821年1月至5月的身体状况列出了一个提纲，发现拿破仑有规律地出现嗜眠和失眠现象——马尔尚详细地记述了“皇帝”对各种药的反应。福舒特大胆推断：拿破仑·波拿巴是中毒身亡。

福斯特开列了32项砒中毒症状，发现拿破仑病危时至少显露了其中的22项。但是，怎样才能证明呢？拿破仑的尸体在他逝世19年后已运回法国，如今安葬在荣民院的大陵墓中，陵墓上面是35吨磨得光滑滑的斑岩，要想检验遗骸是不可能的。四年过去了，1959年11月，福舒特在一篇报道中看到：只用一根头发也可验出砒的含量，其发明人是苏格兰格拉斯大学法医系的史密斯博士。福舒特设法找到了拿破仑死后第二天剃下来的头发，那是侍卫长马尔尚珍藏的，小心地用挂号邮件寄给了史密斯。1960年7月，史密斯的回信到了：用本人的方法分析检品后，测得每克头发所含砒值为10. 38微克，显示此人曾吸收分量相当重的砒。

人发的正常含砒量为百万分之零点八，拿破仑发中含砒量高出正常情况的13倍！

1961年10月14日，英国《自然》杂志发表了福舒特、史密斯和瑞典毒理学家沃森合写的论文《拿破仑之被害》。此后，三位志同道合的先生获得了拿破仑的后裔和亲信赠送的更多的拿破仑的头发。史密斯用把头发分成5毫米长的小段进行测试的方法测得的数据与拿破仑病情的起伏完全吻合，确凿无疑地证明拿破仑是死于蓄意谋杀。

现在，该去寻找凶手了。史密斯的测试排除了拿破仑的私人医生及先后陪伴拿破仑的一些人，只剩下5名“嫌疑犯”供福舒特去“擒拿”，这5个人是：拿破仑的两个最忠实追随者——侍卫长马尔尚和旧贵族蒙托隆、男仆波尔隆、内侍圣－德尼和诺韦拉兹。

用砒霜杀人必须把药拌搅在食物或酒中。二名内侍不经常侍奉拿破仑的饮用，因此可以排除；如果是波尔隆投毒，他不可能只毒杀拿破仑一个人，也可以排除。这样，只剩下两个“最忠实的追随者”了——只有最“忠心”的人，才最有机会实施谋杀。

马尔尚的母亲很早就是宫廷侍女，马尔尚从小就在宫廷中，一直侍奉拿破仑。马尔尚的一家与拿破仑的政敌——法国的波旁王朝无任何瓜葛；蒙托隆曾被拿破仑解职过，当拿破仑第一次被流放时，蒙托隆差一点当上波旁王朝的将军，只因盗窃巨额军饷才没有赴任，但却没受任何处分。蒙托隆是在拿破仑兵败滑铁卢才出现在拿破仑的随员中的。而且，蒙托隆的夫人在岛上一直与拿破仑明来暗往，蒙托隆从不干预，这是为什么呢?

福舒特进一步研究了大量的史料，得知：蒙托隆掌管着贮酒小室的钥匙。有一次，拿破仑把自己的酒送了一瓶给跟随自己的将军顾尔高，结果，顾尔高病了，症状与拿破仑相似。

拿破仑在病危时食用苦杏，又服用甘汞，这也是蒙托隆的主意，苦杏与甘汞接触后会释出有毒的氰化汞。

福舒特的结论是：旧贵族蒙托隆是受波旁王朝派遣、潜伏在拿破仑身边的一名间谍。换句话说，是波旁王朝派蒙托隆谋杀了拿破仑。

改变战争进程的女人

“辛西娅”是美国女郎贝蒂·索普的化名。这是一个充满传奇色彩的名字。

贝蒂的间谍才能是英国情报局大名鼎鼎的威廉·斯蒂芬森发现的。当时，贝蒂随丈夫帕克一起在华沙工作，她巧妙地窃取了德国伊尼格默密码机的详图，这使英国和美国情报机关高兴得几乎发狂。斯蒂芬森把贝蒂召到纽约，给她起了一个“辛西娅”的化名，然后把她派到了华盛顿，让她设法获取意大利海军的军用密码。

辛西娅这个名字要比“贝蒂”富有诗意得多。美丽聪明的辛西娅利用自己的美色很快就把意大利驻华盛顿的海军武官艾伯托·莱斯上将捕获。根据辛西娅提供的军事密码本和译成密码所用的图表，英国皇家海军破译了意大利海军的来往电文，把意大利驻地中海的舰队彻底击溃，其中有三艘巡洋舰被击沉。英国首相丘吉尔说：“这一仗在此关键时刻清除了轴心国对地中海东部英国制海权的一切挑战。”

1941 年 5 月，斯蒂芬森又交给辛西娅一个任务：“我们要得到（法国）维希政府驻华盛顿大使馆和欧洲之间来往的全部邮件——函电、私人信件和明码电报。”辛西娅冷静地接受了任务，选择了维希法国驻华盛顿大使馆主管新闻事务的查尔斯·布鲁斯作为自己的进攻对象。布鲁斯是一位爱国者，当他的上司通知他搜集英、美两国的情报，并把这些情报送给德国人时，布鲁斯愤怒了，他变成了辛西娅最忠实、最勤奋的情报提供人。“法国人没有给德国人当密探的义务。”他这样解释自己的所做所为。

为了夺取被法国占领的马达加斯加和实施北非登陆计划，英国海军急需获取维希法国海军的密码，而这些密码是深藏在机要室的保险柜中的，只有大使本人和首席译电员才知道保险柜的暗码。

辛西娅在接受任务时对上司说："这不可能。但我乐意干不可能的事。"

事实证明辛西娅的判断是正确的。辛西娅极尽所能，包括跟机要员"上床"干那种事，但都一无所获。最后，只剩下唯一的途径了：偷。

斯蒂芬森亲自参与到窃取密码的行动中来，他在美国联邦调查局的帮助下，从纽约的一所监狱中找到了一个绰号叫"窃贼乔治亚"的人，让"窃贼乔治亚"配合辛西娅和布鲁斯的工作。

布鲁斯对大使馆保安人员说："他有一大堆积压下来的事情要干，要加几个夜班，而且有一个女朋友要跟他作伴。"布鲁斯边说边给了保安人员一笔可观的"小费"，保安人员当然懂得"朋友"的含义，点点头，同意了。

如何把"窃贼乔治亚"带入使馆呢？

保安人员巡视的规律是：每转一圈，约需一个小时。

辛西娅突然有了主意：她把衣服全部脱光，又让布鲁斯脱得二丝不挂，然后，俩人紧紧搂抱在一起……保安人员巡视到布鲁斯的房间，只看了一眼，便悄悄地退了回去。"多不好意思！人家根本不避讳我，我却去打扰人家。"保安人员边走边想，于是，他再也不来"打扰"了。

辛西娅迅速地把"窃贼乔治亚"引入使馆，潜入机要室。潜入机要室。"窃贼乔治亚"只用几秒钟就打开了保险柜，窃取了一册又一册沉甸甸的密码本，并一一拍了照。英国人用它们破译了敌国的所有密码。

1942 年 6 月，盟军攻占了马达加斯加；11 月，盟军成功地在北非登陆。

英国情报部门的一位高级官员不无感慨地对辛西娅说："多亏你搞到了密码，战争的进程缩短了！"

石勒用间胜王浚

东汉以来，我国大西北一带的各少数民族便逐渐向长城以内迁徙，开始在辽西、幽州、并州以及关陇等地生活。到了西晋时期，这些少数民族贵族已与汉族人民犬牙交错地生活在一起，许多少数民族贵族深受汉族文化的影响，不同程度的走上了封建化道路。西晋统治集团是建立在剥削与压榨人民基础上的腐蚀统治，激化了当时的阶级矛盾与民族矛盾，人民纷纷起来反抗西晋政权的统治。这一时期，四川爆发了流民爆动，流民起义的队伍在公元 304 年占领了成都；北方一些少数民族的首领这时也趁着西晋政权的摇摇欲坠而起兵反晋。匈奴贵族刘渊便是在流民占领成都的同年起兵的。当时他已自立为汉王，集结军队，立志要创立如冒顿单于一般的事业。与他几乎同时起兵的还有汉人王弥、羯人石勒。石勒后来吞并了王弥，战胜了拥兵幽州的西晋大臣王浚，摆脱了刘氏集团自立为赵王（历史上称为后赵），成为中国北方出现的 10 多个少数民族政权之一（即历史上"十六国"之一）。石勒用间智取王浚发生在他自立为赵王之前。

石勒字世龙，羯族人，其家族世为部落小帅，到石勒这一代，部落小帅已无什么待遇可言，为了生活，石勒给商人与地主当过田客。后被西晋并州刺史司马腾捉住并送到冀州贩卖到一个叫师欢的地主家里当耕奴。师欢见这个二十几岁的胡人相貌不俗，善于骑射，又勇敢有谋，怕他鼓动其他耕奴造反，就把他放了。石勒离开师欢家，投奔了晋朝廷养马地——马牧的小头目汲桑，并在茌平县一带组成“十八骑”。他们常常出入于专门繁殖名马赤龙、骐骥的场地，到远处抢掠缯宝，拿回来贿赂汲桑。

当成都王司马颖挟持晋惠帝失败被废后，他的部将公师藩等起兵赵、魏，要为司马颖报仇。石勒和汲桑就率马牧人乘马场马匹数百骑前往响应。公师藩攻打邺城失败被杀，石勒与汲桑逃回马牧。他们在马牧劫掠郡县，释放囚犯，集山泽亡命之徒，其势力得到扩充。石勒、汲桑在一次战斗中失败，汲桑被晋军杀死，于是石勒带领自己的队伍投奔已在左国城称汉王的刘渊。

石勒投奔刘渊后，在三四年时间内东征西讨，攻城夺地，为汉国立下汗马功劳，成为维护汉国统治的一支劲旅。石勒的势力也在征战中不断发展、扩大。公元311年，投奔刘渊的王弥在其势力得到扩大后，密谋要杀掉石勒，想吞并他的势力。石勒知道后，设计杀掉王弥，合并了他的全部人马。随着实力的不断增加，石勒称王的野心渐起。但是他表面上仍然遵从汉主，同时在他的统治范围中实行优待汉族地主及汉族知识分子的政策，把一批富有统治经验的汉族地主及汉族知识分子吸收到自己麾下。他的军师张宾就是其中之一，张宾为石勒建立“后赵”政权起了极重要的作用。

石勒火并王弥后，将攻击目标转向了西晋幽州刺史王浚。王浚在与石勒交战失败后，曾求助于鲜卑、乌桓人的支持，但鲜卑、乌桓人没有响应。这里，军师张宾分析了王浚兵势衰弱的情况，指出如果石勒现在表示归顺王浚，那么他一定会喜出望外。因此，张宾建议石勒智取王浚，而不要硬战。张宾要石勒写一封词语谦恭的信，表示与他和好的诚意，并愿意隶属他，扶助他当皇帝。等到王浚对石勒疏于防备时，再乘其麻痹一举消灭他的势力。石勒同意了他的建议，并且马上开始依计行事。

石勒派他的门客王子春、董肇等人带书信和许多珍宝，去见王浚。石勒在信中推崇王浚为天子，而自己只是一无名小胡，“我所以投身于兴义兵除暴乱的事业，正是要为您扫除障碍。所以诚心希望您顺应天意民心，登基称帝。我石勒崇敬拥戴您就像对自己的父母一样，您也应明察我的诚意苦心，将我像儿子一样看待。”在给王浚上书献宝的同时，石勒还要王子春以重金笼络了王浚的心腹枣高。王浚见石勒归顺于他十分高兴，把王子春等人封为列侯，并派使者以地方特产答谢他。王浚的司马游统阴谋判变王浚，派使者骑马向石勒请降，石勒杀了使者，并送给王浚，以此表示自己的诚实无欺。王浚此时便更加信任石勒，不再存有什么疑心。

不久，王子春等人与王浚的使者一同回来，石勒下令隐藏起强壮的精兵和武器，显示出仓库空虚而军队软弱的样子，面向北拜见王浚的使者，接受王浚的书信。王浚送给石勒佛尘，石勒装作不敢拿，把它挂在墙上，每天早、晚都要敬拜这佛尘。石勒还派董肇向王浚上书，约定日期亲自到幽州去奉上皇帝的尊号。王浚的使者回到幽州，就其所见陈述了石勒将寡兵弱和对王浚诚心不二的情况。王浚大喜，认为他确是可信任的。

石勒见王浚已相信了自己，便开始准备袭击王浚。他先叫回王子春，打听幽州的情况。子春说："幽州自从去年遭到大水灾后，人民吃不到一粒粮食，而王浚却把百万粮食屯聚在仓里，不用来救济百姓。他的刑罚政治又极为苛刻残酷，对百姓征设纳赋十分频繁，残害贤臣良将，诛杀排斥进谏的谋士，下属因不能忍受，逃亡叛变的很多。鲜卑、乌丸在外与他离心离德，枣高、田矫在内贪婪横暴，人心忧惧而动摇，军队虚弱而疲敝，而王浚却还要高筑台阁，排列百官，大言不惭地说汉高祖、魏武帝都不足与他并论。"石勒听王子春谈的幽州饥荒贫困，王浚众叛亲离的情况，决定发兵袭击幽州。但他又怕并州刺史刘琨从背后袭击他。于是他与张宾商量如何应付刘琨。张宾建议利用刘琨与王浚的矛盾，写信与刘琨讲和，请求刘琨允许他以讨伐王浚来将功补过。石勒按张宾所说，办妥了这件事，稳定了刘琨，解除了后患。

公元314年，石勒发兵袭击幽州。石勒率领轻骑兵日夜兼程向幽州进发。石勒军到达易水时，王浚的督护孙纬立即派人给王浚送消息，请求准备抵抗，王浚对他们说："石公到这儿来，正是要拥戴我当皇帝的，谁再说抗击的话，立刻杀头！"于是，王浚设筵等待石勒的到来。石勒在早晨赶到蓟县，喝叱守城的人开门。石勒因怀疑城内有埋伏，就先驱赶几千头牛羊，声称是献给王浚的礼品，实际上是堵塞街巷，使王浚的军队不能出战。王浚这时才意识到大势不好，开始坐卧不宁了。石勒派手下抓住了王浚，将他送回襄国（石勒的都城，在今河北省邢台市西南）杀死。石勒占据了幽州，吞并了王浚的军队，为不久以后自立为赵王奠定了基础。

从石勒战胜王浚的史实中可见，孙子所说的用间的重要性、要领以及方法，石勒都能熟练掌握并灵活运用于战争的初中之中，正因为如此，石勒才取得了幽州之战的胜利。

三十六计

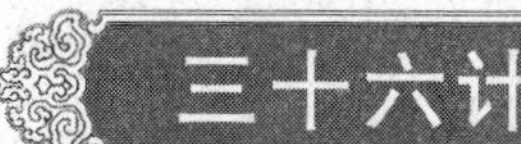

第一计　瞒天过海

备周则意怠（1）；常见则不疑。阴在阳之内，不在阳之对（2）。太阳，太阴（3）。

注释

（1）备周则意怠：防备十分周密，往往容易让人斗志松懈，削弱战力。

（2）阴在阳之内，不在阳之对：阴阳是我国古代传统哲学和文化思想的基点，其思想笼罩着大千宇宙、细末尘埃，并影响到意识形态的一切领域。阴阳学说是把宇宙万物作为对立的统一体来看待，表现出朴素的辩证思想。阴、阳二字早在甲骨文、金文中出现过，但作为阴气、阳气的阴阳学说，最早是由道家始祖楚国人老子所倡导，并非《易经》提出。此计中所讲的阴指机密、隐蔽；阳，指公开、暴露。阴在阳之内，不在阳之对，在兵法上是说秘计往往隐藏于公开的事物里，而不在公开事物的对立面上。

（3）太阳，太阴：太，极，极大。此句指非常公开的事物里往往蕴藏着非常机密的计谋。

按语

阴谋作为，不能于背时秘处行之。夜半行窃，僻巷杀人，愚俗之行，非谋士之所为也。如：开皇九年，大举伐陈。先是弼请缘江防人，每交代之际，必集历阳，大列旗帜，营幕蔽野。陈人以为大兵至，悉发国中士马，既而知防人交代。其众复散，后以为常，不复设备，及若弼以大军济江，陈人弗之觉也。因袭南徐州，拔之。

解析

“瞒天过海”之谋略决不可以与“欺上瞒下”、“掩耳盗铃”或者诸如夜中行窃、拖人衣裘、僻处谋命之类等同，也决不是谋略之士所应当做的事情。虽然，这两种在某种程度上都含有欺骗性在内，但其动机、性质、目的是不相同的，自是不可以混为一谈。这一计的兵法运用，常常是着眼于人们在观察处理世事中，由于对某些事情的习见不疑而自觉不自觉地产生了疏漏和松懈，故能乘虚而示假隐真，掩盖某种军事行动，把握时机，出奇制胜。

探源

见《永乐大典——薛仁贵征辽事略》。唐太宗贞观十七年，御驾亲征，领三十万大军以宁东土。一日，浩荡大军东进来到大海边上，帝见眼前只是白浪排空，海茫无穷，即向众总管问及过海之计，四下面面相觑。忽传一个近居海上的豪民请求见驾，并称三十万过海军粮此家业已独备。帝大喜，便率百官随这豪民来到海边。只见万户皆用一彩幕遮围，十分严密。豪民老人东向倒步引帝入室。室内更是绣幔彩锦，茵褥铺地。百官进酒，宴饮甚乐。不久，风声四起，波响如雷，杯盏倾侧，人身摇动，良久不止。太宗警惊，忙令近臣揭开彩幕察看，不看则已，一看愕然。满目皆一片清清海水横无际涯，哪里是什么在豪民家作客，大军竟然已航行在大海之上了！原来这豪民是新招壮士薛仁贵扮成，这“瞒天过海”计策就是他策划的。“瞒天过海”用在兵法上，实属一种示假隐真的疑兵之计，用来作战役伪装，以期达到出其不意的战斗成果。

案例

曹操应急佯献刀

智谋见于《三国演义》第四回“废汉帝陈留践位谋董贼孟德献刀”。

董卓收服猛将吕布后，威势更盛。并于当年（189 年）九月废汉少帝刘辩为弘农王，而改立陈留王刘协为帝，是为汉献帝。然后，董卓自任相国，赞拜不名，入朝不趋，剑履上殿，飞扬跋扈，不可一世。第二年，董卓又派部下鸩杀少帝（弘农王），。绞死唐妃，甚至夜宿御床，篡位之心毕露无遗，他的行为激起了朝臣的普遍愤恨。

渤海太守袁绍与司徒王允秘密联络，要他设法除掉董卓。但文弱书生出身的王允面对骄横的董卓无计可施。思来想去，实在想不出什么办法，他便以庆祝生日为名，邀请群臣到自己家中赴宴，商讨计策。

席间，酒行数巡，王允突然掩面大哭。众官惊问：“司徒贵诞，为何悲伤？”王允说：“今日其实并非我的生日，因想与诸位一叙，恐怕董卓疑心，所以托言生日。董卓欺君专权，国将不国。想当初高皇帝刘邦诛秦灭楚，统一天下，谁想传至今日，大汉江山即将亡于董卓之手！”

王允边说边哭，众官也皆相对而泣。唯骁骑校尉曹操于座中一边抚掌大笑，一边高声说：“满朝公卿，夜哭到明，明哭到夜，还能哭死董卓吗？”王允闻言大怒，对曹操说：“你怎么不思报国，反而如此大笑呢？”曹操回答说：“我不笑别的，只笑满朝

公卿无一计杀董卓！我虽不才，愿即断董卓之头悬于国门，以谢天下。”王允肃然起敬说：“愿闻孟德高见2”曹操说：“我近来一直在奉承、交好董卓，就是为了找机会除掉他。听说司徒您有七宝刀一口，愿借给我前去相府刺杀董卓，虽死无憾!”王允闻言即亲自斟酒敬曹操，并将宝刀交付曹操。曹操洒酒宣誓，然后辞别众官而去。

次日，曹操佩着宝刀来到相府，见董卓在小阁坐于床上，吕布侍立于侧。董卓一见曹操，便问他为何来得晚。曹操回答说：“乘马羸弱，行动迟缓。”于是，董卓即让吕布去从新到的西凉好马中选一匹送给曹操。吕布领命而出。曹操觉得机会来了，即想动手，但又怕董卓力大，难以制服。正犹豫间，董卓因身体胖大，不耐久坐而倒身卧于床上并转面向内。曹操见状急忙抽出宝刀，就要行刺。不料董卓从衣镜中看到曹操在背后拔刀，急回身问道：“曹操干什么?”此时吕布已牵马来到阁外。曹操心中不免暗暗发慌，他灵机一动，便表情镇静地双手举刀跪下说：“今有宝刀一口，献给恩相。”董卓接过一看，果然是一把宝刀：七宝嵌饰，锋利无比。董卓便将宝刀递给吕布收起，曹操也将刀鞘解下交给吕布。然后，董卓带曹操出阁看马，曹操趁机要求试骑一下。董卓不加思索便命备好鞍辔，把马交给曹操。曹操牵马出相府，加鞭往东南而去。

吕布见曹操乘马远去，便对董卓说：“刚才曹操似乎有行刺的迹象，及被发现，便佯装献刀。”在吕布的提醒下，董卓也觉得曹操刚才的举动值得怀疑。正说间，董卓的女婿李儒来到。李儒是董卓的谋士，是个很有心计的人。他一听董卓介绍曹操刚才的所作所为，便说：“曹操妻小不在京城，只独居寓所。今差人请他来，他若无疑而来，便是献刀；若推托不来，必是行刺，便可逮捕审问。”董卓即依照李儒的主意，派遣四个狱卒前去传唤曹操。良久，狱卒回报说：“曹操根本不曾回寓所。他对门吏声称丞相差他有紧急公事，已纵马飞奔出东门去了。”李儒说：．“曹操心虚逃窜，行刺无疑。”董卓大怒，便下令遍行文告，画影绘形，悬赏通缉曹操。

郭亮巧设迷魂阵

郭亮（1901—1928），是湖南早期工人运动的领导人之一。他曾参加过南昌起义，任过湖南、湖北的省委书记，中共五大当选为中央委员。1928 年 3 月 27 日在湖南岳阳被国民党反动派逮捕，29 日在长沙遇害。

1923 年，郭亮任湖南省工团联合会总干事，同时又兼任中共湖南省委委员和工农部部长，工作非常繁忙。由于郭亮在湖南长沙地区乃至全省工农中有很高的声望，国民党恨之入骨，总想寻找机会除掉他。

有一天，郭亮正在工团联合会的楼上全神贯注地写指导工人运动的工作文件。忽然，他桌子上的台灯亮了几下，这是门口老工人发出的告急信号。

郭亮从这个信号中立即判断出，肯定是抓人的警察来了。他马上把没有写完的文件和其他保密本子收拾起来，一把揣进怀里，准备下楼转移。

可是，出乎郭亮意料之外的是敌人来得太快。他走到楼梯口，刚要迈步下楼的时候，楼下大门口就已经传来了警察的讲话声和脚步声。显然警察已经临门了。这个时候，要走，显然是无法走出去的；要躲也是躲不掉的，敌人肯定会搜查到的。

怎么办呢?

郭亮在走不出，躲不住的情况下，只好退回到办公的屋里。在千钧一发之际，郭亮调动脑子里所有的细胞，终于想出一个主意：拿一把锁，把手从靠门的窗子伸出去，把门从外面锁上；然后把屋子里布置成好像好几天没有人来住过的样子。一切布置停当，然后，他再把临街的窗子打开，从窗口跳到对门一座单层瓦屋的屋檐上，再从那家屋里的阳台上轻轻地溜下去，走了。

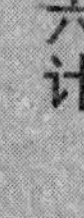

再说搜查郭亮的那些警察，在郭亮跳出窗口的时候，就来到了楼上。首先来到门口的警察，往门上一看，一把大锁紧锁房门，顿时感到非常失望。

门，咣当一声打开了。一群警察冲进屋内。在房子里他们没有发现郭亮，但他们并不死心，在房子里反复搜查。床上，床下，抽屉里，桌子下，甚至连墙壁缝里，屋顶上面，都搜查遍了，可是什么也未找到。

后来，有一个警察看到房子到处是灰尘，便说："你们看，这房子好像很久没有来过人似的，郭亮不可能来过这里，准是搞情报的那帮饭桶用假情报来折腾我们。走，回去，找他们算帐去!"

警察垂头丧气地走了。郭亮安全脱身了。

粟裕以敌克敌

粟裕坚持南方三年游击战争时期，常常带着小分队用"截尾子"的办法，到处打击敌人。所谓"截尾子"，就是在敌人行军的岔路口，潜伏待机，待敌人大部队通过，只剩下"尾巴"时，潜伏人员悄悄移动路标，将敌"尾巴"引入红军设伏地段。这种办法很有效，截掉了敌人不少"尾巴"。

1936 年冬的一天，粟裕又用"截尾子"的办法，毫不费力地打掉了敌人一个排。不料前边的敌人行动迟缓，听到伏击的枪声，虽然他们还不知道发生什么事，但掉头向枪声响起的方向追来。粟裕看情况不妙，便带着小分队迅速转移。

敌人拼命朝粟裕转移的方向追去，由于南方山区的地形所限，粟裕及其小分队被敌人追到一条山沟里，两面是大山阻隔，前面是敌人一个据点挡住了去路。可以说，粟裕已经处于无可奈何的绝境。

怎么办？战士们都看着粟裕。

粟裕看着战士们穿的灰色军装，他顿时计上心头。原来那个时候，粟裕的士兵穿的同敌人都是一样的灰军装，不同的只是红军帽子上有个“红五星”。粟裕急中生智，他命令大家：将袖管、裤管卷起，把帽子攥在手里（把“红五星”隐藏住），当扇子扇风，哼着不三不四的小调，径直向前面敌人的据点走去。

这支队伍来到了敌人据点前，敌哨兵咋咋呼呼地问：“哪一部分的？”

“永嘉保安司令部三营八连。”粟裕示意士兵停住脚步，自己上前流利地回答。

“你们的司令叫什么名字？”哨兵还是有点不放心。

“许蟠六，许司令。你是不是要打电话问一问？”粟裕显得有点不耐烦地回答道。

敌哨兵没有发现什么破绽，又看到这位“小长官”开始“发火”，怕吃眼前亏，便放他们过去了。

粟裕命令大家以最快的速度通过据点，赶快从后门出去。当敌人发现有诈从后面追来时，粟裕带领小分队已经通过了敌人据点，脱离了危险区。

塔布曼智避奴隶主

塔布曼是美国南北战争以前废奴派领袖。她以前就是一个奴隶。她把许多黑奴偷偷领到北部，使他们获得了自由。由于她这方面的功绩，人们称她为塔布曼将军。

有一次，她把两名奴隶藏在两只箱内，赶着骡子离开了奴隶主庄园。一路上十分顺利，没有人来过问箱子里装的是什么。然而，快到自由州时，她发现她以前的主人正迎面走来。路只有一条，再往前走，死路一条；跑也来不及了，奴隶主肯定能追上她。在这种情况下，她急中生智，偷偷解开随身带的两只母鸡，接着就装作惊慌状跑下大道去追赶母鸡。那奴隶主只看到一个女黑奴在追母鸡，没有在意她究竟是谁，因此也更不会注意骡子驮的箱子里装的是什么。这样，塔布曼转危为安，而且将两名奴隶顺利地带到了自由州。

冰制油管创奇迹

日本南极探险队第一次准备在南极过冬，便设法用运输船把汽油运到越冬基地。由于准备工作不充分，在实地操作中发现输油管的长度根本不够，而且一下子也找不出另外备用和可以替代使用的管子。再从日本去运，那时间需要近二个月。怎么办？这下子把所有队员给难住了。大家你看看我，我看看你，毫无办法。

这时候，队长西掘荣三郎突然提出了一个很奇特的设想，他说：“我们用冰来做管子吧。”冰在南极是最丰富的东西，但怎样使冰变成管状呢，很多人还是“丈二和尚摸不着头脑”。西掘荣队长又说：“我们不是有医疗用的绷带吗？就把它缠在已有的铁管上，上面淋上水，让它结冰、然后拔出铁管，这不就成了冰管子了吗，然后把它一截一截接起来，要多长就有多长。”

西掘队长的聪明之处在于随机应变，通过已知的东西作媒介，将毫无关系的要素结合起来，也就是取各种物品的长处，把它们结合在一起，再制造出新物件。

走私者蒙骗宪兵

彼得·克鲁泡特金是19世纪末俄国著名的革命家。1872年他旅行去维也纳。在维也纳他购买了许多革命书籍和社会主义报纸的合订本。这些书报在俄国是根本见不到的，而革命者偏偏又极其需要它。

克鲁泡特金决心无论如何要将这些书报带回俄国。当时这些东西对俄国来说是绝对禁止的，通过海关绝不可能带进俄国。于是，克鲁泡特金找到在波兰和俄国边境做走私生意的犹太人，决定托他们把这些违禁读物偷偷运进俄国境内。

克鲁泡特金事先来到约定好的俄国车站，等候运书的犹太人。约定的日期到了，克鲁泡特金等在站台上。站台上沙俄的宪兵来回巡视，看见可疑的人和可疑的行李就走过去搜查。克鲁泡特金很紧张，因为他那包书籍包装很大，弄不好就会引起车站宪兵的注意和怀疑，以致前功尽弃。

不一会儿，克鲁泡特金看见那个帮他偷运的犹太人化装成一个搬运工从一列货车上抬下一大包行李，向他走过来。与此同时，巡逻的宪兵也注意到了搬运工扛着的大包裹。他慢慢地向这边踱过来，眼睛警惕地盯着前面的两个人。这时，“搬运工”冲着克鲁泡特金大声喊叫：“殿下，殿下，这是你的行李，我为你拿来了！”

宪兵见搬运工高声大喊，毫不在意自己在旁边，没有任何心虚的迹象。同时，又听见他喊“殿下”，于是怀疑立时打消，不再向前走，又转身踱了回去。

原来，“搬运工”大喊大叫正是为了让宪兵听见，他还故意杜撰出一个“殿下”，也是说给宪兵听的。

人们做违法事时，大都心情紧张，并会反映到脸色和言谈举止中。因此检查者常通过“察颜观色”来判断一个人是否是违法者。而聪明的人往往越在这时越理直气壮、从容自然、像平常一样，毫无心虚掩饰避人之态。这样就会使检查者完全放松警惕，打消怀疑，从而蒙混过关。

戴高乐逃离法国

1940年6月，德意志法西斯进攻法国时，戴高乐准将任雷诺政府的国防部副部长。他力主抗战到底，并多次往返于法国与伦敦之间，与英国共商抗敌救国大计。但是法军节节败退，大片国土陷入敌手。6月16日，贝当将军组阁；晚上，戴高乐从伦敦返回波尔多后，发现投降已成定局，于是准备采取新的行动，在一块新的天地里发起抵抗运动。但是他想轻松离开法国是不可能的，一定要想个办法脱身。

6月17日晨，戴高乐准备就绪，因为他发现了一个可以离开法国的机会。他佯作给英国特使斯皮尔斯送行，与他一道驱车前往机场。当飞机引擎已经发动，即将滑行的一瞬间，正在挥手向英国客人告别的戴高乐和他的副官突然跃身登上飞机。机场上的法国人无不目瞪口呆，无可奈何地看着戴高乐远走高飞。到达伦敦后，戴高乐马上会见英国首相丘吉尔。丘吉尔答应给他帮助，并建议他在伦敦电台发表讲话。自由法国运动由此宣告成立，并建立了流亡政府。

迪歇巧取德军地图

1943年初，盟军决定对欧洲大陆发动一次大反攻，尽快打败德国法西斯，结束欧洲战争。为了了解德国在大西洋沿岸防御系统的情况，盟军除了依靠截取无线电和空军侦察以外，还派了许多情报人员潜到敌后，搜集情报或窃夺资料。

勒内·迪歇是一名油漆匠，是在法国的一个秘密抵抗组织的成员。该年5月初，里昂市政府大楼外边贴出一张布告，要招聘工人，修理“托特”公司的总部。“托特”是德国一家承包军事工程的企业，现在正负责修筑防御工事。迪歇知道这是窥探“托特”公司的秘密及其相关工程的好机会，便决定前往应聘。他发现有一件活计是给公司技术部的工头办公室裱糊墙壁。他就到那里去求见工头施内德雷尔。施内德雷尔同他一起商量并选定了所喜欢的图案后，便请他次日正式开始准备工作。

第二天，迪歇如约来到办公室，工头正坐在办公桌前，桌，上摆着几张图纸。迪歇一眼就发现最上面一张是诺曼底沿海一带的地图，上面印有“特别施工计划，绝密”的字样。施内德雷尔对他作了一些布置和吩咐后，毫不在意地出去参加一个会议去了。迪歇知道这是一个千载难逢的良机，就果断地把地图拿起来卷好，藏到办公室里一块两英尺见方的镜子后面。他刚刚藏好地图，施内德雷尔就回来了，他叫迪歇下星期一再开始干活。

等到星期一迪歇带着工具来干活时，他发现施内德雷尔到别的地方去办事了，大楼里没人知道迪歇要来裱糊墙壁的事，因此不准他进去，叫他再过一个星期来。迪歇知道时间紧急，必须及早把藏起来的地图带走，以免夜长梦多。于是，迪歇就故意和拦住他的人顶撞起来，声音吵吵嚷嚷的，终于惊动了一个名叫阿达贝特·凯勒的工头，他从自己的办公室走出来，想看看出了什么事。迪歇抓住他连忙解释说，他是被雇来给施内德雷尔的办公室裱糊墙壁的，假如凯勒让他进去干活，他情愿白给他把办公室裱糊一遍，不要钱。想到能使自己肮脏的办公室裱糊一新，凯勒不由得高兴起来，就同意了。于是，迪歇如愿以偿地进去干起活来，快下班的时候，他取出了仍然藏在镜子后面的地图，和几张糊墙纸卷在一起，顺利地走出了大门。这张地图很快就被送到了伦敦，成为盟军研究和分析德军大西洋防线的重要依据。

赫鲁晓夫话中有话

1964年10月1日，苏联一艘运载3个人的宇宙飞船将在拜库诺尔宇航中心发射升空。发射前半个小时，苏共总书记赫鲁晓夫给宇航员们打来电话。他向3名宇航员表示热烈祝贺，祝他们一切顺利。他还告诉他们，当他们返航时，他将举行盛大仪式欢迎他们。

宇宙飞船在地球外面的轨道上飞行着。几天后，飞船上的宇航员再次拿起无线电话，准备与最高领导通话。但是，他们发现，他们极难拨通赫鲁晓夫的电话。他们哪里知道，不但他们无法叫通赫鲁晓夫，就连地面上的人们要想和赫鲁晓夫通几句话，现在也难于实现。

原来，就在宇宙飞船环球翱翔的这几天里，苏共总书记已被隔离起来，他的电话线统统被切断，他已完全失去了对外联系的自由。赫鲁晓夫再也无法实现在红场主持盛大仪式欢迎宇航英雄的宿愿了。

或许是因为电话来自太空，政敌们也不愿让飞行英雄们心神不宁，赫鲁晓夫别墅与宇宙飞船之间的线路终于接通了。宇航员们热烈地向“尼基塔同志”问好。赫鲁晓夫神魂不定地边通话边想心事。他心里很清楚，他已没有了行动自由，就是这次例外的通话也不能有丝毫差错，因为米高扬就坐在他的身边，全神贯注地听着他的每一句话。他还知道，他已不可能有任何渠道把自己被软禁的消息透露给还被蒙在鼓里的苏联人民。而只有把这消息尽快透露出去，自己才能有一丝得救的希望。赫鲁晓夫迅速做出了决定：必须利用这次难得再有的通话机会，把自己的境况告诉人们。

但是这必须做得极为技巧：既透露了消息又不让身边的米高扬认为自己在泄露秘密。恰在这时，早就等得不耐烦的米高扬伸出手，用力想把电话机从赫鲁晓夫的手里抢过来，不让他继续说更多的话了。赫鲁晓夫情急智生，就在米高扬将他的电话机将夺未夺的一瞬间，迅捷地说了他作为总书记公开向人们说的最后几句话：“米高扬同志在这里。他想同你们讲话。我不能再同你们讲话了，他正在把电话从我手里抢走。我想我不能阻止他……”

用普通但却深远的词语，曲折、隐晦地表达出自己的真实想法，这是在高压和监视下既有效又安全地表达自己意志的一种手法。赫鲁晓夫和宇航员通话使用的正是这一手法。

贺若弼智取京口之战

公元588年（隋开皇四年）冬，隋文帝杨坚命晋王杨广为统帅，大将贺若弼为行

军总管，率军伐灭陈国。隋军大队人马，浩浩荡荡，出广陵、瓜州，云集到了江北。大将贺若弼一心想着要出奇制胜，便竭力掩盖隋军渡江的意图，以麻痹陈国军队。他先是组织隋军在沿江一带频繁调防，且每次调防都是张旗列队，虚张声势；同时又派出一批批士兵沿江打猎，故意作出安营扎寨的姿态。起初，陈军以为隋军大至，急忙调兵遣将，准备应战。以后，见到隋军只是调进调去，并没有渡江的意图，慢慢地也就习以为常，不那么在意了。再加上，贺若弼还把准备用来渡江的战船统统隐藏起来，只留下一些小船、破船摆在江边，更看不出隋军有立即渡江的意图，陈军也就更加松懈了戒备。就这样，双方相持了很长一段时间，一直到第二年春天，贺若弼仔细观察陈军的阵势和情绪，认为时机已经成熟，便一声令下，突然挥师渡江，陈军疏于戒备，猝不及防，隋军一举攻占了京口，生擒徐州刺史黄恪以下 6000 余人，随后又乘胜进军陈国都城建康（今南京），最后灭亡了陈国。这就是贺若弼运用“太阳，太阴”之术所取得的一次战争的胜利。

日袭珍珠港

1941 年 10 月 18 日，日本军阀首领东条英机正式登上了首相宝座，并且兼任陆军大臣、内务大臣，集军政大权于一身。他上台后的第一件事就是极力加快“南侵”步伐。一面与德、意两国签订同盟条约；一面则积极筹划向美国开战，其进攻的第一个目标就是珍珠港，使美国在军事上顿时处于被动地位。

然而，日军袭击珍珠港却是采取十分阴险的计谋，用中国兵书上的话讲，就是用了“瞒天过海”之计。

首先，日本利用美国当时的全球战略方针着重点是对付德国法西斯，因而想极力避免太平洋地区短期内发生战争的心理，竭力制造种种和平假象：1941 年 8 月 7 日，日本政府主动提出建议，希望日美首脑在火奴鲁鲁直接会谈，以解决两国争端。8 月 26 日，日本内阁又写信给美国总统罗斯福，表示“日本渴望维持太平洋的和平”，并再次希望日美首脑会晤，以便为消除相互间的猜疑和误会，“阐明双方见解”。11 月 4 日，又派出特使来栖前往华盛顿协助日驻美大使野村与美国政府就和平解决两国争端问题进行谈判，甚至到 12 月 4 日，日本政府仍指令野村、来栖将谈判继续下去，还特别警告他们不能使美方产生谈判将会破裂的印象。

然而，也就在这高唱人云的和平高调中，日本政府正紧锣密鼓地策划着巨大的军事进攻阴谋：11 月 5 日，日本天皇召集御前会议，预定 12 月 8 日以袭击珍珠港为起点，正式对美国开战。接着日本内阁便任命山本五十六大将为偷袭珍珠港联合舰队最高指挥官。11 月 15 日前后，规模庞大的日军联合航队采取化整为零、分散行进的办法进行结集；以“赤诚号”旗舰为首的四艘大型航空母舰分别驶离基地，依照不同的航线，向单冠湾悄悄进发；与此同时，攻击珍珠港的机动部队也陆续开往单冠湾待命。为了防止舰队行踪暴露，在上述行动中，各舰都选择远离商船航道的航线，同时，在舰队已经结集于单冠湾后，又特意派出一条靶船行驶于西南群岛方向，收发模拟的无线电通讯，以造成日舰没有离开日本海的错觉。

1941年12月8日上午7时40分，这是一个令美国人民永世难忘的时刻，日军第一批183架攻击机从特遣舰队的六艘航空母舰起飞，到达瓦胡岛上空，拉开了偷袭珍珠港的序幕，紧接着又是171架水平轰炸机和俯冲轰炸机的轮番轰炸。当天正是星期天，驻岛美军毫无戒备，故而损失极为惨重：四艘主力舰1艘受重创，3艘被炸伤；10余艘巡洋舰、驱逐舰，以及其它舰艇被炸沉或炸伤；240架飞机被炸毁；陆海军官兵死伤达4500余人；美国太平洋舰队几乎全军覆没。这次美国海军所遭受的损失超过了美国海军在第一次世界大战中所受损失的总和。

三十六计　第二计　围魏救赵

共敌不如分敌（1），敌阳不如敌阴（2）。

注释

（1）共敌不如分敌：共，集中的。分，分散，使分散。句意：攻打集中的敌人，不如设法分散它而后再打。

（2）敌阳不如敌阴：敌，动词，攻打。句意为先打击气势旺盛的敌人，不如后打击气势旺盛的敌人。

按语

治兵如治水：锐者避其锋，如导疏；弱者塞其虚，如筑堰。故当齐救赵时，孙子谓田忌曰："夫解杂乱纠纷者不控拳，救斗者，不搏击，批亢捣虚，形格势禁，则自为解耳。"

解析

对敌作战，好比治水：敌人势头强大，就要躲过冲击，如用疏导之法分流。对弱小的敌人，就抓住时机消灭它，就象筑堤围堰，不让水流走。所以当齐救赵时，孙子对田忌说："想理顺乱丝和结绳，只能用手指慢慢去解开，不能握紧拳头去捶打；排解搏斗纠纷，只能动口劝说，不能动手参加。对敌人，应避实就虚，攻其要害，使敌方受到挫折，受到牵制，围困可以自解。"

探源

事见《史记·孙子吴起列传》，是讲战国时期齐国与魏国的桂陵之战。公元前

354 年，魏惠王欲释失中山的旧恨，便派大将庞涓前去攻打。这中山原本是东周时期魏国北邻的小国被魏国收服，后来赵国乘魏国国丧伺机将中山强占了，魏将庞涓认为中山不过弹丸之地，距离赵国又很近，不若直打赵国都城邯郸，既解旧恨又一举双得。魏王从之，欣欣然似霸业从此开始，即拨五百战车以庞涓为将，直奔赵国围了赵国都城邯郸。赵王急难中只好求救于齐国，并许诺解围后以中山相赠。齐威王应允，令田忌为将，并起用从魏国救得的孙膑为军师领兵出发。这孙膑曾与庞涓同学，对用兵之法谙熟精通。魏王用重金将他聘得，当时庞涓也正事奉魏国。庞涓自觉能力不及孙膑，恐其贤于已，遂以毒刑将孙膑致残，断孙两足并在他脸上刺字，企图使孙不能行走，又羞于见人。后来孙膑装疯，幸得齐使者救助，逃到齐国。这是一段关于庞涓与孙膑的旧事。

且说田忌与孙膑率兵进入魏赵交界之地时，田忌想直逼赵国邯郸，孙膑制止说：解乱丝结绳，不可以握拳去打，排解争斗，不能参与搏击，平息纠纷要抓住要害，乘虚取势，双方因受到制约才能自然分开。现在魏国精兵倾国而出，若我直攻魏国。那庞涓必回师解救，这样一来邯郸之围定会自解。我们再于中途伏击庞涓归路，其军必败。田忌依计而行。果然，魏军离开邯郸，归路中又陷伏击与齐战于桂陵，魏部卒长途疲惫，溃不成军，庞涓勉强收拾残部，退回大梁，齐师大胜，赵国之围遂解。这便是历史上有名的“围魏救赵”的故事。又后十三年，齐魏之军再度相交于战场，庞涓复又陷于孙膑的伏击自知智穷兵败遂自刎。孙膑以此名显天下，世传其兵法。

案例

孔明一纸救江东

这个智谋故事见于《三国志演义》第五十八回“马孟起兴兵雪恨曹阿瞒割须弃袍”。

当曹操得知周瑜病逝的消息后，就准备再次兴兵进犯江东。但是，他又担心西凉州的镇东将军马腾，会乘机袭取空虚的许都。为此，曹操特派使者西去凉州，以朝廷的名义给马腾加以征南将军的头衔，命令他随军讨伐孙权。于是，马腾带领次子马休、马铁及 5000 西凉兵卒应召来到许昌城下。不久，西凉兵被曹操消灭，马腾父子三人也惨遭杀害。此后，曹操自认为解除了后顾之忧，即时起兵 30 万，直扑江东。江东闻报之后，立即让鲁肃派使者西上荆州，向刘备求援。诸葛亮看罢江东的求救信，胸有成竹地对刘备说：“既不用动江南之兵，也不用动荆州之兵，我自有妙计使曹操不敢进兵东南。”他让使者带回江东的信中说：“如果曹军南犯，刘皇叔自有退兵之策。”诸葛亮告诉刘备说：“曹操平生最担心的就是西凉之兵。现在曹操杀了马腾，马腾长子马超仍然统领着西凉之众，曹操的杀父之仇定使马超刻骨切齿。主公只要修书一封，派人结援马超，让马超兴兵入关。这样一来，曹操岂能兵犯江东?”刘备闻言大喜，立即修书，派使者投送西凉的马超。

马超听说父亲和两个弟弟遇害的消息后，放声大哭，悲伦倒地。他咬牙切齿，痛骂曹贼。正在此时，刘备的使者持书赶到。马超拆书一看：刘备在信中除了大骂曹操之外，还回忆了昔日与马腾同受汉帝密诏、誓诛曹贼的往事和旧情。指出，现在曹操与马超又结下不共天地、不同日月之深仇。他建议马超率西凉之兵以攻曹之右，他统荆、襄之众以遏曹之前。认为此举不但曹操可擒、奸党可灭、大仇可报，而且汉室可以复兴。马超看罢，立即挥泪复信，打发使者先回，随后便点起西凉兵马。正准备进发时，西凉太守韩遂使人请马超相见。原来韩遂与马腾是结义兄弟，韩遂与马超以叔侄相称。韩遂告诉马超：曹操派人送来书信，以封西凉侯为诱饵，让韩遂擒拿马超。韩遂还向马超表示：既为叔侄，不忍加害，愿意与马超一起联军进击曹操，以报仇雪恨。韩遂杀掉曹操的使者，又征调手下 8 部兵马，合自己与马超共计 10 部，20 万大军，浩浩荡荡杀奔长安。曹操得到关中警报以后，遂放弃南下攻击孙权的计划，专力对付关中的马超、韩遂之军。诸葛亮一封书信就轻而易举地制止了曹军的南下，救了孙权的大驾。

王守仁智解安庆之围

1519 年 6 月，宁王宸濠起兵反对明朝政府，由南昌沿都阳湖、长江顺流而下，攻占九江等地，并围攻安庆。江西提督王守仁奉命率兵进攻宸濠。他的部将有的主张攻打南昌，有的主张救援安庆。王守仁说："如果直接救援安庆，南昌和九江的敌人一定会断我后路乘势来攻，使我腹背受敌，不如就近攻打南昌，因为南昌守军不多，守备薄弱，可以一举攻下。宁王知道我军攻打南昌，必然放弃安庆，回兵自救。但不等他到来，我已攻下南昌。这时敌军士气沮丧，进退不得，在我军强大攻势下，定可全部就歼。"随即派伍文定为先锋向南昌进发。不久，果然将南昌攻下。宸濠在安庆听说王守仁攻打南昌，大为恐慌，立即回兵救援。王守仁分兵迎击。最后在樵舍（江西南昌西北）用纵火烧船、分兵合击的战法，一举消灭敌军，生擒宸濠。不久，南昌、九江也相继攻克。前后 35 天，便结束了这一战役。

“南化人”巧脱困境

南京化学工业公司是全国重点大型化工企业，1934年由著名的爱国实业家范旭东先生创办，现有职工3．5万余人，工程技术人员3000余名，拥有雄厚的设计开发、科研生产、化机制造和建筑安装实力。

市场开放后，企业之间的竞争激烈，斗争加剧，南化公司曾用“围魏救赵”之计解除了几次燃眉之急。

南京有一化工厂与南化公司互有供应关系。该厂供应南化公司盐酸液碱，南化公司供应该厂硫酸、硝酸。

但在1986、1987两年，由于南化公司的硫酸、硝酸生产情况不好，对方就给南化公司施加压力，停止供应盐酸液碱，使南化公司生产受到严重影响，威胁很大。

南化公司针对这种情况，多次上门解释，请求谅解，但没有结果。

于是，南化公司无奈之际，决定“攻其弱点”，自己组织了盐酸液碱800吨，以满足生产急需，同时停止供应该厂硫酸、硝酸。

此计一出，果然奏效。该化工厂立即登门，三番五次地道歉。表示继续合作，不会再发生此类事情。

再如，有一个煤矿供应南化公司烟煤，但长期以来，年年欠交、拖交。南化公司派员长驻坐催，甚至领导干部去亲自拜访、求援，都无济于事。

但该矿有一点要依赖南化公司，即采用南化的硝铵爆破，开采煤炭。抓住这一点，南化公司决定以对方交煤炭的情况安排硝铵发货，互为条件。这一下，立即引起了该矿的重视，不得不按煤炭合同交货。

东渡日本救永利

第一次世界大战爆发，西方各国纷纷忙于战争，输入我国的“洋碱”大幅度减少，从大战前的31500吨下降到1916年的21吨，旧中国的碱市场出现了相对真空时间。

一直从事盐业生产的民族资本家范旭东先生没有放过这一绝好的发展民族工业的时机。在他的积极努力和四处奔走下，中国第一个制碱企业——水利制碱公司于1918年成立。

一战结束后，曾经一直独占中国碱市场的英国卜内门公司急忙重返中国市场，在这里却发现了新的竞争对手，而且尽管软硬兼施，都不能挤垮水利。甚至连置于自己控制之下都不能做到，这使卜内门大为恼火。

经过一番策划和准备，卜内门想要决一死战，它调来一大批纯碱，以原价40%的低价在中国市场上倾销，不惜血本，企图挤垮水利。

永利和卜内门相比，实力悬殊过大。面对卜内门的低价倾。销攻势，新生的永利处在生死存亡的紧要关头。

范旭东为此焦虑万分。他知道，如果降价与卜内门竞争，不要多久，永利就会财枯力竭而垮台；不降价，产品卖不出去，资金收不回来，无法再生产，永利也名存实亡。

一日，范旭东在低头踱步思索对策，猛一抬头，看见墙上挂着一张自己在日本留学时的照片，不禁回想起青年时代因“戊戌变法”失败受株连，不得不东渡日本，以避开当时清政府的锋芒。而永利的创立，正是利用卜内门锋芒暂敛之时。如今卜内门锋芒毕露，永利是否也可以“东渡日本”呢？

当时日本工业较发达，是卜内门公司在远东的最大市场。欧战刚停，百废待兴，卜内门的产量有限，能运到远东来的碱为数不多。现在，为了对付永利，卜内门又把大量的碱运到中国，日本的碱市场必然相对紧张，我们应趁机进入日本市场。卜内门在中国从正面进攻我们，我们就迂回到日本，从后面进攻他。

当时日本的三菱和三井两大财团都想在商界执牛耳，相互间竞争非常激烈。三菱有自己的碱厂，而三井没有，只能依赖进口，这正是范旭东所想要的。

范旭东迅速与三井协商，委托三井在日本以低于卜内门的价格代销永利产的红三角牌纯碱。

三井感到一不要自己的资金，二有利可图，三解决了燃眉之急，便很快就与永利达成了协议。

相当于卜内门在日本销量10%的红三角牌纯碱，宛如一支奇兵通过三井财团遍布全日本的庞大销售网，向卜内门在日本的碱市场发起了进攻。

质量与卜内门相同，价格低廉的红三角牌纯碱很快在全日本造成了碱跌价的影响，这一突变，使得卜内门措手不及。为了保住日本市场，卜内门不得不随之降价。

由于卜内门的碱在日本的销售量远远大于在中国的销售量，这一降价使其元气大伤。永利碱在日本销售量没超过卜内门的10%，价格却比卜内门在中国的降低价还高一些，损失相对较少。

结果是，卜内门在中国虽然处于优势，在日本却穷于应付永利的不断挑战，处于极不利的地位。

被永利打蒙了的卜内门此时首尾难顾，权衡利弊，发现保住日本市场比在中国进攻永利要重要得多。因此，永利在日本发起攻势后不久，卜内门就通过其驻华机构向永利表示，愿意停止在中国市场上的碱价倾轧，希望永利在日本也相应停止行动。

范旭东也趁机提出，要求卜内门今后在中国市场上的碱价如有变动，必须事先征得永利的同意。卜内门无可奈何地同意了。

当初强大的卜内门骄横不可一世，误以为新生的永利不堪一击，然而它的扼杀性进攻却被范旭东先生巧施“围魏救赵”妙计所粉碎。

阿姆卡的远交近攻

现代电气高科技的迅速发展对电气材料不断提出新的要求，大量的新材料应运而生。制造节能变压器铁芯的新型低铁矽钢片就是其中一种。

起初，美国电气行业执牛耳者的美国通用电气公司和西屋电气公司，以及实力不很强的阿姆卡公司都在研制新型低铁矽钢片，而竞争的结果却被阿姆卡公司拔了头筹。

这正是阿姆卡公司“远交近攻”的结果。

阿姆卡公司十分重视信息情报工作。在研制超低铁省电矽钢片过程中，发现“通用”和“西屋”也在从事同类产品的研制。远在地球另一端的日本钢厂也有此意，而且准备采用最先进的激光囊处理技术。

阿姆卡公司分析形势后认为，以自己的实力继续独立研制，极可能落在“通用”、“西屋”之后，风险极大。若要走合作研制之路，就必须选择合格者。

与“通用”、“西屋”联手，是“近亲联姻”，未必有利于加快研制过程，再者将来只得与之分享美国市场，还得考虑倔起的日本钢厂。

与日本钢厂并肩合作，是“远缘杂交”，生命力旺盛，研制过程自然会加快，而且将来的市场大可以太平洋为界。

阿姆卡公司选择了日本钢厂为合作者，结果比预定计划提前半年研制成功。

阿姆卡“远交近攻”战胜了“通用”、“西屋”两大强劲对手。

坎宁远交以制近

拿破仑帝国崩溃后，欧洲的各反动封建君主国结成神圣同盟，企图长期联合霸占欧洲。资产阶级的英国受到了排挤和孤立。在卡斯尔累任外交大臣期间，他极力推行支持神圣同盟、追随欧洲各国反动君主的路线，企图以此来讨好他们。

1822 年，坎宁接替了外交大臣的职务，他顺应劳动群众和资产阶级激进分子的愿望，决心打破神圣同盟的大一统局面，恢复英国在欧洲事务中的领导作用。

18 世纪末、19 世纪初，拉丁美洲国家掀起了反对宗主国殖民统治的独立运动，坎宁抓住这个时机采取果敢行动，同神圣同盟展开了直接的交锋。1823 年，神圣同盟决定由法国派兵前去镇压拉美的独立运动，遭到坎宁坚决反对。他声明只承认拉丁美洲国家的现实，即承认他们的独立，反对任何武装干涉或把这些殖民地转入法国之手的企图。坎宁还向美国发出呼吁，希望两国联合发表声明，制止神圣同盟的干涉。与此同时，坎宁又派出舰艇巡弋于大西洋，任何从欧洲开往美洲的船只，不得英国的同意，不能通过。

由于武装干涉受到阻拦，1824 年，神圣同盟的核心人物梅特涅建议就拉丁美洲问题召开全欧会议。坎宁表示英国决不参加这样的会议，也不承认会上通过的任何决议。不仅如此，他还建议内阁尽快同拉丁美洲独立国家建立外交关系，进行贸易谈判，争取早日打入这个广阔市场。1825 年 1 月，英国承认了阿根廷、哥伦比亚、墨西哥等国家的独立，同他们建立了外交、贸易关系。坎宁的政策给了梅特涅及其神圣同盟的声誉以沉重打击，给欧洲大陆的自由主义势力以鼓舞，恢复了英国在欧洲的威望，也赢得了拉美新独立国家对英国的好感。

“远交近攻”是“围魏救赵”的一种变化了的形式。远交近攻本是以地理条件决定外交政策的一种策略，其意是近处如以利害相互结交，容易生变，所以对近处应当采取进攻的政策。其实，这一谋略也可理解为：为了对付近的敌人，或者与远方的国家结盟；或者利用其他国家的事情牵制近旁的敌人。

丘吉尔联苏抗战

两次世界大战间隙，国际关系发生了深刻的变化。苏联作为社会主义国家出现在欧洲政治舞台上，这在资本主义中间引起一片恐惧。英法等国采取了扶持德国的政策，当德国复仇主义日益升起，不断威胁到欧洲和平时，英法等国为了阻止苏联布尔什维克主义的所谓“扩张”，竟一再对德国的侵略行为姑息纵容。苏联建议建立欧洲集体安全体系以挫败希特勒德国的侵略扩张计划，但英国顽固地进行破坏，始终不渝地想把德国的扩张矛头引向苏联。这一政策的顶峰是慕尼黑协定，其目的是要将祸水东引，怂恿德国去攻打苏联。但是，到头来德国并没有先进攻苏联，而是拿西欧的英法国家开了刀。绥靖政策宣告破产，西欧舆论大哗，执行绥靖政策的人在国内外都受到了严厉谴责。丘吉尔正是在此危急的形势下，受命组建了英国的战时内阁。

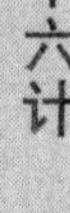

丘吉尔从本质上讲是一个极其反共的资产阶级政治家，从苏维埃政权在俄国诞生之日起，他就极力主张进行公开的武装干涉，妄图将新生的社会主义国家扼杀于摇篮之中。遏制共产主义的思想一直在他的头脑中占着主导地位。而且终其一生。但是，丘吉尔先生又是一位很讲现实的人。从他临危受命之时开始，他就认识到，当前的更大威胁不是苏联，而是希特勒德国，如果希特勒赢得战争，不仅英国要蒙受史无前例的投降耻辱，欧洲的自由和民主将不再存在，甚至整个世界的和平与安全也将受到严重威胁。因此，这是一场压倒一切的战争，必首先打垮希特勒，其余的事情以后再说。丘吉尔认为，在这场战争中，苏联是几乎同美国一样可靠的潜在的盟友。与希特勒相比，苏联的危险已经退居到次要地位。为了能够早日打败希特勒，应该与苏联结成同盟。

基于这种认识，丘吉尔作出了明智而正确的抉择。当 1941 年 6 月，希特勒进攻苏联的消息传来时，丘吉尔发表了历史性的演说。在演说中，他向苏联这个新盟国表示欢迎，并表示英国将坚定地与苏联站在一起，共同抗德，直到彻底打败希特勒为止。正是丘吉尔的这一外交战略，使丘吉尔与斯大林这对宿敌坐到了一起，全世界各反法西斯国家也在苏、英、美的周围结成了牢固的联盟，最后终于将法西斯国家彻底打败。

“两利相衡从其重，两害相权取其轻”。高明的指挥员，必须学会全局在胸，善于权衡利弊，趋利避害或趋小害而避大害。

费边智破“围罗救卡”计

公元前219年春，罗马人挑起第二次布匿战争，三次败于迦太基军队的26岁统帅汉尼拔。罗马统帅费边研究了三次败北的教训，认为汉尼拔善于用计，指挥有方，几次大胜，攻势正旺，但他远离国土，兵源不足，补给困难，不利于持久战。因此决定采用消耗敌人的战术，避免和汉尼拔的主力决战，只以主力跟踪追赶汉尼拔军队，袭击其零星部队，破坏粮食储备，使其无法建立永久性的补给基地。费边这一招非常厉害，汉尼拔拿他毫无办法。而费边却因罗马宫廷责怨他长期不主动出击，被撤职回家了。新当选的执政官改变了战略，集中10万兵力进攻汉尼拔，结果伤亡7万余人。

罗马人从失败中痛切感到费边战略策略的英明，重新任命他为独裁官。费边一上台，又采取当年的策略，使汉尼拔的军队力量不断消耗，难乎为继，费边的军队则扩大到25万，开始转守为攻，重点打击汉尼拔的同盟和后方补给基地。罗马人集中10万兵力，向汉尼拔的战略地卡普亚进攻。这座城和汉尼拔结为同盟，为其提供大量的粮食和战略补给，一旦失守，汉尼拔将难以在意大利立足。所以，汉尼拔率精锐步兵日夜兼程，试图解除卡普亚的压力。汉尼拔见到罗马军队在卡普亚周围建立了坚固的防线，灵机一动，立即命令部队向罗马进攻，企图“围罗救卡”。罗马军队见迦太基军队掉头而去，个个迷惑不解。忙派出侦察骑兵，得知汉尼拔去进攻罗马，大惊失色，纷纷要求拔营追赶汉尼拔。费边识破了汉尼拔的真正意图，只派出一支小部队从卡普亚赶回来协助保卫罗马。汉尼拔满以为罗马人又中了他的计了，便立即率兵赶回卡普亚，准备消灭留守的罗马人，没想到罗马大军仍在围攻卡普亚，回援罗马的只是一小队骑兵而已。这时，汉尼拔感慨地说：“费边啊，费边，你使我英雄无用武之地啊！”只好下令撤军。不久，卡普亚弹尽粮绝，被迫投降。

刘、邓大军挺进大别山之战

1947年初，国民党蒋介石政权在对我解放区实行全面进攻失败后，为了挽救其垂死的统治，又收缩兵力，拼凑了60万军队向我山东解放区和陕甘宁解放区发起重点进攻。一时间，我山东解放军面临40万蒋军压境，情势十分险峻；我陕甘宁解放区遭到20余万蒋军进犯，也处于相当危急的态势之中。在陕北，敌军刘戡的部队有时进到距离毛泽东主席所在的中共中央机关仅仅只有500米左右……

面临敌军的疯狂进犯，如何对策？怎样变被动为主动，毛泽东和他的战友们坚定沉着，临险不惧，运筹帷幄，深谋远虑，制定了一个正确的战略方针，这个方针在很大程度上是对“围魏救赵”计的创造性运用。

1947年6月11日，毛泽东在一次会上分析当时的军事形势说：“蒋介石收缩兵力，形成两个拳头：一个在山东，大兵40万；一个在陕北，也有20万。刘伯承说这是蒋介石的‘哑铃战术’，这个比喻很形象。”又说：“‘哑铃’的形状是两头粗，中间细。这个哑铃的把子就是刘伯承、邓小平所在的中原。蒋介石把兵力集中起来搞重点进攻，他在中原地区的兵力就单薄了。因此，一旦刘、邓发起外线出击，实行中央突破，必定能打破蒋军的重点进攻，而且这么一下子，整个‘棋局’也就搞活了！”到会的同志都赞同毛泽东的分析和决策，认为这是扭转整个战局的正确方略。

根据毛泽东和中央军委的部署，从6月14日起，刘、邓率领晋冀鲁豫军区部队由河南安阳出发，经汤阴、冶陶等地，从山东东路渡过黄河，再转战寿张、台前，进入鲁西南，然后又由河南党山北向店渡过淮河进入大别山。刘邓大军千里奔袭，一路征战，歼灭了敌军大量有生力量，而一旦进入大别山地区，便对蒋介石的重要军事基地——兖州、徐州构成严重威胁，特别是直接威胁到蒋介石的“心脏”——首都南京。正如周恩来当时所分析和描绘的：“蒋介石搞了个黄河战略，一个拳头打山东，一个拳头打陕北，想迫使我们在华北与他决战。可是，他们两个手这么一伸，胸膛就露出来了。我们呢？也还他一个黄河战略，紧紧拖住两个拳头，然后对准他的胸口插上一刀！这一刀就是刘、邓大军。他们渡过黄河，大闹鲁西南，在歼灭敌人大量有生力量后，又以出其不意的动作挺进大别山，直捣蒋介石的胸膛。可以说，这是给蒋介石致命的一刀！”

事实是正如周恩来所分析的，蒋介石在“胸膛”上猛受一刀后，痛楚已极，深感形势严峻，不得不放弃其重点进攻，慌忙从陕北、山东抽回五个师，连同其原留在中原地区的八个师，总共拼凑成十三个师妄图对刘、邓大军进行合击。然而，这样一来，我山东、陕北地区被围困的紧张局势便顿时改观。不仅如此，而且在毛泽东和中共军委的战略思想指导下，我陕北、山东、晋西南的人民解放军分别在彭德怀、陈毅、贺龙和陈赓的率领下乘机发起全面反击，将战线由解放区引向蒋管区，从根本上扭转了我军一度所处的被动局面，并使整个解放战争进入一个新的阶段，即“全国规模的进攻”（毛泽东语）阶段。

三十六计　第三计　借刀杀人

敌已明，友未定（1），引友杀敌，不自出力，以《损》（2）推演。

注释

（1）友未定：“友”指军事上的盟者，也即除敌、我两方之外的第三者中，可以一时结盟而借力的人、集团或国家。友未定，就是说盟友对主战的双方，尚持徘徊、观望的态度，其主意不明不定的情况。

(2)《损》：出自《易经·损》卦："损：有孚，元吉，无咎，可贞，利有攸往。"孚，信用。元，大。贞，正。意即，取抑省之道去行事，只要有诚心，就会有大的吉利，没有错失，合于正道，这样行事就可一切如意。又有《象》损卦："损：损下益上，其道上行。"意指"损"与"益"的转化关系，借用盟友的力量去打击敌人，势必要使盟友受到损失，但盟友的损失正可以换得自己的利益。

按语

敌象已露，而另一势力更张，将有所为，便应借此力以毁敌人。如：郑桓公将欲袭郐，先向郐之豪杰、良臣、辨智、果敢之士，尽书姓名，择郐之良田赂之，为官爵之名而书之，因为设坛场郭门之处而埋之，衅之以鸡豭，若盟状。郐君以为内难也，而尽杀其良臣。桓公袭郐，遂取之。诸葛亮之和吴拒魏，及关羽围樊、襄，曹欲徙都，懿及蒋济说曹曰："刘备、孙权外亲内疏，关羽得志，权心不愿也。可遣人蹑其后，许割江南以封权，则樊围自释。"曹从之，羽遂见擒。

解析

古按语举了几则战例：春秋时期，郑桓公袭击郐国之前，先打听了郐国有哪些有本领的文臣武将，开列名单，宣布打下郐国，将分别给他们封官爵，把郐国的土地送给他们。并煞有介事地在城处设祭坛，把名单埋于坛下，对天盟誓。郐国国君一听到这个消息，怒不可遏，责怪臣于叛变，把名单上的贤臣良将全部杀了。结果当然是郑国轻而易举灭了郐国。三国时诸葛亮献计刘备，联络孙权，用吴国兵力在赤壁大破曹兵。还有，蜀将关羽围困魏地樊城、襄阳，曹操惊慌，想迁都避开关羽的威胁。司马懿和蒋济力劝曹操说刘备，孙权表面上是亲戚，骨子里是疏远的。关羽得意，孙权肯定不愿意。可以派人劝孙权攻击关羽的后方，并答应把江南地方分给孙权。曹操用了他们的计谋，关羽终于兵败麦城。

此计多是封建官僚之间尔虞我诈、相互利用的一种政治权术。用在军事上，主要体现在善于利用第三者的力量，或者善于利用或者制造敌人内部的矛盾，达到取胜的目的。学会识别这一计谋．可以防止上大当，吃大亏。

探源

借刀杀人，是为了保存自己的实力而巧妙地利用矛盾的谋略。当敌方动向已明，就千方百计诱导态度暧昧的友方迅速出兵攻击敌方，自己的主力即可避免遭受损失。此计是根据《周易》六十四卦中《损》卦推演而得。"曰：损下益上，其通上行。"此卦认为，"损、益"，不可截然划分，二者相辅相成，充满辩证思想。此计谓借人之力攻击我方之敌，我方虽不可避免有小的损失，但可稳操胜券，大大得利。

春秋末期，齐简公派国书为大将，兴兵伐鲁。鲁国实力不敌齐国，形势危急。孔子的弟子子贡分析形势，认为唯吴国可与齐国抗衡，可借吴国兵力挫败齐国军队。于是子贡游说齐相田常。田常当时蓄谋篡位，急欲铲除异己。子贡以“忧在外者攻其弱，忧在内者攻其强”的道理，劝他莫让异己在攻弱鲁中轻易主动，扩大势力，而应攻打吴国，借强国之手铲除异己。田常心动，但因齐国已作好攻鲁的部署，转而攻吴怕师出无名。子贡说：“这事好办。我马上去劝说吴国救鲁伐齐，这不是就有了攻吴的理由了吗?”田常高兴地同意了。子贡赶到吴国，对吴王夫差说：“如果齐国攻下鲁国，势力强大，必将伐齐。大王不如先下手为强，联鲁攻齐，吴国不就可抗衡强晋，成就霸业了吗?”子贡马不停蹄，又说服赵国，派兵随吴伐齐，解决了吴王的后顾之忧。子贡游说三国，达到了预期目标，他又想到吴国战胜齐国之后，定会要挟鲁国，鲁国不能真正解危。于是他偷偷跑到晋国，向晋定公陈述利害关系：吴国伏鲁成功，必定转而攻晋，争霸中原。劝晋国加紧备战，以防吴国进犯。

公元前484年，吴王夫差亲自挂帅，率十万精兵及三千越兵攻打齐国，鲁国立即派兵助战。齐军中吴军诱敌之计，陷于重围，齐师大败，主帅图书及几员大将死于乱军之中。齐国只得请罪求和。夫差大获全胜之后，骄狂自傲，立即移师攻打晋国。晋国因早有准备，击退吴军。子贡充分利用齐、吴、越、晋四国的矛盾，巧妙周旋，借吴国之刀”，击败齐国；借晋国之“刀”，灭了吴国的威风。鲁国损失微小，却能从危难中得以解脱。

案例

曹操借刀杀祢衡

这个智谋故事见于《三国演义》第二十三回“祢正平裸衣骂贼吉太医下毒遭刑”。

曹操招安张绣之后，听纳贾诩的建议，打算找一位有文名的人去招安刘表。孔融荐出祢衡。谁知祢衡恃才自傲，将曹操的手下贬损一番。当时张辽在一旁，抽剑要杀祢衡。曹操制止说：“我正缺少一个鼓吏，早晚朝贺享宴，可令你担任这个职责。”祢衡不推辞，应声而去。张辽说：“此人出言不逊，为何不杀了他?”曹操说：“此人素有虚名，远近皆知，今天杀了他，天下人必然说我不能容人。他自以为有能耐，所以令他为鼓吏来羞辱他。”

第二天，曹操大宴宾客，令鼓吏击鼓。祢衡一身旧衣而入，击《渔阳三挝》，音节殊妙，深沉辽远，如金石之声。座上人听着，莫不慷慨流涕。左右人喝道：“为何不更衣?”祢衡当着他们的面脱下旧衣服，裸体而立，赤身尽露，客人皆掩面。祢衡慢慢穿上裤子，脸色不变。曹操叱道：“庙堂之上，为何这般无礼?”祢衡说：“欺君

罔上才叫无礼。我露父母之形，以显清白之体而已。”曹操说：“你清白，那谁污浊呢？”祢衡道：“你不识贤愚，眼浊；不读诗书，口浊；不纳忠言，耳浊；不通古今，身浊；不容诸侯，腹浊；常怀篡逆之意，心浊。我是天下名士，你把我用着鼓吏，这像阳货轻贱孔子。”曹操指着祢衡说：“令你去荆州做说客，如果刘表来降，就封你做公卿。”祢衡不肯去，曹操便命备三匹马，令二人挟持着他而去。并教文武官员在东门外为之置酒送行。

荀告诉大家：“如果祢衡来，诸位都不要起身。”祢衡到，下马入见，众人皆端坐。祢衡放声大哭。荀问：“为什么哭呢？”祢衡说：“走在死柩之中，怎能不哭？”众人皆说：“我们是死尸，你就是无头的狂鬼。”祢衡说：“我是汉朝的臣子，不作曹操之党羽，怎么没有脑袋？”众人要杀祢衡。荀急忙制止，说：“他不过是鼠雀之辈，用不着沾污我们的刀。”祢衡说：“我是鼠雀，可还有性；而你们只能叫做寄生虫。”众人恨恨而散。

祢衡到荆州，见刘表之后，表面上颂扬刘表的功德，可实际上尽是讥讽。刘表不高兴，叫他去见黄祖。有人问刘表：“祢衡戏谑主公，为何不杀了他？”刘表说：“祢衡多次羞辱曹操，曹操不杀他，是因为怕因此失去人望，所以叫他当说使到我这里来，要借我的手杀他，使我蒙受害贤的恶名。我如今让他去见黄祖，让曹操知道我刘表有见识。”众人皆说好。

祢衡至黄祖处，共饮，皆醉。黄祖问祢衡：“你在许都有什么人？”祢衡说：“大儿孔融，小儿杨修。除此二人，别无人物。”黄祖说：“我像什么呢？”祢衡说：“你像庙中的神，虽然受祭祀，遗憾的是不灵验！”黄祖大怒，说：“你把我比成是土木制作的偶像了！”于是杀了祢衡。祢衡至死骂不绝口。曹操得知祢衡受害，笑着说：“腐儒舌剑，反自杀了！”

檀道济量沙充粮止降

公元431年，南朝的宋文帝派遣征南大将军檀道济（？—436年）攻打北魏。大半年来，大小战斗30余次，宋军屡屡取胜。只是劳师远征，后方粮草一时难以供应。进军至历城（今山东济南市郊）时，粮食已尽，军心不定。檀道济只得领兵南撤。但有些士兵在路上投降了魏军，把宋军缺粮的情况报告了他们。魏军于是紧紧追击，宋军处于险境之中。这天晚上，檀道济在军营巡视一圈，见士兵因为吃不饱肚子，怨声载道，他心里也很着急。是啊，眼看就要断粮，魏军又步步紧逼，总得想个退兵之计

呀！他找来一些心腹商议了一阵，最后想出了一条妙计。

一会儿，营帐之外燃起无数火把，征南大将军指挥数千名士兵往空米袋里装进沙子，一边装，士兵们一边高声数着：“一斗，二斗，三斗……”另有一群士兵来来往往，把沙袋搬到东，运到西，看上去像是在分粮食。就这样忙乎了大半夜。

天快亮了檀道济命令士兵把一袋袋沙陈列在帐外，袋口故意敞开着，上面覆盖少量的米，看上去好像是一袋袋粮食。

此时，魏军中早有人把宋军半夜里分粮食的事报告主帅。主帅很是疑惑，忙吩咐探子去查个明白。天蒙蒙亮时，几个探子打扮成老百姓，来到宋军营帐前，看到一袋袋的粮食摆在那里，几个伙夫从上面挖掘出来做早饭。慌得他们连滚带爬地回到主帅那儿报告。主帅一听，心里暗想道：“檀道济一向诡计多端，分明是军粮足够，却叫士兵来诈降，谎报粮草已绝，让我们紧紧追赶他们，到时候他再突然来个回马枪。我得提防着点。”想毕，喝道：“来人啊，把那些来诈降、谎报军情的宋兵给杀了！”

且说檀道济因为兵力薄弱，很难摆脱势众的魏军，他就命令士兵都穿上整齐的铠甲，自己穿着雪白的衣服坐在兵车上，带着队伍慢慢地突出包围困。魏军主帅得知宋军威武雄壮，从容不迫，恐怕宋军有伏兵，不敢再靠上去，反而向后退了几十里。檀道济趁机迅即指挥全军加紧撤退，安全地撤回大本营。

曹玮应变除叛军

北宋真宗时，宋、夏边境上，两国经常发生战事。

却说这一年，在北宋与西夏国交界的渭州（今甘肃宁夏部分地区），北宋兵偷偷投敌的特别多，西夏将军们高兴极了。可是有一天，一个埋伏在北宋中军帐的西夏军探子向主帅报告了这样一件事：

前天下午，宋军渭州守将曹玮正在和客人下象棋。有个部将向曹玮报告道：“将军，今天又发现50多个士兵叛逃西夏国。”

“知道了。”正在下棋下得兴致勃勃的曹听完报告，镇定自若，一点也没有那种惊慌失措的样子。报告人的话音一落，他不假思索似地回答道：“慌什么，那是我派过去的！”

曹玮这句话刚出口，好像马上发觉自己说溜了嘴，立即抬起头环顾左右，见在场的都是自己的亲兵，便没说什么。可是，他的亲兵无意中把这一重要情况泄露给西夏国在宋军中的那个坐探。这一情况很快传给夏军主将。

“原来是这样，我本就在疑心这些宋兵是否是真心投诚过来的。”夏军主将恍然大悟。“来人哪，把所有投诚过来的宋兵全部都给我斩了！”一道令下，先后投向夏军的几百宋军，全部给杀了，西夏兵把他们的脑袋一个个扔到国界上。

等到把这批降兵杀完之后，西夏军主将细细一想：“不好，我们中了曹玮的奸计了。”正当他后悔得跺脚捶首的时候，渭州将军府内曹玮正在哈哈大笑。原来，曹玮随机应变，用一句假话来借刀杀人。从此，宋军士兵便不敢向西夏军投降了。

宋太祖假画像杀林仁肇

宋朝建立后，宋太祖通过“杯酒释兵权”稳固了中央政权，在无后顾之忧的情况下开始了统一中国的战争。

在灭掉南汉之后，宋太祖把进攻目标转向南唐。南唐后主李煜昏庸无能，只知道吟诗填词，整天沉湎于酒色，不理朝政，南唐国力日衰。宋太祖此时有心灭南唐，但又不敢轻举妄动。原来，南唐有一位勇猛无敌的武将名叫林仁肇，宋太祖认为林仁肇是宋朝灭南唐的一大障碍。可巧开宝四年（971 年），李煜派其弟李从善前来朝贡，宋太祖忽然心生一计，当即热情款待李从善，并把他留下任泰宁军节度使。李从善不敢违命，只得报告李煜。李煜也不知宋太祖的葫芦里卖的是什么药，正好想通过李从善探听一些宋朝的情况，便同意他在宋朝任职。宋太祖又派一名使者到林仁肇那里，使者用钱财贿赂林的仆人，搞到了一张林的画像。使者拿着画像回来复命，宋太祖命人把画像挂在自己的侧室。

一天，李从善来见宋太祖，廷臣先把他领到侧室。李从善一眼就看到了林仁肇的画像，不解地问道：“这是我国武将林仁肇的画像，怎么会挂在这里?”侍臣支支吾吾，欲言又止，半天才说：“你已经是宋朝的人了，告诉你也没什么。皇上爱惜林仁肇的才干，下诏书让他来京城，他已经答应投降，先送来画像以表诚心归顺。”侍臣又指着附近一座华美富丽的房子说：“听说皇上准备把这所房子赐给林仁肇，等他到了京城，还要封他为节度使呢!”

李从善立即回江南向李煜报告了此事。李煜真的怀疑林仁肇心怀二心，在一次设宴招待林仁肇时，让人事先在酒里下了毒药。林仁肇回到家中，毒性发作，七窍流血而死。宋太祖听到林仁肇的死讯后，立即发兵攻打南唐，很快就灭了南唐。

托哈齐夫斯基之死

第二次世界大战之前，苏联有个名将叫做托哈齐夫斯基。1963 年，斯大林发动正肃运动时，希特勒接到托哈齐夫斯基似乎也被卷入这场风暴的消息。

托哈齐夫斯基这种优秀的将军，如果遇到正肃，对德国实在太有利了，所以希特勒立刻想到利用这个机会除掉托哈齐夫斯基。

他命令情报单位，捏造托哈齐夫斯基反叛的证据。

这些证据包括，托哈齐夫斯基一伙人与德军将领秘密通讯的信函，托哈齐夫斯基出卖情报给德国的详情以及报酬一览表，德国情报局给托哈齐夫斯基回信的拷贝资料等等。

不久，苏俄以 300 卢布的价格，向德国买到这些假情报，并逮捕托哈齐夫斯基等八位将军。面对大量“铁证”，使得那些将军毫无辩解的机会。

不消数十分钟的审问，托哈齐夫斯基等人被判死刑，并在十二小时内全部处决。

威尔逊高价出售品质

早在本世纪40年代，威尔逊就从父亲的手里继承美国塞洛克斯公司。一天，一位德国籍发明家约翰·罗梭来访，向威尔逊谈到了自己正在研究的干式复印机。两人一拍即合，同意双方合伙协作。

经过反复研制，塞洛克斯公司终于制出干式复印机成品——塞洛克斯914型复印机。当时市面上所有的复印机都是湿式的，这种复印机在使用前必须用专门的涂过感光材料的复印纸，印出的是湿漉漉的文件，需要它干透才能取走，用起来麻烦极了。对比之下，干式复印机则便利得多。

威尔逊决定把此产品作为“拳头产品”推出。起初，威尔逊打算把首批货以成本价推销，以图开拓市场。他的律师提醒他：这是倾销，是法律不允许的。威尔逊于是将卖价定为2．95万美元。

其实，干式复印机的成本仅2400美元，他却喊出了相当于成本10多倍的高价。这可把副总经理罗梭惊呆了。

当时，法律是禁止高价出售商品的，威尔逊却信心百倍，他解释道：“我不出售成品，而是出售品质和服务，这就够了。”

不出威尔逊所料，这种新型复印机果然因定价过高被禁止出售。但由于展销期间已经向人们展现了它独特的性能，消费者莫不渴望能用上这种奇特的机器。

威尔逊早已获得了复印机的生产专利权，“只此一家，别无分店。”所以当威尔逊把新型复印机以出租服务的形式重新推出时，顾客顿时蜂拥而至。尽管租金不低，由于受以前定价很高的潜意识的影响，顾客仍然认为值得。

到了1960年，威尔逊的黄金时代到了。干式复印机一下子流行起来。虽然公司拼命生产，产品仍供不应求。

由于产品被塞洛克斯公司独家垄断，加上已有过的高额租金，所以塞洛克斯914型复印机以高价出售，大量的利润像潮水一样滚滚涌来。

威尔逊的成功在于他的“借刀杀人”，表面上是法律禁止了威尔逊高价出售，实际上是威尔逊借法律这把“刀”，封死了消费者购买之门，把他们逼向威尔逊为其准备的租借之路；同时威尔逊还借超出平常的高租金，断了消费者廉价租用的念头，并为以后的高定价出售做好了准备。

周瑜计除蔡瑁、张允二将

公元208年，曹操亲率80余万大军攻伐东吴，孙权命周瑜为大都督，领军应战，

双方对峙于三江口南北两岸。

一天，周瑜乘坐楼船前往江北探看曹军水寨，发觉曹操水军阵营十分严整，“深得水军之妙”，不禁大吃一惊，便问曹军水军都督是谁？左右回答说是蔡瑁、张允。周瑜听罢心想：蔡、张二人久居江东，十分熟习水战，如不设法先除掉他们，将很难攻破曹兵哩！想着想着，便命令楼船返航，回到本寨。

第二天，周瑜正在军中议事，忽然接到军报，说是曹操军中有故人蒋干前来拜望。周瑜一听，笑着对在座的众将说：这是曹操的说客到了。于是，灵机一动，计上心来，对着众将如此这般地吩咐了一番，就带领数百随从，前呼后拥，走出寨门迎接蒋干了。……

周瑜把蒋干迎到军中，寒暄一番后，便大张筵席，盛情款待，还请了数十员文官武将出席作陪。席间，周瑜命令部将太史慈担任监酒官，交待说：今日我与故人相会，只叙友情，不谈军队之事，但有违反者，立斩不赦。蒋干听了这话，吓了一大跳，心里捉摸着：我本是奉主公曹操之命，以故旧之情前来劝说周瑜归降的。谁料他一下就把门给封死了，这却如何是好？他看到周瑜对太史慈下令时，神情严肃，又不敢造次，只好怀着一肚子鬼胎，硬着头皮，坐在那里饮酒了。一时间，满座文武，杯觥交错，谈笑风生，一直闹到夜深，这时，周瑜佯装酒醉，对着蒋干说：“子翼（蒋干的号），难得今日老友相聚，今晚就与我同眠一榻吧！边说边拖着蒋干朝自己的大帐走去。到了帐里，周瑜躺在榻上，只一会儿，便呼呼地“睡熟”了，蒋干却睡不着，听到军中已打二更，便借着帐内残灯起身张望，猛然见到书案上堆着一卷文书……。“这其中定会有些军事机密哩！”蒋干心里这样想着。于是，便悄悄起来翻阅偷看，果然看见其中一封信是曹军水军都督蔡瑁、张允写来的。信上竟写着这样一段话：

某等降曹，非图仕禄，迫于势耳。今已赚北军（指曹军）困于寨中，但得其便，即将曹贼之首献于麾下，早晚人到，便有关报。先此敬覆。……

不看便罢，一看之后，蒋干的心不由得猛然往下一沉，心想：好险，原来蔡瑁、张允竟是暗通东吴的奸细！想着，便把信藏在衣袋里，再回头看看周瑜，依然躺在那里深睡未醒，还在说着梦话：“子翼，数天之内，我教你看看曹贼的首级！……”说完又打起鼾来了。蒋干听了这些梦话，更是又急又气，却不敢声张，只得再和衣躺下，假装入睡，也想在暗中再探个究竟。到了四更时，朦胧中，忽见外面有人进入帐内，将周瑜轻轻叫醒，悄悄说道：“江北有人到此……”周瑜连忙示意来人住口，并起身与那人走出帐外。蒋干又模模糊糊听到那人在帐外对周瑜说：“蔡、张二将说，‘急切下不得手’……”不一会儿，周瑜回到帐内，走到榻前叫了蒋干几声，蒋干只是蒙头假睡，不予理睬。周瑜见蒋干不“醒”，自己又躺下睡着了。到了五更天时，蒋干眼看天将大亮，便偷偷起身，走出大帐，带上随从，一溜烟儿驾船回到曹军大寨。

回到大寨之中，曹操询问此行去江北游说周瑜归降情况如何？蒋干回报说：周瑜

心志很高，非言词所能说动。曹操听了老大不高兴。蒋干便接又说：主公且勿忧虑，这次过江，虽然游说不成，却为您打探到一件极重要的机密哩！说着，便拿出从周瑜帐中偷来的信给曹操看，并将昨夜所见所闻一一向曹操秉报。曹操不听则已，一听悖然大怒，立即命人将蔡瑁、张允叫来帐中，厉声说道：我命你二人今日进军东吴！蔡、张二人不知底里，便回禀道："目下水军尚未练熟，不宜轻进。"曹操听罢大怒，喝道："等到水军练熟，我的首级早已献给周瑜了吧！"蔡、张听了这话，一时摸不着头脑，慌忙之中，也不知如何对答，正在犹豫之时，曹操已下令将二人立即推出辕门斩首了。

等到曹操一时猛省过来，知道是中了周瑜"借刀杀人"之计时，却是为时已晚，后悔莫及了。

张伯仑和达拉第的绥靖政策

苏联十月革命取得胜利，引起西方资本主义世界一片惊慌。从 1918 年初到 1922 年，英、法、美、日等国，先后对苏联进行了 4 次严重的武装干涉，妄图把新生的苏维埃政权扼杀在摇篮里。

帝国主义国家的武装干涉，遭到苏联人民的坚决反抗。干涉者失败了，但他们并不甘心，尽管他们之间为瓜分世界存在着尖锐的利益冲突，但却都把苏联视为头号敌人，把消灭苏联共产主义制度作为压倒一切的战略任务。

1936 年，第一次世界大战中被战败了的德国和意大利重新恢复了国力，在希特勒和墨索里尼法西斯主义的支配和鼓动下，再次重温称霸世界的美梦，其主要的攻击目标之一便是苏联。1937 年，德、意、日三国缔结《反共产国际协定》，正式以条约形式确认苏联是他们的主要敌人。

在瓜分世界的问题上，当时英、法两国与德、意两国是存在尖锐对立的，但德、意两国把苏联作为主要的打击目标，又与英、法两国的全球战略相吻合。于是，以英国首相张伯仑、法国总理达拉第为代表，实行一种所谓绥靖政策，即以牺牲中欧、东欧一些国家的利益为代价，取得同德、意的妥协，纵容他们向苏联进攻，以达到"借刀杀人"，从中渔利的罪恶目的。1938 年 4 月，英、法、德、意四国签订的《慕尼黑协定》就是这种绥靖政策阴谋的集中表现。按照《慕尼黑协定》的规定：捷克将苏台德区及同奥地利接壤的南部地区割让给德国；捷克斯洛伐克其余领土，由英、法、

德、意“保证”不再受侵犯。在德国的军事威胁和英法的压力下，捷克政府被迫接受了这一丧权辱国的苛刻条件，同年10至11月，德国占领了苏台德区，继而又在英、法绥靖政策纵容下，于1939年3月，背信弃义地占领了捷克全部领土，并在同年9月进攻波兰，从而为以后进攻苏联打开了通路。

张伯仑和达拉第搞绥靖政策，借助德、意法西斯力量搞垮苏联以“借刀杀人”的阴谋并没有成功。随着德国进军波兰，直接威胁英、法的利益，英、法被迫对德国宣战。1939年9月，德国即攻人法国本土，次年6月，法国宣布向德国投降。与此同时，英国也被迫撤出西欧大陆。此后，德国又加紧侵略东欧及南欧各国；意大利也乘机夺取了英、法在地中海和北非的殖民地。张伯仑、达拉第先是想“借刀杀人”，谁知竟然杀到自己头上来了。这就是他们的绥靖政策的可耻结局！

三十六计　第四计　以逸待劳

困敌之势（1），不以战；损刚益柔（2）

注释

（1）困敌之势：迫使敌人处于围顿的境地。

（2）损刚益柔：语出《易经. 损》。“刚”、“柔”是两个相对的事物现象，在一定的条件下相对的两方有可相互转化。“损”，卦名。本卦为异卦相叠（兑下艮上）。上卦为艮，艮为山，下卦为兑，兑为泽。上山下泽，意为大泽浸蚀山根之象，也就说有水浸润着山，抑损着山，故卦名叫损”。“损刚益柔”是根据此卦象讲述“刚柔相推，而主变化”的普遍道理和法则。此计正是根据“损”卦的道理，以“刚”喻敌，以“柔”喻已，意谓困敌可用积极防御，逐渐消耗敌人的有生力量，使之由强变弱，而我因势利导又可使自己变被动为主动，不一定要用直接进攻的方法，同样可以制胜。

按语

此即致敌之法也。兵书云：“凡先处战地而待敌者佚，后处战地而趋战者劳。故善战者，致人而不致于人。”兵书论敌，此为论势，则其旨非择地以待敌；而在以简驭繁，以不变应变，以小变应大变，以不动应动以小动应大动，以枢应环也。如：管仲寓军令于内政，实而备之；孙膑于马陵道伏击庞涓；李牧守雁门，久而不战，而实备之，战而大破匈奴。

解析

古按语举了管仲治国备战，孙膑马陵道伏击庞涓，李牧大破匈奴的事实，来证明调敌就范，以逸待劳，是“无有不胜”法。强调用中心枢纽，即关键性的条件，来对付无穷无尽、变化多端的“环”，即广大四周的情况。掌握战争的主动权是本计关键。谁人不知，两个拳师放对，聪明的拳师往往退让一步，蠢人则其势汹汹，劈头就使出全副本领．结果往往被退让者打倒。《水浒传》上的洪教头，在柴进家中要打林冲，连唤几个“来来”，结果却是退让的林冲看出洪教头的破绽，一脚踢翻了洪教头。

探源

以逸待劳，语出于《孙子·军争篇》：故三军可夺气，将军可夺心。是故朝气锐，昼气惰，暮气归。故善用兵者，避其锐气，击其惰归，此治气者也。以治待乱，以静待哗，此治心者也。以近待远，以佚（同逸）待劳，以饱待饥，此治力者也。”又，《孙子·虚实篇》：“凡先处战地而待敌者佚（同逸），后处战地而趋战者劳。故善战者，致人而不致于人。”原意是说，凡是先到战场面等待敌人的，就从容、主动，后到达战场的只能仓促应战，一定会疲劳、被动。所以，善于指挥作战的人，总是调动敌人，而决不会被敌人调动。

战国末期，秦国少年将军李信率二十万军队攻打楚国，开始时，秦军连克数城，锐不可挡。不久，李信中了楚将项燕伏兵之计，丢盔弃甲，狼狈而逃，秦军损失数万。后来，秦王又起用已告老还乡的王翦。王翦率领六十万军队，陈兵于楚国边境。楚军立即发重兵抗敌。老将王翦毫无进攻之意，只是专心修筑城池，摆出一派坚壁固守的姿态。两军对垒，战争一触即发。楚军急于击退秦军，相持年余。王翦在军中鼓励将士养精蓄锐，吃饱喝足，休养生息。秦军将士人人身强力壮，精力充沛，平时操练，技艺精进，王翦心中十分高兴。一年后，楚军绷紧的弦早已松懈，将士已无斗志，认为秦军的确防守自保，于是决定东撤。王翦见时机已到，下令追击正在撤退的楚军。秦军将士人人如猛虎下山，只杀得楚军溃不成军。秦军乘胜追击，势不可挡，公元前223年，秦灭楚。

此计强调：放敌方处于困难局面，不一定只用进攻之法。关键在于掌握主动权，待机而动，以不变应万变，以静对动，积极调动敌人，创造战机，不让敌人调动自已，而要努力牵着敌人的鼻子走。所以，不可把以逸待劳的“待”字理解为消极被动的等待。

案例

黄忠疲敌定军山

这个智谋故事见于《三国演义》第七十一回“占对山黄忠逸待劳据汉水赵云寡胜

众”。

黄忠在定军山和曹将夏侯渊相遇，初战告捷。夏侯渊于是坚守山寨，不再出来交战，黄忠率领部队逼到定军山下。法正四面望了望定军山的地势，对黄忠说：“在定军山的西面，有一座巍然耸立的高山，四面的山道崎岖艰险，在这座山上，能够充分探察定军山夏侯渊的虚实。将军如果能攻占这座山，再攻打定军山就易如反掌了。”黄忠抬头看了看，见山顶比较平缓，山上人马也不是很多，就决定先攻打这座山。“这天夜里，黄忠带领军士，趁着敌军防范松懈的时候，突然敲鼓鸣锣，一直杀上山顶。这座山是由夏侯渊的部将杜袭把守的，只有几百人。当时望见黄忠大批人马一拥而上，声势骇人，慌忙丢下营寨，逃下山去。黄忠非常轻松地占领了山顶，正好和定军山相对立，地势特别优越。法正说：“将军可以驻守在半山腰，我守住山顶。等夏侯渊来进攻时，我举起白旗将军按兵不动；等他倦怠了，疏于防备时，我就举起红旗，将军迅速地下山冲击曹军。我们以逸待劳，一定能够获胜。”黄忠听后，连说妙计，便带领大部人马在半山腰扎下营寨。

杜袭丢了山寨，逃回定军山，说黄忠夺取了对面的山顶。夏侯渊非常恼怒，说：“黄忠占领了对山，不由得我不出战！”张郃劝阻说：“这是他们的计谋，将军只宜坚守，不能出战。”夏侯渊说：“他占了我的对面山顶，观察我的军情虚实，我怎么能不出战呢？”张几次苦苦地劝阻，夏侯渊就是不听。

夏侯渊命令兵士围住黄忠占领的对山，大骂挑战。法正在山顶上举起白旗，任凭夏侯渊在山下怎样百般辱骂，黄忠就是不出战。等到中午以后，法正见曹兵已经疲倦，心不在焉，不见丝毫锐气，大都下马，倚在石头旁休息，有的竟昏昏欲睡，就举起红旗。黄忠见山顶上红旗招展，一声令下。战鼓齐鸣，蜀汉的军队大喊着冲下山来，那种阵势犹如天崩地塌。夏侯渊措手不及，黄忠闪电般已经来到他的面前，大喝一声，像平地惊雷。夏侯渊还没有反应过来，就见黄忠的宝刀落下，连头带肩被砍成两段。曹兵见主帅被斩，溃不成军。黄忠乘胜追击，占领了定军山。

曹玮挫敌士气计

一年，西夏的军队屡次骚扰北宋的西北边境，百姓不得安宁。皇帝召见大将曹玮，命他率部前往平定。

曹玮带兵直驱西北边疆。西夏的军队一见“曹”字旗帜，便知常胜将军曹玮军到，稍一交锋便溃逃了。

曹玮心想：“我军一到，他们便逃。我军一走，他们又来骚扰，如此进进退退总不是办法。只有把他们引出来，彻底消灭方能解除后患。”

第二天，曹军赶着敌人撇下的牛羊，抬着缴获的战利品，散散漫漫地往回走。

西夏军统帅听探子飞报：曹军贪图战利品，部队毫无纪律，一片混乱。西夏军觉得这是战胜敌方的机会，便率军回马撵上宋军交战。

曹玮部队拖拖拉拉地走到一个地势很有利的山口，即摆阵迎战。

过了半天:，远处飞马骤驰，尘土遮天，西夏军队赶来了。曹玮笑笑，即派人到西夏军队那边传言说：“贵军远道而来，将士十分疲乏，我们不想趁人之危而作战，先请你们休息一下，待会再决胜负。”西夏统帅一听，认为对自己有利，便同意了。

过了一会儿，曹玮认为时机已到，又派人过去通知：“休息好了，开始吧!”

当即，山谷中战鼓震天，双方人马好一番厮杀。没多久，西夏军队就被打得尸横山野，死伤大半。

曹玮的幕僚觉得奇怪，堪称慓悍骁勇的西夏军怎么没经好好交战就落花流水了呢？便问将军。曹玮说：“匹夫之勇在战场上是不行的，要动脑子。昨天我们双方一交战，他们就逃，其实这是为了保存实力，不与我主力硬拼。为了彻底解决他们，我便以贪图战利品的幌子迷惑他们，装作军纪涣散的样子引他们上钩。不出我所料，他们果真上了当，100多里路追来，肯定相当疲劳；而我们休整了半天，以逸待劳稳操胜券。但当时迎战，我方必定会伤亡较大，因为他们的士气还很盛，决战的精神很足。我便故意让他们休息，这下就挫伤了他们的士气，精神亦松弛下去。要知道：走远路的人，干重活的人，停下来会浑身散架。这时出击，我们就很轻松地取胜了!”

一番话，说得幕僚们心中佩服不已。

徐海东歼敌先疲后打

先疲后打，这是徐海东指挥艺术中的一大特点，也是他以弱胜强、屡战屡胜的拿手好戏。

1935年4月20日，蒋介石命令原在鄂豫皖边区的东北军六十七军三个师，驻郑州的九十五师入陕，汇合第四十军、第四十四师和陕军一部，共41个团，由杨虎城统一指挥，向红二十五军发动大规模“围剿”。由于敌人兵力占绝对优势，故气焰十分嚣张，扬言要三个月内，趁徐海东率领的红二十五军千里跋涉刚到陕南，立足未稳之机，彻底消灭红二十五军，想拔掉这个尚未来得及与主力会合的“独刺”。

面对十倍于己的敌人大军压境，稍有不慎，不仅不能打破敌人的“围剿”，而且面临敌人“吃掉”的危险。只有机智同敌人周旋，适时歼敌，方可打破“围剿”。

6月初，行动开始后，徐海东率部由郧西二天门出发，按照预定方案，先向北，后向东，再向南，飘忽不定，今天30公里，明天40公里，天天走，夜夜行，拖着敌人走。

6月15日晚，徐海东的第一步计划开始了。他突然带领部队转头南下，连夜疾行65公里，一举攻占了敌第四十四师在鄂豫陕边界的战略要地和补给站——荆紫关，全歼守敌200多人，缴获了部队急需的大量军需物资和给养，既补充了自己，又掐断敌人的补给线，真可谓一举两得。

徐海东这突然的一击，敌人果然上钩了。敌军重新调整部署，以六十七军三个

师、第四十四师和西北军警一旅等部，急急忙忙向荆紫关方向扑来。

6月的天气，时而烈日当头，时而暴雨浇身，路途坎坷。敌人在这种天气下行军十分艰难，如蜗牛似地前进。徐海东率领的红军由于在荆紫关得到了军需给养补充，又在那里得到了充分的休息，士气很高。在这种态势下，徐海东又布下了第二张大网，等待下一个猎物上钩。

当敌人迫近荆紫关时，徐海东率领部队，与敌人保持着适当的距离，拖着敌人沿着陕南的崇山峻岭继续前进。

6月25日，徐海东率领部队来到预定的作战地区后，经过认真分析、精心勘察地形和休整准备，决定杀个回马枪，并将打击的对象瞄准孤军深入的誓一旅。

警一旅旅长唐嗣桐是黄埔军校毕业的“名将”，从未吃过败仗，骄横之极，一心想抢个头功。可他忘了他的部队已经过了20多天的疲惫行军，其官兵的士气已经极为低落。

7月2日拂晓，当唐嗣桐率部毫无戒备地走至袁家河口时，张网已待多时的红军突然出击，警一旅顿时乱作一团。战斗仅仅持续了8个小时，敌1800余人全部被歼，旅长唐嗣桐也当了红军的俘虏。

誓一旅覆灭，旅长被俘，此事震动了陕南，也震动了整个东北军和西北军。虽然“围剿”总指挥杨虎城在蒋介石的催促下，多次电令余部继续追击，然而早已疲惫不堪、被吓破了胆的敌军左顾右盼，谁也不敢轻举妄动了。只此一仗，敌人对红二十五军的这次“围剿”就被彻底粉碎了。

以静制动俄军破敌偷袭

1904年2月8日，日俄战争爆发。俄军以旅顺港为基地，派出大量军舰巡弋渤海湾，袭击重创日军舰队和运兵船。日军如果想调陆军从旅顺登陆，拿下旅顺军港，就必须首先制服住驻守港口的俄国舰队，使其不能行动自如地出击。

为此，日军制定了“沉船堵口”的闭塞战斗计划，准备以此来封锁俄国舰队于旅顺港内，使之成为死船，从而保证日本在旅顺的登陆，同时也可以围歼俄舰队于港内。

3月27日深夜，日军出动3艘驱逐舰，掩护4艘装满碎石杂物的残旧船只，执行堵口任务。日军悄悄行动，慢慢逼近旅顺港口。港内俄军阵地一片寂静，日军敢死队员心中窃喜，以为俄军浑然无觉。

距旅顺港口还有2海里，目标在望，日军准备开始最后的行动。突然，沉寂的俄军阵地刹那之间亮如白昼，数百只探照灯齐向日军射来。日军大惊失色，强烈的灯光使他们如同瞎子。这时，俄军海岸万炮齐发。日军仓皇之间，炸沉堵塞船。然而这些船沉的位置根本起不到任何作用。日军的“沉船堵口”行动归于失败。

原来，俄军早知道日军要前来堵塞港口，故意按兵不动，假装丝毫没有察觉。等到日军来到跟前才突然袭击，使日军措手不及，来不及调整堵口计划，以至彻底失败。

在战争中，表面上保持“静”的态势，暗中观察敌人的行动，及时调整部署，做好迎敌准备，一旦敌人来袭，打它个措手不及，如此必胜无疑。

反常的炮步协战

在苏联的彼列科普地区，德军凭借坚固的纵深工事阻挡着苏军第三近卫步兵师的进攻。在一度沉寂之后，苏军300门大炮齐声怒吼，炮弹像暴雨般地落在德军的第一道壕堑上。

德军隐蔽在深深的壕堑内，躲避炮轰，以逸待劳。他们居然还兴致勃勃地谈论着：

“俄国佬的炮火尽管猛烈，却也奈何不了我们。”

“别麻痹大意，炮火轰击之后，就是步兵冲锋，又是一场殊死的拼杀。”

德军议论的是炮步协战的一般常识，果然苏军在炮击15分钟后，以50%的炮火向敌后阵地延伸，50%的炮火停止轰击，这是步兵冲锋的前兆。刹那间，苏军阵地上矗立起无数条黑影，接着，枪声大作，德军忙各赴射击位置，迎战苏军步兵的进攻。

在这种情况下，苏军的火炮是无法发挥作用的，因为两军近战，炮火不长眼睛，无法只打敌军不打己军，所以德军也不怕暴露。可是当德军刚一暴露，苏军的300门火炮齐发，轰击德军的第一道壕堑，把德军击毙于阵地前，当然，苏军步兵也不能幸免于难。不过这里苏军使用了一个计谋，矗立于阵前的黑影，只是藏身于战壕里的苏军举起的数百个草人。

这个情况，当时德军并不知道，他们丢下了大量同伴的尸体后又躲进深壕中了。可是苏军的炮火又向后延伸了，这次德军的指挥官们可捉摸不透了，他们心有余悸地议论道：

“俄国佬真是不要命了，与咱们玩起了同归于尽的手段。”

“咱们可不能上当了，千万不要暴露自己，免得受炮火攻击。”

“可是，俄国的步兵再次冲锋怎么办呢?”

“不怕，等他们冲近了再说。”

然而，苏军步兵并没再次冲锋，只是大炮一会儿轰向第一壕堑，一会儿又向后延伸，弄得德军打也不是，躲也不是。

苏军经过几度飘忽不定的轰击后，终于射起了一颗绿色的信号弹，这个信号弹标志着苏军停止了攻击，德军这才有了喘息的机会，他们经过极度紧张之后，懈怠地倒在堑壕内休息，可就在这时，苏军步兵发起了冲击，趁德军不备之时占领了他们的阵地。

苏军运用了这次反常的战术，终于获得了彼列科普战役的胜利。

斯大林累垮罗斯福

1944年，法西斯德国败局已定，美、苏、英各国军队在多条战线上取得重大战果。为了研究如何处理战后一系列遗留问题，特别是如何处理战败国德国，苏、美、英三。国领袖决定再次举行最高首脑会晤。

最高首脑会晤时间、地点和会议程序的选择与确定，历来是一个重要的问题。当时，美国总统罗斯福身体状况已严重不佳。因此罗斯福提出，会晤是不是可以订在1945年春天，这时天气已暖，他的身体可以吃得消。

老谋深算的斯大林早已了解到罗斯福的病情，他知道，一个疲惫不堪、精力不支的首脑在谈判中是不会保持坚强的意志和耐力的，是无法与一个体魄强健的对手较量的。在罗斯福这种身体状态下，他很容易感到厌倦、焦躁、虚弱，从而轻易地向对手让步。于是斯大林电告罗斯福：由于形势发展急速，一系列问题迫切需要解决，因此最高首脑会晤不能拖延，最迟应该在1945年的二月份内举行。

无可奈何之下，罗斯福只好同意这个日期。他又提出，因为健康原因他只能坐船去开会，这样旅途要花很长的时间，所以他希望会谈地点不要选得太远。另外，最好开会的地点和气候能温暖一些，对身体有利。

斯大林则拒绝去任何苏联控制以外的地方，而坚持会议必须在黑海地区举行。并且具体提出在黑海边上克里米亚半岛的雅尔塔小城镇举行。这样，斯大林可以逸待劳，并可随时与莫斯科保持联系。

罗斯福再没办法讨价还价，他只好拖着病躯，硬着头皮，前往冰天雪地的雅尔塔。当罗斯福经过十几天艰辛跋涉到达雅尔塔的时候，人们发现这位总统面色憔悴、几乎精疲力竭。

斯大林、罗斯福、丘吉尔到达雅尔塔后，无休无止的会晤、谈判开始了。日程安排得极为紧张，首脑会谈多达20次。每次罗斯福都得参加。另外还有大量的宴会、酒会、晚会。这一切使罗斯福疲劳不堪。在谈判中，罗斯福强自打起精神，与斯大林讨价还价，但终因体力不支，注意力分散，争辩不过斯大林，最后不得不草草结束会谈，按苏联的意思签订了协议。

罗斯福回到美国后几周，就逝世了。美国人强烈批评罗斯福与斯大林签订的《雅尔塔协定》，认为它对苏联做了大幅度的妥协，是对美国与西方利益的“背叛”。

一位著名的政治家说过，政治的较量到了最后就是身体的较量、意志的较量。优秀的政治家善于充分利用和强化对手在身体上、意志上的劣势，从而使自己在政治较量中较容易地击败对手。

半月的谈判游戏

在纽约——东京的日航班机上，坐着一位美国商人，他虽然第一次去日本。但由于事先作了充分的准备，对面临的谈判充满了信心。飞机就要在羽田机场降落了。

漂亮的日本空中小姐过来热情地打着招呼：“先生，您真用功，还在看书学习，准备下机吧！”

美国商人收拾起有关研究日本人精神及心理的书籍。飞机已平稳地落在跑道上。这时两名日本公司的职员已彬彬有礼地在机场上等候了。他们帮美国商人办好一切手续，轿车开到东京的一家高级宾馆。

进入陈设考究的客房后，日本职员问道：“先生会日语吗？”

“略会一些，不过我带着字典，很想学学日语。”美国商人回答说。

“日语很容易学，凭先生的才能，用不了多少时间就能掌握的。喂，先生您非得准时回国吗？”日本职员显得很关切的样子。

“时间够长的了。我得准时回国，喏——”美国商人递过了回程机票。

“唔，有15天时间，来得及。”

第二天，日本公司派来了一位娟秀迷人的姑娘，说是帮助美国商人学习日语。学习两小时后，姑娘就作为导游，陪伴他去观光游览。以后每天如此，从皇宫游到神社，从城里玩到乡村，每天晚上还要参加日本公司董事的分别宴请的家庭酒会。美国人按照日本习俗，半跪在硬木地板上，往往一顿饭要吃三四个小时，使他感到苦不堪言，但出于礼貌，他还是硬挺了过来。

当美国商人谈起商务谈判，日本人总是说：“有时间，来得及。”于是今天看精彩的相扑比赛，明天看古老的歌舞表演，后天听讲“禅机”。这些都使美国人大开眼界，了解了许多日本的风俗习惯。时间一天天过去了，美国商人的自尊心得到了极大的满足，他感到真是不虚此行。

到了第13天，谈判终于开始了，然而下午安排了高尔夫球。第14天，谈判再度开始。但为了出席盛大的欢送宴会，不得不提前结束。晚上，美国人才感到时间紧迫了，急了起来。

第15天早上，谈判继续进行。正谈到紧急关头时，轿车开来了。这时，主人和客人只得在开往机场的途中谈到关键的条件，在到达机场之前，交易达成了协议。

东京——纽约的日航班机上，美国商人又拿出了书籍学习，不过他这次看的是日文版的中国兵学经典——《孙子兵法》。还是那位漂亮的空中小姐，她热情地打着招呼：“先生，您真用功。”

美国人沾沾自喜地指着日文用日语读着一个条目“知己知彼，百战不殆！”具有讽刺意味的是，日本公司的董事们此刻正在庆贺他们谈判的胜利！

荀莹分军制敌

公元前559年，一天，晋悼公问荀莹说：怎样才能使郑国臣服呢？荀莹回答道：郑国之所以屡服屡叛，是因为有楚国作依恃。只要削弱楚国的力量，郑国就自然会真正归服了；但是，要削弱楚国，在军事上需要运用“以逸待劳”计。晋悼公接着问：什么叫“以逸待劳呢？荀萤解释道：军队不可以连续多次地征战，多战就会疲劳；诸侯国不可以连续多次地役使，否则，就会招来怨恨。这样，“内疲外怨”，要想对付楚国，是不可能取胜的。因此，我请求把晋国的军队分成为上、下、新三军，每次同楚国作战，只动用一军人马，三支军队轮番使用；而且还应采取烦扰战法；当看楚军进时，我军即退，当看楚军退时，我军又进；要弄得楚军求战不得战，求安息不得安息，往来奔跑，疲惫不堪。而我军却有两支军队经常位于休整状态，这样以逸待劳，有一天就能战胜楚国，使郑国失去依恃而归顺我国了。晋悼公听了荀萤这番用计，非常赞赏，当即任命荀萤为中军主帅，把全国军队按荀萤的意见分成三军，第一次由上军出战，第二次由下军出战，第三次由新军出战，荀萤则直接统帅中军，分别接应，如此轮番对楚国出战，周而复始，果然搞得楚军疲敝不堪，这时荀萤见时机已到，发起突然攻击，绳阳一战，晋军声威大振，最后，迫使楚王不得不接受公子贞“我兵乍归，喘息未定，岂能复战”的意见，忍痛“让郑于晋”，任凭晋国进攻郑国，使之归降于晋国了。

曹刿论战

公元前684年，齐桓公任命鲍叔牙为大将，领兵攻打鲁国，鲁庄公带着曹刿在长勺与齐军相遇。

齐国的鲍叔牙因为指挥乾时大战，曾打败过鲁军，所以这次根本不把鲁国军队放在眼里。他求胜心切，两军才一接触，便下令擂鼓进攻。鲁庄公听到齐军鼓声震天，沉不住气，也要下令擂鼓冲锋。曹刿赶忙拦住道：“且慢！”随后便请鲁庄公传下命令：“有吵叫喊，随意行动，不听指挥的，一律处死！”这时候，齐军随着鼓声冲了过来，鲁军却纹丝不动。齐军见无隙可乘，只好退回去。过了一会儿，齐军鼓声又起，鲍叔牙催着士兵再次冲锋，鲁军还是不动，齐军只好又退了回去。这样连冲两次，又不见鲁军出动，鲍叔牙更得意了。对手下的人说：“鲁军怕是吓破了胆，不敢出战，我们再冲一次，他们准垮无疑。”说着就又传令擂鼓。这时候，眼看齐军逼到鲁军的阵前了，鲁军憋足了气，要决一死战。曹刿手提宝剑，向北指道：“打败齐军，在此一举！”随后，立即请鲁庄公下令擂鼓冲锋。

齐军连冲了两次，见鲁军不还手，都以为这第三次还跟过去一样，所以一个个拖着戈矛，扛着刀枪，无精打采地跑过来，全没把鲁军放在心上。不料，这时鲁军阵内鼓声大作，鲁兵如猛虎下山般地冲了过来，刀劈箭射，直杀得齐军七零八落，狼狈而逃。

鲁军大获全胜。鲁庄公却不明白，问曹刿："齐军头两次擂鼓，你不让我军迎战，他们第三次擂鼓，你才叫我军还击，这是为什么呢？"曹刿回答说："打仗最要紧的是士气，士气旺盛，就会胜利；士气衰落，就要失败。擂鼓是鼓舞士气的。擂第一次鼓，士气最旺盛；擂第二次鼓，士气开始下降；等到第三次擂鼓，就没有多少士气了。我们不急着擂鼓，就是为了让士兵保持旺盛的士气，等他们二鼓一过，士兵们士气最低落的时候，我们一鼓作气地攻过去，还愁不打败他们吗？"……

三十六计　第五计　趁火打劫

敌之害大（1），就势取利，刚决柔也（2）。

注释

（1）敌之害大：害，指敌人所遭遇到的困难，危厄的处境。

（2）刚决柔也：语出《易经·夬》卦。夬，卦名。本卦为异卦相叠（乾下兑上）。上卦为兑，兑为泽；下卦为乾，乾为天。兑上乾下，意为有洪水涨上天之象。《夬夬》的《彖》辞说："夬，决也。刚决柔也。"决，冲决、冲开、去掉的意思。因乾卦为六十四卦的第一卦，乾为天，是大吉大利，吉利的贞卜，所以此卦的本义是力争上游，刚健不屈。所谓刚决柔，就是下乾这个阳刚之卦，在冲决上兑这个阴柔的卦。此计是以"刚"喻己，以"柔"喻敌，言乘敌之危，就势而取胜的意思。

按语

敌害在内，则劫其地；敌害在外，则劫其民；内外交害，败劫其国。如：越王乘吴国内蟹稻不遗种而谋攻之，后卒乘吴北会诸侯于黄池之际，国内空虚，因而捣之，大获全胜。

解析

这则按语把"趁火打劫"计具体化了。所谓"火"，即对方的困难、麻烦。敌方的困难不外有两个方面，即内忧、外患。天灾人祸，经济凋敝，民不聊生，怨声载道，农民起义，内战连年，都是内患；外敌入侵，战事不断，都是外患。敌方有内忧，就占它的领土；敌方有外患，就争夺他的百姓；敌方内忧外患岌岌可危，赶快兼并它。总之，抓住敌方大难临头的危急之时，赶快进兵，肯定稳操胜券。《战国策·燕二》中的著名寓言"鹬蚌相争，渔翁得利"，也就是"趁火打劫"的形象体现。

探源

趁火打劫的原意是：趁人家家里失火，一片混乱，无暇自顾的时候，去抢人家的财物。乘人之危捞一把，这可是不道德的行为。此计用在军事上指的是：当敌方遇到麻烦或危难的时候，就要乘此机会进兵出击，制服对手。《孙子·始计篇》云："乱而取之，"唐朝杜牧解释孙子此句说，"敌有昏乱，可以乘而取之。"就是讲的这个道理。

春秋时期，吴国和越国相互争霸，战事频繁。经过长期战争，越国终因不敌吴国，只得俯首称臣。越王勾践被扣在吴国，失去行动自由。勾践立志复国，十年生聚，十年教训，卧薪尝胆。表面上对吴王夫差百般逢迎，终于骗得夫差的信任，被放回越国。因国之后，勾践依然臣服吴国，年年进献财宝，麻痹夫差。而在国内则采取了一系列富国强兵的措施。越国几年后实力大大加强，人丁兴旺，物资丰足，人心稳定。吴王夫差却被胜利冲昏了头脑，被勾践的假象迷惑，不把越国放在眼里。他骄纵凶残，拒绝纳谏，杀了一代名将忠臣伍子胥，重用奸臣，堵塞言路。生活淫靡奢侈，大兴土木，搞得民穷财尽. 公元前473年，吴国颗粒难收，民怨沸腾。越正勾践选中吴王夫差北上和中原诸侯在黄池会盟的时机，大举进兵吴国，吴国国内空虚，无力还击，很快就被越国击破灭亡。勾践的胜利，正是乘敌之危，就势取胜的典型战例。

案例

袁绍诈取冀州城

这个智谋故事见于《三国演义》第七回。

关东诸侯联合起兵，共推渤海太守袁绍为盟主，反对董卓专权。讨卓联军攻占洛阳后，各路诸侯便各打各的算盘，不仅不能同心协力，反而争权夺利、互相兼并，以致讨卓联盟迅即瓦解，各路诸侯各自为战，自谋发展。

当时，洛阳一带几乎已成废墟，袁绍觉得在这里已无戏可唱，便于次年率军退屯河内（今河南武陟县西南），观望形势发展。渤海郡属冀州，因而袁绍在名义上应算冀州牧韩馥的部下，所以韩馥经常派人运送粮草接济袁绍。谁知好心不得好报，袁绍及其部下却暗中算计起富庶的冀州来。谋士逢纪向袁绍献计说："大丈夫当纵横天下，怎能光靠人接济为生！冀州乃钱粮广盛之地，将军何不取之！"。

得到袁绍赞同后，逢纪进一步具体谋划说："可暗中派人送信给北平太守公孙瓒，约其共攻冀州，平分其地。他必定欣然起兵攻冀州。面对公孙瓒的进攻，韩馥这样的无谋之辈肯定会请您协助守冀州。您便可趁势行事，冀州唾手可得。"袁绍闻言大喜，即依计送信给公孙瓒。瓒得信，即应约发兵杀奔冀州而来。袁绍却又使人将公孙瓒发兵攻冀州的消息密报韩馥。韩馥得报后，即召集谋士荀谌、辛评二人商议对策。荀谌说："公孙瓒率领燕、代之众，长驱而来，锐不可当。今袁绍智谋过人，手下名将极广，将军可请其同治州事，就不怕公孙瓒了。"韩馥以为得计，便差别驾闵纯去请袁绍。长史耿武谏曰："袁绍孤客穷军，仰我鼻息，譬如婴儿在股掌之上，绝其乳哺立可饿死。怎能将州权委托给他？这等于引虎入羊群啊！"忠厚的韩馥答道："我本是袁家先世的故吏，才能又不如袁绍，让贤是自古以来的美德，现在我决计请袁绍与我一同治理冀州，诸位不要忌妒！"耿武等人见韩馥固执己见，不听忠告，只好叹息而出。

数日后，袁绍应韩馥之邀率领大队人马来到冀州。忠于韩馥的耿武、闵纯不愿冀州落入袁绍之手，便伏于城外，欲刺杀袁绍，结果被袁绍大将颜良、文丑斩杀。袁绍入据冀州后，即以韩馥为奋威将军，并以自己的亲信部下田丰、沮授、许攸、逢纪分掌州事，架空韩馥，逐渐篡夺韩馥之权，终将冀州据为己有。至此，韩馥懊悔无及，只好弃下家小，只身投靠陈留太守张邈去了。

公孙瓒见袁绍不讲信义，独吞了冀州，不肯平分其地，因而与袁绍结下仇怨，彼此攻伐。但公孙瓒哪里是袁绍的对手，屡战屡败，后来被袁绍围困于易京（今河北雄县西北），走投无路，自缢而死。这样，连公孙瓒割据的幽州也落入了袁绍之手。

何瑭藏杯除宦官

明正德登上皇位后，封刘瑾为九千岁，任掌宫宦官。刘瑾趁这机会把持朝政，还想把皇帝杀掉，自己取而代之。

当时，曾做过皇帝老师的何瑭看破了刘瑾的野心，总想把他除掉，可是一直没有机会。且说这天，皇帝过生日。午门外文武百官都已到齐，刘瑾也骑着高头大马来了。学士何瑭等出来相迎。刘瑾下马时，何瑭突然发现刘瑾的大红朝服里，露出赭黄色提花锦绣龙袍来。何瑭便暗暗地打起主意来。

文武百官走进皇宫，给皇帝拜寿，皇帝设宴招待。大伙各自忙着在自己应坐的地方坐下来。何瑭趁忙乱之时，顺手拿起一只九龙杯藏在怀里。太监发现九龙杯少了一只，便到处寻找。何瑭站起来故意问道："是谁拿了九龙杯？还不快交出来，不交就要搜身了！"众官员都开玩笑似地说："搜就搜，搜出来罚他喝1000杯酒！"

刘瑾心里有鬼，一听到要搜身，心都凉了半截，不敢让搜。可是，他越怕搜，大家就越怀疑，越要搜。何瑭说："这样吧，先从万岁搜起，从上到下，挨个搜。"皇帝听说，笑道："别开玩笑！这满殿东西都是我的，我单拿个九龙杯，什么意思？"何瑭说："你是皇帝，理应带头让搜。"边说边给皇帝使眼色。何瑭曾经做过皇帝的老师，皇帝知道，他爱开玩笑，只好站起来，解开龙袍让大家看。轮到搜九千岁了，刘瑾脸都吓白了。文武百官早就恨透了刘瑾，见他脸上变色，更怀疑九龙杯是他拿了，便一个劲地叫着："搜，搜。"刘瑾没法，只好让何瑭来搜。不料朝服一解，里边竟是只有皇帝才能穿的赭黄龙袍。大家"啊！"了一声，都楞住了。正在这时，只见刘瑾满面杀气，抽出预先藏在袖筒里的短刀，向皇帝刺去。说时迟，那时快，何瑭飞起一脚，把短刀踢落在地上。

此时，金殿上乱了套。皇帝只说了一句"快把他打死"，就吓得昏了过去。等他醒过来时，刘瑾已被御林军打死了。何瑭也把九龙杯献了出来，说明这是个计策。皇帝和满朝文武百官都非常钦佩何瑭忠心和机智。

郭亮智取长沙

1926年，国民革命军出师北伐。北伐军很快就打到湖南。军阀叶开鑫将重兵集结于长沙，企图负隅顽抗。正在长沙从事工人运动的郭亮等共产党人，为配合北伐军的正面行动，决定从背后积极打击军阀叶开鑫。为此，他们分别到工人群众中去，宣传革命大好形势，广泛发动群众，积极组织群众同敌人作斗争。工人们听说配合北伐军赶走叶开鑫，都感到非常高兴。在郭亮等人的组织安排下，缝纫工人连夜暗暗地制做了两万多个“国民革命军”和“湖南工人保安团”的袖章；泥木工人在全城收集了数筐打野兽用的炸弹；印刷工人通宵达旦印制传单和其他宣传品；人力车工人也行动起来了，他们拉着车子在街里街外，大街小巷跑着，探听消息，侦察敌人的位置、人数及动向。

仅仅只用了一天一夜的时间，全长沙城的工人都做好了与叶开鑫展开斗争的一切准备。

在郭亮等人的指挥下，一天早晨，长沙城几乎所有的街道上，忽然贴满了征讨军阀的标语：“打倒军阀!”“叶开鑫不投降就叫他灭亡!”这些标语不仅贴在大街上，电线杆上，大树上，还贴到了叶开鑫的办公楼和家门口。

叶开鑫怎么也没有料到形势会变得如此突然。他立即命令他的省会戒严司令在全城实施戒严，实行严格的检查搜捕。

可是，在郭亮等人的领导和指挥下，组织起来的工人们不仅没被气势汹汹的敌人所吓倒，相反，他们按预定的计划，当敌人的巡逻队和搜捕队出现在大街上的时候，建筑物里的工人们就把预先准备好的炸弹从开着的窗户扔出去。炸弹爆炸了，敌人吓懵了。这个时候，躲在门后背的工人们趁着炸弹爆炸后的烟雾，马上冲了出去，从慌乱的敌人手中夺下了枪支。

一处如此，处处如此。一时间，全长沙城的街上，炸弹隆隆，杀声震天。军阀的巡逻队和搜捕队很快就失去了威风，他们死的死，伤的伤，丢了旗，丢了枪，活着的，能跑的，东奔西窜，到处挨打。

在郭亮等人的组织下，学生们在摇旗呐喊：“北伐军进城了!”“叶开鑫完蛋了!”“缴枪不杀!”更使叶开鑫捉摸不透的是，他的部下不断报告：“在许多地方都发现了带着‘国民革命军’袖章的人。到处都飘起了‘国民革命军’的大旗。”

叶开鑫根据这种种迹象推断：“一定是北伐军穿着便衣打进城来了。”想到这里，他吓得直哆嗦。他抓起电话想向有关方向询问情况，但电话不通了（电话线早被工人切断了）；他叫人去拍电报，请求援助，但电报局已被戴着“工人保安团”袖章的工人占领了，电报发不出去了。他询问粤汉铁路的情况，回答是铁路交通完全中断。他

问军队情况，回答是，士兵和军官都惊慌混乱，不知如何是好。这个时候，叶开鑫感到问题太严重了，长沙城是再也守不住了。于是，他急忙下了撤军令，坐上军舰向北逃跑了。

长沙就这样被占领了。

其实，这个时候北伐军并未进城，是郭亮指挥人民群众用一些“土办法”造成了北伐军化装攻打长沙的假象，使敌人不战自溃，丢了长沙，狼狈逃跑。真是兵不厌诈也！

沙皇侵吞沃尼亚

1503 年，俄国沙皇伊凡三世同西部邻国立沃尼亚签订了为期 50 年的停战协定。协定里规定，原属俄国的尤里耶夫城归立沃尼亚，而立沃尼亚则每年应向俄国缴付一定的赔款，借以给俄国补偿。但是，长期以来立沃尼亚却未能照协议执行这个条款。

1558 年，沙皇伊凡四世决定对立沃尼亚发动战争。出兵前，为了寻找借口，伊凡四世翻出了历史旧账。他突然向立沃尼亚提出，要立沃尼亚立即向俄国缴纳 4 万塔勒的赔款。

4 万塔勒，对于一个小国立沃尼亚是一个庞大的天文数字，要它在几天之内凑齐 50 年的赔款是根本不可能的。万般无奈，立沃尼亚只好把情况如实告诉伊凡四世。

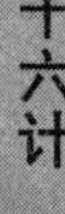

其实，伊凡四世等待的正是这句回话。他听到立沃尼亚的回复后，迫不及待地发表声明，声称立沃尼亚违背两国协定，拒不执行协议，因此俄国决定出兵进攻立沃尼亚，以便给予它严厉惩罚。

1558 年 1 月，俄军开始进攻。到当年秋天，俄国夺取立沃尼亚 20 座城堡，几乎占领了立沃尼亚整个东部地区，并且生俘立沃尼亚骑士团团总。到了这个时候，立沃尼亚的领主贵族们想尽了办法，终于凑足 4 万塔勒送到莫斯科。这时伊凡四世露出了真实面目，他声言他要在立沃尼亚夺取的东西不只值这些钱，因此俄国必须继续作战。不久，立沃尼亚骑士团被打垮，大部分国土也被俄国侵占。

三菱公司发战争财

日本三菱公司特别注意对国际信息情报进行分析，因势利导，作出预见对策。1973 年 3 月，扎伊尔发生了叛乱。这件事，对于远隔重洋的日本企业似乎没有多少意义，但日本三菱公司的决策人员却没有放过这一信息。他们经过分析认为，与扎伊尔相邻的赞比亚是世界重要的铜矿生产基地，扎伊尔叛乱，可能会对赞比亚造成影响。于是，公司情报人员密切注视叛军的动向。当得知叛军向赞比亚移动时，公司预计到叛军可能切断交通，由此必将影响到世界市场上铜的产量和价格，而当时市场上的铜价还很平稳。三菱公司立即购进了一大批铜。后来，铜价果然上涨，每吨涨了 60 多英镑，公司就此赚了一大笔钱。

瘟疫带来的商机

1975 年初春的一天，美国亚默尔肉食加工公司老板菲力普．亚默尔坐在自己的办公室里翻阅报纸，了解当天的新闻。

突然一则几十个字的短讯，使他兴奋得差点跳起来：墨西哥发现了疑似瘟疫的病例，他马上想到，如果墨西哥真的发生了温疫，一定会从加利福尼亚州或得克萨斯州边境传染到美国来。而这两个州又是美国肉食供应的主要基地。肉类供应肯定会紧张，肉价一定会猛涨。

当天，他就派家庭医生亨利赶到墨西哥，几天后，亨利发回电报，证实那里确有瘟疫，而且很厉害。

亚墨尔接到电报后，立即集中全部资金购买加利福尼亚州和得克萨斯州的牛肉和生猪，并及时运到美国东部。

不出所料，瘟疫很快蔓延到美国西部的几个州。美国政府下令：严禁一切食品从这几个州外运，当然也包括牲畜在内。

于是，美国国内肉类奇缺，价格暴涨。亚默尔趁机将先前购进的牛肉和猪肉抛出，在短短几个月里，他净赚 900 万美元。

亚墨尔慧眼独具，发现了瘟疫即将流行的征兆，预测到可能出现的局面，把握和充分利用了瘟疫蔓延所带来的机遇，进而取得成功。

乘瘟疫这把火，亚默尔“劫”到一大笔财，不愧是商战高手。

死鸡变凤凰

企业或商店因经营不善而倒闭，便就像一只死鸡一样，让人不屑一顾了。

但广东话有“执（捡）死鸡”一说，意即捡到了便宜。这有点令人不解，捡到死鸡怎算捡到便宜？但在生意场上，“执死鸡”便大有文章可做。在美国，有位专门“执死鸡”的富翁，名叫保罗·道弥尔，有一次他听说一家玩具厂因管理不善而倒闭清盘，当即找到了工厂老板，想买下这家工厂。

由于工厂老板因工厂倒闭，急欲转让，无心讨价还价，所以保罗·道弥尔以极低的价钱“捡到这只死鸡”。

道弥尔找出工厂经营失败的原因，然后制订了改造工厂经营的计划，于是按照自己行之有效的计划重新开工，半年之后，这家工厂由死变活，产量翻了一番。

美国当代石油大王哈默尔也是个“执死鸡”能手。他从 60 年代开始，就热衷于石油开发事业。

当时有一家叫德士的石油公司，在旧金山以东的河谷里寻找天然气，钻井到 5600

英尺时，仍不见天然气。公司决策者认为耗资太多，再钻下去很可能徒劳无功，难以自拔，便匆匆鸣鼓收兵，宣判此井“死刑”。

哈默得知这一消息，立即派专家进行考察，并轻易占有了德士公司的劳动成果，在原井上架起钻机，又钻进3000英尺，天然气喷涌而出。

后来，他又听说举世闻名的埃索石油公司和壳牌石油公司，在非洲的利比亚由于探油未成而扔下不少废井，便果断地带领大队人马开往该地，“趁火打劫”，故伎重演，在被判了“死刑”的枯井上又架起了钻机，继续深钻，很快就打出九口高产自喷油井。

面对“死鸡”，不可置之不理，而应趁众人不屑一顾之际，及时“劫”来。为我所用，稍费功夫，便能变成“凤凰”。

因祸得财

80年代初，美国大地卷起了一股可怕的“黑旋风”——爱滋病！任何药物都阻止不了性接触后可能带来的恐怖后果——死神的光临。既想保持开放的性观念，又怕见上帝的美国人后来发现，有一种小玩意能够有效地抵挡死神的侵袭，那就是——避孕套。

而当时，由于美国国内曾长期没有大量生产避孕套，现在市场需求突然猛增，数量有限的避孕套一时无法满足市场需求。

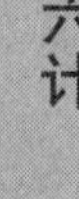

远在东半球的这一边，嗅觉敏锐的两位日本商人立即发现了那座“金山”，在最短时间内，开动本公司的机器，加班加点生产成箱成箱的橡胶避孕套，火速送进美国市场。

一时之间，美国众多的代销店门庭若市，熙熙攘攘，两亿多只避孕套很快销售一空。

爱滋病这把火，“烧”得美国人心惶惶，纷纷抢购避孕套，造成市场突然紧张，两位日本人瞅准“火起打劫”的好时机，乘虚而入，狠捞一把。

可以想像，望着那热闹非凡的销售景况，这两位腰包胀满的东洋人多么得意啊！

商场上，“火”并非不常有，但许多生意人要么瞻前顾后，怯于下手，要么迟人一步，无利可“劫”，而导致良机错过，后悔莫及。只有高明的企业家，目光敏锐，身手快捷，“火起人不乱”，抓住战机，迅速出击，才能打个大胜仗。

克格勃火中窃密

1977年8月27日凌晨，美国驻莫斯科大使馆的外交官们还沉浸在甜美的梦乡。忽然，使馆内存放机要文件的8楼和大使居住的9楼腾起熊熊火焰和团团浓烟。顿时，使馆内混乱一片。外交官和工作人员们从床上爬起来，顾不得穿齐衣服就拿起各

种工具扑打大火。但是，烈焰势头极猛，非专业的外交官们根本无法把它扑灭。万般无奈，只好打电话请苏联消防队前来救火。火灾很快被扑灭了，大使馆机要室的保险柜也被炸开了，一大批机要文件没有了踪影。到此时，美国驻苏大使才醒悟到，这是一场克格勃非常需要的火灾。而克格勃的专家谢普塔，一位能在强烈的烟雾弥漫中迅速砸开保险柜取出机密文件的专家，则在这次“灭火”行动中施展了自己的本领。

人为地制造事故，造成混乱局面，然后乘此混乱时机，窃取情报或达到其他目的，是情报工作常常使用的方式之一。

德军指挥美空运机队

利用敌方矛盾，因势利导，促使敌方相互残杀，这是指导战争上的顺水推舟。

1943 年 5 月的一天，德军情报部门截获并破译了英美联军发给美空军基地的一份电报，大意是令该部于5 月 8 日 13 时前，将地面部队空运到西西里岛。德军决定顺水推舟，制订了一个用无线电通信手段进行欺骗的行动计划。5 月 8 日夜幕降临以后，美军空运开始了。他们做梦也没想到这一行动早被德军获悉。机群离开基地不久，便受到德军的无线电干扰而失去了同基地的联系，迷失了方向。与此同时，德军派出轰炸机轮番轰炸停泊在美军基地附近海面上的英美军舰。所有轰炸机都保持在 5000 英尺高度上。接着，德军便利用无线电通信“只见声音不见面”的欠缺，冒充美军基地向美空运机队发出无线电指令：“请保持 5000 英尺高度！航向 3500 密位！……”

美空运机队收到地面的“指挥信号”，便急忙向前飞行，想不到误入英、美舰队上空。美英军舰一看高度是 5000 英尺，以为又是德军飞机前来轰炸，所有高炮一齐开火，许多美国飞行员及运输的陆军还没反应过来便葬身大海了。

沙俄趁火打劫侵夺我领土与主权

1840 年鸦片战争，中国开始沦为受帝国主义侵略和掠夺的半封建、半殖民地。随着英国殖民主义者入侵得逞，1856 年至 l860 年，英国联合法国又发动了第二次鸦片战争。昏庸腐朽的清王朝于 1858 年签订了丧权辱国的中英、中法《天津条约》。1860 年，英法再度出兵攻占舟山、大连、烟台，封锁渤海湾，继而又攻占圹沽、大沽、天津，并一度占领北京城，强迫清政府与其交换《天津条约》后，又新订了《北京条约》，规定中国除允许外国公使驻京，准许内地自由传教，增辟牛庄、登州、台南、淡水、潮州、琼州、汉口、九江、南京、镇江、天津等通商口岸外，还改订了关税，割让九龙给英国，赔偿英、法军费各 800 万两。

当时，清王朝正在对内用兵，大规模镇压太平天国革命，且屡屡失利，又遭到英、法等帝国主义野蛮入侵，处于内忧外患、捉襟见肘的危急之时。这期间，早已觊觎中国领土主权的沙皇便利用清王朝的昏庸腐朽和国内危机，趁火打劫，采取一系列步骤，以实现其扩张主义的野心。

1858 年 5 月 28 日，沙俄乘英、法进攻天津、威胁北京之时，沙俄东西伯利亚总督穆拉维约夫带兵从俄境出发，顺黑龙江而下，直抵瑷珲，造成兵临城下之势，用武力迫使清政府签订了《中俄瑷珲条约》，规定俄国割去黑龙江、外兴安岭以南 60 多万多平方公里的中国领土，并把乌苏里江以东的中国领土划归中俄共管。

同年 6 月 13 日，沙俄又以“调停”第二次鸦片战争“有功”为名，诱使清王朝与之签订了《中俄天津条约》，规定俄国得在上海、宁波、福州、厦门、广州、台南、琼州等七个口岸通商，若他国再有在沿海增开口岸，准许俄国一律照办；俄国得在中国各通商口岸设立领事馆，并派兵船在这些口岸停泊；俄国东正教教士得人内地自由传教；中俄两国派员查勘“从前未经定明边界”（实际上是要借此侵占中国领土）；日后中国若给予其他国家以通商等特权，俄国得一律享受。

1860 年 11 月 14 日，沙俄再次利用英、法联军攻占北京的军事压力，又强迫清政府与其签订《中俄北京条约》，将乌苏里江以东约 40 万平方公里的中国领土，强行划归俄国；将巴尔喀什湖以东、以南和密桑卓尔南北 40 多万平方公里的中国领土割让给俄国；开放喀什噶尔（今喀什市）为商埠；俄国在库伦（乌兰巴托）、喀什噶尔设领事馆。

就这样，在第二次鸦片战争期间，沙俄以武力恫吓与政治诱骗两种手段交互运用，趁火打劫，兵不血刃地侵占了中国上百万平方公里的领土，并得到与英法等帝国主义国家以武力侵华所得的同样的各种特权。

两伊战争的教训

1979 年，霍梅尼领导的伊斯兰革命，推翻了统治达 10 年之久的巴列维王朝。为了巩固新政权的统治，霍梅尼大力扩展非正规的革命卫队，排挤原有的正规部队，以致造成伊朗军队情绪动荡，士气低落，战备状况极差，加以革命刚刚胜利，百废待兴，国内政治、经济危机都十分严重，整个国家处于一片混乱之中。

此时，本来就一直在与伊朗争夺海湾地区霸权的伊拉克总统萨达姆，眼见伊朗国内人心动荡，局势不稳，国防戒备松弛，诸多因素相比，认为自己占有绝对优势，于是决心趁人之危，下令对伊朗发起突然袭击。

1980 年 9 月 22 日，伊拉克军队陆空配合，分三路向伊朗进攻。萨达姆企图打一场速决战，一举击败伊朗。他的总参谋部规定在两周内全线击溃伊朗部队。战争一打响，伊拉克空军首先袭击了伊朗 10 个空军基地，一下子把伊朗空军打瘫在地，无力反击。同时，5 个步兵师全面出击，炮声隆隆，坦克疾进，迅速突破伊朗边境防线，向纵深推进。伊朗突遭袭击，混乱不堪，全国大乱，只好全面撤退。伊拉克乘胜夺取了伊朗重要的产油区胡齐斯坦省。萨达姆的“趁火打劫”计初期果断成绩“辉煌”！

然而，外敌的入侵，虽然给内政焦头烂额的伊朗火上加油，使其面临亡国的危险，但民族矛盾的上升，也由此为霍梅尼团结国内一切政治力量，缓和国内各种尖锐矛盾带来机遇。霍梅尼果断地号召人民对萨达姆进行“圣战”。在他的鼓励下，伊朗伊斯兰革命中蕴藏的宗教狂热被激发出来了，爱国主义精神，激励着伊朗人奔赴前线，抵抗伊拉克入侵。自1981年6月至1981年12月，伊朗人发动了一连串的反攻，采用人海战术，以密集型步兵阵势，向伊拉克部队猛冲猛打。伊朗军队的爱国热情和宗教狂热。加上人口众多（是伊拉克的三倍），兵源充足，攻势持续不断。而这时，作为伊拉克军队统帅的萨达姆却犯了重大的战略和战术错误：一是既不夺取城市，又不大规模挺进，而是采取包围城市的办法，以为靠远距离的炮击和空袭即可迫使对方就范。二是没有把占绝对优势的机械化部队用来对付伊朗的防御阵地，而是把相当尖端的苏式坦克埋入沙中，伪装起来，用以远射和防卫。再加上伊拉克军队攻人伊朗纵深后，兵力分散在两国间1300公里长的边境线上，难以阻止伊朗重兵的反复冲击，终于垮下阵来。大批军人被俘，大量装备落人敌手。1982年7月，伊朗人发动了“斋月行动”的进攻，几十万年轻人高呼“真主伟大”的口号，潮水般涌人伊拉克境内，摧毁了伊拉克军队的防线，兵临伊拉克第二大城市巴士拉城下，切断了伊拉克的海上运输线。伊朗人由防御转入进攻，战争已转到伊拉克领土上。萨达姆被迫发出和平呼吁……。

三十六计　第六计　声东击西

敌志乱萃（1），不虞（2）。坤下兑上（3）之象，利其不自主而取之。

注释

（1）敌志乱萃：援引《易经·萃》卦中《象》辞：“乃乱乃萃，其志乱也”之意。萃，悴，即憔悴。是说敌人情志混乱而且憔悴。

（2）不虞：未意料，未预料。

（3）坤下兑上：萃卦为异卦相叠（坤下兑上）。上卦为兑，兑为泽；下并为坤，坤为地。有泽水淹及大地，洪水横流之象。

此计是运用“坤下兑上”之卦象的象理，喻“敌志乱萃”而造成了错失丛杂、危机四伏的处境，我则要抓住敌人这不能自控的混乱之势，机动灵活地运用时东时西，似打似离，不攻而示它以攻，欲攻而又示之以不攻等战术，进一步造成敌人的错觉，出其不意地一举夺胜。

按语

西汉，七国反，周亚夫坚壁不战。吴兵奔壁之东南陬，亚夫便备西北；已而吴王精兵果攻西北，遂不得入。此敌志不乱，能自去也。汉末，朱隽围黄巾于宛，张围结垒，起土山以临城内，鸣鼓攻其西南，黄巾悉众赴之，隽自将精兵五千，掩其东北，遂乘虚而人。此敌志乱萃，不虞也。然则声东击西之策，须视敌志乱否为定。乱，则胜；不乱，将自取败亡，险策也。

解析

这则按语通过使用此计的两个战例，来提醒使图此计的人必须考虑对手的情况：敌方指挥确可扰乱，用此计必胜，如果对方指挥官头脑冷静，识破计谋，此计就不可能发挥效力了。黄巾军中了李隽佯攻西南方之计，遂丢失宛城（今河南南阳）。而周亚夫处变不惊，识破敌方计谋。吴军佯攻东南角，周亚夫下令加强西北方向的防守。当吴军主力进攻西北角时，周亚夫早有准备，吴军无功而返。

声东击西之计，早已被历代军事家熟知，所以使用时必须充分估计敌方情况。方法虽是一个，但可变化无穷。

探源

声东击西，是忽东忽西，即打即离，制造假象，引诱敌人作出错误判断，然后乘机歼敌的策略。为使敌方的指挥发生混乱，必须采用灵活机动的行动，本不打算进攻甲地，却佯装进攻；本来决定进攻乙地，却不显出任何进攻的迹象。似可为而不为，似不可为而为之，敌方就无法推知已方意图，被假象迷惑，作出错误判断。

东汉时期，班超出使西域，目的是团结西域诸国共同对抗匈奴。为了使西域诸国便于共同对抗匈奴，必须先打通南北通道。地处大漠西缘的莎车国，煽动周边小国，归附匈奴，反对汉朝。班超决定首先平定莎车。莎车国王北向龟兹求援，龟兹王亲率五万人马，援救莎车。班超联合于阗等国，兵力只有二万五千人，敌众我寡，难以力克，必须智取。班超遂定下声东击西之计，迷惑敌人。他派人在军中散布对班超的不满言论，制造打不赢龟兹，有撤退的迹象。并且特别让莎车俘虏听得一清二楚。这天黄昏，班超命于阗大军向东撤退．自已率部向西撤退，表面上显得慌乱，故意放俘虏趁机脱逃。俘虏逃回莎车营中，急忙报告汉军慌忙撤退的消息。龟兹王大喜，误认班超惧怕自已而慌忙逃窜，想趁此机会，追杀班超。他立刻下令兵分两路，追击逃敌。他亲自率一万精兵向西追杀班超。班超胸有成竹，趁夜幕笼罩大漠，撤退仅十里地，部队即就地隐蔽。龟兹王求胜心切，率领追兵从班超隐蔽处飞驰而过，班超立即集合部队，与事先约定的东路于阗人马，迅速回师杀向莎车。班超的部队如从天而降，莎车猝不及防，迅速瓦解。莎车王惊魂未定，逃走不及，只得请降。龟兹王气势汹汹，追走一夜，未见班超部队踪影，又听得莎车已被平定，人马伤亡稍重的报告，大势已去，只有收拾残部，悻悻然返回龟兹。

案例

娄维川故作姿态逼对手称心让步

娄维川，是山东掖县土山镇的农民，在引进一套塑料编织袋生产线的谈判中，大长了中国人的志气。

1984 年，娄维川从青岛得到信息，日本某纺织株式会社正准备向我国出售先进的塑料编织袋生产线，遂当即到进口过类似设备的青岛、潍坊等国营大厂实地考察，了解其性能及运转情况，并确认引进可行。

1985 年春，娄维川以烟台市塑料编织袋厂厂长的身份与日本株式会社东吉村先生达成正式购买生产线的口头协议。4 月 5 日，娄维川与其他同志一道在青岛开始与日方谈判。

在进行了一周的技术交流后，谈判进入了实质性阶段，对方主要代表是国际业务部的中国课课长，他起立发言："我们经销的生产线，由日本最守信誉的 3 家公司生产，具有 80 年代先进水平，全套设备的总价是 240 万美元。" 课长报完价，漠然一笑，摆出一副不容置疑的神气。娄厂长微微一笑，心想，你吓唬谁呀！以前中国进口的同类设备，贵的 180 万美元，便宜的才 140 万美元，见了" 土老帽"，还真是狮子大开口！

娄维川缓缓站起身，声音朗朗："据我们掌握的情报，你们的设备性能与贵国某某会社提供的产品完全一样，我省某某厂购买的该设备，比贵方开价便宜一半。因此，我提请你重新出示价格。"

日方代表听罢，相视而望，首次谈判宣告结束。一夜之间，日本人把各类设备的价格开出了详细清单，第二天报出总价 180 万美元。经过激烈的争论，总价压到了 140 万美元，直至 130 万美元。

到此为止，日方表示价格无法再压。随后在持续长达 9 天的谈判中，双方共计谈崩了 35 次，最终拉锯战并没有结果，双方互不妥协让步。

"是否到了该签字的时候了？" 娄厂长苦苦思索着，回顾谈判整个历程，前一段基本上是日方漫天要价，我方就地还价，处于较被动的地位，如果对方以为中国方面是抱着过了这个村就没有这个店与他们进行压价谈判时，就难以再叫他们让步。于是娄厂长灵机一动，计上心来，采用兵法"示形于东而攻于西"的策略和另一家西方公司做了洽谈联系。这一小小的动作立即被日商发现，总价立即降至 120 万美元。

这个价格可以说相当不错了。但娄厂长了解到当时正有几家外商同时在青岛竞销自己的编织袋生产线，这个形势对自己大有利了，他觉得应紧紧把握住这个机会，很有可能再挤一挤，会迫使对方做出进一步的让价。

谈判桌上的角逐呈白热化，娄维川等中方代表在日商住地谈了整整一个上午，日方代表震怒了："娄先生，我们几次请示厂东，4 次压价，从 240 万美元降到 120 万美元，比原价已降了50%了，可以说做到了仁至义尽，而如今你们还不签字，实在太苛刻，太无诚意了!”他气呼呼地把提包甩在桌上。

娄维川站起：“先生，请记住，中国不再是几十年前的任人摆布的中国了，你们的价格，还有先生的态度，我们都是不能接受的!”说完，娄维川同样气呼呼地把提包甩在桌上，那提包有意没拉上锁链，经他这一甩，里面那个西方某公司的设备资料与照片撒了一地。

日方代表见状大吃一惊，急忙拉住娄厂长满脸陪笑道：“娄先生，我的权限已到此为止，请让我请示之后，再商量商量。”娄维川寸步不让，“请转告贵厂东，这样的价格，我们不感兴趣。”说完，抽身便走。

次日，日方毫无动静，有人沉不住气，怕真谈崩了，落个竹篮打水一场空，而娄维川很泰然：“沉住气，明天上午会有信来的。”

果不出所料，次日一清早便传来了信息，日方请中方暂不要和其他厂家谈判，厂东正和生产厂家协商，让几家一齐让价。

下午，日方宴请中方并宣布了第五次压价，娄维川迅速反映，要求再降价5%则可成交。娄维川知道日方代表处在两头受挤的处境，便主动缓和气氛：“你们是客人，理应由我们来宴请，这次宴会费用，我们包了，价格问题请再和东京恳请一下。”

对于这次要求能否为对方所接受，谈判能否成功，娄维川心理也没底，只是觉得能省一文就算一文，娄维川研究了谈判对手心理，预先想好了反建议，准备着我方的价格要求，一旦无法正面达到，也要变换形式，把钱抱回来。

日方经过再次请示，宣布最后开价再让3%，为110万美元，距离娄维川的要求，只差了3万多美元了。娄维川看到这已经是最后价格，再挤下去不可能了，便慨然与日本代表握手成交，同时，他提出日方来华安装设备所需费用一概由日方承担，娄维川这个反建议又把那2%的差价挤过去不少。

谈判终于结束，娄维川累得一句话都不想再说。半个月功夫，白天在谈判桌上角逐，晚上不是商量对策就是星夜赶回土山镇汇报，就是铁打的，也有站不住的时候，日方的中国课课长对娄维川的副手孙世俊说：“你们厂长真厉害，我真有点怕和他打交道。”

娄维川的塑料编织带厂在此后一年多的时间里就为国家创汇700多万元，实现利润200多万元，工厂引进生产线的110万美元，仅用不到3年的时间就全部赚了回来。

娄维川还带着大家对这套相当先进的设备进行了成功的改造，使年产量比原来设计能力又增加了400万条编织袋。

娄厂长高超的谈判艺术与技巧着实令人佩服，将设备售价从240多万美元降低到110多万美元，多么了不起。其奥妙在于娄厂长一方面对市场有较全面的了解，另一方面就是在谈判中运用了“声东击西”的谋略，使谈判对手慌了手脚，最终疑惑动摇，败下阵来。

“本田”“亚马哈”声东击西

在日本的摩托车生产行业中，本田、铃木和亚马哈是最大的3家生产企业，它们的产品占据了日本摩托车产品市场的98%以上的份额，号称日本摩托车“三巨头”。70年代末至80年代初，本田和亚马哈之间爆发了一场争夺日本摩托车市场"霸主"地位的商业战，在这之前，本田已是老大，日本街头行驶的摩托车差不多有一半是本田的产品。但是，70年代末至80年代初，本田由于将注意力转移到开发、生产轿车和向海外扩展上面，导致市场份额节节下降。而此时的亚马哈感到扩展市场时机已到，便频频发起攻势，意欲夺取日本摩托车市场的“冠军”宝座。可惜的是，由于亚马哈对市场判断多次失误，结果不但夺冠无望，连“老二”的位置也没有保住。本田同亚马哈打得难解难分，为铃木的扩展创造了有利条件，使其重新坐上第二把交椅（1967年，铃木曾因忙于开发轻型汽车而被亚马哈夺去“老二”的宝座），亚马哈再次沦为日本摩托车三强之末。

这场本田——亚马哈之战的导火线是轻便摩托车。在这之前，摩托车大致可分为3种类型：一种是警察或体育比赛用的大气缸运动型摩托车；第二种是当作交通工具的实用型摩托车；第三种是纯粹用于消遣玩乐的娱乐型摩托车。到了70年代中期，日本的摩托车生产企业发现，一种造型小巧、启动方便、适宜于女性或白领人士通用的轻便摩托车很有发展潜力，便争相开发，生产。

最早发现这一市场并推出产品的是本田。早在1956年，本田就推出了欧味十足的“小本田”，以后又陆续推出了“查利50”、“罗密欧”等多款小型摩托车。1976年2月，本田推出的售价仅为63000日元的轻便摩托车，别出心裁地借意大利著名影星罗兰的喝彩声大做广告，结果广受女性消费者的欢迎，十分畅销，从而成功地迎来了一个所谓的“轻便摩托车时代”，一如我们眼下上海的助动车大流行。

亚马哈对这一市场的判断却稍逊一筹，直到本田的轻便摩托车已经成为日本女性消费者的“宠儿”时，才猛然醒悟。在1977年3月推出了一种“并步式”轻便摩托车，穿裙子者不用跨腿即能骑乘，售价为6万余日元，显然是冲着本田来的，从此，本田和亚马哈的摩托车市场争夺战拉开了序幕。

亚马哈推出轻便摩托车虽然比本田晚了一步，但由于其产品的独特性，再加上借日本名演员大做广告，打开局面还是成功的，在激烈的竞争中，双方针对自己产品的安全性能大肆宣传。本田说它的产品是跨腿骑乘，刹车时能立即用脚着地，十分安全，暗指亚马哈的并步式轻便摩托车缺乏安全感；而亚马哈亦不示弱，强调自己的产品“重心低，所以更放心”。你来我往，好不热闹。

这时，由于本田开始注意力转移到同美国合资，在俄亥俄州建立本田工厂以及在意大利贝卢诺建立销售中心上面，从而牵制了轻便摩托车开发的精力，使得亚马哈产品长驱直入，在日本摩托车市场上的占有份额节节上升。1981年，本田和亚马哈在日本的摩托车市场上的占有份额分别是近40%，相差无几。

“再紧一步，我们就能赶上并超过本田，”亚马哈社长小池久雄胸有成竹地说。轻易获胜使亚马哈决策层出现了轻敌思想，不顾实际地提出了“建立年产400万辆生产体制，夺取市场首位”的口号，意欲挤走本田，独霸日本的摩托车市场。

1982年，亚马哈一举投入300亿日元，建成袋井第二工厂，为建立年产400万辆生产体制打下基础。

正当亚马哈全力以赴、大规模地扩建工厂、提高生产能力、以实现年产400万辆摩托车的目标时，本田已不再袖手旁观，白白拱手相让日本的摩托车市场了，而是重整旗鼓，实施反击，不断开发新产品，强化销售网络，意在夺回失去的市场份额。

本田毕竟是日本的摩托车之王。1982年，本田摩托车的市场份额又回升到近50%，亚马哈则降至32．8%，进入1983年，一升一降，两者的差距更大。

本田的实力之强还体现在开发新产品的能力上。1981年，本田推向市场的新品摩托车为27种，1982年和1983年都是45种，每月总有3至4个新产品" 亮相"。而亚马哈1981年、1982年和1983年推出的新品种分别为21种、27种、24种，明显不及本田。这点连亚马哈的技术开发人员也甘拜下风，“本田的变化实在是太快了”。

建立“年产400万辆叙利亚产体制" 实属有勇无谋之举，亚马哈决策者没有认真分析市场形势，以及竞争对手本田产品市场占有份额下降的原因，在顺利的形势下缺乏冷静的思考，一味追求产量，以致铸成大错。

80年代初期，日本经济进入低靡时期，社会购买力开始下降，亚马哈提出增产口号不久，便出现过剩现象，但亚马哈仍未醒悟。1980年至1981年间，亚马哈的摩托车增产数量为43万辆，大大高于其他摩托车生产企业，大量的摩托车卖不出去积压在工厂仓库里，工厂仓库满了怎么办？摩托车不同于汽车，可以置放露天，外露的仪表、发动机等日晒雨淋，极易生锈。于是有人想出了借用农家的水果仓库来堆放的办法，一时成为一大新闻。当时人们估计积压在工厂、销售中心和农家仓库中的亚马哈摩托车将近100万辆，这对年产220万辆摩托车的亚马哈来说不是一个小数目，摩托车是时麾品，流行的季节卖不出去，待过了流行期后，其命运就可想而知了。更糟糕的是，亚马哈并没有从产品严重积压现象引起警觉，没有断然采取大幅度减产措施，1982年的产量仅比1981年减少12万辆，仍达200多万辆，且削减的重点放在海外工厂。

当年日本的企业界评论说：“实际上在1981年底已见胜负了，可是亚马哈觉得面子上挂不住，还是硬挺，反而加重了创伤。”

这场市场争夺战以亚马哈的失败而告终，亚马哈付出的代价是沉重的。根据亚马哈1983年4月做出的年度决算，当年的利润只有2亿日元，而上年同期是189亿日元，已到了借债度日的地步，仓库中堆积如山，多达上百万辆摩托车最后亦只能作降价处理。

1983年5月，亚马哈终于作出减产、裁员和调整库存的决定。当年削减产量

30%，年产量降至150万辆；解雇300个临时员工；从生产流水线上调离700个员工充实到销售第一线去；停止招工两年并开始削减管理层干部。

当年日本企业界评论亚马哈的这次惨败为“一将无功万骨枯”。当时，亚马哈集团的最高决策者是会长川上源一，该人独断专横，有“滨松的阿明”之称，阿明是非洲的一位大独裁者。亚本之战结束后，他没有主动承担责任，反而将责任全怪罪到下面的职员，他大量裁员也未能改变亚马哈的危机，最后，在1983年8月1日，他也只得发表一纸“引退宣言”，恋恋不舍地让出大权。

本田和亚马哈的摩托车市场争夺战已过去多年，但留给人们的教训却是深刻的，那就是：企业经营行为要以市场变化为向导，正确判断市场的需要，正如著名的营销学家菲利普科特勒所言：“市场的胜利者是那些认真分析市场需要，辨别时机和为目标顾客制造超越竞争对手的富有价值的各种产品的人。”

不过早地暴露自己

洽谈开始，一般只是谈商品质量、数量和价格等双方交易的主要条件。其他条件如保险、支付、仲裁、索赔以及检验等根据以往交易传统来履行。

谈判人员不要过早地暴露自己产品价格，要避免过早地同对方讨论价格问题，因为不论你的价格多么合理，只要对方购买这种产品，就要付出一定的代价。因此，应该在顾客对产品价值有所认识后，才能同他们讨论价格问题。我们应该做的是：不要让客户首先考虑产品的价格，要让他们的注意力引到产品的价值上来，也就是说，谈话应首先集中产品的价值这一问题上，而不是单纯地谈价格；如果一定要谈价格，就要连同价值一并提出，获得对方订货单据的决定性因素，应让对方看到他们将要得到的好处，而不是他们所付出的代价。

弗雷德·罗杰是一位销售经理，为新泽西的某个皮革公司搞推销，公司已经生产即将出售的新产品，这是一种加工成带状的皮革制品。他访问一个顾客，问：“你认为这产品如何？”“啊，我非常喜欢它，但是我猜想您现在会告诉我它是非常贵的，我应该为它付出一个荒谬的价格，在您之前，我全听说了。”“您告诉我。”弗雷德·罗杰斯说，“您是一个有贸易经验的人，您和别人一样懂得皮革和兽皮，您猜想它的成本是多少？”

那人受了奉承，回答他说他认为可能是45美分一码。“您说的对。”

弗雷德·罗杰斯用惊奇的眼光看着他说：“我不知道您是怎样猜到的？”

销售经理以45美分一码的价格获得了他的订货和随后的重复订货，双方对事情的结果都很满意，弗雷德·罗杰斯决不会告诉他公司最初给产品的定价是39美分一码。

在介绍价格的时候，必须让别人看起来价格比较低，但你向他介绍好处的时候，就必须使他们看起来好处比较多。

一个药品公司出售一种特别昂贵的兽医外科用药，它的价格与竞争的对手比起来高得吓人。但是推销员问兽医，每次的用量是多少，然后告诉对方，用他们的产品，每头牛仅多花3美分，那真算不了什么，但是它的效果却是同类无法相比的。这样介绍价格，使人易于接受，但如果他们说每包多30美元，那听起来就是一个很大的数目，很可能把顾客吓跑了。

还可以推开价格，在时间上延伸。

“您现在的车每天用多少小时?”

“6个半小时。"

“啊，如果您买我们的，那么在机器的整个使用寿命期间，您可以得到全部的额外的机动性，更大载重能力和更安全、更舒适的驾驶室，每小时仅花6美分，一个月仅仅多花费20美元，20美元能买到什么。在普通的一个饭馆里一顿两人便餐，您对此不会有什么抱怨吧。”

你还可以告诉它不买的代价是什么?

“麻烦的是，如果您不买，一年以后，价格至少要上涨20%。”

在谈判中，不要怕对方提出低价的竞争者，要直接告诉你决不介意出低价的竞争者，因为他们一定知道一分钱一分货这个道理。

司马懿声东击西，诸葛亮将计就计

蜀汉建兴七年（公元299年）四月，诸葛亮兵出祁山，分作三寨，专候魏军到来。……

闻知蜀军进犯，魏军统帅司马懿以张郃为先锋，戴凌为副将，率军十万前往祁山迎敌。大军到达祁山后，下寨于渭水之南，当即有前锋部将郭淮，孙礼入寨参见。司马懿问道：“前线情况如何？你们已否与蜀军交锋?”郭、孙二人回答说：“蜀军刚到数日，尚未出战。”司马懿说：“蜀军千里远道而来，利用速战，今不急于出战，其中必有阴谋。”说罢，又问陇西各路有什么信息。郭淮回答说：据派出的细作探听，陇西各郡守军都十分用心，日夜提防，并无意外情况，只有武都、阴平二处，尚未得到消息。司马懿听到郭、孙二将禀报的军情后，用心思索了一下，想出了一条计策，对着郭淮、孙礼说：明日我亲自领兵出阵与诸葛亮交战，你二人可急从小路前往增援武都、阴平，并从背后掩袭蜀军，这样可使蜀军阵势自乱，我军再乘乱出击，可获全胜。郭、孙二人受计后，立即领5000人马从陇西小路，直奔武都、阴平，并将按计就势，从蜀军背后发起奇袭。却未料二人领兵正行进间，忽然哨马来报，说是武都、阴平已先后被蜀将王平、姜维攻破，魏军（指郭、孙二将率领的魏兵）前锋已离蜀军不远，孙礼听到这一讯息，心中顿时一阵疑惑慌乱，对着郭淮说："蜀军既已攻破二城，为何尚阵兵城外？其中必定有诈，莫如赶快退兵！"郭淮赞成孙礼的意见，正要下令退兵，忽听一声炮响，山背后闪出一支军马来，大旗上写着："汉丞相诸葛亮"，旗门开处，诸葛亮端坐在一辆车上，左有关兴，右有张苞。郭、孙二人见此情景，不禁大惊失色，只听见诸葛亮坐在车上大声笑道："郭淮、孙礼休想逃走，司马懿搞声东击西计，怎能瞒得过我？他每日派人在正面阵前与我军交战，暗地里却教你们袭击我军背后，妄图乱我大营，我只还他个将计就计，现在武都、阴平已被我军攻取，你二人还不早早投降？"郭淮、孔礼听到这话；更是十分慌张，却又听到背后喊杀连天，原来是王平、姜维又领一支蜀军杀到，与前面的关兴、张苞形成前后来攻之势，一时间，魏兵大败，郭淮、孙礼也只得弃马爬山而走……

拿破仑巧计占埃及

1798年5月，拿破仑出征埃及，企图进一步攻取印度，夺取这颗英国王冠上的明珠。他出兵之前，担心在地中海会遭到英国舰队们截击，就利用种种手段，散布假情报，说法国地中海舰队将进人大西洋，在爱尔兰登陆。两年前，确有一支法国舰队企图开赴爱尔兰，令英国人震惊。这次，英国海军舰队指挥官纳尔逊害怕拿破仑真的会窜到他们的后院，急忙把舰队调集于直布罗陀，准备截击通过海峡的法国舰队。这时，拿破仑乘机从土伦军港出发，开赴埃及。纳尔逊发现中计，马上扬帆直追，可惜他操之过急，竟然跑到法国舰队前头去了。当他赶到亚历山大港时，一艘法国军舰的影子也没见。纳尔逊估计拿破仑可能要先去君士坦丁堡，便又向那里扑去，却料不到，他前脚走，法国舰队后脚就赶到亚历山大，并顺利登陆，进占埃及。拿破仑声东击西，利用敌方的错觉，取得了进占埃及的成功。

三十六计　第七计　无中生有

诳也，非诳也（1），实其所诳也。少阴、太阴、太阳（2）。

注释

（1）诳也，非诳也，实其所诳也：诳，欺诈、诳骗。实，实在，真实，此处作意动词。句意为：运用假象欺骗对方，但并非一假到底，而是让对方把受骗的假象当成真象。

(2) 少阴，太阴，太阳：此“阴”指假象，“阳”指真象。句意为：用大大小小的假象去掩护真象。

按语

无而示有，诳也。诳不可久而易觉，故无不可以终无。无中生有，则由诳而真，由虚而实矣，无不可以败敌，生有则败敌矣，如：令狐潮围雍丘，张巡缚蒿为人千余，披黑夜，夜缒城下；潮兵争射之，得箭数十万。其后复夜缒人，潮兵笑，不设备，乃以死士五百砍潮营，焚垒幕，追奔十余里。

解析

此计的关键在于真假要有变化，虚实必须结合，一假到底，易被敌人发觉，难以制敌。先假后真，先虚后实，无中必须生有。指挥者必须抓住敌人已被迷惑的有利时机，迅速地以“真”、以“实”、以“有”，也就是以出奇制胜的速度，攻击敌方，等敌人头脑还来不及清醒时，即被击溃。

探源

无中生有，这个“无”，指的是“假”，是“虚”。这个“有”，指的是“真”，是“实”。无中生有，就是真真假假，虚虚实实，真中有假，假中有真。虚实互变，扰乱敌人，使敌方造成判断失误，行动失误。此计可分解为三部曲：第一步，示敌以假，让敌人误以为真；第二步，让敌方识破我方之假，掉以轻心；第三步，我方变假为真，让敌方仍误以为假。这样，敌方思想已被扰乱，主动权就被我方掌握。使用此计有两点应予注意：第一，敌方指挥官性格多疑，过于谨慎的，此计特别奏效。第二，要抓住敌方思想已乱迷惑不解之机，迅速变虚为实，变假为真，变无为有，出其不意地攻击敌方。

唐朝安史之乱时，许多地方官吏纷纷投靠安禄山、史思明。唐将张巡忠于唐室，不肯投敌。他率领二三千人的军队守孤城雍丘（今河南杞县）。安禄山派降将令狐潮率四万人马围攻雍丘城。敌众我寡，张巡虽取得几次突击出城袭击的小胜，但无奈城中箭只越来越少，赶造不及。无有箭只，很难抵挡敌军攻城。张巡想起三国时诸葛亮草船借箭的故事，心生一计。急命军中搜集秸草，扎成千余个草人，将草人披上黑衣，夜晚用绳子慢慢往城下吊。夜幕之中，令狐潮以为张巡又要乘夜出兵偷袭，急命部队万箭齐发，急如骤雨。张巡轻而易举获敌箭数十万支。令狐潮天明后，知已中计，气急败坏，后悔不迭。第二天夜晚，张巡又从城上往下吊草人。贼众见状。哈哈大笑。张巡见敌人已被麻痹，就迅速吊下五百名勇士，敌兵仍不在意。五百勇士在夜幕掩护下，迅速潜入敌营，打得令狐潮措手不及，营中大乱。张巡乘此机会，率部冲出城来，杀得分狐潮大败而逃，损兵折将，只得退守陈留（今开封东南）。张巡巧用无中生有之计保住了雍丘城。

案例

程昱用计诳徐庶

此计见于《三国演义》第三十六回“玄德用计袭樊城元直走马荐诸葛”。

刘备自得徐庶相助后，接连数次打败曹军大将曹仁，并且夺得樊城。曹仁与副将李典逃回许昌后，去见曹操，哭拜请罪。曹操说：“胜败乃兵家之常事，但不知是什么人在为刘备出谋划策？”曹仁说是单福。谋士程昱笑道：“此人不是单福，而是颍州徐庶。单福是其假托之名。”曹操说：“徐庶的才能比您如何？”程昱说：“要高出十倍。”曹操说：“太可惜了，贤能之士归了刘备，刘备的羽翼可就形成了！怎么办呢？”程昱说：“徐庶虽然在刘备那里，但丞相您要用他，招来并不困难。”原来，徐庶为人至孝，幼年丧父，家中只有老母，而其弟徐康已亡，老母无人奉养；程昱于是教曹操把徐庶的老母赚至许昌，然后命其写书信招徐庶来归。

曹操大喜，派人连夜将徐庶母亲搬至许昌。不想，那徐老夫人是一位忠奸分明深晓大义的人，至死不肯写信让儿子弃明投暗，反而大骂曹操托命汉相，实为汉贼。曹操大怒，喝令武士杀死徐母。程昱连忙劝阻说：“丞相如果杀了徐母，一则损害了自己的名誉，二则成全了徐母的德行。而徐母一死，徐庶为报仇必然死心塌地帮助刘备。不如先留下她，以便使徐庶心悬两处，不能一心一意地辅助刘备。然后，我再设法赚他回来。”曹操觉得这话有理，遂不杀徐母。

从此以后，程昱几乎每天都去问候徐母，对待徐母就像自己的生身母亲；并且欺骗徐母说，自己曾经与徐庶结为异姓兄弟。程昱还经常馈赠物品给徐母。他每次派人送物品给徐母时，总是写有书信附上。徐母因此也常亲自写信让来人带回。程昱赚得徐母的笔迹之后，便模仿其字体，以徐母的名义，诈修家书一封，派一名心腹之人，拿着书信，去新野见徐庶。果然，徐庶见信之后，泪如泉涌，当即去见刘备，希望能让他回去见母。刘备当然割舍不得，但也不便勉强相留。过了数天之后，二人只好洒泪相别。这样，程昱用一条“无中生有”之计，将徐庶谈到了曹操那里。

然而，曹操虽然得到了徐庶，徐庶却从不为他出谋划策。原因一是徐庶笃于对刘备的情义，回到曹营不是出于本心；二是其回到曹营之后，真相大白，老母愤而自缢。徐庶自知被骗，故而深恨曹操，发誓不为曹操设一计谋。这就是著名的“徐庶进曹营，一言不发”的故事。

自乱阵脚的苻坚

东晋定都南京时，统治华北一带的前秦苻坚，发动百万大军，打算消灭东晋，统

一中国。

迎战的东晋，兵力只有八万（不及对方的十分之一），可是结局出乎意料，竟然让东晋打了大胜仗。

为什么占尽优势的前秦，会吃败仗呢？

关键在于，苻坚因错觉而心生恐惧。两军交战之前，处于劣势的东晋，掌握先机，开始进攻。

苻坚在开战之前，一直轻视东晋的兵力。可是，当他站在城墙上看下去，发现对方摆出滴水不漏的阵势，缓缓逼近。不禁内心动摇。误以为前面八公山上的草木，皆是东晋的军队。

他在惊慌中回头问他的参谋：

“我的天啊！没想到东晋居然有这样的大军！”

苻坚一慌，无法冷静指挥作战，终于大败。这完全是东晋设法使苻坚将“无”错觉成“有”，自乱阵脚造成的结果。

令狐楚虚放烟幕压米价

唐敬宗时，兖州（今山东兖州一带）大旱，赤地千里，颗粒不收，村间炊烟稀少，饿殍遍野。米价腾贵，有米户更加囤积居奇，望价待沽。原兖州节度使赈灾不力，朝廷将他革职外调，任命以擅政闻名的令狐楚来做兖州节度使。

上任前夕，令狐楚先派得力助手去兖州，乔装私访，掌握赈灾第一手资料。助手来到兖州，深入乡间、市镇调查，得知：兖州素为鱼米之乡，以往连年丰收，民间贮粮甚多，但多集中在一些财力甚丰的大户手中，广大老百姓没有多少余粮，多是青黄不接时借贷，收下粮食后偿还。这一遇歉收，有的断了顿，有的变卖家产，以求渡灾活命。但因米价天天上涨，故刮起抢米之风，致使不少米店关门不卖米，使米价更加上涨。加之，前任节度使只知出告示压米价，不知采取有效引导措施，故米店纷纷关门，大户人家更是囤米不卖。百姓嗷嗷待哺，社会局势动荡，潜伏着造反危机。兖州官仓中还有不少存粮，但为了保证驻军的供应，也不敢轻易开仓放粮。

得知这些情况，令狐楚思谋良策，怎样才能让那些囤积居奇的大户们售出存米，来赈救灾民呢？突然，他想起大户们存米，不外是想等粮价越涨越高时抛售赚大钱，若他们得知米价涨到极限，马上就下跌时，肯定会纷纷抛售的。对，自己就制造个“米价马上下跌”的假情报。

主意已定，令狐楚带手下人走马上任。消息早传到兖州，州内大小官员迎出郊外。未及进城，寒暄几句后，令狐楚马上问来迎的官吏，州内米价几何，州中有多少官仓，共存米多少。听完汇报，令狐楚掐指算起来：存米多少多少，可调出多少多少投放市场。多少多少米投放市场后，可将米价压下多少。最后说：“看来赈灾救民不成问题了。”他故意算得很响，让前来迎接的官吏和他们的随从们都听到。

官吏、随从们回到家，赶忙告诉自己的亲朋好友：新来的节度使要开官仓平米价了，米价马上要下跌，赶快抛售存米！一时间，“米价马上下跌”的消息不胫而走，存米大户纷纷抛米换钱。没用令狐楚开一个官仓，米价就压下来了。

秦桧莫须有罪害岳飞

提起岳飞，几乎无人不晓。他之所以名垂青史，是因为他曾为保卫南宋的国土立下了汗马功劳，但后来反而被秦桧迫害致死。

当时，女真人南侵，占领北方大片土地，建立了金朝，随后继续南下。为了“精忠报国”，年轻的岳飞应募从军，参加抗金斗争。很快他就成了一名能干的军官，并组建了“岳家军”。岳飞有句名言：“饿死不掳掠，冻死不拆屋。”

不久，宋军从金兵手中收复大片土地。1140 年秋，岳飞率领军队在河南大败金兵，并准备把金兵赶回东北老巢。就在他踌躇满志之时，皇帝却连发十二道金牌，召他班师回朝。他和将帅们收复国土的宏图大志也不得不半途而废。

原来这是当朝丞相秦桧捣的鬼。当时宋朝内部分为主战、求和两派。秦桧是当朝最大的实权派，也是最富有的官僚。为了保存财产与官职，他主张尽快求和。求和的先决条件是除掉主战派代表岳飞。秦桧绞尽脑汁，终于有了办法。

他首先诬陷岳飞手下的将领张宪谋反，然后又诬陷岳飞之子岳云给张宪写过谋反信，是同谋。凭藉这些诬陷的罪名，岳飞与张宪就稀里糊涂地被关进了监牢。接着，他又借口质问岳飞几个问题，令他到当时的国都临安（今浙江杭州）去。岳飞一到临安，就被捕入狱。

为了掩人耳目，处死岳飞，秦桧宣布岳飞、岳云和张宪共同策划谋反。抗金名将韩世忠对此愤愤不平，他质问秦桧：岳飞抗金，何罪之有？岳飞谋反，证据何在？秦桧支支吾吾，作出了一个臭名昭著的回答：“飞子云与张宪书虽不明，其事体莫须有。”“莫须有”的意思，就是“大概有”。

按照秦桧的授意，岳飞三人很快就被判处死刑。在 1142 年春节的前一个晚上，在杭州风波亭遭到杀害，当时岳飞只有 39 岁。秦桧知道，凭正当手段是无法除掉岳飞的，他就只好加给岳飞一个“莫须有”的罪名，也就是仅仅凭猜测来给一个无辜者定罪，也就是无中生有的诬陷。这个颠倒黑白的故事，使“莫须有”这个词一直流传至今。

徐文长编梦骗吃

明朝嘉靖皇帝时，有一年灾荒，徐文长路过一个凉亭，见有个胖子商人正在打磕睡，他身边放着两包糕点，饥肠辘辘的徐文长挨着商人坐下。商人醒了，生气地说；“正在做梦，被你吵醒了！真晦气！”徐文长问：“不知先生做的是好梦，还是噩梦?”

商人说："我们有钱人从来就做好梦，不比那些穷鬼，老做恶梦。"徐文长说："不见得！我们当场比比好吗！"胖子说道："好，如果我输了，这点礼品送给你；你输了，就一路给我撑伞打扇。"

胖子先呼呼睡着。肚里早唱开空城计的徐文长就把那些糕点全吃了。一会儿，胖子醒了，说："刚才，我梦见皇帝宴请我，席上，四时果品，南北糕点，天下名酒，海内佳肴，应有尽有。皇后劝饮，公主把盏，宫娥打扇。世间还有比我这个梦更好的吗?"他满以为有取胜的希望。

徐文长说："巧得很，刚才，我也梦见皇上宴请我。还看到你也在那里作客。我对你说：'你如今身在皇宫，可不要忘了凉亭里还放着的糕点呢。'你说：'皇宫里的东西好吃得很，那些土产你去吃了吧！'我就回凉亭，把糕点全吃啦！你的梦一醒来没有所得，反有所失，我的梦一醒来，没有所失，却有所得。现在你说到底谁的梦好?"商人只好认输了。

浪荡子毒计害人

从前在梅辛那，住着一个叫希罗的姑娘，长得文静、端庄。她是总督奥那托的女儿。总督有几位在军队里官阶很高的年轻朋友。这一天，他们刚打完一场胜仗，在回家途中顺便拜访了总督，其中有阿拉贡亲王唐·彼德罗和他的朋友克劳狄奥、培尼狄克等人。

当好客的总督把他们当作老朋友介绍给自己的女儿以后，希罗姑娘的美丽和文静很快就吸引住了克劳狄奥，令他赞不绝口。阿拉贡亲王看出了他很喜欢希罗，便鼓励和撮合克劳狄奥向总督求婚。总督和他的女儿对克劳狄奥本就有好感，因为他是个天资优厚、很有学问的贵族。于是，这对相爱的青年很快就订了终身，并定下了举行婚礼的日子。

正当大家都在喜庆的气氛中等待着为新郎、新娘祝福时，有一个人却嫉妒不已，暗中怀恨。他叫唐·约翰，是唐·彼德罗亲王的同父异母的弟弟。他跟亲王等人一起从战场上来到了梅辛那。这是个又阴险又不安分的人，专门喜欢布置明谋来陷害别人。他恨他哥哥亲王，恨克劳狄奥，因为克劳狄奥跟亲王要好；他更嫉妒漂亮的希罗即将嫁给克劳狄奥。因此，他拿定主意不让克劳狄奥跟希罗结婚，目的就是为了叫克劳狄奥和亲王痛苦，而自己则得到损害别人的快乐。

为了达到这个毒辣的目的，唐·约翰许下一大笔钱，雇了一个跟他自己一样坏的名叫波拉契奥的人。这个波拉契奥正在跟希罗的丫环玛格莱特谈恋爱。唐·约翰就怂恿他去让玛格莱特答应当天晚上等希罗睡了以后，隔着她女主人的卧室窗户跟他谈心，并且穿上希罗的衣裳，用这样的办法欺骗克劳狄奥，叫他相信那就是希罗。

唐·约翰布下这条毒计后，接着就到亲王和克劳狄奥那儿去，告诉他们希罗这个姑娘的行为很不检点，她深更半夜隔着卧室的窗户跟男人谈心。克劳狄奥立即与亲王一道随唐·约翰前去窥探真相，果然发现“希罗”隔着窗户在跟一个男人谈心。克劳狄奥大为恼火，他对清白无辜的希罗的一腔爱情马上就变成了仇恨。他觉得，希罗在结婚的前一夜，还与另外的男人悄悄谈心，简直是对他的莫大侮辱，亲王也十分气愤。于是，第二天，克劳狄奥当众毫不留情地指责和羞辱了希罗，并宣布解除婚姻。

希罗蒙受不白之冤，却又辩解不清，伤心得当场昏死过去。希罗的父亲里奥那托总督也相信了别人对她女儿的诬陷，竟毫不同情女儿的遭遇。看来，这个毒计成功了，希罗姑娘将要落个悲惨的结局。

但是，善有善报，恶有恶报。几个坚信希罗品行端正的好心人帮助了她。不久，波拉契奥行使毒计的事情被人知道，亲王的手下人抓住了他。他于是当着克劳狄奥的面把一切都对亲王招供出来。与此同时，唐·约翰晓得他干的坏事败露了，他怕受到惩罚，当夜从梅辛那逃走。这样一来，真相大白，克劳狄奥懊悔不已，知道自己错怪了希罗，他真诚地请求里奥那托总督和希罗宽恕，并在朋友们的说服下，同希罗最终做了一对美满夫妻。

无中生有，以假乱真，就是通过制造假相或编排谣言，陷害别人，破坏别人的成功或幸福，从而达到自己的目的。

莫明其妙的电话

矢田一郎带着他研制成功的专供残疾人使用的安全便器到东京各商店去推销。他不厌其烦地向商店的业务主管人员介绍安全便器的性能及其使用价值：“残疾人由于生理障碍，大小便时很困难，这个安全便器就是专为他们设计的，其销售前景颇为广阔。”

可是商店的业务主管们采取观望的态度。因为他们不知道这种安全便器究竟是否有销路，而且在橱窗里陈列便器，很不雅观，所以他们婉言谢绝进矢田一郎的货。

这使矢田一郎陷入了倾家荡产的境地。他原先并非是商人，他唯一的儿子是个残疾儿童，每次大小便都需要他去帮助，搞得他满头大汗，也使儿子感到很痛苦，长此下去，总不是办法。于是他就专心研制一种专供残疾人使用的安全便器。经过两年的研制，终于得到了成功。

他想，社会上的残疾人很多，在生活上带来诸多不便，造成了本人及家庭的许多困难。如果将这种安全便器推广出去，不仅可以减少残疾人的困难，还可以使自己获得可观的利润，于是他将安全便器申请获得了专利，投入了全部家财，生产安全便器，谁知一推销就碰了壁。

当他走投无路时，他的一个知心朋友为他出了一个点子。

当时，日本已盛行通过电话进行订货的业务。几天之后，东京好些百货商店都接到这样的订货电话：

“请问，贵店有专供残疾人使用的安全便器吗?”

"很抱歉，本店没有这种货物供应，请到别的商店去问。"

别的商店也接到了同样的电话，也同样无法供应。由于接到这种订货的电话很多，引起了商店的重视，就将这个情况反映到所属的百货公司里去。

公司很重视这个"信息"，他们想迅速进货来满足商店营业的需要，终于他们记起了曾有个矢田一郎的人来推销过这种商品，当时被他们一口回绝了，现在看来是失策的。于是，他们就主动寻访矢田一郎，从他那里进了大批的安全便器，使矢田一郎积压的产品一下子销售出去，获得了相当的利润。

事实上，所有的订货电话，都是矢田一郎通过他的朋友打出的，由于这些"无中生有"的电话，顿然使安全便器成了热销商品。

安全便器上市后，购买者很多，因为它确实给残疾人带来方便。

真真假假张兴世袭击钱溪

宋明帝泰始元年（公元465年），南朝刘彧杀了亲兄刘子业，自己当了皇帝。权力更迭，引起了一片混乱。泰始二年，刘子勋在浔阳（今江西九江）称帝，并进军繁昌、铜陵，直逼刘彧的国都建康（今江苏南京）。刘彧调遣主力部队前去讨伐。刘子勋派部将孙冲文镇守赭圻（今安徽繁昌县西南），派刘胡镇守鹊尾（今铜陵境内）。刘彧派龙骧将军张兴世率水军沿江南下，一举攻占了湖口的两座城镇后，便在鹊尾洲受阻。在两军对峙的形势下，张兴世主张用一支精干部队占据上游要点，切断刘子勋军前后联系，以寻找战机，出奇制胜。钱溪位于钱江上游，地形险要，江面水流湍急且多旋涡，来往船只到此都要停泊，是刘子勋军的咽喉要地。于是，张兴世决定从这里突破。钱溪守军刘胡的部队力量不弱，张兴世便决定智取。他派出几只船快速向上游行驶，钱溪守军发觉后正要采取行动，张兴世的船只却马上掉头回走了。一连数日，天天如此，钱溪守军也就习以为常了。一天晚上，张兴世率大批战船，扬帆猛进，刘胡起初以为又是虚张声势，不加理会，后来听说来的真是大批战船，才派出一部分船只，临视张兴也的动向。第二天傍晚，张兴世在景江浦停下来，刘胡的船也停在对岸。晚上，张兴世率全部战船迅速地进入钱溪，刘胡派去临视的船只一时弄不清敌方的目的，又不明白己方主将的意图，眼睁睁看着张兴世的战船全部进入钱溪了。待到刘胡明白过来，再派船队攻打时，张兴世已经做好防守准备。刘胡船只慌忙中进入江中旋涡，拥挤不堪，行动迟缓，与陆上步兵又失去协同，终于大败而走。

上甘岭志愿军巧打坑道外搔扰战

在抗美援朝战争中，自1952年10月8日至11月25日爆发了上甘岭战役。美国侵略军在约3．7平方公里的战场上投入36万人作战。扔下了成千上万吨炸弹，把整个上甘岭山峰削去了2米多。在这种情况下，坚守主峰的志愿军战士只好撤进坑道。

美军不断向坑道里投放烟雾弹企图熏死中国士兵。

有一天晚上，我志愿军某连利用敌人疲乏之机搞了一次坑道外的搔扰战。他们先向准备出击的方向扔空罐头盒和其他发响的东西。开始，敌人对每一声响，反应都很灵敏，只要我军战士一扔罐头盒，美军士兵便朝发响的地方猛射一阵。我们的战士反复搞了三次。到了第四次，美军就不再有反应了。这时，志愿军的一个突击爆破小分队带上炸药包，迅速跃出坑道，转眼间就把距坑道口 20 米远的美军掩体炸上了天。当美军意识到发生什么事情时，志愿军小分队早已安然无恙地撤回了坑道。

苏联红军布“空”雷狠揍德军运输车。

在第二次世界大战期间，苏联红军在袭击德军运输车时也采用了“无中生有”计。有一次，苏联红军上尉高策里泽率领的突击小分队接到一个任务：某公路是德军主力获得给养的重要运输通道，必须马上在那条公路上布雷。可是，突击小分队此刻恰好没有地雷了，如果要临时去弄雷，就无法按时完成任务。

于是，高策里泽命令士兵们制作一些上面用德文写着“小心！地雷!”字样的木牌子。晚上，苏军小分队潜过敌军的防线，把这些牌子插在公路上。天亮后，苏军在观察哨里看见德军的运输车在公路上停下来，司机们小心翼翼地靠近牌子，胆战心惊地读着上面的字。读着读着，他们害怕极了。顷刻间，公路上堵满了装载着各种军用物质的德军汽车，交通全部堵塞。红军的炮兵这时就对德军的运输车发动了突然炮击，一阵猛烈的炮轰，打得德军运输军队损失惨重。

三十六计　第八计　暗渡陈仓

示之以动（1），利其静而有主，“益动而巽（2）”。

注释

（1）示之以动：示，给人看。动，此指军事上的正面佯攻、佯动等迷惑敌方的军事行动。

（2）益动而巽：语出《易经·益》卦。益，卦名。此卦为异卦相叠（震下巽上）。上卦为巽，巽为风；下卦为震，震为雷。意即风雷激荡，其势愈增，故卦名为益。与损卦之义，互相对立，构成一个统一的组纷。《益卦》的《象》辞说：“益动而巽，日进无疆。”这是说益卦下震为雷为动，上巽为风为顺，那么，动而合理，是天生地长，好处无穷。

此计是利用敌人被我“示之以动”的迷惑手段所蒙蔽，而我即乘虚而入，以达军事上的出奇制胜。

按语

奇出于正，无正不能出奇。不明修栈道，则不能暗渡陈仓。昔邓艾屯白水之北；姜维遥廖化屯白水之南，而结营焉。艾谓诸将日："维令卒还，吾军少，法当来渡，而不作桥，此维使化持我．令不得还。必自东袭取洮城矣。"艾即夜潜军，径到洮城。维果来渡。而艾先至，据城，得以不破。此则是姜维不善用暗渡陈仓之计；而邓艾察知其声东击西之谋也。

解析

这则按语讲出了"奇"、"正"的辩证关系。奇正相互对立，又相互联系。孙子田："凡战者，以正合，以奇胜。"所谓"正"，指的是兵法中的常规原则；所谓"奇"，指的是与常规原则相对而言的灵活用兵之法。其实，奇正也可以互相转化。比如说，"明修找通，暗渡陈仓"，写入兵书，此法可以说由奇变为正，而适时的正面强攻又可能转化为奇了。邓艾识破姜维"暗渡陈仓"之计，认定姜维派廖化屯白水之南，不过是想迷惑自已，目的是袭取洪城，等姜淮偷袭洪城时，邓艾已严阵已待了。邓艾懂得兵法中奇正互变的道理，识破姜维之计。由此可见，对于熟悉兵法的人来说，战场上千变万化，使用各种计谋，必须审时度势，机械搬用某种计谋，是难以成功的。

探源

暗渡陈仓，意思是采取正面佯攻，当敌军被我牵刺而集结固守时，我军悄悄派出一支部队迂回到敌后，乘虚而入，进行决定性的突袭。

此计与声东击西计有相似之处，都有迷惑敌人、隐蔽进攻的作用。二者的不同处是：声东击西，隐蔽的是攻击点；暗渡陈仓，隐蔽的是攻击路线。

此计是汉大将军韩信创造。"明修栈道，暗渡陈仓"是古代战争史上的著名成功战例。

秦朝末年，政治腐败，群雄并起，纷纷反秦。刘邦的部队首先进入关中，攻进咸阳。势力强大的项羽进入关中后，逼迫刘邦退出关中。鸿门宴上，刘邦险些丧命。刘邦此次脱险后，只得率部退驻汉中。为了麻痹项羽，刘邦退走时，将汉中通往关中的栈道全部烧毁，表示不再返回关中。其实刘邦一天也没有忘记一定要击败项羽，争夺天下。公元前 206 年，已逐步强大起来的刘邦，派大将军韩信出兵东征。出征之前，韩信派了许多士兵去修复已被烧毁的栈道，摆出要从原路杀回的架势。关中守军闻讯，密切注视修复栈道的进展情况，并派主力部队在这条路线各个关日要塞加紧防范，阻拦汉军进攻。

韩信"明修栈道"的行动，果然奏效，由于吸引了敌军注意力，把敌军的主力引诱到了栈道一线，韩信立即派大军绕道到陈仓（今陕西宝鸡县东）发动突然袭击，一

举打败章邯，平定三秦，为刘邦统一中原迈出了决定性的一步。

案例

邓艾奇兵度阴平

这个智谋故事见于《三国演义》第一百十七回“邓士载偷度阴平诸葛瞻战死绵竹”。

三国后期，魏蜀吴三国中，魏国地广人多，实力最强。公元263年，司马昭执政时，准备一举灭蜀。于是派出三路人马：邓艾和诸葛绪各统率3万大军，钟会带领10万大军，分路出击。此时的邓艾已是一位身经百战、经验丰富的大将了。

魏军攻势凶猛，连连获胜，不久就攻占了蜀国许多座城池。邓艾一直攻到阴平一带。钟会合并了诸葛绪的人马，兵力更强。他率大军直逼剑阁。蜀军统帅姜维，带领将士，依凭着剑阁险要的地势，顽强地抵挡住了钟会大军的进攻。钟会兵力虽强，却奈何姜维不得。加上军粮供应跟不上，就想退兵回去。

这时，邓艾从阴平赶来。当时，邓艾手下只有3万人马，而钟会却统领着13万大军。他自恃兵多将广，根本不把邓艾放在眼里。

邓艾早已闻知钟会在剑阁受阻。他心里暗自盘算：剑阁过不去，能否找到别的通道可直通蜀国都城呢？于是，在阴平时，他派出。许多探马，让他们查明当地地形、环境，终于探得一条从阴平通往成都的小路。这条小路，四面都是奇山峻岭，很难行走。据说是汉武帝南征时开凿的，已有三四百年无人通行了。

邓艾闻报，心中大喜。心想：真乃天助我也2此路既是有好几百年无人行走，那蜀军必定做梦也想不到我能率军从此路偷袭成都，更不会加以防范了。

于是，他先赶到剑阁，把他的想法告诉了钟会。钟会本来就瞧不起邓艾，又听他讲出这种异想天开的计策，更是只限于嗤之以鼻。但他很想看邓艾出丑，于是也不加阻拦。

邓艾不知这些情况，一心想着完成自己的计划。他马上率人马回到阴平，集合队伍，给大家讲清了他的打算。众人士气很高，都表示愿听邓艾吩咐，为国立功。邓艾派儿子邓忠率5000名精兵，手执斧头、铁凿，作开路先锋。他带领大军，备足了干粮、绳索，紧随其后。途中道路非常险阻，但每个人都坚持下来了。大军每前进100里，就留下几千士兵扎下一个营寨，以保证前进的军队能与后方保持联系。

大军最后只剩下2000余人了。这一天，邓忠匆匆地跑来向邓艾报告说前面碰到一座陡峭的悬崖，人马难以通过。邓艾忙带领将士前去观看，果然看见那悬崖十分陡峭，崖下山谷深不见底。有些士兵胆怵了，心里直打退堂鼓。有人说：“白费了这么多功夫，撤回去算了！”

邓艾见状，严厉地说：“我们已经克服了那么多困难，现在胜利在望，成功与否，就在此一举了。我们要坚持住，就算再难过去，也一定要设法通过。”说到这儿，他忽然计上心来，转身下令让大家先把行装、兵器扔下悬崖，然后自己拿过一条毡毯，裹住身子，高喊一声：“大家照我的样子，滚下悬崖！”话音未落，带头滚了下去。

将士们深受感动，都像邓艾那样，纷纷越过了悬崖。邓艾重新集合队伍，未伤一兵一卒，轻而易举地拿下了江油城。接着又向绵竹进发，经过一番苦战，又胜利地占领了棉竹。

这时，邓艾大军已迫近成都。蜀国皇帝刘禅接到战报，想调回剑阁姜维的人马，已经来不及了，只得出城投降。

邓艾一举灭亡了蜀国。此时的钟会，还在剑阁城外攻城呢！

李光弼的地道战

公元757年（唐肃宗至德二年），朔风正劲，太原（今山西太原西南）守将、唐朝河东节度使李光弼（708—764年）迎着凛冽寒风，心里急啊：自己刚派出主力支援朔方，叛将史思明、蔡希德偏偏带领10万大军攻城来了。城内兵力不满一万，如何抵挡呢？

史思明很会用兵，他命令手下在城外建起飞楼，蒙上木板作掩护，临城筑土山，想登上土山后攻入太原城。李光弼见对方筑土山，终于想出了一条妙计。他让手下将士从城内钻地，将敌军筑的土山下面挖空。这一切，史思明都蒙在鼓里……

这天，，史思明在城外设宴、娱乐，边喝边观看歌舞。歌舞杂技轮番上场，如痴如醉。李光弼派来的人却走出地道，悄悄靠拢史思明的戏台，突然钻出地面，猛地捉走了台上的表演者。

史思明见状，大吃一惊，急急离席，将军营搬到别的地方去了。自此，史思明官兵个个如惊弓之鸟，连走路都瞪圆眼睛盯住脚底下，惟恐自己跌入坑中。

李光弼却在悄悄行动。唐军围着史思明军营底下挖好地道，然后搬来木柱一一支撑，防止塌陷。一切准备就绪，死守多日的李光弼派心腹之人求见史思明：“太原城内一片空虚，我们已支撑不住，请求允许投降！”

史思明大喜过望：“对，识时务者为俊杰啊！”

约定的受降之日终于来临，史思明的将士忘了戒备，都涌出来观看。李光弼一面派将领带人出来假降，一面暗暗派人把敌营下面的地道里的撑木迅速抽掉。

史思明士兵正伸长颈脖看热闹，脚下突然轰地塌陷，一下子死了1000多人。这片刻间，李光弼将士在太原城头击鼓呐喊，派出铁甲骑兵冲向敌营。

一场恶战，俘虏和歼灭敌兵几万人。史思明带着残兵败将落荒而逃。

郑成功出敌不备收台湾

南明永历十五年，郑成功率将领百员，水陆士卒2万，乘大小战船百余艘，向台

湾进发，欲收复被荷兰人占领的台湾。郑到台湾外围海岛鹿耳门，便停船结成水寨，派人侦察。

侦察人员化装成渔民，驾着小船，混进出海回归的渔船中，来到台湾岛上，趁夜色察看禾寮港（今台湾台南）地形和防守情况。只见明碉暗堡，防守严密。并在海边布置战舰，准备出击。

侦察人员回来报告，郑成功思量再三，觉得难以攻破，自起兵反清以来，已历十数载。其间，有过轰轰烈烈的胜利，也有过失败，特别是永乐十三年与张煌言合兵攻南京，中了清总督郎廷祚的诈降之计，无奈退守海岛，失去了厦门根据地，最后选中了台湾作为反清基地。这真是背水一战。若此战失败，自己将无立锥之地了。所以，这次攻占台湾，只能成功，不能失败。必须慎之又慎，不能有半点冒险。想到这里，他派侦察兵又出发，一定探出一条利于进攻的路来。

侦察人员又化装混入渔民中，经广泛询问，探知自鹿耳岛登陆还有一条水路，但那条水路上暗礁密布，风大浪急，大船无法通行，小船也很危险。所以，在这条水道港口上，荷兰人只派设了少数巡查人员。

郑成功听后，思量再三，觉得从这条水道偷袭为好。于是他传令大船不动，以吸引敌人注意力，小船在夜间集合，选出数干勇士，自己亲自带队，从这条水路冒险登陆。果然，一路上浪急礁多，撞翻了不少小船。郑成功乘的船也几次遇到险情。

来到岸上，荷兰兵万万没想到郑成功会从这里冲上来，撒腿就去报信，被郑成功手下勇士追上砍翻。郑成功一面组织滩头据点，一面派人送信给大船，令他们前进登陆，同时派兵向禾寮港一带进发，从背后打了荷兰鬼一个措手不及，接应大船上的军士登陆，很快占领了台南地区，又一举攻下荷兰人的总督府，击溃敌人从巴达维亚派来的援兵，收复了台湾，建立了政权，重新举起反清大旗。

小林一三的经营术

1907 年，34 岁的小林一三加入了日本箕面有马电轨公司，就任总经理。

这家公司刚刚成立，但是它只是一个小地方的铁路公司。这和拥有以人口密集区为基本地盘的都市铁道是不同的，因此，公司的发展有许多的困难及障碍。

但是，不管怎样，首先得让经营步入正轨，因此必须提高收入。提高收入有两种途径：一是增加乘客人数，二是提高收费。提高收费对本来搭乘铁路人口就少的地区是行不通的，因为这样一来可能会造成乘客人数更少。所以，小林只能在“如何吸引更多乘客”这点上动脑筋，从而想出一种办法，那就是先开发铁路沿线的住宅区。

在开发住宅区时，小林采取住宅的出租及以 10 年分期付款的销售方式，这种划时代的做法，果真扩大了住宅区的范围。

除了要增加沿线住民的乘搭量，更要吸引其它地区的人也来搭乘，这可是件颇为费事的工作。

1910 年 3 月，宝冢线及箕面线比预定日期提前 20 天通车。同时，小林也完成了如何增加乘客数量的新构想。同年 11 月在箕面公园中开设动物园；第二年在宝冢设立新温泉区，1912 年建设丰中运动场。

1913 年，小林在宝冢新温泉区游乐场组织少女合唱团，后发展为少女歌剧团。新温泉区又陆续增加博览会会场、剧场、动物园、植物园、餐厅等，而成为一个度假及休息的中心。

其中，宝冢少女歌剧团的公演，更是深获各界好评。1914 年前去观赏的民众多达 19 万人；1918 年，更激增至 43 万人，这样一年一年增加的人数，对铁路增加搭乘量是十分有帮助的。

1926 年，他又在车站设立百货销售部门，增加沿线居民利用铁路的机会，并且将那些百货用品的工厂设在铁路沿线地区（如纤维、糖果、食品、药剂等工厂），谋求乘客人数的增加。

而且将各种事业有计划地实行，采取多元化的弥补经营政策，并且使箕面线有马电轨公司成为发展各种事业的主要交通工具及主要交通路线（因为小林公司的各种事业，如温泉游乐区、百货公司、工厂都是沿着铁路线发展），真可说是“明修栈道、暗渡陈仓”之计的典型。

小纸巾用意何在

在日本东京街头，每天早晨都可以看到一些热情大方的姑娘向过往的路人发放一方湿润而带有香水的小纸巾。

初到日本的人，乍一碰到这些鞠躬、微笑的姑娘，也许会迷惑不解，但接过香气袭人的湿润小纸巾，擦拭略带倦意的脸时就会感到，这是多么细致的服务。人们没有理由不记住印在纸巾上的公司名称，以便事后向朋友、亲戚叙述这一件美好的事情。

原来，这是日本公司在向人们作广告。他们采取的是迂回战术——“明修栈道、暗渡陈仓”，向社会提供人人都乐意接受的服务，把真实的意图隐藏在服务的背后，让人们在不知不觉中接受了公司的宣传。

诸如这一类的活动，不少企业都绞尽脑汁去设计、去寻找。其实，做到这一点并不难，只要掌握了“暗渡陈仓”的谋略思想，善于发现人们的需要，就可以构思出巧妙的形式。

福岛假扮探险家

1892 年的一天，日本驻柏林武官福岛和一群德国军官相聚对饮。酒过三巡之后，福岛乘着微微的醉意，口出狂言道：“我能骑着自己的马，从柏林走到海参崴。”一语惊座，大家纷纷议论开了——

“哈哈，福岛君，这是不可能的事”。一位德军中校端着酒杯，笑着对福岛说。“从柏林到海参崴，横贯欧亚两大洲，路程太遥远了，更不用说沿途数不清的穷山恶水和变幻莫测的鬼天气。你就是骑上一匹千里马，也肯定到不了终点，更何况你那条瘦骨嶙峋的老马！这个玩笑是开不得的，哈哈……”

“福岛是个吹牛大王，这么远的路程连探险家也要望而却步的。他要能到达海参崴。岂不成了神话了？”

“不可能，这绝对是天方夜谭！”

“我们不相信，我们不相信，这一定是福岛君酒后胡言。”

……

“诸位！我们大家都口说无凭，我看还是请人来作证人，大家各下赌注，谁输谁赢，咱们几个月后就见分晓。”在争论不休中，有人提议说。

此时，福岛已喝得脸红脖子粗，握酒杯的手也微微颤抖了。听到要打赌，他不假思索地用喝得发硬的舌头吐出话来：“好——赌就赌……我下一万。”

“我下一万二！”

德国军官们纷纷投下重注，他们很得意，认为福岛这个酒鬼这下是输定了！

福岛跟德国军官们打赌探险之事，立即被新闻媒介广为传播，各国报纸都争相作了绘声绘色的报道。成千成万的人们好奇地睁大着双眼，注视着此事的发展；而德国政府和俄国政府也视其为壮举，都表示尽可能地为他提供便利和支持。就这样，福岛在举世的注目中，骑着他的瘦马开始了这次万里之行。

在德国境内，福岛被人们当作富于传奇色彩的英雄，受到热情的欢迎和款待，男女老幼都争相一睹为快。福岛很快就来到了德俄的边境。

进入俄境后，福岛的旅行更为顺畅。由于这位日本“探险家”的大半行程是在俄国境内，他那从柏林骑马到海参崴的海口能否兑现，将在这里见分晓，因此，俄国政界军界更是热情非凡。他们怀着强烈的好奇心和虚荣心，守候在必经的路口，翘首盼望着福岛的到来。当迎来了这位英雄后，人们为他举办各种欢迎仪式和难以计数的大小宴会，以能陪同这位骑士到自己的家乡参观为荣幸，并毫无保留地为这位英雄介绍当地的各方面情况。而福岛本来就精通俄语，这就更便利了他与俄国上下各界人物的接触，增进了对俄国各方面情况的了解。就这样，福岛走走停停，东访西问，受尽了各式盛情的礼遇，尝遍了无数的美酒佳肴，直养得人肥马壮，只用了一年零三个月的时间，就顺顺当当地骑马横穿俄罗斯、西伯利亚，顺利抵达海参崴。

福岛赢了！正当东京各界为福岛的成功而欢庆不已、柏林军官为自己下错了赌注而患得患失时，有关德国、俄国的一大探重要军事情报，已悄悄地送到了参谋总部的日军情报头子的手里。谁能料到，就在他们狂热地欢迎“探险家”的到来的时候，一场不为人知的间谍活动就在他们的眼皮底下悄悄地进行着。

俄军攻陷喀山

16 世纪初，与俄国毗邻的喀山汗国具有较强的实力，对俄国是一个威胁。因此，沙皇政府一直希望颠覆喀山汗国政权，以剪除威胁自己的一个重要力量，但一直未能获得机会。伊凡四世当权之后，俄国军事力量迅速膨胀，而此时喀山汗国国内却争权夺利，政局混乱。于是沙皇政权决定乘机远征喀山。

伊凡四世亲率俄军于 1552 年 6 月向喀山推进，40 天后，俄军集结于喀山城下。

喀山城位于陡峭的高山上，周围有河流、湖泊，城边还有坚固的护城木墙、易守难攻。喀山城中有守军四五万人，人人勇敢无畏，准备以身殉国。

面对喀山城这种状况，伊凡四世制定了攻城方略。他在城边架设重型火炮，猛烈轰击城墙；在城的正面挖掘战壕，以俄军伏于其中，用各种武器向城中开火并不时发起冲击；另外，俄军还架设木制活动攻城塔，塔上装上火炮，居高临下向城内军民射击。但是，这一切只是为了吸引城中喀山守军的注意力。与此同时，伊凡四世命令俄军在炮火掩护下，偷偷在喀山城墙下挖掘深洞，洞内埋设大量火药桶，准备实施爆破，一举炸毁城墙，破门而入，攻陷喀山城。沙皇还秘密破坏了地下水道，给城内军民用水造成重大困难。

俄军正面进攻了 40 天，喀山城岿然不动，城内军民严正拒绝沙皇的劝降。

10 月 12 日。沙皇军队一切准备就绪，开始发动总攻。此日拂晓，连续不断的巨响震撼了喀山城内军民，这是俄军偷埋的炸药爆炸了。喀山城墙被炸毁数处，大批俄军从多处蜂拥而入。城内守军英勇奋战，激烈鏖斗。由于众寡悬殊和预先没有料到俄军采取暗渡陈仓的策略，喀山城守军全部牺牲，喀山汗也被俘虏。

真假蒙哥马利

1944 年春，盟军准备在欧洲登陆，把登陆地点选在诺曼底。这是一项重大的军事行动，需要调遣大批部队，但军队调动一旦被德军发现，进一步加强了在诺曼底的防守，那盟军登陆成功的希望就很渺茫了。为迷惑敌人，盟军决定采用疑兵之计，设法使德国军队相信盟军真正登陆的地点选在加莱海岸，于是精心策划了一个冒名顶替的欺敌行动。就是由陆军中尉杰姆士扮演英国登陆部队司令官蒙哥马利元帅。杰姆士相貌酷似蒙哥马利，并且是一位有着丰富表演经验的演员。5 月 15 日，这位“蒙哥马利元帅”搭乘首相专机开往直布罗陀和阿尔及尔，与此同时，英军故意放风说蒙哥马利元帅到直布罗陀和阿尔及尔的重要使命是组编英美联军，可能在法国南部海岸登陆。德国开始半信半疑，派两名高级间谍去侦查，由于杰姆士的表演逼真，使德国间谍深信不疑。英国的这一冒名顶替的欺骗行动，收到了非常好的效果。德军误认为盟军要在法国的加莱地区登陆，从而把防守诺曼底地区的两个坦克师和 6 个步兵师抽调到加莱地区，大大减少了盟军在诺曼底登陆时的压力。

不仅如此，英国还煞有介事地派人前往中立国去收购加莱海岸的详细地图。盟军又假装将一支兵力达100万人的集团军，驻在英东南沿海一带，佯装准备进攻加莱。其实蒙哥马利的第21集团军，早已秘密地隐伏在英国南部海岸，等候渡海进攻诺曼底了。一系列假象最终骗过了希特勒，他以为盟军在英国东部已经集结了92个师的兵力，准备在7月份进攻加莱，因此，他把德军最精锐的第15集团军集中在加莱地区，而诺曼底只有一个装甲师驻防。英美盟军以假隐真，迷惑住敌人，终于达到了目的。

报恩的日本员工

英国自从16世纪机器革命后，纺织工业在世界上一直处于领先地位，为了能永执牛耳，他们对其技术和工艺采取了严格的保密措施，使人无法效仿。

19世纪中叶，英国有一家技术先进、效益良好的纺织业厂商布拉泽公司。这家公司职工甚多，都到附近的一家英国餐馆用餐，虽然价格昂贵，菜质低劣，但就餐者也无可奈何，因为附近并无其它饭店。

不久，在布拉泽公司的旁边新开了一家餐馆，餐馆员工是清一色的日本人，他们的英语水平很差，但服务态度良好，尤其是出售的食品价廉物美，吸引了布拉泽的职工都来用餐。原先那家英国餐馆老板却对此嗤之以鼻："这种做法非赔本倒闭不可，看他们能维持多少日子。"

日本餐馆似乎一点也不懂经营之道，他们售出的食品简直比自己在家里烧食还要便宜，所以布拉泽的职工自己吃了以后，还要买饭菜带回家去。不过这样一来，日本人很快与布拉泽搞熟了关系。连一些高级职员也成为餐馆的座上常客，相互之间无话不谈。布拉泽的员工简直认为这些日本人是自己的伙伴和朋友。

英国餐馆老板的预言是正确的，渐渐地这些日本人面露愁容，不时私下里唉声叹气。布拉泽的员工奇怪地问道："你们有什么不顺心的事吗?"

"不，没什么，别打扰你们用餐的兴致。"

日本人越不肯讲，英国人越要来问，最后他们终于明白了：日本人一直在赔本经营，时间一长，餐馆已经难以维持营业了。

布拉泽的员工好心地说："你们不能适当提高价格吗?"

"不能那样，那样会加重诸位负担的。"日本人说，"而且已经来不及了，餐馆即将歇业，我们连回家的旅费都无着落了。"

布拉泽人受到了极大的感动，恻隐之心油然而生，纷纷劝说："既然你们回不了日本，就到我们公司来做工吧，我们公司正缺少人手呢。"

布拉泽公司原先规定不雇用外国员工的，但董事长经不住众多员工特别是高级职员的游说，破格录用了餐馆的日本人，但限止他们只做粗重杂工。

这些日本人进厂之后，工作非常卖力，不怕苦、累、脏，慢慢地公司又破格分配其中的一些人做技术工。他们也知恩报恩，经常宴请录用他们的高级职员，关系越来越融洽。

几年之后，这些日本员工攒够了旅费，提出了回国探亲的要求，公司当局无法拒绝他们的合理要求，准许他们的假期，殷切期望他们早日回公司来上班。可是，这些日本员工再也没有回英国来。原来，他们都是日本第一流的纺织专家，以赔本开餐馆作为诱饵，达到进厂做工的目的。进厂后，了解到了布拉泽公司纺织工艺和生产过程，他们回国之后，去伪存真，去粗取精，设计出一套比当时英国更先进的设备。

从此，英国的纺织工业又多了一个新的竞争对手。

艾森豪威尔的登陆计

1944年6月5日晚，盟军取名为“尼普顿”的登陆行动开始了。这是盟军总司令艾森豪威尔所导演的一出以假乱真的“登陆”戏。在加莱。康坦丁半岛方向上，成千艘装着角反射器的模拟舰艇，抱着涂铝的气球迅速驶来，向着加莱·康坦丁编队而行。模拟舰艇的上空，几十架飞机投撒了大量箔片，这些箔片在两三千米的高空徐徐飘浮，久久不散。这一切，显示在德军雷达荧光屏上，即是大批飞机和舰队正铺天盖地向加莱一带海岸接近。电离层中到处是盟军地面人员在和飞行机组之间的无线电联络信号，谈论着某项大规模战役的行动情况。所有的迹象都表明，盟军将在加莱半岛登陆。

但是这一切都不过是一种欺骗，是瞒天过海、暗渡陈仓的现代翻版。令人叫绝的是，德军最高统帅部居然相信是真的，大量的德国海军舰船向着加莱驶去。与此同时，盟军的真正登陆地点诺曼底方向，5000多艘舰船在数十架电子干扰飞机的掩护下，正朝着既定的登陆海滩开进。

6月6日早晨6点30分，盟军第一支海运部队——美军第四步兵师几乎未遭阻击就在犹他海滩登了陆。三个半小时后，该师仍未遇到德军密集的炮火，也未遇到德军任何反击行动。水陆两栖坦克和大炮安然到达岸上。尽管其它几个登陆点进展并不顺利，但经过激烈的抗争，是日晚终于掌握了全部的海滩区。沙滩上的部队，已经超过了50万，但滑稽的是，希特勒仍然相信，诺曼底的战斗不过是敌人的牵制行动。可是就在奥马哈海滩区激战时，德军冯·伦斯德元帅就曾决定，不管诺曼底是否佯攻，都必须坚决击退。他本来有两个装甲师很快就可以机动过来，但当他准备下命令时，想起希特勒保留了对这两个师的调遣权，而此时元首正在酣睡，他的参谋们拒绝惊动他。当他从睡梦中醒过来，又上了美国假情报的当，坚信巴顿集团军将会在加莱半岛登陆，于是仍然保留着这支部队，以对付所谓更大规模的“加莱登陆”。艾森豪威尔以成功的隐真示假、暗渡陈仓之计，终于酿就了希特勒的千古遗憾！

韩信暗渡夏阳，大败魏王豹

公元前206年，楚汉相争，彭城一战，项羽打败了刘邦。这年6月，原来已经归附刘邦的魏王豹又叛汉投楚，并率兵占据了刘邦去关中的交通要道——蒲津关。刘邦派谋士郦食其前往魏营争取魏王豹，遭到拒绝，于是便以韩信为元帅于同年8月率兵攻魏。魏王豹派重兵把守黄河东岸的蒲坂（今山西忻县），封锁了黄河渡口临晋津，阻止汉军渡河……

这一天，韩信等领军到达临晋津，望见对岸尽是魏兵把守，不便迳直渡河，于是便命令就地安营扎寨，与魏兵隔河相峙，暗中则派遣精干人员探索上流形势。不久，行到探报，说是上流各段都有魏兵严密把守，只有夏阳一处，魏兵较少，防备空虚。韩信听了这一探报，认真分析，想出一条计策来了。他先召曹参入帐，命令他立即领兵进山砍伐木材，不论大小，皆可用。接着，又召灌婴，命他派出士兵分头前往市中购买瓦罂数千只，每只瓦罂须能容二石粮食。灌婴听了不知韩信要买瓦罂用途何在，想问个究竟，韩信不予回答，只教遵令行事。事隔两日，曹参、灌婴先后将所办齐的木才、瓦罂向韩信缴令。韩信又命他们二人按自己的设计制造出一种木罂，即用木头夹住罂底，四周缚成方格，用绳绊住，一格一罂，数十婴合为一排，数千罂分成数十排。灌婴听了韩信这番安排更加纳闷。便问曹参道：大军渡河需要用的船只已经征集了，为何还要这种木罂呢？曹参回答说：此事我也不太清楚，就按元帅命令行事吧！于是二人日夜督工制造，不消几天，数千只木罂就制齐了。韩信亲自验收，等到当天黄昏时候，韩信命令灌婴领数千人在原地不动，并交待只准摇旗擂鼓，守往船只，不得擅自渡河，有敢违命者斩。而韩信自己则与曹参一道督促大军，搬运木罂，夤夜赶到夏阳，并立即将木罂放入河中，每罂装载士兵二、三人。士兵坐在罂上用器械划动，罂行四平八稳，并不倾覆；韩信、曹参也跟着坐罂渡河。好容易到达对岸，全体将士跳上岸去，整队前进。却说临晋津渡口魏国守将只是率军严守，听到对岸汉军战船列成一排，声声呐喊，更是越加小心，一步也不敢离开。就是魏王豹也只注意临晋方向而忽视了夏阳，误以为夏阳平日没有船只，汉军根本无法渡过。可谁知韩信竟用木罂把汉军主力渡过河了呢？汉军在夏阳偷渡成功后，一路前进，毫无阻

挡，一直进到东张，才见到有魏军营寨，曹参拍马舞刀，领军向魏营杀去，魏将孙仓猝应战，大败亏输，汉军又乘胜前进再取安邑，直捣魏都，魏王豹亲领兵迎敌。又遭大败。魏军弃甲投戈，纷纷请降，魏王豹也迫于大势已去，只得下马伏地，束手就擒了。

诺曼底登陆战

二次世界大战中，盟军在诺曼底登陆战中采用“明修栈道，暗渡陈仓”的战法，取得了巨大的胜利。

1944 年，苏德战争爆发后，苏美英三国首脑在德黑兰会议上达成协议，决定在西欧开辟第二场，协同苏军发动大规模进攻，打击德军。按照自然条件，从英国东南部渡过加来海峡到达对岸法国的加来地区登陆，比从英国南部渡过英吉利海峡到达诺曼底登陆，距离要近，运输便利，又便于空中支援，是条理想的攻击路线。但是，盟军统帅部经过周密研究，决定选择距英国南部较远，但敌军防守力量相对薄弱的诺曼底地区登陆。为了确保登陆成功，盟军采取一系列伪装手段；在加来地区进行猛烈轰炸，在加来海峡英国海港设置大量假登陆艇和假的物质器材，还伪装了一个由巴顿将军任总司令的根本不存在的集团军。这一系列伪装和行动迷惑了希特勒，造成希特勒判断错误，认为盟军将在加来登陆，把主要防守力量放在加来地区，而在诺曼底地区则只部署了小部分兵力。却不料在巴顿将军的统帅下，盟军已结集了四十五个师的兵力，做好了在诺曼底登陆的准备。登陆战开始后，由于德军抵抗登陆准备不足，盟军不断扩大战果，从 6 月 6 日到 7 月初，盟军共有 100 万人在诺曼底登陆，胜利地开辟了第二战场，为收复西欧大陆奠定了坚实的基础，给予德意志法西斯侵略者以毁灭性的打击。

三十六计　第九计　隔岸观火

阳乖序乱（1），明以待逆（2）。暴戾恣睢（3），其势自毙。顺以动豫，豫顺以动（4）。

注释

（1）阳乖序乱：阳，指公开的。乖，违背，不协调。此指敌方内部矛盾激化，以致公开地表现出多方面秩序混乱、倾轧。

（2）阴以待逆：阴，暗下的。逆，叛逆。此指暗中静观敌变，坐待敌方更进一步的局面恶化。

（3）暴戾恣睢：戾，凶暴，猛烈。睢，任意胡为。

（4）顺以动豫，豫顺以动：语出《易经·豫》卦。豫，卦名。本卦为异卦相叠（坤下震上）。本卦的下卦为坤为地，上卦为震为雷。是雷生于地，雷从地底而出，突破地面，在空中自在飞腾。《豫卦》的《彖》辞说“豫，刚应而志行，顺以动。”意即豫卦的意思是顺时而动，正因为豫卦之意是顺时而动，所以天地就能随和其意，做事就顺当自然。

此计正是运用本卦顺时以动的哲理，说坐观敌人的内部恶变，我不急于采取攻逼手段，顺其变，“坐山观虎斗”，最后让敌人自残自杀，时机一到而我即坐收其利，一举成功。

按语

乖气浮张，逼则受击，退则远之，则乱自起。昔袁尚、袁熙奔辽东，众尚有数千骑。初，辽东太守公孙康，恃远不服。及曹操破乌丸，或说曹遂征之，尚兄弟可擒也。操曰：“吾方使斩送尚、熙首来，不烦兵矣。”九月，操引兵自柳城还，康即斩尚、熙，传其首。诸将问其故，操曰：“彼素畏尚等，吾急之，则并力；缓之，则相图，其势然也。”或曰：此兵书火攻之道也，按兵书《火攻篇》前段言火攻之法，后段言慎动之理，与隔岸观火之意，亦相吻合。

解析

按语提到《孙子·火攻篇》，认为孙子言慎动之理，与隔岸观火之意，亦相吻合。这是很正确的。在《火攻篇》后段，孙子强调，战争是利益的争夺，如果打了胜仗而无实际利益，这是没有作用的。所以，“非利不动，非得（指取胜）不用，非危不战，主不可以怒而兴师，将不可以愠（指怨愤、恼怒）而致战。合于利而动，不合于利而止。”所以说一定要慎用兵，戒轻战。战必以利为目的。当然，隔岸观火之计，不等于站在旁边看热闹，一旦时机成熟，就要改“坐观”为“出击”，以取胜得利为目的。

探源

隔岸观火，就是“坐山观虎斗”，“黄鹤楼上看翻船”。敌方内部分裂，矛盾激化，相互倾轧，势不两立，这时切切不可操之过急，免得反而促成他们暂时联手对付你。正确的方法是静止不动，让他们互相残杀，力量削弱，甚至自行瓦解。

案例

曹操袖手除二袁

这个智谋故事见于《三国演义》第三十二回“夺冀州袁尚争锋决漳河许攸献计”

和第三十三回“曹丕乘乱纳甄氏郭嘉遗计定辽东”。

袁绍临终之时，由其妻刘氏及谋士审配、逢幻操纵，立三子袁尚为大司马将军，统领冀、青、幽、并四州之地。其长子袁谭深为不满，欲与袁尚一争高下。恰在此时，曹操乘连胜之威，进攻黎阳。袁谭迎战大败，只好派人向袁尚求救。袁尚只拨5000兵相助，且在半路上被曹军全部截杀。此后，袁尚即不再增派援兵，意欲借曹操之手除掉其兄。袁谭大怒，便欲投降曹操。消息传到冀州，袁尚担心袁谭降曹后并力来攻，便亲自率领大军去黎阳救助袁谭。袁谭闻讯大喜，遂打消了投降的念头。不久，袁熙、高干也领救兵来到黎阳城下。四支兵马并在一处，仍然不是曹操的对手，黎阳很快就被曹军攻破。袁氏兄弟与高干只好弃城逃走。曹操引兵追赶，袁谭与袁尚退入冀州坚守；袁熙与高干则在城外下寨，以成犄角之势。曹军连日攻打，一时难以奏效。这时，谋士郭嘉向曹操献“隔岸观火”之策说：“袁绍废长立幼，而袁谭、袁尚二人势力相当，各树党羽，互相争斗。如果进攻太急，他们就会团结一致对付我们；如果暂缓攻击，他们之间就会相互争斗火并。我们不如举兵南向，作出南征刘表的姿态，以便等待其内部发生变乱。当其内乱发生后，再进击他们，可以一举而平定河北之地。”曹操认为很有道理，便留下贾信守黎阳，曹洪守官渡，自率大军向荆州进兵。事情果如郭嘉所料，曹操撤军不久，袁谭与袁尚即大动干戈。袁谭敌不过袁尚，便派人向曹操求救。曹操乘机挥军北向，首先打败袁尚、袁熙，后又消灭掉袁谭和高干，从而一举平定了河北。

袁熙、袁尚被逐出冀州后，引兵连夜奔往辽西投依乌桓去了。曹操用郭嘉之言，以田畴为向导，从卢龙口越白檀之险，轻军千里往袭，在白狼山与袁氏兄弟及乌桓王冒顿的大军相遇。两军大战一场，冒顿大败被杀，袁熙、袁尚率数千人逃向辽东。曹操并不追赶，退军易州，按兵不动。大将夏侯说：“辽东太守公孙康，久不宾服。现在袁熙、袁尚又前往投靠，必为后患。不如乘其未动，火速往征。”曹操笑道：“用不着劳烦诸位虎威，几天之后，公孙康定会自动将二袁的脑袋送来。”众将都不相信。然而，不久之后，公孙康果然派人将袁熙、袁尚的首级送到。曹操大笑道：“不出郭嘉之料！”原来，郭嘉在征乌桓途中染病在身，不得已只好留下治疗。临终之时，他写下一封信给曹操，授计说：公孙康一直担心袁氏吞并，今袁熙、袁尚前去投奔，心中必然怀疑。如果我们派军攻打，他们势必并力迎击，急切中难以得手；如果暂缓出兵，公孙康与袁氏兄弟就会互相火并。事情正如郭嘉分析的那样，公孙康听说袁熙、袁尚将要来投，当即与手下人议定：若曹操前来征讨，便留下他们，合力抗曹；否则，就将他们赚入城中杀掉，献给曹操。这是因为，当年袁绍曾有吞并辽东之心，公孙康不仅一直耿耿于怀，而且也担心袁氏兄弟前来投靠是假，欲鸠占鹊巢是真。而袁氏兄弟也的确如公孙康所担心的那样，企图寻机杀掉公孙康等人，以辽东数万骑兵与曹操抗衡，收复河北。所以，当细作回报说曹操屯兵易州，并无下辽东之意时，公孙康立即设计将二袁杀掉，并且派人将首级送到易州。这样，曹操不费一兵一卒，即除掉了袁熙、袁尚，并且使公孙康自动归服。

殷仲堪保持平衡求自存

杨期为人骄横跋扈，常常自高身份。每当杨期在人前夸耀自己出身如何高贵时，桓玄总是讥笑他不过是一介寒士，因此杨期很想找机会割下桓玄的脑袋，看他的舌头是不是还那么顽固。

后来桓玄被推为盟主，更加志得意满，杨期就更加不愿意经常看到他这副令人头痛的面孔了，他打定主意，务必趁这位自以为了不起的盟主在登坛宣誓时就身首异处。

殷仲堪虽然并不喜欢桓玄，但他同时对杨期兄弟的勇武过人也心怀顾忌，他可不愿意他们在杀了桓玄之后再来对付自己，所以他一得到杨期偷袭桓玄的消息，马上出面制止。杨期只得罢手。

到晋安帝隆安年间，桓玄受命都督荆州（今湖北江陵）四郡，其兄桓伟又任辅国将军和南蛮校尉，权势扶摇直上，这下就连习惯于不动声色的殷仲堪也担心起桓玄可能对自己不利来了。桓玄、杨期都有兄弟辅翼，自己也不宜孤立无援吧！他想起杨期与桓玄实在称得上冤家对头，不如就把杨期纳入自己的声援体系，那样就可保万无一失了。他以婚姻为纽带，果然将段、杨两家的政治生命拴在了一起。

殷仲堪的判断很准确，桓玄的胃口确实大得很，因为不久他就向朝廷要求给他的权力加码，他首先看中的也就是杨期、殷仲堪碗里的肥肉。恰好朝廷也有意使他们彼此狗咬狗以利于控制，便将杨期的四个郡划到了桓玄名下。但朝廷的想法显然过于乐观，这些大权在握的军阀们不是那些啃啃肉骨头就心满意足的家犬，他们甚至比狼更凶猛。杨期被桓玄冷不丁敲了一闷棍，并没有狺狺狂吠着立即扑上去撕烂桓玄的裤管，而是借援救洛京危急，击退姚兴入侵的名义，意在趁桓玄不备一口咬断他的咽喉。

殷仲堪对这个亲家的野心了如指掌，时刻提防着他在微笑时递过来的毒酒，因此拒不参加亲家翁的这次不同寻常的会猎。杨期明白了殷仲堪的用心，也不想一枝独秀，引来桓玄的风霜摧残，只好暂时偃旗息鼓。

这时如法炮制，声称援救洛京，邀仲堪瓜分杨期。仲堪老谋深算，何以会不知道桓玄伐虢灭虞的如意算盘？他一直致力于保障桓玄、杨期双方的安全，不就是使大家互相牵制，他周旋其中，自然稳如泰山么？桓玄、杨期任何一方有失，他借以保障自身安全的资本也就顿成泡影！所以他毫不犹豫地警告桓玄：你如果执意从沔水出兵，可能不会有一个人能活着进入长江！桓玄很清楚殷仲堪的话当然不是什么恐吓，他除了放弃消灭杨期的打算之外，确实别无选择。

仲堪通过这微妙的三角关系，使他的稳固地位维持了相当长的时间，有人评价他老奸巨猾，确实至公至道。

牛仔裤的诞生

如今年轻人穿上一条牛仔裤，信步走在街上，不会引起什么遐想。但你可知道，当初牛仔裤的诞生是“牛仔裤大王”莱维·施特劳斯“隔岸观火”的结果。

100多年前，美国加利福尼亚因发现金矿掀起了一股淘金热。许多先行者一天之间成为百万富翁的消息不胫而走，吸引了更多后继者潮水般涌来。

随着淘金者日益增多，竞争日趋激烈，除了矿脉成为角逐的对象之外，优良、适用的淘金用具和生活用品也炙手可热。

德国犹太人莱维·施特劳斯也来到这个巨大的竞争场，他带来的不是淘金工具以及所需的资金，而是他原来经营的线团之类的缝纫用品，和他认为可供淘金者作帐篷用的帆布。

一到目的地，缝纫用品便被一抢而空，这使他熟悉了当地的裁缝，帆布却无人问津。

莱维没有投入淘金者的竞争，而冷静地观察眼前千变万化的情况。莱维静静地等待着，他相信，他面前将会出现他所寻求的机会。

这机会终于被莱维等到了。

一天，莱维和一位疲惫不堪的矿工坐在一起休息，这位井下矿工抱怨说：“唉，我们这样一整天拼命地挖、挖！吃饭、睡觉都怕别人抢在头里，裤子破了也顾不上，这个鬼地方，裤子破得特别快，一条新裤子穿不了几天就可以丢了……”

“是吗？如果有一种耐磨经穿的裤子……”莱维顺着他的话说到一半就呆住了。帆布不正是最耐磨的布料吗？对！就这样！他一把扯住那个矿工就走。

莱维把矿工带到熟识的裁缝店里，对裁缝师傅说：“用我的帆布给做一条方便井下穿的裤子，你看行吗？”

“当然可以。最好是低腰、紧身，这样既方便干活，看上去又潇洒利索。”裁缝师傅出主意道。“行，你看着做好了，一定要结实。”

第一条牛仔裤的前身——工装裤就这样诞生了。由于它美观、方便、耐穿，深受矿工欢迎。

在此基础上，莱维不断地改进和提高工装裤的质量，逐渐演变成一种新时装——牛仔裤，从加利福尼亚矿区推向城市，从美国推向全世界。莱维成了闻名于世的“牛仔裤大王”。

如果当年莱维不假思索地投入了淘金角逐，而不是“以静待哗”，冷静观之，寻找自己的突破点，那么“牛仔裤大王”恐怕就不是莱维了。

袖手旁观彼岸观火，混乱局面泰然处之。

“以治待乱”，静观其变化，直到事情发展到有利于自己的地步，才相机采取行动，从中取利。

激烈的商战中，若想少花本钱，多赚利润，此“隔岸观火”计不能不用。

波兰假手于人

波兰在16世纪后期开始，一直想侵略俄国，虽然那时俄国由于长期政局动荡，已日趋薄弱，但毕竟地广人多，要征服它并非易事，如果贸然用兵，反而会激起俄国各种势力一致对外的决心。波兰自知力量有限，就采取假手于人的策略。

正巧那时俄国的新沙皇戈都诺夫即位，政权又趋动荡起来。新沙皇是个野心家，他将合法继承人德米特里在其幼年时就谋害了，从而夺得了皇位。他接位不久，一个自称是德米特里一世的人在一些哥萨克人及众多农奴的拥戴下也另立政权，并起兵攻打戈都诺夫。。但苦于力量薄弱，难成气候。

波兰人就趁机插手，借给戈都诺夫的反对派4000名兵丁，并提供物资援助。假德米特里顿时力量大增，一些拥有实力的贵族主纷纷倒戈于他，因而使反对派的军队能所向无敌地进入莫斯科，夺取了皇位。

那些倒向德米特里的贵族和地主并非真心拥戴他，而是为了维护和扩张自已的势力，一旦攻入莫斯科后，他们又起而反对并杀死了德米特里，拥戴了柏伊斯基为沙皇。经过这一次的战争，俄国的军事力量更加脆弱不堪。

事隔一年，俄国又出现了一个自主立皇者，称为德米特里二世。波兰人故伎重演，借给他两万人马，助其进攻。这个自立为皇者一直打到莫斯科，与柏伊斯基的政权对峙了将近两年。双方互有死伤。一些贵族地主像是走马灯似的一会倒向这边，一会儿又倒向那边。这一切都消耗了俄国的实力，完全破坏了正常的秩序。

波兰统治者这时觉得坐享其成的时机到了，就直接出兵进犯俄国，没化多少力气就大败俄军于莫斯科近郊，并进入俄国首都，虽然它的力量无法覆盖整个俄国，但这时俄国已无中央政权和统一指挥的军队，这个老牌帝国的局势已陷于深度的危机之中。

阿德勒妙法救列宁

1914年7月，第一次世界大战爆发后不久，在奥匈帝国的波罗宁，一个农妇向当地宪兵队报告了一起“惊人的事件”：一个“俄国佬”列宁跑到山上，在那边写着什么——显然是在绘制波罗宁的战略地图。7月25日，一个宪兵上士搜查了列宁的住所，并命令列宁第二天去新塔尔克州长官公署听候处理。第二天，列宁应召前往，在那里他被逮捕。

警察局找不出列宁为沙皇政府从事间谍活动的任何证据，但他们仍然宁愿听信有关列宁与俄国进行频繁联系的谣言，因此一直关押着列宁。

在当时两国交战情况下，间谍嫌疑的罪名很有可能被草率处决。另外，沙皇政府也企图借机加害列宁。沙皇内务部副部长通知西南战线司令官，说列宁有可能关押在克拉科夫监狱内，如果俄军一旦攻陷这里，务必将列宁搜索逮捕，解送回国。

列宁的亲属们和布尔什维克组织十分焦虑担心，他们想尽一切办法营救列宁。他们向波兰和奥地利的社会民主党人及进步人士写信、拍电报，要求他们帮助救援列宁。同时，他们分别与有关当局交涉，做担保，抗议逮捕列宁，要求释放。但是，奥匈帝国政府除了怀疑列宁从事间谍活动外，也对他的布尔什维克身份感到不安，因此想借故一直关押他，不愿释放。

这时，奥地利社会民主党人、奥地利国会议员维·阿德勒知道，奥匈帝国十分希望沙皇国家内部产生纷乱，从而使俄国力量得到消耗，这样奥匈帝国在战争中就可以处于有利地位。于是，阿德勒直接去面见奥地利总理，告诉他，列宁是坚决反对沙皇政府的，绝不会作沙俄的间谍。而且，列宁一直在从事反对战争的活动，一直在摧毁着沙皇统治的基础。因此，释放列宁，让列宁继续他的活动，对奥地利政府是有好处的。

奥地利总理问："您确信列宁是沙皇政府的敌人吗?"

阿德勒回答："阁下，这是肯定的。同您比较起来，他是沙皇更加不可调和的死敌。这点沙皇也清楚。"

阿德勒的策略起了作用，不久，列宁就被奥地利当局无条件释放。沙皇当局的阴谋也破了产。

现实生活中常常有这种情况：敌我双方动机、目的不同，但是在行动的某一过程中却有着相同的态度和要求。聪明的人这时就应该及时抓住敌人与我的这一相同的态度和要求，利用敌人，操纵、驾御它，从而达到自己的目的，这是事半功倍之举。

英迪拉坐收渔人之利

1966年1月，印度总理夏斯特里突然逝世。消息刚一传出，印度政坛各派便纷纷出马，试图角逐新总理的职位。

当时，争夺总理位置的有力争主为在国大党内最有资历的德赛和当时的代总理南达。在各派之中，英迪拉虽有其独特优势，但就其政治实力而言，却算不上强大。然而，在这千载难逢的机会面前，英迪拉绝不袖手旁观。当夏斯特里的死讯凌晨3点传到首都时，英迪拉立即召集她的幕僚们商量对策。英迪拉表示了自己要参加这一角逐的决心，并且自信，只要运筹得当，问鼎完全有可能。然而强手如林，自己实力又有差距，怎么才能实现自己的夙愿呢? 在冷静地分析了形势之后，她决定不过早地投入角逐，等到政敌们两败俱伤，各方力量削弱时再予以出击。

主意已定，英迪拉表面上无意问津，跟谁都不争夺，而暗地里她却在观察形势的变化，并寻求支持。形势的发展果如英迪拉所料。德赛虽是党内元老，资历很深，在议会中有相当一部分人忠诚于他。然而他却不善于吸取以前的教训，在夏斯特里死

后，便以惟一的候选人自居，并且似乎总理之位非他莫属。他骄横固执，不愿意跟别人分享权力；他对于在 1964 年选举中剥夺他的应得权力的那些人怀恨在心，丝毫没有宽恕之意。德赛的表现大伤人心，尤其伤害了党内辛迪加派的感情。辛迪加派在国大党及政府中十分强大，并且工于幕后操纵。德赛骄横冷漠的表现使得他们十分担忧。因为在 1964 年，他们是阻止德赛上台的魁首，如果德赛上台，他们的前途可想而知。因此，他们决心要阻止德赛上台。然而，他们自己却选不出能与德赛抗衡的候选人。至于南达，他在尼赫鲁和夏斯特里的内阁中都是第二号人物，他的思想无懈可击，他想由代总理直接升为正式总理。辛迪加派对他做了衡量，觉得他还不能击败德赛。

英迪拉所盼望的时机终于来到了。各派之争到了白热化程度，而且裂痕很深，很难弥合，这对英迪拉非常有利。由于她在一开始就采取了静观的策略，各派对她比较放心，她几乎没有受到攻击，在公众心中仍保留着完美的形象。看准时机，英迪拉决心马上出击。国大党执政的十个邦的首席部长。经过辛迪加派的疏通，也都公开支持提名英迪拉。他们的联合声明实际上是指示他们那几个邦选举出来的议员们都投英迪拉的票。南达看到十个邦的首席部长都支持英迪拉，知道自己败局已定，马上退出了竞选。只有德赛仍决心要与英迪拉见个高下。

德赛开始在竞争中对英迪拉进行谩骂和攻击，试图激起英迪拉应战，抓住她的破绽予以进攻。然而，英迪拉让他大失所望。她的态度仍如初始那样谦逊有礼，其风度让公众更加满意。大选终于进行了。果如所料，英迪拉在 526 名党员投票中，共获得 355 票，而德赛仅得 169 票（两张废票）。成千上万的印度人聚集在议会大厦外面，庆贺她全面大胜。

英迪拉成功之处在于她在自己处于弱势地位时善于守拙，隔岸观火。同时，善于在各种政治力量之间周旋，利用其矛盾，寻求对自己的支持。最后终于以弱胜强，登上了最高权力的宝座。

齐亚·哈克获巨援

美国曾是巴基斯坦的最大经济援助国，然而 70 年代，美国给予巴基斯坦援助很少，到 1979 年，巴基斯坦未曾得到美国的任何援助。巴基斯坦当时的齐亚·哈克政府是一个军事统治政权，在齐亚领导下，巴国内政局不稳，为加强军警力量，军费开支在财政支出中所占的比重非常高，致使巴财政空虚，经济凋敝。可美国当时的卡特政府怀疑巴基斯坦正在发展或已经拥有核武器，从而停止了对巴基斯坦的援助。

恰好这时，苏联入侵阿富汗，使齐亚获得了千载难逢的好机会。因为齐亚明白，随着阿富汗战争的加剧，阿富汗难民会蜂拥而来。难民和驻扎在巴基斯坦门口的苏联军队，将使他获得大量援助，最终使巴基斯坦成为美国的第三大受援国，仅次于以色列和埃及。在巴基斯坦，人们把苏联入侵阿富汗看作是“勃列日涅夫送给齐亚的圣诞礼物”。齐亚决心利用这一张有利牌与美国人进行讨价还价。

由于苏联在阿富汗的军事存在日渐加强，卡特总统于1980年3月提出向巴基斯坦提供4亿美元的援助。但齐亚明白自己手中那张牌的价码。所以，他拒绝了这个一揽子计划，称它是微不足道的“花生米”。

最后，果如齐亚所料。继卡特之后掌管美国的总统里根，提出向巴基斯坦提供为期6年的32亿美元的一揽子经济和军事援助计划，该计划比卡特的一揽子计划庞大得多，并且于1981年秋提交美国国会通过。

一块油田的地皮

美国有一位石油巨子的发家史颇能发人深省。

开始，他只是个默默无闻的穷青年。但他认定开发石油是大有发展前途的。他就到处奔波，反复考证，选择了一块表面看来并不起眼，但实际上是很有潜力的油田。接着他就筹措必要的资金，悄悄作着人员和工程开发等各方面的准备。

但是对这块油田感兴趣的，大有人在。无论从实力上、权势上、经验上，他都是无法同这些人匹敌的。他却知难而进。他经常进入地产拍卖所，熟悉地皮的价格和行情，对那些有兴趣开发油田的人，进行深入的了解，不仅掌握了他们的资金、人员、技术等情况，尤其是深入剖析这些人的心理状态，寻找战而胜之的办法。

这块油田地皮的拍卖就要开始了，能否买到这块油田地皮，是他进军石油事业的第一战，也是决定整个战役胜负的关键。

拍卖场上人头济济，聚集了石油事业家、经纪人、地产商各式人等。他也不露声色地混迹其中。尽管人数众多，但大家都不急于报价，有的在暗中盘算，有的在私下议论，都想后发制人，一举战胜所有的对手。场上充满了勾心斗角的紧张气氛。

一个大腹便便的石油资本家站了起来，他并不开口报价，只是用两眼威严地扫视了一周，就这么一下，吓退了一半实力不那么雄厚的竞争者，他们哪敢同这个石油资本家进行抗衡呢?

但也有不服气的，一个瘦小精干的地皮商连身子都没有挪动，只是轻轻地干咳了一声，这下子，把另外的一小半人也震动了，许多人都是领教过这个地皮商高明手腕的，有的还不止一次地成了他的手下败将。

报价还是开始了，大腹便便的石油资本家和瘦小精干的地皮商都摆出这块地皮“非我莫属”的架势。别的人是凑凑趣，填填底，所以报价数都在低水平上徘徊，要等这两员大将出马，才会出现真正的恶战。

两员大将还没开始交手，拍卖场上又进来了一位衣冠楚楚的绅士，“呵——”人们发出了一声长吁。此人是本地最具财力的银行家，平时从不涉足拍卖行。此番出场，看上去是不达目的决不罢休的。

大腹便便的石油资本家和瘦小精干的地皮商自知不敌，知趣而体面地退出了拍卖

场。囊中羞涩的，赶场凑趣的，不知底细的也纷纷离场而去，诺大的拍卖场所剩人数廖寥无几。

我们那位颇有心计的故事主人公，觉得时机已到，终于以五百美元的低价买进了这块油田地皮。原来他把所有的筹集的资金都已存入了本市最大的银行里，他特地请了银行家为他压阵助威的。

等到人们搞清事情真相后，那块油田已开始动工建设了。

错综复杂的“坐山观虎斗”

俄国十月革命后，世界格局发生了新的重大变化，其突出的表现，便是在全球范围内形成了两大基本矛盾：一是各帝国主义国家与苏联社会主义国家的矛盾：一是各帝国主义之间为争夺世界势力范围的矛盾。这两对矛盾发展到20世纪30年代末的欧洲，更是现出错综复杂的情况，从英、法来说，他们坚持把苏联视为头号敌人，但同时在东欧地区与德国的利益冲突又日益尖锐。以德国来说，他同样也要消灭苏联共产主义，但他直接面对的却是东欧地区，主要是捷克和波兰地区与英、法的利益冲突。何况，德国要进攻苏联，也必须经由东欧的通道。于是，在英、法与德国，以及英、法、德与苏联之间的多角较量便开始了，而在这多角较量中，表现出的一个重要特点就是相互利用矛盾，制造、煽动冲突，以便为自己的利益服务，用中国兵书上的话来说，叫做“坐山观虎斗”。

1983年，英国首相张伯伦与法国总理达拉第实行所谓的“绥靖政策”，这个政策的基本点就是：以出卖别国领土为代价，对德国进行安抚，以纵容德国侵略的办法来谋求与德国的“谅解”，其具体化便是英、法与德、意签订的《慕尼黑协定》，协定规定，将捷克斯洛伐克的苏台德地区及其与奥地利接壤的南部地区割让给德国，其余地区则由英、法、德、意四国保证不再受侵犯。从表面上看，英、法采取这种绥靖政策，是想缓和与德国的矛盾，以维护他们在东欧和南欧的利益，但从更深一层看，正如人们所说的；是企图“促进法西斯德国侵略苏联”，“把战祸引向东方”。这样，德、苏两国“鹬蚌相争”，英、法两国自可“渔翁得利”了。

然而，张伯仑和达拉第的“绥靖政策”阴谋并没有得逞，贪婪的德国法西斯根本不满足于区区的捷克苏台德地区，他要的是整个欧洲和整个世界，而且由于利害关系的直接性，希特勒的矛头首先就指向法国本土的英国的欧洲殖民地。因此，就在《慕尼黑协定》签订后仅仅几个月时间，希特勒便撕毁了这个协定，出兵功占了捷克的全部领土，接着又向波兰进军，直接威胁英、法两国在东欧的根本利益。这时，他们再也不能忍受了，只得正式向德国宣战，并且要求与苏联谈判，谋求建立英、法、苏反法西斯同盟，共同对付德国。只因谈判各方，主要是苏联与英、法之间互不信任，故而谈判没有成功。而这时，德国也展开了外交攻势，为了在当下集中力量，对付英、法，他也要求与苏联进行和平谈判……

英、法想拉拢苏联，德国也想拉拢苏联，苏联一时处于主动地位。斯大林深刻洞察到：英、法与德国的战争是不可避免的。这场战争是帝国主义之间的“两虎”相斗，从根本上对苏联有利，无论苏联是站在英法方面反对德国，还是纵容德国，反对英法，都是如此。既然英、法、苏反法西斯联盟没有谈成功，那就接受德国的谈判要求吧！于是，1939年8月23日，苏联与德国在莫斯科签订了苏德互不侵犯条约，表明苏联在战争中将保持“中立”状态，实际上是纵容德国向英、法进攻。

果然自苏德互不侵犯条约签订后，德国解除了可能来自东方的威胁，专心一意地对付英法。1940年5月10日，德军在西线发起进攻。5月24日，德军装甲部队击溃了英、法联军的主力。5月26日，英军开始从敦刻尔克撤退。6月14日，德军便占领了法国首都巴黎。6月22日，法国便宣布向德国投降了。

不过，苏联对德国采取姑息纵容政策，希图“坐山观虎斗”的策略也没有达到预期的效果。事实表明，法西斯德国在打败英、法联军后，实力并没有被削弱，反而增强了，于是反过来又向苏联进攻。1941年6月22日拂晓，希特勒彻底撕毁了苏德互不侵犯条约，向苏联发起突然袭击。由于苏军缺乏足够的思想准备，前线空军大部分被击毁在机场，几十万边防部队被德军分割、包围，歼灭，继而德军又向苏联腹地挺进，苏军损失惨重，上百万人被俘。10月，德军兵临莫斯科城下，苏联人民一场伟大的卫国战争开始了。……

三十六计　第十计　笑里藏刀

信而安之（1），阴以图之（2），备而后动，勿使有变。刚中柔外也（3）。

注释

（1）信而安之：信，使信。安，使安，安然，此指不生疑心。

（2）阴以图之：阴，暗地里。

（3）刚中柔外：表面柔顺，实质强硬尖利。

按语

兵书云：“辞卑而益备者，进也；……无约而请和者，谋也。”故凡敌人之巧言令色，皆杀机之外露也。宋曹玮知渭州，号令明肃，西夏人惮之。一日玮方对客奕棋，会有叛夸数千，亡奔夏境。堠骑（骑马的侦宿员）报至，诸将相顾失色，公言笑如平时。徐谓曰，“吾命也，汝勿显言。”西夏人闻之，以为袭己，尽杀之。此临机应变之用也。若勾践之事夫差，则意使其久而安之矣。

解析

宋将曹玮，闻知有人叛变，他非但不惊恐，反而随机应便，谈笑自如，不予追捕，让敌人把叛逃者误认为是曹玮派来进攻的，把他们全部杀光。曹琼把笑里藏刀和借刀杀人之计运用得何其自如！古代兵法早就提醒为战者：切不可轻信对方的甜言蜜语、空头支票，要谨防他们暗中隐藏的杀机。总之，此计还多用于军事政治与外交的伪装上。

探源

笑里藏刀，原意是指那种口蜜腹剑，两面三刀，“口里喊哥哥，手里摸家伙”的作法。此计用在军事上，是运用政治外交上的伪装手段，欺骗麻痹对方，来掩盖己方的军事行动。这是一种表面友善而暗藏杀机的谋略。

战国时期，秦国为了对外扩张，必须夺取地势险要的黄河崤山一带，派公孙鞅为大将，率兵攻打魏国。公孙鞅大军直抵魏国吴城城下。这吴城原是魏国名将吴起苦心经营之地，地势险要，工事坚固，正面进攻恐难奏效。公孙鞍苦苦思索攻城之计。他探到魏国守将是与自己曾经有过交往的公子行，心中大喜。他马上修书一封，主动与公子行套近乎，说道，虽然我们俩现在各为其主，但考虑到我们过去的交情，还是两国罢兵，订立和约为好。念旧之情，溢于言表。他还建议约定时间会谈议和大事。信送出后，公孙鞅还摆出主动撤兵的姿态，命令秦军前锋立即撤回。公子行看罢来信，又见秦军退兵，非常高兴，马上回信约定会谈日期。公孙鞅见公子行已钻入了圈套，暗地在会谈之地设下埋伏。会谈那天，公子行带了三百名随从到达约定地点，见公孙鞅带的随从更少，而且全部没带兵器，更加相信对方的诚意。会谈气氛十分融洽，两人重叙昔日友情，表达双方交好的诚意。公孙鞍还摆宴款待公子行。公子行兴冲冲人席，还未坐定，忽听一声号令，伏兵从四面包围过来，公子行和三百随从反应不及，全部被擒。公孙鞅利用被俘的随从，骗开吴城城门，占领吴城。魏国只得割让西河一带，向秦求和。秦国用公孙鞅笑里藏刀计轻取崤山一带。

案例

精诚所至金石为开

“精诚所至，金石为开”是指诚心能够感动像金石那样坚硬的东西。在经商过程中，即使是最挑剔的顾客，也能靠发自内心的真诚去打动他。

日本有一家地方性报纸——《佐贺报》，它在邻近的福冈县大报社的竞争夹缝中历经 110 年而没有被挤垮，靠的就是处处为用户打算的真心诚意。佐贺北临日本海，南接太平洋，是典型的海洋性气候，经常下雨给报纸的传递带来了很大的困难。《佐贺报》的董事长说："下雨天送去湿漉漉的报纸实在说不过去。"所以凡是阴雨连绵的早晨，每一位《佐贺报》的读者，都会收到一份用塑料袋细心包裹着的报纸。《佐贺报》对读者的这份真诚和温馨，是它历经百年而不倒的经营秘诀。

其实，顾客们花钱购买商品，除了以钱换物之外，还希望得到另一种不花钱的额外商品，那就是营业员的"诚意"。诚意就是对消费者发自内心的尊重。俗话说"你敬我一尺，我敬你一丈"，没有哪一位顾客愿意看到营业员爱理不理的后娘面孔，也不会有人欣赏那种千呼万唤不吭声的哑巴式营业作风。这种服务态度就是对顾客的不尊重，是一种缺乏诚意的经商作风。只有用真诚、有礼貌的服务使顾客心满意足，才能赢得回头客。

台湾的一些企业已经注意到日本厂商靠精诚服务为企业赚了大钱，于是也纷纷适时开展精诚服务，令企业经营的业绩不断增长。目前我们内地的市场已由卖方市场转为买方市场，国营商店再不是"皇帝的女儿不愁嫁"了，最大限度地争取顾客已是大势所趋。

冷冰冰的、毫无诚意的销售面孔只会把顾客推到别的商店去。所以要在商品竞争的大潮中战胜对手，立稳脚跟，必须树立"顾客至上"的意识，诚心诚意地提供最优质的服务，赢得所有顾客的满意。

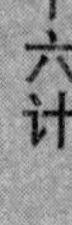

在经营中的人情味

在竞争激烈的商品战中，人们一般比较注重产品的质量，以优质的质量占领市场、扩大市场，力争获得更多的利润。而对于经商过程中感情的投资则注意不够。浙江嵊县工艺竹编厂厂长王银飞在经营中，除了狠抓产品质量、信守合同、重视信誉外，还舍得在感情上投资，使得该厂在强手如林、竞争激烈的竹编行业里兴旺发达，立于不败之地，被人称誉为既有真本事、又有人情味的女企业家。

有一次，一位日本包销商来到嵊县竹编厂，王银飞在百忙中，专门抽出时间陪他们聊天、参观，请他们看样品，提意见，并耐心详细地解答了日商提出的各种问题，使日商对王银飞产生了一种信任感。王银飞觉得只让日商了解产品还不够，还应该让他进一步了解职工们的精神风貌，于是决定举行一次全厂职工的文艺晚会，特邀日商参加。本来，日商已决定这天去邻县竹编厂，可是，当王银飞把举办联欢会的安排同客人一说，日商盛情难却，便满口答应下来。邻县的竹编厂见日商到来，也是盛情接待，并百般挽留，客商还是于当天赶回了嵊县竹编厂，兴高采烈地参加联欢晚会，宾主载歌载舞，感情十分融洽。王银飞和全厂职工的热情，给客商留下十分难忘的印象。日本客商回国后，即使躺在病床上仍然想着嵊县竹编厂。1986 年，他在刚刚动过胃切除手术不久就来到了嵊县竹编厂，一次就包销了 200 多万元的竹编产品。

王银飞不仅对外商满腔热情，对国内客户也怀着真挚的感情。1984 年的一天，一位哈尔滨的客户来到嵊县竹编厂，打算请他们专门生产一种酒瓶套。王银飞热情接待了他，向他介绍本厂的产品，并应客人的要求，让创作组连夜赶制了4个样品，供客人选择。样品出来后，客户非常高兴，立即选定了其中的两种，当场要20万只。只是第二天，客人又变卦了，提出只要6万只，他自知理亏，十分抱歉地向王银飞说明了原委。王银飞不但没有责怪他，反而称赞他想的周到、细致，并帮他算了笔经济帐，告诉他如何加快资金周转。这种将心比心、真诚待人的态度，使客户非常感动，并诚恳地表示："以后我厂若要竹编产品，就一定来嵊县竹编厂订购。"果然，没过多久，他又订了10万件竹编酒瓶套，还特地从哈尔滨赶来参加了用户座谈会，赞扬王银飞的工作和为人。

至于对内，王银飞对本厂职工更是关心倍至。虽然她工作很忙，却常常到生产第一线了解生产和职工生活情况，遇到生产任务重、质量要求高的情况，她就带领科室人员顶岗干，保质保量地完成任务，深受职工的称赞。由于她关心、体贴职工，大大调动了职工们的积极性。全厂上下一条心，产品质量精益求精，很快走到了同行的前列。1984年受到轻工业部的表彰，1986年出口额达400万元，产品远销日本、美国、意大利、新加坡和香港等80多个国家和地区。

洗染厂不靠钱缘靠情缘吸引客户

北京市崇文洗染厂是一家只有152名职工的小厂。在竞争激烈的洗染行业，他们不靠给回扣、送礼拉拢客户，坚持以优良的质量、周到的服务吸引客户。

崇文洗染厂非常重视联络客户的感情。客户一进厂门，从传达室到厂长室乃至车间的工人，全都笑脸相迎，问寒问暖。外埠的客人到京，不管厂里人手多么紧张，也要抽出人来帮助客户找旅店，订返程票，甚至帮忙采购东西，使客人能腾出时间，舒舒服服地逛逛北京城。客户来厂里染布，他们坚持随到随干，保证快速敏捷。布染好后码放整齐，请客户过目，只要客户对印染质量一点头，立马儿装车。活儿干得这样干净利索，客户没有不满意的。如果客户不能把料送到厂里，只要来一个电话，不论有多远，他们都二话不说，立即出车去拉。布料染好后再负责送回去，赢得了不少回头客。他们还不断开发新品种，为山西太原钢铁公司研制出二次阻燃布，成为北京市洗染行业中，唯一能生产阻燃布的厂家。

崇文洗染厂坚决执行国务院关于不准给推销、采购人员回扣的规定，不用厂里的公款买私情，凭着热情周到的优质服务，走出了一条不靠钱缘靠情缘的企业经营之路。

上海家庭饭馆笑中经营生意兴隆

改革开放以来，上海的国营大饭店受到了个体户经营的家庭饭馆业的严重挑战。这些位于里弄深处的家庭饭馆，门面一般都不大。很多是利用自家的住屋，白天做饭馆营业，晚间支上一张行军床住人。也有的是租用弄堂口的一两间房子营业的。里边摆上三四张桌子，夫妻二人共同经营，或由慈祥的老婆婆招呼客人，或雇用一名年轻的女服务员。这些传统的家庭饭馆不仅受到了普通市民的欢迎，就连许多外国人也常常慕名前来就餐。

家庭饭馆最好的招牌是餐馆内传出的阵阵诱人的香味。这里饭菜比大饭店既便宜又实惠。经营的大多数是普通的家庭饭菜，如炒青豆、烧豆腐、炝菜花、凉拌卷心菜、腌黄瓜等等。一顿饭外加两瓶啤酒，一般十几元就够了。

家庭饭馆轻松的气氛也给顾客以宾至如归的感觉。到这里来吃饭，就好像是到人家里去做客一样，非常舒适。这种家庭餐馆也很干净。良好的服务是家庭饭馆与国营饭店争夺顾客的杀手锏。这里的服务员决没有国营饭店营业员那种冷冰冰、心不在焉、态度恶劣的服务态度，而是个个笑容可鞠，对顾客招待得特别热情周到。他们可以根据顾客的要求，现炒现吃，而且不论客人什么时间进门，都可以很快吃上一顿美味的饭菜，即使半夜去光顾，也毫无嫌弃之意，不会看到冷脸。

俗话说，船小好掉头。个体餐馆由于经营规模小，显得方便灵活，更适合顾客的口味。在餐馆业中的竞争能力，令中外人士刮目相看。

不能忘记冷漠与微笑在经营中的作用

有位记者为写报告文学寻找点素材，到某大城市的食品街转了一趟。他先走进珠光宝气的某餐厅去采访中方总经理，被拒绝接待。于是迈步到挂着“谢绝参观”牌子的二楼吃了顿饭。开票和端饭的服务员穿着标准的日本和服，迈着日本式细碎的步子，浓妆艳抹，但脸上却挂着对这位中国食客明显的鄙夷与不屑。饭菜端上来一看，袖珍的碗里装着几颗袖珍的丸子，另一道菜沙拉，不过是在几片生菜叶子上撒上一点沙拉油而已，另外加上一碗饭，一个汤。在服务员如公主般高傲而冷漠的目光中默默地吃完了饭，算帐的结果，花了36元钱。记者在挨宰的愤怒中，被服务员一双双冰冷的目光送出了餐厅。

他发誓这辈子再也不登该餐厅的门槛了。拐了个弯儿，记者来到一个不起眼的小食品店“食多方”门前。小店已经打烊，隔着玻璃窗，只见一个老师傅正在搅动灶上大锅里的热气腾腾的肉汤。记者轻轻地敲了敲窗户，那老师傅打开门销请他进来，很快端上一碗热气腾腾的馄饨。老师傅就势坐在记者对面，一边看着他吃馄饨，一边唠了起来。从饭馆每天的工作说到家里的彩电、冰箱、房子、老伴，好像遇到了多年不见的朋友，有说不完的知心话。这碗馄饨，共花了5角4分钱。

从“食多方”出来，记者心中百感交集。这一晚上所经历的事反差太大了。一个是现代化的餐厅，虽优雅、宁静，具有异国情调的舒缓的音乐不绝于耳，但却让人感到彻骨的寒冷。另一个是不起眼的小店，从桌椅板凳到大师傅腰间的围裙都是油腻腻的，但它却处处透着亲切、朴实和温情。走出店门很远了，老师傅那张微笑着的、极

富人情味的面孔还在记者的脑海中晃动，久久不能忘怀。

食客们到酒楼饭馆吃饭，除了希望饭菜质优价廉之外，还希望看到服务员的笑脸。微笑服务可以温暖所有人的心。所以凡是招待周到、服务员热情的酒楼饭馆，必定顾客云集。试想，谁愿意到一间冷冰冰的酒楼，花钱去看服务员的白眼呢？希尔顿酒店的创始人康拉德·希尔顿曾经说过："如果我的旅馆只有一流的设备，而没有一流服务员的微笑的话，那就像一家永不见温暖阳光的旅馆，又有何情趣可言呢？"

食品街上的那家餐厅，从餐厅的装潢设计到服务员的服饰、打扮、步态都把日本餐厅的风格模仿得惟妙惟肖。但唯独没有学到日本餐厅服务员最起码的基本功——微笑服务。微笑其实是模仿不了的，它必须出自对顾客真诚的态度。希尔顿先生深知微笑的真谛和价值，所以才使自己的酒店生意兴隆。"食多方"的老师傅虽然未必从理论上认识到这一点，但他那发自内心的真诚微笑，也是经商者必须下功夫才真正做到的。

重庆谈判，蒋介石"笑里藏刀"

1945年8月，抗日战争胜利，国内外形势发生急剧变化，中国人民同国民党反动派的矛盾上升为主要矛盾，其突出的表现是，国民党蒋介石在美帝国主义的支持下，要抢夺抗日战争的胜利果实，并且要发动内战，消灭共产党和八路军。

然而，由于解放区人民武装力量的强大，也由于在抗战胜利后全国人民迫切要求和平、民主，反对内战的呼声形成很大的舆论压力，以及当时的国际条件，对蒋介石的行动多所掣肘。特别是，蒋介石要完成进攻解放区的军事部署，还需要时间，所以，蒋介石经过密谋策划，决定在积极准备发动内战的同时，还玩弄"和平谈判"的手法，于1945年8月14日到23日，一连三次电邀毛泽东到重庆"共同商讨国家大计"，这就是有名的重庆谈判。

中共中央和毛泽东主席对国民党反动派玩弄的这套"假和平，真内战"的阴谋是洞若观火的。毛泽东当时就以十分明确的语言提醒全党同志："必须清醒地看到，内战危险是十分严重的，因为蒋介石的方针早已定了"。但是，为了向全国、全世界人民表明中国共产党争取和平的决心和诚意，特别是为了揭露蒋介石"假和平、真内战"的阴谋，毛泽东主席决定冒着极大风险应邀前往重庆与国民党蒋介石进行和平谈判。

毛泽东亲赴重庆这一招，是出乎蒋介石意料之外的，蒋介石原来以为，自己向毛泽东发出邀请，毛泽东会不敢来。那样，就可以把发动内战的责任推到共产党头上了。却不料毛泽东竟然来了，确实使他感到有些被动。

毛泽东是8月28日由延安飞抵重庆的，第二天就要求与国民党的代表开始谈判，在会谈中，国民党代表一方面假惺惺地表示对毛泽东的"欢迎"和对和谈的"诚意"，另方面又提出中国从来没有发生过内战的论调，妄图把过去的十年内战以及抗日战争时期对共产党八路军、新四军所搞的一系列军事摩擦和突然袭击，都看成是“剿匪”，而不是中国人民与反动派之间的压迫与反压迫的战争，以图为其以后发动大规模的内战作舆论准备。我党代表当即揭露了他们这种“笑里藏刀”的欺骗伎俩，戳穿了他们企图在“没有内战”的烟幕下，积极准备打内战的阴谋。接着，毛泽东又于9月2日、4日两度与蒋介石进行面对面的会谈。在会谈中，蒋介石满面堆笑，东拉西扯，言不及义，毛泽东则反复阐明中共关于解决国内问题的一贯主张。与此同时，周恩来也同国民党的代表王世杰、张群、张治中、邵力子等，就和谈的具体问题和程序进行磋商。由于国民党蒋介石方面只是拿和谈作幌子，事前对谈判无准备，连一个方案也拿不出来，只是派了几个代表来敷衍应付，今日宴会，明日请客，妄图使谈判得不出结果，把毛泽东拖在重庆……

说蒋介石在谈判期间没有任何动作，那也是不对的。实际上，就在蒋介石和国民党代表唱着和平高调，与毛泽东和中共代表握手言欢的同时，背地里他们采取了一系列措施，积极策划使内战升级，始而密令重新印发所谓《剿匪手本》，用法西斯信条在其军队内部实施反共的内战动员；继而又密令国民党反动军队先后在张家口、上党、邯郸等地区向我解放区大举进攻，妄图以此向我施加压力，逼我在谈判桌上就范。由于我军坚决执行毛泽东提出的“针锋相对，寸土必争”的方针，早有准备，坚决击退了蒋介石反动派的军事进攻。9月中旬，我军击退了逼近张家口的蒋匪军，10月间，我军又歼灭了进犯上党地区的阎锡山部3500余人，并俘获敌军长。师长多人，接着，又在邯郸地区消灭了沿平汉路进犯我晋冀鲁豫解放区的蒋匪军7000余人。三次战役的重大胜利，有力地支持了我方在重庆谈判中的斗争，蒋介石妄图以军事冒险来扭转政治局势的阴谋遭到沉重打击，他们的“假和平，真内战”、“笑里藏刀”的丑恶嘴脸进一步暴露了。

蒋介石军事冒险失败了，于是，在谈判桌上又表现出“诚意”，表示愿意承认和平团结的方针，继续进行和谈。在我方代表的努力下，经过43天的谈判，终于签订了一个《国共双方代表会谈纪要》，即《双十协定》，毛泽东胜利地回到延安，以后便由周恩来代表我方与国民党继续进行谈判，又于1946年1月签订了《停战协定》。然而，就在这段时间里，蒋介石把大批军队分别从空中、海上和陆地运抵东北、华北。因此，尽管这时《协定》的墨汁未开，蒋介石认为其军事部署已经就绪，便于1946年6月，在美帝国主义的支援下，发动了全国规模的反革命内战，从而也就彻底地暴露了他高唱和平确实是“笑里藏刀”的真面目。

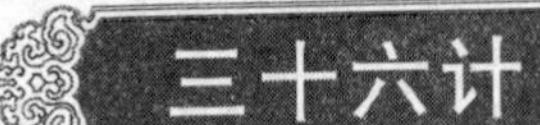

第十一计　李代桃僵

势必有损，损阴以益阳（1）。

注释

（1）阴，此指某些细微的、局部的事物。阳，此指事物带整体意义的、全局性的事物。这是说在军事谋略上，如果暂时要以某种损失、失利为代价才能最终取胜，指挥者应当机立断，作出某些局部、或暂时的牺牲，去保全或者争取全局的、整体性的胜利。这是运用我国古代阴阳学说的阴阳相生相克、相互转化的道理而制定的军事谋略。

按语

我敌之情，各有长短。战争之事，难得全胜，而胜负之诀，即在长短之相较，乃有以短胜长之秘诀。如以下驷敌上驷，以上驷敌中驷，以中驷敌下驷之类：则诚兵家独具之诡谋，非常理之可测也。

解析

两军对峙，敌优我劣或势均力敌的情况是很多的。如果指挥者主观指导正确，常可变劣势为优势。孙膑赛马的故事为大家的熟知，他在田忌的马总体上不如对方的情况下，使他仍以二比一获胜。但是，运用此法也不可生搬硬套。春秋时齐魏桂陵之战，魏军左军最强，中军次之，右军最弱。齐将田忌准备按孙膑赛马之计如法泡制，孙膑却认为不可。他说，这次作战不是争个二胜一负，而应大量消灭敌人。于是用下军对敌人最强的左军，以中军对势均力敌的中军，以力量最强的部队迅速消灭敌人最弱的右军。齐军虽有局部失利，但敌方左军、中军已被钳制住，右军很快败退。田忌迅即指挥已方上军乘胜与中军合力，力克敌方中军，得手后，三军合击，一起攻破敌方最强的左军。这样，齐军在全局上形成了优势，终于取胜。李代桃僵，就是趋利避害，指挥的高明之处，是要会“算帐”。古人云：“两利相权从其重，两害相衡趋其轻。”以少量的损失换取很大的胜利，是划得来的。

探源

李代桃僵，语出《乐府诗集·鸡鸣篇》：“桃生露井上，李树生桃旁，虫来啮桃根，李树代桃僵，树木身相代，兄弟还相忘？”本意是指兄弟要象桃李共患难一样相互帮助，相互友爱。此计用在军事上，指在敌我双方势均力敌，或者敌优我劣的情况下，用小的代价，换取大的胜利的谋略。很象大家在象棋比赛中的“舍车保帅”的战术。

战国后期，越国北部经常受到匈奴蟾褴国及东胡、林胡等部骚扰，边境不宁。赵王派大将李牧镇守北部门户雁门。李牧上任后，日日杀牛宰羊，犒赏将士，只许坚壁自守，不许与敌交锋。匈奴摸不消底细，也不敢贸然进犯。李牧加紧训练部队，养精蓄锐，几年后，兵强马壮，士气高昂。公元前250年，李牧准备出击匈奴。他派少数士兵保护边寨百姓出去放牧。匈奴人见状，派出小股骑兵前去劫掠，李牧的士兵与敌骑交手，假装败退，丢下一些人和牲畜。匈奴人占得便宜，得胜而归。匈奴单于心想，李牧从来不敢出城征战，果然是一个不堪一击的胆小之徒。于是亲率大军直逼雁门。李牧已料到骄兵之计已经奏效，于是严阵以待，兵分三路，给匈奴单于准备了一个大口袋。匈奴军轻敌冒进，被李牧分割几处，逐个围歼。单于兵败，落荒而逃，襜褴国灭亡。李牧用小小的损失，换得了全局的胜利。

案例

“椰菜娃娃”开创了一个新时代

80 年代，一种需要办理领养手续的玩具娃娃风靡全美。

心理学家认为，这种玩具有助于培养儿童的爱心和责任感；玩具专家认为，这种玩具代表着欧美玩具业的发展趋势；营销学者认为，这种玩具促销成功证明，“创造市场”的时代已来临。

椰菜娃娃是美国克莱克公司制造并推出的一种以领养方式出售的布娃娃，它不像其他布娃娃那样被摆在货架上，而是放在小小的婴儿床上，随身还有出生证明，上面写着姓名、性别、出生年月、地点。有心“领养”的小朋友们先要办好手续，才能将自己的孩子抱回家中。1983 年，它刚投放市场，就赢得了广大消费者的青睐，在不到 6 个月的时间里，这种娃娃一下子销售了 300 万个，它已成为美国家喻户晓的人物，成为连环画、漫画的主角，甚成为“爱”和“成功”的代名词。

椰菜娃娃的促销活动之所以取得如此大的成功，一方面因为克莱克公司的公共关系人员通过深入的调查研究，了解了公众心理，掌握了市场动态，从而以‘李代桃僵’的形式，使宣传工作深入人心，一举中的；同时也因为该公司善于利用新闻媒介扩大影响，在整个促销活动中，克莱克公司向各大电讯网、报道及图片辛迪加发送的文字和图片报道 50 余篇，通过电视网播放的有关椰菜娃娃的电视节目 50 多个，从而达到了促销的目的。

二商旅避实击虚留住八方宾

从 1991 年 1 月 1 日起，前苏联的报刊都大幅度提价，报刊面临失去大批读者的现实问题，但《消息报》1991 年的征订启事却别出心裁，读之令人叫绝。在这则启事中，编辑巧妙地利用“正话反说”，本是要让读者订阅《消息报》，却说“涨价”、“有权拒绝订阅”等反话，并列举了大量“或者”似乎是在诚恳地告诉读者不要订阅。但读者看了启事后，却激起了订阅的欲望。

日本的古都奈良，偎于青山环抱之中，这里既有金碧辉煌的古迹名胜；又有小白长红、迎春摇曳的樱花，加之现代化的娱乐设施与世界上的一流旅店，周到殷勤的服务，使每年春夏两季的各国游客接踵而至。4 月以后，燕子又争相飞来，纷纷在宾馆饭店筑巢栖息，繁衍后代，它给奈良凭添了一种温馨怡人的自然景观。好客的店主人和服务员小姐，很乐意为小燕子提供营巢的方便。

可是，招人喜爱的小燕子却有个随便排泄的毛病，刚出壳的雏燕更是把粪便溅在明净的玻璃窗上、雅洁的走廊里。旅店的服务员小姐尽管不停地擦洗，但燕子们的我行我素总使旅店留下污渍。这使游客非常扫兴，服务员小姐也开始抱怨了，宾馆饭店的经理们锁紧了眉头。他们知道，要想彻底清除小燕子的粪便污渍只有两个办法，一是增添员工，二是赶走小燕子。但试过之后都行不通，小燕子的粪便污渍有碍观瞻，这成了奈良旅游业发展的一大难题，已经影响到了整个景区的繁盛。

有一天，奈良饭店的经理在接待台湾的一个旅行团时，偶而听到了一个中国的成语“李代桃僵”。请教之后才知道大意是代人受过，他马上想起了无法对付的小燕子的粪便污渍，不由心中一亮，为什么不能让小燕子代本店受过呢？于是，他绞尽脑汁，以小燕子的名义拟了一则奇特的启示：

女士们、先生们：

我们是刚从南方赶到这儿来陪伴你们过春天的小燕子，没有征得主人的同意，在这儿筑了窝，还要生儿育女。我们的小宝贝年幼无知很不懂事，我们的习惯也很不好，常常弄脏你们的玻璃和走廊，使你们不愉快，我们很过意不去，请女士们、先生们多多原谅。

还有一件事恳求女士们和先生们，请你们千万不要埋怨服务员小姐，她们是很辛苦的，只是擦不胜擦，这完全是我们的过错，请你们稍等一会儿。她们就来。

你们的朋友小燕子

小燕子这天真烂漫的道歉，把寻找欢乐的游客们逗得前仰后合，他们肚子里的那股怨气也在笑声中悄然散去。每当他们再看到窗上、走廊里的点滴粪便污渍，就会自然而然地想起小燕子那亲昵风趣的话语，又会忍俊不住地笑起来。其实，大凡旅游者都有一个心理特点，就是一旦获得愉悦的感受，便会很快淡忘旅行中的些小不快，奈良饭店经理的妙方，正是抓住了旅游者的心理特征，巧妙地化解了他们的不满情绪，使他们带着美好的回忆，告别了迷人的古都奈良。

西安事变张学良终身遭监禁

在抗日战争中，蒋介石把反共看得比抗日更重要。但国内爱国主义浪潮步步高涨，“打倒日本侵略者，停止内战”的呼声响彻全国，共产国际也希望共产党和其他党派组成抗日民族统一战线。西安的国民党军队也直接受到共产党提出的“停止内战，一致抗日”口号的影响，张学良也同意建立抗日民族统一战线。

早在 1936 年 6 月，张学良就与周恩来秘密会面，共同商定了一项停止双方军事

敌对行动的秘密协定。1936年8月，共产党派出一名非公开的代表，来到张学良的司令部，蒋介石闻讯，10月底也飞往西安。这时，日本侵略者开始进攻绥远，其侵略行径激起全国各地抗日大游行。上海和北京更是一马当先，其影响所及，甚至连国民党广西、广东的军阀也敦促蒋介石停止内战，一致抗日，但都遭到蒋介石的拒绝。同时，蒋介石也不同意调出部分西安守军去绥远抗战的请求。12月4日，蒋介石在西安下令于12月12日对共产党发起全面攻势。张学良、杨虎城没有听从这一命令。12月10日，蒋介石决定解除张学良的职务。张、杨为首的反对派决定进行兵谏，于12月12日，精心挑选一支警卫部队抓获了蒋介石。接着，他们向蒋介石提出八点要求，指出当务之急是建立抗日救国统一战线。

蒋介石被抓，在中国和世界都引起了巨大的反响。中共中央马上派出以周恩来为首的代表团来到西安。经过长时间复杂的谈判，蒋介石终于被迫接受了停止内战、共同抗日的要求，并于12月25日由张学良亲自陪同飞回南京。一到南京，蒋介石就以“首谋伙党，胁迫上官”的罪名，将张学良送交国民政府军事委员会组成的高级军事法庭。张被判处“有期徒刑十年，褫夺公民权五年。”转而又由蒋介石要求“特赦”，再改为“所处十年有期徒刑，本刑特予赦免，仍交军事委员会严加管束。”蒋介石亲自安排的一张“特赦令”，从此决定了张学良后半生监禁的命运，解放前夕，他被押往台湾。张学良在军事法庭上把逮捕蒋介石的全部责任都揽在自己身上，以保护与自己共同策划“失谏”的杨虎城，显示了“李代桃僵”的高尚精神。

三十六计　第十二计　顺手牵羊

隙在所必乘（1）；微利在所必得。少阴，少阳（2）。

注释

（1）微隙在所必乘：微隙，微小的空隙，指敌方的某些漏洞、疏忽。

（2）少阴，少阳：少阴，此指敌方小的疏漏，少阳，指我方小的得利。此句意为我方要善于捕捉时机，伺隙捣虚，变敌方小的疏漏而为我方小的得利。

按语

大军动处，其隙甚多，乘间取利，不必以胜。胜固可用，败亦可用。

解析

大部队在运动的过程中，漏洞肯定很多，比如，大兵急于前进，各部运动速度不同，给养可能造成困难，协调可能不灵，战线拉得越长，可乘之机一定更多。看准敌人的空隙，抓住时机一击，只要有利，不一定完全取胜也行。这个方法，胜利者可以运用，失败者也可以运用，强大的一方可以运用，弱小的一方也可以运用。战争史上一方经常用小股游击队，钻进敌人的心脏，神出鬼没打击敌人，攻敌薄弱处，应手得利。这样用顺手牵羊取胜的例子，不胜枚举。

探源

顺手牵羊是看准敌方在移动中出现的漏洞，抓住薄弱点，乘虚而入获取胜利的谋略。古人云："善战者，见利不失，遇时不疑。"意思是要捕捉战机，乘隙争利，当然，小利是否应该必得，这要考虑全局，只要不会"因小失大"，小胜的机会也不应该放过。

公元383年，前秦统一了黄河流域地区，势力强大。前秦王苻坚坐镇项城，调集九十万大军，打算一举歼灭东晋。他派其弟苻融为先锋攻下寿阳，初战告捷，苻融判断东晋兵力不多并且严重缺粮，建议苻坚迅速进攻东晋。苻坚闻讯，不等大军齐集，立即率几千骑兵赶到寿阳。东晋将领谢石得知前秦百万大军尚未齐集，抓住时机，击败敌方前锋，挫敌锐气。谢石先派勇将刘牢之率精兵五万，强渡洛涧，杀了前秦守将梁成。刘牢之乘胜追击，重创前秦军。谢石率师渡过洛涧，顺淮河而上，抵达淝水一线，驻扎在八公山边，与驻扎在寿阳的前秦军隔岸对峙。苻坚见东晋阵势严整，立即命令坚守河岸，等待后续部队。

谢石看到敌众我寡，只能速战速决。于是，他决定用激将法激怒骄狂的苻坚。他派人送去一封信，说道，我要与你决一雌雄，如果你不敢决战，还是趁早投降为好。如果你有胆量与我决战，你就暂退一箭之地，放我渡河与你比个输赢。苻坚大怒，决定暂退一箭之地，等东晋部队渡到河中间，再回兵出击，将晋兵全歼水中。他哪里料到此时秦军士气低落，撤军令下，顿时大乱。秦兵争先恐后，人马冲撞，乱成一团，怨声四起。这时指挥已经失灵，几次下令停止退却，但如潮水般撤退的人马已成溃败之势。这时谢石指挥东晋兵马，迅速渡河，乘敌人大乱，奋力追杀。前秦先锋苻融被东晋军在乱军中杀死，苻坚也中箭受伤，慌忙逃回洛阳。前秦大败。淝水之战，东晋军抓住战机，乘虚而入，是古代战争史上以弱胜强的著名战例。

案例

李塑雪夜袭蔡州

李愬雪夜袭取蔡州，擒获吴元济之役，是一典型战例。

唐宪宗元和九年（814年）闰八月，彰义军（淮西）节度使吴少阳卒。其子吴元济隐匿少阳死亡的消息，径自接掌军务，拥兵自立。淮西一镇仅有蔡（今河南汝南）、申（今河南信阳）、光（今河南潢川）区区三州之地，周围都是唐朝州县，势孤力单。十月，一向有志于削平藩镇的唐宪宗以严绶为蔡、申、光招抚使，决定对淮西用兵，讨伐吴元济。元和十年（815 年），吴元济在唐军的四面围攻下负隅顽抗，并派人向成德王承宗、淄青李师道求援。王、李一面上表请求赦免吴元济，一面出兵策应淮西，派人烧毁朝廷储藏的钱帛粮草，刺杀力主讨伐的宰相武元衡。宪宗不为其所动，擢升主张用兵的裴度为宰相，令其主持征讨，并以韩弘取代作战一年、无功可言的严绶。同时，又将刺杀武元衡之罪归之于王承宗，下令对成德用兵。

元和十一年（816 年），唐军进攻成德。各路唐军因缺乏最高统帅，难以协调行动，被王承宗逐一击破。淮西战区的唐军因主帅韩弘养寇自重，只能各自为战。东路唐军击败淮西军，攻占鏊山（今河南丘东）。北路唐军连败淮西军。南路唐军亦攻破申州外城。西路唐军先败淮西军于朗山（今河南确山），但随即大败于铁城（今河南遂平西南）。中外为之震惊。但宪宗决意继续用兵，并以名将李晟之子太子詹事李愬为西路唐军统帅。

元和十二年（817 年），讨伐淮西的战事进入了关键的一年。五月，宪宗下令停止对成德用兵，决心集中力量，先平定淮西。这时，北路李光颜率河阳、宣武、魏博、河东、忠武诸镇唐军渡过溵水，进至郾城，击败淮西兵 3 万，歼灭十之二三。郾城令董昌龄、守将邓怀金举城降唐。吴元济得知郾城不守，十分恐慌，将亲兵及蔡州守军全部调往北线，以增援董重质防守的洄曲。淮西军的主力和精锐都被吸引到了北线。这就为西路唐军奇袭蔡州创造了条件。

这一年六月，吴元济见部下多降唐，兵势不振，上表请罪，声称愿束身归朝。宪宗派中使赐诏，允许免其死罪。但吴被其左右及大将董重质所挟制，无法归朝。淮西已到了穷途末路、指日可下的地步。

七月，唐宪宗因对淮西用兵 4 年，馈运疲弊，民力困乏，深以为患，遂任命主战最力的裴度兼领彰义军节度使、淮西宣慰招讨使，赴前线督战。

八月，裴度到达郾城后，上表说诸道皆有宦官监阵，将士进退均取决于中使。胜则被其冒功，败则被其凌辱，将士谁也不愿出力奋战。宪宗准其所奏，悉去诸道监阵中使。诸将始得独断专行，战多有功。李愬因此也就得以不受阻拦地发挥其才能。

李愬抵达唐州（今河南泌阳）后，采取了种种措施和行动，为奇袭的成功奠定了基础。

首先，他下车伊始，即亲自行视慰问将士，存恤安抚伤病员，以稳定军心。同时，又有意示弱，故作柔懦懈惰，御军宽怠，以麻痹敌军。淮西军因屡败西路唐军，见李愬名位卑微，行事又如此不堪，遂掉以轻心，对西路唐军不再严加防范。

其次，为增强西线的军事力量，实施、完成奇袭计划，李愬又上表奏请朝廷，调来昭义、河中、鄜坊士卒步骑 2000 人。

再次，为争取淮西民心，孤立、瓦解吴元济，李愬还利用淮西连年用兵，农业生产荒废，仓廪空虚，民多无食，纷纷逃往唐军控制区的机会，设县安置淮西百姓 5000 余户，为其择县令，责成其妥善抚养，并派兵予以保护。

复次，为动摇、瓦解淮西军的士气，争取淮西将士为己所用，李愬还采取了优待俘虏，大胆重用降将的政策。他在俘获淮西骁将丁士良后，不仅未加杀戮，反而署以官职。丁士良感激之余，献计擒获文城栅（今河南遂平西南）吴秀琳部谋主陈光洽，招降吴秀琳部 3000 人。西路唐军因之士气高涨，连下多城，淮西将士降者络绎于道。李愬谋取蔡州，问计于吴秀琳。吴秀琳以为欲攻取蔡州，非李佑不可。李愬设计生擒李佑，免其一死，并委任他为自己牙队的将领——六院兵马使。李佑被李愬的亲信和重用所感动，尽心设法为袭取蔡州出谋划策。李愬在优待投诚和被俘的淮西将士及其家属的同时，十分注意询问有关淮西的内情。他还废除了藏匿淮西间谍者满门抄斩的旧命令，优待被捕的间谍，其结果是使敌方间谍尽吐实情，反为李愬所用。这样，李愬很快摸透了敌方的险易、远近和虚实，为避实击虚，奇袭蔡州的成功奠定了基础。

最后，为扫除外围，孤立蔡州，建立接近蔡州的奇袭基地，李愬先后出兵攻取蔡州以西和西北的文城栅、马鞍山、路口栅、嵖岈山、冶炉城和西平等据点，与北线郾城一带的唐军兵势相接，连成一气。他还遣将攻克蔡州以南和西南的白狗、汶港和楚城诸城栅，切断了蔡州与申、光二州的联系。李愬军的主力进驻距蔡州仅 65 公里的文城栅。

九月，李佑见奇袭的条件已经成熟，向李愬进言说，淮西精兵都在洄曲和边境，守卫蔡州的全是老弱，可以乘虚直捣其城，出其不意，一举擒吴元济。李愬深以为然，派人将奇袭计划密呈裴度。裴度十分赞赏，同意出兵。

十月初十，李愬利用风雪交加，敌军放松警戒，利于奇袭的天气，命史旻留镇文城，命李佑等率训练有素的敢死队 3000 人为前锋，自己与监军将 3000 人为中军，命李进城率 3000 人殿后。军队的行动十分秘密，除个别将领外，全军上下均不知行军的目的地和部队的任务。李愬只下令说向东。东行 30 公里后，唐军在夜间抵达张柴村，乘守军不备，全歼包括负责烽燧报警士卒在内的守军。待全军稍事休整和进食后，李愬留 500 人守城栅，防备朗山方向之敌，另以 500 人切断通往洄曲和其他方向的桥梁，并下令全军立即开拔。诸将问军队开往何处，李愬才宣布说，入蔡州直取吴元济。诸将闻说皆大惊失色，但军令如山，众将只得率部向东南方向急进。

此时夜深天寒，风雪大作，旌旗为之破裂，人马冻死者相望于道。张柴村以东的道路，唐军无人认识，人人自以为必死无疑，但众人都畏惧李愬，无人敢于违令。

夜半，雪愈下愈大，唐军强行军 35 公里，终于抵达蔡州。

近城处有鸡鸭池，李愬令士卒击鸡鸭以掩盖行军声。自从吴少诚抗拒朝命，唐军已有 30 余年未到蔡州城下，所以蔡州人毫无戒备，未发现唐军的行动。四更时，李愬军到达蔡州城下，守城者仍未发觉。李佑、李忠义在城墙上掘土为坎，身先士卒，登上外城城头，杀死熟睡中的守门士卒，只留下巡夜者，让他们照常击柝报更，以免惊动敌人。李佑等既已得手，便打开城门，迎纳大唐军。接着，又依法袭取内城。鸡鸣时分，雪渐止，李愬进至吴元济外宅。这时，有人觉察情形有异，急告吴元济说，官军来了。吴元济高卧未起，笑着回答说，俘囚作乱，天亮后当杀尽这些家伙。接

着，又有人报告说，城已陷。元济仍漫不经心地说，这一定是洄曲守军的子弟向我索求寒衣。起床后，吴元济听到唐军传令，响应者近万人，才有惧意，率左右登牙城抗拒。

李愬入城后，一面派人进攻牙城，一面厚抚董重质的家属，遣其子前往招降。董重质单骑至李愬军前投降，吴元济丧失了洄曲守军回援的希望。

十二日，唐军再次攻打牙城，蔡州百姓争先恐后地负柴草助唐军焚烧牙城南门。黄昏时分，城门坏，吴元济投降。申、光二州及诸镇兵2万余人亦相继降唐，淮西遂平。

李愬奇袭的成功并非出于偶然。就主观而言，李愬治军有方，奉己俭约，待将士丰厚，能得士心；又明于知人，敢于重用降将，能得敌情；他见可能断，敢于抓住蔡州空虚的时机，实施奇袭；又长于谋略，善于麻痹敌方，瓦解其民心和士气。这些，都使他能利用风雪阴晦，烽火不接的天气，孤军深入，置全军于死地而后取得奇袭的胜利。从客观来说，唐宪宗和裴度始终未改其平定淮西的决心，又能集中力量对吴元济用兵，甚至撤去监阵中使，而北线唐军则牵制、吸引了淮西的主力，这都为奇袭的胜利创造了有利的条件。

微隙必乘，商品卖主步步为营

在一家组合音响的销售门市部里，一对正在筹办婚事的情侣看中一台式样别致、功能齐全、音色柔美的高级组合音响。善于察言观色的营业员见二人踯躅不前，判断二人已产生了一定的购买欲望，但有可能又有难言之隐。为促使买卖成交，营业员便主动上前热情地为他们介绍该音响的特点、主要操作方法及市场上的销售状况、用户的反应等，以此证明该音响价廉物美，质量上乘，操作方便，深受广大消费者的喜爱。看看二位有些心动，不住地点着头，营业员又乘胜追击，诚心诚意地说："新婚家庭添置一台音响，将会增加一分温馨的甜蜜，更添一种浪漫、快乐情怀，是绝对少不了的呀!"继而又主动为二人进行了必要的试机。紧接着又为他们进行了一系列的服务，所有的条件都得到满意答复后，二人高兴地以双方能接受的价格成交了。事后，在场的人们无不佩服这位营业员乘隙而入、顺势而取的谈判技巧。实际上，他之所以能获得谈判的圆满成功，还在于他事先心中有"羊"，否则，即使有了"顺手"之机，也牵不回羊，空留遗憾。

微利必得招招见效

我某公司代表团出国订购商品，他们找到日本最大的厂商询价，日方开价每台350美元，这一报价基本接近我方所掌握的国际市场价格。

我方提出能否再优惠一点，日方思忖片刻，提出可以降为345美元，并声明这是

最底价了，否则将很难达成协议。为了获取更多的利益，我方坚持再降为 340 美元，谈判陷入了僵局，双方争执不下。经过一段时间的反复磋商，日方权衡利弊做出了让步，同意以 340 美元成交，我方初战告捷，但谈判并未就此结束。

我方转而又提出能否通过增加购进数量而在价格上进一步优惠。又一个难题摆在对方面前，日方反复比较计算成本、费用、利益，最终同意在购货数量从 1000 台增加到 1500 台的基础上，以每台 338 元的优惠价成交。

在接下来的谈判中，我方经过察言观色，发现对方倾向于用日元成交，于是，我方立即表明自己的态度，希望最好用美元成交，如果对方坚持用日元成交的话，那只能按当时的汇率的 335 美元折算成日元，因为当时美元有下跌趋势，日方对此表示理解和同意。

接着，我方又提出希望能把原来的条款做一些改动，即由我方负责租船订舱和办理投保业务，运输、保险费另行计算，对此，日方没有表示异议。

最后，我方表示请日方考虑把原来的即期信用证改为见票后 120 天付款的远期信用证，日方开始露出为难情绪，表示对这个问题没有再讨价还价的余地。对此，我方开诚布公地向对方分析了我方面临的一系列困难。为使本项交易最终能顺利成交，日方又再次做出了一些让步，同意改为见票后 60 天付款的远期信用证。

成交后，我方核算下来，该商品实际进口成本尚不足 330 美元。本例谈判中，我方先让对方自己减价，等到对方打出最低价的旗号后，我方再还价，在价格上还得差不多时，再从运输、保险、结算货币、支付方式上下手，终于把 350 美元的报价降到了 330 美元以下。"唯利是图" 固不足取，" 微利是途" 却宽广，积少成多，集腋成裘，也正是“顺手牵羊”之计的灵活运用。

机遇总是光顾有准备的头脑，只有胸中有羊的才能适时发现“顺手”之机，并能迅速倒出手来进而“牵”之。

墨索里尼进攻希腊失败，希特勒顺手牵羊

意大利法西斯领袖墨索里尼梦想恢复罗马帝国，使地中海成为罗马的内湖。第二次大战爆发以后，他以为有机可乘，但他又清楚地知道，自己无法单独对在地中海占有优势的英国采取坚决的行动，只好把目光转向地中海沿海的弱小国家，企图凭意大利的军事实力，顺手牵羊，一举把它们征服，他选中了亚得里亚海对岸的希腊。希腊国小兵弱，没有什么战斗力。而且，意大利外交大臣齐亚诺向墨索里尼提供了希腊人的情况，说他已经用重金收买了希腊许多著名活动家，包括一些政府要员，来为意大利服务；此外，在边境地区的希腊军队中也有自己人。墨索里尼对齐亚诺的报告极为欣赏，以为征服希腊已是水到渠成，一蹴而就的事。墨索里尼召集武装力量总参谋长和陆军总参谋长，对他们说明现在有占领希腊的政治需要。将军们对齐亚诺的报告不敢恭维，对意大利军队的现状也不感到乐观，墨索里尼却认为将军们鼠目寸光，没有

远见，只有他才高瞻远瞩。他断然地挥挥手说："意大利的武装力量是战无不胜的，希腊人不会有什么激烈的抵抗，征服希腊是轻而易举的。"他一意孤行，下达了限期进攻希腊的命令。

1940 年 10 月 28 日，意大利驻希腊大使，奉墨索里尼之命，向希腊首相递交了一份照会，要求希腊给意大利守备部队提供常驻的侵略据点，以保持希腊的中立。希腊首相断然拒绝了意大利的强硬照会，并立即进行全国总动员，坚决反击意大利军队的入侵。墨索里尼偏信外交大臣齐亚诺的保证和前线指挥官对军事形势的乐观判断，立即命令没有准备好的意大利军队进攻希腊。当时，意大利在前线共有 8 个师，内有 1 个山地师和 1 个装备 3 吨坦克的坦克师。意大利参谋部队认为这些军队装备不完善，而且以这些兵力不足以战胜希腊军队，必须再补充几个师和大量技术装备，才能完成预定的任务。墨索里尼对将军们的判断置之不理，仍计划以 1 个师作预备队，2 个师实施佯攻，以便牵制希腊兵力，以剩下的 5 个师作为主力，直取雅典。

意大利 2 个师的佯攻部队首先发动进攻，没过几天就被希腊军队阻击住，意军苦战几天，没有取得任何胜利，而且损失惨重。一个星期后，希腊动员起来的援军赶到战场，意军不得不败退，回到出发的阵地。希腊军队乘胜迂回反击意军，夺取了意军后方要寨。为了避免被围歼，意军不得不放弃一切，拼命逃跑。这时死要面子的墨索里尼不得不厚着脸皮向希特勒德国求援，依靠德国人的援助，才保住了意大利的残余军队。而德军援助意大利，却"顺手牵羊"占领了希腊领土，牵走了意大利原想牵的"羊"。

三十六计　第十三计　打草惊蛇

疑以叩实（1），察而后动；复者，阴之媒也（2）。

注释

（1）疑以叩实：叩，问，查究。意为发现了疑点就应当考实查究清楚。

（2）复者，阴之媒也：复者，反复去做，即反复去叩实而后动。阴，此指某些隐藏着的、暂时尚不明显或未暴露的事物、情况。媒，媒介。句意为反复叩实查究，而后采取相应的行动，实际是发现隐藏之敌的重要手段。

按语

敌力不露，阴谋深沉，未可轻进，应遍探其锋。兵书云："军旁有险阻、潢井、葭苇、山林、翳荟者，必谨复索之，此伏奸所藏也。"

解析

兵法早已告诫指挥者，进军的路旁，如果遇到险要地势，坑地水洼，芦苇密林，野草遍地，一定不能麻痹大意，稍有不慎，就会“打草惊蛇”而被埋伏之敌所歼。可是，战场情况复杂变化多端，有时已方巧设伏兵，故意“打草惊蛇”，让敌军中计的战例也层出不穷。

打草惊蛇之计，一则指对于隐蔽的敌人，己方不得轻举妄动，以免敌方发现我军意图而采取主动；二则指用佯攻助攻等方法“打草”，引蛇出动，中我埋伏，聚而歼之。

探源

打草惊蛇，语出段成式《酉阳杂俎》：唐代王鲁为当涂县令，搜刮民财，贪污受贿。有一次，县民控告他的部下主薄贪脏。他见到状子，十分惊骇，情不自禁地在状子上批了八个字：“汝虽打草，吾已惊蛇。”

打草惊蛇，作为谋略，是指敌方兵力没有暴露，行踪诡秘，意向不明时，切切不可轻敌冒进，应当查清敌方主力配置、运动状况再说。

公元前 627 年，秦穆公发兵攻打郑国，他打算和安插在郑国的奸细里应外合，夺取郑国都城。大夫蹇叔以为秦国离郑国路途遥远，兴师动众长途跋涉，郑国肯定会作好迎战准备。秦穆公不听，派孟明视等三帅率部出征。蹇叔在部队出发时．痛哭流涕地警告说，恐怕你们这次袭郑不成，反会遭到晋国的埋伏，只有到崤山去给士兵收尸了。果然不出蹇叔所料，郑国得到了秦国袭郑的情报，逼走了秦国安插的奸细，作好了迎敌准备。秦军见袭郑不成，只得回师，但部队长途跋涉，十分疲惫。部队经过崤山时，仍然不作防备。他们以为秦国曾对晋国刚死不久的晋文公有恩，晋国不会攻打秦军。哪里知道，晋国早在崤山险蜂峡谷中埋伏了重兵。一个炎热的中午，秦军发现晋军小股部队，孟明十分恼怒，下令追击。追到山隘险要处．晋军突然不见踪影。孟明一见此地山高路窄，草深林密，情知不妙。这时鼓声震天，杀声四起，晋军伏兵蜂涌而上，大败秦军，生擒孟明视等三帅。秦军不察敌情，轻举妄动，“打草惊蛇”终于遭到惨败。当然，军事上有时也可故意“打草惊蛇”而诱敌暴露，从而取得战斗的胜利。

案例

李自成围困开封

公元 1642 年，李自成率部围困开封。崇祯皇帝连忙调集各路兵马，援救开封。李自成部已完成了对开封的包围部署。明军二十五万兵马和一万辆炮车增援开封，集中在离开封西南四十五里的朱仙镇。

李自成为了不让援军与开封守敌合为一股，在开封和朱仙镇分别布置了两个包围圈，把明军分割开来。又在南方交通线上挖一条长达百里、宽为一丈六尺的大壕沟，一断明军粮道，二断明军退路。明军各路兵马，貌合神离，心怀鬼胎，互不买帐。李自成兵分两路，一路突袭朱仙镇南部的虎大威的部队，造成“打草惊蛇”的作用，一路牵制力量最强的左良玉部队。击溃虎大威部后，左良玉果然因被围困得难以脱身，人马损失过半，拼命往西南突围。李自成故意放开一条路，让败军溃逃。哪知，左良玉退了几十里地又遇截击，面临李自成挖好的大壕沟，马过不去，士兵只得弃马渡沟，仓皇逃命。这时等在此地的伏兵迅速出击，明军人仰马翻，尸填沟堑，全军覆没。

以己之长攻敌之短

以己之长，攻敌之短成为同行中最稳固的公司。在商战中，敌我双方总是尽可能地发挥自己的长处，攻击对方的短处，谁发挥得好，攻击得准确，谁就会获胜。在经商活动中也是这样。避开自己的短处，充分在长项上发展自己，这样才能在竞争中获胜。以己之长，攻敌之短，重要的是要找到自己的长处和敌人的短处，这就需要认真地研究分析。

美国西代克斯公司成立于1969年，是生产磁带和微缩影片的公司。1972年，当李斯特·克伯特就任董事长时，公司的财务状况极为糟糕，在经营中赔损了600多万美元。于是他对公司的经营策略进行了彻底的研究和分析。克伯特不是一个高科技人员，但却是一个管理人才。而在西代克斯公司，高科技并不是强项，与美国商会中大部分厂商不同的是西代克斯公司的制造能力非常强，因此它也是复制电脑缩影胶片和电脑软盘的低成本制造商。经过研究和分析后，克伯特认为西代克斯公司发展的重点应建立在生产的基础上，以生产的优势与对手竞争。

他首先加强了公司的内部管理，建立了严格的管理纪律，使公司在18个月内扭亏为盈，这就奠定了西代克斯公司长期巨额盈余的基础。复制缩影胶片是西代克斯最初的主要业务。该公司凭着生产上的优势，首先建立了它的市场领导地位和加强与使用者的关系，到1984年，它已占领了这种产品70%的市场。后来推出的缩影胶片阅读机、银模胶片、读者印机等，也是以同样的方式抢占市场。当缩影胶片市场进入成熟期而发展缓慢后，西代克斯公司就把它的触角伸入电脑软盘行业。虽然这个行业竞争十分激烈，但西代克斯公司非常坚定，因为它很清楚，自己的优势就是生产方面的优势。电脑软盘只不过是把化学药剂涂在多元脂胶片上而已，而西代克斯公司不仅可以比其他公司处理更宽的多元脂胶片，而且可以做出更薄、更均匀的化学涂层，更为重要的是，西代克斯公司的生产增长速度可以达到50%甚至60%，这就使它在这个行动有成本上的优势。与这个行业的其他公司相比，西代克斯公司很快地就生意兴隆，到1984年，它取代了比它历史久而规模更大的迪森公司。由于西代克斯公司充分发挥自己在生产制造方面的优势，使得它迅速发展，并成为这个行业中最稳固公司。

由西代克斯公司可以看出，克伯特在开始时做的研究分析，找出西代克斯公司的长处是多么重要，他使得西代克斯公司在后来的发展中能够真正做到以己之长，攻敌之短，并逐渐发展壮大。

以己之长，攻敌之短，在研究分析自己的长处时，一定要客观，实事求是，不带有偏见，这样才能分析准确真正把握住自己的长处。

麦西公司谋而后战走出困境

商场如战场，在不见流血的商战中，有时比战场还要激烈。同样，经商过程中，更需要事先谋划好之后出击，这样才能战无不胜。因此，谋而后战，是一个精明的经营者所必须采取的方式。谋而后战，需要在事先做大量的调查研究，在众多的资料中进行分析研究，而后研究出经营的方略。

麦西公司原是美国一家用微波线路连接芝加哥与圣路易两市的区域性电话公司。60年代末期，该公司遭到严重的财务困难，于是便转给素有整顿企业专家美誉的企业家比尔·麦高文。麦高文在接手麦西公司之后，对当时美国的电话通讯行业进行了认真的研究。他首先调查了美国所有的通讯公司的经营策略和经营范围，发现贝尔电话公司长期的垄断经营，已经造成经营上的无效率。虽然贝尔公司在科技上具有领先地位，但同时也为其他公司提供了许多竞争的机会。他看出贝尔公司把长途电话收费订得较高，是为了保持较低的电话基本租金和区域性服务的成本，这无异是在“邀请”那些无心于发展地方性通讯业务的公司，去参与长途通话业务的竞争。麦高文在了解到上述情况之后，认为整个电话通讯市场仍然有空间，事实上也有需要去容纳另一家电话公司。于是他在联邦通讯委员会的公共阅览室里翻阅了几个月的文件后，找出了许多他人所未曾留意的规定。虽然地方性的电话系统在法律上允许独占，但联络各地之间的长途电话却没有规定可以独占。几乎每一个人都认为有些规定，但在法律条文、国会的报告或是联邦通讯委员会的规章里都没有。而且，麦高文还发现了一条更为重要的规定，就是联邦通讯委员会在接到要求建立电话线路申请后60天内必须处理完毕。事实上，假使委员会内无人反对这项申请，委员会就会很自然地按照规定颁发执照。联邦通讯委员会几乎每年都会接到数千件这样的申请，通常都是具有高度技术性的，因此也就没有时间逐件地进行详细的调查研究。在了解到这些情况之后，麦高文进行了详细的分析研究，采取了最为简单的攻击策略，他同时向联邦通讯委员会提交了数百件重要通讯线路的申请。在他已建完第二条长途电话线路之前，还没有人注意到这件事。后来，虽然经过无数次法律诉讼和国会听证以及联邦通讯委员会的裁决，但由于麦高文事先准备充分，早已谋划好了应付的策略，最后都没有将他击败。1978 年到 1983 年之间，麦西公司的营业额和利润每年都增长 1 倍以上，1985 年成为年营业额 19 亿美元的大企业。

先谋后事，一方面要求经营者事先在认真做好细致的研究、分析之后，谋划好策略；另一方面，在策略定好之后，就要果断地实施，并在实施过程中不断完善。

扬长避短败中取胜

商场如同战场，胜利总是伴随着失败，胜者不会常胜，败者也不会永败。关键是如何对待失败。真正的强者是在失败之后，对自己的力量进行重新估价，从自己的经营策略、经营方式方面，进行认真的分析研究，找出自己的差距和不足，或是扬长避短，充分发挥自己的优势，最后击败对手；或是转向其他领域，找到自己正确的位置，寻求新的经营成功之路。

美国的山德斯联合公司是美国新泽西州最大的工业企业。在美国的精密国防电子装备，以及用于商业方面的电脑绘图先进领域，均居于领导地位。就是这样一个技术力量雄厚的公司，在投资于商用电脑终端机时却遭到了失败。商用电脑终端机在当时是很具有吸引力的一项商业投资。60 年代末，山德斯联合公司决定生产用于预约业务及帐务系统的商用电脑终端机。

这一项新的投资与它原来已经取得成功的雷达、电子组件及反潜战系统等业务大不相同。这项新的业务，需要在消费者面前与像 IBM 之类的大公司决个胜负。山德斯联合公司只长于为国防方面买主提供精致细密的高级产品，而商用品的买主并不重视精密细致的优点，只注重使用方便。这就注定了山德斯联合公司要失败。后来山德斯公司又发展了电脑辅助设计和电脑辅助制造系统的终端机，结果都失败了。正如山德斯联合公司的董事长包尼斯所承认的：“我们选择了错误的行业。”经过几年的摸索之后，山德斯联合公司对自己的经营进行了认真的总结分析，找到了问题的症结所在。认为：“我们所生产的终端机的确是再好不过了，但我们缺乏行销和服务技巧。我们的产品设计得虽然很好，但却已被别人抄袭仿冒，而外行的使用者却对我们的设计不欣赏。”于是，山德斯公司又重新集中力量发展军事方面产品的业务，制造电子武器，如指挥与控制体系、海洋追踪监视系统以及电脑测试装备。而且在策略研究上用了两年时间，发展了一种新的商业产品——互动制图器，这与以前失败的商用电脑终端机的投资情况大不相同。山德斯联合公司以高科技战略，很快挤进电脑绘图器这一市场已经发育成熟的行业。到1984年，山德斯联合公司的新策略有了收获，绘图器系列产品的营业额达到25500万美元，纯利润2500万美元；在国防电子产品方面，年销售收入接近5亿美元。

败中求胜，重要的是在失败之后，冷静地进行分析研究，采取新的策略进行新的竞争。而不是败了之后就气馁，从而一蹶不振；或者穷逞匹夫之勇，硬要拼个你死我活，这样只能败得更惨。

审时度势战胜对手

审时度势，语出洪仁轩《资政新篇》，意思是审察时机，忖度形势。在经商过程中，形势的变化相当复杂。这就需要不断对形势进行深入细致的分析，做出正确的判断之后，采取相应的经营策略和手段来适应形势的变化。如果对变化的形势麻木不仁，不能做出正确的分析判断，还是我行我素，因循守旧，还是沿用老一套的经营方式、方法，其结果必然带来经营上的亏损。

美国唐纳生公司创建于1955年，在短短的15年时间里，唐纳生公司成为华尔街第一个为大众服务的财务公司。但70年代中期，唐纳生公司陷入困境，从1973年到1977年这5年间，竟有3年的收入是下降的，尤其是1974年更是亏损严重。总经理卡素对此进行了认真的分析研究，认为公司在1973年开始走下坡路只是华尔街市场衰退的局部反映而已。

"我们在头15年所获得的巨大成功，使我们过于自信，误认为能在金融服务的超级市场内战胜一切竞争对手，从而迷失在危机四伏的竞争战场上。""就我们的自身问题来说，当我们的业务发展到比较复杂而可能起伏不定的时候，我们并没有建立必要的制度，以具有建设性的方式来发展我们众多专业人员的创造力和革新力，这些本是我们公司的优点，但我们却没有按照最基本的方法，来评价日常业务的进行，以及如何安渡艰难的时期。"针对这些问题，唐纳生公司采取了综合性的策略，重新制订目标。唐纳生公司重新估量了自身的力量之后，开始研究投资的方向，看看何处可以集中公司的力量，以发挥专长，保持特性。为了建立公司在投资研究业务上的领导地位，唐纳生公司投入了投资管理这一前景看好的市场，很快就囊括了华尔街一半以上非信托公司的员工福利金及类似基金的管理服务，并恢复了以前主要的经纪业务。大宗物资交易及投资金融等业务，并在小型市场投资，以维持或建立市场领导地位。为了强化唐纳生公司的策略重点，卡素还建立起一套利润责任及管制的制度。其中最重要的是每月的营业作业检讨，即每月汇报。在每月汇报时，各部门的经理无论其方便与否，一律不得缺席。公司将各部门的营业进度进行分析，研究下一步需采取的措施，以使其进度能与原定计划完全吻合，并与上月份的进度相衔接。在每月汇报时，各部门的经理必须看一大堆损益报表，虽然琐碎烦杂，但却使每位经理都了解到公司

每项营业的进行情况，使他们能够更严格地控制经费开支，并努力实现预期的产销及收入目标。唐纳生公司每年也实行一种富有策略性的作业计划，包含多种随机应变的方策，提示各部门经理，一旦营业状况恶化时如何应付。唐纳生公司顺应形势的变化，重整旗鼓的收获十分惊人，1984 年，它的收入比 1978 年增长 1000%。

审时度势，最为重要的是在变化莫测的形势面前，要认清、看准、分析透，而后就要毫不迟疑地实行相应的策略和措施。如果始终是观望等待，不敢下决心，就会痛失时机，经营上也必遭失败。

曲径通幽迎来喝彩

商业活动是很复杂的，复杂的主要原因之一就是市场变幻莫测，很难一下子就搞清楚。因此，一个精明的经营者都把主要精力放在市场研究上。市场的规律虽然不容易把握，有时甚至需要剥开错综复杂的表象，才能找到规律的实质，这就是“曲径通幽”。

“曲径通幽”作为市场研究的一种方式，一方面，不能被繁杂的市场表象所迷惑；另一方面，又要掌握大量的市场表面情况，通过分析研究，找到规律性的东西。

解放前的北京城内，茶馆很多，到了五六十年代就逐渐消失了，改革开放以后的茶馆莫过于北京大碗茶商贸集团公司的老舍茶馆了。1988 年，当大碗茶商贸集团公司的总经理尹盛喜决定创建老舍茶馆时，很多人不理解，放着那么多赚钱的路子不走，却偏偏要搞这么一个弄不好就赔钱的买卖。而尹盛喜则是在纷乱的线索面前，抓到了别人所看不到的东西，也就是曲径通幽。一个企业的成功或失败，与它的周围社会环境、文化氛围有着千丝万缕的联系。现在的北京，随着物质生活水平的提高，人们对文化生活的要求也有了变化，许多民族艺术，随着传统生活方式的逐渐消失，也如同林立高楼中的四合院越来越远离人们的生活，成为需要保护的“文物”。目前除京剧、相声等作为国粹艺术还有可观的观众外，像单弦、大鼓等曲艺品种已不是随处可见的了。因此，有人甚至惊呼要挽救民族艺术。在这种情势下，尹盛喜创办老舍茶馆，一方面正如悬挂于老舍茶馆小舞台两侧的对联所说的那样：“振兴祖国茶文化，扶持民族艺术花”，而另一方面，则可以将喜爱民族艺术的人们吸引到茶馆来，以达到经营的目的。尹盛喜认为“没有君子养不了艺人”，同样没有艺人也开不了茶馆。艺人需要茶馆，茶馆需要艺人，两者又为消费者所需求，三方甚至多方受益。这就是茶馆兴盛发达的现实依据。另外，喜欢怀旧的老年人总不免对京城平民阶层特有的交际场所——茶馆怀有思恋之情。所以老舍茶馆一开张，便迎来了一片喝彩声。

曲径通幽，需要有敏锐的洞察力，在纷繁复杂的事物面前，准确地找到一条通向成功的切实可行的途径。

远虑解近忧

俗语说："人无远虑，必有近忧。"经商中，如果只顾眼前利益，而不从长远利益去谋划，那么，到最后眼前利益也会失掉。一个精明的经营者，不但要照顾到眼前利益，甚至就在眼前失利、陷入忧困的情况下，也要去研究、规划企业的长远发展，把眼前的总是放在长远规划之中。美国的《幸福》杂志一篇评论当代企业领袖必备的标准的文章中指出："那些畏惧矛盾，不敢有长远规划的企业家最终将退出舞台，因为人们渴望追随的是那些具有远见卓识的企业领袖。"

大连化学工业公司是我国重要的基础化工生产基地，也是亚洲和太平洋地区最大的纯碱生产企业，曾经为国家做出过重要贡献。但由于传统的管理体制的原因，长期采取的却是竭泽而渔的生产方式，缺乏长远的打算与考虑，主体装置和工艺始终没有得到彻底的改造。设备陈旧、工艺落后，工业资产净值率不到50%，合成氨系统近千台压力容器中，60%不合格；产品结构简单，耗能高，污染重，经不起市场的冲击。1979年以来，工业总产值连续6年下降。1985年，大化同时面临着销售、供应和价格三大冲击。就在这一年，年仅41岁的李永金被任命为大化公司的总经理。李永金深切地感到，要摆脱大化所面临的困境，头痛医头、脚痛医脚的短期行为是难以奏效的，必须从研究和制订发展战略入手，寻求企业发展的根本出路。在职代会上，李永金向全公司提出了"研究企业发展战略"的倡议，得到了职工们的积极响应。短短的两个月，共收到各种论文和建议186篇。经过充分准备，公司分7个专题召开了"振兴大化发展战略讨论会"，历时20多天。就在这次讨论会的闭幕式上，李永金提出了被称之为"3313"的大化发展战略总体思想，即充分发挥和利用大化基本化工产品，特别是纯碱和硝盐等拳头产品和技术力量雄厚，地处开放城市和港口城市的产品、技术、地理三大优势；回避和克服产品结构简单，主要产品耗能量大、排污量大、运输量大，厂区拥挤狭窄三大劣势；打破传统的管理思想和管理方法的框子；跳出只搞基本无机化工、单纯化工生产和狭窄厂区三个圈子，实行多元化全方位生产经营。这次发展战略讨论会是大化从战役型管理向战略型管理转变的开端。会后，李永金立即组织了几十名管理人员和技术人员，编制公司的近中远期发展规划，使这个带有根本性的转变一步步地深化。近期，对氨碱法生产系统进行节能改造和排渣改造；扩建硝盐生产系统；开发合成氨、硫酸、硝酸、烧碱和化工机械5个系列新产品；新建具有国际先进水平的24万吨磷氨装置，发展复合肥料生产。中期，与大连第二发电厂合并改造，建设一套70年代末期水平的30万吨合成氨装置，从根本上改变大化主体装置技术落后的面貌。远期，发展精细化工生产。战略规划的制订，使公司广大干部职工看到了企业的希望，增强了改变老企业面貌的决心。李永金带领大化干部职工，按照规划一步一步地实施，使大化很快就扭转了忧困的局面。第一年就刹住了生产连续6年滑坡的车轮，从1987年开始，实现利税以每年10%以上的速度递增。

远虑解近忧，决不是不顾现实条件一味地去搞宏伟的远期计划，更不是根本不考虑现实的困难而去研究未来的发展，而是说不能只陷于解决当前问题之中，应该把当前和长远结合起来，研究制订发展规划，使企业能够有计划地发展下去。

重视经济情报在竞争中取胜

经济情报是指在经济领域内产生、传递，并通过人们利用后，能产生直接或间接经济效益的信息。经济情报是企业预测的基础、决策的依据，在很大程度上能决定企业经济行为，影响企业的生存和发展。

企业的成败靠决策，正确决策的基础是预测，而预测的基础则是准确的经济情报。科学决策的初级阶段要广泛地、大量地收集经济情报，然后对其进行筛选、归纳、整理、评价、判断，以找出规律性的东西，并对今后的发展方向做出准确的预测，据此制定方案。然后在几个可供选择的方案中进行比较，寻求最佳方案。可见决策是一个动态过程，整个决策过程在一定意义上讲就是经济情报的处理运用过程。

企业的经济活动就是要以最小的投入取得最大的产出。而经济情报则是无形的财富，是廉价的经济资源，是除物资和能量以外维持企业生存的第三资源。40年代初，日本只能生产卡车和公共汽车，没有生产小轿车的能力。但是，日本厂商根据有关情报，对市场进行预测发现，不久的将来，世界对小汽车的需求量将会剧增。于是从1949年开始发展小轿车生产。丰田公司利用生产卡车的能力改为生产小汽车；日产公司千方百计从英国汽车公司弄到装配奥斯汀小汽车的技术；日野公司也获得了法国“雷诺”小汽车技术。

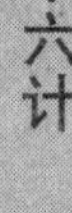

经过几十年的努力，日本小汽车工业迅速发展起来。1983年小汽车生产达716万辆，居世界之首，出口额达295．5亿美元，压倒了美国。汽车工业成了日本经济的支柱产业。

在经营活动中还要不断搜集反馈的经济情报，并以此作为决策调整的依据。如果忽视了反馈经济情报的搜集和研究，企业必然受到经济规律的惩罚。我国某部门根据国际市场的需求，开展人发出口业务，一年创汇几千万美元。但随着化纤工业的发展，日本生产出一种尼龙丝，可代替人发，且成本低廉。然而，这个部门没能及时搜集和研究销售反馈的经济情报，结果不到一年人发生意便被挤出国际市场，商品大量积压，造成巨大的经济损失。

必须科学合理地利用经济情报。无论怎样好的经济情报，不认真对其进行研究，利用时不掌握好时机，都不能发挥其应有的效应。经济情报利用得科学合理，经济效益就显著。绍兴有位厂长曾利用一条经济情报救活了工厂。1977年，他因忽视经济情报的作用，盲目生产，造成17万米人造棉积压，职工工资停发，工厂被迫停工。一次他外出推销产品，听到一个信息，某丝绸厂生产的两吨涤纶布，一经试销，客户纷纷登门要货，由于工厂设备条件限制，无法满足客户的需求。于是，他星夜赶回工厂，组织攻关小组，改造机器设备，只用了两个月时间涤纶布就生产出来了。当年盈利27. 7万元。这说明企业要在竞争中取胜，就必须及时、准确地掌握、利用情报。

研究和利用经济情报，必须注意以下几个问题：一是要保证情报的准确可靠，这是有效利用的前提。商品市场的变化频率很快，即使瞬时的变化都可能对企业的经济活动产生至关重要的影响。因此，对经济情报一定要认真研究，去伪存真，去粗取精，确保准确无误。二是要提高情报的灵敏度，及时反映经济发展变化趋势，一方面要在条件允许的情况下应用较先进的现代化工具，另一方面要提高情报人员素质。三是要利用具有极强的适用性、针对性、效益性的情报，真正从企业的实际需要出发，正确确定收集范围，排除那些无关信息的影响。

蜀魏争夺汉中之战

公元218年，刘备领兵10万围汉中，曹操闻报大惊，起兵40万亲征。定军山一役，蜀将黄忠计斩曹操大将夏侯渊。曹操大怒，亲统大军抵汉水与刘备决战，誓为夏侯渊报仇。蜀军见曹兵势大，退驻汉水之西，西军隔水相拒。刘备与孔明至营前观察两岸形势，谋划破敌之策。孔明见汉水上游有一带土山，可伏兵千余。回营后命赵云领兵500，都带上鼓角，伏于土山之下，或黄昏，或半夜，只要听到本营中炮响一次，便擂鼓吹角呐喊一通，但不可出战。孔明自己却隐在高山上观察敌军动静。第二天，曹兵到阵前挑战，见蜀营既不出兵，也不射箭，叫喊了一阵便回去了。到了深夜，孔明见曹营灯火已灭，军士们刚刚歇息，便命营中放炮为号，令赵云的500伏兵鼓角齐鸣，喊声震天。曹兵惊慌，疑有蜀兵劫寨，赶忙披挂出营迎敌。可出营一看，并不见有什么蜀兵劫寨，便回营安歇。待曹兵刚刚歇定，号炮又响，鼓角又鸣，呐喊又起。一夜数次，弄得曹兵彻夜不得安宁。一连三夜如此，致使曹操惊魂不定，寝食不安。有人对曹操说，这是诸葛孔明的疑兵计，建议不要理睬他。可曹操说，我岂不知是孔明的诡计！但如果多次皆假，却有一次真来劫营，我军不备，岂不要吃大亏！曹操无奈，只得传令退兵30里，找空阔之处安营扎寨。诸葛亮施“打草惊蛇”计逼退了曹兵，便乘势挥军渡过汉水。蜀军渡汉水后，诸葛亮传令背水扎营，故意置蜀军于险境，这又使曹操产生了新的疑惑，不

知诸葛亮又将使什么诡计。因为曹操深知“诸葛一生惟谨慎”，认为他如果不是胜券在握，是决不会走此险棋的。诸葛亮正是看中曹操这种心理，偏走此险棋来疑他、惊他。曹操在惊疑中，为了探听蜀军虚实，下战书与刘备约定来日决战。战斗刚开始，蜀军便佯败后退，往汉水边逃去，而且多将军器马匹弃于道路两旁。曹操见此，急令鸣金收兵。手下的将领疑惑地问曹操：为何不乘胜追击，反令收兵？曹操说：看到蜀兵背水扎寨，我原本就有怀疑；现在蜀兵刚交战就败走，而且一路丢下许多军器马匹，更说明是孔明的诡计，必须火速退兵，以防上当。然而，正当曹兵开始掉头后撤时，孔明却举起了号旗，挥指蜀兵返身向曹兵冲杀过来，致使曹兵大溃而逃，损失惨重。这一回是诸葛亮用计设险局、临阵佯败、“打草惊蛇”的计策置曹操于疑惑、惊恐之中，再次巧妙地击溃了曹兵。

三十六计　第十四计　借尸还魂

有用者，不可借（1）；不能用者，求借（2）。借不能用者而用之，匪我求童蒙，童蒙求我（3）。

注释

（1）有用者，不可借；意为世间许多看上去很有用处的东西，往往不容易去驾驭而为已用。

（2）不能用者，求：此句意与（1）句相对言之。即有些看上去无什用途的东西，往往有时我还可以借助它而为己发挥作用。犹如我欲“还魂”还必得借助看似无用的“尸体”的道理。此言兵法，是说兵家要善于抓住一切机会，甚至是看去无什用处的东西，努力争取主动，壮大自己，即时利用而转不利为有利，乃至转败为胜。

（3）匪我求童蒙，童蒙求我：语出《易经·蒙》卦。蒙，卦名。本纷是异卦相叠（下坎上艮）。本卦上卦为艮为山，下卦为坎为水为险。山下有险，草木丛生，故说“蒙”。这是蒙卦卦象。这里“童蒙”是指幼稚无知、求师教诲的儿童。此句意为不是我求助于愚昧之人，而是愚昧之人有求于我了。

按语

换代之际，纷立亡国之后者，固借尸还境之意也。凡一切寄兵权于人，而代其攻宁者，皆此用也。

解析

历史上常有这种情况，在改朝换代的时候，都喜欢推出亡国之君的后代，打着他们的旗号，来号召天下。用这种“借尸还魂”的方法，达到夺取天下的目的。在军事上，指挥官一定要善于分析战争中各种力量的变化，要善于利用一切可以利用的力量。有时，我方即使受挫，处于被动局面，如果我方善于利用敌方矛盾，利用一切可以利用的力量，也能够转被动为主动，改变战争形势，达到取胜的目的。

探源

借尸还魂：原意是说已经死亡的东西，又借助某种形式得以复活，用在军事上，是指利用、支配那些没有作为的势力来达到我方目的的策略。战争中往往有这类情况，对双方都有用的势力．往往难以驾驭，很难加以利用。而没有什么作为的势力，往往要寻求靠山。这个时候，利用和控制这部分势力，往往可以达到敢胜的目的。

秦朝实行暴政，天下百姓“欲为乱者，十室有五。”大家都有反秦的愿望，但是如果没有强有力的领导者和组织者，也就难成大事。秦二世元年，陈胜、吴广被征发到渔阳戍边。当这些戌卒走到大泽乡时，连降大雨，道路被水淹没，眼看无法按时到达渔阳了。秦朝法律规定，凡是不能按时到达指定地点的戌卒，一律处斩。陈胜、吴广知道，即使到达渔阳，也会误期被杀，不如一拼，寻求一条活路。他们知道同去的戌卒也都有这种思想，正是举兵起义的大好时机。

陈胜又想到，自已地位低下，恐怕没有号召力。当时有两位名人深受人民尊敬，一个是秦始皇的大儿子扶苏，温良贤明，已被阴险狠毒的秦二世暗中杀害，老百姓却不知情，另一个是楚将项燕，功勋卓著，爱护将士，威望极高，在秦灭六国之后不知去向。于是陈胜，公开打出他们的旗号，以期能够得到大家拥护。他们还利用当时人们的迷信心理，巧妙地作了其它安排。有一天，士兵做饭时，在鱼腹中发现一块丝帛，上写“陈胜王”（这个王字是称王的意思），士兵大惊，暗中传开。吴广又趁夜深人静之时，在旷野荒庙中学狐狸叫，士兵们还隐隐约约地听到空中有“大楚兴，陈胜王”的口号。他们以为陈胜不是一般的人，肯定是“天意”让他来领导大家的。陈胜、吴广见时机已到，率领戌卒杀死朝廷派来的将尉。陈胜登高一呼．揭竿而起。他说：我们反正活不成了，不如和他们拼个你死我活，就是死，也要死出个样儿来。于是，陈胜自号为将军，吴广为都尉，攻占大泽乡，天下云集响应，节节胜利，所向披靡。后来，部下拥立陈胜为王，国号“张楚”。

案例

刘备入川

赤壁大战之后，刘备势力增强，但还不雄厚。他和孙权都把眼睛盯住四川，那里地理位置好，资源丰富，是个可以大展宏图的好地方。但是，曹操统一中原的决心已定，虎视眈眈，牵制住了孙权的力量。刘备、孙权一时都对四川无法下手。公元215

年，曹操进攻汉中，张鲁降曹。益州刘璋集团形势危急。这时，刘璋集团内部争权夺利，分崩离析。刘璋深怕曹操进攻四川，心想，不如请刘备来，共同抵御曹操。刘备得讯，喜不自胜，正中下怀，这不正是他进军四川的大好时机吗，他派关羽留守荆州，亲自率步卒万人进入益州。刘璋推举刘备为大司马领司隶校尉，自己为镇西大将军兼益州牧。

刘备、刘璋的这段“蜜月”肯定长不了。一日，刘备接到荆州来信，说曹操兴兵侵犯孙权。刘备请刘璋派三万精兵、十万斛军粮前去助战。刘璋怕削弱了自己的力量，只同意派三千老兵出川。刘备乘机大骂刘璋：我为你抵御曹操，你却吝惜钱财，我怎能和你这种人合作共事！于是向刘璋宣战，乘胜直捣成都，完成了占领四川的计划。刘备就是借刘璋这个“尸”，扩充了实力，占据了四川，为以后建国打下了基础。

“健力宝”借用名人登峰造极

洛杉矶奥运会上，李宁同志一人独得 3 块金牌，威震体坛，而健力宝饮料也在奥运会上初试锋芒，赢得“中国魔水”之美称，这个中国的饮料新星和中国体育明星一道，为祖国赢得了荣誉，也赢得了信誉。从此，健力宝与体育结下了不解之缘。“没有中国体育的振兴，就没有健力宝的发展。”公司董事长兼总经理李经纬如是说。

回顾几年来健力宝从一个默默无闻的小酒厂发展成今天的初具规模、现代化、多元化的外向型集团化企业，所走过的历程中，处处都留下了艰苦拼搏的痕迹，同时又时时闪现出体坛精英矫健的身影。在多少次重大的中外体育赛事活动中，由于健力宝的巧妙参与，其企业和产品的美好形象越来越鲜明地嵌刻在竞技者和观众们的记忆里。从产品的孕育期、分娩期到成长期，他们都紧紧抓住了改革开放带来的一切机遇，努力争取社会各界尤其是体育界、新闻界的充分支持。鉴于产品属于国内首创的运动员保健型饮料，他们从健力宝呱呱坠地之日始，就很有远见地选定了体育作为提高企业和产品知名度以及开拓国内外市场的突破口。产品研制成功不久便被摆上了亚运足联的会议桌上，顿时引起中外体育界的关注，为进军奥运会打下了牢固的信誉基础。果然，在第 23 届奥运会上，健力宝与中国健儿不负重望，大扬国威。“中国魔水”的桂冠与净光锃亮的奖牌结伴凯旋，此时此地，新闻媒介又助了健力宝一臂之力，迅即把信息传遍了海内外。从此之后，健力宝便一直成为体育活动的“宠物”，令健儿们倍加钟爱，新闻界津津乐道，各界人士慕名选购。而健力宝人则因势利导，充分借助体育、新闻的媒体作用，全面掀起宣传攻势。真是一鸣惊人，万箭齐发。健力宝人的营销目标，很大程度上是通过体育活动来瞄准并命中的。

健力宝人有过人的胆识和谋略，他们有强烈的竞争意识。他们懂得，产品的前途、企业的生命，先决条件是产品质量，有效手段是信誉好，信誉投资，因此，他们的口号和行动的准则是“以质量取胜，以质求优，以质成名”。在采取各种果断措施确保产品质量优良的同时，健力宝人仍然通过体育活动这一“最佳拍档”，舍得耗费大量财力，实施其气魄宏大的信誉投资策略。近年来，在许许多多的国内外体育赛事中，健力宝的形象可谓有目共睹，其名声几乎有口皆碑。而其宣传势头之猛，套路招式之奇，每令业内业外人士击节叹服。除此以外，“健力宝”集团还擅用“明星效应”：1989 年 4 月 21 日，驰聘体坛 17 年的李宁退役以后，出任了" 健力宝" 集团的总经理助理。随后，借助李宁的明星效应，迅速向国内外推出了‘李宁牌’系列运动服，且一炮走红，名扬海外。

“健力宝”集团的影响早已波及北美、西欧，并且正卯足劲要与可口可乐、百事可乐这些世界级饮品一较高下。

百年老字号“可口可乐”正在中国昂首阔步，“健力宝”却也到它的故乡去瓜分地盘，而且整个过程丝丝入扣，每一步都有一个惊叹！

借电话号码出租奔驰

电话号码本身虽然是个死的东西，但它一旦同某一事物联系想来，就如同给了它生命一样，因此，拥有一个简单、易行、吉祥又能同某些事物联起来的电话号码，其作用很不一般。

三菱电梯公司曾在上海《文汇报》上做过一幅这样的广告，三菱公司的电话号码最好记，已经改为“303030"。这一广告的策划者确实棋高一着，电话号码与公司的名字同音，只要记住三菱公司那么就能记住三菱公司的电话号码。反之，只要记住了这个电话号码就一定能记住三菱公司。

在 30 年代的上海，还有着这么一回子事，“祥生”出租汽车行的老板，花巨资买下“4”这个电话号码，并向全上海各个角落广为传播，结果他一家的生意就将当时所有洋行的生意全都比了下去。

古井贡酒用“古井号列车”美名传神州

古井贡酒厂是安徽省某市的一家酒厂，该厂生产的“古井贡酒”驰名中外，其他“古井”系列白酒，质量也颇高，在市场上很是畅销，可以说，古井贡酒厂的古井牌系列白酒是“皇帝的女儿不愁嫁”，该厂的效益很好。

但是，古井贡酒厂并没有因此而忽视公关工作，忽视广告宣传，该厂经常不断利用新闻媒介宣传本企业和古井系列白酒。但时间一长，厂领导感觉没有什么新意，想搞出点能产生轰动效应的，结果便想到了穿行于九州的“铁老大”。在“古井”号开出后不久，古井贡酒厂无论是在企业声誉上，还是在古井系列白酒的销售上，都收到了可喜的效果。

古井贡酒厂同铁路部门协商，把旅客列车命名为“古井贡酒号”，就像是把一件没有生命的东西赋予了生命，让他穿行在神州大地上，这真是别出心裁，在公关宣传方面做到了出奇制胜，这一举动，可以说是一举三得。

楚项兴兵灭秦之战

公元前221年（秦始皇二十六年），秦始皇赢政扫灭六国，统一中国。公元前210年（秦始皇三十七年），赢政死，其子胡亥立为秦二世。秦始皇翦灭割据称雄的六国诸侯，建立了中国历史上第一个统一的中央集权的封建国家，行郡县，修驰道，统一法律、货币、文字、度量衡；筑长城，北御匈奴，南定百越，对推动中国历史的发展，确有其不可磨灭的历史功绩。但他专制暴戾，苛刑峻法，焚书坑儒，且一心沉迷于帝王气派，极度奢靡豪华，修阿房宫，建骊山墓，困天下民力物力于咸阳；加之一些好事（如筑长城，修驰道）办急了，以致役繁赋重，人民苦不堪言，怨声载道。因而在秦始皇死后的第二年，便爆发了大规模农民起义。加上刚被灭掉的六国旧族伺机反扑，纠合旧部，乘机起兵抗秦，秦王朝很快便陷入风雨飘摇之中。秦统一前的楚国地处南方，幅员辽阔，物产丰富，是与秦急霸天下的主要对手。秦灭六国后，楚人对秦的怨愤最深，反抗最烈，所以当时即有人预言，“楚虽三户，亡秦必楚”。首先举起义旗的是以陈胜、吴广为首的农民军，即大多数原为楚国人，他们建立的农民政权，即号为张楚。响应陈胜，吴广而继起的是项梁、项羽两叔侄，他们杀了会稽（今江苏省苏州市）郡守殷通，举兵反秦。时有广陵（今江苏柏州）人召平，过江来找项氏叔侄，并假传张楚王陈胜的命令，拜项梁为张楚政权的上柱国（相当于丞相之位），要他领兵过长江参战。于是项梁、项羽便率领江东精兵8000，西渡长江，转战于江淮之间，屡战屡胜。又先后收编了陈婴、黥布、薄将军等多部起义军，部队迅速发展到6、7万人。公元209年（秦二世元年），当项梁、项羽部队进驻薛城（在今山东省南部微山湖附近）不久，突然传来陈胜在陈县（今河南淮阳）被秦将章邯打败，为车夫汪贾所杀的消息。项梁听说后，便召集部属商议应变之策。当时有些部将、谋士极力怂恿项梁自立为楚王，项梁一时拿不定主意。恰在这时，从居鄛（今安徽省巢县）来的一位已70的老人求见。老人姓范名增，平日在家闲居，喜欢读书，很有些知识和见解，常能给人出些奇特计谋。他这次业找项梁，就是为如何巧妙应对和利用当前时局一事，来给项梁出主意的。项梁当即接见了范增，对范增说：“现在陈王已经去世，新王还没有确立。我们这里正在议论、筹划这件事，还没有拿定主意。你是位老成识广的长者，想必有高见，请直截了当地谈出来吧。范增说：“我本是一老朽，但听说上柱国礼贤下士，从谏如流，所以特来献上自己的浅陋见解。依我看，陈胜的失败是必然的，原不足惜。请上柱国大人想一想，陈胜本来不是出身名门大族，声望不高，又无大的才干。虽首先起义抗秦，但骤然据地称王，而不立楚国王室的后裔为王。暴秦吞灭6国，楚国方面最无罪过。楚怀王为与秦通好而人秦，却被秦王扣留，3年后客死秦国，楚国百姓哀思至今。上柱国从江东起兵，渡江击秦，楚地豪杰将士之所以争相趋附，无非是因为上柱国之家世为楚将，相信上柱国必定会拥立楚国王室的后

裔，因而踊跃投靠门下竭诚效力，以图恢复楚国。上柱国如能顺应民心，扶植楚国的后裔，楚地百姓自然会闻风而至，聚集于你的麾下，天下便一举可定了。”项梁很高兴地采纳了范增的建议，便派人四处访寻楚国王室的后裔。事有奏巧，正好在民间寻访到一个名叫熊心的牧童，查问起来，确实是90年前客死于秦的楚怀王的孙子。于是项梁立即派部属备上王车王服，将牧童迎来薛城，奉为楚怀王，定盱眙（今江苏洪泽湖畔）为国都，项梁则自称武信君。之后，楚项部众迅速扩大到数十万。公元前208年（秦二世二年）项梁战死。公元前207年（秦二世三年）项羽在巨鹿（在今河北省平乡县）以破釜沉舟的决心与胆气，击溃秦军主力章邯军40万，与刘邦等部共同推翻了秦王朝的暴虐统治。灭秦之后，项羽自称西楚霸王。而依范增借尸还魂之计借来的楚怀王熊心这具政治僵尸，由于已再无利用价值，便被项羽改号义帝流放到洞庭之南的长沙郡，随后又令九江王英布追杀于今湖南郴州。

日本侵占满洲之战

1931年11月l0日，夜幕之下一辆黑色“乌龟壳”，悄悄从天津日租界宫岛街张园驶向塘沽港。车在塘沽码头戛然停止，从车中走出一个约摸25岁左右的青年男子，在日本警特的暗护下，急匆匆登上日轮“淡路丸”号。随后，“淡路丸迅速起锚，不久便消失在大海之中。从此日本军阀采用“借尸还魂”策略建立伪满洲国傀儡政府的阴谋计划便正式进人实施阶段。

从车中走出，登上“淡路丸”号日轮的那个青年男子是谁？他将在日本军阀开始实施的上述阴谋中扮演什么角色？此人就是已有两千多年历史的中国封建王朝最后一位皇帝——清宣统皇帝爱新觉罗·溥仪。

溥仪是1908年登基的，辛亥革命之后，于1912年2月12日被迫正式退位。由于袁世凯别具用心的妥协，在溥仪退位时，还给他和清皇室以特殊的优待，实际上是允许溥仪仍在他那小天地里做“皇帝”，故宫成了“国中之国”，只是不能再向全国发号施令罢了。但这小清庭一伙，并不以此为满足，又于1917年7月由原清庭遗臣、江面提督、安徽省督军张勋导演了一幕为期仅12天的复辟丑剧。冯玉祥在1924年秋天的第二次直奉战争中倒戈，于10月22日回师北京，幽禁贿选总统曹锟。11月4日，新组成的摄政内阁公议决定废除溥仪的皇帝尊号，将岁银减至10万两，并由冯部旅长鹿钟麟以武力迫令溥仪于11月5日搬出紫禁城。1925年2月溥仪移居天津，但他的皇帝瘾没有过足，仍在继续做着复辟梦。他的这种复辟痴心，恰被忘图攫取我东北三省的日本军阀看中。在日本军阀看来，溥仪正是他们可以用来掩盖其侵略嘴脸的政治僵尸。日本军阀妄图侵占我国关东三省的野心是由来已久的。1931年“九·一八”事变后，日本军阀更加快了将我东北从中国领土分割出去，由日本以“合法”形式加以占领的阴谋活动，办法就是在东北建立名为“满洲国”的傀儡政权。由谁当傀儡？日本军方原来寄希望于东北军阀张作霖，后感到张作霖不好控制，不听使唤，便于1928年6月3日在皇姑屯将他炸死了。随即将目光转向了中国末代皇帝溥仪。“九·一八”后的第4天（9月22日），即由关东军司令部拟订了一个《解决满蒙问题政策案》，正式提出“建立受我国（日本）政府支持，以东北四省及蒙古为疆土，以宣统皇帝为首脑的中国政权，使其成为满蒙各民族之乐土”，国防、外交、治安、交通、通信等，以新政权委托方式由日本掌握。就在这天下午，关东军司令部即通过日军驻天津司令官将溥仪及其亲信接至日本租界控制起来。10月10日关东军司令官本庄命令外号“东方劳伦斯”的关东军特务头子土肥贤二秘密潜往天津，先在天津闹市区制造一起暴动事件，诱使中国军警出动，然后于11月10日乘机秘密将溥仪劫走。11月13日上午劫持溥仪的日轮“淡路丸”到达营口，随即转移到旅顺。经过3个多月筹划，由日本军阀一手制造的伪“满洲国”于1932年3月1日在长春宣告成立。开始采用“共和制”，授予溥仪“执政”称号。1934年3月改为帝制，给溥仪挂上了“满洲帝国皇帝”的尊号，从而以闹剧形式圆了他多年梦寐以求重做皇帝的美梦。然而，以闹剧开头，却以悲剧告终。1945年日本投降，溥仪于8月17日在逃往日本途中被俘，随后入狱。日本军阀导演了13年有余的“借尸还魂”计，最后彻底失败了。

三十六计　第十五计　调虎离山

待天以困之（1），用人以诱之（2），往蹇来连（3）。

注释

（1）待天以困之：天，指自然的各种条件或情况。此句意为战场上我方等待天然的条件或情况对敌方不利时，我再去围困他。

（2）用人以诱之：用人为的假象去诱惑他（指敌人），使他向我就范。

（3）往蹇来连：语出《易经·蹇》卦。蹇，卦名。本卦为异卦相叠（艮下坎上）。上卦为坎为水，下卦为艮为山。山上有水流，山石多险，水流曲折，言行道之不容易，这是本卦的卦象。蹇，困难；连，艰难。这句意为：往来皆难，行路困难重重。

此计运用这个道理，是说战场上若遇强敌，要善用谋，用假象使敌人离开驻地，诱他就我之范，丧失他的优势，使他处处皆难，寸步难行，由主动变被动，而我则出其不意而致胜。

按语

兵书曰：“下政攻城”。若攻坚，则自取败亡矣。敌既得地利，则不可争其地。且敌有主而势大：有主，则非利不来趋；势大，则非天人合用，不能胜。汉末，羌率众数千，遮虞诩于队仓峭谷。诩即停军不进，而宣言上书请兵，须到乃发。羌闻之，乃分抄旁县。翔因其兵散，日夜进道，兼行百余里，令军士各作两灶，日倍增之，羌不敢逼，遂大破之。兵到乃发者，利诱之也；日夜兼进者，用天时以困之也；倍增其灶者，惑之以人事也。

解析

《孙子兵法》早就指出：不顾条件地硬攻城池是下等策略，是会失败的。敌人既然已占据了有利地势，又作好了应战的准备，就不能去与他争地。应该巧妙地用小利去引诱敌人，把敌人诱离坚固的防地，引诱到对我军有利的战区，我方就可以变被动为主动，利用天时、地利和人为条件，一定可以击败敌人。汉末虞诩智骗羌人的故事就是个好例证。他故意说等待援兵，松懈了敌人的斗志，分散了他们的兵力；他日夜兼程行军，充分利用了时间；他还增加灶的数量，让敌人误以为援军已到，不敢轻举妄动，都在于扰乱故人的意图。这样就充分发挥了己方的主动性，牵住了敌方的牛鼻子，以己方的意图随意调动了敌方，终干取得了平羌的胜利。

探源

调虎离山，此计用在军事上，是一种调动敌人的谋略。它的核心在一“调”字。虎，指敌方，山，指敌方占据的有利地势。如果敌方占据了有利地势，并且兵力众多，防范严密，此时，我方不可硬攻。正确的方法是设计相诱，把敌人引出坚固的据点，或者，把敌人诱入对我军有利的地区，这样做才可以取胜。

东汉末年，军阀并起，各霸一方。孙坚之子孙策，年仅十七岁，年少有为，继承父志，势力逐渐强大。公元 199 年，孙策欲向北推进，准备夺取江北卢江郡。卢江郡南有长江之险，北有淮水阻隔，易守难攻。

占据卢江的军阀刘勋势力强大，野心勃勃。孙策知道，如果硬攻，取胜的机会很小。他和众将商议，定出了一条调虎离山的妙计。针对军阀刘勋，极其贪财的弱点，孙策派人给刘勋送去一份厚礼，并在信中把刘勋大肆吹捧一番。信中说刘勋功名远播，今人仰慕，并表示要与刘励交好。孙策还以弱者的身份向刘勋求救。他说，上缭经常派兵侵扰我们，我们力弱，不能远征，请求将军发兵降服上缭，我们感激不尽。刘勋见孙策极力讨好他，万分得意。上缭一带，十分富庶，刘勋早想夺取，今见孙策软弱无能，免去了后顾之忧，决定发兵上缭。部将刘晔极力劝阻，刘勋哪里听得进去？他已经被孙策的厚礼、甜言迷惑住了。

孙策时刻监视刘勋的行动，见刘勋亲自率领几万兵马去攻上缭，城内空虚，心中大喜，说：“老虎已被我调出山了，我们赶快去占据它的老窝吧！”干是立即率领人马，水陆并进，袭击卢江，几乎没遇到顽强的抵杭，就十顺利地控制了卢江。刘勋猛攻上缭，一直不能取胜。突然得报，孙策已取卢江，情知中计，后悔已经来不及了，只得灰溜溜地投奔曹操。

案例

范先生得天困之巧破“卜内门”

范旭东是位有远见的企业家，原本从事盐业生产，第一次世界大战爆发后，“洋碱”输入中国大幅度减少，中国的碱市场出现异常稀缺的状况。机会难得，在范旭东先生的极力倡导下，中国第一家制碱工业永利制碱工业永利制碱公司于 1918 年宣告成立。永利制碱公司的成立，引起英国卜内门公司的极大不快，卜内门公司驻华经理对范先生说：“碱在中国的确非常重要，只可惜先生办得早了些，就条件上说，再晚 30 年不迟。”

范先生立刻反驳道：“恨不得早办 30 年，事在人为，今日急起直追还不算晚。”

英国卜内门公司一直垄断着中国碱市场，第一次世界大战后，它又卷土重来，见到中国自己的制碱企业成功了，便恼羞成怒地向永利制碱公司发起猛烈进攻，但是没有成功。卜内门公司不甘心与永利制碱公司共享市场，便又调来一大批纯碱以低于原价的 40% 在中国市场倾销，企图以此挤垮永利制碱公司。

面对卜内门公司的屡屡侵犯，永利制碱公司老板范旭东决心还击。永利公司与卜内门公司实力相差悬殊，无法正面与其抗衡。如果永利公司也降价销售产品，用不了多久，实力就会损失殆尽，如果不降价，产品卖不出去，资金无法收回，再生产无法进行，用不了多久，永利公司照样破产。如何是好呢？

范旭东先生苦思冥想，某日，他在书房踱步，瞧见了自己年轻时因参加“戊戌变法”失败后逃亡日本留学时的相片，触景生情受到启发，现在，为什么就不能暂避卜内门公司的锋芒而去日本发展呢？公司的创立，不就是钻了卜内门公司无暇顾及的空隙吗？范先生决定东渡日本，替永利制碱公司谋求生存和发展，他立即着手市场调查分析及计划实施。“日本是卜内门公司在远东的大市场，战争刚刚结束，百废待兴。卜内门公司产量有限，能运到远东来的数量就不会太多。卜内门公司现在在中国市场倾销这么多碱，那运到日本的数量肯定不多，日本碱市场肯定缺货。我何不来个“调虎离山”之计，乘虚将碱打入日本市场，等他回顾日本市场时，我公司再猛击他在中国的碱市场，令对手穷于应付，首尾难顾。”

永利制碱公司的纯碱，虽然在日本的销量只及卜内门公司的 1/10，但是却如一支从天而降的轻骑兵，向日本的卜内门公司发起突袭。

卜内门公司为了保住日本的大市场，迫不得已停止在中国碱市场进攻永利制碱公司，主动要求谈判求和，并希望永利制碱公司在日本停止挑战行动。范旭东先生理直气壮地说：“停战可以，但得有个说法，卜内门公司今后在中国市场变动碱价，必须事先争得永利公司的同意。”卜内门公司别无选择，只好同意了。上例谈判的成功，是范旭东先生巧用“调虎离山”之计的结果，此计，使英国卜内门公司作出让步，范先生为中国人民争了口气，同时又促进了中国民族工业的发展。

用诱人之计低价购进大理石

王经理经营的“珠光商场”、“珠光酒店”、“珠光宾馆”系列号称“珠光城”。珠光城在省城是“城”上之明珠，商场、酒店、宾馆三位一体，经营有方，获利可观，王经理也是省城的知名人士。最近，王经理争得一地，准备再建一个“珠光夜总会”，并打算从本市的大发大理石加工厂购进一批大理石。珠光城的王经理跟大发大理石厂韩经理商定，3 天后进行谈判。

韩经理知道，珠光城的王经理之所以选择他们大发大理石厂，是因为附近只有他们厂生产的大理石质量最好，足以和进口大理石媲美，当然价格要比进口大理石便宜得多。

韩经理是一个很有野心的人，他想在谈判时提出一些要求作为销售大理石的交换条件，他不是想抬高价格，而是想入股“珠光城”。

第四天，谈判开始了，寒暄之后，王经理转入正题，提出大量购进一批大理石。韩经理当即同意，并提出自己想入股珠光城的想法，否则将不把大理石卖与珠光城。王经理没有同意，谈判不欢而散。

王经理回去后，正为大理石一事发愁，一个刚成立的大理石厂经理找上门来，要以较低的价格卖给珠光城大理石。王经理知道，这个刚成立的大理石厂的产品质量肯定不如大发大理石厂，但他还是稳住这个人，并约定次日见面。

韩经理知道这事后，立即着了慌，他没料到珠光城会和别的厂家交易，只好立即答应一切条件，并再不提入股珠光城一事。

上例谈判，王经理成功地运用了“调虎离山”之计，调开了韩经理投资珠光城的野心，促使他为保住销路而和自己做这笔大理石生意。

上方谷司马氏中计

蜀后主建兴 12 年（公元 234 年），诸葛亮领兵 34 万伐魏，分 5 路进军，六出祁山。魏明帝曹睿闻报，命司马懿为大都督，领兵 40 万至渭水之滨迎战。诸葛亮与司马懿是沙场老对手，双方都知道对方兵法娴熟，足智多谋，不好对付。所以战前各自都作了周密部署，严阵以待。诸葛亮在祁山选择有利地形，分设左、右、前后、中 5 个大营，并从斜谷到剑阁一线接连扎下 14 个大营，分屯军马，前后接应，以防不测。司马懿则屯大军于渭水之北，同时在水上架起九座浮桥，命先锋夏侯霸、夏侯威领兵 5 万渡河至渭水南岸扎营，又在大营后方的东原，筑城驻军，进可攻，退可守，稳扎稳打，务使魏军立于不败之地。司马懿受命离开魏都时，曾受曹睿手诏：“卿到谓滨，宜坚壁固守，勿与交战。蜀兵不得志，必诈退诱敌，卿慎勿追。待彼粮尽，必将自走，然后乘虚攻之，则取胜不难，亦免军马疲劳之苦。”所以在经过两次规模不大的交锋，双方互有胜负之后，魏军便深沟高垒，坚守不出。由于蜀军劳师远来，粮草供应颇为困难，因而利于速战；而魏军以逸待劳，利于坚守。因而诸葛亮的主要策略目标，就是要诱敌出战，调虎离山，速战速决。然而司马懿老谋深算，素以沉着、谨慎、稳重著称，加上有魏明帝临行手诏，也不必担心那些急于求功的部将鼓噪攻讦。在这种情况下，要调动司马懿这只“老虎”离山，谈何容易！然而再狡猾的狐狸，也斗不过好猎手。司马懿这只善长谋略，经验丰富的“深山之虎”，终竟被诸葛亮调出来了，还险些丢了性命。那么，诸葛亮究竟使了什么样的奇招，使司马懿这只老狐狸也难免上当呢?

诸葛亮深知，己方最根本的弱点是远离后方，粮草供应困难；他同时也深知司马懿正是看准了自己这一弱点，并利用这点作文章，期待并设法使蜀军断粮，从而将蜀军困死或逼蜀军撤退，然后乘机取胜。于是诸葛亮便将计就计，也在粮草供给问题上作文章、设诱饵，以此引司马懿这只“虎”离山。措施之一是分兵屯田，与当地老百姓结合就地生产粮食，以供军需，摆出一副作持久战的架势。这就等于宣示司马懿：你不急，我也不急；若是我不急，看你还急不急。果然司马懿的长子司马师沉不住气了，对其父司马懿说：“现在蜀兵以屯田作持久战的打算，如此下去，如何是了？何不约孔明大战一场，以决雌雄！司马懿口头上虽说：“我奉旨坚守，不可轻动”，心里其实也很着急。诸葛亮的另一个措施，是自绘图样，令工匠造木牛流马，长途运粮，据传这东西很好使，“宛如活者一般，上山下岭，各尽其便。”蜀营粮草由木牛流马源源不断从剑阁运抵祁山大寨。司马懿闻报大惊说道：“吾所以坚守不出者，为彼粮草不能接济，欲待其自毙耳。今用此法，必为久远之计，不思退矣。如之奈何?”诸葛亮看出了司马懿急于破坏蜀军屯田、运粮、顿粮计划的心情，于是进一步利用这一点引他上钩。办法是：一方面在大营外造木栅，营内掘深坑，堆干柴，而在营外周围的山上虚搭窝铺草营造成蜀兵分散结营，与百姓共同屯田屯粮，而大营空虚的假象，引诱魏军前来劫营；另一方面在上方谷内两边的山坡上虚置许多屯粮草屋，内设伏兵，同时让军士驱动木牛流马，伪装往来谷口运粮。而诸葛亮自己则离开大营，引一支军马在上方谷附近安营，以引诱司马懿亲领精兵来上方谷烧粮。而司马懿呢？他虽烧粮心切，却又极为谨慎小心，深恐中了诸葛亮调虎离山的诡计。于是便也使了个声东击西、调虎离山计来应战。他亲领魏兵去劫蜀兵祁山大营，但却一反过去每战必让主攻部队走在前面的惯例，让手下的部将冲锋在前，直扑蜀营，自己反而在后引援军接应。他这样做，一则是担心蜀营有准备，怕中了埋伏；二是他指挥魏军劫蜀军大营本属佯攻，目的是调动蜀军各营主力，甚至诸葛亮本人领军前来营救，而他却自领精力奇袭上方谷，烧掉蜀方的粮草。然而，司马懿的这个调虎离山计，却未能跳出“如来佛的手掌手”。诸葛亮早料到司马懿这一着。因而当魏军直扑蜀军大营时，诸葛亮只是事先安排蜀军四处奔走呐喊，虚张声势，装作各路兵马都齐来援救的态势，而诸葛亮却趁司马懿这只“虎”已离山之机，另派一支精兵去夺了渭水南岸的魏营，而自己却在上方谷等待司马懿来“烧粮”，以便“瓮中捉鳖”。司马懿果然中计。他见四处蜀军都急急忙忙奔回大营救援，便趁机急领司马师、司马昭及一支亲兵杀奔上方谷来。接着又被蜀将魏延依诸葛亮的安排，用诈败的方法诱进谷中，截断谷口。一时山谷两旁火箭齐发，地雷突起，草房内干柴全都着火，烈焰冲天。司马氏父子眼看就将葬身火海。亏得突来一场倾盆大雨，才救了司马氏父子 3 人及少数亲兵的性命。司马懿这只“虎”原本拿定了深沟高垒、坚守不出，决不离山的主意，结果却仍被诸葛亮调下了山；他原想用“调虎离山”计烧掉蜀军的粮草，想不到却反而中了诸葛亮的“调虎离山”计。真是计外有计，天外有天，军机难测。

红四军奇袭永新之役

1928 年 4 月，朱德、陈毅率南昌起义部分部队和湘南起义的农军到达井冈山与毛泽东领导的红军胜利会师，5 月 4 日成立中国工农红军第四军，朱德任军长，毛泽东任党代表。红军会师，旗开得胜。就在红四军成立后的几天内便取得了五斗江战役的胜利，歼敌一个多营，缴枪 300 余支，并于 5 月 9 日首次解放永新城，粉碎了赣敌朱培德发动的对井冈山红军的第二次“进剿”。敌人不甘失败。朱培德奉蒋介石“加紧剿匪”之命，随即于 5 月中旬令国民党第 27 师师长杨如轩率 6 个团的兵力，对井冈山红军发动第三次“进剿”，直扑永新。毛泽东采取“敌进我退”战术，为避敌锋芒，命红军暂时主动撤出永新城，隐蔽集结待命。毛泽东心想：要彻底粉碎杨如轩第三次进剿，必须给敌以沉重打击，并再次夺回永新城；然而要夺回永新，强攻是不成的，因为敌人有装备精良的兵力 6 个团。所以必须“调虎离山”，相机行事。为了把敌军主力调出永新城，分散其兵力，毛泽东首先命令红 31 团、红 28 团西进湖南，袭占胡南茶陵县境内靠近江西边界的高陇镇，歼湘敌 1 个营，俘敌近 200 人，缴枪 200 余支。高陇战斗虽是个不小的胜利，但其意义主还在把杨如轩的主要兵力调出永新。果然不出毛泽东所料。杨如轩得知红军攻打高陇，又惊又喜。惊的是没想到红军竟神不知鬼不觉地去了湖南，还打了胜仗。喜的是他以为红军主力去了湖南，井冈山根据地空虚，便有机可乘，他这只“虎”可以下山了。于是他急派两上团兵力挺进龙源口，妄图越过九溪岭，直取宁冈；派 1 个团西进澧田、龙田，警戒已去湖南方面的红军；另 1 个团 2 个营也在禾水以南方向展开；他自己则带上师部和 1 个团及 1 个营坐镇永新城。杨如轩如此安排，自鸣得意，哪里想到恰恰中了毛泽东“调虎离山”计。毛泽东在掌握了敌人新的兵力部署后，指示朱德率部从高陇急行军回师，见机袭击于 5 月 18 日黄昏逼近澧田，其尖兵连趁敌人未觉，一举歼灭了澧田地方武装靖卫团，并有意放跑几个白狗子，让他永新城报信，引诱永新之敌出城迎战。果然杨如轩再次中了红军的“调虎离山”计，立即派原留驻永新城的 79 团，去澧田方向“消灭”这支据报“只有 100 余人的红军游击队”。79 团团长刘胡子没有把这“小小的红军游击队”放在眼里，因而轻敌冒进，在草市坳中了红军埋伏，全军覆灭。此时，永新块的

兵力已较空虚，除师部外，只有1个步兵营、1个炮兵队、1个机枪队、1个工兵队、1个运输队、1个卫生队。如有充分准备，本来还可以固守一段时间。但因杨如轩骄横轻敌，认为由79团去对付一支小“游击队”，根本不在话下；加上红军担任前卫的28团1营伪装成回城敌人，以迅雷不及掩耳之势进行突然奇袭，守城敌人全部被歼，师长杨如轩则带着枪伤只身逃往吉安去了。

三十六计　第十六计　欲擒故纵

逼则反兵；走则减势（1）。紧随勿迫。累其气力，消其斗志，散而后擒，兵不血刃（2）。需，有孚，光（3）。

注释

（1）逼则反兵，走则减势：走，跑。逼迫敌人太紧，他可能因此拼死反扑，若让他逃跑则可减削他的气势。

（2）兵不血刃：血刃，血染刀刃。此句意为兵器上不沾血。

（2）需，有孚，光：语出《易经·需卦》。需，卦名。本卦为异卦相叠（乾下坎上）。需的下卦为乾为天，上卦为坎为水，是降雨在即之象。也象征着一种危险存在着（因为“坎”有险义），必得去突破它，但突破危险又要善于等待。“需”，等待。《易经，需》卦卦辞：“需，有享，光享”。孚，诚心。光，通广。句意为：要善于等待，要有诚心（包含耐性），就会有大吉大利。

按语

所谓纵着，非放之也，随之，而稍松之耳。“穷寇勿追”，亦即此意，盖不追者，非不随也，不追之而已。武侯之七纵七擒，即纵而随之，故蹑展转推进，至于不毛之地。武侯之七纵，其意在拓地，在借孟获以服诸蛮，非兵法也。故论战，则擒者不可复纵。

解析

打仗，只有消灭敌人，夺取地盘，才是目的。如果逼得“穷寇”狗急跳墙，垂死挣扎，己方损兵失地，是不可取的。放他一马，不等于放虎归山，目的在于让敌人斗志逐渐懈怠，体力、物力逐渐消耗，最后己方寻找机会，全歼敌军，达到消灭敌人的目的。诸葛亮七擒七纵，决非感情用事，他的最终目的是在政治上利用孟获的影响，稳住南方，在地盘上，次次乘机扩大疆土。在军事谋略上，有“变”、“常”二字。

释放敌人主帅，不属常例。通常情况下，抓住了敌人不可轻易放掉，以免后患。而诸葛亮审时度势，采用攻心之计，七擒七纵，主动权操在自己的手上，最后终于达到目的。这说明诸葛亮深谋远虑，随机应便，巧用兵法，是个难得的军事奇才。

探源

欲擒故纵中的“擒”和“纵”，是一对矛盾。军事上，“擒”，是目的，“纵”，是方法。古人有“穷寇莫追”的说法。实际上，不是不追，而是看怎样去追。把敌人逼急了，它只得集中全力，拼命反扑。不如暂时放松一步，使敌人丧失警惕，斗志松懈，然后再伺机而动，歼灭敌人。

诸葛亮七擒孟获，就是军事史上一个“欲擒故纵”的绝妙战例。蜀汉建立之后，定下北伐大计。当时西南夷酋长孟获率十万大军侵犯蜀国。诸葛亮为了解决北伐的后顾之忧，决定亲自率兵先平孟获。蜀军主力到达泸水（今金沙江）附近，诱敌出战，事先在山谷中埋下伏兵，孟获被诱入伏击圈内，兵败被擒。

按说，擒拿敌军主帅的目的已经达到，敌军一时也不会有很强战斗力了，乘胜追击，自可大破敌军。但是诸葛亮考虑到孟获在西南夷中威望很高，影响很大，如果让他心悦诚服，主动请降，就能使南方真正稳定。不然的话，南方夷各个部落仍不会停止侵扰，后方难以安定。诸葛亮决定对孟获采取“攻心”战，断然释放孟获。孟获表示下次定能击败你，诸葛亮笑而不答。孟获回营，拖走所有船只，据守沪水南岸，阻止蜀军渡河。诸葛亮乘敌不备，从敌人不设防的下流偷渡过河，并袭击了孟获的粮仓。孟获暴怒，要严惩将士，激起将士的反抗，于是相约投降，趁孟获不备，将孟获绑赴蜀营。诸葛亮见孟获仍不服，再次释放。以后孟获又施了许多计策，都被诸葛亮识破，四次被擒，四次被释放。最后一次，诸葛亮火烧孟获的藤甲兵，第七次生擒孟获。终于感动了孟获，他真诚地感谢诸葛亮七次不杀之恩，誓不再反。从此，蜀国西南安定，诸葛亮才得以举兵北伐。

案例

刘备三让徐州城

这个智谋故事见于《三国演义》第十一回“刘皇叔北海救孔融吕温侯濮阳破曹操”。

汉献帝初平四年（183 年），割据兖州的曹操派遣泰山太守应劭往琅邪迎其父曹嵩及家人百余口到兖州。途经徐州时，徐州牧陶谦为交好曹操特派都尉张护送曹嵩一行。不料张杀死曹嵩及其家人，席卷财物而去。于是曹操便把帐记在陶谦身上，以为父报仇为名，发兵攻徐州。

陶谦面对兵临徐州城下的曹操大军，自知难以抵敌，便采纳别驾从事糜竺的建

议，请北海相孔融、青州刺史田楷前来相救。孔融请刘备同去救陶谦。刘备遂欣然带领关羽、张飞、赵云和数千人马奔赴徐州。

刘备率军在徐州城下与曹军于禁所部小试锋芒，初战告捷，使久被曹军围困的徐州暂时缓解了危机。于是陶谦急令将刘备迎入城内，盛宴款待。陶谦席间便主动提出将徐州让给刘备，说：当今天下大乱，国将不国；公乃汉室宗亲，正当为国出力。老夫年迈无能，情愿将徐州相让。公勿推辞。我当自写表文，申奏朝廷。”刘备闻言愕然，急忙推辞说：“我虽是汉室苗裔，但功德不足称道，任平原相犹恐不称职。我本是为了义气前来相助。您这样说，莫非怀疑我有吞并之心?”陶谦表白说：“这是老夫推心置腹之言，决非虚情假意。”但刘备只是推辞，终不肯接受。糜竺见二人再三辞让，便说：“现在兵临城下，且当商议退敌之策。待事平之后，再议相让不迟。”于是刘备写信给曹操，希望曹操以国家大义为重，撤走围困徐州之兵。恰好这时吕布攻破兖州，进占濮阳，威胁曹操后方。因而曹操便顺水推舟，卖个人情，接受刘备建议，退兵而去。

陶谦见曹军撤走。徐州转危为安，便差人请刘备、孔融、田楷等入城聚会，庆祝解围。饮宴既毕，陶谦再向刘备让徐州。刘备说：“我应孔融之约救援徐州，是为义而来。现在若无端据有徐州，天下将以为我是不义之人。”糜竺、孔融及关羽、张飞等皆纷纷劝刘备接替陶谦治理徐州。刘备苦苦推辞说：“诸位欲陷我于不义耶?”陶谦推让再三，见刘备终不肯受，便说：“如您必不肯受，那就请暂驻军近邑小沛，以保徐州，何如?”众人也皆劝刘备留驻小沛，刘备方始同意。

不久，陶谦染病，日渐沉重，便派人以商议军务为名，把刘备从小沛请来徐州。陶谦躺在病榻上对刘备说：“今番请您前来，不为别事，只因老夫病已垂危，朝夕难保；万望您以汉家城池为重，接受徐州牌印，老夫死亦限目矣!”刘备说：“可让您的二位公子接班。”陶谦说：“其才皆不能胜任。老夫死后，还望您多加教诲，千万不能让他们掌握州中大权。”刘备还是辞让，陶谦便以手指心而死。举哀毕，徐州军民极力表示拥戴刘备执掌州权，关羽、张飞也再三相劝。至此，刘备才同意接受徐州大权，担任徐州牧。

刘备“三辞徐州”，一方面体现了刘备博取仁义忠厚之名、收买民心的良苦用心；一方面当是出于刘备对当时情势的清醒认识。当时的徐州正处于四战之地，野心勃勃的曹操正虎视眈眈、兵锋相向，自不待言。此外，邻近的军阀如袁术、吕布、袁绍之辈都在觊觎着具有重要战略意义的徐州，怀有兼并野心。这些都是潜在的危险。由此可见，当时的徐州并不是一颗好吃的果子，弄不好就会有惹火烧身的危险。即使徐州牧陶谦真心相让，其部下能否心悦诚服？这些都是很现实、很严重、很迫切的问题，不容刘备不顾虑！实际确实如此，历史上刘备领有徐州不久，即先后受到过曹操、吕布、袁术的进攻，陶谦部下曹豹也反叛刘备而助吕布。以致刘备在徐州难以立足，最终被逐出徐州，先后依附袁绍和刘表。当然，具有重要战略地位的徐州，对于刘备来说，毕竟具有巨大的诱惑力。因而陶谦一死，在外有北海相孔融的支持、内有糜竺及徐州军民的广泛拥戴的情况下，刘备便不失时机地同意接替陶谦任徐州牧，将徐州据为己有。诱惑终于战胜了顾虑。

苏无名欲擒故纵抓盗贼

武则天执政时，曾赏给太平公主细玩宝物两食盒，价值百镒黄金。太平公主收下后藏在了府库中，却被人全部偷走。公主告诉了武则天，武则天大怒，命令洛州令限期查出盗贼。这样，命令被层层下达，落到了吏卒和巡捕头上，限令他们一天之内抓住盗贼，否则判为死罪。

吏卒、巡捕们很害怕，但又商量不出什么好办法。他们在路上遇到了湖州别驾苏无名。他们久闻苏无名才智过人，就请他到县里帮忙。县令一看来了救星，就向他请教如何抓贼。苏无名让县令和他一块去见武则天。

武则天问道："你有什么办法抓到贼人？"苏无名说："若让我抓盗贼，那就不要限定日期，不要再追究州府县令们的责任，把县里的捕盗和吏卒都归我指挥，我能给您追回宝物，请您静候佳音。"

苏无名立下了军令状，吏卒们都为他捏了一把汗，但他却下慌不忙，反而叫他们先等一个月左右。到了清明节那一天，苏无名才把吏卒们全部召来，给他们布置任务，让他们五个人或十个人为一伙，在东门、北门等候。如果发现有十几个穿着葬服的胡人，出城到北邙山扫墓，就跟随在他们后边，随时来报告他们的行动。

吏卒们在东门、北门等候，果然遇到了苏无名所说的那种情况。只见那十几个穿着葬服的胡人，来到一座新坟前祭奠，他

们象征性地哭了几声，眼里竟然连一滴泪水都没有。撤下祭品后，他们沿着坟墓巡视了一圈后，就不禁相视而笑。苏无名一看情况果如所料，就高兴地说道："找到盗贼了。"随即派吏卒把那些胡人全抓起来，掘开坟墓，劈开棺材一看，哪里有什么死人，而是晶莹夺目的稀世珍宝！于是上奏武则天。

武则天惊奇地问道："你怎么这样料事如神？"苏无名解释：当他到洛州之时，正巧碰见那些胡人出葬。他们哭的声音很大，但从脸上的表情来看并不伤心，并且反而有些惊慌。他一看便猜是盗贼往城外转移赃物，但不知他们把偷的东西埋在什么地方

了。寒食节扫墓，估计他们要出城查看赃物是否安然无恙。他们祭奠而哭声不哀痛，可知里面埋的不是死人；又巡行坟墓相视而笑，是庆幸坟墓没有损坏。他一开始不让官府抓贼，是害怕打草惊蛇，贼人一急，必定取出宝物逃走。官府不查，他们就放了心，因此才没把宝物取走。

蒋介石以退为进

蒋介石对权力的欲望极浓。为了当官，他可以不择手段，也可以说，在运用权术方面，他达到了登峰造极的程度。他能审时度势，针对不同的情况，采取不同的手段，比如他十生多次以退为进，在要弄这一权术时，灵活娴熟，运用自如，巧妙之极。

1918 年 3 月 15 日，孙中山委派蒋介石去汕头，担任援闽粤军司令部的作战科主任一职。当时的粤军将领中专门学过军事的人很少。蒋介石在军事上可以说是科班出身，1906 年留学日本，次年入保定军官学校，1908 年又在日本入振武学校。他早年受过良好的军事训练和军事理论知识的熏陶。孙中山委派他这一职，也正是“知人善任”。蒋介石上任后，为粤军出谋划策，拟定作战计划，做了不少事情，起到了很大作用，深受粤军首领陈炯明、邓仲元的赏识和信任。按理说，这里是蒋介石充分发挥才能、安心工作的好地方。但是，出人意料的是，蒋介石只干了四个月，于 7 月 31 日给陈炯明写了辞呈，“拂袖而去”了。

8 月 1 日，陈炯明派人持亲笔信赶到潮安车站，此时蒋介石准备上车但还未上车。来人把陈之信递给蒋介石，并百般挽留。蒋介石拆开信看到信中有“粤军可百败而不可无兄”之语，深感陈挽留自己的心是诚恳的，情是真切的，但他思考片刻，还是执意上车离去。来人遗憾地摊摊双手，失望而归。

8 月 2 日，邓仲元又派专人去汕头强留，仍然没有把他留住。蒋介石毅然登船去香港，然后又由香港乘船达到上海。蒋介石到上海五天后去见孙中山。孙中山也劝他重回粤军。孙中山还指出，粤军需要你，你也需要粤军。“你还是回去吧！”孙中山如是说。

往后，8 月 26 日、29 日、31 日，陈炯明接连三次给蒋介石写信，邓仲元也写信，都请蒋介石重回粤军。9 月 18 日，粤军在福建前线又打了一个胜仗。在这种形势下，蒋介石权衡利弊，决心重回粤军。经过这么一退一进，他的身价提高了，被提拔为第二支队司令官。

从“拂袖而去”到“复职升迁”，蒋介石尝到了“以退为进”的甜头。从此以后，蒋介石就经常采取这种做法，而且手段越来越高明。其高明之处在于：往往选择军事上最需要他的时候，突然提出辞职，或者干脆不辞而别。他这种做法的效果是，以此引起孙中山的注意，也的确引起了孙中山的注意。孙中山从革命大局的利益出发，常常对蒋极力挽留，不但逐电文加以劝慰，而且还常常出动党内的重要人物，如胡汉民、汪精卫、廖仲恺等前去邀请。这无疑提高了蒋的身价。

明日光临的用意

很多台北人在年节想买些食品罐头馈赠亲友，或购点肉松、腊肉解解馋时，可能立即会联想到那家位于博爱路台北邮局隔壁的美味香食品行。

这是一家经营了50年之久的老店，谁也不会想到其维持声誉于不坠的方法，竟然是——每天只制造有限的产品，如果有顾客上门来，买不到东西时，就告诉他，请他明日及早光临。

那么，为何不多制造点货品，来方便顾客的需求呢？原来，“宁缺毋滥”是美味香食品行的经营原则。

虽然这不是一间门面堂皇的店铺，可是，为了维护它的声誉，倒也需要花费相当的心血。小自选购采买，大至接待顾客，在老板、师傅与售货员的通力合作之下，已使得客人们能放心地进出这家食品行，而不会有受骗的顾虑。

每天清晨，为采买加工所需要的肉类，该食品行的师傅们都亲自到台北及临近的所有市场去选购上好的猪肉。这样一来，有了原料，取材上就占了先。

这家食品行的另一个经营原则是——不做外销。

美味香食品行真正招牌食品是烟熏火腿。

烟制熏品是一门艺术。佐料、卤汁、火候都需要讲究，美味香的熏品是只问质精，不求量多，为不使顾客对该行的食品失却信心，宁可请他明日及早光临，绝不以火候不够的产品供应。

这就是美味香食品行不愿拓展外销市场的原因，以免在接受大批订货时，赶制不及，或滥竽充数，而影响了50年来辛苦建立起来的信誉。

也因为注重了原料取材与制造，该食品行出产的烟熏火腿价格不低。价格虽然高了点，但是，上门来的顾客还是络绎不绝。

美味香食品行每天可以有300条左右的火腿出炉，除非您抢先了一步，否则，总会失望而归的。因为那些货品，早就被前一天“冷落”的顾客们订购了。

“敬请明日光临”这一招十分奏效，一来美味香的食品一直以品质精良闻名遐迩，赢得了顾客的信任，老主顾也特别多；二来“吊”人胃口的效果极佳。许多顾客闻“香”而来，垂涎欲滴地等候，一旦买不到便“耿耿于怀”，第二天非早来不可。

美味香食品行别有用心不使所有的顾客都得到满足，“纵”走了今日未能如愿的顾客，却“擒”住了明日势在必得的顾客和每天稳定的消费群；“纵”而放弃了近利，但是以“宁缺毋滥”取信于顾客，从而“擒”住了50年不衰的声誉。

独特的广告策划

80年代的某一天，香港市民都注意到有家报纸的一个整版几乎全部空白，只在版面中央印着一个小红点，外加“HRC”3 个字母。读者丈二金刚摸不着头脑，只好加倍注意该报第二天的举动。

第二天，第三天，一连四天报纸都如法炮制，于是引起了越来越多的议论和注意，有些性急的人甚至去信或打电话到编辑部询问究竟是怎么回事。

一周后，该报以整版篇幅刊登“HRC”的广告。原来这是一种新型手表的牌子。

紧接着，“HRC”手表开展强大的广告攻势，报纸、电视、电台、路牌，铺天盖地而来的广告汇成一片汪洋大海。不久这个牌子的手表便一举行销于香港各阶层。

松下的不抢先战略

日本松下公司一贯奉行的是“不抢先战略”。它从不热衷于扮演新技术先驱者的角色，而是把工作的重点放在产品的质量和价格上。自恃势力雄厚、人才济济的索尼公司，却常常以开拓者的姿态抢先而变，总想在技术上领先，从而霸占家电市场。两者反复较量多次，结果失败者往往不是松下而是索尼。

1969 年，索尼公司研制成功世界上最早的家用小型录像机，一时风靡市场。松下并不急于步人后尘，而是根据市场变化，及时推出消费者喜欢的可录像四至六小时的机种，并且价格比索尼产品低了 15%，上市后很快压过了索尼。

海市蜃楼飞机事件

海市蜃楼Ⅲ型战斗机，是法国研制的世界第一流的超音速喷气式战斗轰炸机。除法国之外，世界上许多国家都纷纷购作本国的主力战斗机。仅北大西洋公约组织即购有 300 多架，用以抗衡苏军的空中力量。

令苏联焦虑的是，为了同配备苏制米格战斗机的阿拉伯各国相对抗，以色列也购进了海市蜃楼式战斗机。这种飞机居然不可思议地将阿拉伯各国的米格战斗机一架接一架地打落在中东的沙漠上。法国在洋洋得意，而苏联却如坐针毡。

到底海市蜃楼式战斗机有什么优点？如能在本国领空内用这种战斗机和米格战斗机进行模拟空战，就能研究出对付它的作战方法。但这需要搞到实物才行。

经再三思虑，苏联当局向谍报机关下达了“要把海市蜃楼式战斗机拿到手”的指令。苏联谍报机关便把目光投向了最有可能拿到海市蜃楼式战斗机的国家——黎巴嫩。具体的夺机计划由苏联贸易代办处代表瓦西列夫和苏联驻黎巴嫩大使馆有外交身份的情报人员亚历山大·赫米亚科夫负责实施。

瓦西列夫找上了黎巴嫩原空军教官哈桑·巴达维。巴达维因有走私和贩毒的嫌疑被军方革职，现在中东航空公司担任机长，住在豪华的别墅里，过着奢侈的生活。

“马他耳，你想不想发财?”

巴达维把黎巴嫩空军战斗机驾驶员马哈茂德·马他耳中尉请到了自己的家里。他提出要马他耳偷走一架海市蜃楼式战斗机。这可是个令人不寒而栗的事情，马他耳愣了。“报酬是300万美元，怎么样？我想这件事是你能很容易地办到的……”

马他耳听完这番话，浑身直冒汗。巴达维提出的是一宗惊人的买卖。生意虽好，可就是太冒险了。马他耳的确不好立即答复，他要回去好好想一想。

10天后，马他耳答复巴达维，表示愿意接受这笔买卖。于是，巴达维领来瓦西列夫。瓦西列夫向马他耳中尉面授机宜：

马他耳中尉须乘海市蜃楼式战斗机进行飞行训练之机，待飞机飞至海面后，便打电报说“发生故障”，1分钟后发出求救信号，同时把高度降低到雷达所不能探测到的超低空，然后径飞苏联的巴库。这样，黎巴嫩空军就会认为马他耳中尉连同他的飞机已坠沉海底。

马他耳接着与瓦西列夫就报酬问题进行讨价还价。巴达维当初为了诱马他耳上钩，夸大了报酬的金额，而苏联方面想付的只是100万美元。经马他耳坚持，瓦西列夫答应给200万美元。但中尉还要求预支60万美元。瓦西列夫无法作主，便同赫米亚科夫一起回到莫斯科，向领导部门请示。

上级指示：“无论如何，也要拿到海市蜃楼式战斗机！”

两人回到贝鲁特后，再次会见了马他耳中尉，表示同意出200万美元，但希望他暂时预支百分之十。马他耳勉强答应了。赫米亚科夫并提议让他的妻子逃到莫斯科，由苏联保证其富裕的生活。马他耳则表示，他们要到瑞士去，还要求苏联方面用银行支票预付款项。赫米亚科夫仅先给了马他耳中尉2000镑黎巴嫩币，作为他妻子外逃的盘缠。

9月30日晚上。离预定实施计划的日子10月3日只剩下几天了。

马他耳中尉为了研究最后的安排，前往瓦西列夫寓所。瓦西列夫向他详细地说明了计划：

1. 飞到1000公尺高度时，向贝鲁特的管制塔发出发动机发生故障和操纵系统不灵的电报；

2. 接着，发出发生紧急情况的电报；

3. 之后，停止一切无线电联络；

4. 逃出黎巴嫩地区后飞向苏联，过苏联边境4分钟后便会有苏联歼击机导航，飞往阿塞拜疆共和国的巴库机场。

当瓦西列夫、赫米亚科夫、马他耳三人正进一步研究计划时，突然听见敲门声。瓦西列夫打开门缝探头一看，喊了一声：“宪兵！”慌忙关门，但为时已晚。10个持着手枪的黎巴嫩宪兵冲进房间。赫米亚科夫与瓦西列夫立即拔出手枪射向宪兵，但寡不敌众，立时就被打翻在床上。

原来，马他耳中尉早就把这个劫夺海市蜃楼式战斗机的计划报告了黎巴嫩当局。为了捕获苏联间谍，黎巴嫩情报部故意让马他耳假装参与他们的劫机计划。情报部还交给马他耳一只微型的录音机，将瓦西列夫等人的密谋谈话全部录了音，取得了证据。为了获得更确凿的物证，情报部还指示马他耳向他们索取银行支票。就这样，黎巴嫩当局一举挫败了这起劫夺海市蜃楼式战斗机的阴谋。

在这起未遂的劫机事件中，苏联间谍试图采取内间法，用重利引诱马他耳中尉，但遭到惨败。相反倒是黎巴嫩的情报部为了取证捕捉苏联间谍，采取欲擒放纵的手法，使苏联的劫机计划亮了相，最终一举粉碎了这一劫夺海市蜃楼式飞机的计划。

凯尔一网打尽德间谍

弗农·凯尔担任英国军事情报第五处领导人的时候，正是第一次世界大战日益迫近之际。当时英德矛盾非常尖锐。为了在未来的战争中能够克敌制胜，德国派遣了大批间谍混入英国，收集军事情报和从事间谍活动。

有一次，凯尔根据手下情报人员的报告，发现一家理发店原来是德国间谍的联络站，它与德国情报机构联系密切。凯尔派人截取和检查了该理发店发往国外的信件，从中发现德国谍报网已经遍及整个英国，特别是海港城市。这个惊人的发现令英国人慌张不已，不少人要求立即将已知的间谍捕获，破坏德国人的间谍网。但是，凯尔却不同意这么干，他主张放长线，钓大鱼，即给每个间谍立一份详细的档案，设法找到在英国境内所有的德国间谍。他认为，如果立即抓人，只会打草惊蛇，使其他间谍有可能逃脱或转入地下。

凯尔的策略被采用后，取得了明显的效果。他不仅掌握了与此案有关的从国外来的信件，而且掌握了从英国发出的信件。随后他便利用这些信件做手脚，给德国人输送去许多假情报，而呆在英国的德国间谍作了英国人的义务假情报员还蒙在鼓里。比如，有个名叫卡尔·米勒的德国间谍，用隐显墨水写信传递情报，被凯尔截获了，凯尔看完信后将之恢复原状，仍寄往德国。然后，将米勒秘密逮捕，在这之后很长一段时间内，德国人仍然源源不断地收到米勒寄来的情报信件，原来这是凯尔手下人精心伪造的，当然情报也都是不真实的。

由于采取了上述做法，英国人一直掌握着德国间谍网的状况，使它们的活动牢牢地受到自己的监视。直到1914年8月4日英国对德国宣战的那一天，英国才一举逮捕了包括上述理发店里的师傅在内的21名德国间谍。这次行动使德国人遭到沉重打击，在将近一年的时间里，德国人未能在英国开展任何有效的间谍活动，接着又花了差不多同样长的时间，才重新建立起一个新的谍报网。

“欲擒故纵”在军事上表现为：当敌人锐气尚盛时，我故意避战示弱，骄纵敌志，使其士气懈怠，丧失警惕，而后乘机图之。在间谍战中，这一谋略则表现为：对敌方间谍的活动严密监视，但不轻易打草惊蛇，而是放长线钓大鱼，利用已被控制的线索顺藤摸瓜，以发现更多和更重要的敌国间谍，或者利用这些间谍对敌国情报工作进行干扰和欺骗。

杜布切克被迫就范

1967 年 1 月，捷克斯洛伐克共产党内改革派领袖杜布切克出任捷共第一书记。他制定了改革行动纲领，力图改变长期以来受苏联控制和苏联模式束缚的政治、经济局面，建设一种有捷克斯洛伐克特色的社会主义道路。于是，捷克国内出现了被西方人称为的“布拉格之春”。

苏联看到捷克斯洛伐克正在逐渐脱离自己的控制，十分焦虑。苏联几次派高级代表团去捷克，企图说服捷共领导人改变，自己的路线，但遭到捷领导人拒绝。于是苏联于 1968 年 8 月 20 日联合波兰、匈牙利、东德、保加利亚几个国家，出动 50 万大军入侵了捷克斯洛伐克，将杜布切克等捷党政领导人绑架，用飞机运到苏联。

苏联本想把这次事件导演成一场“革命”，具体办法是在捷国内扶植一个亲苏傀儡政府，由这个政府设“革命法庭”判处杜布切克死刑。但是，苏联没想到，捷共中央和政府无条件地支持杜布切克，并宣言抗议苏联对捷克斯洛伐克的入侵。

苏联见原先的阴谋破产，只好另想高招。它决定在被扣压的几个现任捷克领导人身上下功夫，采取软硬兼施的办法，让他们主动认错，并对苏联的“拯救”表示感谢。这样一来，苏联在国际舆论和捷克斯洛伐克人面前就可以理直气壮了：“你们说我们入侵捷克、绑架捷领导人，可你看，他们不是好好的在与我们谈判吗？他们不是承认自己的过错并感谢苏联的帮助吗？”

在苏联的胁迫下，杜布切克等人终于妥协，被迫在两国公报上签字，并签定了《苏军暂时留驻捷克斯洛伐克的协定》。公报表示苏军进入捷克是为了反对“帝国主义的阴谋”，苏军将较长时期内驻扎在捷克斯洛伐克。同时公报还表示：今后捷克将改变前一段的政策路线。

苏联继续利用原政府进行统治的策略起到了好的效果，捷克局势很快稳定，局面被控制住。这一时期捷克对苏联言听计从、事事请教。

次年，也就是 1969 年 4 月，苏联见捷局势已稳定，才撤掉杜布切克的职务，并大批清洗“布拉格之春”的支持者。

进行政治统治时，有时利用旧的体制、旧的管理机构、旧的人物比另起炉灶效果更好，它可以更容易地稳定局势、维系秩序。二战后，麦克阿瑟决定保留天皇以维系日本人心，就是上述智谋的杰出运用。苏联用的也是这个谋略。

老范德比死前巧设计

大资本家老范德比 79 岁死了夫人。80 岁时又续弦，新人是一位芳龄 18 岁的美貌姑娘。

这位姑娘早有未婚夫，只是手头吃紧，因此决定先把自己典出去，待范德比一

死，再捞上一笔遗产。这些，她自然不会让老范德比知道。为了防止老范德比的子女赖账，特意对老范德比讲了一个条件：“要娶我可以，但必须使整个纽约人都知道我是你的合法妻子。”老范德比答应了。

结婚那天，范德比雇佣了纽约市的两个乐队，一队在前，一队在后。新郎新娘则坐在一辆六驾马车上，招摇过市。从年龄上看，两人似爷爷和孙女。所到之处，人们空巷而出。

在入洞房时，老范德比一本正经地对新娘说：“夫人，我们现在是亲密的夫妻了，为了避免以后的麻烦，也为了你日后的幸福，我已立好了遗嘱，你看。”

新人拿起一看，只见上面写道：“如果我婚后一年内死，夫人可获遗产 10 万元，如果两年内死，可获 20 万元；如果三年内死，可获 30 万元；并以此类推。”

新娘看完后，心中顿时凉了半截。她本来想与老范德比同居一星期就把老家伙搞死，如今死期与遗产成正比。美人计行不通了，看起来老范德比并不糊涂。

老范德比毕竟年龄已大，过了半年就死了。在老范德比死后的第三天，新娘又结婚了，但她只得到了 10 万元。老范德比真可谓老谋深算。

炸桥转移视线

1943 年 2 月，入侵南斯拉夫的法西斯德国调集了 4 个德国师，一个意大利师和总数相当于 2 个师的特种联合部队的兵力，在大量南斯拉夫傀儡军队的配合下，围攻南斯拉夫解放军占领的西波斯尼亚和中波斯尼亚解放区。开始了第二个代号为“Weiss”的军事行动。

在西波斯尼亚和中波斯尼亚解放区的南斯拉夫解放军最高司令部针对法西斯军队的疯狂攻势采取了对策。最高司令部将所属的第一、第二和第三无产阶级师同第七尼亚师编成了一支突击队，这支突击队要携带着留在解放区内的 4000 名轻重伤员向东南方向突破，撤到门的内哥罗地区去。为了策应这支突击队的突围，最高统帅部命令解放军其他部队在各自的地区加强对敌军的进攻，以牵制敌人力量。

突击队历尽艰辛，英勇战斗，途中翻越了无数个山脉，终于接近了必经之地涅列特瓦河畔。

希特勒德军为了剿灭突击队，不让它渡过涅列特瓦河，在河边部署了大批军队，企图依靠天险将解放军阻隔在河右岸并予以全歼。南斯拉夫解放军最高统帅铁托看到这一情况，决定出奇计打乱敌人的战略部署，使解放军顺利强渡涅列特瓦河。

南解放军先头部队抵达涅列特瓦河右岸，前面就是河上唯一的大桥。右岸敌军迅速向桥头集结，阻拦解放军登桥。左岸的德国部队也严阵以待，准备当解放军过桥时突然袭击。

但是，在铁托的命令下，南解放军突然炸毁涅列特瓦河上的大桥。这一出人意料的举动使德军乱了手脚，他们紧急会商，判定南解放军是不打算渡过涅列特瓦河，而要在河右岸活动。于是，河左岸敌军大部迅速转移到河右岸，只留下极少一部分兵力驻守左岸。德军离开被毁的大桥，尾随解放军而去。而解放军在转了二个圈子之后，又回到了原桥址。德军做梦也没想到解放军还会回到这里，因此没派一兵把守。解放军在原桥处建立桥头阵地，一夜之间架起一座吊桥，然后将不能运过去的坦克大炮等重武器投到河里，轻装闪电般渡过涅列特瓦河，突入门的内哥罗。德军空军和炮兵仍然在右岸向解放军原驻地连续轰击了好几天，才知道解放军早已渡河，于是叫苦不迭。南解放军的几千伤员安然无恙地得到转移。

诸葛亮七擒孟获

公元225年（蜀后主建兴三年），蛮王孟获起兵十万反蜀，建宁郡太守雍闿，牂牁阿郡太守朱褒，越蹬郡太守高定相继投降，声势甚大。蜀丞相诸葛亮奉旨起兵50万南征。在智破三郡叛军之后，大军继续向泸水（川滇边境）挺进。适逢马谡奉后主之命前来劳军。诸葛亮久闻马谡才智超群，便虚心问计。马谡曰："愚有片言，望丞相察之。南蛮恃其地远山险，不服久矣。虽今日破之，明日复叛。丞相大军到彼，必然平服；但班师之日，必用北伐曹丕；蛮兵若知内虚，其反必速。夫用兵之道，攻心为上，攻城为下；心战为上，兵战为下。愿丞相但服其心足矣。"诸葛亮很赞同马谡的见地，更坚定了心服蛮王的决心。第1次两军对阵，孟获战败，为蜀将魏延活捉。诸葛亮问他是否心服？孟获说：山僻路狭，误遭汝手，如何肯服？你放我回去，整军再战，若再被擒，我便肯服。诸葛亮当即下令放了他，并给他衣服、鞍马、酒食，派人送他上路。第2次诸葛亮派马岱夜渡泸水，断了蛮军粮道，孟获被部将董荼那、阿会喃等缚送蜀营。诸葛亮对孟获说：你前次说，若再被擒，便肯降服。今日如何？孟获说：这次是我手下人自相残杀，以至如此，如何肯服？诸葛亮又将他放了，并领他参观蜀军营寨；亲自送至泸水边，派船送回。孟获第2次被放回本寨后，首先将部将董荼那、阿会喃杀了，然后与其弟孟优商议以假降方式夜袭蜀营，诸葛亮将计就计，第3次将孟获活捉。但孟获仍然不服，他说：这是因为我弟贪杯，误吃了你们的毒酒，并非我没有能耐，如何肯服？如果你放我兄弟回去，我们收拾兵马和你大战一场，若再被擒，方肯死心塌地归降。诸葛亮第3次又将他放了。孟获忿忿回归本洞，派人带上金银珠宝往八番九三十甸各部落借得精健蛮兵数十万，一路杀气腾腾，来战蜀军。诸葛亮避其锋芒，领军退至西洱河北岸扎营，然后派精兵暗渡西洱河南岸，抄了蛮军后路，第4次将孟获活捉。诸葛亮怒斥孟获：这次又被我擒了，还有何话可说？孟获说：我误中诡计，死不瞑目。诸葛亮声言要斩，孟获全无惧色，要求再战，诸葛亮只得第4次又将他放了。孟获回去后，又聚集数千蛮兵躲入了秃龙洞，与该洞洞主朵思凭借险山恶水。据守不出。孔明走访当地老人，寻得解毒甘泉和可辟瘴气的薤叶芸香，避过毒泉恶瘴，引军由险径直取秃龙洞，第5次擒得孟获。但孟获仍不服，并说：我祖居银坑山，有三江之险，重关之固，你若能到那里擒我，我便子子孙孙，倾心服事。诸葛亮只得第五次又将他和孟优、朵思等人放了。孟获连夜奔回银坑山老巢，又请来八纳洞洞主木鹿3万驱兽兵助战。诸葛亮破了孟获之妻祝融夫子的飞刀，布假兽战胜木鹿的兽兵，识破孟获妻弟带来洞主假缚孟获夫妻献降诡计，第6次生擒孟获。但孟获说，这次是我等自来送死，不是你们的本领，如第7次被擒，则倾心归服，誓不再反。孟获回洞后，采纳妻弟带来洞主的建议，从乌戈国请来3万刀箭不入、渡水不沉的藤甲兵，屯于桃花渡口。诸葛亮设疑兵，一步一步地将藤甲兵诱入预伏干柴、火药、地雷的盘蛇谷，堵住前后谷口，纵烈火将乌戈国的3万藤甲兵烧了，第7次生擒孟获。诸葛亮令人设酒食招待孟获夫妇及其宗室，叫孟获回去再招人马来决战。这一次，孟获却不走了。并说："七擒七纵，自古未有。我等虽然是化外之人，也懂得礼义，难道就如此没有羞耻么？于是领各洞蛮民诚心归顺。诸葛亮命孟获继续为蛮王，所夺之地，尽皆退还，蜀军班师，孟获亲自送诸葛亮渡过泸水。后来孟获仕蜀，官至御史中丞。终蜀之世，蛮方一直太平无事。诸葛亮七擒七纵，"纵"的是孟获其人，而最终"擒"得的是蛮王及蛮方百姓的心。精诚所至，金石为开。从此蜀国有了一个巩固的南方，诸葛亮可全心致力于伐魏了。

李愬雪夜袭蔡州

这是唐代的一个著名战例。李愬是唐代中期名将李晟之子。蔡州（今河南省汝南）是当时淮西镇（位于今河南省东南部）的治所（即首府）。淮西镇是唐代中期诸多藩镇割据中的一个顽固堡垒。从公元783年（唐德宗建中4年）节度使李希烈叛唐开始，中经吴少诚、吴少阳，拥兵割据30余年，虽地处中原，唐王朝竟无可奈何。公元814年（唐宪宗元和9年）吴少阳病死，其子吴元济向朝廷请求袭位不成，便自领军务，纵兵焚掠舞阳、叶县、鲁日、襄城等地，威胁唐东都洛阳。唐宪宗李纯决心制服藩镇，乘机发兵9万，分东、南、西、北四路，征讨淮西。但连续攻战近3年，都未能成功。尤其是西路军，第一任指挥高霞寓战败，第二任指挥袁滋与吴元济勾勾搭搭，明为征讨，却暗中妥协。此时，李愬毛遂自荐，白告奋勇，要求前去挽回败局。唐宪宗在与宰相李逢吉商量一致后，于公元816年（宪宗元和11年）冬任命李愬为随唐邓（今河南省西南部邓州、唐州（今泌阳）、湖北省北部随州一带）节度使，负责指挥西路军征讨淮西。李愬20岁承袭父职，先后在朝廷任太子詹事，宫苑闲厩使等文职20多年。虽为名将之后，长于谋略，善于骑射，却从未让他任过军职。所以，他在毛遂自荐之时，在军事上是毫无建树和名望的。

公元817年（元和十二年）正月，李愬走马上任。他在对当时战场形势及敌我情况作出客观分析、判断之后，采取了一系列欲擒故纵的策略措施。离京之前，他就了解到，西路唐军因多年来老打败仗，士气低落，害怕打仗。但他刚到任时，却并没有说什么激励斗志的话，也未号召将士振奋精神去与吴元济战斗。相反地，却故意对欢迎他的人们说："皇上知道我李愬生性柔弱，能够忍受耻辱，所以特派我来抚慰大家；

至于打仗进攻，并不是我的任务。”将士们原先最担心新的主将上任，又会叫他们去打仗；听李愬这么一说，才安下心来。李愬上任之后，果然不谈战争，只到士兵中东走西看，问寒问暖：有病治病，有伤养伤；对有些重病号还亲自侍候，送饭送药；士卒家中有事或父母病故，便给假回家，并赐给钱粮布帛；经常与士卒聊天，不摆架子，不搞生活特殊化，因而深得士卒之心。有的将领见李愬不抓备战，成天混迹士卒之中，上下不分，不注意保持将官的威严，很是不满，并就此向他提忠告。李愬回答说：“你说的这些我何尝不知。但过去袁滋专对吴贼讲恩宠，吴贼因而轻视西路军而不加防备。听说我来，必然增加对我方的警戒。所以我故意做出不严肃、不整备军务的样子给他看。吴贼得知，必然以为我懦弱无能，以致军纪松懈，将士懒惰。然后我方才有可能克敌制胜哩！”果然，吴元济一伙因李愬原本名望不高，上任后又无所作为，很看不起他，便对西路军不加防备。

过了几个月，当吴元济放松了对西路军的戒备之后，李愬却悄悄地开始了进攻的准备。鉴于西路军兵力过于薄弱（唐朝廷征讨吴元济的兵力主要摆在北路，西路并非主攻方向，故兵力不多），李愬请求宪宗给他增调了步骑兵两千人，并秘密加紧了战前练兵，并先后攻占了蔡州西部边境的路口栅、嵖岈山、冶炉、白狗栅、汶港栅、西平等几个小据点。因此时吴元济还集中主力对付北路唐军，故对西路方面的几次小的失利也不甚重视。而李愬却借此练了兵，也增加了部队的战斗信心，加上李愬上任后关心士兵生活，改善了官兵关系，故士气为之一振。次年五月，李愬亲自引军进攻吴军重要据点朗山（今河南确山县），吴元济发兵救援，李愬吃了败仗。许多将士因此泄气，觉得李愬也不是吴元济的对手。而李愬却很高兴，说：“这正是我的一步计策，你们应该高兴才是！”但许多将士一时很难理解。吴元济在朗山获胜，更认定李愬不敢打仗，于是便将守卫蔡州的精兵调往北路，而对西路的防备更加松懈了。

9 月 28 日，李愬出兵攻打吴房（今河南遂平县，为淮西西侧又一重镇）。这是李愬于 10 月中旬奇袭蔡州之前的最后一次前哨战。目的有二：一为奇袭蔡州作一次较大规模的实战演习；二为削弱吴房守军实力，以防在奇袭蔡州时被吴房守军断了后路。这次攻吴房，实际上也是一次奇袭。9 月 28 日，正是寒露后的第 27 天，按阴阳家的说法，此日为亡日，出师必败。所以有些将领不赞成这天出兵。李愬说：我选择这天出兵，正为出其不意，攻其无备。我方兵少，不如此便难取胜。不出李愬所料，吴兵果然无备，因而唐军一到，迅速攻破外城，歼敌 1000 余人。守军及敌将退保内城。李愬为诱擒守城主将孙献忠，便下令撤兵。孙献忠率精骑五百出城追赶，李愬回师反击，吴兵溃逃，敌将孙献忠当场击毙。这也是李愬施“欲擒故纵”计在一个小战役中的成功。此时，若乘胜攻取内城，是不难取胜的。而李愬却下令班师。将士问他为什么？他说：占领吴房不在我的计划之内。因为他的目标在蔡州，攻下吴房内城不仅会损耗兵力，更重要的是，敌军在吴房失守之后，必然固守蔡州，下一步奇袭蔡州便难于成功了。

10 月 15 日，天色阴沉、北风凛冽，大雪纷飞。李愬盼望已久的天候条件具备了。

他亲率9000人马分前、中、后三军，带上干粮，顶风冒雪，奔袭蔡州。将士们请求这次行动的任务和目标，他只是回答："向东"。经过近一天一夜的强行军，部队于次日凌晨到达蔡州城下。由于吴元济对西路毫无戒备，加上天气寒冷，敌军将士都钻进了被窝。李愬率兵神不知鬼不觉地于黎明前相继攻下了蔡州外城和内城。天亮了，李愬来到吴元济平时办公处处理处军务，此时，吴元济却还在他"衙城"里睡大觉。吴元济被活捉了。李愬将他用囚车监送长安。李愬欲擒故纵之计成功了。

上党战役

上党战役是抗日战争胜利后，我晋冀鲁豫解放军在山西长治（古属上党郡）地区粉碎国民党军进攻的一次重要战役，也是解放战争中我军运用"欲擒故纵"计的一个成功战例。侧重是运用《孙子》"围师勿阙"及本计"逼则反兵、走则减势。紧随勿迫累其气力，消其斗志，散而后擒"的思想，采取围三阙一，网开一面，示敌以生路，动摇敌人据坚顽抗的决心，待敌脱离坚固阵地，然后于有利于我的时间，地点歼灭之。即先"纵"他一马，然后相机"擒"住他。

1945年8月下旬，山西军阀阎锡山所部5个师共1万7千余人，在日伪军配合下，自临汾、浮山、翼城等地向晋冀鲁豫解放区的长治地区进攻。晋冀鲁豫解放军奋起自卫，集中太行、太岳、冀南3个解放区主力及地方武装3万1千余人，于9月10日发起上党战役。至19日收复长治外围的屯留、潞城、长子、壶关等四城，接着围功阎锡山所部史泽波19军盘据的长治城。当时，解放军就是从东、南、西三面围城，有意纵敌北逃，以便在野战中消灭该部。9月24日，阎锡山派第17集军团副总司令彭毓斌率军4万余人由太原、榆次南援，解放军采取围长治打援兵的战法，以一部分兵力继续围困史泽波部于长治，主力则秘密北上，预伏于屯留、褫亭之间地区。10月2日，彭毓斌部2万余人进入伏击圈。解放军断其水源，围其东、南、西三面，而虚其北面，纵其北逃。10月5日，敌果向北突围，解放军以主力跟踪追击，于运动中歼敌。10月6日，除残敌2000余人逃回沁呆外，其余全部被歼，敌司令彭毓斌被击毙。10月8日，长治之敌弃城向西南方向逃窜，于12月被篇放军围歼于沁河以东之将军岭、桃川地区，敌军长史泽波被俘。此役共歼敌3万5千余人，给了蒋、阎反动派以沉重打击。在整个战役过程中，解放军连续3次使用"围师遗阙"，纵敌外逃，"累其气力，消其斗志，散而后擒"的战法，结果大获全胜。

第十七计　抛砖引玉

类以诱之（1），击蒙也（2）。

注释

（1）类以诱之：出示某种类似的东西并去诱惑他。

（2）击蒙也：语出《易经·蒙》如。参前“借尸还魂”计注释（4）。击，撞击，打击。句意为：诱惑敌人，便可打击这种受我诱惑的愚蒙之人了。

按语

诱敌之法甚多，最妙之法，不在疑似之间，而在类同，以固其惑。以旌旗金鼓诱敌者，疑似也；以老弱粮草诱敌者，则类同也。如：楚伐绞，军其南门，屈瑕曰：“绞小而轻，轻则寡谋，请勿捍采樵者以诱之。”从之，绞人获利。明日绞人争出，驱楚役徙于山中。楚人坐守其北门，而伏诸山下，大败之，为城下之盟而还。又如孙膑减灶而诱杀庞涓。

解析

战争中，迷惑敌人的方法多种多样，最妙的方法不是用似是而非的方法，而是应用极相类似的方法，以假乱真。比如，用旋旗招展、鼓声震天来引诱敌人，属“疑似”法，往往难以奏效。而用老弱残兵或者遗弃粮食柴草之法诱敌，属“类同”法，这样做，容易迷惑敌人，可以收到效果，因为类同之法更容易造成敌人的错觉，使其判断失误。当然，使用此计，必须充分了解敌方将领的情况，包括他们的军事水平、心理素质、性格特征，这样才能让此计发挥效力。正如《百诫奇略·利战》中所说：“凡与敌战，其将愚而不知变，可诱以利，彼贪利而不知害，可设伏兵击之，其军可败。法曰‘利而诱之’。”庞涓就是因为骄矜自用，才中了孙膑减灶撤军之计，死于马陵道的。

探源

抛砖引玉，出自《传灯录》。相传唐代诗人常建，听说赵嘏要去游览苏州的灵岩寺。为了请赵嘏作诗，常建先在庙壁上题写了两句，赵嘏见到后，立刻提笔续写了两句，而且比前两句写得好。后来文人称常建的这种作法为“抛砖引玉”。此计用于军事，是指用相类似的事物去迷惑、诱骗敌人，使其懵懂上当，中我圈套，然后乘机击

败敌人的计谋。“砖”和“玉”，是一种形象的比喻。“砖”，指的是小利，是诱饵；“玉”，指的是作战的目的，即大的胜利。“引玉”，才是目的，“抛砖”，是为了达到目的的手段。钓鱼需用钓饵，先让鱼儿尝到一点甜头，它才会上钩；敌人占了一点便宜，才会误入圈套，吃大亏。

公元前700年，楚国用“抛砖引玉”的策略，轻取绞城。这一年，楚国发兵攻打绞国（今湖北郧县西北），大军行动迅速。楚军兵临城下，气势旺盛，绞国自知出城迎战，凶多吉少，决定坚守城池。绞城地势险要，易守难攻。楚军多次进攻，均被击退。两军相持一个多月。楚国大夫莫傲屈居瑕仔细分析了敌我双方的情况，认为绞城只可智取，不可力克。他向楚王献上一条“以鱼饵钓大鱼”的计谋。他说：“攻城不下，不如利而诱之。”楚王向他问诱敌之法。屈瑕建议：趁绞城被围月余，城中缺少薪柴之时，派些士兵装扮成樵夫上山打柴运回来，敌军一定会出城劫夺柴草。头几天，让他们先得一些小利，等他们麻痹大意，大批士兵出城劫夺柴草之时，先设伏兵断其后路，然后聚而歼之，乘势夺城。楚王担心绞国不会轻易上当，屈瑕说：“大王放心，绞国虽小而轻燥，轻躁则少谋略。有这样香甜的钓饵，不愁它不上钩。”楚王于是依计而行，命一些士兵装扮成樵夫上山打柴。

绞侯听探子报告有挑夫进山的情况，忙问这些樵夫有无楚军保护。探子说，他们三三两两进出，并无兵士跟随。绞侯马上布置人马，待“樵夫”背着柴禾出山之机，突然袭击，果然顺利得手，抓了三十多个“樵夫”，夺得不少柴草。一连几天，果然收获不小。见有利可图，绞国士兵出城劫夺柴草的越来越多。楚王见敌人已经吞下钓饵，便决定迅速逮大鱼。第六天，绞国士兵象前几天一样出城劫掠，“樵夫”们见绞军又来劫掠，吓得没命的逃奔，绞国士兵紧紧追赶，不知不觉被引入楚军的埋伏圈内。只见伏兵四起，杀声震天，绞国士兵哪里抵挡得住，慌忙败退，又遇伏兵断了归路，死伤无数。楚王此时趁机攻城，绞侯自知中计，已无力抵抗，只得请降。

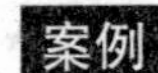
案例

西峡石谷之役

公元690年，契丹攻占营州。武则天派曹仁师、张玄遇、李多祚、麻仁节四虽大将西征，想夺回营州，平定契丹。契丹先锋孙万荣熟读兵书，颇有机谋。他想到唐军声势浩大，正面交锋，与已不利。他首先在营州制造缺粮的舆论，并故意让被俘的唐军逃跑，唐军统帅曹仁师见一路上逃回的唐兵面黄饥瘦，并从他们那里得知营州严重缺粮，营州城内契丹将士军心不稳。曹仁师心中大喜，认为契丹不堪一击，攻占营州指日可待。

唐军先头部队张玄遇和麻仁节部，想夺头功，向营州火速前进，一路上，还见到从营州逃出的契丹老弱士卒，他们自称营州严重缺粮，士兵纷纷逃跑，并表示愿意归降唐军。张、麻二将更加相信营州缺粮、契丹军心不稳了。他们率部日夜兼程，赶到西硖石谷，只见道路狭窄，两边悬崖绝壁。按照用兵之法，这里正是设埋伏的险地。可是，张、麻二人误以为契丹士卒早已饿得不堪一击了，加上夺取头功的心情驱使，下令部队继续前进。

唐军络绎不绝，进入谷中，艰难行进。黄昏时分，只听一声炮响，绝壁之上，箭如雨下，唐军人马践踏，死伤无数。孙万荣亲自率领人马从四面八方进击唐军。唐军进退不得，前有伏兵，后有骑兵截杀，不战自乱。张、麻二人被契丹军生擒。孙万荣利用搜出的将印，立即写信报告曹仁师，谎报已经攻克营州，要曹仁师迅速到营州处理契丹头人。曹仁师早就轻视契丹，接信后，深信不疑，马上率部奔往营州。大部队急速前进，准备穿过峡谷，赶往营州。不用说，这支目无敌情的部队重蹈覆辙，在西峡石谷，遭到契丹伏兵围追堵截，全军覆没。

“双汇”巧入天安门

天安门广场历来被视为圣地，它的一举一动时刻为世人所瞩目。

1994 年 6 月 28 日一大早，首都天安门广场彩旗飘扬，锣鼓震天，数百人组成的磐鼓队、秧歌队、高跷队的精采表演，引得很多人驻足观看，把天安门广场围了个水泄不通。上午 9 时整，当北京市和国家有关部门的领导同志宣布“逛北京、爱北京、建北京”大型旅游文化活动正式开幕时，数千只信鸽同时飞起，把人们的目光引向天空。这时，人们惊讶地看到：十多个巨大鲜艳的彩色气球下面拖着一条长长的布幅，微风吹来，布幅上红艳艳的大字格外醒目——华懋双汇集团漯河肉联厂祝逛北京活动圆满成功!

率先报道这一消息的是“双汇”所在地的《漯河内陆特区报》。之后，包括《河南日报》、河南广播电台在内的河南很多新闻媒体都争相报道了这件事。《河南日报》的评论文章把它誉为“河南省最成功、最典型的一次企业公关活动”。《河南商报》在 7 月 15 日星期刊头版头条的位置上，以硕大的标题、足够容纳 3000 字的版面刊登了一则仅 800 字的新闻:《双汇高扬天安门》。很快，这一消息重返北京，得知消息最早却顾虑重重的首都新闻界不再“沉默是金”了。先是《中国青年报》的《社会周刊》刊登了一幅照片，图片下的文字说明中有这样一句耐人寻味的话：能否在天安门广场做广告，这个话题争论了好久，如今却被来自河南的一家火腿肠厂定论了。8 月 5 日的《中国经营报》把《广告首入天安门广场》这条新闻放在了四版头条。特别值得一提的是，这则不足千字的短文同时配发了足有 1200 字的评论。这则题为《中国广告史上的新一页》的评论称：“中国广告史上较为成功的广告是西泠电器花百万元在报纸头版做整版广告，其轰动效应至今仍在继续，此广告可称为我国公关广告史上第一个成功案例。之后是 KENT 将广告做到武汉电视发射塔上，后来又让广告上了运载火箭。而能称为继西泠电器之后更为轰动的广告策划活动，还是在南京长江大桥这一具有历史意义的建筑物上做广告。虽然这一举措争论了很久，但最终得以圆满解决，广告成功地上了南京长江大桥。而广告首入天安门广场这一既成事实告诉中国的企业家——请再大胆一些！天安门广场以“双汇”做广告，将作为一个极成功的企业公关策划活动写入中国公关广告史、中国CI史中。”

在新闻媒介爆炒“‘双汇’登上天安门”这一事件中，“双汇”的拥有者——华懋双汇集团漯河肉联厂无疑是最大的受益者。这个1991年产值、利税仅分别为1.7亿元和463万元的名不见经传的企业，自1992年上马“双汇”牌火腿肠以来，其经济实力迅速膨胀壮大，如今已是年产值15亿元。利税1.2亿元的国家大型一类企业了。“双汇”的急遽崛起，很大程度上得益于该企业对广告公关活动的一贯高度重视。据悉，双汇集团每年的广告费支出达2000万元以上。

说起来您也许难以相信，双汇集团把自己的广告攻入天安门广场，仅仅破费12万元，尚不及《人民日报》半个套红广告版面的花费。当初，精明的双汇人得知“逛北京、爱北京、建北京”大型旅游文化活动将在天安门广场隆重举行开幕式时，就已经酝酿着要制造一起轰动全国的特大新闻了。于是，“双汇”派出最得力的公关人员，终于以1个气球1万元的价格，成功地赢得了北京市有关部门的审批通过。当领导同志还在为组委会人员“反正开幕式活动需要动用气球助兴，何不在气球下面挂个企业名字的条幅而多收入12万元”的做法深为赞许时，并没有意识到建国以来企业广告首次进入天安门将既成事实。从某种意义上说，如果没有新闻界的渲染，参加“逛北京、爱北京、建北京”活动开幕式的人们，最多只能回忆起当时有彩色气球飘扬在天安门广场上空。

据说，“双汇”闯入天安门广场做广告的消息传出之后，不少企业纷纷找天安门广场委员会，提出愿不惜数百万元的重金购买寸土做广告，却均被婉言谢绝；当企业以“双汇”何以能入天安门做广告相质问时，答曰：是“双汇”钻了空子，一不留神巧做了广告。

华懋双汇集团公关部负责人说：“虽然我们耗资十多万元仅能换得广告气球在天安门广场飘扬3天，但我们作为第一个吃螃蟹者，这本身就是新闻，我们所要的就是这份轰动效应，它所产生的意义已远远大于广告本身的价值……”

“金鹰”巧购“宫灯”

名不见经传的宁波金鹰集团前不久以远远超出普通人心理价位夺魁，成为天安门城楼一对退役宫灯的新主人，一时成为新闻。用1380万元买了两个大红灯笼，对此豪举，多数人不解。只为两个灯笼，一掷千万，相当于一个中型企业的投资，此举是否值得？

金鹰集团为何钟情于大红宫灯，大红宫灯又引发了什么样的宫灯效应，成为宫灯拍卖后人们关注的话题。3月初的北京，树还没有发芽。从颐和园西行至温泉，在一片旷野的晨雾中，淡淡地透出一大片漂亮的仿古建筑群。它就是宁波金鹰集团在北京投资5亿元人民币兴建的高级游乐场所——中华百亭鱼乐园。两只红红的大宫灯飘飘扬扬地悬挂在尚未竣工的门楼上。

也许是它们第一次挂在了天安门外的地方，让人感到尤为特殊。对于拍卖宫灯，一直是个敏感的话题。有人认为，宫灯是天安门的一部分，卖了会有损国家的形象。另一种意见则认为，宫灯已经退役，作为纪念性文物却有价值，万众瞩目的拍卖将会是爱国主义的课堂。

参加拍卖的企业都是很具实力的企业，而并无盛名的金鹰集团成为宫灯的新主人，结果出人意料。人们惊奇地发现：金鹰是一个新兴的企业集团，其人员组成平均只有35岁，却运作着近数亿资产。总裁吴彪，金融界出身，在不到两年的时间里领导企业在实业、商贸、地产、金融、旅游、传媒等诸多行业里崭露头角。中华百亭鱼乐园可谓是浙江省在北京最大的投资项目。

当记者问起吴彪为何钟情于这对宫灯时，他说："我们首先认为这对宫灯是中国文物中的无价之宝，是新中国的历史见证。待中华百亭鱼乐园建成后我们要把它挂在园门口，让海内外游人参观。另外，"金鹰"作为一个实力雄厚的集团，有义务保护好国家的文物。"

百亭鱼乐园的确景色不凡：高大华丽的城楼，黑白相间的小屋依水而建，一幅江南风景画。1400米长的游廊，百座庭台与琉璃交相辉映，配上中华5000年历史的长卷壁画和1080座中国姓氏源流石碑，令人耳目一新。大红宫灯找到了一个新家。"金鹰"仅仅因为鱼乐园是仿古建筑园林，就天真地挂上了这对大红宫灯以锦上添花吗？

确实，金鹰集团竞买宫灯是出于中华百亭鱼乐园本身建筑风格的需要，也是出于保护文物，爱国情愫等等原因。但作为商家，"金鹰"竞买宫灯毕竟是一项投资，由此引发的大红宫灯效应，除了政治的、文化的、社会的，还有经济的。金鹰集团以巨额的付出换回了更多的回报。

有人算了这样一笔账：自1月9日中国嘉德国际拍卖公司向传媒发布了一对天安门旧宫灯将被拍卖的消息，至2月19日这对宫灯拍卖至今，国内外有400至500家新闻媒介对此事进行了报道。如果"金鹰"刻意去做广告的话，将投入上亿元的资金，难怪有人说：与花钱做广告相比，"金鹰"的这种传播方式才是真正一流的策划。

"金鹰"人买到宫灯后，突出的感觉就是生意好做极了。人们不容置疑地相信："金鹰"有实力。前不久，金鹰集团在上海某大钢厂欲买钢材，因钢厂不了解这一新客户资信情况致使产品合同没有签成。宫灯拍卖以后，"金鹰"二次赴沪，对方闻听是买宫灯的企业，二话没说，立即签订合同。金鹰集团在近期有意向北京发展，想在北京找地建立总部大厦。无奈近期不再新批基建项目。北京一大股份公司手里有立好的项，只因资金缺乏而迟迟不能开工，当听说竞买宫灯的企业有合作意向后，两家立刻进行谈判，意欲合作。宫灯使企业赢得了意外的市场优势，其商业价值不言而喻。买宫灯后，金鹰集团接到了许多愿意与其合作的信息。最有意思的是广州、上海几家名望甚高的宾馆、饭店，愿意租借大红宫灯，开价每日租金3万元！如果以此计算，“金鹰”每年坐收1000多万元。但总裁吴彪却一概予以拒绝，理由很简单：让全国人民放心，宫灯一定会保管好的，“金鹰”不会将这对国宝用于纯商业活动的。

行内人估计，这对唯一流入民间的大红宫灯，本身就具备很高的经济价值，若干年后还将大大增值。大红宫灯引发出的宫灯效应，可以说是商业竞争的智慧和文化层次上的体现，是商业策划运筹得当的成果。

“金鹰”人认为以1380万元的巨资买来一对宫灯值得。如果在低价位上购得却达不到预期反应，虽节省了投资，但亦意味着失败。失败的投资商家是不会去做的，其实“金鹰”人对这对“宫灯”的心理价位在2000万元左右。精明的企业家知道：这是一项掷地有声的投资而决非简单的开销。此举只是“金鹰”成功的市场战略的一部份。

“蓝岛”在崛起

北京蓝岛大厦，自1993年1月18日正式营业以来，在短短两年多的时间里，运用Cl战略，在社会公众中树立了良好低价企业形象，无论是社会效益还是经济效益，都取得了很大的成绩。经济效益方面，大厦从刚开业的日均销售90万元，直至日均销售200多万元，最高达451万元。至1994年1月18日开业一周年时，全年销售额达到了5．8亿元，跃居京城10大商城第六位。社会效益方面，蓝岛获得了较高的知名度和美誉度，受到了各级领导和社会各界的广泛赞誉，成为首都人民所喜爱的购物中心之一。

1993年是我国社会主义市场经济迅速发展的一年，也是邓小平同志“南巡讲话”之后企业大胆开拓进取的一年。从客观经济形式看，社会主义市场经济迅速发展，商业从传统的计划经济体制逐步走上了市场经济的正确轨道，并由卖方市场转变为买方市场，谁能将消费者吸引过来，谁就会兴旺。从北京市商业的发展情况来看，百货大楼、西单商场等老字号市场，依然雄风不减。亚运会以后，北京的商业发展迅速，随着西单购物中心、长安商场、赛特等一批新型商场的开业，给北京市的消费者带来了耳目一新的感觉，使北京商业在观念上有了进一步的更新。就是说，现代化的商业要在经营布局、指导思想以及购物环境、服务方面都要有一个变化，要向国际水平靠拢。

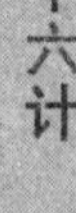

从自身条件看，蓝岛大厦属于区属企业，在强手如林的情况下，存在许多不利的因素。从地理位置看，朝外大街没有形成商业群体网络，还属于二类商业区，与王府井大街、西单地区等老商业区比还有差距，在竞争上处于相当大的劣势。从自身人员来看，蓝岛大厦有2/3的职工没有商业经验，另外1/3的职工过去多在小商店工作，缺乏干大商场的经验，与一些新型商场比，人员状态不容乐观。另外，蓝岛大厦北有燕莎，南有贵友、赛特、友谊，西有隆福、东有鑫帝大厦，使蓝岛的未来发展面临着严峻的考验。

但是，朝阳区的领导和人民十分关心蓝岛，寄希望于蓝岛。蓝岛的建成开业，凝聚着朝阳区人民的厚望。面对着挑战和期盼，蓝岛大厦的决策者在开业之前就已经在考虑如何在市场竞争中站住脚，如何能够取胜。经过多次研究，蓝岛人形成一种共识，那就是企业的发展取决于能否独树一帜，能否搞出自身特色，不能走别人走过的路。在这一大思路的前提下，蓝岛大厦聘请了一些商业系统有丰富经验的退休领导组成顾问团，为蓝岛出谋划策；同时，又聘请了大专院校的专家、学者为蓝岛的经营战略提供咨询。在大家的共同努力下，蓝岛大厦决定导入 CI，运用 CI 战略，塑造蓝岛形象，以良好的形象在竞争中取胜。

树立形象蓝岛大厦引入 CI 战略，确定以蓝色为基本色调，形成了店徽、店旗、店服、包装用品等统一的企业视觉识别系统。

蓝岛大厦导入 CI 的第一步体现在蓝岛大厦名字上。“蓝岛大厦”的名字，不仅朗朗上口，而且充满了文化气息，体现了鲜明的时代色彩。“蓝岛”的含义非常深远：蓝岛是一个不规则的多边形，酷似一座岛屿，外覆蓝色玻璃幕墙，具有海水般的颜色，“蓝岛”之名自然而生；蓝色象征蓝岛人宽广的胸怀，象征着蓝岛员工给予消费者满意的商品和温馨的服务；海中之岛，蕴藏着无尽的宝藏，预示着蓝岛永远繁荣富强。

蓝岛的店徽、工装和各种办公用品、运输车辆等都有蓝岛的标识，即蓝白相间的徽标。同时还把它引伸到商品布局中，商品布局主色调店徽淡雅，以蓝白相间为主。蓝岛还设计了带有文化氛围的环境及布局名称。当顾客进入蓝岛，首先感到的就是生活情趣、文化休养、休闲娱乐为一体的享受空间。在一楼设有总服务台，大型电子屏幕交换着温情的问候和带有商业文化色彩的导向性商品介绍。售货员身着蓝色制服，整洁淡雅，话语言谈充满了文化味和人情味，被孩子们亲切地称做“蓝精灵”。无论是大厦的整体布局，还是各商品部的布局设计，都弥漫着浓烈的文化气息，供消费者品味。CI 的导入与实施，树立了鲜明的“蓝岛形象”。

蓝岛大厦在开业之初，就确定了“蓝岛”的经营目标，即“立足朝阳，面向首都，辐射全国，走向国际”。立足朝阳区是基本的，这是由蓝岛大厦所处的位置决定的。然后要面向首都，服务于首都千百万消费者，进而辐射全国，最终要走向世界，向实业化、集团化、国际化迈进。

为了达到这一目标，蓝岛大厦从经理到每一名职工，都会毫无愧色地说自己尽了最大努力。开业前夕，蓝岛人自己动手消除了上百吨建筑垃圾，将近千吨货物扛进 6 楼库房，而这些没有丝毫报酬。

这些靠的是什么？蓝岛职工说得好：“人总是要有一点精神的！”蓝岛大厦的领导班子在开始就建立了正确的经营思想，形成了以情意精神为核心的一整套现代经营理念、企业精神。

开业伊始，蓝岛人就创办了《蓝岛商报》，每期均有一篇主要文章诠释蓝岛的经营策略，均有全体员工奋斗的佳绩和战果。《蓝岛商报》不仅是联结上下左右的纽带，也是蓝岛大厦职工的行为导向。蓝岛人还创作了店歌——《给世界的爱》及10首蓝岛之歌，如“每次当我从蓝岛走过”、“蓝岛情”。“要购物你就到蓝岛”、“相聚在蓝岛”等。商报和店歌使每个蓝岛人的心灵紧紧相连，融为一体，形成了充满文化气息的企业环境。

利用古都名城招揽大批客人

河南开封市是中国七大古都之一，特别是北宋时期，它曾有过一段辉煌的历史。在该市中心的龙亭公园潘杨二湖畔仿建起一条“宋调度御街”，它全长400米，从街头向北笔直的大道望去，远处的龙亭大殿依稀可见。大道两侧的建筑物高低错落，雕梁画栋，尤其是临街处东西对称的两个角楼，更显示出宋代建筑风貌的精美别致。

精明的河南人充分利用古都风华之美，根据各自的经营特点挂出幌子、招牌、匾额、楹联，所有从业人员都摹仿穿宋朝服，依照宋代经营方式，从事商业活动，使人能够一睹800年前宋代人的风土人情，十分有趣。

一跨进“惠民药局”，只见柜台内有几位宋代装束打扮的人正忙碌着。“老郎中”在为病人切脉，伙计在为病人抓药，使人似乎看到了宋代时中药店的格局和经营方式。

匾额上写着“东京镖局”的店铺门前，整整齐齐摆着十八般兵器，威风凛凛。店铺上方，一根高高的铁旗上挂着一面黄色的旗幡，上绣图案。店里所售的都是现代的保安器材。保安公司开设的这家器材商店，巧取“镖局”之名，很有几分神似。

利用古都名城的自然景观经商，既能够向游客展示当地的风土人情，又可以通过仿古招揽大批客人，盈利自在其中。

现代人生活在竞争激烈的快节奏社会中，很羡慕古人悠哉悠哉的生活。善于做买卖者就利用人们“发思古之悠情”的心理，大量建造仿古建筑，把古代的建筑美与现代的经商活动融和起来，既增加了旅游景点，又带来了很高的经济效益。天津有名的仿古建筑“食品一条街”，即是一个成功的例子。

企业花钱买桥名声大振

1989年，杭州保灵有限公司率先出资十几万元，买下了延安路中段的人行天桥的取名权，并以本企业产品的商标命名该桥为“保灵”桥，令企业名声大震。各企业纷纷效法，争着出钱买桥名。位于杭州市官巷口的解放天桥正在建造之中，它的取名权即被杭州西湖味精厂以15万元巨资买去。这座繁华路段的人行天桥，除了供行人安全过马路外，又有了一层新的意义：为市改建设和企业经营之间搭了一座互为促进共同发展的友谊之桥。

杭州西湖味精厂和杭州保灵有限公司花巨资买桥名的做法可谓一举两得。一方面支援了城市建设，为老百姓做了件好事，让大家交口称赞；另一方面，提高了本企业的知名度，增强了自己产品在市场上的竞争能力。这实际上比花钱在电视、广播上做广告要合算得多。因为声音和图像都是一闪即逝的东西，唯有桥可以保存长久。只要桥在，企业的知名度就在，这笔钱花得值得。

秦楚丹阳之战

公元前313年，秦国准备攻打齐国。当时六国（齐、楚、燕、韩、赵、魏）合纵抗秦，以楚怀王为纵约长；尤其是齐、楚两大强国结成相当牢固的联盟，对秦构成严重的威胁，秦惠王深为忧虑，问计于丞相张仪。张仪说：请大王免掉臣的丞相之职，让我南游楚地，凭臣三寸不烂之舌，伺机向楚王进言，必定要使楚国与齐国断交，而与秦国亲近。秦惠王同意了。张仪来到楚国，先以重金贿赂了楚怀王的亲嬖近臣靳尚，然后拜见楚怀王，陈说楚国联齐是联秦的利害得失。还假作谦卑地向楚怀王表示：秦王本来有意要事奉大王（指楚怀王），就是我张仪也愿意给大王做守门的臣仆，只因楚与齐结盟，才使我秦国国君感到不好办；如果大王能与齐绝交，我们国君愿意将往日商君从楚国夺去的商於（在今河南淅川县西南）之地600里归还楚国，并送秦王室的女子给大王做妾，让秦、楚两大国永结婚姻之好。楚怀王果然中计，群臣也因能不费一兵一卒便收复商于之地600里而向怀王贺喜。当时只有客卿陈轸、大夫屈平看出了张仪的诡计，劝怀王不要上当，但怀王利迷心窍，拒不采纳，还授予张仪以楚国相印，赐黄金百镒，以示嘉奖。张仪返秦后却一面装病不出，不与楚使会面落实割地之事，让楚使在咸阳白等了3个多月；一面却遣使入齐，暗地与齐结盟。待楚与齐绝交后，张仪方才接见楚使逢侯丑，并赖账说：所谓归还商於之地600里，那是你们大王听错了；我说的只是我张仪的俸地6里。秦国的土地都是将士们身经百战得来的，岂肯以尺寸让人。楚怀王听了逢侯丑回来的报告悖然大怒，立即宣布与秦断交，并命屈聚为大将，逢侯丑为副将，起兵10万攻秦，进军蓝田（今陕西西安以南），结果为秦齐联军所败，被追至丹阳（今陕西汉中），次年春，屈聚聚集兵力与秦齐联军决战于丹阳，结果又遭大败。楚军前后被斩首者8万余人，大将屈聚、副将逢侯丑被俘，又丧失汉中之地600里。在这一战役中，秦以暂免张仪丞相职（以便他以平民身分往楚游说）；诈称归还商於之地600里；表示愿与秦结通婚之好；卑称秦王愿意侍奉楚王等为“砖”抛给楚王，从而引得破坏齐楚联盟；击溃楚军擒获楚大将；

得汉中之地600里等数块大“玉”。张仪之计虽卑劣，但却不可谓不高明哩！

保卫延安之战

1947年春，蒋介石在全面进攻解放区的计划破产以后，便集中兵力对我山东解放区和陕甘宁边区，实行“重点进攻”，企图在战略上突破两翼，钳制华北。敌人进攻主力是蒋介石嫡系西安绥靖公署胡宗南集团20个旅，另有青海马步芳、宁夏马鸿逵集团12个旅，榆林邓宝珊集团2个旅，共34年旅，23万人。解放军西北野战军在党中央、毛主席的直接领导和彭德怀司令员的组织指挥下，决定先在延安以南进行机动防御，给敌以大量杀伤，而后主动撤出延安，“抛砖引玉”，诱敌深入，相机各个歼灭敌人。当时，在陕北战场上，敌我兵力在数量上是10：1，敌军23万余人，我军2万5千余人。毛泽东首先分析了战场形势，对部队说明暂时放弃延安的必要性，并说：“我们有些同志把‘不放弃一寸土地’的政治口号用在战术上，不管自己力量大小，和敌人死打硬拼，这是错误的。寸土必争是对的，但是要看怎么争。存人失地，人地皆存；存地失人，人地皆失。我们要拿一个延安换一个全中国。”在毛泽东看来，抛出延安这块“砖”，去引得战胜胡宗南，最后解放全中国这块“玉”很合算。果然，仅在撤出延安后的40天时间里，在毛泽东领导下，西北野战军就取得了青化砭、羊马河、蟠龙三次战役胜利，歼敌1万5千余人，给了蒋、胡军以迎头痛击；仅仅过了1年1月零3天，延安就重新回到人民手中；仅在2年多之后，就摧毁了蒋家王朝在中国大陆的统治，成功地兑现了“拿一个延安换一个全中国”的诺言。

三十六计　第十八计　擒贼擒王

摧其坚，夺其魁，以解其体。龙战于野，其道穷也（1）。

注释

（1）龙战于野，其道穷也：语出《易经·坤》卦。坤，卦名。本卦是同卦相叠（坤下坤上），为纯阴之卦。引本卦上六，《象辞》：“龙战于野，其道穷也。”是说即使强龙争斗在田野大地之上，也是走入了困顿的绝境。比喻战斗中擒贼擒王谋略的威力。

按语

攻胜则利不胜取。取小遗大，卒之利、将之累、帅之害、攻之亏也。舍胜而不摧坚擒王．是纵虎归山也。擒王之法，不可图辨旌旗，而当察其阵中之首动。昔张巡与尹子奇战，直冲敌营，至子奇麾下，营中大乱，斩贼将五十余人，杀士卒五千余人。迎欲射子奇而不识，剡蒿为矢，中者喜谓巡矢尽，走白子奇，乃得其状，使霁云射之，中其左目，几获之，子奇乃收军退还。

解析

战争中，打败敌人，利益是取之不尽的。如果满足于小的胜利而错过了获取大胜的时机，那是士兵的胜利，将军的累赘，主帅的祸害，战功的损失。打了个小的胜仗，而不去摧毁敌军主力，不去摧毁敌军指挥部，捉拿敌军首领，那就好比放虎归山，后患无穷。古代交战，两军对垒，白刃相交，敌军主帅的位置比较容易判定。但也不能排除这样的情况：敌方失利兵败，敌人主帅会化装隐蔽，让你一时无法认出。张巡计高一筹，用秸杆当箭，一下子让主帅尹干奇暴露出来，将他射伤。

探源

擒贼擒王，语出唐代诗人杜甫《前出塞》："挽弓当挽强，用箭当用长，射人先射马，擒贼先擒王。"民间有"打蛇要打七寸"的说法，也是这个意思，蛇无头不行，打了蛇头，这条蛇也就完了。此计用于军事，是指打垮敌军主力，擒拿敌军首领，使敌军彻底瓦解的谋略。擒贼擒王，就是捕杀敌军首领或者摧毁敌人的首脑机关，敌方陷于混乱，便于彻底击溃之。指挥员不能满足于小的胜利，要通观全局，扩大战果，以得全胜。如果错过时机，放走了敌军主力和敌方首领，就好比放虎归山，后患无穷。

唐朝安史之乱时，安禄山气焰嚣张，连连大捷，安禄山之子安庆绪派勇将尹子奇率十万劲旅进攻睢阳。御史中丞张巡驻守睢阳，见敌军来势汹汹，决定据城固守。敌兵二十余次攻城，均被击退。尹子奇见士兵已经疲惫，只得鸣金收兵。晚上，敌兵刚刚准备休息，忽听城头战鼓隆隆，喊声震天，尹子奇急令部队准备与冲出城来的唐军激战。而张巡"只打雷不下雨"，不时擂鼓，象要杀出城来，可是一直紧闭城门，没有出战。尹子奇的部队被折腾了整夜，没有得到休息，将士们疲乏已极，眼睛都睁不开，倒在地上就呼呼大睡。这时，城中一声炮响，突然之间，张巡率领守兵冲杀出来. 敌兵从梦中惊醒，惊慌失措，乱作一团。张巡一鼓作气，接连斩杀五十余名敌将，五千余名士兵，敌军大乱。张巡急令部队擒拿敌军首领尹子奇，部队一直冲到敌军帅旗之下。张巡从未见过尹子奇，根本不认识，现在他又混在乱军之中，更加难以辨认。张巡心生一计，让士兵用秸杆削尖作箭，射向敌军。敌军中不少人中箭，他们以为这下玩了，没有命了。但是发现，自己中的是秸杆箭，心中大喜，以为张巡军中已没有箭了。他们争先恐后向尹子奇报告这个好消息。张巡见状，立刻辨认出了敌军首领尹子奇，急令神箭手、部将南霁云向尹子奇放箭。正中尹于奇左眼，这回可是真箭只见尹子奇鲜血淋漓，抱头鼠窜，仓皇逃命。敌军一片混乱，大败而逃。

案例

土木堡之战

明英宗宠幸太监王振，王振是个奸邪之徒，侍宠专权，朝廷内外，没有人不害怕他。当时北方瓦剌逐渐强大起来，有觊觎中原的野心。王振拒绝了大臣们在瓦剌通往南方的要道上设防的建议，千方百计讨好瓦剌首领也先。

公元1449年，也先亲自率领大军攻打大同，进犯明朝。明英宗决定御驾亲征，命王振为统帅。粮草没有准备充分，五十万大军仓促北上。一路上，又连降大雨，道路泥泞，行军缓慢。也先闻报，满心欢喜，认为这正是捉拿英宗平定中原的大好时机。等明朝大军抵达大同的时候，也先命令大队人马向后撤退。王振认为瓦刺军是害怕明朝的大部队，畏缩而迅，于是下令追击瓦剌军。也先早已料到，已派骑兵精锐分两路从两侧包围明军。明军先锋朱瑛、先晃，遭到瓦剌军伏击，全军覆没。明英宗无可奈何，只得下令班师回京。

明军撤退到土木堡，已是黄昏时分。大臣们建议，部队再前行二十里，到怀来城凭险拒守，以待援军。王振以千辆辎重未到为理由，坚持在土木堡等待，也先深怕明军进驻怀来，拒城固守，所以下令急追不舍。在明军抵达土木堡的第二天，就趁势包围土木堡。

土木堡是一高地，缺乏水源。瓦剌军控制当地唯一水深——土木堡两侧的一条小河。明军人马断水两天，军心不稳。也先又施一计，派人送信王振，建议两军议和。王振误以为这正是突围的好时机，他急令部队往怀来城方向突围。这一下正中也先诱敌之计，明军离开土木堡不到四里地，瓦剌军从四面包围。明英宗在乱军中，由几名亲兵保护，几番突围不成，终于被也先生擒。王振在仓皇逃命时，被护卫将军樊忠一锤打死。明军没有了指挥中心，溃不成军，五十万大军全军覆没。

困境求生存名扬四海

1989、1990年两年，我国经济处在调整中，银根紧缩，市场销售普遍不旺。年轻的西安杨森产品刚刚上市就面临这种困境。但杨森人并未坐叹自己的产品生不逢时，而是视困境为增强竞争力的机遇，凭借产品质量高、品种多、剂型全的优势，信心百倍地走向市场。

为了使自己的产品能打开销路，杨森公司设计了一个“摧其坚，夺其魁”的公关战术。他们紧紧抓住医药相连这根线，打出了“让每一个中国医生都了解西安杨森的产品”这一口号。结合我国医药市场的特点，借鉴西方市场的营销策略，形成了一套独具特色的“三角形宣传模式”。

位于“三角形”顶端的是医药界名流、权威组成的杨森科学委员会，对公司的产品、科研、管理等进行高层次的指导。在社会上，这些社会名流的介绍推荐令人可信，其宣传效果远非商业性广告可比。“三角形”的中间部份，面向医务人员，特别是有处方权的中青年医生，他们知药、懂药，对药品可主动选择，直接接受。通过报刊、电台、电视台进行广泛的宣传，吸引广大消费者，便构成了“三角形”雄厚坚实的底部基础。这套宣传模式以医药界名流、权威为龙头，抓住了这一龙头，也就起了以点带面的作用，影响了社会的不同阶层，影响面之广为一般宣传形式所不及，这在树立公司良好形象、提高新产品知名度方面，发挥了积极有效的作用。

在武汉召开的全国医药订货会上，公司利用报纸、电视、路牌、车身巨幅标语、气球标语等大做广告，使西安杨森公司名声大振，一次订货就达1500万元。公司为新产品宣传所进行的公关活动仅1990年就举办大型新产品宣传会51次，与会者达6400多人；召开小型医院座谈会115次，共有7400多人参加。1990年的广告费用500万元，而销售收入达到了1.89亿元。

地产公司夺其魁首智胜镇政府

尼尔伦伯格律师事务所附近的H镇有家铁路公司，其财务状况令股东们完全丧失了信心。早在三四十年代它就把占用和租凭来的土地资产抵押，还发行了债券，但所得资金却因铁路经营不好而亏损大半，只得又卖了所余资产中一部分土地，才避免破产。到了60年代，若无大笔资金涌入，只能宣告倒闭。它的不动产部慌忙找到当地的地产公司，迫不及待地提出利用铁路公司过剩地产赚钱的意向。经过反复推敲，仍无法逾越“合法性”这个障碍，因为铁路公司没有买下这些土地的全部产权，这些地产只要不再用于铁路事业，原主就要收回土地。地产公司拿不到铁路公司地产的完整地契就无法达成交易。

不过地产公司绝不肯放走送到嘴边的肥肉，于是找尼尔伦伯格律师事务所出主意，得到的锦囊妙计是不买，租，租用99年。地产公司通过尼尔伦伯格律师事务所设计，首先擒住铁路公司法委顾问和土地托管人，取得建筑许可证，又擒住以共和党组成的镇政府不放，镇政府也抓住了地产公司无法从窘境中脱身这一点挽回了一点面子。

新汉昆阳之战

新王莽地皇四年（公元23年）2月，新市、平林、下江数支农民起义军与刘秀兄弟领导的反对新莽政权的部队会师进攻王莽军据守的重镇宛城（今河南省南阳市），兵力达10余万人。为加强反莽军的统一领导，各部首领商议共立汉室后裔刘玄为帝，恢复汉制，号为更始，于是声威大振。为保障主力夺取宛城，更始帝刘玄派王凤、王常、刘秀率军2万攻下宛城东北的昆阳（今河南叶县）、定陵（今河南舞阳北）、郾县

（今河南郾城）等地。刘秀乘胜率军数千北抵阳光（今河南禹州西北），威胁新莽之东都洛阳。王莽闻报大惊，急令心腹大司徒王寻、大司空王邑召集各郡国兵马42万，号称百万，名为虎牙五威兵，并授权王寻、王邑便宜行事，得专封赏，必欲一举全歼中原各路义军，摧毁更始政权。五月，新莽军进抵颍川（今河南禹县）。鉴于新莽军势大，刘秀被迫撤军昆阳。新莽军随即包围昆阳。当时昆阳汉军不足万人，粮草仅可支持十来天，形势十分危急。当时王凤、王常见大军压境，十分恐慌。然刘秀却镇静自若，建议一面固守，一面派要员赴定陵、郾城调集分驻之汉军来援。当时，王凤、王常等皆不敢冒险出城。刘秀遂自告奋勇，选精骑10人，加上愿与刘秀同往的2名将领，共13人，乘夜潜出南门，直奔定陵、郾县。新莽军统帅王寻、王邑依恃己军势大，下令强攻；围昆阳数十层，列营数百，金鼓之声远振数十里，并造楼车，高10余丈，俯瞰城内，依高以强弩敌射城内守军。又造冲车，以巨木撞击城门、城墙，城体为之震栗，其声惊心动魄。又掘地道攻城，给汉军造成极大威胁。六月，刘秀率步骑1万回救昆阳，初战斩敌1000余。又假造汉军已攻下宛城的消息，以动摇新莽军心。但王寻、王邑恃众无恐，仍不将刘秀率领的近万名汉军放在眼里。一面以部分兵力抵御援军，一面继续加强攻城。刘秀为了以不及敌四十分之一的兵力，早日解除昆阳之围，遂决定以擒贼先擒王的战法，亲率精兵3000，从城西水道，直撞敌军主帅王寻、王邑的中营。王寻、王邑亲率中营万人迎战，却怎么也抵不住刘秀3000敢死兵的猛烈冲击，很快便阵脚大乱。刘秀乘势率尖兵直取王寻，斩王寻于马下。王邑乘乱逃之夭夭。城中汉军见状也乘势出击。新莽40余万大军一时失了主帅，迅速全线溃败。加上当时恰遇洪水暴涨，敌军在溃逃中淹死者无数。王邑仅收得残部数千人逃回洛阳。新莽军主力被歼，宛城守军随即投降。汉军乘胜分兵于是年秋攻入洛阳、长安，王莽被杀。新莽政权只存在不到15年便短命呜呼了。

大柏地“割尾”伏击战

1929年1月，就任“湘赣两省剿匪总指挥”仅2个多月的江西军阀朱培德，因在宁冈和龙源口“剿匪”中失败，被蒋介石免职，改任“富有剿匪经验”的湖南军阀何键为湘赣粤3省“会剿”总指挥。何键采用碉堡战术，将井冈山红色根据地围得铁桶一般，红军物资来源几乎全被截断，生活极为艰难，以致水肿流行，许多战士连举枪都感到有些吃力。国民党乘红军生活困难之机，调集湘赣粤3省18个团的兵力，加紧对井冈山进行第3次“会剿”，为粉碎敌人这次“会剿”毛泽东于1929年1月14日在宁冈开会决定，留彭德怀的红五军和红四军第32团坚守井冈山，自己和朱德率红四军主力3600余人向赣南闽西进军。红军此举，出敌所料。何键急调部队追击堵截，敌刘士毅第15旅2个团尾追不合。红四军绕道赣南边境。在艰苦卓绝的斗争中，且战且走2000余里，于2月9日（农历大年三十）进入赣东南瑞金以北60里处的大柏地。毛泽东决定利用这里的有利地形，打一个伏击战，砍掉刘士毅第15旅这条

"尾巴"，摆脱被尾追的被动局面。

大柏地是瑞金县的一个偏僻山区小村镇。从隘前、麻子坳到大柏地，是一个南北走向的陕谷，长约10里，人烟稀少，两侧高山耸立，草木丛生，地形复杂，一条小路逶迤谷底，直达宁都，是一个理想的设伏区。除夕之夜，毛泽东、朱德开会布置了一个布袋阵。2月10日下午2时左右，刘士毅部追兵进人大柏地。敌团长钟桓提醒刘士毅说："旅座，这里地势险要，恐有埋伏！"刘士毅骄横地说："一伙叫化子，埋伏又怎样！"于是继续挥军前进。敌进至前村以南地区，被前哨营红28团2营顽强阻击达6小时，营长代表胡世俭英勇牺牲。晚上8时左右，2营奉命按原计划撤至大柏地，担任军部预备队。11日清晨，敌进至前村以北距大柏地约3里的地区时，红军开始实施反击。林彪率红28团1营由敌右翼迂回，红31团从敌左翼攻击。战斗打得十分艰苦，从10日下午前哨战开始，至11日上午10时，前后激战20来个小时，敌人始终不肯服输。林彪说：这回是辣子碰辣子，谁也不信邪。战斗处于胶着状态。刘士毅为打破红军包围，首先对红军采取"擒王擒王"战法，乘黎明前的暗幕，派出突击队偷袭红军指挥部，结果被红军击败，刘士毅的阴谋没有得逞。在红四军中素有名气的"娃娃营长"林彪，此时已提升为团长，善于出人意料地打点胜仗。此次伏击战中，毛泽东命他带本团1营绕到山口外敌右翼埋伏，作奇兵之用。这天下午2时，林彪乘正面战斗正激烈进行之际，率红28团1营。突然迂回到前村南侧茶亭以东，以黑虎掏心之势，一举端掉了敌人的指挥所，同时截断了敌人的退路。此时，红31团乘机从左翼发动猛烈攻击，并迅速夺取了高地，占据有利地形。敌军失去指挥，顿时陷入混乱。红军一鼓作气，全歼被围之敌两个团，俘敌团长肖致平、钟桓及其以下800余人，缴枪800余支。敌刘士毅收拾残部仓惶逃回赣州。这是毛泽东率红军离开井冈山，挥师赣南后的第一个大胜仗，也是打得特别凶险的一仗。敌我双方在战斗中先后都使用了"擒贼擒王"计。结果却是一个失败了，未能擒到"王"；一个成功了，致敌"王"倒猢狲散，全盘皆输。1933年夏，毛泽东再过大柏地时，曾写一首光辉的词章《菩萨蛮·大柏地》：

赤橙黄绿青蓝紫，
谁持彩练当空舞？
雨后复斜阳，
关山阵阵苍。
当年鏖战急，
弹洞前村壁。
装点此关山，
今朝更好看。

第十九计　釜底抽薪

不敌其力（1），而消其势（2），兑下乾上之象（3）。

注释

（1）不敌其力：敌，动词，攻打。力，最坚强的部位。

（2）而消其势：势，气势—。

（3）兑下乾上之象：《易经》六十四卦中，《履》卦为“兑下乾上”，上卦为乾为天．下卦为兑为泽。又，兑为阴卦，为柔；乾为阳卦，为刚。兑在下，从循环关系和规律上说，下必冲上，于是出现“柔克刚”之象。此计正是运用此象推理衍之，喻我取此计可胜强敌。

按语

水沸者，力也，火之力也，阳中之阳也，锐不可当；薪者，火之魄也，即力之势也，阴中之阴也，近而无害；故力不可当而势犹可消。尉缭子曰：“气实则斗，气夺则走。”面夺气之法，则在攻心，昔吴汉为大司马，有寇夜攻汉营，军中惊扰，汉坚卧不动，军中闻汉不动，有倾乃定。乃选精兵反击，大破之：此即不直当其力而扑消其势也。宋薛长儒为汉、湖、滑三州通判，驻汉州。州兵数百叛，开营门，谋杀知州、兵马监押，烧营以为乱。有来告者，知州、监押皆不敢出。长儒挺身徒步，自坏垣入其营中，以福祸语乱卒日：“汝辈皆有父母妻子，何故作此？叛者立于左，胁从者立于右！”于是，不与谋者数百人立于右；独主谋者十三人突门而出，散于诸村野，寻捕获。时谓非长儒，则一城涂炭矣！此即攻心夺气之用也。或日：敌与敌对，捣强敌之虚以败其将成之功也。

解析

锅里的水沸腾，是靠火的力量。沸腾的水和猛烈的火势是势不可挡的，而产生火的原料薪柴却是可以接近的。强大的敌人虽然—时阻挡不住，何不避其锋芒，以削弱它的气势？尉缭子说：士气旺盛，就投入战斗；士气不旺，就应该避开敌人。削弱敌人气势的最好方法是采取攻心战。所谓“攻心”，就是运用强大的政治攻势。吴汉在大敌当前时，沉着冷静，稳定了将士，乘夜反击，获得了胜利。这就是不直接阻挡敌人、用计谋扑灭敌人气势而取胜的例了。宋朝的薛长儒在叛军气势最盛之时，挺身而出，只身进入叛军之中，采用攻心战术。他用祸福的道理开导版军，要他们想想自己的前途和父母妻子的命运。叛军中大部分人是胁从者，所以自然被他这番话说动了。

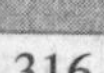

薛长儒趁势说道："现在，凡主动叛乱者站在左边，凡是不明真相的胁从者站在右边。"结果，参加叛乱的数百名士兵，都往右边站，只有为首的十三个人慌忙夺门而出，分散躲在乡间，不久都被捉拿归案。这就是用攻心的方法削弱敌人气势的一个好例子。还有人说，敌人再强大，也会有弱点，我方突然击败敌人的薄弱之处．再击败敌人主力，这也是釜底抽薪法的具体运用。战争中也常使用袭击敌人后方基地、仓库，断其运输线等战术，也可以收到釜底抽薪的效果。

探源

釜底抽薪，语出北齐魏收《为侯景叛移梁朝文》："抽薪止沸，剪草除根。"古人还说："故以汤止沸，沸乃不止，诚知其本，则去火而已矣。"这个比喻很浅显，道理却说得十分清楚。水烧开了，再兑开水进去是不能让水温降下来的，根本的办法是把火退掉，水温自然就降下来了。此计用于军事，是指对强敌不可用正面作战取胜，而应该避其锋芒，削减敌人的气势，再乘机取胜的谋略。釜底抽薪的关键是关于抓住主要矛盾，很多时做，一些影响战争全局约关键点，恰恰是敌人的弱点。指挥员要准确判断，抓住时机，攻敌之弱点。比如粮草辎重，如能乘机夺得，敌军就会不战自乱。三国时的官渡之战即是一个有名战例。

东汉末年，军阀混战，河北袁绍乘势崛起。公元 199 年，袁绍率领十万大军攻打许昌。当时，曹操据守官渡（今河南中牟北），兵力只有二万多人。两军离河对峙。袁绍仗着人马众多，派兵攻打白马。曹操表面上放弃白马，命令主力开向延津渡口，摆开渡河架势。袁绍怕后方受敌，迅速率主力西进，阻挡曹军渡河。谁知曹操虚晃一枪之后，突派精锐回袭白马，斩杀颜良，初战告捷。

由于两军相持了很长时间，双方粮草供给成了关键。袁绍从河北调集了一万多车粮草，屯集在大本营以北四十里的乌巢。曹操探听乌巢并无重兵防守，决定偷袭乌巢，断其供应。他亲自率五千精兵打着袁绍的旗号，衔枚急走，夜袭乌巢，乌巢袁军还没有弄清真相，曹军已经包围了粮仓。一把大火点燃，顿时浓烟四起。曹军乘势消灭了守粮袁军，袁军的一万车粮草，顿时化为灰烬，袁绍大军闻讯，惊恐万状，供应断绝，军心浮动，袁绍一时没了主意。曹操此时，发动全线进攻，袁军士兵已丧失战斗力，十万大军四散溃逃。袁军大败，袁绍带领八百亲兵，艰难地杀出重围，回到河北，从此一蹶不振。

案例

曹操乌巢烧粮草

这个智谋故事见于《三国演义》第三十回"战官渡本初败绩劫乌巢孟德烧粮"。

关羽斩了颜良、文丑，这两场仗打下来，袁军将士被打得垂头丧气。但是袁绍不肯罢休，一定要追击曹操。监军沮授说：“我们人尽管多，可没像曹军那么勇猛；曹军虽然勇猛，但是粮食没有我们多。所以我们还是坚守在这里，等曹军粮草用完了，他们自然就不战自败了。”

袁绍根本不听沮授劝告，命令将士继续进军，一直赶到官渡，才扎下营寨。曹操的人马也早已回到官渡，布置好阵势，坚守营垒。袁绍看到曹军守住营垒，就吩咐兵士在曹营外面堆起土山、筑起高台，让兵士们在高台上居高临下向曹营射箭；曹军只得用盾牌遮住身子，在军营里走动。

就这样，双方在官渡相持了一个多月。日子一久，曹军粮食越来越少。但是，袁绍的军粮却从邺城源源运来。

袁绍派大将淳于琼带领1万人马送运军粮，并把大批军粮囤积在离官渡40里的乌巢。

袁绍的谋士许攸探听到曹操缺粮的情报，向袁绍献计，劝袁绍派出一小支兵马，绕过官渡，偷袭许都，袁绍很冷淡地说：“不行，我要先打败曹操。”

许攸还想劝他，正好有人从邺城送给袁绍一封信，说许攸家里的人在那里犯了法，已经被当地官员逮了起来。袁绍看了信，把许攸狠狠地骂了一通。许攸又气又恨，想起曹操是他的老朋友，就连夜逃出袁营，投奔曹操。

曹操在大营里刚脱下靴子想睡，听说许攸来投降他，高兴得光着脚板跑出来。他拍手欢迎许攸，说：“哎呀，您肯来。我的大事就有希望了。”

许攸坐下来说：“袁绍来势很猛，您打算怎么对付他？现在您的粮食还有多少？”曹操说：“还可以支持一年。”许攸冷冷一笑，说：“没有那么多吧！”曹操改口说：“对，只能支持半年了。”许攸装出生气的样子说：“您难道不想打败袁绍吗？为什么在老朋友面前还说假话！”

曹操只好实说，军营里的粮食，只能维持一个月，许攸说：“我知道您的情况很危险，特地来给您报个信。现在袁绍有1万多车粮食、军械，全都放在乌巢。淳于琼的防备很松，您只要带一支轻骑兵去袭击，把他的粮草全部烧光，不出三天，他就不战自败了。

曹操得到了这个重要情报，立刻把曹洪等人找来，吩咐他们守好官渡大营，自己带领5000骑兵，连夜向乌巢进发。他们打着袁军的旗号，沿路遇到袁军的岗哨查问，就说是袁绍派去增援乌巢的。袁军的岗哨没有怀疑，就放他们过去了。曹军到了乌巢，就围住乌巢粮屯，放起大火，把1万车粮草，烧得一干二净。乌巢的守将淳于琼匆匆应战，也被曹军杀了。

正在官渡的袁军将士听说乌巢起火，都惊慌失措。袁绍手下的大将张郃、高览带兵投降。曹军乘势猛攻，袁军四下逃散。

御史智用原告救李靖

李靖是唐朝人，他当岐州刺史的时候，有个人为了讨好皇帝，控告他有野心，要

聚兵造反。唐高祖得到这一情况后，立即命令一个御史前去调查，并告诉御史："如果李靖真的要阴谋造反，可以当场处死。"

这个御史知道李靖奉公守法、体贴百姓，不可能图谋造反。说他要造反，肯定是诬告、陷害。可是，怎么才能把这件事弄个真假分明呢？

御史思前虑后，想出了个办法。他请求和那个控告人一块去办这个案子，皇帝答应了他的请求。御史领了圣旨，和那个控告人一起，直奔岐州。

走了几百里地，管行李的随从向御史报告，控告人原来写的状子丢了。御史大为恼火，用鞭子狠狠抽打那个随从。随从惊恐万状，只顾磕头求饶，很是凄惨。

看着随从那个可怜的样子，御史不忍心再打了，叹了口气，对那个控告人说："李靖谋反事实很清楚，我们奉旨去查办，谁曾想到，随从把状子丢了，这是要掉脑袋的。我们俩办不成此事，也有和李靖勾结的嫌疑，会受到严厉的惩罚。"那个控告人一听，觉得有些不妙，问御史怎么办才好。

御史又摇头又叹气。表示事情非常棘手，踌躇了半天，说："要想我们都不受连累，救随从一命，我看只有一个办法，你再重新写一张状子，全当没有丢，我们还是照常去查办。"那个控告人也觉得再没第二个好办法了，就重新写了一张状子，给了御史。

控告人哪里知道，这是御史和随从定的一计，状子并没有丢，它就在御史的衣袖里。拿出来和重新写的状子一对照，发现内容很不相同。御史立即返回京城，向皇帝报告了这个情况。

皇帝一时闹不清这里面有什么文章。御史说："如果李靖造反真有其事，控告人不管在什么时间，在什么地方，也不管是在什么情况下，写出的状子应该是一致的，现在出入很大，有些甚至是牛头不对马嘴，说明是控告人凭空捏造的。"

皇帝立即对控告人进行审讯。果然是控告人捏造事实，进行诬陷。皇帝把那个控告人判为诬告陷害罪，杀了。

文彦博借用实例平市场

宋仁宗至和年间，国家财政紧张，几种钱币同时流通，国家难以控制市场。于是，便有大臣上疏仁宗，请求统一钱币，特别是要罢掉陕西铁钱，由国家统一铸币流通。仁宗接到奏疏，交大们议论。大多数人觉得罢掉铁钱会造成市场混乱，所以并没有实行。但消息却传了出去，一时间，首先从京都汴梁（今河南开封）开始，刮起一股风："朝廷要罢掉陕西铁钱了，赶快脱手出去，晚了就一钱不值了！"

一传十，十传百，不长时间便传遍了城市乡村。那时，陕西铁钱不仅在陕西，连京都及周围一带都十分通行，存这种钱的大有人在。大家听说这辛辛苦苦挣来的血汗钱就要废了，那还了得，所以都纷纷拿铁钱到店铺中抢购货物，不管目前用不用，先抢到手再说。店铺老板也不是傻子，他们比别人更早得到了消息，因此纷纷挂出牌子：不收陕西铁钱。这家不收，那么就到那家吧！可百姓们串了几家店铺，走了几个集镇，到处都一样。这下大家更急得不得了，有火爆性子的人竟到店铺中强行买货，吓得店铺竞相关门。一时间，市场大乱，人心浮动，危及治安。

消息马上反馈到朝廷，仁宗大为恼火，一边追查是谁传出的消息，一边责令宰相文彦博迅速处理此事，平定市场，安定民心。文彦博召集大家商量，大家都说别无办法，只有让朝廷下令，辟此谣言，用行政手段平市场。

可文彦博深深知道，市场上的事有时单靠强令是办不好的。法令出去，大家还会将信将疑。特别是平民百姓，看重的是实例，而不是一纸公文。想到这里，文彦博对大家说："这么办吧，先让我来独自经办此事。若我财力不足时，再麻烦各位。"

他回到家中，询问管家："丝绢缣帛还有多少？"管家说："还有500匹。"于是文彦博让管家找来京城中最大的绸缎铺主，托他代卖这些丝绢，并特别叮嘱：不要其他的钱，只收陕西铁钱。

店主照办，第一天简直挤破了门。别的店主都来打听为何倒行逆施收陕西铁钱，当他们得知是文丞相让代卖代收的后，都放下心来，连丞相都要铁钱，看来铁钱是决不会废止了，于是各店也收起了铁钱。

消息传扬出去，老百姓都放下心来，再没人急于脱手陕西铁钱去抢购货物了。一场市场动乱就这样让文彦博平定了下来。

韩世忠的袭后计

南宋时，韩世忠奉命去讨伐占据蕲阳白面山的刘忠。韩世忠赶到白面山下，并不急于发起进攻，而是先下棋饮酒，坚壁不动。暗里却派出侦察员侦察，掌握了敌人的大量情报。

一天夜里，韩世忠令部将率精兵200埋伏在白面山下，约定待刘军与官兵大部队交战时，攻进敌中军，夺下敌观察台。伏兵开拔出去后，韩世忠即率全军向刘军发起了进攻。由于战前官军没有透露出一点儿将进攻的迹象，刘忠遭到官军的突然袭击，如丧家之犬，将他的全部人马都调出去对付韩世忠。这时，真是千载难逢的时机，伏兵见刘忠后方空虚，立即攻入中军，迅速地控制观察台，插上了官军的旗帜，并齐声呐喊。与官军正战得激烈的刘军士兵，听到观察台官军的喊叫，知道大势已去，无心恋战，一齐逃散，各奔生路去了。刘军大败，刘忠本人投奔了刘豫。

战地参观团的覆灭

1943年10月，日军以2万多兵力，在飞机的配合下，分三路对八路军太岳抗日根据地进行所谓“铁滚扫荡”，冈村宁次亲自担任总指挥。东京参谋部为研究“铁滚战术”，特地从各地抽调中队长以上的军官180多名，组成参观团，到太岳前线观摩日军行动。八路军为了打乱敌人的部署，阻止日军此次行动，采取釜底抽薪之计，寻机歼灭敌人的战地参观团。10月23日，八路军第一二九师一部在临汾附近的韩略村西南，利用公路两侧的有利地形设伏，次日，当日军战地参观团进入伏击圈后，八路军掐头去尾予以猛击，将敌战地参观团全部歼灭。这一仗，使日军锐气大挫，作战部署大乱。日军被迫将兵力重新部署，其所谓的“铁滚扫荡”也迅速夭折。

自己让质量曝光

在我国，“不怕不识货，就怕货比货”早已成为大众口头禅。在我国市场疲软的1989年、1990年，很多优秀的企业，正是靠过硬的质量、多变的品种度过了低谷。目前，已有越来越多的企业经营者认识到：质量是产品的生命线。

羽绒被在冬季自然应是畅销的时令商品。但从1990年初来自上海繁华商市的信息，却表明情况并非完全如此。

就上海市第一百货公司铺面市场来说，两边柜台羽绒被销售的冷热反差悬殊。一边货架上的商品虽然琳琅满目，有浙江、江西、安徽、河南等地的产品，含羽量各不相同，可是问津者寥寥无几。另一边出售情况则迥然不同。

柜台前，“国家二级企业浙江丽水羽绒厂”的横标非常醒目，透明的玻璃窗内丽水羽绒厂正在“现场办公”。几名头上沾着白色羽绒的售货员正忙得不可开交，他们按照顾客中意的羽绒、面料及重量要求现充现卖。

数十人排队争相购买，队外问长问短的顾客不时加入到队伍中。一对青年男女眼盯着他们选中的羽绒经过电子秤精确计量，被充进一条他们中意的被套中，当场缝制完毕，他们心满意足地挤开人群走了出来。

把柜台当“车间”，现做现卖，这实在是丽水羽绒厂异想天开的绝招。

原来，一段时间内，全国上百家羽绒厂的数百种羽绒被源源抵沪，铺天盖地，其间难免鱼目混珠，泥沙俱下。随着消费者不断投诉，羽绒被在上海的声誉大跌，市场销售自然由热变冷。

在这种困境下，丽水羽绒厂拿出了自己的绝招。他们吃透了消费者的心理——质量不过关，冒牌货太多，于是开展这种现场充填羽绒被的业务，让顾客可以全部看到充绒量、面料、尺寸等，又可以自由选择，消除了顾客对羽绒制品的“恐劣症”，获得了顾客的信任。这手绝招虽有些异想天开，毕竟他们成功了，而且令人叹服。

较其它企业，浙江丽水羽绒厂的企业家多了一个心眼。他不效仿其它企业扩充广告宣传，四处游说推销，硬着头皮闯过市场疲软的“低谷”，而是抓住了现代企业经营的信条——“质量是产品的生命线”，来个“釜底抽薪”。抽走了顾客对产品质量的“恐劣”心理。

英国情报的计谋

第二次世界大战初期，德国建造几十艘潜艇，作为对抗英国海军的新武器。

在即将完工之前，德军公开召募数千名潜艇勤务水兵。德国青年无不向往潜艇上的战斗生活，因而出现了竞相志愿参军的现象。

英国海军情报部，接获这消息后，立刻展开反宣传，把详细介绍潜艇勤务有多危险的传单，大量散发到德国境内。

不仅如此，更通过电台向德国广播“假装什么病就不必在潜艇服勤的方法”。德国青年普遍受这些宣传的影响，产生抗拒服役于潜艇的心理。

这件事使德军招募潜艇服勤人员的工作迟延了好几个月。

盟军袭击德国重水基地

第二次世界大战末期，德国为了实现其征服世界的野心，加紧对原子弹的实验制造。盟国为了清除这一潜在的巨大威胁，决心用釜底抽薪之谋，通过破坏其制造原子弹的必需原料重水的生产，阻止研制计划的实施。英国战时内阁命令联合作战司令部，迅速派遣奇袭部队攻击德国生产重水的挪威诺尔斯克电气化工厂。1943 年 2 月 17 日，奇袭突击队急袭成功。此后，德国又修复了部分诺尔斯克工厂，重新生产重水。不久，美国航空队摧毁了该厂发电所，迫使德国将全部储存的重水装运回国。盟军突击队获得情报后，又用定时炸弹将运重水的“开特罗”号轮船炸毁，使德国仅存的部分重水全部泄入海底。

华尔克夺得尼加拉瓜

19 世纪 40 年代末期，在太平洋沿岸的加利福尼亚州发现了金矿。这个消息传开后，不仅美国出现了黄金热，欧洲大陆. 也有成千上万的人离乡背井，奔赴美洲采金。这些欧洲人大多是在纽约登陆的。当时美国还没有联通太平洋到大西洋的铁路，巴拿马运河还没有开通，所以前往旧金山的人们往往要坐轮船绕道南美最南端。老范德比看到了一个发财的机会，他亲自去尼加拉瓜，与总统查摩罗签了一个秘密协定。根据协定，范德比垄断了尼加拉瓜过境专利，开辟了一条航线，穿过尼加拉瓜。在短短的几年中，范德比在这条航线上赚了好几百万美元。

华尔克看到这条航线财源旺盛，肥水都流入范德比的腰包，十分嫉妒，因此想把这条航线夺过来，据为己有。

他知道范德比老奸巨猾，范德比若留在国内，自己是斗不过他的，因此，就使了调虎离山计。

华尔克重金收买了范德比的私人医生，由他劝说范德比必须去法国休养半年，否则生命有危险。此外，他还收买了一些与范德比家有往来的夫人、太太，让他们去范家，在范德比的妻子、儿媳和女儿面前吹风，说范德比劳累过度，必须休养一个时期，美国的空气不如巴黎，若不去巴黎，将会心脏病发作等等。妻子、女儿、儿媳听后十分着急，一天三次地规劝老范德比出国休养，老范德比终于中计，于1855年10月动身赴巴黎休养去了。

老范德比的前脚刚跨出纽约，华尔克就开始行动了。他运了好几百名打手和满船军火前往尼加拉瓜。登陆后，他同内奸配合，以迅雷不及掩耳的速度，攻占了尼加拉瓜首都，查摩罗总统一急之下，心脏病发作，一命呜呼。华尔克扶植了一民族败类做总统，自己则任尼加拉瓜军司令。不久，新政府宣布取消查摩罗与范德比的协定。

船王的沙漠之行

施展“釜底抽薪”之计，可以由挖对方“墙脚”开始，创弱对方战斗力。从而改变力量对比，所以，在西方世界商业竞争中，各方力量不断变换使用这类花招。

1953“年夏，一艘当时世界上最豪华的游艇驶进了沙特阿拉伯的吉达港。这艘名为“克里斯蒂娜”的游艇，谁都知道是希腊船王奥纳西斯所有。奥纳西斯夫妇既非度假旅游，也非到麦加朝圣，他们来沙特阿拉伯究竟为什么呢？

“我们应该想到奥纳西斯在觎觎阿拉伯的石油，否则他到吉达一事就无法解释。但是他将怎样对付拥有开采那里的石油垄断权的阿美石油公司呢？”美国《华尔街日报》这样猜测并提出了问题的关键。

众所周知，沙特阿拉伯享有大自然赐予的得天独厚的宝贵财富——石油。1953年，世界石油总产量为6．5亿吨，而沙特阿拉伯就占了4亿吨，而且每年增长5千万吨至1亿吨。

西方实业家嗅到了这巨大财富的气息，争先恐后地来到这阳光炙人的国度，意在争取沙特石油的开采和运输权。但阿美石油公司和沙特国王早就订有明确的垄断开采石油的合同：每采出一吨石油，给沙特相当数目的特许开采费，石油采出后，由阿美石油公司的油船队运往世界各地。阿美石油公司的这堵高墙，严密地保护着它的特权，几乎连一点缝隙也没有。其它公司只好望洋兴叹，含恨而归。

然而奥纳西斯在设法搞到合同复制件后，经过仔细研究，却发现合同并没有排斥沙特阿拉伯拥有自己的油船队来从事石油的运输。

这不是阿美石油公司严密防守的高墙的缝隙吗？而且正是奥纳西斯完全有能力钻

进去的缝隙。石油不运出沙特阿拉伯就不能获得它应有的市场价值。因此只要设法垄断沙特阿拉伯石油的海运权，形势就会对阿美石油公司大为不利，从而可以迫使它转让出部分股份，奥纳西斯就可以实现他直接插手石油业的愿望了。

带着美好的憧憬，奥纳西斯在吉达港一下船，就直奔沙特阿拉伯首都利雅得，到王宫作了一次“闪电式”的访问。他和年迈的国王作了长时间的密谈。

“年高德重的国王啊，安拉将人间的财富赐给您，您为什么不想法把您应得的钱再提高一倍？阿美石油公司把您的石油开采，通过运输又嫌到两倍的钱。您为什么不自己买船运输呢？阿拉伯的石油理应由阿拉伯的油船来运输啊！”

听了船王这番话，国王由惊愕变得兴奋……

几个月后，奥纳西斯和沙特阿拉伯国王签订了震撼世界企业界的《吉达协定》。协定规定：成立“沙特阿拉伯油船海运有限公司”，该公司拥有50万吨的油船队，全部挂沙特阿拉伯国旗。该公司拥有沙特阿拉伯油田开采的石油运输垄断权，该公司的股东是沙特阿拉伯国王和奥纳西斯。

协定的签订宣告了奥纳西斯的成功。这个协定一旦全部实行，沙特阿拉伯和奥纳西斯各自想得到的都将得到，阿美石油公司却将遭到致命的打击，锅底燃烧正旺的柴被抽走了，锅里的水还能开吗？

奥纳西斯在沙特阿拉伯以“闪电外交”击败世界最大的石油公司——阿美石油公司，靠的就是“釜底抽薪”——找到对手的弱点，成功地攻击对手的生命线。

每个企业经营者都有可能遇到强大的对手，不要和他硬碰硬，而是应该懂得，无论他多强大，都有他赖以生存的生命线，这就是沸水锅底的燃柴，找出来并抽掉它，再和他斗智斗勇，就容易得多了。

以色列打破埃及军工计划

1962年初，以色列摩沙迪得到了有关德国专家在埃及所起作用的情报。原来自1956年苏伊士运河战争后，埃及急需苏联提供军事援助。莫斯科满足不了埃及的要求，纳赛尔无奈，便请求德国科学家到埃及来建立军火工业。

不久，一批德国科学家来到了埃及。担任制造超音速驱逐机的设计师是威廉·梅塞施米特，他曾是希特勒最主要的战斗机设计师。威廉设计师的副手是费迪南德·布兰德纳教授，他曾是希特勒时代容克式飞机工厂的总工程师。他们俩领导的几百名德国人在开罗南郊的勒赫万开始建起了两家飞机工厂。他们帮助埃及建造的超音速飞机能把以色列飞机拒之在埃及领空之外。与此同时，埃及还招募了几百名德国导弹专家。其领导人是哈桑·赛义德·卡米尔。在这批科学家中最有名的是欧根·森格尔，他曾在1935年按照希特勒的命令，建立了世界上第一个火箭研究中心。这些昔日希特勒的导弹科学家，在开罗帮助埃及研制3种导弹。它们是：战胜者式导弹，预计将能携带半吨重的弹头，射程为500公里；探险家式导弹，它将是最先进的导弹，射程为900公里；征服者式导弹，它能够携带1吨重的炸弹。到1962年埃及已拥有了两种中程地对地导弹。由于埃及缺乏人才，在哈桑·赛义德·卡米尔的领导下，瑞士的两家企业麦赛奥公司和麦特普涡轮发动机公司为埃及提供火箭零件，斯图加特城的英特纳公司也参与了此事。

以色列领导人得知埃及的这一情况时，急得如热锅上的蚂蚁。他们知道埃及这项军火计划如顺利完成，以色列面临的将是什么命运。以色列摩沙迪首脑伊雷·哈塞尔亲自跑到德国，对联邦德国特工部门的负责人赖因哈尔特·格伦施加压力。但是，哈塞尔得到的是这样的嘲讽："我最要好的朋友恰恰都是犹太人，怎么能说我支持这些老纳粹分子呢?"显然联邦德国对此事不闻不问。

以色列领导人看通过外交途径无法解决此事，他们就采纳了伊雷·哈塞尔的建议，即用釜底抽薪的办法解决这一问题。伊雷·哈塞尔认为，埃及兴建新兴军火企业的主要组织者和技术人员都是德国科学家，如果这些人不干了，埃及这一计划就会全部落空或中途搁置。这些德国科学家因埃及所给待遇丰厚而甘愿效劳。以色列阻止这些德国科学家继续效命的有效办法是干掉他们，或者是威胁他们的亲人、家属。万一以色列这一暗杀、威胁的行动被发现，世界舆论谴责以色列，那么与此事相连的德国科学家帮助埃及建造军火企业的事也会暴露于世。那时即使德国政府也不得不承认自己的不是，在世界舆论压力下撤回自己的科学家。

按照伊雷·哈塞尔的计谋，摩沙迪开始了暗杀、威胁计划。一系列令人意想不到的事发生了。哈桑·卡米尔太太在一次神秘的车祸中死亡；埃及的德国导弹研制组重要成员海因茨·克鲁格在1962年9月被绑架，之后就永远消失了；另外有5名德国科学家在上述这类"意外事件"中死于开罗市中心。一天，一个寄给同德国科学家一起工作的埃及卡姆尔·阿扎兹将军的包裹被送来。当人们打开包裹时，它突然爆炸，5名德国工程师当场炸死。在联邦德国，此类事情也在发生。一天汉斯·克莱因围希特尔博士险些遭无声手枪打死。他正在领导一项埃及人控制的研究计划，这次计划要解决在开罗制造的导弹的制导系统。' 这一系列意外事件的发生，使开罗的德国科学家开始胆战心惊了。他们越来越意识到他们的生命和亲人的安全受到了威胁。他们在德国的朋友也越来越频繁地收到警告信。这些德国科学家开始惶惶不安了。

1963年9月，两名以色列摩沙迪成员在瑞士实施暗杀计划时被发现。瑞士保安部门和德国当局进行了一系列调查。瑞士法庭也对这两位杀手进行了诉讼。这一系列活动不但未导致这两位以色列入遭判刑，反而使他们得到了中立国瑞士国民的同情。由于这一诉讼案，德国和瑞士科学家帮助埃及研制新式武器的勾当暴露了出来。在国际舆论的压力下，波恩政府通过了一项禁止德意志联邦共和国的公民在纳赛尔的军火工和火箭厂供职的法令。这样德国的专家们纷纷离开埃及，回到了自己的老家。瑞士也对麦赛奥公司和麦特普涡轮发动机公司作出了严格规定，禁止它们向埃及提供所需的军火零件。

以色列运用谋杀、恐吓手段，达到了釜底抽薪的目的。德国科学家迫于畏惧和舆论压力不得不撤离埃及，使纳赛尔聘请德国科学家帮助埃及建立军火工业的计划破灭了。

赫鲁晓夫击败尼克松

访美即将结束时，赫鲁晓夫在苏联驻华盛顿的大使馆举行告别宴会，尼克松代表美国政府和艾森豪威尔总统出席。宴会上，尼克松特意走到赫鲁晓夫的面前，在很多记者注视下，热情地对赫鲁晓夫说："我相信您对美国的这次访问一定非常成功、顺利。您在美国受到了非常有礼貌和非常热情的接待和欢迎。"尼克松觉得这句恭维的话已经够到家的了，赫鲁晓夫再没有理由不满和恼恨自己了，自己同他的关系总算可以缓和一点了吧。

然而，谁也没有想到，赫鲁晓夫听完这话后，忽然勃然大怒。他气狠狠地对尼克松说："如果我的访问真的顺利，那决不是因为你想要让它顺利。据我得到的报告，你非常希望这次访问失败。"

尼克松挨了当头一棒，一时显得手足无措，脸涨得通红。在场的记者们也目瞪口呆，继而把这件事做为头条新闻发了出去。

尼克松慢慢怀疑，赫鲁晓夫对自己的这种好战态度，背后定有极深的用意。自己并没太得罪赫鲁晓夫，赫鲁晓夫就是再恨自己、再没有修养，作为一个大国首脑，一个政治家也会懂得控制自己的情绪。但赫鲁晓夫好像根本不想掩饰自己，而且在很多场合，他几乎是故意、夸张地表现自己的愤怒和对尼克松的怨气，越是人多的时候，越是有记者在场的时候越这样。这毫无疑问是有目的的。

尼克松猜测的不错，赫鲁晓夫正是在实行着他的一个政治、外交战略。1960 年是美国大选年，艾森豪威尔两次任期已满，作为副总统的尼克松肯定要参加竞选。尼克松与赫鲁晓夫在苏联的"厨房辩论"在美国传开后，他的威望日益升高，当选总统很有希望。而这，正是赫鲁晓夫不愿看到的。

于是，赫鲁晓夫制定了战略。在他访美期间，他故意时时流露出对尼克松的强烈愤慨。赫鲁晓夫知道，新闻界会迅速地把这些情况传播出去，美国人不久就会全知道"赫鲁晓夫不喜欢尼克松"。赫鲁晓夫心里也清楚，如果美国人看到尼克松无法在与苏联的关系上取得进展，那么他们就会觉得尼克松无能，从而抛弃他。

赫鲁晓夫的策略果然起了效果，许多美国人都在谈论投票给民主党的总统候选人肯尼迪，因为肯尼迪"与赫鲁晓夫合得来"。尼克松虽然清楚地看到这种形势，也想在与苏联、与赫鲁晓夫关系上做点补救工作，但为时已晚，且赫鲁晓夫也根本不买他的账。1960 年 11 月，尼克松在大选中输给了肯尼迪，为此他遗恨了 8 年之久。

选举结果出来后，赫鲁晓夫兴高采烈地向各国新闻记者吹嘘，说他曾竭尽全力让尼克松选不上。几年后，赫鲁晓夫见到了美国新总统约翰·肯尼迪。表功地告诉他："我们使你当上了总统。"

周亚夫平定吴楚联军之战

汉景帝3年（公元前154年），吴王刘濞联合楚、赵、胶东、胶西、济南、淄川等7个诸侯王国，以“诛晁错、清君侧”为名，发动叛乱。正月，吴王刘濞、楚王刘戊联兵向西进攻。他们首先攻打忠于汉朝廷的梁国，包围了梁都睢阳（今河南商丘市南），重创梁军，并于崤函间（今陕西潼关至河南灵宝一带）设下伏兵，阻止汉军东出，形势危急。景帝命周亚夫为太尉，率兵30万解危、平叛。周亚夫率军行至灞上（今陕西长安县东），采纳赵涉建议，改变行军路线，避开崤函间吴楚伏兵，绕道武关（今陕西商南县西北）进军洛阳，然后派兵回头从后侧袭击吴楚联军设于淆函间的伏兵。继而移军荥阳（今河南荥阳县），再从荥阳出发，从北侧越过正被吴楚重兵围困的睢阳，袭占了敌军后方重镇昌邑（今山东省金乡县西北）。之后，又出奇兵长途奔袭淮泗口（今江苏淮阴县西），切断吴楚联军的水上粮道。梁王因睢阳吃紧，多次向周亚夫求援，周亚夫却始终屯军昌邑不动；梁王上诉到景帝那里，景帝遣人转告周亚夫，周亚夫仍不发兵。此时，数十万吴楚联军久攻睢阳不下，粮道被断，又不得西过，处境被动，其出兵时的猛勇之势便大为削弱；不得已，转而进攻昌邑，企图与汉军主力决战。然而周亚夫却仍然坚守不出。吴楚军采用声东击西计对昌邑城实施强攻，又被汉军在城西北角打得大败。2月，叛军粮尽，士卒饥疲，气丧志颓，被迫退兵。周亚夫遣精兵乘机追击，大破叛军。楚王刘戊自杀，吴王刘濞仅收得残兵数千乘夜逃脱，后窜至东越被诛。周亚夫仅用不到3个月的时间，未经大的强攻苦战，以很少的代价，便平定了声势浩大的吴楚7国之乱，其奥秘何在？应该说，在很大程度上是得益于他的“釜底抽薪”计。他绕开崤函伏兵，置危城睢阳而不救，吴楚兵临昌邑而不战，这就避开了强敌的锋芒；他首歼崤函伏兵，以奇兵断敌粮道，又以坚壁昌邑，避免决战，养精蓄税，拖疲叛军，这就大大加强了自己，削减了敌人的气势，然后乘机反攻，大获全胜。这不正是“不敌其力，而削其势”的妙用么！

邯郸战役

1945年8月日本投降，抗战胜利，8月28日，毛泽东从延安到重庆，与蒋介石谈判战后和平问题。然而，蒋介石一面谈和平，一面却积极进行战争，忘图扑灭人民的革命力量。重庆谈判刚结束，蒋介石继上党、平绥战役之后，又命令孙连仲部进攻晋冀鲁豫的磁县，邯郸地区，企图打通平汉铁路，以加速实现其枪战平津，夺取东北的战略目标。中国人民解放军，在中央军委和毛泽东的部署和指导下，由刘伯承、邓小平具体组织指挥，被迫发动了邯郸战役。战役从1945年10月21日开始，至11月2日胜利结束，俘敌第11战区副司令长官兼第40军军长马法五以下3万余人，争取了国民党第11战区副司令长官兼新八路军军长高树勋及所属万余人起义，迫使蒋介石不得不在停战协定上签字。

10月中旬，敌孙连仲部第30军、第40军和新八军共3个军4－5万人，从河南新乡沿平汉路北犯。10月20日其先头部队进占磁县南部漳河边的岳镇一带，并立即在漳河上架桥。22日至24日，敌主力以第40军在右、新八路在左、第30军在后，北渡漳河，占领磁县，沿平汉铁路东侧向邯郸进犯。晋冀鲁豫解放军一纵、二纵、三纵，以及太行、冀南、冀鲁豫3个军区主力共6万余人奉命歼敌。从21日开始，我军各部陆续进入阵地，阻击敌人，于25日完成对进犯之敌3个军的合围。但我军刘邓首长考虑到，此时敌军阵势尚未乱，兵力损耗不大，加上我军增援之后结部队也尚未全部到齐，因而决定对当面包围之敌不急于发动总攻。而是一面让我军主力养精蓄税，抓紧战场练兵；一面以部分部队利用黑夜迫近敌阵，采取逐点割歼和渗入袭击的战法削弱和疲惫敌人，同时派遣野战军参谋长李达暗中与敌新八军联系，争取新八军军长高树勋战场起义。我军前线指挥员采取的这种“釜底抽薪”，先行消灭敌军气势，再劝降敌第八军，然后乘势歼灭的策略，得到中央军委和毛泽东的充分肯定。10月27日，毛泽东致电刘邓：“部署甚当。俟后续到齐，养精蓄税，那时敌必饥疲，弱点暴露，我集中主力，寻求弱点，歼灭一两个师，敌气必挫。”10月26日，我后续部队全部到齐，时机已经成熟，便于当日黄昏发起总攻。首行集中兵力重点打击敌第40军，佯攻新八军。10月30日，敌第40军106师全部被歼，第30军也受到严重打击。接着，新八军军长高树勋率部万余人起义，敌军气势大挫。敌孙连仲、胡宗南的南北援军，闻讯后也都缩回去了。第11战区副司令长官兼第40军长马法五率余部主力2万余人向南突围。为了避开敌主力突围的锋芒，我军预先有意让出退路，而将主力先敌南移至敌军退路两侧，以便于运动中相机追歼逃敌。31日敌军向南突围，11月1日我军又于旗杆镇以奇兵端掉了敌军的长官部，生擒敌酋马法五。敌军失去指挥，顿时大敌，气势完全崩溃。突围之敌2万余人，除少数漏网外，全部被歼。

三十六计　第二十计　混水摸鱼

乘其阴乱（1），利其弱而无主。随，以向晦入宴息（2）。

注释

（1）乘其阴乱：阴，内部。意为乘敌人内部发生混乱。

（2）随，以向晦入宴息：语出《易经·随》卦。随，卦名。本卦为异卦相叠（震下兑上）。本卦上卦为兑为泽；下卦为震为雷。言雷入泽中，大地寒凝，万物蛰伏，故如象名“随”。随，顺从之意。《随卦》的《象》辞说：“泽中有雷，随，君子以向晦入宴息。”意为人要随应天时去作息，向晚就当入室休息。

此计运用此象理，是说打仗时要得于抓住敌方的可乘之隙，而我借机行事，使乱顺我之意，我便乱中取利。

按语

动荡之际，数力冲撞，弱者依违无主，散蔽而不察，我随而取之。《六韬》曰："三军数惊，士卒不齐，相恐以敌强，相语以不利，耳目相属，妖言不止，众口相惑，不畏法令，不重其将：此弱征也。"是鱼，混战之际，择此而取之。如：刘备之得荆州，取西川，皆此计也。

解析

局面混乱不定，一定存在着多种互相冲突的力量，那些弱小的力量这时都在考虑，到底要依靠哪一边，一时难以确定，敌人又被蒙蔽难以察觉。这个时候，己方就要乘机把水搅浑，顺手得利。古代兵书《六韬》中列举了敌军的衰弱征状：全军多次受惊，兵士军心不稳，发牢骚，说泄气话，传递小道消息，谣言不断，不怕法令，不尊重将领……这时，可以说是水已浑了．就应该乘机捞鱼，取得胜利。运用此计的关键，是指挥员一定要正确分析形势，发挥主观能动性，千方百计把水搅浑，主动权就牢牢掌握在自己的手中了。

探源

混水摸鱼，原意是，在混浊的水中，鱼晕头转向，乘机摸鱼，可以得到意外的好处。此计用于军事，是指当敌人混乱无主时，乘机夺取胜利的谋略。在混浊的水中，鱼儿辨不清方向，在复杂的战争中，弱小的一方经常会动摇不定，这里就有可乘之机。更多的时候，这个可乘之机不能只靠等待，而应主动去制造这种可乘之机。一方主动去把水搅浑，一切情况开始复杂起来，然后可借机行事。

唐朝开元年间，契丹叛乱，多次侵犯唐朝。朝廷派张守圭为幽州节度使，平定契丹之乱。契丹大将可突干几次攻幽州，未能攻下。可突干想探听唐军虚实，派使者到幽州，假意表示愿意重新归顺朝廷，永不进犯。张守圭知道契丹势力正旺，主动求和，必定有诈。他将计就计，客气地接待了来使。第二天，他派王悔代表朝廷到可突干营中宣抚，并命王悔一定要探明契丹内部的底细。王悔在契丹营中受到热情接待，他在招待酒宴上仔细观察契丹众将的一举一动。他发现，契丹全将在对朝廷的态度上并不一致。他又从一个小兵口中探听到分掌兵权的李过折一向与可突干有矛盾，两人貌合神离．互不服气。王悔特意去拜访李过折，装作不了解他和可突干之间的矛盾，当着李过折的面，假意大肆夸奖可突干的才干。李过折听罢，怒火中烧，说可突干主张反唐，使契丹陷于战乱，人民十分怨恨。并告诉王悔，契丹这次求和完全是假意，可突干已向突厥借兵，不日就要攻打幽州。王悔乘机劝说李过折，唐军势力浩大，可

突汗肯定失败。他如脱离可突汗，建功立业，朝廷保证一定会重用他。李过折果然心动，表示愿意归顺朝廷。王悔任务完成，立即辞别契丹王返回幽州。第二天晚上，李过折率领本部人马，突袭可突干的中军大帐。可突干毫无防备，被李过折斩于营中，这一下，契丹营大乱。忠于可突干的大将涅礼召集人马，与李过折展开激战，杀了李过折。张守圭探得消息，立即亲率人马赶来接应李过折的部从。唐军火速冲入契丹军营，契丹军内正在火并，混乱不堪。张守圭乘势发动猛攻，生擒涅礼，大破契丹军。从此，契丹叛乱被平息。

案例

庞德设计下长安

这个智谋故事见于《三国演义》第五十八回“马孟起兴兵雪恨曹阿瞒割须弃袍”。

马超、韩遂统率 20 万大军，直抵关中重地长安。长安郡守钟繇一面布军抵御，一面向曹操报警。当西凉兵先锋马岱率 15000 众抢先到达时，不到一个回合，钟繇就大败而逃，率众退保长安城。马超等遂指挥大军将长安团团围定。因为长安乃西汉旧都，城固壕深，易守难攻。所以，西凉兵虽经 10 余日攻战，仍未能破城。在这种情况下，马超的部将庞德分析说：“长安城中多是盐碱地，不仅水不堪饮用，城内亦缺少柴草。大军已围困了十余日，城内军民俱已缺水少柴，不如暂且退军。”他主张马超改变长围硬攻的打法，并献上取城之计。马超一听大喜，立即挥军撤退。对西凉之军的突然退去，钟繇担心有诈，他派人哨探，见马超大军果然已经远去，这才放心。他下令大开城门，准许被围 10 余日的军民出城打柴取水。一连 5 天，城门大开。人来人往，热闹非常。到第五天，马超大军复来，受惊的军民又蜂拥奔入城内。钟繇仍关闭城门，坚守不出。当夜，在钟繇之弟钟进把守的西门内，约摸三更时分，突然火起。钟进急忙救火时，猛听大喝一声：“庞德在此！”他在措手不及中，被庞德一刀杀死。接着，庞德打开城门，马超、韩遂等的兵马杀入城中。慌乱之中，钟繇弃城从东门逃走，马超、韩遂等遂轻取长安。庞德此计是根据城中极端缺水少柴的实情，以撤军的方式麻痹钟繇，然后杂于入城的军民之中，混入城内，从内部下手，内外结合，拿下长安城。在中国漫长而丰富的战争史上，在夺取城池的斗争中，这种计谋曾被多次而成功地使用过，其影响是十分广泛的。

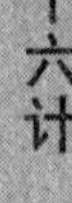

幽州兵的假使者

公元 821 年（唐穆宗长庆元年），幽州兵反叛，这消息震惊朝廷内外。

第二年，幽州兵气势汹汹，直扑弓高城（今河北东光西）。哪知，弓高城上森严

壁垒，弓箭如雨射下。幽州兵虽骁勇异常，也无法攻下这固若金汤的城池。

幽州兵强攻不下，只能勉强退后安营扎寨。说来也巧，唐朝朝廷派来的特使，星夜抵达城下。使者一行10人，勒马站在城下，高声呼喊："守城官兵，快快开门，我们是大唐使者！"

守城的唐朝官员心里绷紧了弦，硬是不信，直到天亮，才放他入城。使者进城后，气得暴跳如雷，刚踏进弓高城官衙，便泼口大骂："弓高守将胆大妄为，竟敢如此对待朝廷命官！"满脸狰狞，一腔愤怒。

弓高守将这才真正感到问题的严重性，忙打拱作揖赶紧赔罪："大人，日后如有这类事端发生，本官定当只身赴朝廷，负荆请罪，将手下有眼不识泰山者砍头！"

这事让潜伏在弓高城里的幽州兵奸细打听到。奸细马上向幽州叛军将领汇报。统兵将军一听，连连大笑："好，天助我也！再攻弓高，不费吹灰之力！"

这一天，幽州兵派出一个人装扮成了朝廷使者，夜色溶溶，大地漆黑一片。这位假使者悄悄潜到弓高城下，大队人马无声无息尾随在他的后面。

假使者在城下高声吆喝："我是朝廷派来的使者，另有急令传告弓高城守将和前一位使者！"

一听"使者"两字，守城官员早惊吓得魂飞魄散："昨天没开门，使者发脾气，守将臭骂了我一场。这次再不开，守将不砍了我的头，剥了我的皮？"他稍探出头向下观望一眼，马上高声答道："好，马上开城门！"

"呀呀！"一声响，城门大开。

"哗！"假使者和他身后的大队人马一下子涌进城内。顿时，杀声盈城。转眼间，毫无戒备的唐朝将士纷纷倒在血泊之中，弓高城在顷刻之间被幽州兵攻克。

巧借商标破敌招

1935年，我国民族工业正值艰难起步时期，美国奇异灯泡厂为窒息我国民族工业，在上海采取了一系列手段。

这年，美国奇异灯炮厂生产了一种新牌的电灯炮，商标为"日光牌"，英文名称"sunlight"，每只售价银元0. 1元，给零售商的放款期长达6个月。当时上海市场上的灯泡批发价为每只银元0. 2元多一些，奇异厂的日光牌灯泡，批价低，放款时间长，意在使中国的灯泡厂无法推销产品，迫使窒息关厂。

面对这一情况，上海的民族灯泡企业在同业公会的领导之下，发挥团结保产的集体力量，在全体灯泡厂每天的产品中，按产量抽成捐献灯泡，将捐献出来的电灯泡，也同样加上日光牌 sunlight 的中外文商标，并遍登全国各地报刊广告，每只以银元 0.05 元出售。

之所以这样做，是因为他们探得当时美商奇异厂蔑视中国，没有将“日光牌”的商标向中国商标局注册，待发现两个“日光牌”灯泡的时候，奇异厂已无权提起保护商标的诉讼。

上海的民族灯泡企业采取“混水摸鱼”的战略，以少数扰乱多数，造成市场上价格有相差一半的同样“日光牌”电灯泡的双包案，引起了全国各地贩卖商的疑虑，对这纠纷复杂的“日光牌”灯泡不敢贸然进货。

这一招妙在不但使美国奇异灯泡厂措手不及，而且美商除用外国律师登报恫吓以及致函中国“亚浦耳”等灯泡厂，制造一些麻烦之外，毫无其它有效对策。

经历了这一场“混水摸鱼”之战，中国上海的民族灯泡企业扬眉吐气。

朱德化装智取宜章城

1928 年元月初，朱德带领南昌起义保存下来的部队，同国民革命军滇军将领范石生部分道扬镳（此前，朱德曾率部同范石生部结成统一战线，隐蔽在范部的第 16 军里休整待机），经粤北转移到湘南群众基础较好的地区，准备发动湘南暴动。朱德决定首先在宜章点燃革命烽火。

当时的宜章城，敌人的守备力量比较薄弱，但是城坚难摧。朱德思量着，如果强攻，不仅会造成重大伤亡而不能速决，而且还会引来敌人援兵，使攻城更加麻烦。为确保湘南暴动第一仗的胜利，朱德召开军事民主会，广泛听取指战员的意见。

朱德挑选 200 名战士，穿上国民党军队的服装，打着范石生部 140 团的旗号，于 1928 年 1 月 12 日，大摇大摆地开进宜章城。先进城的部队按照朱德的指示，向各方官吏、地主、豪绅发出请帖，说是等大部队进城后要宴请他们，共同商量大事。

第二天，朱德带领大部队进入宜章城。伪县长杨孝斌率领本县有头有脸的官吏、地主、绅士 20 多人前来欢迎。他们看到有这么强大的正规军来保护他们，都非常高兴。随后，伪县长在县城参议会明伦堂内，举行了丰盛的接风洗尘宴会。

在宴会上，朱德问伪县长：“你们这里有没有农民运动呀！”

伪县长恭恭敬敬地答道：“有！有！怎么没有呢？从前年到现在，农民运动一直就没有断过，闹得我们真是寝食不宁呀！”

朱德点着头说：“哦，这么说你们受惊了！”

朱德问伪县长：“贵县在镇压共产党和农民运动方面，哪些人的功劳最多，贡献最大？”

这些人以为要论功行赏了，于是急忙张三举李四，李四举王五，一时间，宴会室内争吵四起。这时有位老者站起来说：“依我看来，在座的各位乡绅，都是有功之臣!”这么一说，大家纷纷赞成，个个笑逐颜开。

此时，随着“跑堂的”一声清脆的长叫“鱼，来啦——”，坐在首席位置上的朱德突然举杯立起：“请问各位，杀了这么多老百姓，不怕有朝一日，人民找你们算账吗?”

这句话，就像晴天霹雷，一张张喝红了的醉脸，顿时吓得煞白。

朱德紧接着厉声说：“好啊，今天我要劝各位喝杯酒，祝贺你们为非作歹的日子到头了。”说罢，独自一饮而尽，并将酒杯扔了出去。

随着酒杯的掷地声，从门外闪进一群手持20响快慢机的年轻军人，将宴会团团围住。出席宴会的官宦绅士们一见这种阵势，个个吓得魂不附体。

朱德厉声宣布：“我们是中国工农红军，就是来找你们算账的!”这伙官宦绅士听了，个个像泄了气的皮球，沮丧地垂下了头。。

与此同时，开进宜章城的另一支工农革命军，按照朱德赴宴前的指示，已顺利地缴了团防局和警察局等反动武装的械。

就这样，朱德率领的部队一枪未放就占领了宜章城。

贺龙两顶花轿取尺八

花轿，指新娘出嫁乘坐的轿子；尺八，是地名，叫尺八镇，地处长江北岸，临接湖南省的湖北省监利县南部。“两顶花轿取尺八”，是指贺龙用娶新娘子的计谋，夺取当时为反动据点的尺八镇。

尺八镇虽然不大，但是由于它地处老江河边，荆江堤干蜿蜒环抱，占据着有利的天然地形，易守难攻，敌人所以在此建立据点，就是看准了这个地方易于防守，也易于出击。据可靠情报：驻守在尺八镇内的敌人为一个中队；这个中队，武器精良，弹药充足，为长期坚守，敌人在此修了许多明碉暗堡。

贺龙在分析了敌情之后，认为要夺取这样的地方，不能强攻，只能智取。怎么智取呢? 贺龙在房子里踱来踱去，想捉摸出一个妙计来。就在此时，房子外面欢声笑语，鼓乐喧天。贺龙推开窗户，只见许多人簇拥着一顶花轿，吹吹打打去迎亲。贺龙非常熟悉这一带的风俗、民风和民情，他望着逐渐远去的花轿，一条智取尺八镇的计谋在他的脑子里形成了。

一天，正值阳春季节，风和日丽好天气。贺龙把红军战士分成两支送亲的队伍，两顶花轿在红军战士装扮的乐队和送亲人员的簇拥下，吹吹打打，分别由东西两个方向进入尺八镇。

同时有两支送亲的花轿队进入尺八镇，镇里居民纷纷走出家门看热闹。他们看到花轿新颖别致，乐声悦耳动听，人们不约而同地跟随花轿队由东西两头往街中心聚拢。当两顶花轿行至保安中队的门前时，突然走不动了。街道本来就不宽，加之看热闹的人多，就显得更加拥挤。两队互不相让，一队要往东，一队要往西。双方先是讲理，后是互相怒骂，最后竟动起手来。看热闹的人群开始骚动，街道上的秩序开始混乱。保安中队门口的哨兵见状，连忙跑去向中队长报告："报告长官，门口有两支送亲的花轿队打起来了。"

"他妈的，大喜日子，娶媳妇拜堂，为什么要打起来?"中队长一听是两顶花轿争道斗殴，一下子就来了精神，一边命令哨兵赶快回到哨位上去，不要让混乱的人群冲进保安队大门，一边整理一下服装，命令部下："走，我们一起去看看。"这位中队长站在门口一看，两顶花轿还在那里争斗，互不相让。他觉得挺好玩的，于是便走到一顶花轿前，想看看新娘子长得是否标致。当他正欲掀开轿帘向里探头时，坐在花轿里装扮成新娘的贺龙早有准备，手起刀落，将这位敌中队长砍死在花轿前。

贺龙的这一行动就是命令。这时，所有奏乐的、送亲的，立即从轿内妙起武器，杀声震天，跟随贺龙冲进了保安中队的营房。敌人措手不及，纷纷举手投降。

与此同时，按贺龙的预先部署，由贺锦斋带领的另一支工农革命军，适时地从镇北发起攻击，由周逸群率领的部队从镇南发起攻击，他们两头夹击，将明碉暗堡里的敌人全部消灭，很快就占领了尺八镇。

杨成武智取三县城

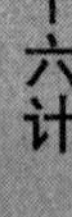

1935 年春，中央红军四渡赤水后，红四团单独执行佯攻昆明，掩护主力向云南方向转移的任务。部队到金沙江畔归建，途中须经过禄劝、武定、元谋等县城。虽然三县没多少国民党军正规部队，但若与那些杂牌部队纠缠起来，仍难免拖延时间，影响中央红军下一步的军事行动。

当时任红四团政委的杨成武认为，通过三县宜智取，不宜强攻。当下红四团兵分两路，杨成武率团侦察连等三个连为一路，穿上缴获的国民党军服，挎上"捷克式"卡宾枪，向禄劝县开进。其余的部队则由团长王开湘带领，直奔武定县县城。

杨成武这支人马来到禄劝县城，声称是"中央军"追击红军路过此地，要哨兵赶快打开城门。开始哨兵有些疑惑不定，杨成武见状，当即双手叉腰，派头十足地一通臭骂，把哨兵给唬住了，连滚带爬地打开了城门。

红军进得城来，杨成武沉着地与县长、警察局长、民团团长一一握手。接着便是接风洗尘。席间杨成武打着官腔，煞有介事地询问武定县和元谋县的情况。当他估计到王团长那一路快到武定县时，便对县长说："告诉武定和元谋两县，我们的部队马上就要到了，让他们开门劳军，不要产生误会。"县长连连点头称是，跑到电话机旁，要通了两县，干哑的公鸭嗓子干嚎了一阵，无非告知"中央军"很快就要到达，赶快开门迎接云云。

一切安排妥当，杨成武不急不忙地起身离席，命令部队开拔。禄劝县大大小小的土豪劣绅急急忙忙地列队相送，免不了打躬作揖、点头哈腰。哪知杨成武大声宣布说："告诉诸位吧，我们是工农红军!"在场欢送的人个个大惊失色，那些团丁更是稀里糊涂，还没搞清楚是怎么回事，就被缴了枪。

就这样，红四团没费一枪一弹，就拿下了三座县城。

老赖利智取情报

西德尼·赖利是第一次世界大战期间英国的著名间谍，他智勇兼备，神通广大，曾在刺探军事情报的活动中留下赫赫功名。1917 年初，赖利奉命去敌后执行一连串的任务，他成了首批自愿跳伞去德国人后方进行危险侦察工作的人之一。当时他已经年近半百，但他凭着自己的胆略和才能，出色地完成了一个又一个的任务。

有一次，赖利空降在德国曼海姆城附近，伪装成一名德国工匠，并携带了证明他因病退役的证件。由于他伪装得巧妙，德国人竟没有发现任何破绽。赖利在那里逗留了三周，机智地搜集到了德国人计划要在 1918 年春季发动攻势的重要情报。赖利立即将之转告了英国情报机关，协约国军事指挥部根据这一情报制订了相应措施，使德国想通过 1918 年春季的突然攻势扭转战局的企图未能得逞。赖利完成任务后，乘上袭击曼海姆地区的轰炸机中队的一架飞机回到安全地点，并被授予军事十字勋章。

赖利不仅在德国人的后方活动，而且还深入到德国的腹地。他的成功使他更加勇敢大胆，因此他一度参加了德军，当上列兵，没过几天便晋升为军官。赖利穿着德国军官的服装，到了德军东部前线、现在的苏联加里宁格勒，在这里他同德国军官一块儿吃饭，共事。由于他的德语和俄语非常地道，因此能够不露痕迹地伪装成德国人或俄国人，来往于德——俄边界，并把两国前线的消息顺利地汇报给英国有关部门。为英国的军事和外交行动提供了大量宝贵的情报。

赖利在假扮德国军官的日子里，还有一次更加惊险的行动。有一回，他听说德国皇帝要在德军统帅部亲自主持召开军事会议，他意识到这是一次非常重要的会议。当时赖利的假军衔还不够参加会议的资格，怎么办呢？赖利找了一个机会，冒着极大风险杀死了一名德军上校，剥去其衣服，将尸体投入沟中，然后穿上他的制服，冒名顶替参加了那次会议。果然不出所料，他在会上得知了德军将用潜艇对协约国发起新攻击的计划。他立即将这个情报送回国内，使英国得以及时地采取了预防措施。

亚当努之役

第二次世界大战末期，希特勒已经濒临失败的边缘。为了挽回颓势，他悍然发动“亚当努之役”。

1944 年 12 月，希特勒在法国边境附近亚当努丘陵地带、集结了数十万大军与两千辆战车，展开总反攻。

德军选出两千名擅长英语的官兵，让他们穿上美军军服搭乘掳来的战车或吉普车，潜入美军后方。他们混进美军，进行阻断交通、切断通讯线路的扰乱作业。

有些人甚至取代已死美国军官的职务，指挥交通，调度车辆，使美军的运输工作一团混乱。

这一群人的一部分，还潜入马士河畔，夺取桥梁，完成迎接主力军的准备工作。

由于这一支特遣部队的大肆活动，使美军的指挥系统，一时为之大乱，这就是地地道道的“混水摸鱼”之计。

神部的如意算盘

二战后，日本百废俱兴，样样都离不开电，因此到处都接连不断地开发电源，开山铺路，建造水坝，修造电厂。当时日本公认的五大建设公司是鹿岛、大成、清水、大林、竹中等5家公司。

间组建设公司是一家专营隧道、大坝等土木工程的公司。神部满之助董事长刚刚在外面进行业务活动碰了软钉子。回到公司大发怨气。因为他深深感到，不被看成一流的大公司，不仅自己不够体面，同时也不利于公司业务的扩大。

“好吧！他们不承认，我就搅他个天翻地覆！”

神部是个雄心勃勃、斗志旺盛的企业家，当他的公司进入城市建设领域，企望进一步发展时，遇到了这样的障碍，他自然没有就此罢休，而是采取了一般人没想到，也不敢做的策略。

日本各大报社都收到了间组公司一笔大额的广告费，其要求新奇而简单，五大公司刊登广告时，落款加上间组；间组公司刊登广告时，也并列五大建设公司之名；在新闻、报道、评论等一切见报的文章中，凡提及建设业的大公司时，把以前的“五大建设公司”习惯用语改为“六大建设公司”。

收人的钱，顺便做无损于已的事，报社哪有不同意之理？

广告登出后，神部参加社交活动时，常常遭人明嘲暗讽，他一概置若罔闻，视而不见。对于“这就是‘六大建设公司’之一的间组公司的老板神部先生”之类的话，他慨然应之。

公司的部下却忧虑不安，因为毕竟间组公司与五大公司还有一段差距。而且在间组之上的建设公司还多的是。像那样的广告，既被别人耻笑，还会被人误解为“骗子公司”的。

神部理解他的部下，然而他自有他的如意算盘。

神部没有失算，尽管知情人嘲讽、厌恶他，建设业的舆论却被他搅乱了，不知情者却慕名而来，间组公司当然也没有让他们失望而去，间组公司的业务扶摇直上，规模也越来越大，逐渐把一些原来在其之上的公司一个个抛在后面。

3年后，神部的愿望实现了，间组公司终于名符其实地成了日本第六大建设公司。

如果日本建设业舆论的一泓清水，没有被神部借报社之力搅得浑浑沌沌，很难设想，间组公司能登上第六位的宝座。

搅浑水，这是先决条件。条件具备了，还得有“摸鱼”的本事。如果神部不能让慕名前来光顾的顾客满意而归，那么他的如意算盘也是打不响的。

克格勃造车祸

一天下午，在苏联莫斯科郊外，一辆挂有外交牌照的小汽车从机场往市内疾驶。汽车里坐着的中年男人是西方某国驻苏使馆的高级官员，他身边的文件包里，有一份机密的文件。虽然汽车飞速奔驰，但心急如焚的外交官仍然感到太慢，他不时地举起手腕看着时间。突然，他的汽车右侧猛地冲来一辆汽车，司机骤然之间躲闪不及，一场交通事故不幸发生了。外交官和他的司机受了重伤，倒在撞扁了的汽车里，昏迷不醒。一群警察火速赶来，七手八脚将外交官和司机抬上救护车，送往医院。外交官身边的文件包在混乱中不知被谁拿走。大使馆官员闻讯赶到出事现场的时候，现场全部已被重新伪造过。结果，外交官出院后被判为违章驾驶：处以罚款，公文包被警察拿回，交给使馆。大使馆明明感到事出蹊跷，知道其中有诈，但却无法争辩。原来，车祸是苏联克格勃一手导演的，公文包也是被克格勃偷去，里面的机密文件早已被全部复制。

人为地制造事端，使之具有逼真的自然效果，同时乘乱混水摸鱼，是达到自己目的而又不落形迹、让对方抓不住把柄的绝妙手法。

施催眠术盗取机密文件

1982 年初，苏联和平利用原子能委员会在莫斯科召开国际讨论会。国际代表中有 4 名日本人，他们是日立公司等两家在核研究上处于领先地位的公司派来的。国际讨论会结束后，4 名日本人乘夜班火车赴列宁格勒参观。火车开动以后不久，日本人就一个个酣然入睡，鼾声大作。不知道过了多长时间，他们一觉醒来，大惊失色：他们身上所带的证件和大量文件全都不翼而飞。他们急忙赶回莫斯科，向日本大使馆求救。使馆立即通知苏联有关部门。不久，苏联警察局通知日本使馆“失窃案”被侦破，小偷已经抓到，这 4 名日本人丢失的证件也完好无损。但是，他们随身所带的文件被小偷们随手扔掉了，无法找回。

这件事，其实不是小偷干的，而是克格勃的特务所为。他们先将一种催眠气体吹入日本代表乘坐的车厢，把他们麻醉倒，然后登堂入室，从容不迫地窃走日本人所携带的机密文件。但是，克格勃把戏扮演得如此逼真，日本人也只有吃哑巴亏了。

自己作了案，事后却贼喊捉贼，是间谍机关惯用的诡计。这样会使受害者有苦难言，而作案者却暗自庆幸。因为尽管行为卑劣，但毕竟达到了作贼的目的。

施障眼法突破防线

1945 年 3 月，第二次世界大战已接近尾声，德国法西斯在东西两线受到苏联红军和英美联军的沉重打击，陷入绝境。为了彻底击败负隅顽抗的德军，占领德国首都，与英美盟军会师，迫使法西斯德国无条件投降，苏联最高统帅部决定发动柏林战役。

柏林战役动用了苏联巨大规模的武装力量，共有 4 个方面军和 10 支舰队参加。围歼德军残余主力和包围、突入柏林的任务，由朱可夫元帅指挥的白俄罗斯第一方面军和科涅夫元帅指挥的乌克兰第一方面军共同完成。

4 月 14 日，柏林战役打响。白俄罗斯第一方面军挺进到奥得河畔。奥得河是一个关键的战略要地，德军在这里建立了两道坚固的防御带。朱可夫元帅决定对奥得河防御区实施坚决、迅速、集中的突破，为此调集了强大的兵力与火力。同时，为了使进攻更具突然性，加强突击的奇效，更有力地摧毁敌军的抵抗，朱可夫采取了巧妙的战术措施。进攻开始前，苏军实施了战斗侦察，先头部队越过敌军雷区，弄清了敌军主防部位。4 月 16 日夜晚 3 点，进攻正式开始，苏军从空中和地面向敌军阵地猛烈轰击。20 分钟后，轰击停止。就在轰击停止的一瞬间，苏军的 143 部强大功率的探照灯突然同时打开。光束强烈地射向德军，整个战场亮如白昼。这一前所未见的冲击方法使德军顿时惊慌失措，乱做一团。德军一时之间，搞不清楚这是什么新式武器，更弄不明白苏军下一步要做什么。剧烈刺目、迎面而来的灯光使处于黑夜里的德军几乎全成了瞎子。他们看不清苏军的位置，不知道要向哪里还击。同时，眩目的强光也使德军看不清自己阵地的情况，军官找不到士兵，下级找不到上级，炮兵搞错了武器结构的位置。而德军阵地则在苏军眼底暴露无遗，使苏军毫无遮拦地尽情打击。苏军步兵和坦克兵未费多大力气，就冲入德军阵地 2 公里。

在朱可夫元帅指挥大军向奥得河德军阵地突击的同时，科涅夫元帅领导的乌克兰第一方面军在尼斯河畔也向德军发动了突击。德军在尼斯河沿岸构筑了两道防御阵地，企图以此阻挡苏军的攻击。16 日凌晨，科涅夫的先头部队渡过尼斯河对敌发起冲击，查明了敌军沿河岸的阵地。天亮后，炮火准备和航空火力准备开始。同时，苏军阵地上大量烟雾冲天而起。浓烟缓缓向河对岸德军阵地飘来。很快，尼斯河和德军阵地被浓重的烟幕所笼罩覆盖。德军被苏军施放的烟雾弄得眼前混沌一片，既看不清对岸苏军的情况，也看不见自己阵地上军队和装备的情况，顿时丧失了视野。苏军乘机枪渡尼斯河。工程兵迅速开始架设载重舟桥，步兵则利用就便器材渡河。几个小时后，舟桥和可以通过炮车、坦克车的低水桥全部架设完毕。苏军步兵、坦克兵、炮兵顺利越过尼斯河。这时，席天卷地的烟幕还未散去，德军明明知道苏军在抢路过河，但他们无法判明苏军强渡尼斯河的突破地段在哪里，因而也更无法瞄准射击，这样，眼睁睁让苏军渡过大河，突入自己阵地。苏军当天晚上就突破德军第一道防御带，并楔入第二防御带近两公里。

希特勒的阿登反击战

1944 年秋，第二次世界大战已接近尾声。盟军对德国展开全面反攻，但由于战线过长，兵力不足，尚需重新调整部署。希特勒抓住这个机会，集中优势兵力，孤注一掷地向盟军最薄弱的阵线——阿登地区展开了最后反击。

希特勒看到当时形势对自己很不利，只守不攻，这无异于坐以待毙。他冥思苦想，费尽心机，最后终于制订出一个大胆的作战计划：集中优势兵力，出其不意发动反攻，突破盟军的防线，直捣缪斯河；再分兵两路，直插安特卫普和布鲁塞尔，夺取艾森豪威尔的主要供应基地，将欧洲盟军切成两半，消灭美第一、九集团军、英第二集团军和加拿大第一集团军。用这个办法一举夺回战略主动权，彻底解除德国西部边境的威胁。

12 月 15 日晚，天特别黑，浓雾笼罩阿登森林地区，大雪覆盖着群山。在接连几天的恶劣气候掩护下，28 个师的德军悄悄进入了进攻阵地。美军第一集团军的两个军防守着阿登战线，他们共有 6 个师（仅有一个坦克师）约 8 万人。正在酣睡中的美军官兵做梦也没有想到，德军的绝对优势兵力正虎视眈眈地待命出击。就是在盟军最高统帅部中，也没有任何人想到，穷途末路的德军竟会突然发起凶狠的反扑。

1944 年 12 月 16 日晨，当时针指向 6 时 30 分整，密集的德军大炮突然喷出凶恶的火舌，几乎所有的美军阵地都遭到了猛烈轰击。惊恐的美军官兵慌乱地钻出睡袋，爬进掩体。电话线早被炸断，美军呆在掩体里，根本不知道是怎么一回事。炮击刚一停止，数百架德军探照灯“唰”地放光，美军还没反应过来，德军的坦克履带已经碾碎了残存的美军工事。阿登前线的美军被打得措手不及，几乎全线崩溃。

在中线进攻的德军进展神速。因为在这里防守的是正在休整补充的美军和从美国国内刚调来的新兵。12 月 17 日晚，美军第 106 师约 9000 人被德军包围，最后被迫全体投降。这是美军在欧洲战场上一次最惨痛的失败。

在南线，德军成功地建立起了一道壁垒，保护着中线德军的进攻。还在战斗刚打响之时，希特勒就命令党卫队分子奥托斯科尔兹内指挥一个有 2000 人的会讲英语的德军特种旅，身穿美军制服，乘坐缴获的美军坦克和吉普车，伪装成美军潜入盟军后方。他们切断交通线，杀死盟军传令兵，在交通要冲胡乱指挥美军运输；他们还散布美军司令艾森豪威尔已遭暗杀，德军已获大胜的谣言；一些小股部队越过前线，控制了缪斯河上的桥梁，使德军装甲部队主力顺利通过。由于这些特种兵的破坏，美军前线情报乱成一团。到 12 月 18 日晚，盟军最高统帅部才搞清敌情，确定这是德军的一次大规模反攻。

到这时为止，在阿登战役中，德军占尽了主动，盟军付出了惨重代价。但当盟军稳住阵角，组织力量反攻时，希特勒犯了一个致命的错误，把初步取得的战果化为泡影。当时面对强大的盟军，德军只有迅速撤退才能免遭围歼。但希特勒听不进任何有关撤退的建议，继续下令向前推进，直到1945年1月德军付出高昂的代价后，希特勒才不得不下令撤退。

日军假情报救残部

1943年2月，在太平洋战场上，日军驻守瓜岛的部队被美军团团围住，已经成为瓮中之鳖，面临全军覆灭的危险。在日军作战指挥部里，作战参谋门绞尽脑汁，经过几天的研究，日军一致认为，挽救自己命运的惟一可行的办法就是调动美军，使美军的包围圈出现漏洞，这样日军残部可乘机突围。为此，日军设计了一个大胆的调虎离山之计。

潜藏在拉巴维尔椰林里的日军破译队承担了这项十分艰巨的任务。

原来，由获本大尉领导的日军破译队经过长期的无线电侦察，比较详细地掌握了美军海上无线电通信的第一手资料，对美军的无线电组网情况、工作频率、使用呼号、电台程式、联络时间、机器音调都了如指掌。日军想通过无线电台制造假情报来完成调动美军的企图。

2月7日，日军由小柳少将率最后的19艘驱逐舰，乘海上薄雾向瓜岛方向进发。是营救成功，还是瓜岛残余军队覆灭，将取决于这次无线电调虎离山计划实施的成败。

凌晨3点40分，美军基地电台不断地呼叫着他们在所罗门以北的前线警戒一号电台（一号电台是美军在所罗门以北担任警戒任务的重要电台），而一号电台不知是没有听到还是没有及时回答，没有反应。获本大尉听到这一情况后，当即抓住这一可贵的时机，组织日军电台冒充一号机与美军基地电台迅速沟通了联络，并要求发报，美军基地服务员竟然在没有询问暗令的情况下，便毫不怀疑地同意发报。获本大尉很快把事先拟好的假电报拍发过去，报文是："发现日军机动部队，航母2，战舰2，驱逐舰10，方位东南，午前4时。"

美军基地指挥电台见到电文立即回答道："电报收到，我是基地，保持联络。"

果然，美军基地电台中了日军的诡计，他们把刚刚收到的日军假电报，一字不漏地转发给整个美军舰队。于是，美军最高司令部和下属部队之间的通信联络突然频繁起来，紧急调动美军的海上机动部队。乘着一片混乱，小柳少将率领的19艘驱逐舰满载着瓜岛残余日军，安全地撤出了美军的包围圈。

苏军入侵阿富汗

阿富汗是西亚的一个战略要地，一向有"中东的桥梁"之称。古往今来，它是周围各大国觊觎的目标，是兵家必争之地。苏美争霸的年代里，苏联想方设法把势力渗透进来，企图牢牢控制阿富汗，为其扼住西方石油动脉波斯湾服务。

1977 年 9 月，阿富汗政府总理、国防部长阿明发动政变，处死了与苏联关系极为密切、由苏联扶植上台的领导人塔拉基，自任革命委员会主席和阿富汗执政党人民民主党的总书记。阿明虽然表面宣称“同苏联有着友好的兄弟般的关系”，心中却对苏联极为不满。他心怀异志，图谋离异。阿明赶走了曾参与谋害自己的苏联大使，多次回绝访苏邀请，同时反对苏联要求改组阿富汗军队、警察的主张。阿明对苏联表示愿意直接出兵帮助镇压穆斯林反政府武装的“请求”，也“婉言谢绝”。他不但抵制了苏联控制阿富汗情报部门的企图，还全面改组了秘密警察和保安部门领导机构，加强了个人控制。同时他还努力接近西方国家。这一切，让苏联感到阿富汗有脱离自己操纵的现实危险。恰在此时，阿国内形势日趋动荡，反政府武装斗争如火如荼，许多省份已被游击队控制。所有这些，显示出苏联惨淡经营多年的成果有毁于一旦的可能。因此苏联下定决心，不仅要“换马”，扶植一个俯首听命的代理人，而且要直接出兵，武装侵略，确保阿富汗这一南下基地牢固地掌握在自己股掌之中。

苏联为入侵阿富汗进行了缜密的部署。为了保证入侵计划周密可靠万无一失，1979 年 10 月，苏陆军总司令以访问为名来到阿富汗，了解情况，安排布置。11 月初，苏联中亚部队开入阿富汗，以让阿政府军腾出力量剿灭反叛为名，支走了阿富汗部队，接替了一些重要防卫任务，从而架空了阿富汗防卫力量，控制了苏军入侵的通道。11 月底，阿政府军 4 个师从首都喀布尔调往外地。12 月初，苏联又空运一个营的兵力进入阿富汗，严密控制了一些重要的空军基地和机场。大批相貌与阿富汗人极其相似的苏联中亚部队被运往喀布尔。1979 年 12 月 24 日，苏拉开大规模入侵的序幕。两天里，昼夜不停的苏巨型运输机完成了 150 次空运任务，驻阿苏军一下增至近万人。为了使阿富汗政府完全丧失抵抗能力，陷入束手待毙境况，苏联采取了狡诈的手段。在入侵前的第三天，苏联驻阿军事顾问劝说驻喀布尔的阿富汗第七师和第八师司令下令将部队武器弹药分别集中，进行“清点”。在巴格拉姆空军基地，苏军以“维修检查”为名“暂时接管”了通讯线路，其他一些地方的苏军借为坦克实行“夏季改装”，控制了大部分阿军坦克。入侵前 48 小时，苏军军官正式向有所疑心的阿富汗高级军官信誓旦旦地保证：“苏阿两国决不会出现任何不幸事件。”使阿富汗政府丧失了一切警惕和抵抗手段。

12 月 27 日晚 7 点，苏军突然用炸药炸毁了阿富汗邮电总局，完全瘫痪了喀布尔同外界的通讯联系。7 点 30 分，大批苏军分三路杀去，进占广播电台、革命委员会主席官邸和阿明居住的旧王宫。实际上已经被缴了械的阿政府军根本无法抗拒，只有阿明的私人卫队进行了顽强反抗。3 小时过后，阿明及其子女被处死，苏军控制了整个喀布尔，入侵轻松地完成了。几天之后，早已集结待命的苏军立即出动，长驱直入，分六路纵深推进，迅速占领了阿富汗所有主要城市和交通干线。

在采取重大行动之前，使用各种手段、借口，放出和平烟幕，麻痹对手戒备和警惕，架空、解除对方的防御与抵抗力量，是顺利达到行动目的、事半功倍的前提。

张守硅平定契丹之战

唐开元年间，北方契丹叛乱，多次侵犯唐王朝边境。开元21年（公元733年），玄宗任张守珪为河北节度副使，移锁幽州（今北京市）。契丹大将可突汗几次攻幽州，均未能得手。可突汗想探听唐军虚实，遂遣使者至幽州，假作表示重新归顺唐王朝之意。张守跬感到当时契丹气势正旺，现在却主动求和，必定有诈。于是将计就计，善待来使，随后派王悔代表朝廷到可突汗营中宣抚，以探听契丹内幕。王悔受到契丹执情接待。在酒宴中，王悔仔细观察契丹众头领的一举一动。他发现，在对待唐朝廷的态度上，众将领表现并不一致。从一士卒口中，王悔得知分掌兵权的李过折一向与可突汗貌和神离，互不服气。王悔便特意去拜访李过折。言谈中，王悔假装不了解李过折与可突汗之间有矛盾，当着李过折，故意大加夸奖可突汗的才干。李过折听后怒火中烧。说可突汗蓄谋反唐，使契丹隐于战乱，人民十分怨愤。并告诉王悔，契丹这次求和全系假意，可突汗已向突厥借兵，不日便要攻打幽州。王悔便向李过折分析形势，指出唐王朝国力富强，兵力强大，可突汗反唐，终必失败。并劝李过折脱离可突汗，归顺唐王朝，建功立业，必得朝廷重用。李过折果然心动，表示愿意归顺朝廷。王悔返回幽州不久，李过折乘夜率本部兵马，突袭可突汗中军大帐。可突汗毫无防备，被斩于营中。可突汗部将涅礼率部与李过折激战，又杀了李过折。张守珪闻报，立即亲率军突入契丹营，接应李过折的部队，并乘契丹军混乱之机，发动猛攻，大破契丹军，生擒涅礼，契丹叛乱遂告平息。

俄土锡诺普海战

锡诺普海战，是世界史上著名的克里米亚战争中的一次重要战役。公元1853年至1856年间，俄国与英国、法国、土耳其、撒丁王国之间爆发了长达两年半的克里米亚战争，也称东方战争。战争的起因，是沙皇俄国，依仗它在1848年欧洲革命失败后的国际宪兵地位，企图利用奥斯曼帝国衰落之机，向巴尔干半岛扩张，夺取控制黑海出口的博斯普鲁斯海峡、达达尼尔海峡和马尔马拉海，使黑海成为沙皇俄国的内海。但英、法殖民主义者也想利用这个机会，加强对中东地区的侵略，扩大资本市场。而受英、法怂恿的土耳其政府，对沙皇俄国也不甘示弱，企图借英、法之助，同沙皇俄国争夺克里米亚半岛和南高加索。1853年10月，俄、土战争首先爆发、英、法和撒丁王国先后参加到土耳其方面。战争初期，战斗在多瑙河流域、黑海沿岸和高加索同时进行。最大的战役是发生在土耳其北部黑海沿岸的锡诺普海战。在这一战役中，由纳希莫夫率领的俄国海军摧毁了土耳其舰队。

俄国海军之所以能够取得如此重大的胜利，在很大程度上便是靠的“混水摸鱼”。1853年11月中旬，土耳其海军因在黑海与俄国海军的战斗中处境不利，被迫退回锡诺普湾暂避，等待英法海军救援。此时，俄国舰队司令纳希莫夫将军，便利用土耳其舰队等待英、法海军救援的心理，使了个“混水摸鱼”计。11月30日早上，锡诺普湾大雾，土耳其舰队尽量泊近海岸，以防俄国海军袭击。中午时分，海风吹散浓雾，海上能见度提高。土耳其舰队嘹望兵忽然发现挂着英国“米”字旗的6艘战列舰、2艘巡洋舰，张着满帆向锡诺普湾驶来。土耳其舰队司令奥斯曼见是英国舰队前来支援，不禁大喜，立即安排联络和迎接。然而，时至12点30分，当这8艘挂着“米”字旗的战舰已经迫近土耳其舰队时，却见它们突然来了个大转舵，将黑森森的炮口对准了土耳其舰队。杀那间，“米”字旗降落，俄国的“十”安旗升起。密集的炮弹，如暴风骤雨般射向了土耳其舰队。奥斯曼大惊失色，立即命令自己的舰队还击，但为时已晚。炮手一时不能到位，土耳其舰队立即陷入被动挨打的境地。加上土耳其的16搬战舰上只有510门小口径炮，而俄国舰队却有炮720门，且其中部分口径、射程均超过土军方面。虽然土军方面还有38门海岸炮参战，然而在浓烟滚滚中，有些炮弹打到了己方的舰上。土军主帅奥斯曼见大势已去，为死里逃生，遂下令突围，不久，舰沉人亡，他自己也当了俄军的俘虏。在此役中，俄军采用变换旗帜的办法，混水摸鱼，打得主动而坚决，致使土耳其舰队遭到惨败。

三十六计　第二十一计　金蝉脱壳

存形，完其势（1）；友不疑，敌不动。巽而止蛊（2）。

注释

（1）存其形，完其势，保存阵地已有的战斗形貌，进一步完备继续战斗的各种态势。

（2）巽而止蛊：语出《易经·蛊》卦。蛊，卦名。本卦为异卦相叠（巽下艮上）。本卦上卦为艮为山为刚，为阳卦；巽为风为柔，为阴势。故“蛊”的卦象是“刚上柔下”，意即高山沉静，风行于山下，事可顺当。又，艮在上卦，为静；巽为下卦，为谦逊，故说“谦虚沉静”，“弘大通泰”是天下大治之象。

此计引本卦《象》辞：“巽而止，蛊。”其意是我暗中谨慎地实行主力转移，稳住敌人，我则乘敌不惊疑之际脱离险境，就可安然躲过战乱之危。“蛊”，意为顺事。

按语

共友击敌，坐观其势。尚另有一敌，则须去而存势。则金蝉脱壳者，非徒走也，盖为分身之法也。故大军转动．而旌旗金鼓，俨然原阵，使敌不敢动，友不生疑，待已摧他敌而返，而友敌始知，或犹且不如。然则金蝉脱壳者，在对敌之际，而抽精锐以袭别阵也。如：诸墓亮卒于军，司马懿追焉，姜维令仪反旗鸣鼓，若向懿者，懿退，于是仪结营而去。檀道济被围，乃命军士悉甲，身自（白）服乘舆徐出外围，魏惧有伏，不敢逼，乃归。

解析

认真分析形势，准确作出判断，摆脱敌人，转移部队，决不是消极逃胞，一走了事，而应该是一种分身术，要巧妙地暗中调走精锐部队去袭击别处的敌人。但这种调动要神不知，鬼不觉，极其隐蔽。因此，一定要把假象造得有逼真的效果。转移时，依然要旗帜招展，战鼓隆隆，好象仍然保持着原来的阵势，这样可以使敌军不敢动，友军不怀疑。檀道济在被敌人围困时，竟然能带着武装士兵，自己穿着显眼的白色服装，坐在车上，不慌不忙地向外围进发。敌军见此，以为檀道济设有伏兵，不敢逼近，让檀道济安然脱离围困。檀道济此计，险中有奇，使敌人被假象迷惑，作出了错误的判断。

探源

金蝉脱壳的本意是：寒蝉在蜕变时，本体脱离皮壳而走，只留下蝉蜕还挂在枝头。此计用于军事，是指通过伪装摆脱敌人，撤退或转移，以实现我方的战略目标的谋略。稳住对方，撤退或转移，决不是惊慌失措，消极逃跑，而是保留形式，抽走内容，稳住对方，使自已脱离险境，达到己方战略目标，已方常常可用巧妙分兵转移的机会出击另一部分敌人。

三国时期，诸葛亮六出祁山，北伐中原，但一直未能成功，终于在第六次北伐时，积劳成疾，在五丈原病死于军中。为了不使蜀军在退回汉中的路上遭受损失，诸葛亮在临终前向姜维密授退兵之计。姜维遵照诸葛亮的吩咐，在诸葛亮死后，秘不发丧，对外严密封锁消息。他带着灵柩，秘密率部撤退。司马懿派部队跟踪追击蜀军。姜维命工匠仿诸葛亮摸样，雕了一个木人，羽扇纶巾，稳坐车中。并派杨仪率领部分人马大张旗鼓，向魏军发动进攻。魏军远望蜀军，军容整齐，旗鼓大张，又见诸葛亮稳坐车中，指挥若定，不知蜀军又耍什么花招，不敢轻举妄动。司马懿一向知道诸葛亮“诡计多端”，又怀疑此次退兵乃是诱敌之计，于是命令部队后撤，观察蜀军动向。姜维趁司马懿退兵的大好时机，马上指挥主力部队，迅速安全转移，撤回汉中。等司马懿得知诸葛亮已死，再进兵追击，为时已晚。

案例

孙坚换帻脱险境

这个智谋故事见于《三国演义》第五回“发矫诏诸镇应曹公破关兵三英战吕布”。

董卓废杀少帝，擅立献帝，自己专制朝政，引起朝臣和各地豪强的共愤。初平元年（190 年），关东各州郡纷纷起兵反对董卓，共推出身世家大族的渤海太守袁绍为盟主。这时，威名素著的长沙太守孙坚也举兵参加了讨卓联盟，并被盟主袁绍任命为讨卓联军的先锋。

孙坚率军在汜水关前旗开得胜，杀败董卓部将胡轸。初尝胜果后，孙坚即屯扎部队于梁东，进行休整。同时派人向袁绍报捷并向联军粮草官袁术处催粮。袁术是袁绍从弟，是一个志大才疏且嫉贤妒能之人。其部下谋士见孙坚前来催粮，便为袁术出谋划策说：“孙坚乃江东猛虎，若攻破洛阳，杀了董卓，犹如除狼而得虎。今不发粮草给他，其军必败。”这一建议正中袁术下怀，他便故意不发粮草给孙坚军。孙坚军中缺食，自然慌乱起来。细作侦知这一情况后，迅即报知汜水关董卓大将华雄。华雄便采纳了李肃的计策，决定夜袭孙坚军营。

当夜，月白风清，华雄与李肃兵分两路突入孙坚营中。孙坚部队措手不及，乱作一团，被杀得大败。孙坚与部将祖茂破重围，纵马而逃。华雄带领部下兵马紧追不舍。孙坚连发箭，都被华雄躲过，再发第三箭时，因用力过猛而拽断了弓，得弃弓纵马落荒而逃。由于孙坚头上戴着赤帻（红色头巾），光下十分醒目，很好辨认，所以他跑到哪里，华雄就带领部追到哪里。危急中，孙坚的部将祖茂为了保护孙坚，便让孙坚脱下赤帻，换上自己的头盔。而由自己戴上孙坚的赤帻。然后，二人分路而逃。华雄及其部下只瞄准戴赤帻的追赶，于是孙坚得以脱险。而祖茂为了引开追兵，拼命向前跑，见敌人快要追上，他便将赤帻挂于人家未烧尽的庭柱上，自己躲于树林中。华雄率领追兵远远望见赤帻，因畏惧孙坚英勇而不敢近前，只远远用箭乱射。射了一回，不见动静，方知是计，遂向前取下赤帻。这时，躲在附近林中的祖茂从林中冲出，挥刀欲劈华雄，结果反被剽悍的华雄一刀斩于马下。

司马绍转移目标巧脱身

东晋明帝时，大将军王敦起兵造反，顺江东下，进攻建康（今江苏南京），谋图篡夺君位，自己当皇上。消息早传到明帝司马绍那里，为了平灭叛乱，司马绍亲率大军迎敌。

两军相遇在鄱阳湖畔，扎下营寨。司马绍自恃勇力，换了一身便装，策马到王敦大营来观看虚实。守营将士见有一气宇轩昂之士在营外转悠，觉得蹊跷，忙报告主帅王敦。王敦听军士们描述了一番长相，觉得那人很可能就是明帝司马绍，忙令人备马前去捉拿。王敦看见五名军士正在骑马巡营，忙令他们先出去拦截追击那营外之人。

司马绍正在观察敌营情况，见营门大开，五名军士策马向自己扑来，知道大事不好，忙打马往回奔。那五名军士见所追之人逃跑，更加来了劲头，催马急追过来。

司马绍在前面跑，五名军士在后面追，虽说还有一段距离，但司马绍怕万一马失前蹄，非被他们擒拿不可，便想法拖住他们。跑着跑着，来到一柳林边，有一老太婆在茶馆前卖水，茶馆前有几条岔路。司马绍心想，机会来了。他忙把手中马鞭子扔在老太婆跟前，然后催马拐到林子后跑了。

老太婆听见马蹄“的的”，忙抬头看时，见一条耀眼的东西落在眼前，忙弯腰捡起，却是一条马鞭子。这马鞭子不同寻常，上面嵌满了宝石、金银、翡翠。正在细细端详，追赶的五名军士冲到老太婆面前，发现不见了目标，忙下马询问，却见老太婆在看一条名贵的马鞭子，一把夺过来观看起来。那些普通士兵哪里见过如此名贵的马鞭子，个个争相观看，早把追人这一事丢在脑后，直到王敦带人追来了，才想起自己的任务。但再打马追赶时，司马绍早已跑得临近自己的大营，追不上了。气得王敦夺过马鞭，一人“赏”了他们几鞭。

司马绍急中生智，用常人难以见到的稀有之物吸引追兵的注意力，终于赢得了一点宝贵时间，脱离了险境。

尔朱敞智脱免杀身

南北朝时，中国北方为异族占据，连年大乱，争杀不已。今天你掌权，杀我满门；明日他得势，诛你九族。诛杀所到，人人难免大劫。然而在北魏时，却出现了一个12岁小孩逃脱诛杀的故事。

北魏重臣尔朱荣死后，他的侄儿尔朱兆抢到军权，统领十州军事，逼杀了孝庄帝。尔朱荣旧部高欢看不惯，率兵反叛，战败尔朱兆，其后下令诛灭尔朱氏全族。

尔朱荣有个族侄叫尔朱敞，自幼随母亲住在尔朱荣营中，这年才12岁，正在后花园中玩耍，听得前边人声嘈杂，一问，才知道杀头大祸到了。他顾不得许多，忙从花园的水洞口爬出尔朱氏大院。刚要松一口气，却见街上已经戒严，到处有缉拿的兵士在巡逻，并听说城门也已封锁，进出盘问。怎么办？他低头看了一眼自己的华贵衣饰，穿这身衣服一个人在街上走，肯定会被人怀疑而抓起来盘问，非把命丢了不可。怎么办呢？他向周围巡视一周，忽然看到一群小孩子在一边捏泥巴玩，他心中一喜：

有主意了！

他凑近那群小孩，解下自己的玉佩，高拎着问："谁要?"那群孩子先楞了一下，而后一窝蜂来抢。他一边跑一边扔，把自己身上戴的贵重饰物都让小孩们抢去了，也把小孩们引到一片断壁残垣中。他回头看一下跟来的小孩，有一个身穿破衣服跟自己个头差不多的孩子什么也没抢到，正满脸不高兴。尔朱敞说："别生气，我把这身好衣服换给你怎样?"那孩子很高兴，忙与尔朱敞换了衣服。

尔朱敞接过破衣衫，弄了些泥巴把脸上、头上、身上涂得脏兮兮的，穿上破衣衫就向城门跑去。守门将士一看是个小叫化子，连问也没问就放他出城了。

就这样，一个12岁的小孩子巧施金蝉脱壳计，保全了一条性命。

起义军木头穿衣

公元1784年（乾隆四十九年），甘肃回民田五等忍受不了清朝压迫，愤而起义。起义军很快攻下了安西州（现在的甘肃安西）。清朝廷忙派出陕西固原提督刚塔去镇压。

刚塔指挥清兵大肆进攻起义军，田五阵亡。

起义军退据马家堡，刚刚安营扎寨，刚塔兵将已怪叫着如潮卷来。

夜深了，起义军的新首领吩咐手下说："与其死守，不如设计撤走。等到天亮，我们就没命了。大伙赶快行动，就照我说的去做!"

起义军们很快散开，按照新首领的命令分头准备。

很快，起义军营垒四周并排立起了许多木杆，一件件义军衣服、帽子悬挂在上面。夜色中，风一吹，那木杆儿活像一个个人。

起义军们认认真真打量一会儿，暗暗笑了，然后借着夜色掩护，翻山撤走了。

刚塔将士只以为起义军在调兵遣将，且老远望见起义军营垒四周站着许多人，就更放心了：他妈的，你们早已被包围了，还瞎折腾个屁!

过了好长一段时间，刚塔实在憋不住了，发动手下进攻。当他们逼近起义军营垒时，发现原来都是悬挂着的衣帽，起义军早已不见踪影。

贺龙扔草帽骗敌

自从红军开始长征以后，蒋介石就派出大批人马对红军实施围追堵截。贺龙率领的这支红军也得到了蒋介石给予的同等"待遇"。蒋介石不仅派军队在后面追赶，而且还派出飞机从空中实施轰炸。

有一天，正是火热的天气，太阳一露头就晒得人如火烤一般。贺龙命令红军战士戴上草帽遮太阳，加速前进。

不一会儿，敌机出现在红军头顶上，发现有红五星的草帽就轰炸。贺龙命令：

"散开，进树林里隐蔽！"红军战士跑进树林中隐蔽起来，敌机没有了目标，在空中盘旋了几圈之后，很快就飞走了。贺龙集合部队继续前进。

通过这件事，贺龙就想：敌机在天上，我们在地面，他怎么知道我们是红军而不是国民党的军队呢？想来想去，他想到红军头上的那顶有"红五星"的草帽。草帽一戴，不仅目标大，而且那红五星是个明显的标记，这不明明告诉敌机：我们是红军，你快炸吧！想到这儿，一条利用草帽骗敌的妙计在贺龙的脑海里形成。

队伍翻过大山，来到了一片平地。贺龙下令："同志们，摘下草帽，放在路上，继续前进！"战士们不理解：太阳越升越高，天气越来越热，而且这个地区说下雨就下雨，为什么要我们把惟一能遮阳避雨的草帽扔掉？但是，不理解归不理解，命令是要执行的，战士们很不情愿地摘下头上的草帽，并按贺龙要求放在路上。

贺龙看看天，又看看这些草帽，笑了笑，领着队伍继续前进了。

红军队伍走了没有多久，追赶贺龙的白军赶到了。白军军官催着士兵拼命赶路，士兵们一个个热得气喘吁吁，汗流浃背。正在他们热得难受的时候，看见满地都是草帽，便争先恐后拾起来，开始用于扇风，继而往头上戴，由于草帽不够一人一顶，还发生了争抢。白军当官的以为这些草帽是贺龙率领的红军在狼狈逃窜中扔掉的，想不到是贺龙用的计，在制止其部下"别抢"的时候，自己也抢一顶戴在头上。

白军戴着草帽去追赶红军队伍。

敌人的飞机又出现在天上。

贺龙率领红军大摇大摆地走着，并没散开，也没有隐蔽。敌机在低空盘旋了几圈，大概发现了贺龙这支队伍，但是没有轰炸，因为在他们看来，这支队伍头上没有戴草帽，不是红军，不能随便轰炸。

敌机继续搜索，终于发现了一支戴着红五星草帽的队伍，降低高度一看，不错，正是"红军"，可这支队伍大不以为然。他们知道天上的飞机是自己的飞机，是来配合他们追赶红军的，因此非常高兴，有的甚至还摘下头上的草帽挥舞，以示向飞机致敬，仍然大摇大摆地走着。

可是，就在他们高兴的时候，几架敌机飞快地俯冲下来，炸弹一个接着一个地往下扔。

"轰！轰！轰！"炸弹在白军中开花，白军被炸得死的死，伤的伤。没有挨炸的，边逃命边骂："他妈的，狗日的，干么自己炸自己！"敌军当官的气急败坏，一边朝天放枪一边跳着骂道："你他妈的混蛋，我要到蒋委员长那里去告你们！"

可是，对这些骂声，敌机驾驶员们是怎么也听不见的，他们还认为，这次完成了一次很好的飞行任务，炸了那么多"红军"，回去肯定有奖赏。

贺龙率领的红军战士，知道敌机把炸弹投到他们自己的队伍中，个个拍手称快，大家都佩服贺龙的妙计。

陈云饭馆甩敌探

1927 年发生了“四·一二”反革命政变，当时，陈云在江苏青浦练塘地区领导农民运动。由于“四·一二”反革命政变的冲击，陈云领导的农民运动也遭到了挫折。上级党组织指示陈云暂时离开青浦。为了陈云能够安全转移，上级党组织特地派来两名地下党护送他。

陈云遵照组织的决定，做了一些必要的准备，就依依不舍地离开青浦，同两名护送他的地下党员一起踏上转移的路程。可是，他们三人一上路，就发现有两个鬼鬼祟祟的家伙跟在后面，这引起了陈云的注意。

走着走着，陈云发现镇上有个饭店，进出的人很多。他眼睛一亮，计上心来：在人群混乱的公共场所中，相机行事，“金蝉脱壳”，摆脱敌人。

想到这里，陈云马上示意护送他的两位地下党员跟随他径直朝饭店走去……

陈云等三人进了饭店，在餐桌旁找了空位子刚坐下，两个密探也跟着进了饭店的门。这两个家伙在众多的就餐人群中发现了陈云等三人后，就在离陈云不远的地方站着，装着等人似的东张西望。陈云也装着没有察觉的样子，与同桌的顾客们拉起家常来，还问这饭店的饭菜可不可口等，不时还发出朗朗的笑声，显得泰然自若。

随着饭店里的小伙计一声声叫喊，陈云点的几道菜，一盘又一盘地上到了桌子上。陈云三人都看见了追踪他们的两个家伙就在旁边监视着，于是一边大嚼，一边高声称赞：“这菜味道还真不错！”“来，尝尝这个，这个味道好极了！”

追踪他们的那两个家伙，早已饥肠辘辘，听到陈云他们称赞菜肴的味道好，视线射向了陈云他们的餐桌；看见陈云他们大口大口地嚼着菜肴，不时地在咽着口水。他们也想坐下来美美地吃上一顿，但摸摸口袋，空空如也，再说有跟踪的任务，也不敢坐下来吃饭。

这时，陈云对那两个密探扬了扬手，说：“伙计，过来过来，一块喝几杯！”

两个密探根本没有想到跟踪的目标会来这一招，在毫无思想准备的情况下，加之饥肠辘辘的驱使，鬼使神差地向陈云他们的餐桌旁挪动。这两个家伙的确是饿了，便点头哈腰地凑过来，刚一坐下，就瞄准桌上的菜肴，狼吞虎咽，低头大吃大喝起来……

陈云见状暗示两个地下党员立即离开这里。两人心领神会，立即起身走了出去，好一会儿没有回来。

陈云独自陪着两个密探吃喝。过了一会儿，陈云装着很不耐烦的样子，自言自语道：“这两位老兄老毛病就是改不了，到哪里看热闹去了，菜都快凉了。”说着，他站起身来，对两个吃得正香的家伙说：“我去找找那两位朋友，马上回来，请你们照看一下我的东西。”说完转身跨出门外。

两个密探酒足饭饱，坐在那儿等陈云他们回来，左等右等，就是不见人影。此时两个密探中的一个突然醒悟：“不好，我们中计了，他们一定是逃走了。”另一个还不太相信，说：“可他们的箱子还在这儿呢?”一个说：“把箱子提上，追!”

当他们提着箱子正要走出饭店门时，饭店老板追上来说：“先生，请结了账再走!”

两个密探傻眼了，他们口袋里是一个“子”都没有，怎么结账？可当着老板和众多顾客的面又不好说自己没钱，也说不清这顿饭钱不该由他们付，只好把希望寄托在陈云留下的那只箱子上。他们急急忙忙打开箱子，满以为箱子里有钱。可是，箱子打开后，出现在他们眼前的情景，使他们惊呆了：箱子里除了一捆旧的《申报》和十几块石片外，还留给两个密探一张条子，上面写着：“苦海无边，回头是岸，顽固到底，死路一条。”

这是陈云深谋远虑，早就为敌人准备好了的礼物。

冲出“死亡飞行”

在过去的20年里，始终没有一个对手能够取代波音公司在商用喷气式客机市场上一枝独秀的地位。不少企业家都羡慕波音公司的成功，其创始人威廉·波音却不会忘记，他的“波音”是如何陷入，又如何冲出“死亡飞行”的。

波音公司建于本世纪初，以制造家具发展起来的，以后转向专门生产军用品。一战期间，波音公司生产的C型水上飞机颇得美国海军的青睐，波音也在美国飞机制造业中担当起一个重要的角色。

然而，好景不长，战争结束后，美国海军取消了尚未交货的全部订单，整个美国飞机制造业陷于瘫痪状态。波音也不例外，困入了“死亡飞行”中。

威廉·波音并没有因此垂头丧气，而是进行了深刻的反思。造成“死亡飞行”的原因虽然有形势大变的因素，但也是由于自己过分依赖军方的结果。亡羊补牢，为时未晚，他果断地调整经营方向并采取了相应的措施：

一方面继续保持和军方的联系，随时了解军用飞机发展的趋势、军方的要求，以便加以满足。这样军方不会介意，一旦有机会，其它飞机制造商难以乘虚而入。一方面考虑到军方暂不会有新的订货，完全可以抽出主要的人力财力，开发民用商业飞机。

为了保证这一策略的顺利实施，还必须吸收、培养人才。

从此后，波音公司注意吸引和培养人才，并授予他们充分的权力，把主要的力量投入民用飞机的研制，从单一生产军用飞机的旧壳里脱颖而出。

战后经济的复苏刺激了对民用飞机的需要，波音公司推出的40型商用运输机以及波音707、727客机正好满足了市场的需要，从而冲出了“死亡飞行”。以后又陆续推出了波音737、747、757、767、777，同时替陆军、海军、海军陆战队设计制造了各式教练机、驱逐机、侦察机、鱼雷机、巡逻轰炸机和远程重型轰炸机等，波音公司日益发展壮大起来。

波音公司如果不“金蝉脱壳”，摆脱单一的军用飞机经营，就无法冲出“死亡飞行”，那只有飞向死亡。

昂山的脱身计

缅甸的民族运动领袖昂山经常外出从事革命活动。1940 年 6 月 2 日，昂山带领一名助手准备到兴实塔县日仑镇参加当地缅人协会召开的群众大会。两人来到仰光船码头，发现四周布满了军警和特务，一种紧张的气氛笼罩着整个码头。昂山发现“硬闯是不行了，因而决定巧施脱身计。他让助手带着行李先上船，他自己则悄悄地转到另一个渡口，雇了一艘舢板，朝兴实塔县方向驶去。一会儿，开往兴实塔的船启航了。轮船渐渐地挨近昂山坐的舢板，只见昂山纵身一跃，便上了轮船，就这样躲开了军警的监视，按时赶到了会场。

在危急的情形中，必须找到一种巧妙的方法，这样才能出其不意，摆脱困境。昂山换船脱身，形东实西，让人摸不准，看不住，顺顺利利地在敌人的眼皮底下逃脱了。

贝·布托免遭拘捕

1978 年，巴基斯坦陆军参谋长齐亚·哈克发动军事政变，推翻了巴基斯坦布托政府，建立了军人政权。贝·布托在自己的父亲被处决后，并没有被反对派所吓倒，她领导巴基斯坦人民党与对手进行了不屈不挠的斗争。

1986 年 8 月 14 日是巴基斯坦独立纪念日。在贝·布托号召之下，巴基斯坦人民党和其它党派决定举行游行示威活动。那天，警察早有防备，街头巷尾，岗哨林立，但由于他们没有接到远在伊朗访问的齐亚的命令，因而又不敢私自对贝·布托实行“预防性”逮捕。当日下午 1 点，聚集在克里夫顿 70 号（贝·布托住处），数千名群众出发了。游行的队伍如潮水一般涌向了大街，冲破了警察的层层防线，开向市中心。可就在这时，齐亚下达了命令：阻止游行队伍，逮捕贝·布托。接到命令，大批军警蜂拥而至。他们向人群中投放了大量催泪弹，引起游行队伍的混乱，同时，他们准备包围贝·布托并逮捕她。愤怒的群众誓死掩护贝·布托撤退。他们挡住军警的包围，把贝·布托推上车子开离现场。警察见此情形，丝毫不肯放松。他们驾车在后追赶。在这千钧一发时刻，如不及时采取措施，不仅贝·布托自己会被抓住，而且车上其他几位党的领导人也会受到连累。就在这时，贝·布托忽然看到路旁停着一辆黄色出租车。她心中一亮，立即想出了一个既能安全脱身，又能保住同伴的两全之计。

她命令其他同伴仍旧坐在原来的车上，而她自己则迅速地上了那辆黄色的出租汽车。然后飞快地向前驶去。很快，她便把原来那辆车远远地抛在后边。一会儿，她来到了一个十字路口。果如贝·布托所料，前面已有大批军警守在那里。司机见此情形，慌慌张张地刹车，想掉头往回开。贝·布托却镇静地说：“你就正常地往前开，要保持一定速度，警察不会注意一辆黄色的出租车!”汽车一步步接近警察，贝·布托努力使自己保持镇静，并拉下了遮在脸上的纱巾。汽车来到十字路口，警察见是一辆很一般的出租车，就没有引起注意，放它过了哨卡。机警的贝·布托又一次在与对手的较量中取得了胜利。

贝·布托成功的原因在于她运用了“金蝉脱壳”之计，躲过了敌人的围追堵截。

唐·卡洛闯过伏击圈

唐·卡洛是黑手党组织的巨头、全西西里武装匪帮的后台老板。他与异军突起的土匪头子朱利亚尼的关系非常微妙，先是利用其影响打击左派政党，控制选举，事成之后又把他一脚蹬掉了。

他这种过河拆桥的做法使朱利亚尼非常恼火，决心孤注一掷，绑架唐·卡洛，向黑手党开战。于是唐·卡洛与朱利亚尼之间展开了一场惊心动魄的生死较量。

在朱利亚尼对黑手党大肆进行报复的同时，老奸巨猾的唐·卡洛也早已嗅到了危险，于是他带领几个亲信，住进一家旅馆，常常一连几星期都不露面。他住的旅馆戒备森严，几个保镖武装到了牙齿，和他同室而寝，形影不离，另外还有几个人持枪轮流在旅馆门厅以及旅馆对面的酒吧里值班。有一天，唐·卡洛有要事非回维拉尔巴不可。他没有兴师动众带保漂们同行，而是不动声色地悄悄溜出后门，把所有的人马原班不动地留在旅馆，以迷惑朱利亚尼派出的密探。

然而，唐·卡洛的行踪还是被朱利亚尼探听到了，他立即调动30多个喽罗，埋伏在通往维拉尔巴的必经之路，耐心地等待着。不久，有一辆黑色轿车卷起一路灰尘飞快地驶来，明眼人一看便知道那就是唐·卡洛的车。当汽车驶近预定距离时，朱利亚尼一声号令，众匪徒荷枪实弹，蜂拥而上，将汽车团团围住，他们以为唐·卡洛这回一定是插翅难逃了。

可是大大出乎他们意料的是，汽车里只有唐卡洛的一只皮箱和一个在30支枪口威逼下瑟瑟发抖，目瞪口呆的司机。那么唐卡洛到底躲到哪去了呢？原来，老谋深算的唐·卡洛料到自己的行踪会被朱利亚尼发现，于是就多留了一手。他在中途下了自己的汽车，换乘一辆拉蔬菜的卡车，钻进一只菜筐，上面又盖上一些蔬菜，就在朱利亚尼的眼皮底下混过了布置严密的伏击圈，安全地到达了维拉尔巴，而那位可怜的司机则成了他的替死鬼。是利用其影响打击左派政党，控制选举，事成之后又把他一脚蹬掉了。

他这种过河拆桥的做法使朱利亚尼非常恼火，决心孤注一掷，绑架唐·卡洛，向黑手党开战。于是唐·卡洛与朱利亚尼之间展开了一场惊心动魄的生死较量。

在朱利亚尼对黑手党大肆进行报复的同时，老奸巨猾的唐·卡洛也早已嗅到了危险，于是他带领几个亲信，住进一家旅馆，常常一连几星期都不露面。他住的旅馆戒备森严，几个保镖武装到了牙齿，和他同室而寝，形影不离，另外还有几个人持枪轮流在旅馆门厅以及旅馆对面的酒吧里值班。有一天，唐·卡洛有要事非回维拉尔巴不可。他没有兴师动众带保漂们同行，而是不动声色地悄悄溜出后门，把所有的人马原班不动地留在旅馆，以迷惑朱利亚尼派出的密探。

然而，唐·卡洛的行踪还是被朱利亚尼探听到了，他立即调动30多个喽罗，埋伏在通往维拉尔巴的必经之路，耐心地等待着。不久，有一辆黑色轿车卷起一路灰尘飞快地驶来，明眼人一看便知道那就是唐·卡洛的车。当汽车驶近预定距离时，朱利亚尼一声号令，众匪徒荷枪实弹，蜂拥而上，将汽车团团围住，他们以为唐·卡洛这回一定是插翅难逃了。

可是大大出乎他们意料的是，汽车里只有唐·卡洛的一只皮箱和一个在30支枪口威逼下瑟瑟发抖，目瞪口呆的司机。那么唐·卡洛到底躲到哪去了呢？原来，老谋深算的唐·卡洛料到自己的行踪会被朱利亚尼发现，于是就多留了一手。他在中途下了自己的汽车，换乘一辆拉蔬菜的卡车，钻进一只菜筐，上面又盖上一些蔬菜，就在朱利亚尼的眼皮底下混过了布置严密的伏击圈，安全地到达了维拉尔巴，而那位可怜的司机则成了他的替死鬼。

库图佐夫诡甩追兵

1812年6月，拿破仑入侵俄国。9月14日，俄军在总司令库图佐夫的力主下，主动撤离莫斯科，实施转移，以便保存实力，再图大举。

俄军主力退出莫斯科后，拿破仑派法军元帅缪拉率领骑兵军团紧紧跟踪，准备将其斩尽杀绝。为了保留住俄军所剩的这部分珍贵力量，库图佐夫精心策划了一次“行军机动之计”。他命令军队先沿莫斯科城外的梁赞大道向东南方向退却，行军约30公里后，俄军突然掉转头，渡过莫斯科河西进。为了甩掉跟踪的法军，库图佐夫派出一支哥萨克骑兵继续沿梁赞大道前行。哥萨克骑兵的铁蹄扬起阵阵尘土，法军从后面看去，以为千万俄军士兵正在争先恐后地向东南方向拼命逃窜。忽然间，追踪的法军发现前面的俄国逃兵似乎越走越快，好像都骑着马。于是法军也加快速度，奋勇追击。这样，追赶的法军同已经西向转移的俄军主力越离越远。俄军主力以强行军速度西进，努力远离法军集结地，摆脱法军注意。5天后，俄军再向西南行进。10月2日俄军到达了安全地区塔鲁丁诺。

由于库图佐夫诡秘行军，妙布疑师，拿破仑在以后很长一段时间里不知道俄军从莫斯科撤出后到底去向何处。

“金蝉脱壳”是一个古老的战争策略，一般施用在退却的过程中，它的特点是制造假象、施放烟幕，以小部队吸引追击者的注意力，诱使敌人上当受骗。而这时主力部队悄然退入安全地带。

毕再遇悬羊击鼓惑金兵

南宋宁宗开禧年间，金兵屡犯中原。南宋名将毕再遇先后在泗州（在今江苏泗洪）、盱眙（今江苏洪泽湖附近）、灵璧（在今安徽）、楚州（在今江苏淮安）等地大败金军，威名远震，金兵闻之丧胆。一次，金兵又调集数万精锐骑兵，要与宋军决战。此时，宋军只有几千人马，如果与金军决战，必败无疑。毕再遇为了保存实力，准备暂时撤退。金军已经兵临城下，如果知道宋军撤退，肯定会乘势追杀，那样，宋军损失一定惨重。毕再遇苦苦思索如何蒙蔽金兵，转移部队。这时，只听帐外马蹄声响。毕再遇受到启发，计上心来。

他暗中作好撤退部署。当天半夜时分，命兵士巧妙的制作鼓声。金军听见鼓响，以为宋军趁夜劫营，急忙集合部队，准备迎战。哪里知道只听见宋营战鼓隆隆，却不见一个宋兵出城。宋军连续不断地击鼓，搅得金兵整夜不得休息。金军的头领似有所悟：原来宋军采用疲兵之计，用战鼓搅得我们不得安宁。好吧，你击你的鼓，我再也不会上你的当。

宋营的鼓声连续响了两天两夜，金兵根本不予理会。到了第3天，金兵发现，宋营的鼓声逐渐微弱，金军首领断定宋军已经疲惫，就派军分几路包抄，小心翼翼靠近宋营，见宋营毫无反应。金军首领一声令下，金兵蜂拥而上，冲击宋营。这才发现宋军已全部安全撤离了。

原来毕再遇使了“金蝉脱壳”计。他命令兵士将数十只羊的后腿捆好绑在树上，使倒悬的羊的前蹄拼命蹬踢，又在羊蹄下放了几十面鼓。羊腿拼命蹬踢，鼓声隆隆不断。毕再遇用“悬羊击鼓”的计策迷惑了敌军，安全转移了。

中央红军第三次反“围剿”

1931年5月底，蒋介石对中央红军第2次“围剿”刚被粉碎。仅1个月之后，又发动了更大规模的第3次“围剿”。1931年6月20日，蒋介石自带领德、日、英等国军事顾问到达南昌，就任“围剿”总司令。何应钦为前敌总司令。调集兵力30万，约10倍于当时中央军区的红军。7月1日，敌军主力分3路向中央苏区大举进犯。在这一战役中，为了能在敌我兵力十分悬殊的情况下粉碎蒋军进攻，红军在毛泽东指挥下，在军事策略上曾多次使用“金蝉脱壳”计。

开始，蒋介石以其嫡系部队为主，组成以何应钦为总司令的左翼集团军，从江西南城方向寻求红军主力决战；同时将部分杂牌军组成以陈铭枢为总司令的右路军深入赣南老革命根据地“清剿”。就在蒋介石到达南昌的第2天，毛泽东便在赣东南丰县康都圩召开红一方面军总前委会议研究对策，7月3日又在康都召开军事会议，决定以彭德怀的红三军团伪装红军主力，在广昌、宁都一线迷惑、牵制敌军主力、而以红一军团为主的红军主力，则避实击虚，如脱壳之蝉，于7月10日前后，从闽西出发，绕道千里，于7月下旬回到群众基础好的赣南兴国县高兴圩集中，待机各个歼灭深入赣南“清剿”之敌。直到7月底，蒋介石才发现红军主力已不在闽西，于是匆忙调动其主力十几个师往兴国进剿。此时，敌人忙于奔跑，而红军主力则已在兴国高兴圩养精蓄锐10多天了。然而，此时红军主力面临的形势仍是极为险峻的。西临赣江，东、南、北三面又受到敌人12个师的包围，随时有被歼的危险。但毛泽东处变不惊，镇静自若，又使了个“金蝉脱壳”计：命令红35军和红12军的35师，伪装主力，向赣江方向佯动，摆出欲渡赣江西进的态势，主力则于8月5日晚，巧妙地通过蒋鼎文师（驻江背墟）和蒋光鼐、蔡迁锴、韩德勤师（驻崇贤）之间40余里的空隙地带，于8月6日凌晨，迅速转移到莲塘地区，伺机歼灭进至该地区战斗力较弱的杂牌军。就在红军主力到达莲塘的当日上午，敌上官云相的47师即向莲塘逼进。毛泽东决定坚决打击这股敌人。经一天一夜的战斗，歼敌1个旅，毙敌旅长1名。7日，又在往良村进军途中与敌第54师160旅遭遇，歼敌1个团，毙敌旅长张銮诏；接着又在良村包围、歼灭郝梦龄第50师一部，毙敌副师长魏我感；随后，又以3天急行军，于11日出其不意袭击占据黄陂的毛炳文的第8师，歼敌4个团，缴获战利品不计其数。红军主力采取金蝉脱壳的策略，脱离受敌重围的险境，巧妙转移到敌军力量较弱的莲花地区之后，连续三战三捷，给敌以意外的打击，正体现了前人批语中所指出的：“金蝉脱壳者，非徒走也，盖为分身之法也”、“在对敌之际，而抽精锐以袭别阵也。”

红军三战三捷，给蒋介石以极大震动，恍然大悟自己是中了红军金蝉脱壳计。于是，急忙挥旗东向，命令各军向黄陂地区包围合击。其部署是：陈诚、罗卓英所部4万余人由西北方向长驱直进；蒋光鼐、蔡廷锴、韩德勤部4万余人由西南方向逼近；赵观涛、卫立煌、蒋鼎文3个师紧随红军之后；孙连仲军2万余人由东南、朱绍良军由正北和东北方向进迫。蒋介石满以为，使用如此的优势大军，分进合击，一举歼灭红军主力，应该是不成问题的。在这关键时刻，毛泽东与总部红军首长商量：“以罗炳辉、谭震林的12军向东北方向佯动，一路上扬旗鸣号、大张声势，使敌误以为红军主力由此突围，吸引敌人出击，以调动和分散敌人。而毛泽东则率领主力寻隙向西突围。一路之上，不准点火，不准用手电，不准抽烟，不准发出任何声响，2万多人马，经过近10天的隐蔽行军，走了近千里又回到了革命老根据地兴国进行休整了。正如彭德怀后来回忆所说的：“待敌发觉，再向兴国时，我军已取得半月休整。敌军是肥的拖瘦，瘦的拖死，精疲力竭，减员1/3，不能不撤退。”而红军主力则趁敌撤退之机，主动出击，打了个三战两胜一平；9月7日，在老营盘歼蒋介石嫡系蒋鼎文第9师一个旅；9月11日，在东固方石岭全歼韩德勤第52师，师长韩德勤化装敌军伙夫，被俘后，又给溜走了。特别是，9月7日至9日在兴国高兴圩进行的一次战斗，是第3次反围剿中规模最大、最激烈的一仗。敌军投入4个师7万多人，我方则以彭德怀红三军团为主，红四军配合。战争一直打了3天3夜，双方各伤亡3、4千人，形成对峙。当我军主动撤退后，敌军也随之撤走了。这一阶段，红军以12军北向惑敌，

主力潜移兴国休整，待机歼敌，应该说是第3次反围剿中应用“金蝉脱壳”计，安排部署得最精当、最成功的一次。

三十六计　第二十二计　关门捉贼

小敌困之（1）。剥，不利有攸往（2）。

注释

（1）小敌困之：对弱小或者数量较少的敌人，要设法去困围（或者说歼灭）他。

（2）剥，不利有攸往：语出《易经·剥》卦。剥，卦名。本卦异卦相叠（坤下艮上），上卦为艮为山，下卦为坤为地。意即广阔无边的大地在吞没山，故外名日“剥”。“剥”，落的意思。卦辞：“剥，不利有彼往”意为：剥卦说，有所往则不利。

此计引此卦辞，是说对小股敌人要即时围困消灭，而不利于去急追或者远袭。

按语

捉贼而必关门，非恐其逸也，恐其逸而为他人所得也；且逸者不可复追，恐其诱也。贼署，奇兵也，游兵也，所以劳我者也。吴子曰：“今使一死贼，伏于矿野，千人追之，莫不枭视狼顾。何者？恐其暴起而害己也。是以一人投命，足惧千夫。”追贼者，贼有脱逃之机，势必死斗；若断其去路，则成擒矣。故小敌必困之，不能，则放之可也。

解析

关门捉贼，不仅仅是恐怕敌人逃走，而且怕它逃走之后被他人所利用。如果门关不紧，让敌人脱逃，千万不可轻易追赶，防止中了敌人的诱兵之计。这个贼，指的是那些出没无常、偷袭我军的游击队伍。他们的企图，是使我军疲劳，以便实现他们的目的。兵书《吴子》中特别强调不可轻易追逐逃敌。他打了一个比方，一个亡命之徒隐藏在旷野里，你派一千个人去捉他，也会十分困难，这是为什么呢？主要是怕对方突然袭击而损害自己。所以说，一个人只要是玩命不怕死，就会让一千个人害怕。根据这个道理推测，敌军如能脱逃，势必拼命战斗，如果截断他的去路，敌军就易于歼灭了。所以，对弱敌必须围而歼之，如果不能围歼，暂时放它逃走也未尝不可，千万不可轻易追击。

如果指挥员能统观全局，因势用计，因情变通，捉到的也可能不是小贼，而是敌军的主力部队。所谓“关门打狗”，就是这种情况。

探源

关门捉贼，是指对弱小的敌军要采取四面包围、聚而歼之的谋略。如果让敌人得以脱逃，情况就会十分复杂。穷追不舍，一伯它拼命反扑，二怕中敌诱兵之计。这里所说的“贼”，是指那些善于偷袭的小部队，它的特点是行动诡秘，出没不定，行踪难测。它的数量不多，破坏性很大，常会乘我方不备，侵扰我军。所以，对这种“贼”，不可放其逃跑，而要断他的后路，聚而歼之。当然，此计运用得好，决不只限于“小贼”，甚至可以围歼敌主力部队。

战国后期，秦国攻打赵国。秦军在长平（今山西高平北）受阻。长平守将是赵国名将廉颇，他见秦军势力强大，不能硬拼，便命令部队坚壁固守，不与秦军交战。两军相持四个多月，秦军仍拿不下饭长平。秦王采纳了范睢的建议，用离间法让赵王怀疑廉颇，赵王中计，调回廉颇，派赵括为将到长平与秦军作战。赵括到长平后，完全改变了廉颇坚守不战的策略，主张与秦军对面决战。秦将白起故意让赵括尝到一点甜头，使赵括的军队取得了几次小胜。赵括果然得意忘形，派人到秦营下战书。这下正中白起的下怀。他分兵几路，指挥形成对赵括军的包围圈。第二天，赵括亲率四十万大军，来与秦兵决战。秦军与赵军几次交战，都打输了。赵括志得意满，哪里知道敌人用的是诱敌之计。他率领大军追赶被打败了的秦军，一直追到秦壁。秦军坚守不出，赵括一连数日也攻克不了，只得退兵。这时突然得到消息：自己的后营已被秦军攻占，粮道也被秦军截断。秦军已把赵军全部包围起未。一连四十六天，赵军绝粮，士兵杀人相食，赵括只得拼命突围。白起已严密部署，多次击退企图突围的赵军，最后，赵括中箭身亡，赵军大乱。可惜四十万大军都被秦军杀戮。这个赵括，就是会“纸上谈兵”，在真正的战场上，一下子就中了敌军“关门捉贼”之计，损失四十万大军，使赵国从此一蹶不振。

案例

黄巢重占长安

公元880年，黄巢率领起义军攻克唐朝都城长安。唐僖宗仓皇逃到四川成都，纠集残部，并请沙陀李克用出兵攻打黄巢的起义军。第二年，唐军部署已完成，出兵企图收复长安。凤翔一战，义军将领尚让中敌埋伏之计，被唐军击败。这时，唐军声势浩大，乘胜进兵，直逼长安。

黄巢见形势危急，召众将商议对策。众将分析了敌众我寡的形势，认为不宜硬拼。黄巢当即决定：部队全部退出长安，往东开拔。

唐朝大军抵达长安，不见黄巢迎战，好生奇怪。先锋程宗楚下令攻城，气势汹汹杀进长安城内，才发现黄巢的部队已全部撤走。唐军毫不费力地占领了长安，众将欣喜若狂，纵容士兵抢劫百姓财物。士兵们见起义军败退，纪律松驰，成天三五成群骚扰百姓。长安城内一片混乱。唐军将领也被胜利冲昏了头脑，成天饮酒作乐，欢庆胜利。

黄巢派人打听到城中情况，高兴地说：敌人已入瓮中。当天半夜时分，急令部队迅速回师长安。唐军沉浸在胜利的喜悦中呼呼大睡。突然，神兵天降，起义军以迅雷不及掩耳之势，冲进长安城内，只杀得毫无戒备的唐军尸横遍地。程宗楚从梦中醒来，只见起义军已冲杀进城，唐军大乱，无法指挥，最后他在乱军中被杀。黄巢用“关门捉贼”之计，重新占据长安。

外贸公司据理拒赔

1980年春，荷兰鹿特丹代理商向我国某省出口公司订购冷冻家禽15吨，规格是去头、去毛和内脏，总计16．5万西德马克。按国际贸易规定，双方在合同书中明确了索赔条款：中方售出货物均以离岸品质、数量、重量为交货依据。货物在运输途中，如有品质、数量、重量发生损坏或丢失，概由荷方负责。货物到达目的港后，荷方对品质、数量和重量如有异议，并经核实与证明系在装运前发生者，应于到货20天内向中方提出索赔。

逾期中方不再受理。一切争议若不能协商解决，提交北京中国国际贸易促进委员会对外贸易仲裁委员会仲裁。

此后，鹿特丹代理商开来信用证，我出口公司立即办理装运，并提交全套单据，其中有我国商检局出具“本产品加工及冷冻良好，完全适合人类食用”的产品质量检验证书。不料货物抵达目的港，鹿特丹代理商发来急电：“到货有鱼腥味”，并来信说明：“货物到达目的港时品质、包装均系良好，经验关放行后向客户发售，但所有客户严重抱怨食品带有鱼腥气味，其所在地卫生局认为不适合人类食用，禁止出售。我认为，物质在冷冻条件下是没有气味的，也不存在运输途中遭受污染的迹象，不能向航运或保险公司索赔。但解冻融化后出现这种疵病，可以推断家禽系用鱼粉饲养，并且一直到屠宰前为止。”

鹿特丹代理商接着寄来当地一所大学实验室的化验报告，证实家禽因喂养鱼粉而有腥味。他建议中方派人到实地复验，还称“因客户皆要求退货、赔偿全部损失，所以即使折扣出售也是根本不可能的。”他最后希望中方按客户要求给予友好解决，否则提交仲裁——“有损中方公司的声誉。”

显然，一场索赔纠纷已在所难免。我出口公司沉着应战，首先弄清在国际贸易中索赔的主要依据，仲裁机构受理索赔的基本前提。按国际商务规则和贸易惯例，索赔的依据是符合法律规定的合同，它也是理赔的基本前提。我方与鹿特丹代理商签约时，双方没有规定根据何种法律，那么在涉及到法律问题时就要遵守平等互利原则。而现有的合同平等自愿地规定了双方的权利、义务，它就是具有法律约束力的主要和唯一依据，同时可作为仲裁机构理赔时公平合理排解争议的基本前提。就本案而言，合同中并没有对家禽含鱼腥味作出限制，对方在开来的信用证中也没有对鱼腥味附加规定，若依据合同确定责任、分清是非，则可以使对方陷入被动。于是我出口公司复照鹿特丹代理商，干脆利落地关上了索赔的协商之门："我方按合同规定交货，并提供了'适合人类食用'的品质检验证书，故不能同意索赔。"

鹿特丹商人既不能推翻"以合同为依据"普遍原则，又不能在合同中找到把柄，只能在"不准销售"上寻求突围之路。他在来信中称："去年我公司从其他国家进口这种食品2500吨，为发展与中国的贸易，今年开始订购你公司产品。做生意不是开玩笑，不能因出售有缺陷的产品而违法，冒坐牢的风险，就我所知，不准销售有腥味的家禽在欧洲共同体各国都适用。我不相信你公司会长期出售有腥味的家禽，更不相信这种有缺陷的食品能卖给欧洲其他国家。因此，我不能接受这批货物，为保持双方业务关系，我可以同意调换新货，但由此产生的一切费用和损失应由你公司承担。冷藏昂贵，费用不断增加，望迅速答复。"代理商发出此信之后，还与我驻荷兰商务参赞处交涉，不断催促，频施压力。

我出口公司经多次研究认为，据理可不必承担责任，但对方在当地出售可能确有困难，为友好地解决此案，决定在表示拒赔的同时，介绍一瑞士客商，建议对方与之联系转售。鹿特丹商人接到我方建议后，一面同意转售办法，一面以"不适合人类食用"为由要求我方赔偿损失8万马克。这说明他不打算用友好方式解决问题，想用无理纠缠获得额外收益。

"有理不让人"固然不是贸易往来的谦和之道，但也不能忘记对理屈而又纠缠不休者应该"不利有攸往，剥。"我出口公司认真研究了鱼腥味与国际间对"适用商销品质"的通常解释是否抵触。适用商销品质指货物要符合常用目的和买方的特殊目的。本合同并未订明家禽的使用目的，但买方曾默示其目的在于"供人类食用"，而鱼腥味并不影响人类食用，瑞士客商乐意接受即是证明。由此可以肯定，我方货物是完全符合商销品质的，不必承担此责任。再有，中国商检局的"完全适合人类食用"的证书是有效的官方证明文件，而对方提供的化验报告不属于"有资格的公证人"签发的文书，不具备法律上的反证效用。鹿特丹代理商没有再提出付诸仲裁也表明了心虚。基于此，我方复信申明严正态度："必须再次指出，我方不能接受你的退货要求，也没有义务承担你经营损失，因为我方所装货物符合合同规定，适合人类食用，有中国商检局证书为凭。鉴于你声称销售有困难，出于好意为你介绍瑞士客户，而你竟提出赔偿销售损失和费用，这是完全没有道理的，因而也是不可能接受的。"

"至于货物中有一部分带有鱼腥味，这是国际市场也是我方供货的通常品质。我们供给你的货物与供给其他客商的货物品质是相同的。其他客商认为品质良好，销量逐年增加，更没有因带有鱼腥味而称'不适合人类食用'，因此我们按合同规定供货是无可指责的。"

"你方在到货之后突然对鱼腥味提出异议，显然不符合公认的国际贸易惯例。合同一经签订，双方都要受其条款的约束，任何一方都无权超越合同的规定，不能单方提出要求约束另一方。为此再次明确告诉你方，不能接受你方的索赔，也不同意你方提出退款和偿付损失的要求。从你方自身利益考虑，建议你方火速为该批货物自寻出路。”退路皆被堵死，借口全被驳去，鹿特丹代理商除如数接收货物，撤回索赔之外别无选择。中方为维护双方的贸易交往，在后续的生意中给了他4000马克的优惠，也促使本案不了了之。

本案发生之后，对弱手使用“关门捉贼”的计谋，确实行之有效。但从长远发展的角度看，了解各国消费者的不同爱好与习惯，摸清各国对产品品质的要求，力争适销对路，则既可使我国产品顺利进入国际市场，又能避免减少不必要的纠纷。这也是在用此计之后应当予以总结的。

出口公司无理钱货双失

在春季广交会上，沙特阿拉伯麦加M公司来会洽谈业务，与我国某公司签订了一份我方出口某商品的购销合同。合同中规定：订购某商品价款总值3. 6万美元，装运日期为当年九、十月份，凭不可撤销即期信用证付款。

M公司通过麦加国民商业银行于8月15日开到信用证，信用证规定，装运期最晚9月18日，议付有效期10月2日。

但我方出口公司在春季广交会与M公司签订合同后，却疏忽大意，使得货源准备不足，至M公司开来信用证后，无法按期交货，只好去电请求将信用证规定的装运期改为最迟11月30日。即较合同规定的九、十月份推迟了一个月。

这种做法实质上是违约行为。按国际惯例买方有权拒绝，而要求卖方按合同履约，否则可提出撤销合同和要求损害赔偿。但买方并没有这样做，而是按我方提议于9月底向我方发来修改后的信用证，修改装运期和议付期均为11月底。

按理说，买方做出了如此让步，而作为卖方的我出口公司则应投入力量，积极调集货源同时及时与外轮公司洽谈，及时将货物运出，按信用证要求于11月底前装货交单。一场交易成功在望。

谁料，本来出口公司储运科与外轮代理公司谈妥，外轮公司同意配载11月中旬航行红海航线去吉达的直达船，(因该证是11月底到期，为避免装运后交单议付发生困难，故装运期提前为11月15日)。但当时由于港口堵塞，“新龙”号直达船无法靠岸装货，至11月底货还未装运。这时信用证装运的日期已到，但出口公司的业务科却不知道此情况，而出口公司储运科也未与业务科联系，征询是否需先修改信用证装运日期和有效期，而听任货物逾期装运。

直到12月18日，“新龙”轮才得以靠岸装运，业务科才收到一份倒签33天（自11月15日至12月18日）的提单。造成逾期交单18天，这使得我方对外业务陷于被动。在此情况下，出口公司将有关单证向银行担保议付，中行电请开证行授权付款，开证行则以交单逾期为由，拒绝付款。

事到此时，由于我方工作方面的疏忽，已经形成违约事实。12 月 27 日出口公司接 M 公司 12 月 13 日来信，查询货物装运和提单寄发日期。出口公司于 12 月 9 日以电传复告：货于 11 月 15 日装“新龙”轮直达吉达，发票号 22444，提单 26 号，请通知开证行接受单据，尽快支付货款。

次年 1 月 29 日，我方接到 M 公司于 1 月 15 日发出的信，对我未能如期交货表示抱怨，并提出：只有同意给予 25% 的折扣，才愿收货付款。我出口公司 2 月 13 日发出电传，表示同意 1 月 15 日来信所提出的给予 25% 折扣的要求，请其授权银行接受单据支付货款。同时，另行缮制减去 25% 折留的发票，交由中国银行转开证行收款。但又遭开证行拒付。

此后 M 公司便再无音讯，尽管我方多次以电传催请付款赎单，但 M 公司拒不作答。至于我方货运何处也无从查到。

M 公司在我方延期付货后，先采取要求降价后又置之不理，一反最初之做法，其实归根到底也正是因为我方违约，给了对方以可乘之机。

试想，如果在最初我们能积极组织货源，按合同履约，岂不是一桩好的交易。然而我们错过了。但后补机会若能抓住，即对方在修改信用证之后，能迅速及时组织货运，则也不至于倒签提单、逾期交单、以至遭拒付。

即使是在货运出后，交单付款被拒也可以采用一些补救措施。如能够把握我货运情况，以备不测之时，原货运回，也不至于最终连货也找不到的悲惨结局。仅贷款一项就令我方损失达人民币 10 万元。

斯航公司请君入瓮成为全球闻名公司

1980 年，当瑞典的斯堪的那维亚航空公司处境艰难之时，让卡尔崇出任该公司总裁。这时，第二次石油冲击使世界经济深受其害，而斯航则由于连续两年亏损而声誉日降。为了改变局面，卡尔崇推行了一系列改革措施。其中一项就是在空中、地面推行了一整套新的服务标准。首先，他决心以优质的服务来吸引因公出差人员。他对因公出差人员的心理进行了分析，认为他们对机票价格高低不太在乎，因为反正都要报销，而对服务质量却颇为挑剔。只要服务好，使他们感到满意，就从心理上征服了他们。为此，卡尔崇决定取消大部分航班的头等舱而开设欧洲舱。欧洲舱位于飞机前部，设有皮座椅，座位宽敞，前后排间隔大，环境舒适，以满足因公出差人员要求服务好的心理。斯航的大部分洲际航线上，欧洲舱占 30%，而在斯堪的那维亚半岛到欧洲其他地区的一些热闹航线上，欧洲舱高达 60%。为了进一步招揽顾客，卡尔崇对公司雇员进行一轮又一轮的培训，反复向他们强调，要招来回头顾客，就必须在“关键时刻”向乘客提供关键服务。

在卡尔崇看来，所谓“关键时刻”主要是：办理登机手续时、登机以及出现问题时。卡尔崇发现，乘客一旦在飞机上落座，可为他们提供服务的机会就寥寥无几了。

而这时的服务，其他航空公司也会做得一样好，乘客不会产生什么心理感受。在关键时刻的关键服务，才会使乘客在心理上打上烙印。为了推行这一服务，卡尔崇还实行权力下放。普通职员无须履行繁文缛节的手续，就可以为感到不满的乘客换票或发放优待券。如航班误点，机上服务人员不经许可就可以为乘客提供免费饮料等等。为了进一步提高服务质量，卡尔崇还与世界上 131 家旅馆组成了一个服务网。比如：搭乘斯航的乘客在伦敦下机后，将其行李交给机场任何一个办理斯航登机手续的柜台，就可去办事。当他到达所下榻的斯航所属的旅馆时，行李已在房间了。离开旅馆时，只需将行李交给旅馆前厅的斯航工营业柜台，领了登机牌，即可直接上飞机。卡尔崇这种迎合乘客心理的优质服务，实质上就是请君入瓮的具体应用。所获也非浅，使斯航从一家名不见经传且毫不赢利的公司，一跃而成为全球闻名的公司，1989 年，该公司收人为 46 亿美元。请君入瓮，关键是要摸清顾客的心理。根据顾客的心理，采取相应的措施。

秦赵长平之战

战国后期，周赧王 53 年（公元前 262 年），秦国攻打赵国。秦军在长平（今山西高平北）受阻。长平守将是赵国名将廉颇，他见秦军势力强大，不能硬拼，便命令部队坚壁固守，不与秦军交战，两军相持两年多，秦军仍拿不下长平。公元前 260 年，秦王采纳了范雎的建议，用离间法让赵王怀疑廉颇。赵王中计，调回廉颇，派只会纸上谈兵的赵括为将，到长平与秦军作战。赵括到长平后，完全改变了廉颇坚守不战的策略，主张与秦军决战。秦将白起起初有意让赵括尝到一点甜头，使他的军队取得几次小胜。于是，赵括果然得意忘形，派人到秦营下战书。这下正中白起的下怀。开战前，他分兵几路，抄赵括的后路，隐秘地形成对赵军的包围。第 2 天，赵括亲率 40 万大军，来与秦兵决战。赵括因秦军几次交战都打输了，志得意满，哪里知道敌人用的是诱敌之计？他率领大军追赶假败的秦军，一直追到秦壁。秦军坚守不出，赵括一连数日也攻克不了，只得退兵。这时突然得到消息：自己的后营已被秦军攻占，粮道也被秦军截断。秦军派精骑 5000 突人赵营，将赵军分割为两块，分别全部包围起来。一连 46 天，赵军绝粮，士兵杀人相食，赵括只得拼命突围，白起已严密部署，多次击退企图突围的赵军。最后，赵括中箭身亡，赵军大乱，可叹 40 万大军都被秦军杀戮。这个赵括，只会“纸上谈兵”。在真正的战场上，一下子就中了敌军“关门捉贼”计，损失 40 万大军，使赵国从此一蹶不振。

定陶战役

1946年8月，蒋介石命令徐州绥署主任薛岳、郑州绥署主任刘峙所部14个整编师32个旅，共约30万人，于8月28日开始向鲁西南定陶、曹县、荷泽解放区发动进攻，还命令刘峙到考城、民权前线督战。毛泽东在8月29日给刘伯承、邓小平的电报中指示："望令我主力在一星期内休整完毕，俟3师2个旅进至适当位置时，集中全力歼灭其1个旅，尔后相机再歼其1个旅。该师系中央军，如能歼灭，影响必大。"根据毛泽东的电示，刘、邓纵观整个战局，毅然决定乘敌徐州、郑州12部的钳形攻势尚未合拢，中路郑州各路之敌仍处分散状态这机，集中力量首先歼灭蒋军本次进犯的主力军，即刘峙所部整编第3师。

整3师是蒋介石的嫡系部队，武器配备比较好，2/3的士兵有10余年的作战经验，一向号称"能攻能守"。其中师长赵锡田是黄埔军校第一期毕业生，与刘峙有师生关系，又是国民党陆军总司令顾祝同的外甥，一向骄横跋扈，根本不把解放军放在眼里。为了诱敌深入，关门打狗，刘伯承命令我军主动放弃一些城镇，主力大踏步向北撤退。同时分兵阻击整3师以外各路敌军，拉大各部与整3师之间的距离，为孤立围歼整3师创造条件。赵锡田果然中计，兴冲冲率部进入刘、邓为他安排的大黄集、大杨湖，天爷庙地区。敌我双方的战场运作，时间竟是扣得这么紧。9月3日上午，解放军撤离大黄集、大杨湖、天爷庙地区，当天下午整3师便抵达这里。入夜，刘伯承即指挥部队回师合围，子夜23时30分，我军对整3师发起了进攻。此时整3师南面与整47师的联系已被截断，已经没有退路了；北面被解放军收紧了口子，进路也没有了；东西两侧受我军主力合击，更是欲出无门。总之是"门"已关牢，只待"捉贼"了。当然，门关了，捉贼也非易事。整3师究竟不愧是蒋军嫡系主力，战斗力较强，拚死反抗。对此，我军又对它采取分割分围，分别聚歼的办法。9月5日午夜至6日天明，首先集中绝对优势兵力歼灭了敌20旅主力59团。紧接着又先后全歼了整3师的2个旅。9月7日至8日又移师合围全歼了南面整47师2个旅。整个定陶战役历时仅5天，歼敌4个旅共17000余人，活捉中将师长赵锡田，缴获坦克6辆、大小炮200余门，轻重机枪700余挺，长短枪4300余支。"关门捉贼"取得大胜利。

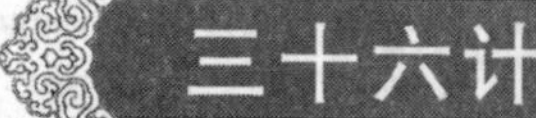

第二十三计　远交近攻

形禁势格（1），利从近取，害以远隔（2）。上火下泽（3）。

注释

（1）形禁势格：禁，禁止。格，阻碍。句意为受到地势的限制和阻碍。

(2) 利从近取，害以远隔：句意为，先攻取就近的敌人有利，越过近敌先去攻取远隔之敌是有害的。

(3) 上火下泽：语出《易经·睽》卦。睽，卦名。本卦为异卦相叠（兑下离上）。上卦为离为火，下卦为兑为泽。上离下泽，是水火相克，水火相克则又可相生，循环无穷。又"睽"，乘违，即矛盾。本卦《象》辞："上火下泽，睽。"意为上火下泽，两相离违、矛盾。

此计运用"上火下泽"相互离违的道理，说明采取"远交近攻"的不同做法，使敌相互矛盾、离违，而我正好各个击破。

按语

混战之局，纵横捭阖之中，各自取利。远不可攻，而可以利相结；近者交之，反使变生肘腑。范雎之谋，为地理之定则，其理甚明。

解析

远交近攻的谋略，不只是军事上的谋略，它实际上更多指总司令部甚至国家最高领导者采取的政治战略。大棒和橄榄枝，相互配合运用，不使乱与自己的近邻结盟。对邻国则挥舞大棒，把它消灭。如果和邻国结交，恐怕变乱会在近处发生。其实，从长远看，所谓远交，也决不可能是长期和好。消灭近邻之后，远交之国也就成了近邻，新一轮的征伐也是不可避免的。

探源

远交近攻，语出《战国策. 秦策》：范雎曰："王不如远交而近攻，得寸，则王之寸；得尺，亦王之尺也。"这是范雎说服秦王的一句名言。远交近攻，是分化瓦解敌方联盟，各个击破，结交远离自己的国家而先攻打邻国的战略性谋略。当实现军事目标的企图受到地理条件的限制难以达到时，应先攻取就近的敌人，而不能越过近敌去打远离自己的敌人。为了防止敌方结盟，要千方百计去分化敌人，各个击破。消灭了近敌之后，"远交"的国家又成为新的攻击对象了。"远交"的目的，实际上是为了避免树敌过多而采用的外交诱骗。

战国末期，七雄争霸。秦国经商鞅变法之后，势力发展最快。秦昭王开始图谋吞并六国，独霸中原。公元前 270 年，秦昭王准备兴兵伐齐。范雎此时向秦昭王献上"远交近攻"之策，阻秦国攻齐。他说：齐国势力强大，离秦国又很远，攻打齐国，部队要经过韩、魏两国。军队派少了，难以取胜；多派军队，打胜了也无法占有齐国土地。不如先攻打邻国韩、魏，逐步推进。为了防止齐国与韩、魏结盟，秦昭王派使者主动与齐国结盟。其后四十余年，秦始皇继续坚持"远交近攻"之策，远交齐楚，首先攻下郭、魏，然后又从两翼进兵，攻破赵、燕，统一北方；攻破楚国，平定南方；最后把齐国也收拾了。秦始皇征战十年．终于实现了统一中国的愿望。

案例

郑庄公争霸

春秋初期，周天子的地位实际上已经架空，群雄并起，逐鹿中原。郑庄公在此混乱局势下，巧妙地运用“远交近攻”的策略，敢得了当时称霸的地位。当时，郑国近邻的宋国、卫国与郑国积怨很深，矛盾十分尖锐，郑国时刻都有被两国夹击的危险。郑国在外交上采取主动，接连与邾、鲁等国结盟，不久又与实力强大的齐国在石门签订盟约。

公元前719年，宋卫联合陈、蔡两国共同攻打郑国，鲁国也派兵助战，将郑国东门围困了五天五夜。虽未攻下，郑国已感到本国与鲁国的关系还存在问题，便千方百计想与鲁国重新修好，共同对付宋、卫。

公元前717年，郑国以帮邾国雪耻为名，攻打宋国。同时，向鲁国积极发动外交功势，主动派使臣到鲁国，商议把郑国在鲁国境内的访枋交归鲁国。果然，鲁国与郑重修旧谊。齐国当时出面调停郑国和宋国的关系，郑庄公表示尊重齐国的意见，暂时与宋国修好。齐国因此也对郑国加深了感情。

公元前714年，郑庄公以宋国不朝拜周天子为由，代周天子发令攻打宋国。郑、齐、鲁三国大军很快地攻占了宋国大片土地，宋、卫军队避开联军锋芒，乘虚攻入郑国。郑庄公把占领宋国的土地全部送与齐、鲁两国，迅速回兵，大败宋、卫大军。郑国乘胜追击，击败宋国，卫国被迫求和。郑庄公势力扩张，霸主地位形成。

雀巢公司联合第三世界国家摆脱危机

雀巢公司是全球规模最大的跨国食品公司，至今已兴盛发展了120多年。它所生产的食品，尤其是速溶咖啡，时下人见人爱，风靡全球，是其拳头产品之一。然而，就是这样一个饮誉世界的雀巢帝国，在70年代却险些信誉扫地，“一命呜呼”。

本世纪70年代末80年代初，世界上出现了一种舆论，说雀巢食品的竞销，导致了发展中国家母乳哺育率下降，从而导致了婴儿死亡率的上升。由于当时雀巢的决策者拒绝考虑舆论，继续我行我素，加上竞争对手的煽风点火，到了80年代，竟形成了一场世界性的抵制雀巢奶粉、巧克力及其他食品的运动。雀巢产品几乎在欧美市场上无立足之地，给雀巢公司带来了严重的危机。在残酷的事实面前，雀巢公司的决策者不得不重金礼聘世界著名的公共关系专家帕根来商量对策，帮助雀巢公司渡过这一难关。

帕根受此重托后，立即着手调查分析。结果，他发现，造成这场抵制雀巢食品运

动的根源，就是在于雀巢公司以大企业、老品牌自居，拒绝接受公众的意见。另外，由于雀巢公司的推销活动，对公众是保密的。这使得雀巢公司与公众之间的信息交流不通。所有这一切，都犯了公共关系的大忌，也就难怪误解、谣传遍起。

帕根根据调查分析的结果，制定出了一个详细周密的公共关系计划，呈报给雀巢公司。帕根的这一计划，把行动的重点放在了抵制最强烈的美国，虚心听取社会各界对雀巢公司的批评意见，开展大规模的游说活动，组织有权威的听证委员会，审查雀巢公司的销售行为等，使舆论逐渐改变了态度。在“近攻”取得初步胜利的基础上，帕根建议接任雀巢公司总经理之职的毛奇，开辟发展中国家的市场，把它作为雀巢产品的最佳市场。在开拓市场过程中，雀巢公司吸取了以往的教训，不是把第三世界的发展中国家单纯看作雀巢产品的市场，而是从建立互利的伙伴关系着手。

雀巢公司每年用60亿瑞士法郎，从发展中国家购买原料，每年拨出8000万瑞士法郎，来帮助这些国家提高农产品的质量。同时，还聘请100多名专家，在第三世界国家举办各种职业培训班。比如，在印度的旁遮普邦，雀巢公司进入莫加区建立了一个奶品工厂。由于那里的家庭所饲养的产奶水牛，不仅营养不良，而且很多都染有疾病。大多数农民只能生产仅够自己所需的牛奶，根本没有任何剩余牛奶可供出售。于是，雀巢公司设立了一个免费的兽医服务处，以批发价格向农民供应药品，并提供低息贷款支持开掘新水井，增加用水的供应。这样一来，使更多的草料长起来了，牛犊的存活率也从40%提高到75%。在这一计划开始时，那里只有4460户牛奶直接供应者，在计划实施之后，牛奶供应者超过了3．5万户，每年向雀巢公司售奶可达11．7万吨。牲畜疾病已基本绝迹。这个奶品工厂发展所创造的繁荣，已协助带来电力、电讯、农机，交通事业的发展。使昔日的贫瘠之一，今已欣欣向荣。

如此一系列的活动，使雀巢公司在发展中国家里树立起了良好的形象，因而销路大增。又取得了“远交”的胜利。

店老板弃眼前小利与顾客成为至交

荷伯·科恩是美国著名的谈判专家。在他过去的几十年的谈判生涯中，参加过数千次各种各样的谈判，从国内的企业吞并到与国际恐怖分子谈判，从代表政府机构进行的谈判到和一些小商店的店主交往，可以说他经历过凡是人们能够想象得到的任何场面。

在他所著的《人生与谈判》一书中，记叙了他与一家电器商店老板的谈判经历。这是一次生动、有趣的谈判。荷伯·科恩利用他丰富的谈判经验和善变灵敏的思路，在很短的时间内（45分钟）做成了一桩公平的交易。

荷伯·科恩开车来到城中一家电器商店，准备在这里购买一台家庭需要的RCAvHC塞拉达——维森录像机和一台有摇控的21英寸“XY”牌电视机，但他对所要购买的商品的市场行情一无所知。怎样才能既买到称心如意的商品，又不至于被商店老板多赚去自己的钱呢？科恩决定先不动声色地观察、了解，再见机行事。

当他看到商店中空空荡荡、冷冷清清的只有他一个客人时，便装作很悠闲地与老板攀谈起来：从与此商店近邻的一家商业中心的开业，谈到了客流量的增减，谈到一个信誉好的商店对附近居民的重要性；商店老板还谈到了他目前的处境，谈到了他不喜欢人们用赊购卡来购货……

闲谈中，荷伯·科恩装作不经意地问店主有关录像机的性能如何，店主给他介绍了怎样使用，并随口说道："在商业中心开张前，一个经理一次就给他们企业买走了两三台，可最近没人来买了。"

科恩随即问道："如果他们买两台以上，你是不是也跟大商店一样打折扣？"

"当然了，买得多，我们就卖得便宜。"

到这时候，科恩才表示对录像机感兴趣，请老板给他推荐一台。

老板很热情地向他推荐道："RCA 是你最好的选择，我自己就有这样一台。"

科恩看了店主给他作的演示，诚恳地说："我信赖你，就像我相信你推荐的这是最好的型号一样，所以，我也相信你在价格上也是公道的。我不打算跟你进行任何讨价还价，你要多少钱，你出个公平价，我马上就付给你现金。"

"谢谢你。"店主高兴地说。

"我信赖你的诚实。"科恩漫不经心地说："我以为我了解你，你出的数字我绝不还价，即使我觉得去别的商店转转也许更好些。"

店老板这时写出了一个数字，但没有让科恩看到。

"我希望你得到合理的利润，但我自己也希望得到合理的价格。"科恩继续说。

"还有，如果我还买这台带摇控的"XY"电视机，会不会在总价上打点折扣？"

"你的意思是要一揽子交易？"

"对了，我想就是按你刚才说的。"

"等一等，"他喃喃道："让我把这几个数字加一下。"

当他最后要给科恩报总价时，科恩又说道："还有一件事，我要提一下，我希望我付给你的价格是公平的——一次双方都获益的交易。如果是这样的话，3 个月后，我的企业也要买这么一套，现在就可以定了。"

"当然。"老板说，"让我到屋里去一下，马上回来。"他去查了一下帐本，然后写下了一个数字。

见此情景，科恩进一步大胆地说："我正在考虑几分钟前说过的话，你说的关于你们的资金周转问题，我现在有个主意，我原先没有想到，我本来打算记帐，现在我给你付现金，你看是不是更方便些？"

"是的，"老板说："这样会给我很大帮助，尤其在目前。"他一边说，一边又写出另一个数字。

"你给我安装一下行吗？你知道我不住在城里。"科恩进一步要求说。

"行啊，我给你安装。"老板爽快地答应。

“好了，把你写的价格给我，我马上付你现金。”

最终他们以公平的价格做成了这笔交易。商店老板不仅帮科恩把机子安装好了，还送了一个录像机架给他。

两个月后，科恩实现了他的许诺：给他的公司购买了第二台录像机设备。再以后，科恩与商店老板成了朋友，建立了亲密的信任关系。

科恩在这次谈判中，尽管事先毫无准备，却能在交谈中抓住细微的信息，顺藤摸瓜，了解对方的想法，利用他的观点，动之以情，并以长远利益来说服商店老板放弃眼前小利，其中暗含了“远交近攻”战术的运用。

英国对神圣同盟的斗争

19 世纪 20 年代，著名的英国外交大臣坎宁曾用“交远制近”的方式，恢复了英国在欧洲外交事务中的领导地位。

拿破仑帝国崩溃后，以沙皇俄国为首的欧洲各国结成神圣同盟，企图长期联合霸占欧洲。资产阶级的英国受到排挤和孤立。

1822 年，坎宁接替了外交大臣的职务。他顺应英国资产阶级的愿望，决心打破神圣同盟的大一统局面，恢复英国在欧洲事务中的领导作用。

18 世纪末至 19 世纪初，拉丁美洲国家掀起了反对宗主国殖民统治的独立运动。坎宁抓住这个时机，采取果敢行动，决心远交拉丁美洲和美国，近攻欧洲大陆的神圣同盟。

1823 年，神圣同盟决定由法国派兵前去镇压拉美的独立运动，遭到坎宁坚决反对。他声明应承认拉丁美洲国家的现实，即承认他们的独立，反对任何武装干涉或把这些殖民地转入法国之手的企图。坎宁还向美国发出呼吁，希望两国联合发表声明，制止神圣同盟的干涉。与此同时，坎宁又派出舰艇巡弋于大西洋，任何从欧洲开往美洲的船只，不得英国的同意，就不能通过。

由于武装干涉受到阻拦，1824 年，神圣同盟的核心人物梅特涅建议就拉丁美洲问题召开全欧会议。坎宁表示英国决不参加这次会议，也不承认会上通过的任何决议。不仅如此，他还建议内阁尽快同拉丁美洲独立国家建立外交关系，进行贸易谈判，争取早日打人这个广阔市场。1825 年 1 月，英国承认了阿根廷、哥伦比亚、墨西哥等国家的独立，同它们建立了外交、贸易关系。坎宁的政策给了梅特涅及其神圣同盟的声誉以沉重打击，给欧洲大陆的自由主义势力以鼓舞，恢复了英国在欧洲的威望，也赢得了拉美新独立国家对英国的好感。

第二十四计　假道伐虢

两大之间，敌胁以从，我假以势（1）。困，有言不信（2）。

注释

（1）两大之间，敌胁以从，我假以势：假，借。句意为：处在我与敌两个大国之中的小国，敌方若胁迫小国屈从于他时，我则要借机去援救，造成一种有利的军事态势。

（2）困，有言不信：语出《易经·困》卦。困，卦名。本纷为异卦相叠（坎下兑上），上卦为兑为泽，为阴；下卦为坎为水，为阳。卦象表明，本该容纳于泽中的水，现在离开泽而向下渗透，以致泽无水而受困，水离开泽流散无归也自困，故卦名为“困”。“困”，困乏。卦辞：“困，有言不信。”意为，处在困乏境地，难道不相信这基吗？此计运用此卦理，是说处在两个大国中的小国，面临着受人胁迫的境地时，我若说援救他，他在困顿中会不相信吗？

按语

假地用兵之举，非巧言可诳，必其势不受一方之胁从，则将受双方之夹击。如此境况之际，敌必迫之以威，我则诳之以不害，利其幸存之心，速得全势，彼将不能自阵，故不战而灭之矣。如：晋侯假道于虞以伐虢，晋灭虢，虢公丑奔京师，师还，袭虞灭之。

解析

这条按语讲了一种情况，说是处在夹缝中的小国．情况会很微妙。一方想用武力威逼他，一方却用不侵犯它的利益来诱骗它，乘它心存侥幸之时，立即把力量渗透进去，控制它的局势，所以，不需要打什么大仗就可以将它消灭。

其实，此计的关键在于“假道”。善于寻找“假道”的借口，善于隐蔽“假道”的真正意图，突出奇兵，往往可以取胜。

探源

假道伐虢，假道，是借路的意思。语出（左传．僖公二年》：“晋荀息请以屈产之乘，与垂棘之璧，假道于虞以灭虢。”

处在敌我两大国中间的小国，当受到敌方武力胁迫时，某方常以出兵援助的姿态，把力量渗透进去。当然，对处在夹缝中的小国，只用甜言蜜语是不会取得它的信任的，一方往往以“保护”为名，迅速进军，控制其局势，使其丧失自主权。再乘机突然袭击，就可轻而易举地取得胜利。

春秋时期，晋国想吞并邻近的两个小国：虞和虢，这两个国家之间关系不错。晋如袭虞，虢会出兵救援；晋若攻虢，虞也会出兵相助。大臣荀息向晋献公献上一计。他说，要想攻占这两个国家，必须要离间他们，使他们互不支持。虞国的国君贪得无厌，我们正可以投其所好。他建议晋献公拿出心爱的两件宝物，屈产良马和垂棘之壁，送给虞公。献公哪里舍得？荀息说：大王放心，只不过让他暂时保管罢了，等灭了虞国，一切不都又回到你的手中了吗？献公依计而行。虞公得到良马美璧，高兴得嘴都合不拢。

晋国故意在晋、虢边境制造事端，找到了伐虢的借口。晋国要求虞国借道让晋国伐虢，虞公得了晋国的好处，只得答应。虞国大臣宫子奇再三劝说虞公，这件事办不得的。虞虢两国，唇齿相依，虢国一亡，唇亡齿寒，晋国是不会放过虞国的。虞公却说，交一个弱朋友去得罪一个强有力的朋友，那才是傻瓜哩！

晋大军通过虞国道路，攻打虢国，很快就取得了胜利。班师回国时，把劫夺的财产分了许多送给虞公。虞公更是大喜过望。晋军大将里克，这时装病，称不能带兵回国，暂时把部队驻扎在虞国京城附近。虞公毫不怀疑。几天之后，晋献公亲率大军前去，虞公出城相迎。献公约虞公前去打猎。不一会儿，只见京城中起火。虞公赶到城外时，京城已被晋军里应外合强占了。就这样，晋国又轻而易举地灭了虞国。

案例

蔡灭息国

东周初期，各诸侯国都乘机扩张势力。楚文王时期，楚国势力日益强大，汉江以东小国，纷纷向楚国称臣纳贡。当时有个小国叫蔡国，仗着和楚国联姻，认为有个靠山，就不买楚国的帐，楚文王怀恨在心，一直在寻找灭蔡的时机。

蔡国和另一小国息国关系很好，蔡侯、息侯都是娶的陈国女人，经常往来。但是，有一次息候的夫人路过蔡国，蔡侯没有以上宾之礼款待，气得息侯夫人回国之后，大骂蔡侯，息侯对蔡侯有一肚子怨气。

楚文王听到这个消息，非常高兴，认为灭蔡的时机已到。他派人与息侯联系，息侯想借刀杀人，向楚文王献上一计：让楚国假意伐息，他就向蔡侯求教，蔡侯肯定会发兵救息。这样，楚、息合兵，蔡国必败。楚文王一听，何乐而不为？他立即调兵，假意攻息。蔡侯得到息国求援的请求，马上发兵救息。可是兵到息国城下，息侯竟紧团城门，蔡侯急欲退兵，楚军已借道息国，把蔡国围困起来，终于俘虏了蔡侯。

蔡侯被俘之后，痛恨息侯，对楚文王说：息侯的夫人息妫是一个绝代佳人。他这话是刺激好色的楚文王。楚文王击败蔡国之后，以巡视为名率兵到了息国都城。息侯亲自迎接，设盛宴为楚王庆功。楚文王在宴会上，趁着酒兴说："我帮你击败了蔡国，你怎么不让夫人敬我一杯酒呀？"息侯只得放夫人息妫出来向楚文王敬酒。楚文王一见息妫，果然天姿国色，马上魂不附体，决定一定要据为己有。第二天，他举行答谢宴会，早已布置好伏兵，席间将息侯绑架，轻而易举地灭了息国。

息侯害人害已，他主动借道给楚国，让楚国灭蔡，给自己报了私仇，却不料，楚国竟不丢一兵一卒，顺手将自己消灭。

武田制药借助抽奖打假有方

据法国《医生日报》报道，1993年法国医药市场上大约有5%是假冒药品。治疗支气管炎、风湿的众多东亚"神药"都称是纯天然制品。有一种治疗支气管炎的药品，标签上写着内含18种草药，但在德国经化验却含有大量的可的松。

国际贸易商会估计，假药在全世界医药市场上占5%～6%。另一些组织认为，制药工业因假药每年损失360亿马克。这相当于全世界最大的制药厂家——美国的默克公司年销售额的3倍。要想有效地打击制售假药，采取对策极为困难。国际制药商协会联合会的里·阿诺尔德把各种困难归结为一点："只要假药同真药一样大小、一样颜色，医生、药剂师和病人就很难鉴别真伪。"在这种困难面前，难道就没有一点办法了吗？办法总会有的。几十年前，武田制药采取的公关、销售策略就很值得借鉴。

在本世纪60年代初，台湾的武田制药公司研制的合利他命F荣获世界专利。这种药不但信誉好，而且单位利润率高。于是引起台湾岛地下工厂的觊觎，仿冒的假合利他命F开始出现，并很快给武田制药公司的市场造成冲击。

武田制药公司当时面临的形势是非常严峻的。一方面，当时台湾的法律保障不够细密，商标法、专利法及刑法中妨害农工商的章节还未修正，正牌厂商很难有合理的回报；另一方面，遇到类似的情况，通常的做法是对假冒的厂商进行刑事诉讼，要求民事赔偿，或再登报道歉，但武田制药公司苦于对地下工厂资料匮乏，无法采取法律行动。

经过公司有关部门的策划，一个严谨的以行销应变策略来保护自己的公关活动开始实施。

1966年，武田制药公司推出了一项看似刺激消费的活动——"武田制药爱福彩券"抽奖。此次抽奖设1600多名有高级奖品大奖，参加的条件非常简单，只要消费者购买合利他命F百锭一盒，便可参加。具体要求是，消费者要在空盒上注明自己的姓名与住址，以及药房的店名地址。

在空药盒雪片般寄来参加抽奖时，武田制药公司动员了许多专家来鉴定盒子的真伪。通过这一活动，他们不但掌握了消费者的基本资料，还有一个更主要的收获就是，那些出售伪药的药店、药房悉数成了武田制药的瓮中之鳖。

随后，武田制药公司立刻发信给每一位购买到假药的消费者，向他说明假药的害处，并告诉他如何分辨假药。同时，公司派人劝导那些贩卖假药的药店、药房，再加上治安机关的追查，以及消费者亲自到药店、药房当面愤怒指责，使得药店、药房再也不敢寄希望于假药牟取暴利。

武田制药的这一公关活动计划，部署得相当严密，具有多元功能。药品有其特殊的属性，若消费者事前知悉武田制药的清除假药行动，在害怕买到伪药的恐惧压力下，会影响到销售。而武田制药公司掌握了这一点，以赠奖这一刺激消费的“激将法”淡化了清除伪药的严肃行动。通过这一公关活动，武田制药公司不但建立起了消费者资料档案，而且对购买到假药的消费者有再一次接受产品知识的机会，加深了对武田药品的认识，更主要的是截断了地下厂商的销售通路，彻底根除了地下厂商的危害。台湾的地下工厂一向被认为是“老鼠搬家”，今天被抓，今晚便将简单的机械搬到他处，另起炉灶，因此造成抓不胜抓的状况。而武田制药公司由其生存所需的销售渠道下手，这正是“假途伐虢”成功的最大因素。

永不满足的皮尔·卡丹

法国著名的时装设计大师皮尔·卡丹，现年已经70岁了。他从身无分文开始起步，40多年来，创下了辉煌的业绩，在法国拥有17家企业，在巴黎总统府旁拥有大片华丽的房屋，在威尼斯、曼哈顿、东京广置房地产。全世界110个国家、540家工厂直接或间接地为其工作，受其影响的人超过200万。

皮尔·卡丹成功的秘诀是什么呢?

说起来，皮尔·卡丹的经营策略并不复杂。他知道，凭个人的能量是不能称霸服装市场的，因为一个人的精力毕竟有限。于是他只负责提供产品的设计草图或服装的图案，然后把新的设计转包给国内和国外的合作者，在全世界建立起一个生产皮尔·卡丹服装的“卡丹王国”，借助大家的力量共创皮尔·卡丹的事业。他本人只扮演一个开拓者的形象。当然，皮尔·卡丹对自己产品的形象是十分维护的，每位转包商根据他的设计生产出来的服装，在行销之前一定要将最后的成品交给他过目认可。

皮尔·卡丹还有一个过人之处在于他的胆识。他不仅仅把目光盯在时装设计上，还时时关心着世界局势的变化，在开拓皮尔·卡丹服装市场方面，他永远是捷足先登，领先其他竞争对手进入市场。

1957年，日本还未完全从太平洋战争的废墟中站起来，皮尔·卡丹就不顾法国同行的嘲笑，在日本率先开设了皮尔·卡丹公司。到了1991年，他在日本的营业收入高达2.5亿美元。

1976年，中国社会政治风云涌动的年代，皮尔·卡丹又一次不顾同业的窃笑，踏上了中国的土地。10年来，他在北京开设美心饭店，展出系列服装，提高知名度，一时间皮尔·卡丹的名字响彻长城内外。他还用从中国赚到的钱买丝绸等布料运回法

国，又生产出一批具有浓厚东方情调的服装。

1977 年，皮尔·卡丹与俄罗斯攀关系，1983 年对印度大感兴趣，1991 年，又派属下往越南洽谈合同。

皮尔·卡丹在世界各地获得了巨大成功。他在走访各国谈生意的过程中，各国奇特的风土人情，民族建筑又给这位设计大师以新的灵感，使其服装艺术日臻完善。皮尔·卡丹具有全球战略的眼光不仅表现在他大胆开拓各国服装市场上，还表现在他经营品种的多样化上。他的产业早已超出布料、时装之外，广泛涉足各个领域，如家具、珠宝、汽车、鞋帽、床单、闹钟、行李箱，甚至飞机和酒类都在他的经营之列。皮尔·卡丹是法国 10 家豪富之一。他的家里墙上挂的是几幅色彩斑斓的现代派绘画，厅里除了一套沙发外，全部是他自己动手设计的几何形家具。他还喜欢不断更换房间的摆设，寻找新奇和完美。用皮尔·卡丹的话来说："时装的含义是制作和创造，我有属于自己的风格，从不模仿别人，我按自己的风格进行创造。让别人不用看名字就能识别出来。"

已经 70 岁的皮尔·卡丹，至今还没有建立自己的小家庭。他把一生的心血都花在时装设计上，为人们的生活增添美，在全世界刮起一股皮尔·卡丹旋风。皮尔·卡丹的服装设计是一种美，他的经营策略也是一种美，一种气势磅礴的美，一种征服全球的美。

风靡欧美的"披头士"

"披头士"是 50 年代末英国利物浦一个名叫约翰·列侬的青年发起成立的一个 4 人小乐队。"披头士"乐队具有独特的风格和形象，边弹吉他边演唱，音乐激烈而通俗，歌词简明易懂，表演形式明快热烈。

起初，这个四人小乐队只是在当地搞些流动演出。不久，随着利物浦音乐舞台的繁荣，摇滚乐深受观众的喜爱，约翰也开始走出自己的家乡，率"披头士"乐队在英格兰北部俱乐部和舞厅举办了一系列演出活动。到了 1960 年，乐队的组建更加完善，并于同年夏天到德国的汉堡演出达四个月之久，同时灌制了第一张唱片，产生了极大的影响。

乐队返回利物浦后，英国一家唱片公司的老板布莱恩·爱波斯但不断接到德国人的电话和信函，要求录制"披头士"的唱片。老板感到很奇怪，他从来没有听说过利物浦有过"披头士"乐队。"披头士"乐队虽然在德国演出获得了巨大成功，但在自己的故乡却仍然是个默默无闻的小乐队。经过仔细打听，爱波斯坦终于找到了这几个小伙子，3 个月后，他便成了"披头士"乐队的经纪人。

爱波斯坦出任老板后，第一件事就是改变"披头士"的面貌。这位深谙经商之道的老板懂得，乐队的形象美直接关系到乐队演出的经济效益。老板首先为小伙子们设计了特有的发型，经过一番改扮，小伙子们个个都显得干净、整洁、精干、妙趣横

生。爱波斯坦还组织起第一个“披头士”歌迷俱乐部，提高演出的报酬，寻找唱片的销路。一开始，由于“披头士”乐队在英国尚未出名，所以一连遭到几家大公司的拒绝，后来有幸遇到EMI唱片公司下属的一家子公司的乔治·马丁，他对“披头士”唱片的前景看好，终于签成了一份合同。

“披头士”于1962年9月为这家公司灌制了《一定要爱我》这首歌曲的唱片，十分畅销，乐队的名声也随之大振。新闻界很快对这四位小伙子发生了浓厚的兴趣，资助人开始组织“歌迷狂欢音乐会”。一年以后，“披头士”一词首次在英国报刊上出现。

“披头士”的成功使英国的音乐舞台出现了空前活跃的景象，各大唱片公司也如法炮制，纷纷推出各种各样的摇滚乐队。音乐界的“爆炸”带来了极好的经济效果，现代音乐成了英国出口的头号“商品”。英国女王伊丽莎白二世也向“披头士”授予了皇家勋章，以表彰他们为平衡英国对外贸易做出的贡献。

1963年，“披头士”又把进军的目标瞄准美国。到美国时，他们的唱片《我想握住你的手》已经在流行歌曲唱片销售中名列第一。他们的首场演出后，该唱片的销售更是直线上升，在美国又引起一阵“披头士”狂热。

一个小小的乐队为什么能在短时间内风靡欧美呢？这在很大程度上应该归功于经纪人爱波斯坦的精心策划。首先，是让小伙子们在演出中注意形成自已的风格，音乐之激烈、歌词之简明、表演之狂热，都对歌迷们有极强的吸引力和感染力。其次，是注意了小伙子们外部形象的设计，使他们在舞台上的形象永远是生动、干净和有趣，令人喜爱。

再次，是“披头士”顺应了西方当时的文化思潮。当时西方嬉皮文化正在蔓延，“披头士”在歌曲中表现出来的没有战争、没有贫富、没有强弱对立的乌托邦思想和在爱情歌曲方面表达的人类内心的苦闷、嫉妒、彷徨，正是嬉皮士文化思潮一种反映。

“披头士”既是当时欧美文化的产物，也是经纪人布莱恩·爱波斯坦智谋的结晶。

华美的菜名未食口味大开

中国的烹饪在世界是很有名的，不仅因为中国菜味美、好吃，还因为很多中国菜名叫得逗趣谐谑，妙趣横生，吃得有名堂。菜还没有入口，单看上来的菜单，就足以让人胃口大开，食欲大振了。

有些菜名用字典雅瑰丽，含意深远，充满喜庆吉祥的气氛。如把豆芽叫做“龙须”，鸡蛋美名“芙蓉”或“凤凰”，鸡翅喻为“华秀”，鸡爪称“凤爪”，豆腐叫做“白玉”等。尽管用词有些戏谑，但顾客并不计较，反而觉得“龙须”、“白玉”比豆芽、豆腐好听多了。

不少菜名豪华气派，一看菜名就给人一种霞光万道，瑞气千条的感觉，眼前隐约浮现出珠光宝气，金碧辉煌。比如“珍珠玛瑙翡翠汤”不过是豆腐、蕃茄加青菜，但名字起得变俗为美，形象生动，引起人们的食欲。再如，把猪腿穿入鸡翅烧叫“龙穿凤衣”；把黄豆芽放在豆腐上叫“金钩挂玉牌”；鸡与蛇放在一起红烧叫“龙凤呈祥”，如果再加上一条鱼则叫“海陆空”了。

还有专门为祝贺或象征吉祥的菜名。中国一般家庭逢年过节，总有一道鱼，过去一般是不准下箸，即使下箸也不许吃光，以取“年年有余”之意。用竹笋炒猪大梯（排骨）是“步步高升”；发菜猪蹄是“发财到手”；冬菇摆在青菜上就成了“金钱满地”。人们对这种菜，似乎不大在乎它的味道，更注重的是它有含义吉祥的名字。

还有些菜名采用了古老的成语，形象易懂，引发人们的联想。像鱿鱼炒鸡片叫“游龙戏凤”，苦瓜炒鸡肝鸭肉叫“苦凤怜鸾”，菠菜炒蕃茄叫“翠柳啼红”，海蜇皮拌萝卜丝叫“金声玉振”，萝卜丝上放一个鲜红辣椒叫“踏雪寻梅”，黄豆上面放置猪血或鸭血叫“碧血黄沙”，鸭掌上面放上鹌鹑蛋叫“掌上明珠”。

还有把松花蛋、咸鸭蛋、茶蛋、卤蛋等合放在一起叫“丹凤朝阳”；用红白与染色萝卜垫底，插支孔雀尾巴毛，排出八颗樱桃，摆上一个母鸡头，就是“孔雀开屏”。菜做法很多，各有千秋，有的讲究食用价值，有的讲究观赏价值。还有一道菜，将7片莲藕孔眼灌入江米，再将五片胡萝卜刻成梅花，竟然是“梅花欢喜漫天雪”了。

我们有些饭店往往过于讲究实在，菜名起得既白且直，什么炒鸡蛋、酱肘子、烧熊掌、排骨汤、鸡蛋汤、豆腐汤，倒是挺实在、通俗，就是不大典雅。而且，一盘豆芽炒豆腐假定值2元钱的活，如果叫“金钩挂玉牌”则可能卖到3~4元钱。豆腐、青菜、蕃茄汤可能顾客不会点它，如果叫“珍珠玛瑙翡翠汤”，光顾的人就很踊跃了。所以，饭店老板应该在不违背真实的前提下，动动脑筋，给自己经营的各类菜肴起一些含义深刻的动听名字，以吸引顾客，这也不失为一种生意经。

头脑清醒无中生有三思而行

在商品经济社会中，行奸诈骗者有之，上当受骗者则更多，其中一条很重要的原因，就是遇事缺乏深思熟虑，轻信对手宣传。看过电视连续剧《渴望》的人，都会觉得老实的宋大成为筹措厂子建设急需物资，上当受骗蹲牢，实在冤得慌。其实，生活中因轻信而被骗子诈骗巨款的单位领导、业务人员多得很，至于广大消费者上当者更是不计其数，轻信不加思索不能不说是致命的弱点。

目前这些上当受骗者大体有以下几种情形：（1）以自己之诚实推及他人之可信，为此厚道的乡下人常被城里的“油子”给“涮了”。（2）绝对相信政府机关、权威性的报刊及国营单位，一些不法分子正好利用人们这种习惯的依附心理，堂而皇之地进行诈骗活动。（3）有些人急于发财昏了头，明摆着的陷阱愣往里跳，为小利而受大害。（4）文化素质低，遇事缺乏主见，稀里糊涂地上当受骗。

不少上当受骗的实例告诉我们：如果在此之前我们不轻信，反复思考，谨慎行事，遇事多问几个为什么，真正地做到三思而行，相当多的上当受骗事例是完全可以避免的。

只要是在商品经济社会中，骗子大概什么时候都会存在，其行骗之术也会各式各样。因此，无论是经营者还是消费者都应牢记：轻信是幼稚的表现，深思是成熟的标志。要力戒轻信，遇事头脑清醒，三思而后行，就会少上当以至不上当。

一般来说，无中生有之计，“无”是迷惑对手的假象，“有”则是假象掩盖下的真实企图。此计在经商活动中常被采用。如某国一裘皮商在与我国某外贸土畜产公司洽谈黄狼皮交易时，就采用了无中生有之计。该外商本来有黄狼皮存货欲售，但为稳住我国土畜产出口企业，他主动前来我国谈判，在了解我国黄狼皮行情后，主动递出5万张订单，价格还比以前高5%。以此稳住我方之后，这个外商在国际市场上以低于我国价格大肆抛售黄狼皮。这样，在抬起我国黄狼皮价格情况下，他按原价抛出了自己的存货，而我国报出的黄狼皮价格全部被顶回来。该事例中，这个外商本来不买，但他却给人以他欲购买的假象，以掩盖其自身要出售黄狼皮的意图。并给我方设下陷阱，以至我方上当受骗，在这场黄狼皮竞争中被击败，这正是中了对方的无中生有之计。

在激烈的市场竞争中，此类无中生有地进行欺骗的事件常有发生，特别是一些身无分文的皮包商，经常利用各式各样无中生有的欺骗手段，去骗取钱财。我们应从这些教训中，总结经验，要时刻注意对手的陷阱和欺骗，要知彼知已，保持清醒的头脑，及时了解同行业的经营状况，摸清对手的真实情况和意图，这样才能在商务活动中，识破对方的“无”，认清对方的“有”，不上当或少上当。

利用严谨合同使对手无隙可乘

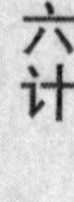

在商品经济的大潮中，经商活动要同社会上各种各样的人打交道，个别人从中耍花招，使诡诈是在所难免的。而这些人的得逞，往往是由于对方的有隙可乘。因此，经商活动中的各个环节，都应科学严谨，手续、制度健全，使他人无隙可乘，是保证自己不上当受骗的重要一环。

杭州某丝织厂与日本一家客商签订一份绸缎加工合同，经商定，绸缎织有字牌的两端计入成品长度并相应作价。日商在表示同意时，随手画了一张字牌示意图，但在合同书上没有明确的规定。到交货时，日方对于原来的口头协议不予承认。哪知，该厂早有心计，立即从档案柜中拿出了日商在当初亲笔描画的字牌示意图。日商在事实面前无可奈何，只得按原协议付了款。

香港一家客商向某县墨碳材厂定购了一批墨碳材。正当厂方按合同如期交货时，市场发生了变化，该产品滞销，价格下跌。于是港商以该厂产品的某些物理指标与合同规定不符为借口，企图毁约退货。该厂立即拿出有关科研单位对该厂产品的实物化验单，证明产品的多项性能指标均与合同相符，港商无言以对，只得认购。

从以上两例可以看出，如在商品经营的任何一个细节发生漏洞，都会给对手以空子可钻。经商中务必要时刻警惕，制定严格的规章制度，堵塞可能出现的漏洞，事事处处都要落到实处，真正做到万无一失，使他人无隙可乘。

楚文王假道灭蔡

东周初期，各诸侯国都乘机扩张势力。楚文王时，楚国势力日益强大，汉江以东小国，纷纷向楚国称臣纳贡。当时有个小国叫蔡国，仗着和齐国联姻，认为有个靠山，就不买楚国的帐。楚文王怀恨在心，一直在寻找灭蔡的时机。

蔡国和另一小国息国关系很好。蔡侯、息侯都是娶的陈国女人，经常往来。但是，有一次息侯的夫人路过蔡国，蔡侯没有以上宾之机款待，气得息侯夫人回国之后，大骂蔡侯。息侯对蔡侯有一肚子怨气。

楚文王听到这个消息，非常高兴，认为灭蔡的时机已到，派人与息侯联系。息侯想借刀杀人，向楚文王献上一计：让楚国假意伐息，他就向蔡侯求救，蔡侯肯定会发兵救息。这样，楚、息合兵，蔡国必败。楚文王一听，何乐而不为？他立即调兵，假意攻息。蔡侯得到息国求援的请求，马上发兵救息。可是兵到息国城下，息侯竟紧闭城门，蔡侯急欲退兵，楚军已借道息国，把蔡侯围困起来，终于俘虏了蔡侯。

蔡侯被俘之后，痛恨息侯，对楚文王说：“息侯的夫人息妫是一个绝代佳人。他想用这话刺激好色的楚文王。楚文王击败蔡国之后，以巡视为名，率兵到了息国都城。息侯亲自迎接，设盛宴为楚王庆功。楚文王在宴会上，趁着酒兴说：“我帮你击败了蔡国，你怎么不让夫人敬我一杯酒呀？”息侯只得让夫人息妫出来向楚文王敬酒。楚文王一见息妫，果然天姿国色，马上魂不附体，决定一定要据为己有。第2天，他举行答谢宴会，早已布置好伏兵，席间将息侯绑架，轻而易举地灭了息国。

息侯害人害己，他主动借道给楚国，让楚国灭蔡，给自己报了私仇，却不料，楚国竟不丢一兵一卒，顺手将自己也给消灭了。

纳粹德国入侵丹麦、挪威之战

在第一次世界大战中和第二世界大战初，丹麦、挪威、瑞典三个北欧国家都宣布中立。但在第二次世界大战中，除瑞典始终保持中立地位外，丹麦、挪威的中立地位都受到了破坏。应该说，在第二次世界大战前夕，甚至在第二次世界大战刚刚全面爆发时，参战双方也都愿意尊重北欧三国中立，认为这对他们双方都没有坏处。后来的问题，首先是由瑞典北部耶利瓦勒铁矿的矿砂引发的。瑞典北部的铁矿蕴藏量达40亿吨，属欧洲第3位，且多为富矿。瑞典铁矿可说是德国战时工业的生命线。战争第一年，德国年消耗铁矿砂1500万吨，其中就有1100万吨要靠从瑞典进口。在夏季，瑞典的铁矿砂还可以用船只从瑞典港口律勒欧经波的尼亚湾，越过波罗的海运往德国。在与英法开战后，这也还是一条比较可靠的安全运输路线；因为从北海进入波罗的海的几处海峡，已被德国有效封锁，英国的军舰和潜艇都进不去。可是一到严冬，这条运输线就无法使用了，因为波的尼亚湾和波罗的海的海面结了厚厚的冰，船只无法通行。这时瑞典耶利瓦勒铁矿的矿砂，就只有经铁路运往挪威北部的港口纳尔维克，再用船只经挪威东部领海运往德国。这一运输线有两个优越条件：一是从所处纬度讲，虽然与前述波的尼亚湾运输线相近，其中有一段还处在北极圈内，纬度更高，但因受大西洋暖流的影响，海面不结冰；二是由于挪威是中立国，而整个运输路线都在挪威领海以内，可以避免英国海军和空军的袭击。所以挪威的中立，对德国更有利。英国当时的海军大臣邱吉尔看到了这一点，大战爆发后最初几周即建议内阁批准在挪威领海布雷，但首相张伯伦不愿破坏挪威中立，不赞成邱吉尔的建议。1939年11月30日，苏联为防止日后苏德开战时，德国利用芬兰领土打击列宁格勒及苏军北部防线，向芬兰发动了先发制人的战争。苏联的这一行动，给邱吉尔提供了一个“假途灭虢”的借口和机会：组织英法远征军，以援助芬兰抗击苏联入侵为由，假道挪威、瑞典，顺势占领挪威沿海的纳尔维克等港口及瑞典的耶利瓦勒铁矿及运输矿沙的铁路线，从而一举截断德国的铁矿砂供应，卡死德国战时工业的生命残。这时，苏德战争尚未爆发，苏德互不侵犯条约还有效，从形式上看，苏联是站在德国一边的。因而英法以援助芬兰抗击苏联为名，出兵斯堪的纳维亚半岛，就名正言顺了。然而，与此同时，德军参谋总部也看到了这一点。德国海军元帅多次提醒希特勒注意英法借口援助芬兰截断德国铁矿砂供应这一严重威胁，并建议采取先发制人的行动，抢在美国之先，以保护铁矿运输线为由，出兵占领挪威，实质上也是使的“假途灭虢”计。希特勒开始对英法军队是否会很快出兵挪威持怀疑态度，也不想破坏挪威中立，因而迟迟没有下决心，但在海军的促动下，仍部署了一个代号“威塞演习”的以入侵挪威为目标的行动计划。英法也因张伯伦的态度犹豫，加上英法之间协商和协调行动需要时间，而未能很快采取行动，但准备工作一直在紧锣密鼓地进行着。然而，2月16日在挪威南部领海发生的一桩意外事件，促成英法和德国双方都进一步坚定了入侵挪威的

决心。这一天，一条从南大洋载回 299 名英国俘虏的德国船“阿尔特马克号”，受到英国驱逐舰的追逐，逃入挪威南部一个峡湾避难，邱吉尔了解到此船载有 300 名英国俘虏，便命令英舰哥萨克号驶入挪威领海解救俘虏。战斗中，打死德兵 4 人，打伤 5 人。当时，有两艘挪威炮艇在场，但未敢采取任何行动，看着英国军舰进人本国海域，救走了德国船上的英国战俘，事后，挪威政府为英国军舰侵入自己领海动武向英国政府提出抗议。英国政府则认为，挪威准许德国人使用自己的领海运输英国俘虏，违反了国际法。而希特勒则认为，挪威的抗议不过是故作姿态，挪威炮艇眼见英舰对德船动武而不干预，说明挪威政府甘当英国帮凶。由此，英、法、德都以保护航行安全为由，决心出兵挪威；因为芬兰已于 1940 年与苏联媾和，英法借口援助芬兰，借道挪威的理由已不存在。最后，英法将开始入侵挪威的时间定在 1940 年 4 月 8 日；而希特勒则将入侵时间定在 4 月 9 日晨 5 时 15 分。本来英法定的时间早一天。但因德国海军行动迅速诡秘（伪装为英国军舰），将士作战果断勇敢，却反倒比英、法抢先了一步。德国人“假道”成功了，英法人“假道”则成了泡影。由于丹麦海域也处于德国铁矿砂供应线上，而且紧扼波罗的海的出口，所以德国在入侵挪威的同时，也“假道”占领了丹麦。只不过丹麦在希特勒的一纸最后通牒威胁下便投降了，没有费德国人一枪一炮。

三十六计　第二十五计　偷梁换柱

频更其阵，抽其劲旅，待其自败（1），而后乘之，曳其轮也（2）。

注释

（1）句中的几个“其”字，均指盟友、盟军言之。

（2）曳其轮也：“语出《易经，既济》纷。既济，龄名，本卦为异卦相叠（离下坎上）。上卦为坎为水，下卦为离为火。水处火上，水势压倒火势，救火之事，大告成功，故卦名“即济”。既，已经；济，成功。本卦初九?《象》辞：“曳其轮，义无咎也。”意为，拖住了车轮，车子就不能运行了。

此计运用此象理，是说好比拖住了车轮，车子就不能运行了。己方抽其友方劲旅，如同抽出梁木，房屋就会坍塌，于是己方就可以控制他了。

按语

阵有纵横，天衡为梁，地轴为柱。梁柱以精兵为之，故观其阵，则知精兵之所有。共战他敌时，频更其阵，暗中抽换其精兵，或竟代其为梁柱；势成阵塌，遂兼其兵。并此敌以击他敌之首策也。

解析

这则按语，主要是从军事部署的角度讲的。古代作战，双方要摆开阵式。列阵都要按东、西、南、北方位部署。阵中有“天横”，首尾相对，是阵的大梁；“地轴”在阵中央，是阵的支枕。梁和柱的位置都是部署主力部队的地方。因此，观察敌阵，就能发现敌军的主力的位置。如果与友军联合作战，应设法多次变动友军的阵容，暗中更换它的主力，派自己的部队去代替它的梁柱，这样一定使它的阵地无法由它自己控制，这时，立即吞并友军的部队。这是吞并这一股敌人再去攻击另一股敌人的首要战略。

以上的这段按语，反映了封建社会里，军阀割据，所谓“友军”，不过只是暂时的联合而已，所以“兼并盟友”是常事。不过，从军事谋略上去理解本计，重点也可以放在对敌军“频更共阵”上。也就是多次佯攻，促使敌人变换阵容，然后伺机攻其弱点。这种调动敌人的谋略，也能收到很好的效果。

探源

偷梁换柱，指用偷换的办法，暗中改换事物的本质和内容，以达蒙混欺骗的目的。“偷天换日”、“偷龙换凤”、“调包计”，都是同样的意思。在军事上，联合对敌作战时，反复变动友军阵线，借以调换其兵力，等待友军有机可乘、一败涂地之时，将其全部控制。此计归于第五套“并战计”中，本意是乘友军作战不利，借机兼并他的主力为己方所用。此计中包含尔虞我诈、乘机控制别人的权术，所以也往往用于政治谋略和外交谋略。

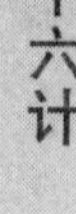

秦始皇称帝，自以为江山一统，是子孙万代的家业了。但是，他自以为身体还不错，一直没有去立太子，指定接班人，宫庭内，存在两个实力强大的政治集团。一个是长子扶苏、蒙恬集团，一个是幼子胡亥、赵高集团。扶苏恭顺好仁，为人正派，在全国有很高的声誉。秦始皇本意欲立扶苏为太子，为了锻炼他，派他到著名将领蒙恬驻守的北线为监军。幼子胡亥，早被娇宠坏了，在宦官赵高教唆下，只知吃喝玩乐。

公元前210年，秦始皇第五次南巡，到达平原津（今山东平原县附近），突然一病不起。此时，秦始皇也知道自己的大限将至．于是，连忙召丞相李斯，要李斯传达秘诏，立扶苏为太子。当时掌管玉玺和起草诏书的是宦官头儿赵高。赵高早有野心，看准了这是一次难得的机会，故意扣压秘诏，等待时机。

几天后，秦始皇在沙丘平召（今河北广宗县境）驾崩。李斯怕太子回来之前，政局动荡，所以秘不发丧。赵高特此去找李斯，告诉他，皇上赐给扶苏的信，还扣在我这里。现在，立谁为太子，我和你就可以决定。狡猾的赵高又对李斯讲明利害，说，如果扶苏做了皇帝，一定会重用蒙恬，到那个时候，宰相的位置你能坐得稳吗？一席话，说得李斯果然心动，二人合谋，制造假诏书，赐死扶苏，杀了蒙恬。

赵高未用一兵一卒，只用偷梁换柱的手段，就把昏庸无能的胡亥扶为秦二世，为自己今后的专权打下基础，也为秦朝的灭亡埋下了祸根。

案例

未央宫斩韩信

吕后杀韩信，历史众说纷纭。历史上的是非功过，不是一下子说得清楚的。这里并不想作什么评价，仅用此例，再次说明“偷梁换柱”的计谋，在历史上也往往发挥政治权术作用。

楚汉相争，以刘邦大胜，建立汉朝为结局。这时，各异姓王拥兵自重，是对刘氏天下潜在的威胁。翦灭异姓诸王，是刘邦日夜考虑的大事。异姓诸王中，韩信势力最大。刘邦借口韩信袒护一叛将为由，把他由楚王贬为淮阴侯，调到京城居住，实际上有点“软禁”的味道。韩信功高盖世，忠于刘邦。当年楚汉相争，战斗激烈之时，谋士蒯彻曾建议韩信与刘邦分手，使天下三分。韩信拒绝了蒯彻的建议，辅佐刘邦夺得天下。而今却落得这样的下场，心中怨恨至极。

公元前200年，刘邦派陈烯为代相，统率边兵，对付匈奴。韩信私下里会见陈烯，以自己的遭遇为例，警告陈烯，你虽然拥有重兵，但并不安全，刘邦不会一直信任你，不如乘此机会，带兵反汉，我在京城里接应你。两个人秘密地商量好，决定伺机起事。

公元前197年，陈烯在代郡反汉，自立为代王。刘邦领兵亲自声讨陈烯。韩信与陈烯约定，起事后他在京城诈称奉刘邦密诏，袭击吕后及太子，两面夹击刘邦。可是，韩信的计谋被吕后得知。吕后与丞相陈平设下一计，对付韩信。

吕后派人在京城散布：陈烯已死，皇上得胜，即将凯旋。韩信听到这个消息，又没有见到陈烯派人来联系，心中甚为恐慌。一日．丞相陈平亲自到韩信家中，谎称陈烯已死，叛乱已定，皇上已班师回朝，文武百官都要入朝庆贺，请韩信立即进宫。韩信本来心虚，只得与陈平同车进宫。结果被吕后逮捕，囚系在长乐宫之钟室。半夜时分，韩信被杀。后世称“未央宫斩韩信”。盖世英名的韩信至死也不知道，陈烯已死的消息，完全是谎言。陈烯叛乱，是在韩信死了两年之后才平定的。

某厂家频更其阵刮出“旋风”

1973年，南方某制药厂还是一个农场所属的一个小药厂，全厂围绕着10只大锅炉转，土法熬制中成药穿心莲片，一年下来只有20来万元的产值。改革开放，使我们的社会从闭锁禁锢跨越了出来，把时代的弄潮儿推向了风尖浪口。这个药厂运用公共关系这个信息社会的“润滑剂”和“催化剂”，向旧的经营方式展开了凌厉的攻势，旋风式的横扫九州方圆。

他们吸取成功的公关经验，结合企业的实际，运用公关原理，科学地分析和处理企业所面临的各种问题，获得了公众对某厂家的了解、信任和支持。1982 年 3 月，厂长对外宣布实行产品销售的“五包”优质服务，即包质量损失、包降价损失、包药品淘汰损失、包药品超期库存损失。没有想到难题接踵而至，先是国家卫生部门宣布淘汰 127 种药物，一箱箱已出厂的淘汰药品又“回了娘家”，接着是 130 种药品调价，使药厂因此而赔了 100 多万元。

然而，巨大的代价使某制药厂赢得了极高的信誉。商业部门当年向制药厂追加了 600 多万元的订货，经销部门更是把与制药厂做买卖视为保险生意而竞相订货。由此，制药厂占领了预定的目标市场，与目标公众结成了一种永久的关系，树立了良好的企业形象，提高了药厂的知名度。

1984 年，制药厂开国内企业办体育之先河，独领风骚，出资“买下”了某足球队，在合同期内该队以“制药厂足球队”的名字参加国内、国际足球比赛。此举一方面为足球队解决了经费问题，另一方面又提高了药厂的声望，为工厂做了极佳的广告。同时，还举办了广州四城市国际足球邀请赛，进一步提高了企业的知名度。外国的企业家看到某厂家制药厂有如此的实力，都愿与之做生意。此举虽花费了数万元的巨款，但从业绩上看，从 1984 年以来，该厂年产值平均递增 4000 万元以上，从 1．2 亿增至 1986 年的 2．25 亿，1987 年已逾 3 亿，还是很划得来的。

制药厂还积极开展公益赞助活动。他们向敬老院、少年蓓蕾剧场、环境市容等单位捐款，并向广州杂技团赠送药品。该厂专门设立了文化体育发展公司，决定将 3 年内所得的全部利润用于发展广州的体育事业，还决定将某厂家制药厂年产值的 1% 用作活动经费。

这一系列措施，在有利于社会、有利于群众的同时，还起到了商品广告所起不到的作用。制药厂的公共关系，讲求的是“内求团结，外求发展”的管理艺术。在外部具有良好的信誉和完美的形象的同时，还要追求内部上下的和谐，左右的融洽，只有这样才是公共关系取得成功的保证。以人为中心的现代化管理制度是贝兆汉吸取西方“人本主义精神”和东方文化中儒家思想的合理内核，结合企业在新时期的实际情况而建立的一种合乎情理的管理制度。这种制度既能尊重和发挥人的个性，又注意培养职工的集体意识，满足了职工的不同层次的需要，调动了职工的积极性。制药厂的“文化沙龙”正体现了这种某厂家文化。

每个星期三的晚上，厂领导与职工、科技人员和干部聚集在一起。一边喝茶、喝咖啡，一边就国家大事和本厂的大事自由自在地讨论问题。如：“假如你是厂长”“改革带来的思考”等。凡参加“文化沙龙”的人，都能感觉到一种和谐的气氛和团结向上的精神。这种友善亲密的关系，感情的联络，共同的目标，产生了一股强大的向心力。

制药厂通过创办报纸和杂志，扩大了厂内职工的信息交流，使职工能够及时了解生产情况，增强了职工的责任心和主人翁意识。在重大问题的决策上，都要通过各种形式征求广大职工和顾客的意见，让他们参与管理，提高职工的参与意识。

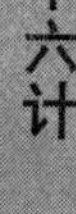

制药厂是靠科技打开产品销路的，突出地表现在他们尊重知识。尊重人才。早在制药厂还是一个不知名的农场附属企业时，厂长就指出，企业要生存发展非靠人才不可，但由于制药厂当时只是一个“农”字当头的山野小作坊，远离市区，生活条件艰苦，别说人才，就是一般的劳动力也很难请上山。厂长求贤若渴、爱才如命，想方设法硬是把一批批知识分子请上了山。如今，该厂共有600多名科技人员，占全厂职工的11%。几年来，每年平均有30个新品种问世，先后推出了40多种畅销的医药产品。

美国的行为科学家费雷德里克·赫茨伯格的“激励—保健双因素”理论指出，工资、福利、环境等“保健”因素只能消除职工的不满情绪，而不能使之产生满意。尤其是对于文化层次较高的知识分子，要想使他们满足，就必须运用成就感、赏识感、责任感等“激励”因素，为他们创造自我实现的条件。洪光是制药厂几年前新来的一个年轻的大学生，由于他锐意进取，成绩显著，被提拔为一个产值最高的制药分厂的厂长。在这一岗位上，他不负重望，如今已成了制药厂的一颗新星。自我实现，激发了人的内在潜能，把个人的荣辱与企业的兴旺发达联系起来，企业上下拧成了一股劲。“举贤任贤，用而不疑”的用人之道，也成了制药厂得以腾飞的关键。

TVN抽其劲旅扬起“风帆”

位于长江北岸TVN化纤股份有限公司，善于运用现代公关理论和技艺，为企业的发展服务，给企业的腾飞插上了翅膀。

TVN公司是我国首次依靠国内外借款筹资建设经营的特大型企业。目前，已达到年产涤纶纤维和聚酯切片50万吨的生产能力，占全国化纤产量的1/3，涤纶产量的1/2。现有职工2万多人，1991年总产值达46亿元，上交国家利税7亿元。

TVN公司的建设资金国家不拨款，全部靠借贷筹集，这种特殊的管理体制和投资方式，使他们从一开始就靠自力更生，靠向多方求援过日子。比起国家投资办企业，他们确实吃了不少苦，但有一个好处：上至公司总经理、党委书记，下至每一个职工，从艰苦创业的实践中都培养出了强烈的公关意识，造就了一大批公关人才。

在方圆10公里的“TVN城”里，不论是工厂区、生活区、管理区还是长江码头，到处桃红柳绿，清洁整齐，各种鼓舞士气、催人奋进的墙报、标语、题字等公关文字随处可见。“TVN人”个个春风满面，彬彬有礼。人们说：“TVN公司处处充满着公关气氛。”

TVN公司的公关工作，原来是由总经理办公室统管的。后单独划出建立公关部，设有3科1室和北京、上海、南京3个办事处，还有一个时装表演队，专职公关人员共有80多人。这批人熟悉公司的情况，懂得公关理论，掌握公关技巧，许多人可以独挡一面开展工作。

TVN公司的公关活动体现了“抽其劲旅，频更其阵”的中国古兵法的智慧。TVN

公司公关的一个显著特点就是主要领导干部亲自抓公关，搞公关。公司的公关部由总经理直接分管，专职公关干部由总经理和公关部亲自挑选，严格把关。每年初公关部提出全年的公关计划，经公司党政领导讨论拍板，内外重大公关活动，总经理都要亲自出面，公关部具体承办，各有关部门密切配合。

在公司公关部第二接待室里，面对江泽民总书记 1991 年 10 月陪同朝鲜国家主席金日成访问 TVN 公司的巨幅照片，公关部经理对记者们侃侃而谈，如数家珍般地介绍他们如何克服困难，求得事业飞跃发展的经历。他还介绍了党和国家的许多领导人以及海外要人多次视察、访问仪化公司的情景，谈他们如何做好接待工作的体会。他没有使用文字资料，一口气讲了半天，在场的记者们对公关部经理的“基本功”惊叹不已。

TVN 公司的专职公关人员都要经过严格训练，他们除了参加华东师大二年制在职培训班系统学习公关理论外，还要被送到兄弟单位和特区参加公关实务锻炼。

有了公关人才就有了公关活动取得胜利的保证。1991 年，江苏、安徽等省遇到了历史上罕见的特大洪涝灾害，公司总经理亲自带队，将 350 万元的救灾物资送往灾区，并在中央电视台的大型义演晚会上，向灾区同胞表示慰问。一年一度的中央有关部门座谈会、地方各界恳谈会、新闻单位联谊会，仪化公司的党政领导人都要亲自出面汇报工作、介绍经验，诚恳地征求意见。公司与社会各方面都保持着密切的联系，尤其与中央、省、市新闻单位的关系非常融洽，相互支持，交流信息。通过各种舆论和新闻媒体的宣传，使这个刚刚诞生的化纤公司声望日增。

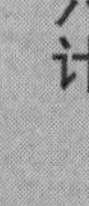

专职公关与全员公关相结合是公司公关的另一特点。公司公关部建立几年来，共接待各方宾客 14 万多人，正常的情况是每天都有几批。公司把公关部看作对外交往的窗口加以重点建设，专职公关人员是公司公关的主力军。在公司下属的 8 个专业公司、8 个分厂和有接待任务的部门和岗位，都配有兼职的公关人员，各基层都有人分管公关工作，公司领导还号召全体职工人人学公关、懂公关，大家一齐动手搞公关。这就形成了以专职公关人员为骨干，专职与兼职相结合的公关格局。，在这种局势下，全体职工都知道企业需要公关，不搞公关企业寸步难行。因而都能自觉地把公关与事业的发展紧紧地联系在一起，形成最佳的企业公关形态，促进了企业兴旺。

TVN 公司内外公关一齐抓。一走进仪化公司厂区，你就能看到一幅醒目的标语：“领导心中有职工，职工心中有工厂。”这就是公司内部公关的指导思想。公关部每年都要策划几项大型的内部公关活动，如庆祝会、联欢会、新闻发布会等。凡是群众关心的事，都要及时让群众知道；凡是关系群众切身利益的事，只要能办到的，领导主动为群众去办。公司有自己的公园、影剧院、体育馆，还有电台、报纸、刊物，职工的业余文化生活丰富多采，领导和群众的关系融洽。美国某公司的老板在参观 TVN 公司时，对工厂门前的那幅标语很欣赏，请人翻译了过去贴到了自家公司的门前，TVN 公司的总经理访问美国时，这位洋老板得意地说：“我把你们的经验学过来了。”

TVN 公司公关，坚持信誉第一，以诚待人。总经理经常把他的“两字经”挂在嘴边，一是“信”，讲信誉，守信用，不蒙人；二是“诚”，真诚，诚实，说到做到，不骗人。

他们的各项活动都坚持讲真话，不讲空话，产品的宣传不讲过头话。公司各部门严把质量关，“信誉的好坏，首先看产品质量”，这是他们的信条。近年来，面对市场上的某些同类产品质次价廉的现状，有的用户也建议他们提供一些质低价廉的原料，被他们严肃拒绝。公司各级达成的共识是：产品质量是企业形象的基础，TVN 公司是国家的重点企业，宁可断掉供应关系另辟销售渠道，也不能生产劣质的产品。

良好的企业形象给企业带来了很高的声誉和很高的经济效益。有的企业向银行贷款要多方求人，而 TVN 公司借款，几个银行找上门，要借多少借多少，原因就在于他们守信用，“好借好还，再借不难。”前几年在纺织品市场疲软的情况下，TVN 公司的产品销售一直很好。

郑庄公计兼三国之师

周桓王 3 年（公元前 715 年），郑庄公假托周天子之命，纠合齐、鲁 2 国兵马前往攻打宋国。宋殇公听说郑、齐、鲁 3 国兵马入境，大惊失色，急忙召见司马孔父嘉问计。孔父嘉奏道：我已派人打听清楚，周天子并无讨伐宋国之命，齐、鲁两国是受郑庄公的欺骗才出兵的。现在 3 国合兵而来，其锋甚锐，不可与它正面争战，惟有一计，方可使郑军不战而退。殇公说：郑国明知今日攻宋，有利可得，怎会轻易退兵呢？孔父嘉说：郑庄公亲自出马，领兵攻打宋国，其国内防守必然空虚，因此，只要我们以重金收买卫国，要卫国联合蔡国，以轻兵袭击郑国本土，威胁郑都荥阳，这样，郑庄公就自然会退兵回援了；而郑兵一退，便群龙无主，齐、鲁 2 国兵马也不会再留下为郑国卖命了。宋殇公听从了孔父嘉的献策，并立即要他挑选 200 辆兵车，带上黄金、白璧、绸缎，连夜赶往卫国，请求卫国联合蔡国出兵袭击郑国。卫宣公接受了宋国的礼物，果真派右宰丑领兵与孔父嘉会合，经由间道，出其不意，直逼郑都荥阳城下，郑世子忽和大夫祭足急忙传令守城。这时，宋、卫的兵马已在郑都城外大肆抢掠，掳去了大量人畜辎重；接着，右宰丑便要趁势攻城。孔父嘉说：我们袭击荥阳得手，只是乘其不备，应该得利便止；如果继续留下攻城，万一郑庄公回兵救援，将会对我形成内外夹攻之势，那是很危险的；不如就此借道戴国，胜利回师；我估计当我军离开这里时，郑庄公的兵马也该从宋国撤退了。于是，按照孔父嘉的布置，宋、卫 2 国兵马向戴国进发，想从戴国假道。却不料，戴国国君以为宋、卫兵马是来攻打戴国的，便关上城门死守。孔父嘉大怒之下，多次攻城，但总也攻不下来。……

却说郑庄公领兵攻打宋国，本来是很顺利的。郑军大将颍考叔已攻破郜城，公孙阏已攻破防城，分别向郑庄公大营告捷。怎料到正想乘胜挺进之时，忽然接到世子忽从国内送来的告急文书，说是宋、卫两国兵马正进逼郑都。这时，庄公表面上不动声色，只教传令班师。当大军回到半路时，又接到国内送来军报，说是宋、卫军马已撤

离荥阳城外，向戴国方向去了。庄公听到这一情报后，想了一下，便传令颍考叔、高渠弥、公孙阏、公子吕等四将，将兵马分为四队，偃息旗鼓，转道向戴国进发。……

再说孔父嘉、右宰丑率领宋、卫联军进攻戴国，又得到蔡国领兵相助，满以为一举成功，却忽然接到探马来报说，郑国上将公子吕领兵救戴，已在离城50里处下寨。接着，又听说戴君得知郑兵来救，已经打开城门将郑军接进城内去了。这时，孔父嘉便对右宰丑说：现在戴国有了帮手，他们必定会合兵向我军求战，你我何不站在壁垒之上，观察城内动静，也好有所准备。于是孔、丑二将便一起登上壁垒，仔细观察城内情形，对着城内指手画脚。正在说话间，忽听一声连珠炮响，城上一时竟遍插郑军旗号，郑将公子吕全身披挂，站在城楼上，大声叫道：多多感谢二位将军费力，我们已经取得戴城了。原来这是郑庄公设的“偷梁换柱”计：假说是要公子吕领兵救戴，其实庄公就坐在戎车之中，只等进了城，便就势并了戴国之军，把戴君给赶走了。孔父嘉在城外见庄公不费吹灰之力便占了戴城，一时气愤填胸，决心要与庄公决一死战。当他正在心中筹划之时，忽报：城中派人来下战书。孔父嘉当即批复来日决战，并约会卫、蔡2国，将3路军马，齐退后20里，以防自相冲突；由孔父嘉领军居中，蔡、卫军分列左右，3支军队相距不过3里。如此部署之后，各军遵令行动。刚把寨营安好，忽听寨后一声炮响，火光接天，都说是郑兵到了，孔父嘉才要出寨迎战，火光却又熄灭了，方要回营，却左边炮声又响，又是火光不绝。刚要看个究竟，却左边火光已灭，右边火光又起。孔父嘉认为这是庄公使的疑兵计，命令全军不许动乱！不一会儿，左边火光又起了，而且喊声震天，探马来报，说是左营蔡军被劫。孔父嘉正想前往营救，忽然右边火光再起，一时闹不清是哪家的人马，孔父嘉只叫继续挥军向左，慌忙间迷失了方向，遇上一队兵马便互相厮杀起来，结果发现竟是卫国的人马，于是两军合在一起，赶回中营，谁知中营却已被郑将高渠弥占了，且左有公孙阏，右有颍考叔领兵杀到，一直杀到天亮，孔父嘉无心恋战，夺路而走，遇上高渠弥，又杀了一阵，孔父嘉弃车徒步，跟随的只有20余人，右宰丑阵亡，余下的3国兵马辎重，全被郑军俘获，就这样，郑庄公用“偷梁换柱”计既得了戴城，又兼了宋、卫、蔡3国之师。

南昌起义中朱德巧用“偷梁换柱”计

1927年7月18日，朱德将军接到通知，要他马上到离南昌不远的一个小村子去参加党的一次秘密会议。当天傍晚，他来到村庄，进入一幢房屋的大厅里，党的主要领导人都已聚集在那里。他环顾四周，看过许多已经见过面的人，但也有不少人是久已闻名却从未见面的。从上海和四川死里逃生的周恩来、刘伯承都在那里，还有中华全国总工会委员长苏兆征、农民部长谭平山，“铁军”第11军军长叶挺、12军军长贺龙，参谋长叶剑英，以及政治工作领导人员李立三、林祖涵等都到齐了。毛泽东也出席了这次重要会议。

会上，大家经过讨论，决定深刻汲取大革命失败的惨痛教训，走武装斗争和土地革命的道路，并决定以“铁军”为骨干，首先在南昌举行武装起义。

会议结束后，同志们分别前往自己的岗位，毛泽东去汉口，只等南昌起义枪声一响便和武汉警备部队中一些黄埔军校学员一起率领部队南下湖南；苏兆征去长江一带发动工会团体为起义作准备。朱德、周恩来、叶挺、贺龙、刘伯承、叶剑英，李立三、张国焘、谭平山、林祖涵则为南昌起义总指挥部成员。

朱德将军当时任南昌市警察局长，对南昌情况极为熟悉，了如指掌。经过分析，他认为：起义的主要障碍是驻扎在南昌附近的国民党第6军的几个团，还有驻扎在南昌市内和市郊的滇军第五路军的几个团。同时，还得警惕距离南昌约两天路程的滇军一个师的动向。朱德和指挥部的同志还分析：这次起义，“铁军”中除总司令张发奎、第4军军长黄琪翔外，都是可以依靠的力量；第4军的大部分队伍驻扎在九江，张发奎的司令部也设在那里；“铁军”在南昌的办事处负责人就是11军军长叶挺，第11军、12军的所有部队都驻扎在南昌附近；第4军有1个团布防在九江至南昌铁路沿线，也准备参加起义；此外，由朱德直接领导的南昌市全部警察和军官教育团也是可以依靠的。因此，从起义的整个形势看，是非常有利的。关键的问题是要解决驻扎在南昌附近的国民党第6军几个团和滇军第五路军几个团的问题，只要这个问题解决得好，起义便可以保证成功。

于是，朱德将军经过周密思考，并与指挥部的同志商量合计了一番后，设出了下述的“偷梁换柱”计：

8月1日，也就是决定起义的当天晚上，朱德将军发出请柬，宴请国民党第6军和滇军第5路军全体团以上军官（这便是国民党军的“梁”啊）。被请的客人因为知道朱德既曾是滇军的军官，又是国民党的领导人，便都应邀赴宴了。

这顿晚宴从下午6时一直吃到晚9时，饭后又留下来打麻将。朱德原计划让客人们打到半夜，这样起义便可顺利开始。可不巧，还没有到发动起义的时间，贺龙的第20军一名营长忽然心神不宁地推门进来，慌慌张张地报告说，他刚接到命令，要他把自己辖区内的滇军解除武装！（这便是要“换柱”）一听这话，朱德猛然一惊，整个屋里也顿时一片寂静。幸好，朱德稍一定神，便想一计：他掉过头来对客人们哈哈一笑，说道：这纷乱时期，真是什么谣言都有啊！没什么，没什么，大家还是接着打牌吧！可未等朱德的话落音；一名滇军将军把椅子往后一推，站起来说道：也许是谣言，可我已听说过今天晚上要出事，大家还是回到自己岗位去吧！于是，人们都站起来准备回去。到了这时，朱德也不好强留，便一面打着哈哈，一面开着玩笑在门前送客，等到客人散尽，他便赶到指挥部，立即下达提前起义的命令。……

不多一会儿，全城就响彻枪声，起义开始了，朱德和其他同志们连夜指挥，通宵达旦，到了天亮时，全城尽为“铁军”掌握，再过几个小时，离南昌稍远的几个村落也拿下来了。

“南昌起义成功了！”人们在欢呼着。

第二十六计　指桑骂槐

大凌小者，警以诱之（1）。刚中而应，行险而顺（2）。

注释

（1）大凌小者，警以诱之：强大者要控制弱下者，要用警戒的办法去诱导他。

（2）刚中而应，行险而顺：语出《易经·师》卦。师卦名。本卦为异卦相叠（坎下坤上）。本卦下卦为坎为水，上卦为坤为地，水流地下，随势而行。这正如军旅之象，故名为“师”。本卦《象》辟说：“刚中而应，行险而顺，以此毒天下，而民从之。”“刚中而应”是说九二以阳爻居于下坎的中信，叫“刚中”，又上应上坤的六五，此为此应。下卦为坎，坎表示险，上卦为坤，坤表示顺，故又有“行险而顺”之象。以此卦象的道理督治天下，百姓就会服从。这是吉祥之象。“毒”，督音，治的意思。

此计运用此象理，是说治军，有时采取适当的强刚手段便会得到应和，行险则遇顺。

按语

率数未服者以对敌，若策之不行，而利诱之，又反启其疑，于是故为自误，责他人之失，以暗警之。警之者，反诱之也。此盖以刚险驱之也。或曰：此遣将之法也。

解析

统率不服从自己的部队去打仗，如果你调动不了他们，这时你想用金钱去利诱他们，反而会引起他们的怀疑。正确的方法是：你可以故意制造些错误，然后责备别人的过失，借此暗中警告那些不服自己指挥的人。这种警戒，是从反面去诱导他们。这就是用强硬而险诈的方法去迫使士兵服从。或者说，这就是调遣部将的方法。

对待部下将士，必须恩威并重，刚柔相济。军纪不严，乌合之众，哪能取胜？如果只是一味地严厉，甚至近于残酷，也难做到让将士们心服。所以关心将士，体贴将士，使将士们心中感激敬佩，这才算得上是称职的指挥官。《孙子兵法》中对此早有名训：“约束不明，申令不熟，将之罪也。”这就是强调治军要严。“视卒如爱子，故可与之俱死。”这就是强调要关心将士，使他们愿意与将帅一同战死。

探源

指桑骂槐，此计的比喻意义应从两方面广为理解。一是要运用各种政治和外交谋略，“指桑”而“骂槐”，施加压力配合军事行动。对于弱小的对手，可以用警告和利诱的方法，不战而胜。对于比较强大的对手也可以旁敲侧击威慑他。春秋时期，齐相管仲为了降服鲁国和宋国，就是运用此计。他先攻下弱小的遂国，鲁国畏惧，立即谢罪求和，宋见齐鲁联盟，也只得认输求和。管仲“敲山震虎”，不用大的损失就使鲁、宋两国臣服。

另外，作为部队的指挥官，必须做到令行禁止，法令严明。否则，指挥不灵，令出不行，士兵一盘散沙，怎能打仗！所以，历代名将都特别注意军记严明。管理部队，刚柔相济，关心和爱护士兵，假决不能有令不从，有禁不止。所以，有时采用“杀鸡儆猴”的方法，抓住个别坏典型，从严处理，就可以震慑全军将士。

春秋时期，齐景公任命田穰苴为将，带兵攻打晋、燕联军，又派宠臣庄贾作监军。穰苴与庄贾约定，第二天中午在营门集合。第二天，穰苴早早到了营中，命令装好作为计时器的标杆和滴漏盘。约定时间一到，穰苴就到军营宣布军令，整顿部队。可是庄贾迟迟不到，穰苴几次派人催促，直到黄昏时分，庄贾才带着醉容到达营门。穰苴问他为何不按时到军营来，庄贾无所谓，只说什么亲威朋友都来为我设宴饯行，我总得应酬应酬吧？所以来得迟了。穰苴非常气愤，斥责他身为国家大臣，有监军重任，却只恋自已的小家，不以国家大事为重。庄贾以为这是区区小事，仗着自己是国王的宠臣亲信，对穰苴的话不以为然。穰苴当着全军将士，命令叫来军法官，问：“无故误了时间，按照军法应当如何处理？”军法官答道：“该斩！”穰苴即命拿下庄贾。庄贾吓得浑身发抖，他的随从连忙飞马进宫，向齐景公报告情况，请求景公派人救命。在景公派的使者没有赶到之前，穰苴即令将庄贾斩首示众。全军将士，看到主将杀违犯军令的大臣，个个吓得发抖，谁还再敢不遵将令。这时，警公派来的使臣飞马闯入军营，拿景公的命令叫穰苴放了庄贾。穰苴沉着地应道：“将在外，君命有所不受。”他见来人骄狂，便又叫来军法官，问道：“乱在军营跑马，按军法应当如何处理？”军法官答道：“该斩。’来使吓得面如土色。穰苴不慌不忙地说道：“君王派来的使者，可以不杀。”于是下令杀了他的随从和三驾车的左马，砍断马车左边的木柱。然后让使者回去报告。穰苴军纪严明，军队战斗力旺盛，果然打了不少胜仗。

案例

孙膑治兵

春秋时期，吴王阖庐看了大军事家孙武的著作《孙子兵法》，非常佩服，立即召见孙武。吴王说：“你的兵法，真是精妙绝伦。你能不能当面给我演示一下，让我开开眼界呢？”孙武说：“这个不难。您可以随便找些人来，我马上操练给您看看。”吴王一听，好生好奇。随便找些人来就可操练？吴王存心为难一下孙武，说道：“我的后宫里美女多得很，先生能不能让她们来操练操练？”孙武一笑说：“行呀！任何人都可以操练。”

于是，吴王从后宫叫来180名美女。众美女一到校军场上，只见旌旗招展，战鼓排列，煞是好看。她们嘻嘻哈哈，东瞅西瞧，漫不经心。孙武下令180名美女编成两队，并命令吴王的两个爱姬作为队长。两个爱姬哪里作过带兵的官儿，只是觉得好笑好玩。好不容易，才把稀稀拉拉、叫叫嚷嚷的美女们排成两列。

孙武十分耐心地、认真细致地对这些美女们讲解操练要领。交待完毕，命令在校军场上摆下刑具。然后威严地说：“练兵可不是儿戏！你们一定要听从命令，不得马马虎虎，嘻笑打闹，如果谁违犯军令，一律按军法处理！”

美女们以为大家是来做做游戏的，不想碰见这么个一脸正经的人！这时，孙武命令擂起战鼓，开始操练。孙武发令：“全体向右转！”美女们一个也没有动，反而轰然大笑。孙武并不生气，说道：“将军没有把动作要领交待清楚，这是我的错！”于是他又一次详细讲述了动作要领，并问道：“大家听明白了没有？”众美女齐声回答：“听明白了！”

鼓声再起，孙武发令：“全体向左转：”美女们还是一个未动，笑得比上次更加厉害了。吴王见此情景，也觉得有趣，心想：你孙武再大的本领，也无法让这些美女们听你的调动。

孙武沉下脸来，说道：“动作要领没有交待清楚，是将军的过错，交待清楚了，而士兵不服从命令，就是士兵的过错了。按军法，违犯军令者斩，队长带队不力，应先受罚。来人，将两个队长推出斩首！”吴王一听，慌了手脚，急忙派人对孙武说：“将军确实善于用兵，军令严明，吴王十分佩服。这次，请放过寡人的两个爱姬。”孙武回答道：“将在外，君令有所不受。吴王既然要我演习兵阵，我一定要按军法规定操练。”于是，将两名爱姬斩首示众，吓得众美女魂飞魄散。孙武命令继续操练。他命令排头两名美女继任队长。全场鸡雀无声。

鼓声第三次响起，众美女精神集中，处处按规定动作，一丝不苟，顺利地完成了操练任务。

吴王见孙武斩了自己的爱姬，心中不悦，但仍然佩服孙膑治兵的才能。后来以孙武为将，终使吴国挤进强国之列。

小职员痛斥主管冲破椎销禁区

日本明治保险公司有个普普通通的推销员，名叫原一平。他身材短小，其貌不扬，25岁报考明治公司时，虽被录用，但主考官劈头丢下一句：“原一平，你不是干得了这种困难工作的人。”当时的原一平，屏住呼吸，目光注视着主考官，心头却在喊：“我偏要做给你看看。”他决计要报这一箭之仇，怀着有朝一日出人头地的信念，猛冲猛打地干了3年，创下了些业绩，总算在公司里站住了脚。

然而，原一平并不因此满足，他构想了一个大胆而又破格的推销计划，找保险公司的董事长串田万藏，要一份介绍日本大企业高层次人员的“推荐函”，大幅度、高层次地推销保险业务。因为串田先生不仅是明治保险公司的董事长，还是三菱银行的总裁、三菱总公司的理事长，是整个三菱财团名副其实的最高首脑。通过他，原一平经手的保险业务不仅可以打入三菱的所有组织，而且还能打入与三菱相关的最具代表性的所有大企业。但原一平不知道保险公司早有被严格遵守的约定：凡从三菱来明治工作的高级人员，绝对不介绍保险客户，这理所当然地包括董事长串田。

原一平为突破性的构想而坐立不安，他咬紧牙关，发誓要实现自己的推销计划。他信心十足地推开了公司主管推销业务的常务董事阿部先生的门，请求他代向串田董事长要一份“推荐函”。阿部听完了原一平的计划，默默地瞪着原一平不说话。原一平虽在公司工作了3年，但只是在照片上看见过阿部，头一次面对阿部那种逼人的目光，心里开始发毛，渐渐有些招架不住了。这时，阿部才缓缓地说出了公司的约定，回绝了原一平的请求。原一平却不肯打退堂鼓，问道：“常务董事，我能不能自己去找董事长，当面提出请求?”阿部的眼睛瞪得更大了，更长时间的沉默之后，只说了5个字：“姑且一试吧。”说罢，用挤出的难以言状的笑容，打发了原一平出门。

等了几天，在接到约见通知后，原一平兴奋不已地来到三菱财团总部，抬头看见威严的三菱大厦，心头不由缩紧了。他好不容易通过传达室被带到会客厅，却被冷冷地丢在一旁。华贵的摆设，其厚无比的地毯，一坐下就像浮在半空的沙发，难熬的长时间等待，把原一平的兴奋劲耗去大半。他疲乏地倒在沙发里，迷迷糊糊地睡着了。不知过了多长时间，原一平的肩头被戳了几下，他愕然醒来，狼狈不堪地面对着董事长。串田大喝一声：“找我什么事?”还未清醒过来的原一平当即被吓得差点说不出话来，想了一会儿才支支唔唔地讲了自己的推销计划，刚说：“我想请您介绍……”就被串田截断：“什么？你以为我会介绍保险这玩意?”

原一平来前曾想到过请求被拒绝，还准备了一套辩驳的话，但万万没有料到串田会轻蔑地把保险业务说成“这玩意”。他被激怒了，大声吼道：“你这混帐的家伙。”接着又向前跨了一步，串田连忙后退一步。“你刚才说保险这玩意，对不对？公司不是一向教育我们说：‘保险是正当事’吗？你还是公司的董事长吗？我这就回公司去，向全体同事传播你说的话。”原一平说完转身就走。

一个无名的小职员竟敢顶撞、痛斥高高在上的董事长，使串田非常气愤，但对小职员话中“等着瞧”的潜台词又不能不认真思索。

原一平走出三菱大厦，心里很不平静，他为自己的计划被拒绝又是气恼又是失望，坐在路边胡思乱想了好长时间，当他无可奈何地回到保险公司，向阿部说了事情的经过，刚要提出辞职，电话铃响了，是串田打来的，他告诉阿部刚才原一平对自己

恶语相加，他非常生气，但原一平走后他再三深思。串田接着说："保险公司以前的约定确实有偏差，原一平的计划是对的，我们也是保险公司的高级职员，理应为公司贡献一份力量，帮助扩展业务。我们还是参加保险吧。"

放下电话，串田立即召开临时董事会。会上决定，凡三菱的有关企业必须把全部退休金投入明治公司，作为保险金。当晚原一平回到家就收到串田的约见信："今天，你特地来找我，我却白活了那么大岁数，居然没有善待你，实在失礼之至。明天是假日，若不嫌麻烦，愿你能拨冗到舍下一趟。"

第二天，串田不仅亲切会见，还为原一平特意定做好西装、衬衫、皮鞋。他说："一个像样的推销员必须有像样的外表。"原一平的顶撞痛斥，不仅赢得了董事长的敬服，还获得了董事长日后充满善意的全面支援，他逐步实现了自己的宏伟计划：3 年内创下了全日本第一的推销记录，到 43 岁后连续保持 15 年全国推销冠军，连续 17 年推销额达百万美元。1962 年，他被日本政府特别授予"四等旭日小缓勋章"。获得这种荣誉在日本是少有的，连当时的日本总理大臣福田赳夫也羡慕不止，当众慨叹道："身为总理大臣的我，只得过五等旭日小缓勋章。"

本实例可谓指桑骂槐之计的典范，普普通通，其貌不扬的小职员原一平被激怒，痛斥公司董事长，使他再三深思改变约定，冲破禁区，由此，原一平实现了自己的宏大计划。

说其长也道其短的效果

金无足赤，人无完人，任何事物都不是绝对的，都有其正反两个方面。同是给产品做广告，一个从正面给以赞美，一个既讲明优点，也讲明缺点。二者相比，后者反而更能打动顾客的心。

1984 年，一家期刊在北京报纸上做征订广告，它廖廖数语，朴实无华地介绍自己刊物的特点，还特意提到过去该刊也曾登过几篇不好的作品。这则广告以它独特的诚实无欺的作法，打动了读者的心弦。使这家期刊发行数量增加了几万份，同时也引起香港几家报纸的关注，他们说："中国的广告风格，自然不能亦步亦趋仿效外国，而要建立起自己独特的风格。北京报纸所登某刊物征订广告，既说长也道短，实事求是的风格，不仅为期刊广告开了先河，甚至也可作为建立中国广告风格的一个基础吧。"无独有偶，国内有家暖气片厂是这样敬告用户的："我厂生产的暖气片尽管以总分 99.94 的成绩被评为全国第一，但仍存在不少问题。主要缺点有：千分之 0. 2 的螺旋精度没达到国际标准；千分之 4 的产品内膛清不净，请用户购买时，千万认真挑选，以免我们登门为您服务时耽误您的时间。"如此诚心诚意为顾客着想，如此对产品质量精益求精，如此对产品真实无欺，定能赢得顾客的厚爱。

也有的广告一味吹嘘自己的产品什么"神奇的功效"、"誉满全球"、"芳颜永驻"、"国际口味"、"最高境界"、"超一流水平"，令人无法证实，尽管承诺很好，也

不能使人相信，效果甚差。

其实，说其长，也道其短的广告技巧，在我国古代就被运用。相传有一家酒店门口贴出招贴，上写："本店以信誉担保，出售的完全是陈年好酒，绝不掺水。"另一家酒店的门口也贴出招贴："敝店素来崇尚诚实，出售的一概是掺水10%的陈年老酒，如不愿掺水者，请预先声明，但饮后醉倒概与本店无涉。"让我们看看结果如何？前者说过了头，失去了顾客的信任；后者自认酒中掺水，又风趣地肯定掺水的必要，让顾客愿意上钩，酒店生意格外兴隆。

物极必反，盈则必亏，如果你为产品做广告，不妨有意味地暴露某点不足，定会收到意想不到的效果。

家丑外扬令人信服

常言道：王婆卖瓜，自卖自夸。偏偏有的人花钱做广告不是为了买好，而是为了揭自家的短。1991年元旦前后，河南某商店先后花了1500元，在《开封日报》上做套红广告，登出一封顾客的批评信，请广大消费者协助监督全店职工。这可是件新鲜事，成了开封市大街小巷谈论的话题，人们纷纷赞许开封市五福商店敢于揭短，勇于改正错误的做法，对这家商店给予热情的支持和同情。一个月后，开封市五福商店取得了前所未有的效益。这一"捂"与一"揭"的作法，虽在一字之差，却使这家商店"柳暗花明又一村"。这是一家以经营四季应时糕点和传统风味食品而名扬开封的老字号，但是进几年，人员不断更换，管理不善，服务质量日益下降，"老五福"面临垮台的厄运。经理面对这一局面，采取变压力为动力的作法，大胆登了批评的广告，激发了广大职工争优创先的积极性，使"老五福"重振雄风。

日本一家广告公司为推销一新型手表做了这样一则广告："这种手表走得不太准确，24小时会慢24秒，请君购时要深思。"如此真实的广告，无疑会令人信服并产生好感。

体贴下属调动大家的积极性

美国华人企业家、"国际联合电脑公司"主席兼行政总监王嘉廉，是一个深受广大雇员尊敬和信任的人物。他所主持的电脑公司，于1976年初创时，连同职员在内只有四个人，仅仅经过十几年，该公司现已成为在全世界27个国家拥有近8000名雇员的跨国公司，跃居世界电脑软件市场的第二位。1991年底，该公司资产总值23.07亿美元，本年度收益逾14亿美元，成了赫赫有名的大企业。

王嘉廉的成功，除了他本人是个电脑设计专家，工作极其负责外，最重要的就是十分关心和体贴下属，为公司职员创造出最佳的环境和条件，使他们在毫无压力的愉快心境中工作。在设计新行政大楼时，他提出的第一个项目，就是要建立一个现代化托儿所中心，给孩子们创造一个优美、舒适、设备齐全的生活和学习环境，使职员毫无后顾之忧。

国际联合电脑公司在职员的福利待遇方面更属上乘。不但免费供应早餐，免费供应饮料，还在公司内提供免费的室内、室外运动场，里边的健身设备均属一流。此外还包括家庭医疗保险和托儿费津贴。在美国所有的私人企业中，王嘉廉先生创办的国际联合电脑公司职员的福利是最好的。

在王嘉廉看来，公司是属于全体职员的。它的成功应归功于全体职员的共同努力，是大家智慧的结晶。因此，他总是从多方面关心和体贴职员。信任他们，让他们放手去干，努力调动大家的积极性。这样一来，职员始终保持高昂的热情和责任感，为公司负责，出主意，想办法，把自已的命运和前途同公司紧紧连在一起。正因为如此，王嘉廉在企业管理上，与那些家族式企业不同。国际联合电脑公司的大部分决策，不是由王嘉廉本人作出的，而是通过其完整的系统，由一班能干而忠心的职员直接作出的。他说，“联合电脑公司”是一个全球性商业服务机构，其各地的职员要直接与客户接触和交易，只有他们最了解市场信息，最了解客户需要，因此也必须由他们因各自不同的情况分别作出决定。这里一个最重要的前提是：必须体贴他们，信任他们，让他们放手工作。

王嘉廉经营企业成功的秘诀，对于那些大小企业家们，对于那些行政领导部门应该有所启示，那就是：你要搞好一个企业，领导好一个地区、一个学校、一个工厂、一个商店，首先要关心本单位的群众。把人民群众的利益作为工作的出发点。体贴他们，信任他们，放手让他们去干。这样才能真正调动起大家的积极性，群策群力，方能成功。

我们有些人，“长官”意识太浓，把我们党的群众路线的优良传统抛在一边，整天蹲在办公室，泡在会议上，置群众意见和疾苦于不顾，不问实际，闭门造车，今天一个方案，明天一个方案，硬套上级精神。这种只顾应付上级的做法，当然得不到群众的支持，企业也就难以成功。

管理中的人情味

日本企业的经济效益一般都很高。职工为了公司的利益努力工作，拼命三郎屡见不鲜。日本企业成功的经验在于，他们注重善待员工，把对人的管理放在首位，其次才是对资本的管理。所有公司都十分重视劳资合作，不把劳资双方搞成僵化的对立关系，所以工作场所的效率很高。他们有六点做法值得借鉴。

第一，努力建立一个平等的工作场所，工资差异尽可能缩小，福利和额外津贴比较平等，大家的关系都相处得比较和谐。第二，在一般情况下不愿解雇工人，使工人有较大的职业保障，不必为失业发愁。第三，在公司内提倡互相忠诚的精神，雇员以忠诚于公司的事业为自豪，很少发生雇员自动辞职的现象，保证了公司内部人员的相

对稳定。第四，注重对下属职工的职业培训工作，由公司出钱送职工去上学，即使是很容易带到其他公司的技术，也毫不迟疑地加以培训，不惜花费钱财、精力和时间努力提高本单位职工的业务能力。反过来，雇员也会对公司的知遇之恩涌泉相报。据估计，日本职工每年平均约向公司提22条建议，只要合理，就会被公司迅速采纳。职工把公司看作自己的家，主动关心公司的工作。第五，注重把工人培养成多面手，而不是只会一种工作的劳动机械。第六，培养职工的参与意识。劳资双方经常就公司的重大决定举行正式的联席磋商，对公司发展的信息资料不向职工保密，很多工作是在集体的智慧下共同完成的。

应该承认，日本公司的管理经验还是很有人情味的。资方不把工人简单地当作劳动力的出卖者，让他们积极参与公司的工作和重大决策，尊重他们的人格，在维护公司利益上劳资双方能够取得共识。所以尽管日本的企业付出很高的工资，但却能在国际市场上保持很强的竞争力。

我国目前正在尝试劳动管理的制度化，在依据规章制度对职工进行“控制”的同时，也要注重管理的人情化。如果机械地被规章制度牵着鼻子走，不注意管理中的人情化，有时反而会使管理的功效大大降低。因为控制得太严，反控制的情绪就会猛涨，企业就很难取得经济效益了。人是企业中第一位的宝贵因素，因为钞票失去了可以赚回来，机器坏了可以换新的，但如果失去了职工的向心力，恐怕花再多的钱也买不回来。只有赢得人心，才能“士为知己者用”，企业才能取得经济效益，不仅企业管理要有人情味，在经商中不同样要有人情味吗？“买卖不成仁义在”就是经商中的一大秘诀。

鼓励创业发挥人才专长

一个经营好的企业，其下属部门都有一批有才干的主管人员，如何使这些人安心于本职工作，并长期保持一股工作的冲劲，这是企业管理和经营中的一个重要课题。为了解决这个问题，美国的一些大公司研究出不少方法，其中之一就是充分信任他们，不断鼓励和激发他们的创业精神，做到人尽其才。

芝加哥凯悦饭店清洁部的经理亚利，他在该饭店任现职已两年多了，工作很出色，把清洁部管理得井井有条，但因苦于没有机会升任饭店总管，则欲寻他途，不久就在废弃物再生公司找到一份渴望发展的工作，然后回来向公司总管提出辞职意向报告。饭店副总裁基于爱才心理，为了饭店的经营，执意挽留他，力邀他主持一项减少旅馆垃圾的议案。亚利得到鼓励，精神振奋，积极查阅有关资料，调查了解决垃圾存放和外运的实际情况，精心研究设计出一套最佳方案，工作干得非常出色，为饭店做出了较大贡献，进一步博得了上司的赏识。饭店副总裁为了最大发挥亚利的才能，干脆开设了一家废弃物处理咨询公司，任命他为公司经理。由于受到鼓励和信任，由于专长和才能得到发挥，其创造精神大大增强了，安下心来为公司效力。

鼓励创业，就是鼓励人才冒尖。实际上，在所有企业里，都有各种各样的专门人才，能否发挥他们的作用，关键看领导者是否善于识别并任用人才，这不单纯是个方法问题，实质上是个思想问题。我们某些企业个别领导人常常抱怨下属不安心工作，总想外流，就是不检讨一下为什么会出现这种情况，你想检讨吗？这些问题可供参考：(1) 你单位有多少专门人才？(2) 他们的才能发挥出来了吗？(3) 有些人不安心在你单位工作，是何原因？(4) 你信任他们吗？鼓励过他们吗？

香港银行一流服务争取储户

香港是一个繁忙的国际贸易口岸，大批的财货在这里集散，香港的银行自然格外繁忙了。为了体现香港人"时间就是金钱"的价值观念，减少顾客存取钱款所用的时间，香港各大银行，纷纷推出方便顾客的一流服务项目。

一是在银行内普遍设立代书处。凡是不识字和不熟悉银行各种手续的客户，均可由代书处代为填写存储卡和各种单据，既解决了客户的困难，又避免了因单据填写错误所造成的不必要麻烦。此项服务一出台，即受到客户一致好评。

二是在全港各街头和银行普遍安装了自动提款机，提供24小时的昼夜服务。自动提款机除了可为储户提供提取现金的服务外，还可以在任何一架提款机上对自己的帐户做查帐、转帐、存款业务，手续简捷。快速便利。自动提款机的服务网点密集，尤其是在繁忙的商业贸易区，顾客只要一卡在手，随用随取，不必提着巨额现款去购物，也不必担心现金丢失的问题。

三是方便的自动转帐服务。任何人只要在银行中立一个户头，他所有的支出，像水电费、房费、孩子上学的学费、家庭的保险费等，都可以由银行代为转帐、付款，客户完全不用为缴纳各种费用而操心费神了。

四是到银行办理业务时，改用一条龙排队法。香港的大银行，一般都有几十个窗口同时办理业务工作。由于客户很多，几乎每个窗口前都要排起小小的队伍，如果不巧你排的队伍前边有几位要办的业务非常多，花费的时间很长，那么你就要比邻队的人排的时间长一些，常常是别的队伍中后来的人都办完手续走了，而你却还得耐心等待。为了保证先到的客户优先获得服务，银行的队伍一律改为一条龙队伍，依照先后顺序到窗口存取款，使得人人心情愉快，不必为排队的快慢而患得患失了。

除了以上这些方便顾客的服务项目外，部分银行还派专人在门口迎候客户，及时提供各项业务指导，方便顾客。

目前我们国内的银行也在想办法争取储户，除了在增加储蓄品种上做文章外，也应该学习香港的银行，在方便、敏捷、快速服务方面多动一番脑筋。

吐故纳新适应潮流发展要求

吐故纳新比喻事物的新陈代谢。经商活动中，也必须吐故纳新，时常地舍弃旧的经营方式和经营的产品，建立和发展新的经营方式和经营产品。这样才能跟上潮流的发展，不至于被甩掉。

美国关键制药公司是第二次世界大战之后新成立的制药公司，该公司在改良旧产品方面表现非常杰出。美国制药行业的竞争是十分艰苦的。传统上，要想在这个行业里获得成功，必须投入大量的资金用于研究发展，又要在新药的实验和是否符合政府的安全规定上花费多年的时间，然后再将新药经由一大群实验人试用后交到医药专家手里鉴定。

在这种高科技、严密管制的行业里，关键公司有一种名叫“哮达”的药品，在美国经常用来治疗哮喘病，是用茶硷制成的，而且已成为大众所熟知的药品。关键制药公司的创新之道就是提高这种药品的药效，使“哮达”进入血管后的疗效延长12个小时。由于药效优异，美国食品药物管理局特别颁奖表扬。关键制药公司延长药效的创新观念与技术，吸引了国际上许多大制药公司，纷纷与这家小公司签订了共同的研究发展各种产品的合同。硝化甘油是关键制药公司另外一个成功的例子。从1800年起，这种药就被用来治疗心绞痛，当病人突然觉得心脏刺痛时，便立即将这种药片放一片于舌底，在很短时间内这种疼痛就会消解。然而，关键制药公司利用硝化甘油制造了一种可以贴在胸部的绷带，这样治疗心绞痛的速度更快，并且提供了比药片更长久的稳定药效，以防止疼痛的再袭。

虽然这是一种老药品，但却是一种全新疗法。1971年，关键制药公司遭遇困难，亏损达60万美元。杰哈瑞斯和他的伙伴物理学家菲利浦·弗罗斯特，共同接掌公司，就采取这种吐故纳新的做法，很快扭转了大局。关键制药公司认为，创新策略是一个必需的行动，不容选择。在公司没有钱的情况下，杰哈瑞斯所面临的选择，也就只有创新了。由于食品药物管理局要求任何药品不但不危害人体，并且必须确实有治病的效果。要达到这样的成效，不仅费力而且费钱。于是杰哈瑞斯就把目标放在那些已在销售而且确定安全及药效上没有问题的药品创新上，他取得了成功。到1984年，关键制药公司已成为年营业额15000万美元的企业。

吐故纳新，重要的是在确定采纳新的方式、新的产品之后，对旧的方式、旧的产品就不要留恋，果断地予以舍弃，这也是适应潮流发展的要求。

柯林南标新立异在竞争中占绝对优势

经营之道，有时也必须标新立异。一种产品的产生，一个行业的形成，一个潮流的兴起，往往都是由标新立异而起，而标新立异者就是这个潮流的先导者，往往会以绝对的优势在这个潮流中获利。

美国柯林奈特公司的创始人约翰·柯林南就是电脑软件行业中的标新立异者。1968年春天，柯林南在学过电脑软件之后，认为应该将自己所学回馈社会，于是他决定建立起一个新的事业。他对这个新事业的观念极为清晰。第一，他认为在像电脑软件这种知识密集的行业之中，人可以有特殊的贡献。因此，他认为他的新公司要尽全力吸引且留住那些能够创新的人才。第二，虽然在当时许多人习惯把电脑软件视为某种稀有的艺术品，可是柯林南却认为可以像一般商品大量制造，也就是说发展许多基本软件，以便在进行一项新工作时不必重复先前已熟悉的步骤。就是要发展电脑软件，使之成为使企业更有生产力的工具，而且不断进步。第三，柯林奈特公司设法从那些为自己需要而设计，但又不经营电脑软件的“尖端客户”那里，取得软件程序和设计，经过处理后再销售给企业，使两种价值合二为一得到实现。在确定了上述新奇但又现实的想法之后，柯林南就聚集了一群致力于美国软件行业的同事们，开始了他们的新事业。他们的第一项产品是名叫库尔普莱特的程序，很容易藉由电脑打出报表的程式。很不幸的是，这个程序并不吸引人，而这时公司在银行的存款只有500美元，两天之后又有8500美元的薪水必须交付，根本没有求援之处。于是柯林南就带着他那唯一的，而又不成功的产品到市场上重新定位。这一次他把程序改名为“EDP稽查员”，他不但获得了成功，并且发现并不是幕僚人员才使用电脑，内部和外界的稽查员除了他们所熟悉的簿记员、计算机和书面记录外，也得同样面对电脑、程序和磁带等。由此，柯林南开辟了一个新市场，就是对稽查员施行各种应用电脑的特殊训练和个别服务。这个EDP稽查员是柯林南首次在商业上获得的成功，为这个新成立的公司打下了发展的基础。之后，柯林南又进一步发展EDP软件，使一般的人员都能操作、存取和发挥电脑的全部功能。在资料库管理软件业务基本形成之后，柯林奈特公司就转向自行发展或向外取得软件，处理后，供应市场各种功能的软件，解决客户制造、销售、人事、财务等问题。柯林奈特公司的最大创新就是处理零散的软件，向客户提供所需的资料及分析结果。这种创新的确有效，从战略空军到杜邦公司，柯林奈特公司已拥有两万多个客户，使该公司销售量连年翻番。

穰直军前斩庄贾

周景王十八年（公元前527年），齐景公拜穰直为大将，命令他带领兵马前往抵御晋国和燕国的进犯。穰直向景公奏道：臣出自微寒，您骤然拔擢我为大将，恐怕人心不服，请求派一位您最亲近的大臣作监军，才能震慑人心，令出必行哩！景公接受了穰直的请求，派大夫庄贾作监军，命令他与穰直一道领兵拒敌。庄贾接受景公的授命后便问穰直定于何日出兵？穰直回答说：兵贵神速，出兵日期就定在明日午时吧！届时我将在军门恭候，务请准时到达，不要误了行期啊！说罢2人便分手了。

到了第2天午前，穰直先到军中，命令士卒立木为表，观察日影，同时派人催促庄贾迅速前来军中报到。可庄贾却依仗自己素受景公宠爱，傲气十足，加上自己授命为监军，职位与穰直相当，以为凡事可以自由作主，便全然不把穰直的军令放在心上，任凭穰直多次派人催促，他却只顾在亲友家喝饯行酒，一直喝到日影西斜，还顾不上去军中报到。

却说这边校场上，穰直久等庄贾不到，便决定不再等待了，他命令士兵将木表放倒，自己一人登坛誓师，严厉申明各项军纪号令。这时已是日薄西山，远远见到庄贾领着一班人，坐着高车大马，缓缓到来；到了军门，又被左右簇拥，走上将台。穰直把这一切都看在眼里。他端坐在将台之上，一动也不动，神情极为严肃。等庄贾在将台就坐之后，穰直先厉声喝问一句：监军为何迟到？庄贾满不在乎地回答道：这次远道出征，亲戚故旧摆酒饯行，所以来迟了一步哩！穰直见他回话之中丝毫没有愧疚之意，便更厉声地责问道：你作为监军，也是三军之将，应知受命之日，即应忘其家；在军中执行军纪号令，即应忘其亲，在前线冲锋陷阵，即应忘其身。今日敌国侵凌，边境骚动，主上寝食不安，以三军之众，托付你我2人，期望我等旦夕立功，解民倒悬，你哪里还有闲心与亲戚故旧饮酒作乐呢？庄贾听了穰直的责备，以为是小题大作，依然毫不介意地笑着说：好在我还没有耽误行期，元帅何必如此认真？穰直听了庄贾的狡辩，更是怒不可遏，厉声呵斥道：你依仗主上宠爱，胆敢怠慢军心，倘若临阵作战，岂不贻误大事?！说着便问军政司：按军法，整军誓师，迟到者该当何罪？军政司回答：依军法，当斩首！庄贾听说一个“斩”字，才觉有些慌张，便想跑下将台溜走。穰直大喝一声，命令军士将庄贾拿下，立即推出辕门斩首示众。吓得庄贾魂飞魄丧，哀叫饶命。庄贾的从人连忙跑去宫中向景公求救。景公听说自己的倖臣即将问斩，不觉大吃一惊，急命梁据邱持节前往军营，令穰直宽免庄贾死罪，同时自己也亲自驱车随后赶来，惟恐迟了不济于事。岂知这一切努力已属枉然，不等梁据邱走到军营，庄贾的首级已经号令辕门了。梁据邱一时心急，冲进军营大门时竟没有看见。这时，穰直又一声喝令军士将梁据邱阻住，并再问军政司：按军纪，军营之内，不得骑马驾车，梁据邱身为主上使者，违犯军令，该当何罪？军政司又回答说：依军律也应斩首。吓得梁据邱一时面如土色，跪地求饶说：我是奉景公之命而来，一切不干我的事呀！穰直说：既是奉景公之命，可以不斩首，但军法不可废，应毁车斩马，以代死罪。梁据邱这才保全了一条性命，抱头鼠窜而去。三军将士见穰直如此执法如山，一个个不寒而栗，人人相互招呼务必严守军令，不得疏忽。一时间，军容严肃，军威大振，不等穰直的兵马走出国境，晋军即已望风退走，燕军也渡河北归，穰直领军乘胜追击，斩首万余级，燕军大败，愿意缴纳金银财物向齐国请和，齐军胜利班师之日，齐景公亲到郊外劳军，并拜穰直为大司马，掌管全国兵权。

刘邓挥泪斩桂良

1947年10月，刘邓大军挺进大别山到达总路嘴镇。这时发现一部分队伍军纪出现严重问题，他们决心整顿一番。

这天，政委邓小平带着保卫科长张之轩一同来到总路嘴镇上。邓政委想在街上多接触一点群众，顺便也想了解部队纪律情况。

他们二人在街上走着走着，忽然见到两个挑柴的汉子蹲在街边的墙角，用手指着前面不远一家店铺在说着什么。于是，邓政委便想走上前去同他们聊天。可刚一走近，这两个汉子便慌慌张张挑起柴火走开了。这使邓小平感到非常奇怪，再顺着他们刚才用手指的方向望去，见到一个军人用步枪挑着一匹花布和一捆粉条、腋下夹着一沓白纸和几枝毛笔拐出店铺，扬长而去。邓小平连忙向前追了几步却没有追上，便站下来对张之轩说："你去调查一下，看是怎么回事？看他是哪个单位的。"

不久，张之轩便调查回来向邓政委汇报，司令员刘伯承、参谋长李达和政治部主任张际春也都在那里。

邓小平问："搞清楚了吗？"

张之轩点头回答："搞清楚了，是个副连长，见店铺主人不在，便拿了一匹布和一捆粉条……"

"我们有过规定，抢劫民财者，枪毙！要执行纪律！如果令出不行，说了不算，发展下去。我们会在大别山站不住脚！"邓政委斩钉截铁地说着。

刘伯承问："他是哪个单位的？"

"警卫团的。"

"哦！问题竟发生在我们身边。李达、际春同志，你们看该怎么办？"刘司令员问道。

李达神情严肃："既然问题出在我们身边，便更应严肃纪律！"

"我同意。我们已经三令五申，还要再犯，就无法挽回了。"张际春说道。

"问题就在这里。部队纪律执行得如何，首先要看我们的直属队，要看我们的警卫员。如果连这两部分人都管不好，那么，我们离坟墓也不远了。问题既然已经发生，那就只好从我们身边开刀了。张之轩同志，通知部队，下午召开公判大会，另外派一部分同志上山，动员群众下山参加！"邓小平重申了自己的观点，并作出最后的决定。

听了邓政委的决定，张之轩答了一声"是"，但身子却没有动。

刘司令员问："你还有什么话要说吗？"

张之轩回答："那个副连长说，他对不起刘邓首长，中秋节那天，首长还……"

刘伯承想起来了："啊！你说的他就是赵桂良呀！那是一个很不错的副连长啊！懂得关心战士，打摆子还给战士站岗，打起仗来一定也很勇敢。可他为什么偏偏忘记了人民，忘记了纪律，忘记了自己是一个干部呢？邓政委常说，人民是我们的母亲，军队是穿军衣的人民子弟，他怎么能忘记根本呢？""张之轩同志，请你转告赵桂良副连长，对他的处决，我和邓政委都很沉痛。当然，我们也可以手下留情，但是，三大纪律八项注意是毛主席制定的，是我军的建军宗旨，作为党员干部更应该起带头作用，不然就是骷髅！你对他讲，我刘伯承说了，希望他能理解，老百姓不是命里注定要跟我们走的，如果我们的纪律搞不好，老百姓为什么不可以跟别人走呢？"

张之轩走了，他按照邓政委的指示通知部队开会，同时还到禁闭室看了赵桂良，然后又回到邓政委房子里告诉政委说：原来赵桂良拿的粉条是要给刘司令员吃的，因

为他见到刘司令员最近消瘦了许多，又听说他最爱吃粉条。同时，张之轩还转达了赵桂良的请求，希望不要把他因犯错误被处决的事告诉他的母亲，就说是在战场上牺牲的……

听了张之轩的汇报，邓政委眼里盈着晶莹的泪水，半天没有吭声，直到最后才说了下面一段话：

“法纪如山，谁也不能以身试法。如果我们今天不能对一名连长执行纪律，那么营长、团长、旅长……包括我们自己又如何约束呢？在这件事上，部队的现状和大别山的形势已经逼迫我们不能再有犹豫了。我们现在需要考虑的不只是一个人，而是10万大军的命运。对于他的个人要求我们可以考虑同意作为战场牺牲的战士告诉他的家人。三国时，孔明挥泪轩马谡，我们硬是把眼泪往肚子吞啊！”

公判会举行了，总路嘴的枪声响了。刘伯承的手颤抖了一下，声音苍老了许多，对着空旷的山野凄声痛呼：“我刘伯承老而不死……我为什么要吃粉条啊！”

“应该好好安葬赵桂良同志。”邓小平说。

刘伯承点点头，泪水潸然落下……

三十六计　第二十七计　假痴不癫

宁伪作不知不为，不伪作假知妄为（1）。静不露机，云雷屯也（2）。

注释

（1）宁伪作不知不为，不伪作假知妄为：宁可假装着无知而不行动，不可以假装假知而去轻举妄动。

（2）静不露机，云雷屯也：语出《易经·屯》卦。屯卦名。本卦为异卦相叠（震下坎上），震为雷，坎为雨，此卦象为雷雨并作，环境险恶，为事困难。“屯，难也”。《屯卦》的《象》辞又说“云雷，屯。”坎为雨，又为云，震为雷。这是说，云行于上，雷动于下，云在上有压抑雷之象征，这是屯卦之卦象。

此计运用此象理，是说在军事上，有时为了以退求进，必得假痴不癫，老成持重，以达后发制人。这就如同云势压住雷动，且不露机巧一样，最后一旦爆发攻击，便出奇不意而获胜。

按语

假作不知而实知，假作不为而实不可为，或将有所为。司马懿之假病昏以诛曹爽，受巾帼假请命以老蜀兵，所以成功；姜维九伐中原，明知不可为而妄为之，则似痴矣，所以破灭。兵书曰：“故善战者之胜也，无智名，无勇功。”当其机未发时，静屯似痴；若假癫，则不但露机，则乱动而群疑。故假痴者胜，假癫者败。或日：假痴

可以对敌，并可以用兵。宋代，南俗尚鬼。狄青征侬智高时，大兵始出桂林之南，因佯祝曰："胜负无以为据。"乃取百钱自持，与神约，果大捷，则投此钱尽钱面也。左右谏止，傥不如意，恐沮师，青不听。万众方耸视，已而挥手一掷，百钱旨面。于是举兵欢呼，声震林野，青亦大喜；顾左右. 取百丁（钉）来，即随钱疏密，布地而帖丁（钉）之，加以青纱笼，手自封焉。曰："俟凯旋，当酬神取钱。"其后平邕州还师，如言取钱，幕府士大夫共祝视，乃两面钱也。

解析

表面装糊涂，实际很清楚，假装不行动实际上是在暗中策划等待时机。如司马懿假病夺兵权；当时机不成熟时，决不可轻举妄动。如姜维明知蜀汉国力不及曹魏，却劳师动众九伐中原，以至蜀汉民穷兵疲，终被曹魏所灭。在军事上，此计不但是麻痹敌人、待机破敌的一种策略，还可作为"愚兵"之计来治军。如宋代狄青在征伐壮族首领侬智高时，以两面钱来装神弄鬼，让士兵误以为有神相助，于是士气大振。

探源

假痴不癫，重点在一个"假"字。这里的"假"，意思是伪装。装聋作哑，痴痴呆呆，而内心里却特别清醒。此计作为政治谋略和军事谋略，都算高招。

用于政治谋略，就是韬晦之术，在形势不利于自己的时候，表面上装疯卖傻，给人以碌碌无为的印象，隐藏自己的才能，掩盖内心的政治抱负，以免引起政敌的警觉，专一等待时机，实现自己的抱负。三国时期，曹操与刘备青梅煮酒论英雄这段故事，就是个典型的例证。刘备早已有夺取天下的抱负，只是当时力量太弱，根本无法与曹操抗衡，而且还处在曹操控制之下。刘备装作每日只是饮酒种菜，不问世事。一日曹操请他喝酒，席上曹操问刘备谁是天下英雄，刘备列了几个名字，都被曹操否定了。忽然，曹操说道："天下的英雄，只有我和你两个人！"一句话说得刘备惊慌失措，深怕曹操了解自己的政治抱负，吓得手中的筷子掉在地下。幸好此时一阵炸雷，刘备急忙遮掩，说自己被雷声吓掉了筷子。曹操见状，大笑不止，认为刘备连打雷都害怕，成不了大事，对刘备放松了警觉。后来刘备摆脱了曹操的控制，终于在中国历史上干出了一番事业。

此计用在军事上，指的是，虽然自己具有相当强大的实力，但故意不露锋芒，显得软弱可欺，用以麻痹敌人，骄纵敌人，然后伺机给敌人以措手不及的打击。

秦朝末年，匈奴内部政权变动，人心不稳。邻近一个强大的民族东胡，借机向匈奴勒索。东胡存心挑衅，要匈奴献上国宝千里马。匈奴的将领们都说东胡欺人太甚，国宝决不能轻易送给了们。匈奴单于冒顿却决定："给他们吧！不能因为一匹马与邻国失和嘛。"匈奴的将领们都不服气，冒顿却若无其事。东胡见匈奴软弱可欺，竟然向冒顿要一名妻妾。众将见东胡得寸进尺，个个义愤填膺，冒顿却说："给他们吧，不能因为舍不得一个女子与邻国失和嘛！"东胡不费吹灰之力，连连得手，料定匈奴

软弱，不堪一击，根本不把匈奴放在眼里。这正是冒顿单于求之不得的。不久之后，东胡看中了与匈奴交界处的一片茫茫荒原，这荒原属于匈奴的领土。东胡派使臣去匈奴，要匈奴以此地相赠。匈奴众将认为冒顿一再忍让，这荒原又是杳无人烟之地．恐怕只得答应割让了。谁知冒顿此次突然说道：“千里荒原，杳无人烟，但也是我匈奴的国土，怎可随便让人?”于是，下令集合部队，进攻东胡。匈奴将士受够了东胡的气，这一下，人人奋勇争先，锐不可挡。东胡做梦也没想到那个痴愚的冒顿会突然发兵攻打自已，所以毫无准备。仓促应战，哪里是匈奴的对手。战争的结局是东胡被灭，东胡王被杀于乱军之中。

案例

司马懿诈病赚曹爽

这个智谋故事见于《三国演义》第一百六回“公孙渊兵败死襄平司马懿诈病赚曹爽”和第一百七回“魏主政归司马氏姜维兵败牛头山”。

魏明帝死后，幼子齐王曹芳即位。根据明帝遗诏，大将军曹爽、太尉司马懿共同辅政。

起初，曹爽由于司马懿德高望重，又是自己的前辈，每有军国大事，不敢自专，都要由司马懿决断。后来，曹爽为了扩张自己的势力，引荐了一些人为心腹，驾空了司马懿。司马懿面对这种情形，一时也无可奈何。自己虽然受明帝遗诏与曹爽共同辅政，但毕竟曹爽是宗室贵族，而自己是远属，太尉兵权又被夺去，做了一个有名无实的太傅，无法与曹爽抗争。此后，司马懿便称病在家，以躲避曹爽的锋芒。

司马懿居家不出，正中曹爽下怀，心病一去，得意忘形。不过，正在放纵欢乐的曹爽也没有忘记司马懿的存在。没过多久，曹爽的心腹李胜出任荆州刺史，曹爽便让他去司马懿处告辞，借机窥探一下司马懿的动静。

司马懿已经知道李胜的真实用意，便让两婢女搀扶着，自己坐在床上。见李胜之后，用手拿衣服，衣服掉在地上，又向婢女示意口渴，婢女送上一碗粥，司马懿喝粥时，粥汁又都顺着口角流到胸前。

看到司马懿如此衰朽不堪，李胜装模作样地哭说：“方今主上尚幼，天下人都依赖明公，过去人们只听说您重病复发，可是没想到病得这么严重。”这时，司马懿长吁了一口气说：“我．年老沉疾，危在旦夕。君屈当并州，并州离胡人很近，好自为之，恐怕我们不能再见面了。”

李胜连忙纠正说：“我是赴任本州，不是并州。”司马懿又装作昏聩地说：“君将要去并州，努力自爱。”这时的李胜，再也顾不得用那些文雅的交际语言了，说：“我是去荆州，不是并州。”司马懿这才稍稍地明白过来，说：“君还本州做刺吏，盛德壮烈，好建功勋，我与你分别以后，以后恐怕再也见不到面了。”

接着司马懿又把两个儿子司马师、司马昭叫出来，并让他们与李胜结为朋友，求李胜在他死后多多照顾，说着，司马懿又呜咽起来。其实，马司懿这时身体状况很好，故意装作昏馈的样子来迷惑李胜。李胜是荆州人，所以把到荆州做刺史说作“当忝本州”，本、并音近，正好被司马懿钻了空子。

李胜从司马懿家出来，复见曹爽，乐不可支地说：“太傅语言错误，口不摄杯，指南为北，肯定活不长了。”从此，曹爽不复以司马懿为意，更加肆无忌惮地恣意弄权。岂知这正是司马氏的诡计。

翌年正月，幼主曹芳按惯例到高平陵去祭把祖先，曹爽兄弟都随驾出行。司马懿立即在城中部署兵马。先占据了武库，控制了都城。随后，屯兵在洛水浮桥，派人向曹爽等送信说：“大将军曹爽背弃顾命，败乱国典，内外专权……天下汹汹，人心危惧。现在皇太后命罢免曹爽兄弟官职，自回家中，不得在外逗留，如果胆敢违抗，便以军法从事。”曹爽兄弟回家之后，司马懿征发民工 800 人，在曹家宅第四围筑高墙，布置人在上面观察曹爽举动。曹爽兄弟不知道司马懿究竟做什么打算，便给司马懿写了封信，说家中没有粮食了，求司马懿接济一些。司马懿接到书信，马上令人送来 100 斛，并且又送了一些肉脯、盐、大豆，曹爽兄弟见司马懿送粮给他，又都欢喜起来，以为自己可以免死了。

曹爽又一次上了司马懿的当。这期间，司马懿在朝中翦除曹爽的党羽，将其投入监中；不久，又将曹爽兄弟下狱，以谋反大逆的罪名，诛杀尽净。从而，司马氏与曹氏的权力之争以司马氏的胜利而告终。

崔巨伦装傻掩才

北魏的崔巨伦（字孝宗），曾经担任过殷州别将。殷州被敌人攻陷了，葛荣听说崔巨伦的才能和名望，想起用他。崔巨伦则想法脱身。当时正巧是五月五日，葛荣会集百官，叫崔巨伦作诗，他写道：“五月五日时，天气已大热，狗便呀欲死，牛复吐出舌。”看了这首诗的人都哄然大笑。他是用这种方法掩盖自己的才能来求得脱身。不久，他结交了几个敢死之士，乘着半夜天黑向南跑，在路上遇到敌人的巡逻骑兵，大家感到很危险。崔巨伦说：“宁可往南走一寸而死，岂能往北走一尺求生！”他走上前去哄骗敌人说：“我是接受了上级的命令往前走的。”敌人正拿着火把看命令，崔巨伦立即拔剑斩了敌方的统领，其余的敌人都逃跑了，于是崔巨伦脱身而去。

王允之装醉脱险

东晋时代，有个孩子名叫王允之，为人机灵，很善于揣摸大人的心理。

王允之的伯父是东晋的大将军，名叫王敦。此人执掌朝政，骄横跋扈，为人残暴凶狠，被人称为杀人不眨眼的魔王。有一次，他为了强迫客人喝酒，竟接连杀死了几

个敬酒不成的美女，使得客人难以夹菜下咽。

有一天，王允之照例酒足饭饱后同王敦睡在一起。

天亮后，王敦给一个下属唤醒。王敦忙起床跟他密谈：“喂，我叫你准备的兵马和武器怎样了?”

“将军大人，已经万事俱备，只欠东风了。”

“好，好极了。你计划几时动手包围王宫?”

“必须注意保密，若有外人知晓此事，格杀勿论!”

王敦同那心腹越谈越兴奋，以至忘记了帐子里还有一个小孩在睡觉。

其实，王允之早已醒了，他们关于谋反的谈话内容他全都听见了。他觉得自己处在险境之中，情急生智，便用手指往喉咙里死命地深抠，立时将隔夜的酒饭呕吐了一床。接着，又闭起眼睛，装着熟睡的样子，微微打起鼾来。

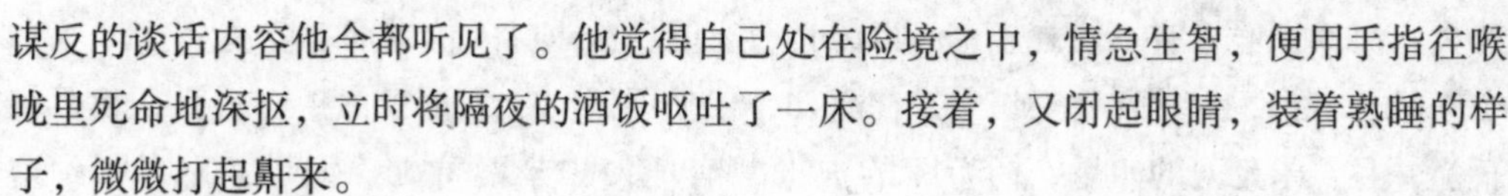

王敦跟下属谈了好久的话，忽然想起自己背后的床上还睡着王允之，大为惊恐，赶忙奔去，掀开帐子查看。不看也罢，一看不禁释然大笑，捂着鼻孔，自言自语地说：“简直像头醉酒的小死猪！难闻死了，难闻死了。”

原来，满床呕吐物发出一阵阵酸臭之味，王允之兀自埋在污秽里酣睡哩。

王允之运用自己应变的智慧，逃过了杀人魔王杀人灭口的灾祸。

韦皋大智若愚擒逆

唐德宗时，朱兴兵叛乱，李楚琳等也起兵响应，一时间声势浩大。

这时，朱部将牛云光戍守陇州，他准备设伏兵活捉陇州的判官韦皋，响应朱。没想到消息泄露，他只得落荒而逃。在逃跑途中，他遇到了朱派出的使者苏玉。苏玉正带着朱招降韦皋的诏书，准备到陇州去。苏玉劝牛云光说：“韦皋不过是一介书生，很好对付。你我一同前去，如果韦皋接受诏书，他就是我们的人了，如果不接受，休就派兵攻打，杀他就像杀头猪那么容易。”牛云光听后。欣然同意，便和苏玉率领军队又返回了陇州。

他们来到陇州城下，韦皋从城上责问牛云光：“先前你不辞而别，今天又回来了，为什么呢?”牛云光说：“先前我不知您的心意，现在我们皇帝（朱）有诏书，要任命您做中丞，所以我才回来，愿与您和好如初。”韦皋听后，毫不犹豫地表示愿意接受“诏书”。他先让苏玉入城，验看无误之后，恭敬地收下诏书。然后他又对城外的牛云光说：“如果您没有异心，请使城中人没有疑心，请您先把兵器送入城内，再率众入城，如何?”牛云光认为韦皋是一介书生，没有什么心计，也不再多想，同意了韦皋的要求，把兵器全送进了城里，然后率众入城。

第二天，韦皋为了表示他的诚意，在城中大摆宴席，款待苏玉、牛云光和他们的部下。韦皋事先埋伏好了军队，在酒席上极力劝酒。苏玉、牛云光以为不费吹灰之力招降了韦皋，得意洋洋，和手下喝得烂醉如泥。这时，韦皋的伏兵突然杀出，苏玉和手下早失去了抵抗力，只得乖乖就擒。

韦皋将叛军全部斩首，然后筑坛与城中将士盟誓，誓死效忠朝廷，讨伐叛贼。

杨行密诈瞎诛叛

唐末，杨行密被昭宗封为吴王，任淮南节度使。后来他拥兵自重，建立了以淮南（今江苏扬州）为中心的割据地盘。手下的诸多小军阀都能听话，惟有润州团结使安仁义、奉国节度使朱延寿不太听从节制。那朱延寿，仗着杨行密是自己的姐夫，培植势力，另立中心，有不轨之想。所以，杨行密暗中派人打入他内部去监视。

暗探来报，朱延寿与安仁义来往密切，信使不断。二人都极力扩充兵马，积蓄粮草。并且，朱延寿的姐姐、杨行密的夫人常有信使去朱延寿处，传递消息。听到这些，杨行密不能不认真对付。唐末的战乱局势是明摆着的，各大节度使都拥兵自重，不听朝廷调遣。看来，争夺天下的割据战争是避免不了的。欲对外作战，内部必须稳定。趁现在战争还未临到头上，正是稳定内部的好机会。主意已定，他便设计起计谋来。

欲平定内部，看来必须消灭朱延寿等叛逆势力。但他们羽毛已丰，只可智取，不可强攻，否则二虎争斗，伤了势力，外部敌人便会乘虚而入的。欲智取朱延寿，先要迷惑他，包括他的姐姐。

于是他称自己患了眼疾，看东西一片模糊。朱延寿派使者来送信，他故意念得颠三倒四，说自己看不清字。后来，干脆让别人代念来信。使者将此情况汇报给朱延寿，朱延寿一听大喜，自己虽存另立之心，但深感杨行密不是好对付的，他带兵多年，英勇善战，自己硬拼恐怕不是他的对手。哪知天助人愿，如今杨行密患了眼疾，纵有千种本事，没眼也是白搭。但朱延寿仍不放心，不知杨行密是真瞎了眼呢，还是像司马懿迷惑曹爽那样设计赚人。思量再三，朱延寿决定让姐姐为自己试探一下，若那老匹夫真的瞎了眼，自己马上带兵进驻淮南王府，淮南这块地盘就姓朱了。

朱延寿姐姐接到消息。便着力窥探、观察。见杨行密几时回家，都摸索探路，看来确有眼疾。但她仍不放心，伯一旦杨行密有诈，送了她弟弟的性命，于是生出一计来。

这天风和日丽，朱延寿姐姐约丈夫杨行密去湖边踏青。那湖边种了很多柳树，密

密排排，很难走。朱延寿姐姐搀着杨行密，故意把他领到一棵柳树前。杨行密见状明白了这位夫人的用心，将计就计向柳树碰去，一下子碰得趴在地上，昏迷了过去。

朱延寿姐姐见丈夫真撞昏了，是眼瞎无疑，赶忙呼救。众人围来救了半日方苏醒。杨行密哭着对夫人讲："原想成就一番大业，哪知天不遂人愿，却让我失了明。几个儿子都不争气，看来这吴王的位子只有交给延寿了。"

朱延寿姐姐闻听大喜，忙送信给朱延寿。朱延寿以探疾为名来到淮南。杨行密装作不能出门迎接，传朱延寿来卧室相见。杨行密早在枕头下藏了匕首，乘朱延寿俯下身来看眼疾时刺死了他。

朱延寿一死，杨行密休了朱夫人，发兵去润州擒获了安仁义，巩固了内部。

朱棣装病得皇位

明朝的时候，朱元璋有许多儿子，朱元璋就分封自己的儿子一些领地，把他们称为亲王。后来，这些儿子势力逐渐强大起来，拥有了自己的军队，成为藩王。朱元璋一死，立皇太孙朱允炆为皇帝（朱标死得早），就是建文帝。朱允炆上台后，受到众藩王的威胁，于是就开始削弱众藩王的权力，有反抗的则受到杀戮。燕王朱棣精明强干，没有被立为皇帝，非常不满，常常想推翻建文帝，自己做皇帝。现在建文帝削藩，燕王也在被削之列，朱棣很是恐慌，不知怎么样才好，忙请属下们出谋划策，属下们劝他举兵造反，推翻建文帝，继承帝位。朱棣听后，很符合自己的想法，就马上采纳了。他暗中招兵买马，表面上却佯装无事。不久，这事还是传到建文帝那儿，建文帝决定派大臣讨伐朱棣。朱棣见事不妙，为了保全自己，就想出一条妙计：装病。

朱棣上奏朝廷，声称自己已经病入膏肓，不可救药，建文帝就派大臣去探视虚实。朱棣装疯卖傻，满街乱跑，在盛夏的烈日之下，穿着皮袄围着火炉烤火取乐，还乱喊乱叫。建文帝派来的人回去报告说，朱棣确实病得不轻，于是建文帝便不再注意燕王朱棣了。过了些时日，建文帝批准了大臣齐泰上奏逮捕燕王的请求，还要秘密派人来杀死朱棣。朱棣得知此事，就与属下按事先定下的计谋，等建文帝派来的谢贵等人来抓拿自己的时候，先行下手将其擒住，举兵起事，然后以诛杀齐泰、黄子澄的名义，攻进北京城。经过艰苦的激战，最后打败了朱允炆，夺取了皇位，改法建制，成为明朝的第三位皇帝。

康熙装痴除鳌拜

清圣祖爱新觉罗·玄烨（1654—1722）也就是康熙帝，即位时才 11 岁。按照规矩，"皇帝年幼，由顾命大臣辅政"。于是，由顺治帝临终时指定的四个顾命大臣辅助小皇帝执政。四个大臣中，鳌拜最为专权，他并不把康熙放在眼里，贪赃枉法，自行其事。众人都敢怒不敢言。

康熙虽然年幼，但他从小就才华出众，他觉得鳌拜处处与自己作对，是个心腹大患，必须想办法除掉他。他把一些满洲贵族的子弟召来宫中练习武艺，作为自己的亲信侍卫。

鳌拜大权独揽，谨防有实力的大臣接近康熙，并不断派人观察康熙的一举一动，不让康熙羽翼丰满，要使他成为一个真正的“孤家寡人”，这样自己就可以“挟天子以令诸侯”。他看见康熙和一些孩子在玩摔跤的游戏，并不觉得对自己有何威胁，反而认为康熙胸无大志，只知道玩耍，便放弃了警惕。

一次鳌拜称病，好久不来朝拜皇帝，康熙便亲自来到鳌拜府中探听虚实。他径直来到鳌拜的卧室，发现鳌拜在席子底下藏有利刃，知道鳌拜心怀叵测。但他很沉得住气，不但不加责怪，反而安抚说：“满洲勇士，身不离刀，乃是本色。”鳌拜听了，觉得康熙是个小糊涂虫，便完全放松了警惕，更加肆无忌惮为所欲为了。

康熙回宫后，就把那帮孩子找来，说：“大清朝已处于危急关头，你们听我的，还是听鳌拜的?”那些孩子早就不满鳌拜欺上压下的行为，个个义愤填膺地说道：“我们听从皇上的!”一天，康熙召鳌拜进宫来，说有要事相商，鳌拜不知是计，便大摇大摆地来见皇帝。康熙便命那些孩子玩摔跤游戏给鳌拜看。孩子们玩着玩着，一个个跌打翻滚地到了鳌拜身前，这个抢腿，那个揿手，一个抓住头，一个揽住腰，顿时将鳌拜掀翻在地。鳌拜号称“满洲第一勇士”，力大无穷，他猛一挣扎，那些孩子便都被他绊翻在地。但这些孩子都忠于康熙，尽管敌不过鳌拜，仍死命纠缠住他不放。正在这紧急关头，康熙拿出藏在袖中的匕首，一刀刺进鳌拜的胸中，孩子们一拥而上，将鳌拜擒住。康熙当即宣告：鳌拜谋反，令监禁听审。

康熙巧妙地剪除了权臣鳌拜和他的党羽，自己亲政。他文能治国，武能安邦，平息了三藩叛乱，收复了台湾，威震欧亚，在位60年，是历史上一个很有作为的皇帝。

云游僧人巧借宿

从前，有一个云游天下的僧人，很有智慧。一次，他来到一个地方，听说前方有一户人家，从来不许人借宿，他却决定一定要去借宿一夜。

天黑下来以后，这个游僧就走进了这户人家。这时，他突然变成了一个“聋子”。在互相致意之后，主人急忙给他烧了茶，招待他吃了饭，然后打着手势对他说：

“喇嘛，吃了饭早点动身吧，我们家是不能过夜的。”

游僧佯装不懂，只是瞪大眼睛看。主人用手指指门，再次请他出去。“好，好。”游僧好像懂了，一边说着，一边大步走到门外，把包裹拖了进来，放在西北角的柜子

前。主人又作了一个背上包裹快走的手势，游僧立即跳了起来，举起包裹放在柜子上面，嘴上说："这倒也是，里面可全是经书啊！"主人又反复比划，要他走，他却点点头，说："没有小孩好，不会乱拿东西。嗯，我把两根木棍插在绑包裹的粗绳上了。"人家说东，他就说西，弄得主人哭笑不得，最后没法，只得留他过了一夜。

拿破仑答非所问

1797年，年轻的拿破仑·波拿巴将军在意大利战场取得全胜，凯旋而归。从此，他在巴黎社交界身价百倍，也成为众多贵妇人追逐青睐的对象。然而，拿破仑不喜欢这一套，并且有些讨厌。可是，有些人硬是紧追不放，纠缠不休。当时的才女、文学家斯达尔夫人，几个月中一直在给拿破仑写信，想结识拿破仑。一天晚上的舞会上，斯达尔夫人头上缠着宽大的包头布，手上拿着桂枝，穿过人群，迎着拿破仑走来。拿破仑实在无法避开。当斯达尔夫人把一束桂枝送给拿破仑时，他说："应该把桂枝留给缪斯（即文艺之神）。"斯达尔夫人认为这是一句俏皮话，并不感到尴尬。她继续没话找话地与拿破仑纠缠，拿破仑出于礼貌也不好生硬地中断谈话。

"将军，您最喜欢的女人是谁呢？"

"是我的妻子。"

"这太简单了，您最器重的女人是谁呢？"

"是最会料理家务的女人。"

"这我想到了，那么，您认为谁是女中豪杰呢？"

"是孩子生得最多的女人，夫人。"

他们这样一问一答，愈谈愈没趣。斯达尔夫人感到局促不安，也不想再自讨没趣，只得作罢。

外交家装聋取胜

谈判桌旁，双方对手强弱的悬殊太大了。英国方面是外相刻遵，他身材魁梧，声若洪钟，名震各国。和他站在同一立场的还有法、意、美、日、俄、希腊各列强代表，也一个个盛气凌人。而对立的一方为土耳其代表，他叫伊斯美。他身材矮小，耳朵有些聋，一个无名之辈。

第一次世界大战之后，因土耳其打败了甘当英国傀儡的希腊，英国纠集列强，与土耳其在洛桑谈判，企图威胁土耳其签订不平等条约。可是伊斯美却从容不迫地应付一切，对土耳其有利的发言他都听得清清楚楚，不利的话他似乎全没听见。伊斯美瞅准时机，笑着提出："让我讲讲维持土耳其的条件，好吗7"

英国外相刻遵双眉一拧，咆哮如雷，恫吓威胁着伊斯美。各国列强代表也助纣为虐，连连吼叫。

面对这些“超强度”刺激声，伊斯美一如既往地假装耳聋，稳坐在那椅子上若无其事，还慢慢地显示露出一副迷惑不解的呆呆神情。

刻遵声嘶力竭了一阵，连连擦拭满头大汗，再无力叫嚷。伊斯美不慌不忙张开右手，贴在耳边，将整个身子慢慢移近刻遵，极温和地问：“刻遵先生，您说什么，我还没有听明白。能请您再重复一遍吗？”接着抱歉般摊开双手：“真遗憾，因为我耳聋，只好这样麻烦您了。”

刻遵给他气得直翻白眼，连说话的力气似乎都没有了，松散地瘫坐在椅子上。

其实，伊斯美心明如镜：刻遵的暴怒是一种短暂而不顾一切的突发激情，极难重复。他就采用“装聋对策”，牢牢控制住刻遵的情绪。

在洛桑的谈判桌上，伊斯美为维护土耳其的利益，毫不退让，哪伯列强代表以发动战争相威胁。

蔡锷装痴脱险，护国军起义讨袁

1911年辛亥革命胜利后不久，袁世凯就在帝国主义支持下，威胁孙中山让位，自己当上了中华民国临时大总统。此前，为了保证称帝阴谋得逞，袁世凯一面叫自己的儿子袁克定训练所谓“模范军”，加强自己的武装实力；一面则调遣部队加强上海、南京一线的防卫；同时还采取一系列暗杀手段翦除“异己”，只要是被他所怀疑的人，都在其暗算之列。一时间，暗杀事件迭起，包括宋教仁在内的一批民党志士一个个都倒在刺客的枪口之下。袁世凯满以为，采取这些措施便可以震慑人心，为自己称帝扫清道路了。可事实却恰恰相反，他的种种罪恶行径只能更加暴露其反革命嘴脸，激发人们用各种方式与他进行前仆后继的抗争。

却说这时有一位人物也被袁世凯列为怀疑对象之中，他就是前云南都督蔡锷。蔡锷从云南卸任奉调入京，便一直为袁世凯所密切注意，尽管表面上对蔡优礼有加。每天都要召入总统府中磋商“要政”，其实是有意加以考查和约束，防他生变。蔡锷是一个绝顶聪明的人，深知袁世凯的险恶用心，便尽力收敛锋芒，不露声色。每次与袁交谈都装作呆钝无知。一再表示自己年轻望浅，阅历不深，除军事上略知一二外，其余都茫昧无知，不识大体。袁世凯多次向他问难，蔡锷便多次装作失言，所答非所问，弄得袁世凯虽然对他极不放心，却也一时拿不定主意。于是听从左右心腹的意见，对蔡暂时实行收买政策，一次又一次给蔡锷封官，又是高等军事顾问兼政治会议议员及约法议员，又是将军府将军，又是陆海军统率处成员，又是全国经界局督办，还被选为参议院参政，等等。袁世凯以为把这一大堆桂冠戴在蔡锷头上，也许可以稳住他的心了。而蔡锷呢？对这一切都看在眼里，始终不露声色，无论袁世凯封他什么官，都随来随受，得了一官也不表现出十分欣喜，添了一职，也从不推辞，搞得袁世凯也有些莫明其妙了，但他打定主意，还是要对蔡进一步考查。

一天，袁世凯又在总编府召见蔡锷。这次见面，袁世凯开门见山便谈起了恢复帝

制的事，并问蔡锷的意见。蔡锷听了，立即离座起身说道：我起先是赞成共和的，但见到南方二次兵变，才知道我国确实是不能没有皇帝啊！前一次，因为担心别人说闲话，未便开口，今天您有这个想法，那正是好极了，我首先表示赞成！袁世凯听了蔡锷这番话，有如醍醐灌顶，心里舒服极了。但转念又想，蔡锷本是民党要人，他说的是真心话吗！仍然有些不放心。便又探问道：你既然早有这个想法，可前次赣宁起事，你为什么却想出面调解呢？蔡锷见袁世凯问起了前事，便支吾答道："彼一时，此一时，那时我还在云南，离北京很远，长江一带，多是民党势力，我有点投鼠忌器，才不得不作点姿态呀！失言之处，还请您多多包涵！"袁世凯听了蔡锷的这番解释，也觉得无懈可击，随便扯了几句，便端茶送客了。离开总统府时，蔡锷手心里真是捏了一把汗，心想："亏得自己临机应变才遮掩过去，好危险哪！想着自己现在羁身虎口，险象环生，真悔恨不该来北京，又带来了家眷，真不啻是自投罗网，如今要想一个人脱逃也不可能了。回到家中，一个人躺在床上左思右想，才又想出一个主意。

自从袁世凯在总统府与蔡锷摊牌要推和帝制后，蔡锷凡是遇到帝制派人物，什么六君子，十三太保等等，一概都与他们握手言欢，表示亲昵，还同他们组织了一个"消闲会"，每当公务之暇，便凑拢在一起，饮酒谈天，闹着闹着，连六君子、十三太保也觉得过去对蔡锷有误会，是错怪了"好"人。他们在闲谈中，少不得还要谈起女人，说到北京妓女谁谁好，特别是谈起名妓小凤仙如何有姿色，有风韵，更是眉飞色舞。蔡锷听到这些，心想：如果自己装作一个浪荡公子，成天寻花问柳，或许更能消除袁世凯的疑心，从中找到某种脱身之路哩！于是他便扮成一个大商人到云吉班去会小凤仙。谁知小凤仙竟是一个非同寻常的女性，她与蔡锷初次相会便一见倾心，并且猜出了蔡锷非等闲之辈，更是敬佩不已。这样，蔡锷便经常出入云吉班与小凤仙相会，连一切公务都搁置不理了。有人把这事告到袁世凯那里，袁世凯非但不生气，还笑着说："松坡（蔡锷的号）果真乐此不疲，我也就高枕无忧了。"但是，老奸巨猾的袁世凯还是不放心，命令他的密探继续跟踪，对蔡锷每天的行止都要向总统府报告。蔡锷也觉察到了这一点，索性装作花天酒地，闹个不休，并且故意对袁世凯的心腹梁士贻说，想要购置一栋公馆，以便"金屋藏娇"。真是假戏真做，越演越像了。这时，蔡锷又与夫人商议，再搞一个"苦肉计"，说是夫人对蔡锷在外面胡混很为不满，成天寻着蔡锷吵闹，连家里的东西也打毁了不少，蔡锷一气之下，拳脚交加，把一个好端端的夫人打得鼻青脸肿，表示坚决要与夫人离婚，夫人不甘受辱，连夜收拾行装，带着佣人回了老家。

蔡锷"赶"走了夫人，剩下只身一人，免除了后顾之忧。于是，有一天他趁人不防，到邮局给云南唐继尧、任可澄拍去一个密电，说是"帝制将成，速作准备"。这八个字，任凭怎样解释都可以，但蔡锷的本意是要唐、任二人速作起义准备，以后蔡锷便利用小凤仙作掩护，偷偷地搭乘火车离开北京到达天津，又从天津转至日本，再从日本取道越南到达云南与唐继尧、任可澄会合，成立了以唐继尧为都督的护国军军政府，并于1916年元月正式发布讨袁檄文，展开了讨伐袁世凯的护国战争，又叫云南起义。

三十六计　第二十八计　上屋抽梯

假之以便，唆之使前，断其援应，陷之死地（1）。遇毒，位不当也（2）。

注释

（1）假之以便，唆之使前，断其援应，陷之死地：假，借。句意：借给敌人一些方便（即我故意暴露出一些破绽），以诱导敌人深入我方，乘机切断他的后援和前应，最终陷他于死地。

（2）遇毒，位不当也：语出《易经·噬嗑》卦。噬嗑，卦名。本卦为异卦相叠（震下离上）。上卦为离为火，下卦为震为雷，是既打雷，又闪电，威严得很。又离为阴卦，震为阳卦，是阴阳相济，刚柔相交，以喻人要恩威并用，严明结合，故封名为“噬嗑”，意为咀嚼。本卦六三.《象》辞：“遇毒，位不当也。”本是说，抢腊肉中了毒（古人认为腊肉不新鲜，含有毒素，吃了可能中毒），因为六三阴兑爻于阳位，是位不当。

此计运用此理，是说敌人受我之唆，犹如贪食抢吃，只怪自已见利而受骗，才陷于了死地。

按语

唆者，利使之也。利使之而不先为之便，或犹且不行。故抽梯之局，须先置梯，或示之梯。如：慕容垂、姚苌诸人怂秦苻坚侵晋，以乘机自起。

解析

什么是唆？就是用利去引诱敌人。如果敌人不肯轻易上钩，怎么办呢？本来，你不给敌人先开个方便之门，它怎么会进你预先设下的口袋呢？开方便之门，就是事先给敌人安放一个梯子。既不能使它猜疑，也要能让敌人清楚的看到梯子。只要敌人爬上了梯子，就不怕它不进己方事先设置的圈套。苻坚就是中了慕容垂、姚苌的上屋抽梯之计，轻易去攻打晋国，大败于淝水。慕容垂、姚苌的势力就迅速扩张起来了。

探源

上屋抽梯，有一个典故。后汉末年，刘表偏爱少子刘琦，不喜欢长子刘琮。刘琮的后母害怕刘琦得势，影响到儿子刘琮的地位，非常嫉恨他。刘琦感到自己处在十分危险的环境中，多次请教诸葛亮，但诸葛亮一直不肯为他出主意。有一天，刘琦约诸葛亮到一座高楼上饮酒，等二人正坐下饮酒之时，刘琦暗中派人拆走了楼梯。刘琦说："今日上不至天，下不至地，出君之口，入琦之耳，可以赐教矣"诸葛亮见状，无可奈何，便给讲一个故事。春秋时期，晋献公的妃子骊姬想谋害晋献公的两个儿子：申生和重耳。重耳知道骊姬居心险恶，只得逃亡国外。申生为人厚道，要尽孝心，侍奉父王。一日，申生派人给父王送去一些好吃的东西，骊姬乘机用有毒的食品将太子送来的食品更换了。晋献公哪里知道，准备去吃，骊姬故意说道，这膳食从外面送来，最好让人先尝尝看。于是命左右侍从尝一尝，刚刚尝了一点，侍从倒地而死。晋献公大怒，大骂申生不孝，阴谋杀父夺位，决定要杀申生。申生闻讯，也不作申辩，自刎身亡。诸葛亮对刘琦说："申生在内而亡，重耳在外而安。"刘琦马上领会了诸葛亮的意图，立即上表请求派往江夏（今湖北武昌西），避开了后母，终于免遭陷害。

刘琦引诱诸葛亮"上屋"，是为了求他指点，"抽梯"，是断其后路，也就是打消诸葛亮的顾虑。此计用在军事上，是指利用小利引诱敌人，然后截断敌人援兵，以便将敌围歼的谋略。这种诱敌之计，自有其高明之处。敌人一般不是那么容易上当的，所以，你应该先给它安放好"梯子"，也就是故意给以方便。等敌人"上楼"，也就是进入已布好的"口袋"之后即可拆掉"梯子"，围歼敌人。

安放梯子，有很大学问，对性贪之敌，则以利诱之；对情骄之敌，则以示我方之弱以惑之；对莽撞无谋之敌，则设下埋伏以使其中计。总之，要根据情况，巧妙地安放梯子，致敌中计。

《孙子兵法》中最早出现"去梯"之说。《孙子·九地篇》："帅兴之期，如登高而去其梯。"这句话的意思是把自己的队伍置于有进无退之地，破釜沉舟，迫使士兵同敌人决一死战。

如果将上面两层意思结合起来运用，真是相当厉害的谋略。

案例

刘琦上楼抽梯问计

这个智谋故事见于《三国演义》第三十九回"荆州城公子三求计博望坡军师初用兵"。

东汉建安四年（公元 199 年），曹操在官渡巧施计谋，以少胜多，大败袁绍，使得袁绍的主力几乎全部被歼。随后，曹操逐步统一了中国的北方，一度依附于袁绍的刘备迫于形势，只得南下投靠荆州的刘表。建安十二年（207 年），刘备到隆中三顾茅庐，将诸葛亮请出来做自己的军师。当时，刘表与江东孙权战事失利，曹操也在打荆州的主意。荆州内部各个集团之间也矛盾重重。刘表宠爱后妻蔡夫人生的儿子刘

琮，而不喜欢前妻生的大儿子刘琦。在刘琮这一派人的压抑下，忠厚老实的刘琦很为自己的前途担心，但苦于想不出避祸自保的办法，心里十分忧虑。

一次，刘琦乘刘表把刘备、诸葛亮请到荆州议事的机会，邀请诸葛亮到他家的后花园观赏游玩。喝茶之间。刘琦对诸葛亮说："我的继母不能容我，希望先生想个法子救救我。"诸葛亮推辞说："我是作为客人寄居在你们这里，怎么敢参与你们家庭内的事情啊？倘若泄露出去，那真为害不浅。"说完，就要走。

刘琦把他挽留密室喝酒。喝酒之中，刘琦又请诸葛亮教他一个自救的办法，又被诸葛亮推辞了。刘琦又以请诸葛亮到他的楼上看古书为由，把诸葛亮请上一座小楼，令人撤去楼梯（原文是"共上高楼，令人去梯"），再次请求，跪在地上哭着说："我几次向您请教自救的好计策，您怕泄漏，不肯说，今天在这里，上不着天，下不沾地，您说的话，只有我一个人听到，您就放心地谈吧！如果您还不肯谈，我只好现在就死在您的面前了。"谙葛亮没有办法，就教他去向刘表请求带兵镇守江夏，以此达到避祸的目的。第二天，刘琦依计而行，果然避过了刘琮集团的迫害。

严挺子"中风"了

李林甫是唐玄宗的宰相。他是个口蜜腹剑的阴谋家。

他的政敌——严挺子，被贬到地方政府做事的那段时期，玄宗有一天突然想起他，问李林甫说：

"我记得有一个很能干的高官叫做严挺子，他现在在哪里？"

当天，李林甫退出皇宫后，立刻召唤严挺子的弟弟，说；

"陛下对令兄很关心，照说，他最好在这个时候谒见皇上，但是，他正在地方政府做事，一时办不到，你不妨通知令兄，当作他患了中风，向皇上奏请回京疗养……"

严挺子接到弟弟的联络后，喜上眉梢，即刻写了奏文，请求皇帝调他回京，玄宗接到奏文后，问李林甫如何处理，李林甫答说："严挺子已经年迈，而且中了风，请陛下把他调任闲职，叫他专心养病好了。"

李林甫使用这条巧计，把政敌复起的机会，消灭于无形。

严嵩暗使奸计代夏言

严嵩是明嘉靖时的奸相。他从一般官僚做起，权势越来越大，最后独揽大权，很大程度上得益于他排挤政敌的手段。

嘉靖中期，严嵩和夏言同为朝中大臣。夏言地位在严嵩之上，并且写得一手好文章，深为皇帝所重。但夏言刚愎自用，而且自视甚高，看不起别人。严嵩并不甘心久居人下，但他不露声色。他利用老乡关系。想方设法讨好夏言。对夏言毕恭毕敬，察颜观色，处处迎合他的意思。有一次严嵩准备了酒筵，亲自去请夏言。夏言根本没把这个同乡放在眼里，找了个借口推掉了。严嵩却极为谦恭，他跪在堂前一遍又一遍高声朗读自己带去的请柬，使夏言极为感动。从此夏言非常器重严嵩，一再提拔他，甚至向皇帝推荐他接替自己的首辅位置。

严嵩逐渐受到重用，心里很高兴。但他远远没有满足，他知道，必须搬开夏言这块大石头，他才能大权独揽。

嘉靖皇帝迷信道教。有一次他命人制作了五顶香叶冠，赐给几位宠臣。夏言一向反对迷信，不肯接受。而严嵩却把香叶冠戴在头上，外面还郑重地罩上轻纱。皇帝对严嵩的忠心大加赞赏，对夏言很不满意。

又有一次，夏言随皇帝出巡，没有按时值班，惹得皇帝大怒。按规定大臣值班都必须乘马车，而夏言却不守规定，使得皇帝对他越来越不满。严嵩一看时机成熟，一改往日的谦卑，勾结皇帝宠幸的一个道士，在皇帝面前添油加醋地说了夏言很多坏话。嘉靖帝一怒之下罢免了夏言的官职，令严嵩取而代之。

后来内阁中只剩下严嵩一人，皇帝也觉察到严嵩专权。于是再度起用夏言，而且位在严嵩之上。夏言复位后把严嵩撇在一边，什么事都自己作主。严嵩表面上不动声色，从不提意见，暗地里却收买皇帝身边的太监，让他不时地在皇帝面前揭夏言的短处，同时也不露痕迹地说严嵩的好话。

终于，严嵩抓住了一个机会。很早以前，北方少数民族就侵入河套地区，不断扰乱北方边关。嘉靖二十六年，兵部侍郎曾铣上疏力主收复河套，得到皇帝赞赏。但皇上后来又觉得没有把握，犹豫不定。夏言对皇上的反复不知如何是好，干脆上表请皇帝自己裁决，把难题甩给了皇帝，使嘉靖帝很生气。而严嵩则摸透了皇帝的意思，极力宣扬河套不可收复，并乘机攻击夏言专权。皇帝大为愤怒，免去了夏言的所有职务。

严嵩可不愿放过这个机会。他散布流言说夏言离朝时心怀不满，曾口吐怨言，又造谣说夏言收了曾铣的贿赂，两人狼狈为奸。说得有鼻子有眼，不由皇帝不信。第二年，夏言被杀。从此严嵩稳坐首辅之座达 15 年之久，再也没有人能和他分庭抗礼。

梅国桢巧施铁禁计

自汉代以来，中原战乱大都是由北塞的少数民族南侵引起的。他们能骑善射，剽悍能斗，战斗力很强，中原军队往往不是他们的对手。但是，塞外生产力水平一直不如中原高，历代塞外边族，大都不会冶铁。所以，中原王朝就把住这点，在边关上限制钢铁向塞外供应，仅供应他们生活用的铁器，也限制数量，以防他们用来大批打造兵器，侵略中原。明王朝时，边关铁禁也照样未开。

明神宗万历年间（1573 — 1620），兵部右侍郎梅国桢总督西北边塞三镇军务。塞外边族久苦明朝铁禁，于是想出一条诱开边关铁禁的主意。这天，这位边族首领带领手下一伙儿人来拜见梅国桢。两边见礼寒喧之后，那首领让手下人献上一块铁来，说塞外已发现铁矿，这是自己冶的铁，特来向梅将军报喜。

梅国桢一眼就看穿了敌人的诡计，边族人为了开铁禁，谎称自己已经能产铁，所以铁禁已经没有继续实行的必要了。但他不动声色，让手下人接过铁去，传令让铁匠用这块铁打造一把短剑，并刻上“某年某月某王赠铁”字样。那首领一看事成，欢天喜地地走了。

梅国桢马上传令边关：“塞外已产铁，即日起断绝一切铁器供应。”

过了年余，那边族首领没料到，不但没有像他希望的那样“诱开边关铁禁”，反而连生活用铁器也不供应了，日子久了吃不住劲儿，便派使者到梅国桢处来理论。

使者来到梅国桢官衙，拿出以前双方签订的向塞外出口生活铁器的契约，责问梅国桢为何不信守约定，断绝了铁器供应。梅国桢笑笑，让手下人拿出早已保存许久的铁剑，说：“你们首领说你们已产铁，并送了这块铁来报喜，所以我们不供应你们铁了。”

使者回去向首领报告经过，首领叫苦不迭，不但没有用此办法诱开边关铁禁，反而搬起石头砸了自己的脚，让梅国桢抓到了口实，只好自认倒霉。

孙传芳甜言蜜语骗王永泉计

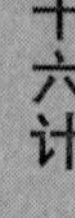

1922 年秋，曹琨命令孙传芳带兵去抢福建这块地盘。曹琨是直系军阀，而当时福建的军政大权却在非直系的王永泉手里。

孙传芳屯兵在福建省的边界上，只带了少数随从进入福建，编造一大堆谎言，诉说吴佩孚如何排挤他，说得声泪俱下。他向王永泉表示，只要两人同心合力，一定能在福建保境安民。他的甜言蜜语使王永泉渐渐相信了他。他还与王永泉结拜为异姓兄弟，指天发誓。这样，孙传芳就把两旅的兵开进了福建，王永泉不但不疑还以为壮大了力量。

1923 年 3 月，曹琨正式委任孙传芳为福建军务督理。孙一面仍和王永泉笑着周旋，一面暗中调兵遣将，在一个夜间突然将自己的军队开进了福建省城。王永泉这才知上当，但为时已晚，只得声明下野，逃到上海。为此，人们都称孙传芳是“笑面虎”。

贺龙有理有节擒英商

1925 年，即民国十四年，贺龙在湖南北部一个叫沣州的地方任镇守使。沣州位于沣水之滨，水上交通便利。这一带私运军火、走私毒品的不法活动非常猖獗。一些外国的不法商人勾结国内利欲熏心的官僚、军阀，利用水运便利的条件，频繁地出现在这一地区，猖狂地从事走私活动。贺龙对此十分痛恨，上任后就下决心要整治这一

现象。

有一天，值勤官发现一艘英国船上货物内夹着枪支弹药和不少鸦片。遵照贺龙的命令，将这条船扣留了。

船被扣留，英商慌了。他们立即去长沙找英国领事商量对策。

英国领事仗着有湖南省政府的支持，见了贺龙，就傲慢地问："请问贺镇守使，我大英公民来华经商有何罪?"

贺龙不急不慢地说："正当经商，一点罪也没有。不仅无罪，我们还非常欢迎。"

"那你为什么扣留我们的商船?"英领事拍着桌子大怒道。贺龙不动声色地说："领事阁下，我怎敢扣留贵国商船，省政府安排我在此当镇守使，我只不过是例行公事。只要你将船上的货物列个清单，我们查对无误，就立即放行。"

英国领事见贺龙态度温和，以为他软弱可欺，更不认为贺龙在用计，便叫英商列了一个货单，交给贺龙。当然，这个货单上没有列也不敢列有枪支弹药和鸦片。

贺龙接过货单一看，故意追问："是否全部列出？没有漏掉的吗?"

英商和英国领事连忙点头。他们哪里考虑那么多，只认为贺龙"只不过是例行公事"，心想："你赶快放船吧!"

这时，贺龙传话，叫进一名年青的军官，将英国领事亲笔写下的货单交给他，说："我叫你们检查那条被扣商船上所载货物，你们检查结果与货单相符吗?"

年青军官看看货单，立即回答："船上还有不少枪支和鸦片。"

贺龙笑了。他一步一步走近英国领事说："领事阁下，误会了。我们扣留的这条船上有枪支弹药，还有鸦片，你说你们那条船没有这些货物，看来我们扣留的是另外一条走私船，与贵国无关。请你们回长沙好了。"

英国领事听贺龙这么一说，一下就呆住了。因为他怎么也没有想到，眼前这个贺龙会这么厉害。英国领事和省府官员一时不知所措，很久没有开言。

过了一会儿，英国领事不得不装出一副笑脸对贺龙说："那条船确是我国商船。他们带的鸦片是自己吸的。贺镇守使忠于职守，佩服，佩服!"

贺龙毫无表情地说："那么，请阁下在原来的货单上把枪支弹药和鸦片列上。"

英国领事以为刚才的阿谀奉承起了作用，补上货单可能会放行，于是命令英商在原货单上又补写了"枪支弹药"和"鸦片"。英国领事、英商在货单上签了字，省府官员作为证人也签了字。

贺龙拿着清单，突然把脸一沉，十分严肃地说："尊敬的领事阁下，按照国际法规定，私运军火要严惩，走私毒品更应从严！贵国商人无视国际法，危害我国主权和尊严，理应受到严惩!"

就在贺龙义正词严地说这段话的时候，几位军人将标有英国商标的几箱军火、鸦片抬进大厅。贺龙指着箱子，威严地说：

"现在人证、物证俱在，我们将向全世界公布。领事阁下，你还有何话说?"

英国领事像泄了气的皮球，无话可说；省府官员羞得低下了头，也不敢吭声。直到现在他们才明白，原来贺龙叫他们填写货单，补写枪支弹药和鸦片，在单上签字，都是为了取证；他们后悔自己不该上当中计，但为时已晚。

蒋介石撕毁停战协定

1946 年 7 月，蒋介石国民党不顾全国人民的反对，撕毁“停战协定”和“政协决议”，向解放区进攻，发动全国规模的内战，是典型的“过河拆桥”史例。1946 年 1 月 10 日，中共代表和蒋介石国民党政府代表之间共同商定了关于停止军事冲突的协定，即“停战协定”，它规定双方军队应在 1 月 13 日午夜在各自位置上停止军事行动。与此同时，1946 年 1 月 10 日至 31 日，国民党、共产党、其他党派和无党派人士的代表在重庆举行政治协商会议，并通过了五项决议案。蒋介石国民党利用“停战协定”作为布置内战的幌子，在停战令下达的同时，即又命令国民党军队抢占战略要点，接着又不断地调动军队，向解放区进攻。“政协决议”的五项决议，在各种不同程度上有利于人民而不利于蒋介石国民党的反动统治。蒋介石一方面表示承认这些协议，企图利用这些协议进行和平欺骗，另一方面则积极准备发动内战。政治协商会议的这些协议，不久被蒋介石背信弃义，一一撕毁。与蒋介石的愿望相反，经过三年人民解放战争，蒋介石国民党 800 万军队被歼灭，一个独立、和平、民主的新中国得以诞生。蒋介石“过河拆桥”自己反倒掉到河里被淹半死。

洛克菲勒设饵钓大鱼

德国人梅里特兄弟移居美国后，定居在密沙比。他们早起晚归，积攒了一些钱。后来于无意中发现密沙比原是一个丰富的铁矿区。兄弟两人严守秘密，并开始大量收购地产，成立了铁矿公司。

洛克菲勒早就对该铁矿区垂涎三尺，但由于晚来一步，只能眼睁睁地盯着这块肥肉，等待时机。

1873 年，美国发生了一次经济危机，市面银根告紧，梅里特兄弟陷入了窘境。正在这时，来了一位救星，他即是本地牧师劳埃德先生。梅里特一家人一看是令人尊敬的牧师，忙恭恭敬敬地把他请进屋去，待作上宾，并聊起家常来。梅里特兄弟从整个国家的经济危机谈到自己的困境，话语中充满了哀伤。

劳埃德牧师一听这些，忙十分热情地说：“你们怎么早不告诉我？我可以助你们一臂之力啊。”

梅里特兄弟听了大喜，忙问：“牧师有何高见？”

牧师说：“我有一位大财主朋友，看在我的情面上，他可以借给你们一笔巨款。”

梅里特兄弟说：“牧师你真是个大好人，真不知怎样感谢你才好。”

牧师问道：“你们需要多少钱？”

梅里特说：“42 万元。”

于是牧师就写了封借 42 万元的介绍信。

两兄弟问：“利息多少？”

牧师说：“我怎么能要你们利息呢？这样吧，低利，比银行利率低 2 厘。”

两兄弟以为在梦中，呆了。

牧师让他们拿出笔墨，立了一个字据：“今有梅里特兄弟借到考尔贷款 42 万元整，利息 3 厘，空口无凭，特立此为证。”

梅里特兄弟念了字据，觉得一切无误，高兴地在字据上签了字。

过了不到半年，有一天，劳埃德牧师又来到了梅里特家。

一进门，他就严肃地说：“我的那位朋友是洛克菲勒，他早晨来了一个电报，要求马上索回借款 42 万元。”

两兄弟早已把 42 万元花在矿产上，哪里能拿出这么多钱？两兄弟无可奈何地被逼上了法庭。

在法庭上，原告律师说：“那借据上写得非常清楚，借的是考尔贷款。”说着，他又引经据典：“什么叫考尔贷款？考尔贷款是贷款人随时可以索回的贷款，故其利息低于一般之贷款利息。根据美国法律，借款人或者立即还款，或者宣布破产，两者必居其一。”

梅里特兄弟是德国移民，英语都说得不太流利，如何知道什么考尔贷款。当初签字据时，只知借钱要付利息，根本没想到字据上有陷阱，至此才恍然大悟，但已经太迟了。

梅里特兄弟只好宣布破产，将矿产卖给洛克菲勒，作价 52 万元。

女记者迫使总统接受采访

约翰·昆西·亚当斯是美国第六任总统。他有一习惯，黎明前一两个小时起床，长距离散步或骑马，或去波托马克河裸体游泳。

安妮·罗亚尔是一名女记者。她一直想了解总统关于银行问题的观点，但是屡被拒绝。

一天，她尾随总统来到河边，决心迫使他回答问题。她先藏在树后，待他下水以后便坐在他的衣服上喊道：“游过来，总统。”亚当斯满脸通红，吃惊地问道：“你要干什么？”“我是一名女记者，”她回答道，“几个月来我一直想见到你，就国家银行的问题采访一下。我多次到白宫，他们不让我进，于是我观察你的行踪。今天早上悄悄尾随你从白宫来到这里。现在我正坐在你的衣服上。你不让我采访就别想得到它，是回答我的问题，还是在水里待一辈子，随便。”亚当斯本想骗走女记者，“让我上岸穿好衣服，我保证让你采访。请到树丛后面去，等我穿衣服。”“不，绝对不行”，罗亚尔急促地说，“你若上岸来抱衣服，我就要喊了，那边有三个打鱼的。”最后，亚当斯无可奈何地呆在水里回答了她的问题。

英国人蒙骗伊朗国王

1941 年 8 月 24 日，英国和苏联以伊朗亲德为名，联合出兵伊朗。9 月 17 日，在英苏的压力下，礼萨·巴列维国王被迫逊位，其 21 岁的儿子穆罕默德。礼萨在英国和苏联的扶持下成为伊朗新国王。为便于控制新国王，英国和苏联要求老国王必须离开伊朗，流亡他国。老国王决定去南美阿根廷的布宜诺斯艾利斯。

伊朗当时委托律师阿里·伊扎迪负责办理礼萨·巴列维国王的流亡事宜。阿里·伊扎迪在国王从德黑兰到阿巴斯港后，因有其它事宜要办，就将伊朗老国王流亡的目的地告诉英国人，要求他们设法将其送至布宜诺斯艾利斯。英国人认为这是一个控制老国王的大好时机，立即满口答应了下来。英国人知道，阿根廷是个跟德国关系不错的国家。伊朗老国王到阿根廷后，其行为必定不受限制，从而会在远方遥控伊朗，这对英国和苏联来讲都十分不利。英国决定借答应护送老国王去流亡地之机把他死死控制在英国人之手，从而他无法保持同伊朗国内的联系。

英国人告诉礼萨·巴列维国王，他们此刻正有一艘停泊在阿巴斯港的轮船，要取道澳大利亚，前往南美洲。老国王同他的家属及随行人员心情沉重地登上了飘扬着英国国旗的“朋德拉”号轮船，开始了他的流亡生涯。

几天后，“朋德拉”号轮船眼看快要到达孟买时，突然在孟买港中部抛锚。伊朗老国王极为惊讶。正在这时，一艘炮艇向“朋德拉”号轮船冲来，他们登上轮船，将所有出口处全部封锁起来。一位英国军官在一群士兵的簇拥下，要求引领他去见礼萨·巴列维。老国王极为暴怒，他搞不懂这一切究竟是为了什么？那个英国军官回答道：“原谅我，陛下，你要远航布宜诺斯艾利斯，未免太危险了。你必须改变主意不妨就到毛里求斯去。当前国际局势确实非常紧张，我们英国人决不愿意替陛下远行担风险的。”老国王听后，才知道英国人已决定将他囚禁起来。正如 1825 年拿破仑要求英国人送他去美洲，结果被流放到圣赫勒拿岛一样，如今他又要被迫流放到另一个英属岛屿——毛里求斯。尽管礼萨·巴列维暴跳如雷，但是他的抗议已毫无意义。两天后，一艘新的轮船“缅甸”号开到孟买。老国王一行只得改乘这艘船前往毛里求斯。

从孟买出发 8 天后，“缅甸”号到达了毛里求斯。当地总督按英国人授意，派一名军官负责照料国王一行人的日常生活，从而将伊朗者国王与其国家的联系完全隔绝。英国人的计谋终于得逞了。

一场爱情骗局

希特勒独裁、专断，在 1935 年自封为“德国领袖与总理”之后，更是变本加厉，听不进任何反对意见。当时任战争部长兼任武装力量总司令的布隆贝格，是一位资深的元帅，敢于向希特勒提出不同的意见。1936 年 3 月，当希特勒命令国防军进驻莱茵非军事区的时候，布隆贝格提出了自己的意见，他认为法国可能会因此向德国开战，建议希特勒立即停止在莱茵地区的行动。并将开入的部队撤回原驻地。1937 年，当希特勒宣布了自己要侵占奥地利与捷克斯洛伐克的计划后，布隆贝格又提出了反对意见，认为这样做会引起英法的干涉。希特勒对布隆贝格的反对意见极为震怒，他强压怒火，平息了争论，但已下定决心，要除掉这个讨厌的部长。

希特勒的亲信戈林当时任空军元帅，是布隆贝格的下属。他表面上极力讨好这位武装力量总司令，暗中却与希特勒配合，准备让他自己走入陷阱。布隆贝格当时已经59 岁，但一直过着单身生活，从未结婚。戈林得知他与一位出身低下的妇女关系比较密切，来往较多，就极力促成他们的婚姻。布隆贝格也清楚地知道，当时第三帝国对高级军官的择偶有严格的规定，出身低下的人不宜做军官的配偶。戈林巧舌如簧，规劝布隆贝格元帅打破社会的旧习与成见，表示像布隆贝格这样资历深厚的元帅在婚姻问题上不应受任何规定的限制。在戈林反复劝说下，布隆贝格决定结婚。

1938 年元月 12 日，布隆贝格举行了婚礼，希特勒和戈林都是证婚人，但结婚几天之后，戈林就开始在军官中散布说，布隆贝格太太的出身太坏，做一名军官和战争部长的配偶很不合适。消息传开，一时间弄得满城风雨。这时希特勒开始向布隆贝格施加压力，说他既然选择了这种配偶，便不足以为部下的表率，希望他能妥善处理这件事。布隆贝格别无选择，只有辞职一条路可走。希特勒略施小计便除掉了一名敢于与自己意见相左的高级军官。

川上的制胜之路

1950 年，川上担任日本乐器公司的董事长。他认为，要在竞争激烈的企业战中求胜，就必须先铺好致胜的路。

川上曾一度异常热心地开办山叶音乐教室，做积极的推广，收了数百名学生，且为这项教育意味浓厚的事业投下 20 多亿元的资金。这是一项亏本的事业，但川上仍持续不辍的原因何在？

川上极力主张这是一项纯粹推行音乐教育的事业，希望不要沾上商业色彩，所以声明在课堂上绝不做山叶乐器的宣传。

那么，川上果真只是为了音乐理想而开办教育的吗？不顾自己公司的利益而让其它公司坐收渔翁之利？川上的葫芦里究竟卖的是什么药呢？

山叶音乐教室分成好几级授课方式，从 3 岁娃娃到妈妈都有，有特殊人才训练班、长笛班、电子合成乐班等。其师资相当好，资格考试很严格。

虽然讲师在课堂上绝不做山叶乐器的宣传，但是他们会将学员名单送到日本乐器公司的业务员手上，很显然这些名单就成为业务员促销的主要对象了。

而且，电子琴的教育课程是由音乐振兴会（山叶财团的一部分）编排的，课堂内容如果不用山叶的电子琴就无法弹奏出来，而层次越高的班级，越需要用山叶的乐器才能演奏出符合该阶层的水准。所以表面上虽然对外宣称纯粹是音乐事业，实际上却对日本乐器公司裨益良多。

川上先在音乐教室铺好通往成功的途径，巧妙运用“上楼抽梯”之计，实在是老谋深算的赢家。

系山妙计买地

系山最先经营的是高尔夫球场。众所周知，如果球场位置好，地形条件好，顾客就多，容易获利，但这样土地的地主往往很难打交道，收购费也高。反之，条件不好，容易收购，收购费也低，但顾客就少，经营不易获利。

因此，高尔夫球场经营的好坏，很大程度取决于和地主打交道，收购土地。

系山在这上面煞费心机，多番较量，深知其中奥秘。

一次，许多人都看中了一块地，系山也是其中一个。这块地足够开设一个高尔夫球场。市价约为2亿日元。系山决定要以更低的价格将这块地买到手。

首先他大放其风，扬言对此地颇为青睐。很快地主的经纪人便找上门来了，一见系山仿佛是一个不懂事的纨绔子弟，便存心好好地敲一杠，出口开价便是5亿日元。

系山将计就计，声言价格便宜，并装着表现有很强的购买倾向。

这下使得经纪人欣喜若狂，立即跑到地主那儿，和地主签订了代理契约，并把系山的情况如此这般地描述了一遍。

地主也十分高兴，觉得有了系山这个冤大头，就可大占便宜，便把其他有意买地的人一概回绝了。

此后，经纪人多次找系山签约买地。但系山要么不见踪影，要么借口拖延。

一连几次这样，经纪人沉不住气了，只得摊牌，求系山购买。

系山知道火候到了，便历数那块地的缺点，证明自己是内行的，那块地也不是价值5亿元的好货。

于是双方一番讨价还价，经纪人哪里挡得住系山凌厉的攻势，只好步步退却，最后亮出底价2亿元。

但系山并不罢休，他说：“如果市价是2亿元，我就出2亿元买下的话，我又何必费这么多工夫呢？而且别人还会嘲笑我。”

经纪人黔驴技穷了，只好去和地主如实诉说。地主则更伤脑筋，因为他已经到处扬言：“系山已把我的地买了。”

现在如果系山不买了，重新找顾客谈何容易，再找原已回绝的顾客，一会被他们讥笑，二还会被大煞其价，可能结局更糟。

奈何地向系山说：“既然如此，你开个价吧。”

系山出价1. 5亿日元。事到如今，地主也只得忍痛成交。

口香糖的活广告

美国的一家口香糖的老板里力先生，一天，突然对电话簿发生了兴趣。只见他一个人坐在办公室里拿着纽约的电话簿在悉心研究。

女秘书问他："里力先生，你在研究什么？"

里力回答说："我在研究口香糖的促销策略。现在已经有了眉目，你去把各个办公室的人都招呼到会议室，我们大家一起来干。"

原来，这个厂家生产的口香糖尽管品质优良，包装精美，价格适宜，但在市场上并不畅销，原因很简单，它是新牌子，并不为人们所熟悉。所以里力先生准备采取"先尝后买"的推销方法。各办公室的工作人员很快齐集到了会议室。里力先生对他的属下们说："我已调查过了，纽约共有150万户居民，我打算每户居民赠送4块口香糖。"

生产部门的负责人说："那需要600万块口香糖，我们的仓库里备有现货。"

"不，还要继续准备。"里力说，"我们要赠送一段时间，要人们对我们的口香糖留下深刻的印象。"

生产部门遵命去作准备了。里力又对储运部门的负责人说："请把仓库里的存货全部提出来。"

储运部门的负责人也遵命去提货了。里力这才对大家说："请各位按电话号码簿上的地址，开列收糖人的姓名和地址，邮寄口香糖。"

全体工作人员在里力的指挥下，整整忙了一天，才把纽约所有居民的地址写在信封上。

第二天，纽约的各家各户不约而同地接到了里力公司赠送的口香糖，于是出现的孩子都边嚼着里力生产的口香糖，边吹着泡泡。他们一个个成了"活广告"。

隔一天，孩子们又收到了里力公司的礼品，日复一日，他们吃里力泡泡糖已经习以为常了，就在这时，里力公司的泡泡糖不再寄来了，他们就到各个店家去买这种泡泡糖。就这样，里力泡泡糖一下子就占领了市场，成为孩子们必不可少的糖果。

"先尝后买"的经营方式并非里力先生独创，但使用得如此巧妙，声势如此之大，效果如此之好，却是里力先生的独特之处。

韩信用计斩陈佘

公元前204年（汉高祖3年），韩信驻兵平阳，准备伐赵，可巧张耳领兵到来与韩信会师。两支人马，合军东行，进攻代郡，前锋直抵阏与。代郡为陈余封地，由夏说镇守。夏说闻知汉军已到阏与，当即领兵迎敌，遭到大败，夏说战死，汉军攻人代城，随即又挥兵南下，进至离井陉口约卅里处安下营寨。

却说赵相陈余得知代地失守，便格外严防，厄险固守，阻止汉军继续前进。这时，谋士李左车向陈余献策道：韩信、张耳乘胜远斗，锋不可当。但他远道来此，利在速战，好在我国门户，有井陉口天险，这里道路崎岖狭隘，车骑很难行走，他们如从这里进军，难以同时兼运粮草，一切辎重都将留后面。因此，我请求领兵3万，前往截取汉军粮草辎重，您只需在此深沟高垒，不与交锋。这样，汉军将前不能战，后不能还，荒山之间，又无从寻找粮草，保管不出10日，汉军便将为我打败。否则，我军虽有井陉天险，也难以长久固守，万一天险被敌攻破，我们就将全军覆没了。却不料，陈余书生气十足，迂阔之至，自称是统率义兵，不搞诈谋，不仅不听李左车的意见，还把他给辞退了。韩信听到这个消息，很是高兴，连忙叫来骑都尉靳歙，如此这般地交待一番，又叫来左骑将傅宽，如此这般地授以密计，然后等到半夜时分，率领全军进抵进陉口。天刚亮时，韩信命令裨将向士卒分发干粮，只教权且充饥，等今日破赵，再会食不迟。同时又挑选精兵万人，叫他们渡过泜水，背靠河岸，列阵等待；韩信、张耳也相偕渡河。到达对岸后，韩信命令军士扬旗示众，擺鼓助威，大模大样地闯进了井陉口。

且说陈余听说汉军已到井陉口，便大开营门，挥兵出战。赵军仗着人多势众，一拥向前，要围韩信、线耳。韩信命令军士抛去帅旗，掷掉战鼓，一齐返奔，退至泜河。赵军以为得胜，自然拼力追击，还有居守大营的赵兵，也想乘势邀功，甚至把赵王歇都拥了出来，掠取汉军旗鼓，真正是洋洋得意，喊声震天。那时韩信、张耳等人已退到泜河，泜河上面本有汉军列阵，韩、张2人随即进入阵中，出战陈余。韩信下令军中，决一死战，后退者立斩不赦。汉军本无退路，只能拼力向前，争先杀敌，自辰时战至午时，双方难分胜负，陈余恐将士饥饿，不能再战，便叫收军回营，那知才走至半途，遥望大营之上已遍插汉军旗帜，原来是韩信安排的靳歙一路，趁着赵军倾巢而出追赶韩信时，已经把赵军大营给占领了。陈余见到大营有失，不由得心惊胆战。正在慌忙的时候，斜刺里又杀出一支军马，乃是汉左骑将傅宽。陈余急忙迎战，且战且走，忽又遇到一路人马兜头拦住，为首将领乃是汉常山太守张苍，吓得陈余不知所措，反从后面倒退。傅宽、张苍，合兵赶杀，把陈余逼至泜水边，前有阻拦，后有追兵，走投无路，终被汉军乱刀砍死。

三十六计　第二十九计　树上开花

借局布势，力小势大（1）。鸿渐于陆，其羽可用为仪也（2）。

注释

（1）借局布势，力小势大：句意为借助某种局面（或手段）布成有利的阵势，兵力弱小但可使阵势显出强大的样子。

(2) 鸿渐于陆，其羽可用为仪：语出《易经·渐》卦。渐，卦名，本卦为异卦相叠（艮下巽上）。上卦为巽为木，下卦为艮为山。卦象为木植长于山上，不断生长，也喻人培养自己的德性，进而影响他人，渐，即渐进。本卦上九说“鸿渐于陆，其羽可为仪，吉利，”是说鸿雁走到山头，它的羽毛可用来编织舞具这是吉利之兆。

此计运用此理，是说弱小的部队通过凭借某种因素，改变外部形态之后，自已阵容显得充实强大了，就象鸿雁长了羽毛丰满的翅膀一样。

按语

此树本无花，而树则可以有花，剪彩贴之，不细察者不易发，使花与树交相辉映，而成玲珑全局也。此盖布精兵于友军之阵，完其势以威敌也。

解析

用假花冒充真花，取得乱真的效果，前边已作过分析。因为战场上情况复杂，瞬息万变，指挥官很容易被假象所惑。所以，善于布置假情况，巧布迷魂阵，虚张声势，可以慑服甚至击败敌人。

此按语的最后一句，是将此计解释为：把自己的军队布置在盟军阵地上，以造成强大声势慑服敌人。不过，古今战争史上，还没有发现这方面的出色例子。

探源

树上开花，是指树上本来没有开花，但可以用彩色的绸子剪成花朵粘在树上，做得和真花一祥，不仔细去看，真假难辩。

此计用在军事上，指的是：自已的力量比较小，却可以借友军势力或借某种因素制造假象，使自己的阵营显得强大，也就是说，在战争中要善于借助各种因素来为自己壮大声势。

无人不知张飞是一员猛将，而他却是一个有勇有谋的大将。刘备起兵之初，与曹操交战，多次失利。刘表死后，刘备在荆州，势孤力弱。这时曹操领兵南下，直达宛城，刘备荒忙率荆州军民退守江陵。由于老百姓跟着撤退的人太多，所以撤退的速度非常慢。曹兵追到当阳，与刘备的部队打了一仗，刘备败退，他的妻子和儿子都在乱军中被冲散了。刘备只得狼狈败退，令张飞断后，阻截追兵。

张飞只有二三十个骑兵，怎敌得过曹操的大队人马？那张飞临危不惧，临阵不慌，顿时心生一计。他命令所率的二二十名骑兵都到树林子里去，砍下树枝，绑在马后，然后骑马在林中飞跑打转。张飞一人骑着黑马，横着丈二长矛，威风凛凛站在长板坡的桥上。

追兵赶到，见张飞独自骑马横矛站在桥中，好生奇怪，又看见桥东树林里尘土飞

扬。追击的曹兵马上停止前进，以为树林之中定有伏兵。张飞只带二三十名骑兵，阻止住了追击的曹兵，让刘备和荆州军民顺利撤退，靠的就是这“树上开花”计。

案例

田单借势“树上开花”

战国中期，著名军事家乐毅率领燕国大军攻打齐国，连下七十余城，齐国只剩下椄莒和即墨这两座城了。乐毅乘胜追击，围困莒和即墨。齐国拼死抵抗，燕军久攻不下。

这时，有人在燕王而前说：“乐毅不是我燕国人，当然不会真心为了燕国，不然，两座城怎么会久攻不下呢？恐怕他是想自己当齐王吧，”燕昭王倒不怀疑。可是燕昭王去世，继位的惠王马上用自己的亲信名叫骑劫的大臣去取代乐毅。乐毅知道与己不利，只得逃回赵国老家。

齐国守将是非常有名的军事家田单，他深知骑劫根本不是将才，虽然燕军强大，只要计谋得当，一定可以击败。

田单首先利用两国的士兵都具有迷信心理，他要求齐国军民每天饭前要拿食物到门前空地上祭祀祖先。这样，成群的乌鸦、麻雀结伙地赶来争食。域外燕军一看，觉得奇怪：原来听说齐国有神师相助，现在真的连飞鸟每天都定时朝拜。弄得人心惶惶，非食害怕。

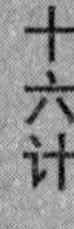

田单的第二手，是让骑劫本人上当。田单派人放风，说乐毅过于仁慈，谁也不怕他。如果燕军割下齐军俘虏的鼻于，齐人肯定会吓破胆。骑劫觉得有道理，果然下令歌下俘虏的鼻子，挖了城外齐人的坟墓，这样残暴的行为激起了齐国军民的义愤。

田单的第三手，是派人送信，大夸骑劫治军的才能，表示原意投降。一边还派人装成富户，带着财宝偷偷出城投降燕军。骑劫确信齐国已无作战能力了，只等田单开城投降吧！

田单最绝的一招是：齐军人数太少，即使进攻，也难取胜。于是他把城中的一千多头牛集中起来，在牛角上绑上尖刀，牛身上披上画有五颜六色、稀奇古怪图案的红色衣服，牛尾巴上绑一大把浸了油的麻苇。另外，选了五千名精壮士兵，穿上五色花衣，脸上绘上五颜六色，手持兵器，命他们跟在牛的后面。

这天夜晚，田单命令把牛从新挖的城塘洞中放出，点燃麻苇，牛又惊又燥，直冲燕国军营。燕军根本没有防备，再说，这火牛阵势，谁也没有见过，一个个吓得魂飞天外，哪里能够还手。齐军五干勇士接着冲杀进来，燕军死伤无数。骑劫也在乱军中被杀，燕军一败涂地。齐军乘胜追击，收复七十余城，使齐国转危为安。田单可以算是善于运用各种因素壮大自已声势的典范。

借题发挥成为同行业的标志

获优质金奖的无锡市太湖针织制衣总厂的红豆牌服装，根据消费者对商标名称的心理作用，巧用“红豆”作为专用商标。记者到厂里采访时，厂长周跃庭不谈产值、利润，却在“红豆”上大做文章，亲自讲解有关“红豆”典故，并组织记者观看台湾新片《一颗红豆》，参观红豆树，最后赠送真正的红豆。无锡市太湖针织制衣总厂借红豆的典故、红豆影片、红豆树之题，把“红豆”挖掘得淋漓尽至，给记者以难以抹去的印象。进而又借记者对红豆的宣传赞誉，使“红豆”服装的名牌效应迅速产生，成为国内制衣行业最有吸引力的标志。这种避开推销产品质量、性能，利用“红豆”给人的心理作用，以“红豆”为题材引导消费，促进销售的做法，是提高国货精品在市场上竞争力的一种新的突破。

在申城，精明的经营者纷纷亮出招牌，借用各种题材吸引顾客。如南京路上吴良材眼镜店，专设一个一百多年来的各种类型的眼镜柜台，选择眼镜变迁的历史和奇闻轶事题材，介绍给顾客，短短几天时间，商店就多卖出近3万元的名牌眼镜；云南路上开设一家奇特的“水饺馆”，以宣传“饺子文化”为题，备有108种各地民族风味的水饺，使饺子馆天天爆满；还有以介绍“茶道”为题的八仙桥的汪怡茶艺馆；以介绍“花语”为题的华山路花苑等等，以特有的方式满足人们对文化消费日渐增强的渴望。中国有着悠久的历史，灿烂的文化，许多民间的传说、名人轶事、历史典故都可被经营者“借题发挥”，而且行之有效。

保证赔偿推销并未赔偿

就是购买此产品后，在一定期限内，对由于非人为因素造成的产品损坏，除免费维修外，还承担由产品损坏造成的其它全部损失。

此推销术是由美国国际农机公司的创始人梅考科100多年前独创的。梅考科年轻时，用父亲留下的遗产，创立了生产收割机的农机公司，尽管他每天只睡5个小时，边吃边干，生产仍然非常萧条。几年下来，只卖出几台收割机，把父亲留下的老本赔个精光，还欠了一屁股债。他生产的收割机并不比其他厂家的差。是什么原因呢？梅考科的农机公司实属后起之秀，牌子比不上老厂，只有在推销方法上胜人一筹，才能打开市场的大门。

几经斟酌，一个“保证赔偿”推销术形成了。即购买收割机的人在头两年的使用中，如果不是人为事故，收割机出了毛病，公司不仅像其它厂家那样免费负责维修，而且因机器损坏，耽误了收割所造成的损失全部由梅考科的农机公司负责赔偿。这个推销术并不是万无一失的，一是机器的损坏很难分清是质量问题还是操作使用不当造成的；二是由此要引起买卖双方的许多纠纷；三是增加一大批开销，很可能生产收割机所得的利润还支付不了赔偿费。因而遭到公司内部高级职员的集体反对。梅考科认为目前主要问题是在市场站住脚，因而必须要有长远观念，即使是近期多赔一点钱，一旦占有市场，就一定会赚回损失，果不出他所料，几年后国际农机公司走上上坡路。

使用“保证赔偿”推销术，需要一定的胆识，对于有经济实力的大企业来说，巩固和增加产品市场占有率，此推销术不失为一高招。对于底子薄的小企业来说，梅考科农机公司已经成功地运用了此方法，如果你认真权衡利弊，舍近求远，勇于冒险，不妨也可试一试。

三十六计　第三十计　反客为主

乘隙插足，扼其主机（1），渐之进也（2）。

注释

（1）乘隙插足，扼其主机：把准时机插足进去，掌握他的要害关节之处。

（2）渐之进也：语出《易经·渐》卦。（渐卦解释见前计（2））本卦《象》辞：“渐之进也。”意为渐就是渐进的意思。

此计运用此理，是说乘隙插足，扼其主机。《易经·渐》卦上说的就是这个意思，要循序渐进。

按语

为人驱使者为奴，为人尊处者为客，不能立足者为暂客，能立足者为久客，客久而不能主事者为贱客，能主事则可渐握机要，而为主矣。故反客为主之局：第一步须争客位；第二步须乘隙；第三步须插足；第四足须握机；第五乃为主。为主，则并人之军矣；此渐进之阴谋也。如李渊书尊李密，密卒以败；汉高视势未敌项羽之先，卑事项羽。使其见信，而渐以侵其势，至垓下一役，一亡举之。

解析

客有多种：暂客、久客、贱客，这些都还是真正的“客”，可是一到渐渐掌握了主人的机要之处的话，就已经反客为主了。按语中将这个过程分为五步：争客位，乘隙，插足，握机，成功。概括地讲，就是变被动为主动，把主动权慢慢地掌握到自己手中来。分成五步，强调循序渐进，不可急躁莽撞，泄露机密，只会把事情搞坏。用在军事上，就要把别人的军队拿过来，控制指挥权。按语称此计为“渐进之阴谋”，既是“阴谋”，又必须“渐进”，才能奏效。李渊在夺得天下之前，写信恭维李密，后来还是把李密消灭了。刘邦在兵力不能与项羽抗衡的时候，很尊敬项羽，鸿门宴上，以屈求伸，对项羽谦卑到了极点。后来他力量扩大，由弱变强，垓下一战，终于将项羽逼死乌江。

所以古人说，主客之势常常发生变化，有的变客为主，有的变主为客。关键在于要变被动为主动，争取掌握主动权。

探源

反客为主，用在军事上，是指在战争中，要努力变被动为主动，争取掌握战争主动权的谋略。尽量想办法钻空子，插脚进去，控制它的首脑机关或者要害部位，抓住有利时机，兼并或者控制他人。古人使用本计，多是对于盟友的。往往是借援助盟军的机会，先站稳脚跟，然后步步为营，取而代之。

袁绍和韩馥，应当是一对盟友，当年曾经共同讨伐过董卓。后来，袁绍势力渐渐强大，总想不断扩张，他屯兵河内，缺少粮草，十分犯愁。老友韩馥知道情况之后，主动派人送去粮草，帮袁绍解决供应困难。

袁绍觉得等待别人送粮草，不能够解决根本问题。他听了谋士逢纪的劝告，决定夺取粮仓冀州。而当时的冀州牧正是老友韩馥，袁绍犯顾不了那么多了，马上下手，实施他的锦囊妙计。

他首先绘公孙瓒写了一封信，建议与他一起攻打冀州。公孙瓒早就想找个由头攻占冀州，这个建议，正中下怀。他立即下令，准备发兵攻打冀州。

袁绍又暗地派人去见韩馥，说：公孙瓒和袁绍联合攻打冀州，冀州难以自保。袁绍过去不是你的老朋友吗？最近你不是还给他送过粮草吗？你何不联合袁绍，对付公孙瓒呢？让袁绍进城，冀州不就保住了吗？

韩馥只得邀请袁绍带兵进入冀州。这位请来的客人，表面上尊重韩馥，实际上他逐渐将自己的部下一个一个似钉子扎进了冀州的要害部位，这时，韩馥清楚地知道，他这个“主”被“客”取而代之了。为了保全性命，他只得只身逃出冀州去了。

扼其天时新闻发布会要有良策

在传播工具日益现代化的今天，充分利用新闻媒介进行“公关”传播活动，发布产品信息，提高企业的知名度，达到“名声在外，客来四方”的效果，是一种不可忽视的经营策略。

在众多的传播手段中，各式各样的新闻发布会是一种较高层次的手段。如果能够选时恰当，参加人员对路，均能起到事半功倍的效果，新闻发布会具有庄重、直接、广泛和经济等众多的优点。就一个新闻发布会来说，不论它是哪方面的，其性质如何，首先给人们的印象是，值得重视，需要留心，因而很容易引起人们注意。新闻发布会，发布者同受众直接见面，可以直接回答受众提出的各种各样的问题，因此，受众对所发布的内容会有一个多方面的整体印象。此外，参加新闻发布会的都是各方面的有关人员，尤以各新闻单位的记者为多，新闻记者负有新闻传播的使命，所以，新闻发布会会很快地通过各种宣传渠道广泛传播，这是其他传播方式所无法比拟的。新闻发布会的经济性，少花钱多办事，那是显而易见的。举办一个新闻发布会的区区费用，与广播电台、电视台、报纸、期刊等做广告的费用相比，相差的就不是一星半点。企业从经济效益的角度看，这笔经济帐还是应该考虑的。

1993 年 10 月，北京市的一家制笔厂研制生产出一种新型的台笔。这种台笔具有造型新颖、功能超群的特点，不仅具有很高的实用价值，还具有装饰和观赏价值，属国内首创。

如何将这种新型台笔通过传播媒介传播出去，广泛宣传呢？这成了企业领导当时面临的难题。他们左思右想，做广告？其费用太高；找销售员推销？局限性又太大。经过再三考虑，他们决定采用新闻发布会的形式。经过周密的策划，他们决定把新闻发布会定于 12 月 10 日举行。这主要是考虑到新型台笔不仅实用，而且具有装饰性和观赏价值这一特点，借元旦和春节两个节日，单位奖励先进，亲朋馈赠礼品，用这种新型台笔做奖品和礼品会显得既高雅大方，又经济实惠。在邀请参加新闻发布会的人员选择方面，不仅有众多知名的新闻单位的记者，还有其他如文化单位、商业机构、大工矿的领导和有关专家。

新闻发布会如期举行。北京 30 多家新闻单位的记者和有关部门的领导、专家出席了发布会。会后，有关电台、电视台及报纸杂志分别以不同形式进行了报道。结果，这个新产品得到了广泛传播。不但给这种新型台笔树立了良好的形象，企业的知名度也大大提高。经过这次新闻发布会后，该厂每天接到的购货信及电话不下 30 多个，企业的声誉也在同行业中大振。

这次公关性质的新闻发布会之所以能取得成功，主要应归功于两个方面。其一是目标公众明确。新闻发布会需要哪些公众参加，事前根据会议内容经过了认真的确定。新闻记者当然是新闻发布会的目标公众，根据这种新型台笔的消费范围请文化部门、商业单位、工矿企业的领导和专家参加新闻发布会能提高宣传报道的真实性和权威性。其二是新闻发布会选择的时机适当。这一新闻发布会选择在年底之前，由于这种新台笔不仅实用，还有适宜做礼物和奖品的特点，年底有元旦和春节两个节日，单位都要总结这一年的工作，表彰奖励先进工作者和先进产生者；多日不见的亲朋好友，都要利用假日走亲访友，互赠礼品。

诚实经商合法经营切不可背信弃义

背信弃义是指违背诺言，不讲信义。对于一个企业来说最宝贵的是什么？是信誉，信誉是企业的生命，一个有良好信誉的企业，就是一个生命力旺盛的企业。企业失去信誉，就难以存在和发展下去了。那种只顾眼前一点小利，不讲信誉，背信弃义的企业，必定失去人心，失去市场、失去长远大利，最后只能自食其果，到头来吃亏的是自己。

1984 年，承包户谭国伦与某果酒厂签订了一项海棠果产销合同。合同规定，由谭国伦向果酒厂提供海棠果 10 吨，每公斤单价 1 角 5 分。交售日期在 8 月 22 日，由果酒厂出车拉运。8 月 18 日，产方收到果酒厂拍来的“20 日去拉海棠”的电报后，即动员全家星夜突击采摘。19 日傍晚，数十棵硕果累累的海棠树已被摘得干干净净。20 日清晨，谭国伦顾不上吃早饭就蹲在大路口，等候果酒厂的汽车，一连三天，未见汽车踪影，落地的海棠果开始部分霉变，急得谭国伦像热锅上的蚂蚁。24 日一早，谭自己花钱雇了两辆私营汽车，把海棠果送到果酒厂，谁知果酒厂竟以海棠果霉烂和混有杂草为由，拒绝收货。为了避免更大的损失，谭国伦以每公斤 3 分钱的价格，将海棠果就近变卖，仅得款 283．4 元，并且自付租车费 65 元。

谭国伦受到巨大经济损失，即日遂向石河子工商行政管理局经济合同仲裁委员会提出申诉，要求追究果酒厂违反产销合同的违法行为，赔偿对此给产方造成的经济损失。经济仲裁委员会调查，谭国伦反映的情况基本属实。果酒厂不按合同规定的期限去提货，是造成海棠霉烂的直接原因，应当赔偿由此给产方造成经济损失。仲裁委员会根据农副产品产销合同条例第 10 条第 3 款“逾期提货的，除比照中国人民银行有关延期付款的规定，按逾斯提货部分贷款总值计算偿付违约金外，还应承担供方在此期限所支付的保管费和保养费，并承担因此造成的其他实际损失”的规定主持调解，使双方自愿达成协议：合同标的金额 1500 元，扣除产方变卖收入，余者的 80% 由果酒厂赔偿。果酒厂支付产方租车运费 65 元及审理费 16 元。谭国伦因此而挽回了经济损失。签订合同后，一定要不折不扣地履行合同所规定的条款，不能像果酒厂那样违约，背信弃义，不讲信誉，结果，还是给自己造成了经济损失。企业经营者应以此为诫，在经营过程中，要奉守信誉，合法经营。切不可背信弃义。

偷梁换柱既害别人也害自己

在经济活动中，有些企业不依法经营，经营方针不对头，只顾赚大钱，不讲道德，竟采取偷梁换柱手段，以劣充好，欺骗客户，以达到谋取高利的目的。

1983 年 7 月 14 日，某毛纺厂与某市第二毛纺厂签订了一份 64 支国产洗净毛的购销合同，合同规定：数量 40 吨，总价款为 69．4 万元，品质支数符合国家规定。并规定在毛纺厂仓库交货。同年 9 月 5 日和 9 月 9 日，毛纺厂提前打包封装，两次向第二毛纺厂发货 13．9 吨，价款为 24．6 万元。第二毛纺厂收货后，经抽样检查和上机试验，发现所收货物不符合质量要求，根本不能使用，便于 9 月 10 日和 9 月 20 日两次电告毛纺厂停止，并到银行办理了拒付款手续。毛纺厂收到“拒付理由书”后，以第二毛纺厂违约为由，向某经济合同仲裁委员会申请仲裁，反告第二毛纺厂破坏了合同。仲裁庭经过充分调查后，认为，违约的不是第二毛纺厂，而是毛纺厂，毛纺厂以次充好，交付不能使用的产品实属违约，应负全部责任。因此，仲裁庭裁决如下：毛纺厂向第二毛纺厂偿付违约金 6940 元，并承担仲裁费，质量鉴定费 4742 元，所运给第二毛纺厂的劣次品全部退回，往返运费也由毛纺厂承担。毛纺厂偷梁换柱，以劣充好，实指望大获利益，哪知到头来，却是害了别人，也害了自己。

此件经济纠纷的起因是供方不按合同规定、时间交货，在货物质量上弄虚作假。根据《经济合同法》第 17 条规定：产品质量和包装质量，有国家标准和专业标准的，按国家标准或专业标准签订；无国家标准或专业标准的，按主管部门标准签订；当事人有特殊要求的，由双方协商签订。供方必须对产品的质量和包装质量负责，提供据以验收的必要的技术资料或实样。供方违反此条规定，应承担违约责任。

有些企业为了眼前利益，不讲信誉，采取偷梁换柱手段，以次充好，以劣充优，欺骗客户，从而获得高利。这种违法经营方式，既害了客户，又害了自己，败坏了自己企业形象和声誉。同时，也必受到法律制裁。企业经营者应从此案例中吸取教训，以此为诫，守法经营。

唐高祖智斗李密

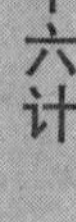

隋炀帝大业三年秋，李渊（唐高祖）连结突厥，率兵 3 万从太原出发，打着尊立代王的旗号，兴起义师，向关中进军。大队人马行至贾湖堡处，因遇大雨滂沱，不能行军，只得暂时驻扎下来。这时，李渊接到军报，说是魏公李密领众数十万，历数隋炀帝 10 大恶，布告天下，起兵反隋。李渊听知这一消息，不禁大吃一惊，便与儿子李世民商量对策。世民说道：李密兵多势大，不宜与之对敌，不如暂且与他联络，也可使我军免除东顾之忧。李渊同意了世民的献策。即命记室温大雅给李密写信，希望结成同盟，共图大事。信送去不久，便收到李密回信。李密信中言词十分傲慢，虽然表示愿意结为同盟，但李密自称是盟主，并要李渊亲自去河内缔结盟约。李渊父子二人看了李密的回信，心中很是不满。但李渊转念一想，迫于势力悬殊，还是忍让为好，便又对李世民说道：李密狂妄自大，即便订了盟约也未必实行，但我们现在正进军关中，如果断然拒绝结盟，与他绝交，只会又增加一个敌人，倒不如暂忍一时，先以卑谦之词对他大大颂扬一番，让他更加志气骄盈，安住他的心，这样既可以利用他为我军塞住河洛一线，牵制隋军，又可以使我军专意西征，岂不是两全其美？待到我军平定关中后，便可“据险养威”，看着他与隋军鹬蚌相争，让我军坐收渔人之利，岂不更好？李世民非常赞成父亲的用计，于是便再要温大雅给李密写信，大意是说：现在天下大乱，亟需有统一之主，您李密功高望重，这统一之主自然非您莫属。我李渊年事已高，对您表示诚心拥戴，只求您登位之后，仍然封我为唐王就行了……。李密收到李渊的复信，心里甜滋滋的，别说有多高兴了，满口答应李渊的要求。这样，

李渊免除了东顾之忧，便挥军西进了。一路上，攻霍邑、临汾，直取长安，把一个 13 岁的代王杨侑拥立为皇帝，并且改元义宁，到第二年，隋炀帝被弑，又逼迫代王杨侑退位，自立为帝，称唐高祖。

且说李密自与李渊结盟后，率兵东进，所到之处，攻城掠地，节节胜利，除东都一地被隋将王世充坚守受阻外，其余如永安、义阳、弋阳、齐郡等地，以及赵魏以南、江淮以北所有揭竿诸军都望风归附。于是，李密继续强攻东都，与王世充作最后决战。这时，唐高祖李渊也派李世民、李建成领兵来到东都，名为援兵，实际上是来争地盘的。李密进攻，李世民和李建成派兵从中阻挠，以致东都久攻不下。

俗话说：物极必反。正当李密踌躇满志，决心攻下东都自立为王时，却因他骄傲自大，刚愎自用，不听贾润甫、裴仁其与魏征等人的再三忠言劝告，以致两次中了王世充的诡计，东都城下之战竟然大败，走投无路，数十万大军只剩下 2 万人马跟随李密栖惶惶退人关内投奔唐王李渊。当时李密还料想，李渊会念昔日结盟之情和灭隋之功，给自已封以台阁之位，说不定有朝一日，还能东山再起吧！可谁知这时已“反客为主”的唐主李渊却点封他一个光禄卿的闲职，另外还赐了一个邢国公的空头爵号，这使得李。密大失所望。

且说李密降唐以后未得重用，心中很是不满。这一切李渊都心中有数，但表面上却格外加以羁縻，称李密为弟弟，并把舅女孤独氏嫁给李密为妻，也想是稳住他的心，可这些并不能满足李密的欲望，未过多久，他便与王伯当勾结，起兵反唐，结果被唐将彦师打败，全军覆没，李密、王伯当也都被杀死。

红军收编袁文才部队

1927 年 9 月，红军部队到达三湾的消息，像风一样地传遍了宁冈全县。宁冈县农民自卫军首领袁文才一时弄不清虚实，领着一支拥有 60 多支枪的农民自卫队，从砻市撤到茅坪。袁文才心里七上八下，整天和部属们议论着这件事。

毛泽东回到井冈山地区，便对袁文才的情况进行了认真的了解，认为他的队伍是一支可以争取的力量。所以，部队开到三湾，毛泽东便亲笔给袁文才写了一封信，请熟悉袁文才情况的地下党员钟老倌送去。

毛泽东的信当晚就送到袁文才手里。袁文才一时觉得心中没有底，便把农民自卫军的头头们找来一起商量这件事。

当袁文才在会上还刚刚把信念完，自卫军秘书陈慕平便兴奋地说道："毛泽东是我的老师，在武昌农民讲习所时，我听过他讲的课。我主张马上去会见毛委员！对于陈慕平的建议，到会的人反映不一，有的赞成，有的反对。赞成的人说：农民自卫军在大革命时期就是跟着共产党走的，毛泽东是共产党中央的人，应该听信他的话，跟着他继续干革命。反对的人说：毛泽东的队伍有上千条枪，和他们搞在一起，迟早有一天会被他"吃"掉。大家你一言，我一语，争论不休。最后袁文才不能不起来拿主意。他说："毛泽东信中讲，要到井冈山开辟革命根据地，他是共产党中央的人，我们应该信他的话，支持他干好这件大事，但是，为了慎重起见，我想派老龙和老陈先去三湾一转，探探情况；大家带着弟兄们不要走远了，万一有什么意外，也好再打主意……

第二天，在钟老倌的带领下，老龙（龙志超，当时宁冈县党组织负责人）、陈慕平来到三湾会见毛泽东。

毛泽东同他们谈了很久，请他们转告袁文才，希望能同他见面……当谈话快结束时，毛泽东突然问道："你们为什么不带枪来?"龙志超回答说："这里的枪很贵重，一般外出，袁大哥都不让带枪。"毛泽东说："现在搞武装斗争，不能麻痹，枪要随身带，等下你们每人先带一支去吧！"

6月3日下午，中国工农革命军开到了古城，毛泽东在文昌宫召开前委扩大会议，讨论建立以宁冈为中心的罗霄山脉中段革命根据地的战略方针，也专门讨论了如何对待袁文才、王佐部队的问题。一致认为，对袁、王两人的队伍应采取团结改造的方针。同时，通过与龙志超联系，还具体商定了在东源的大仓村与袁文才会面的事。

却说，龙志超与陈慕平那天回到茅坪，把见到毛泽东的情形详细报告给了袁文才。袁文才听了心里很是感动，恨不得马上就去会见毛委员。这时，副小队长谢树根却提出意见说："不怕一万，只怕万一，到时候还是多带几枝枪去，俗话说：'老客不蚀本嘛！'"袁文才想了想谢树根的建议，点头同意了。

6日上午，袁文才和农民自卫军的几个首领都在大仓村林家门前等候毛泽东。

不久，从拱桥那边路上走过来5、6个人，陈慕平指着一位走在前面的人说："那就是毛委员！"说话间，毛泽东已走近他们，同他们打招呼。袁文才见到毛泽东等一行人穿着朴素，平易近人，而且身上都没有带枪，心里非常感动。又想到这时谢树根正领着一队弟兄埋伏在村背后的树林里，更是感到羞愧不安，后悔不该听信谢树根的话，连忙示意立即将伏兵撤走。接着便请毛泽东等人走进屋里，给以热情接待，双方会见，空气十分融洽。毛泽东向袁文才介绍了大革命失败后的国内形势和秋收起义以及古城会议的情况；说明工农革命军建立以宁冈为中心的罗霄山中段革命根据地的意义。热情鼓励袁文才和农民自卫军积极参加革命；还特别赞许袁文才顶住了左倾缴枪的逆流。袁文才听了非常高兴，觉得自己受到很好的教育和启发。谈着谈着，毛泽东忽然话锋一转，问道："你们队伍还有多少枝枪？"袁文才回答说："才60多条，有的还不好哩！"毛泽东说："大革命的教训使我们懂得要干革命就必须抓住枪杆子，你们保存了一批革命武装，今后还得扩大。我们再给你们100枝枪，明天请派人到砻市来领"听了毛委员这样的指示和安排，袁文才更是心明眼亮了，激动地说道："毛委员，我们过去糊涂，拿着枪杆子没有好好地干革命，今后一定跟着你们走。凡是要我们做的事，我们保证做好。工农革命军需要的粮食、款子和建立医院的事都包在我们身上。我已带来了1000元银洋，先给你们用，请毛委员带着队伍明天早早来茅坪。"

就这样，袁文才、王佐的两支队伍便被并人工农革命军中，它极大地有利于工农革命军实行湘赣边界工农武装割据和建立井冈山革命根据地。

三十六计　第三十一计　美人计

兵强者，攻其将；将智者，伐其情（1）。将弱兵颓，其势自萎。利用御寇，顺相保也（2）。

注释

（1）兵强者，攻其将；兵智者，伐其情：句意：对兵力强大的敌人，就攻击他的将帅，对明智的敌人，就打击他的情绪。

（2）利用御寇，顺相保也：语出《易经·渐》卦。（卦名解释见计"树上开花"注（2））本身九三《象》辞："利御寇，顺相保也。"是说利于抵御敌人，顺利地保卫自已。

此计运用此象理，是说利用敌人自身的严重缺点，己方顺势以对，使其自颓自损，己方一举得之。

按语

兵强将智，不可以敌，势必事先。事之以土地，以增其势，如六国之事秦：策之最下者也。事之以币帛，以增其富，如宋之事辽金：策之下者也。惟事以美人，以佚其志，以弱其体，以增其下之怨。如勾践以西施重宝取悦夫差，乃可转败为胜。

解析

势力强大，将帅明智，这样的敌人不能与它正面交锋，在一个时期内，只得暂时向他屈服。这则按语，把侍奉或讨好强敌的方法分成三等。最下策是用献土地的方法，这势必增强了敌人的力量，象六国争相以地事秦，并没有什么好结果。下策是用金钱珠宝、绫罗绸缎去讨好敌人，这必然增加了敌人的财富，象宋朝侍奉辽国、金国那样，也不会有什么成效。独有用美人计才见成效，这样可以消磨敌军将帅的意志，削弱他的体质，并可以增加他的部队的怨恨情绪。春秋时期，越王勾践败于吴王夫差，便用美女西施和贵重珠宝取悦夫差，让他贪图享受，丧失警惕，后来越国终于打败了吴国。

现代战争中，甚至政治争斗中，也不乏使用美人计的例子。现代美人计有强烈的现代色彩，多采用间谍的方式，利用金钱贿赂，利用美人诱惑，方式变化多端，不可丧失警惕。

探源

美人计，语出《六韬. 文伐》："养其乱臣以迷之，进美女淫声以惑之。" 意思是，对于用军事行动难以征服的敌方，要使用"糖衣炮弹"，先从思想意志上打败敌方的将帅，使其内部丧失战斗力，然后再行攻取。就象本计正文所说，对兵力强大的敌人，要制服它的将帅；对于足智多谋的将帅，要设法去腐蚀他. 将帅斗志衰退，部队肯定士气消沉，就失去了作战能力。利用多种手段，攻其弱点，己方就能顺势保存实力，由弱变强。

前面曾讲到春秋时吴越之战，勾践先败于夫差。吴王夫差罚勾践夫妇在吴王宫里服劳役，借以羞辱他。越王勾践在吴王夫差面前卑躬屈膝，百般逢迎，骗取了夫差的信任，终于放他回到越国。后来越国趁火打劫，终于消灭了吴国，逼得夫差拔剑自刎。

那所趁之"火"是怎样烧起来的呢？原来勾践成功地使用了"美人计"。勾践被释回越国之后，卧薪尝胆，不忘雪耻。吴国强大，靠武力，越国不能取胜。越大夫文种向他献上一计："高飞之鸟，死于美食，深泉之鱼，死于芳饵，要想复国雪耻，应投其所好，衰其斗志，这样，可置夫差于死地。" 于是勾践挑选了两名绝代佳人：西施、郑旦，送给夫差，并年年向吴王进献珍奇珠宝。夫差认为勾践已被他臣服，所以一点也不加怀疑。夫差整日与美人饮酒作乐，连大臣伍子胥的劝谏也完全听不进去。后来，吴国进攻齐国，勾践还出兵帮助吴王伐齐，借以表示忠心，麻痹夫差。吴国打胜之后，勾践还亲自到吴国祝贺。

夫差贪恋女色，一天比一天厉害，根本不想过问政事。伍于胥力谏无效，反被逼自尽。勾践看在眼里，喜在心中。公元前 482 年，吴国大旱，勾践乘夫差北上会盟之时，突出奇兵伐吴，吴国终于被越所灭，夫差也只能一死了之。

案例

周瑜赔了夫人又折兵

这个智谋故事见于《三国演义》第五十四回“吴国太佛寺看新郎刘皇叔洞房续佳偶”和第五十五回“玄德智激孙夫人孔明二气周公谨”。

刘琦病死，东吴立即派鲁肃出使刘备，以吊丧为名讨还荆州。在诸葛亮的运筹和安排下鲁肃此行的目的未达到，只讨回一张如同废纸般的文书。上面写了“暂借荆州，以后交付”的空话，鲁肃被逼无奈，还与刘备、诸葛亮三人一起在文书上画了押。周瑜对这一结果切齿顿足。正在这个时候，荆州方面传来刘备甘夫人去世的消息，周瑜一听，喜出望外。他立即设计了一个利用孙权之妹招赘并软禁刘备为人质，进而要挟诸葛亮等交还荆州的骗局。

当鲁肃带着周瑜这封信见到孙权以后，孙权立即批准了周瑜的计划，并指派吕范前往荆州提亲。刘备清楚周瑜的用心，面有难色。诸葛亮却稳操胜券，力劝刘备答应这门婚事。他充满自信地对刘备说：“周瑜虽然颇能用计，但他总难出我诸葛亮所料。只要我略施小计，管保令周瑜一筹莫展。我保证主公既得娇妻，荆州又万元一失。”建安十四年（209 年）冬十月，在一切准备停当之后，诸葛亮特派大将赵云带领 500 军卒随刘备前往东吴结亲。出发之前，诸葛亮交给赵云 3 个装有妙计的锦囊，并让他贴身收藏好，又如此这般地交待了一番。

刘备一行到达东吴时，赵云拆视了第一个锦囊。于是他唤来 500 名兵卒，命令他们披红挂彩，到东吴都城南徐采买喜庆礼品和物件，逢人便说刘备入赘东吴的消息，弄得城中百姓人人皆知。孔明的锦囊妙计中还教刘备到东吴后首先拜访孙策、周瑜之妻“二乔”的父亲乔国老，刘备也按计而行。他牵羊担酒，往拜乔国老，叙说特来成亲之事。

乔国老得到这个消息后，便进宫向孙权的母亲吴国太道喜称贺。吴国太闻言大惊，一面派人去请孙权回话，一面派人到城中察看究竟。派出的人很快回来复命，说乔国老所言非虚，新人已在馆驿安歇，500 名随行士卒也在城中购买猪羊果品，准备成亲。吴国太为此大吃一惊。等孙权到来时，吴国太气就不打一处来，她捶胸大哭。

孙权知道露了馅，只得如实道来。他说：“许婚乃周瑜之计。只是以招亲为名，赚来刘备，讨还荆州。若刘备不还荆州，就先除掉他。”国太一听，更加怒不可遏，她大骂周瑜说：“周瑜小子无计去取荆州，倒打起我女儿的主意，使出这美人计。如果真的杀了刘备，我女岂不成了望门寡，以后让她如何做人，怎的说亲？这岂不误了她的一生！”乔国者也从旁打边鼓，他说：“如用此计，即便是得到荆州，也会被天下人所耻笑。此事如何行得！”孙权被训得呆若木鸡，一时语塞。吴国太仍然怒气未消，还在不停地大骂周瑜。乔国老劝她说：“刘玄德乃汉朝皇室宗亲，倒不如顺水推舟，招他为婿，免得张扬出去丢丑。”孙权又不同意。正在孙权与乔国老争论不休的时候，国太又发下了话，她说：我明天要在甘露寺与刘备见面，亲自相亲。如不中意，任你们发落；如果中了我的意，我就作主将女儿嫁她。孙权奉行孝道，心里虽然不情愿，但也无可奈何。

乔国者又将孙权、吴国太要见的事情告诉了刘备，并教刘备好生留意。第二天，吴国太、孙权、乔国老等在甘露寺会见刘备。吴国太一见刘备就大喜过望，对乔国老说："真吾婿也!"乔国老也说刘备具有"龙凤之姿"、"天日之表"，把刘备大大地夸奖了一番。这样，刘备与孙权之妹的婚事，就由国太作主当场敲定。

原来，孙坚的吴夫人生有四子，长子孙策，次子就是孙权。吴夫人之妹也嫁孙坚为次妻，孙坚次妻生有一子一女，其女名叫孙仁，也就是欲嫁刘备的孙权之妹。孙仁自幼尚好武事，常令侍婢击剑为乐。孙坚的吴夫人已经去世。甘露寺相亲的吴国太就是孙坚的次妻、吴夫人之妹。

刘备与孙仁成亲后，夫妻二人两情欢洽。孙权见弄假成真，又给周瑜去信问计。周瑜也真算得上智能之士，他很快又为孙权策划了盛筑宫室，多选美女，以此娱刘备之耳目，丧刘备之心志，并使刘备与诸葛亮、关羽、张飞等各置一方，分头对付的计谋。这一招还真见效，刘备在孙权布置好的温柔乡里，被声色所迷，再也不提回荆州的事情了。

眼看到了年终，刘备仍无归荆州的意思。赵云急忙按诸葛亮原来的交待，拆视了第二个锦囊。尔后，他按计而行，急见刘备，并告诉刘备说："今早孔明使人来报，曹操正起兵50万，杀奔荆州，请主公速回。"刘备闻讯即与孙夫人密商，安排了利用元旦到江边遥祭祖先的机会脱离东吴的计划。建安十五年（210年）正月元旦，刘备与孙夫人禀明国太，声称到江边祭祖，瞒着孙权等人，便踏上回荆州的艰难路程。当孙权得知刘备已经离去的消息后，立即命将追赶。后来，他仍放心不下，又派出第二批人马，并将自己所佩宝剑赐于部将，命令他们一旦追上，先斩刘备与其妹孙仁。原来周瑜对刘备也早有提防，他也派出将领统率3000人马在去荆州的路上驻扎拦截。这样一来，刘备的处境就十分险恶，前有周瑜部下的堵截，后有孙权派出的两批追兵。在这种危急的情况下，赵云在拆视了第三个锦囊之后，就搬出了孙夫人，孙夫人以国太爱女、孙权之妹的特殊身份，好歹对付了第一批追兵和周瑜布置的队伍。最后，刘备等终于在诸葛亮的巧妙安排和接应下，化险为夷。正当刘备、诸葛亮等舍步登舟逆水而上的时候，又见周瑜亲自带领无数战船气势汹汹地追来。刘备等见状就弃船上岸，改乘车马前行。周瑜也穷追不舍，登岸继续追赶。当他追至黄州地界时，遭到了埋伏，关云长、黄忠、魏延等大将合力杀来，周瑜被打得大败。当周瑜下船逃命时，又听到岸上刘备的兵众齐声大叫："周郎妙计安天下，赔了夫人又折兵。"至此，自作聪明、争胜好强的周瑜的"美人计"破灭。他羞愧恼怒至极，大叫一声，昏死过去。

李光弼的美马计

唐代“安史之乱”时，大将李光弼带兵与叛将史思明对阵，两军互有胜负，相持不下。但史思明骑兵颇强，因为他有从塞北带来的良马千匹在军中服役。这些马都是公马，个高劲大，跑得快，冲力大，对起阵来对唐军威胁颇大。

史思明也视这批马为宝贝，没有战事，便让人赶这批马去河边洗浴、放牧。日久天长，李光弼终于想出一条获取这批良马的计谋来。

他传令城中，以高价收购百姓的带驹的母马，不几日便收到母马、马驹各500匹。这天，李光弼见叛军又把马赶到对岸河边放牧，便传令把收来的那批母马赶出城去，而把马驹留在城中。

母马来到城外河边，挂念城中的马驹，不时回首鸣叫。叫声引起了对岸叛军的公马的注意，它们都不吃不喝，仰起头来向河这边张望。不知哪匹公马首先动了情，下河向这边游来，一下子带动了所有的公马。放牧的敌人拦也拦不住。唐军赶马人见状，忙松开缰绳，那500匹母马怀念城中的驹子，撒脚就往城中跑。敌人的马刚过河上岸来，也随那批母马跑将起来。敌人闻听丢失了良马，忙遣大队人马来拦截。还没等敌人打过河来，那批马已随唐军的母马进了城，被一个个捉住，补充到唐军骑兵中。自此李光弼的骑兵战斗力大增，使叛军吃了不少苦头。

李光弼把“异性相吸”的道理运用到战马上，巧施“美马计”，没费一兵一卒便夺得了叛军千余匹良马。

战时的东方舞星

第一次世界大战期间，有一名被誉为“东方舞星”的德国女间谍被法国人枪毙了。她叫玛塔·哈丽，一个荷兰农场主和印度尼西亚爪哇女人的混血儿。因此，她既有黝黑光洁的皮肤和一头东方人的黑发，又有丰满身躯的白种人风采。少女时代，玛塔·哈丽就充分地意识到自己对男人的巨大诱惑力，并深知如何运用诱惑的技巧。

她与丈夫离婚回到了欧洲，在巴黎，跳起了印度尼西亚舞蹈，从此走了红。德军统帅部的军官巴龙·冯·米尔巴赫在看到她为几个工业巨头作即兴表演时，感到这是一块难觅的间谍好料。于是，将她招募了。

玛塔·哈丽天资聪颖。她很快将她的“表演”天才运用到她的新行当里，使她的谍报工作得心应手。她使用女间谍最强大的武器——柔顺的躯体，从那些贪图欢乐、迷恋女色的大臣、将军的口中源源不断地套取情报。

玛塔·哈丽还成功地窃取了俄国的作战计划。那是大战前夕，一天，一位年轻英俊的俄国军官登上了一辆开往柏林的快车，进了五号包厢，这位年轻的军官叫勒伯夫，他抱着公文箱，内心十分紧张。里面是一份作战计划，事关俄国西线几十万士兵的生命。这时他才发现对面坐着一位楚楚动人、姿容华贵的贵妇人。关上包厢门，贵妇人给他送来了一个秋波，两人便愉快地交谈起来，交谈中，勒伯夫了解到这位是伯爵夫人，但她的家庭“不怎么幸福”。伯爵夫人给了他在柏林的地址，并邀请他去做客。

勒伯夫十分为难，他巴不得到伯爵夫人家去做客，无奈身不由已。这趟车到柏林是17时20分，而17时45分他必须踏上另一列开往巴黎的列车。

车到柏林后，他们恋恋不舍地告别了。勒伯夫若有所失地在站台上转了几圈就登上了开赴巴黎的快车。

发车时间到了，但列车还没有动。列车长抱歉地说：“先生们，女士们，由于前方铁路故障，本次列车今夜不能运行了。”

天助我也！勒伯夫只觉得浑身热血沸腾，他跳下列车，叫了辆出租车，按着贵妇给的地址，急驶而去。

他的突然到来使贵妇人大喜过望。她热烈地拥抱了他，并轻轻地说：“伯爵有事出去了。”说完，意味深长地盯着他。

伯爵夫人设宴款待他，微暗的灯光下，伯爵夫人更加容姿焕发。她几次把酒送到他嘴里，丰满的胸部有意无意地在勒伯夫肩上停留一会儿。

勒伯夫开怀痛饮，渐渐支持不住了。朦胧中，他觉得伯爵夫人扶他上了床，解开了他的衣扣……

一觉醒来，勒伯夫想起了公文箱，就在床头柜上，他打开锁，文件一份不少，他放心地告别了伯爵夫人。

半个月后，勒伯夫突然被俄国秘密警察逮捕了，他大惑不解。

“你光顾跟伯爵夫人睡觉，文件都让德国人拍了照。”警察冷冷地告诉他。勒伯夫这才明白上了伯爵夫人的圈套，一下子瘫在地上。

法国使馆的燕子

克格勃的性间谍活动在1956年钓到了一条大鱼——法国驻苏大使莫里斯·德让。经过克格勃一系列的策划，德让在苏联文化部长的陪同下参加了一个文化沙龙，有一些著名的女演员出席。德让被介绍给了一位叫莉迪亚·柯文斯卡娅的妇女。这是一个乳房高耸的黑发女子，是一只十分迷人的燕子。通过各种宴请和巧妙安排，德让和莉迪亚已经打得火热，克格勃已经掌握了一批有用的照片了。1958年当克格勃探听到戴高乐可能任下届法国总统时，因德让是戴的密友，他们又换了一只燕子，这是个高挑个、体态苗条的女演员，名叫拉丽萨·克朗伯格·萨伯列夫斯卡娅。她那强烈的个性和野猫似的神情对男人有极大的吸引力。结果，德让又与她姘上了。

克格勃准备收网了。当拉丽萨在自己的公寓脱光衣服与德让做爱时，两个克格勃人员破门而人，一个扮演她的丈夫，一个扮演同情他丈夫的朋友。他俩让发抖的德让穿上衣服，准备跟他闹个没完。

当晚，这位焦急的大使向一位苏联朋友吐了真情，那位苏联朋友给大使找了一位有力的苏联官员奥列格·格里班诺夫。这位官员听了德让的叙述，显然非常同情他。

据说，经过很艰难的工作，那位“丈夫”已经同意不去控告了。德让喜出望外，十分感激地向格里班诺夫表示了谢意。这个不可告人的秘密只有他们俩人知道了，于是德让大使同格里班诺夫形成了一种特殊的关系。而大使不知道格里班诺夫是克格勃的中将，整个事件是他一手策划的。克格勃期望，到时候大使将偿还这笔债务而且要本上加息。

这以后，克格勃用性谍报战术毁掉了法国大使馆的许多官员。空军武官路易斯·吉保上校被克格勃的窃听器探明上校和妻子不和后，克格勃美丽的燕子和他挂上了钩，他来到一个金发女郎的公寓里，并被拍照录音。1962 年，克格勃决定收网，吉保上校被邀请到克格勃总部，向他出示了这些照片。

克格勃威胁说：“上校，你有两条路可走：或是同我们合作，或是我们公布这些材料。”

然而，上校却走了第三条路，回到使馆，拔枪自杀了。由于克格勃中有人叛逃，法国才知道自己的大使落入了克格勃的性谍报圈套。德让大使被召回法国，戴高乐将军耸了耸肩膀对他说：“你是到处睡觉啊，德让。”

二战中的“月亮女神”

在第二次世界大战中，有一个代号为“月亮女神”的美国人贝蒂·索普加入了英国情报机构。1937 年，贝蒂被派往波兰华沙，她棕色秀发，碧绿大眼，身段窈窕，几乎令人不可抗拒。她勾引了波兰外交部长的一位副手，搞到了破译德国密码的诀窍。二战爆发后，她被派到美国华盛顿，在市内的乔治敦区的一所房子准备了一个安乐窝。她先拿一个意大利海军武官开刀，这武官年纪已不小了，却甘愿堕入她布下的情网。这个意大利人向她提供了密码本。皇家海军破译了意大利东地中海海军的全部信号，1941 年 3 月 28 日，该舰队在希腊马塔潘角的外海全军覆没。

英国情报机构又交给她一项艰巨的任务，设法猎取法国维希政府驻华盛顿大使馆与欧洲之间定期往来的全部通信。

这位女间谍走进使馆，接待她的是夏尔。布鲁斯，40 岁上下，是个美男子。立刻，两人都吸引住了对方，热恋就开始了。在“月亮女神”的要求下，夏尔帮她搞到了全部通信的抄件，还得到有关该使馆一月活动的每日报告。这些情报的价值是不可估量的。

英国情报局胃口越来越大，竟然要求“月亮女神”设法搞到密码本。然而，谈何容易，大使馆内日夜有人守卫，还有很凶的狼狗。他们制订了一个大胆的方案：夏尔佯装要与索普晚上在使馆内约会，给了夜班警卫一笔可观的小费。晚上，他俩将撬锁专家放进密码室，两人却脱光衣服，在长沙发上搂抱。值班警卫用手电筒照到了他们，不好意思地逃掉了。就这样，她从保险柜中弄到了密码，使同盟国掌握到登陆期间维希海军的一切计划和动向。

身手不凡的克格勃“乌鸦”

克格勃的乌鸦们更是身手不凡。1973年春天的一个傍晚，联邦德国军需部机要秘书霍恩斯卡娅处理完公务，提着手提包，缓步回单身公寓。这是一个相貌长得很难看，没有胸、腰、臀的36岁老处女，从没有一个男人向她表示过爱。

当她走到格林滕斯大街时，发现前面有一个衣着整齐的男人，手拿一张纸条，正四处张望。

她步履匆匆从他身边掠过。这时那个男的彬彬有礼地问这条街上有没有“红茶公寓”。她在这儿住了十几年，天天从这条街上走，从没听说过有“红茶公寓”。

“天哪，我上当了。”男人惊呼道，他手里拿的是从报纸上剪下来的征婚启事：某女，28芳龄，容貌秀丽，欲觅诚实、厚道男子为偶。有意者，请与波恩南区格林滕斯街红茶公寓502室户主联系，云云。

霍恩斯卡娅很同情这个不幸的男子，给她解释了半天。男人也很感动，拘谨不安地请她去喝杯咖啡。

她的表情已回答了他，他们同时开步了。从此，他们相识了。他总是那样含情脉脉，时而用他那双热情洋溢的眼睛久久盯着她。终于有一天，他们拥抱在一起了，两行泪从霍恩斯卡娅紧闭的眼帘下喷出来，36年了，第一次……

半个月后，他们名正言顺地结婚了。克格勃总部的档案柜里有了这样一份档案：

佳莉·霍恩斯卡娅。女，未婚，无党派。西德联邦军需供应部机要秘书，地址：波恩南区格林滕斯街，8幢，406室……

这份档案详细地再现了霍恩斯卡娅过去的36年，还对她的心理特征进行了透彻的分析：

“典型的受压抑的老处女孤独症，但尚无反常行为。其貌不扬，甚至算得上丑陋，不受异性注意，情场不顺利，或者根本没有进过情场。但是像这类对自己的容貌失去信心的老处女心底通常蠕动着岩浆般的灼烈感情。一旦奔涌而出，其势不可阻挡。关键在于如何诱发这股‘岩浆’，并攫住它……”

结婚后，霍恩斯卡娅的档案材料在增厚……

“毫无疑问，她感情的闸门已被我打开。这个开关已掌握在我手中……

“按预定计划，第一阶段必须最大限度地触发她埋藏已久的情感，使她尝到甜头，并深深陷进去。这一步看来已完成。现在我要对这股汹涌的情感稍加‘调试’，让它朝我指定的方向流去……

哈里萨就是那格林滕斯街上春夜邂逅的温顺、善良、体贴的男人，后来成了她的丈夫。

不久，多情的新郎便倾吐了难言之苦：先父去世前留下一笔债务，如今债主上门要儿子替老子还账。否则，将他剁成肉块……果真，两个星期后，一封杀气腾腾的匿名信投到了这对新婚夫妇门下。

丈夫绝望地抱住了丧魂失魄的新娘，两人抱头痛哭，大有末日来临之势。

债主带来了信息，那笔数目大得惊人的债，可以用实物偿还。她办公室的资料就可以。

探明事理的丈夫坚决不同意这么做，夜深人静，霍恩斯卡娅抚摸着丈夫坚实的胸脯，心潮澎湃。温柔，体贴，热情，多好的丈夫，而相比之下，自己则不禁自惭形秽：芳龄早逝，其貌不扬。

她脆弱的防线崩溃了。一个星期后的周末，她终于从办公室里带出了一份有关国防军后勤供应系统的机密资料复印件。从此，联邦军需部里的机密、绝密情报便源源流向克格勃总部。

整整 12 年，这个毫不引人注目的女间谍大肆盗窃机密，只是由于克格勃上层人物的叛逃，向西方谍报机关揭露，人们才知道。然而，霍恩斯卡娅已经逃到东德，要求“政治避难”。

艾莉娜潜伏到古巴

美国中央情报局在利用性间谍方面，也不甘落人后。60 年代，中央情报局派出一名女间谍艾莉娜潜伏到古巴，任务是侦察苏联运入的洲际导弹。

艾莉娜在古巴的一个幽静地方定居下来，这是一个宁静而又充满诗情画意的村庄。闲来无事，只是捉蝴蝶，把它制成标本。在她的别墅的墙壁上挂满了蝴蝶标本，还有一张奖状是美国昆虫研究院赠给她的。在外行人看来，她是一位很出色的蝴蝶专家，有一张报纸刊登她的玉照，称她为蝴蝶女郎，这一切都是中央情报局的安排。她的别墅旁有一条公路，古巴外交部次长查理士每天骑马必须经过这里，再者，查理士已经 67 岁了，他喜欢早上骑马缓缓而行，饱览路旁景色。他对蝴蝶也很感兴趣，经常捉蝴蝶放在手掌上欣赏。艾莉娜显然同他有共同爱好和语言。

一天，查理士骑马在公路上缓缓而行，一个漂亮的女郎牵狗而过。突然狗扑上去，马受惊，竖起了前蹄，长嘶一声。狗脱绳而逃，少女受惊晕倒。查理士急忙勒住马，下马把少女救起，随后协助她把狗找了回来，并亲自送少女回别墅。从此他们成了亲密的朋友。

虽然就年龄而言查理士完全可以做艾莉娜的祖父，但是他还是堕入情网。在他看来，她正是一只美丽的蝴蝶。就这样，蝴蝶女郎成了查理士的情妇。他俩情意绵绵地度过两个月，艾莉娜已知道了一切所需要的情况，并提供给了中央情报局。结果中央情报局派秘密特工炸毁了古巴的洲际导弹隐蔽库。

古巴当局怒不可遏，开始寻找泄密原因。一切了解此秘密的人都受到审查。他们派人跟踪查理士，进而了解到艾莉娜的情况。古巴当局不想贸然拘捕她，就先派人去她的住处调查。一天，一个路过的游客进屋要杯水喝，并向她问长问短，同时也涉及到蝴蝶之类的知识，她说不上来。此人走后，她感到不妙，便急忙溜了。

艾莉娜走时，没有给任何人打电话，更没有人知道她是如何出走的。当晚，查理士去找她时，被古巴情报人员拘捕。

艾莉娜返回了中央情报局，显然，上司对她很满意。

谢莉尔计取瓦努努

1986年9月的一天，以色列内阁总理佩雷斯突然被一个密电所震惊。原来在以色列迪莫纳核研究中心工作的技术员莫迪凯·瓦努努因同情阿拉伯人，被该研究中心于1985年10月以“工作表现不很好”除名。为施报复，瓦努努愤然离国，经泰国，辗转到澳大利亚、英国，并向英国《星期日泰晤士报》泄露了以色列核武器工厂内幕，从而使以色列隐匿了30年的核秘密面临大曝光。佩雷斯总理在听到这条消息后，就立即向以色列情报机构“摩沙迪”下令，不惜一切代价，务必于9月底以前将瓦努努捉拿归案。

以色列的“摩沙迪”在接到命令后，通过其情报网，很快得知瓦努努住在伦敦的蒙巴顿饭店，这是《星期日泰晤士报》内幕报道组人员特意为他安排的。但如何将瓦努努捉回以色列呢？在“摩沙迪”接受命令时，佩雷斯总理一再强调：“摩沙迪”执行任务时，不能触犯英国法律，以免使撒切尔夫人为难。这样就要求“摩沙迪”必须设法将瓦努努诱出英国领土，随后加以逮捕。“摩沙迪”组织经过一番周密研究，终于决定以美人计来捕捉瓦努努。诱使瓦努努的主角是以色列的特工人员谢莉尔。谢莉尔于1986年9月20日来伦敦，在埃克尔斯酒店落脚，登记本上自称美国人，名欣蒂，家在佛罗里达州。谢莉尔的任务是以谈对象为名，接近瓦努努，将他诱出英国，然后“摩沙迪”伺机绑架他。

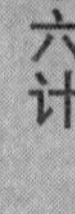

瓦努努在泄露以色列核计划后，心里十分紧张，他深知“摩沙迪”的厉害。他不断要求变换住址，跟外界也极少来往。9月24日，就在瓦努努搬到蒙巴顿饭店的第二天，经过多日紧张和孤处，瓦努努在吃完晚餐后去离蒙巴顿饭店不远的伦敦来斯特广场散步。瓦努努欣赏着夕阳，感受着黄昏前广场宁静的气氛，慢慢地他紧张的心情放松了下来。这时，一位金发碧眼的年轻女郎走了过来，她那透着娇媚的微笑、极富线条美的身材和那一身入时的打扮，像一颗磁石，深深地吸引住了瓦努努的那颗孤寂的心。瓦努努不由自主地走上前去，同姑娘攀谈起来。谈话中姑娘告诉瓦努努，她叫欣蒂，是美容化妆师，美国人。他们谈得很投机，直到很晚才分手。瓦努努深深地为欣蒂的美貌和温情所迷，之后的几天他与欣蒂频频约会，双方不断出入电影院、咖啡厅。《星期日泰晤士报》记者让瓦努努谨慎行事，以防万一的忠告，早已被他忘得一干二净。9 月 29 日，欣蒂突然对瓦努努讲，她想要去意大利罗马她姐姐那儿呆几天，问瓦努努是否愿陪她前往，并答应瓦努努到她姐家后他俩可以同居。瓦努努经过这几日的交往，对欣蒂已是深深迷恋，他经不起诱惑终于答应了欣蒂的要求。当晚欣蒂订好了飞机票。9 月 30 日欣蒂和瓦努努乘坐英国航空公司的 504 航班飞抵罗马。当瓦努努一跨入欣蒂所说的“姐姐”家时，却遭到了两名早已等候在这里的“摩沙迪”人员的猛击。等他醒来时，瓦努努发现自己已被戴上手铐，关在一艘正高速驶往以色列的快艇上。“摩沙迪”成功地完成了总理所交给它的任务。

自古道，英雄难过美人关。“美人计”的运用，关键在于以美色吸引和打动对方，而又要做得恰到好处，不露破绽。谢莉尔所以能迷住瓦努努，重要的是她选择了瓦努努紧张多日、思想刚一放松的难得之机，以媚态色相相勾引，正中瓦努努下怀。这就决定了此计的成功。

摩沙迪窃走米格飞机

1967 年夏的一天，天赐良机，以色列“摩沙迪”的一位女成员在巴格达的一次招待会上认识了穆尼尔·雷法迪。雷法迪是伊拉克的一名优秀飞行员，驾驶着从苏联引进的最先进飞机——米格 21 飞机。摩沙迪得知这一消息后，随即作出反应，决定窃走米格 21 飞机。他们命令自己的女间谍使用美人计，诱使雷法迪同以色列合作。

这位以美国人身份公开活动的女间谍遵照上司旨意，以她迷人的魅力，与雷法迪频频约会。很快，女间谍得知雷法迪对政府令他用飞机轰炸库尔德人居住区十分不满，并由此对犹太人怀有某种敬意。女间谍从此对雷法迪更加亲近了，他们俩人之间的友情不断发展。正当他们的感情发展到如胶似漆时，一日，这位“美国姑娘”提议去欧洲旅游，雷法迪毫不犹豫地答应了。但是，当他们到欧洲时，这位美人告诉雷法迪，欧洲又不是他们的目的地，以色列首都特拉维夫才是旅行的目的地。为姑娘美貌深深迷住的雷法迪，竟然同意了姑娘的要求。

在特拉维夫，以色列空军司令莫德凯·霍德将军亲自会见了雷法迪，并为雷法迪窃取米格 21 飞机制定了一个详细计划。摩沙迪分析穆尼尔·雷法迪是经过苏联安全部和伊拉克安全部门精心挑选和严密考察之后才获准驾驶米格 21 这一当时世界先进飞机的。雷法迪驾驶技术高超、经验丰富、富有才华，又是伊拉克空军大队长，这一切都使他的行为一般不会受人怀疑。因此摩沙迪决定要雷法迪利用正常的单独巡逻之机，在俄国军事顾问和伊拉克的雷达监视下将飞机窃至以色列。为使雷法迪解除后顾之忧，在雷法迪驾机叛逃之前，摩沙迪悄悄地、未引人注目地将雷法迪一家接至了以色列。

回到伊拉克几个星期后，时机终于来了。一天，雷法迪又要按正常规定进行单独巡逻了，这也正是摩沙迪所定的窃机日子。雷法迪镇定自若地走向自己的飞机，他要求机械师将油箱内的燃料填满，副油箱也如此。这一要求明显违反俄国顾问的规定：

即燃料限定在执行任务所必需的最低数量之内。由于伊拉克人认为俄国的这一“安全措施”是不信任他们，加上雷法迪平时总是“规规矩矩”的，机械师并未对雷法迪多加燃料的要求有什么怀疑，给飞机主油箱、副油箱全加满了油。

飞机起飞了，方向是巴格达。当飞出基地的视野之后，雷法迪扭转方向直飞以色列。他按照以色列人的设计方案飞行着。当雷法迪到达约旦河上空时，伊拉克人还未发觉米格21飞机出事呢。也就在这时，早已等候在这里的一队以色列海市蜃楼式飞机凌空而起，为这架窃得的米格21飞机护航。十几分钟之后，这架米格飞机在以色列内格夫沙漠的一个军事基地降落。

以色列“摩沙迪”窃走米格21先进飞机之所以能够成功，在于其一连串智谋的成功运用。先是用美人计拉住了伊拉克飞行员雷法迪，后又设法消除雷法迪的后顾之忧，关键的一步又采取了瞒天过海之计，终于使摩沙迪窃机的大胆计划取得成功。

考佐夫情俘船王之女

1978年8月1日，全世界各大报纸、电台，同时登载播出了一条特大新闻：世界巨富、已故希腊船王阿里斯托特·奥纳西斯的惟一继承人、现年20有余、风流放荡的克里丝蒂娜，同苏联一个默默无闻、已30岁开外的普通职员谢尔盖·考佐夫结为连理。消息传开，令世人惊奇不解。

克里丝蒂娜的父亲奥纳西斯拥有总吨位为600万吨、共52艘巨轮的船队。吨位数是苏联整个国家拥有轮船吨位总数的2倍半。他的资产估计有20亿美元。但是，命运多难，奥纳西斯在同第一个妻子离异后，虽和美国前总统肯尼迪的遗孀结婚，很快却又分手。接着而来的是儿子因飞机失事而丧生。1975年，奥纳西斯自己也命归黄泉。留下的孤女克里丝蒂娜自然就掌握了这笔庞大的遗产，从而成为世界无数名人垂涎的目标。而这个20几岁的千金小姐，已有过两次婚姻记录了。

1977年，苏联外轮公司职员谢尔盖·考佐夫来到巴黎工作，不久就与克里丝蒂娜相遇。考佐夫举止文雅、满腹学识、谈吐不凡。那时西方各船队普遍都为货源不足而头痛，考佐夫主动告诉克里丝蒂娜，苏联外轮公司愿意租用她的公司的船只，付酬优厚。这使克里丝蒂娜非常感激。由于考佐夫谈笑风生又温柔体贴，克里丝蒂娜对他的好感越来越强。他们先是因商业工作接触，慢慢则向心灵深处发展。孤独的克里丝蒂娜心灵正是脆弱的时候，她一下坠入情网，无力自拔。然而就在这时，考佐夫被一纸命令调回莫斯科。克里丝蒂娜这时已完全不能离开考佐夫了。她急忙请人打听考佐夫的下落，又托西方国家使节向莫斯科带话。好不容易，考佐夫来了信，他说自己离不开苏联，让克里丝蒂娜来莫斯科会面。心焦如焚的克里丝蒂娜连1分钟也不耽误地来到莫斯科。久别而聚积起来的爱情的渴望再也无法抑制了，他们订下了终身。考佐夫有家室不要紧，他迅速与妻子办好了离婚手续。

结婚后开始的一段日子，夫妇俩情深义重，融洽非常。他们先去贝加尔湖欢度蜜

月，然后在莫斯科定居。腰缠万贯的女船王表示，她愿意在莫斯科物质极差的条件下生活下去，只要和考佐夫在一起。她还希望在苏联生下她和考佐夫的儿子。

然而，希腊的奥纳西斯家族和希腊情报机关却焦急不安。希腊情报部门掌握的大量情报证实，谢尔盖·考佐夫是苏联克格勃的特务，他的任务是向莫斯科提供有关西方石油的储备、供应和运输情报。希腊反间谍机关确信，西方石油公司和奥纳西斯公司的许多重要情报，已经和正在源源不断地被送往莫斯科。希腊反间谍专家几次向克里丝蒂娜提出警告，但克里丝蒂娜认为这是天方夜谭，毫无所动。她振振有词地反问希腊警方："谁看见考佐夫手拿照像机偷拍文件材料了？我反正没看见！你看见了吗？"当然，警方也没有见到。因此，没有现行证据，也只得听之任之。幸而就在克里丝蒂娜与考佐夫结成百年之好不到 10 个月，她就对莫斯单调的生活忍受不下去了。克里丝蒂娜要回巴黎，苏联不给她出国护照。她最后提出离婚。拖了不短时间，终于在 1980 年 2 月，结束了这场离奇的婚姻。

希腊警方的断言没有错，谢尔盖·考佐夫正是苏联克格勃的成员。他的苏联外轮公司派驻巴黎代表的工作只是一个公开身份，他的任务是利用工作之便，广泛收集西方石油、航运方面的重要经济战略情报。他在巴黎遇到克里丝蒂娜，可算是一个额外的收获。克格勃闻知如获至宝，指示他全力以赴，利用感情作为诱饵来捕获克里丝蒂娜，使她落入爱河。当看到克里丝蒂娜已经与考佐夫形影不离了，克格勃就故意把考佐夫调回苏联，以调克里丝蒂娜的胃口，使她无法忍受分离，以至不再犹豫，断然决定与考佐夫结合。

在这场演得非常逼真的爱情戏的最后，考佐夫居然还向克里丝蒂娜提出，以平分两人婚后所得企业利润为条件办理离婚手续。克里丝蒂娜最终用一艘船为代价重新赢得了"自由"。

利用男女之间的感情设置诱饵，勾引对方落入陷阱，为自己谋取巨大的政治经济利益。这种手段能够达到的目的，常常是任何其他方式都达不到的。

海因兹痴迷堕情网

1985 年前后，西德政府曾披露，近几年抓获的 316 名间谍里，为数最多的是以性取胜。仅仅在联邦政府里，就有 10 多名女秘书被拉下水。波恩有关部门在街头贴出了广告画，告诫人们："当英俊的小伙子向你微笑时一定要当心，这可能会使你因间谍罪入狱！"联邦政府各部门都贴着如下的布告："警惕暗中的唐璜般好色之徒，甜言蜜语能撬开保险柜！"

隆诺·海因兹百无聊赖地呆在公寓里，不知做什么好。这是一个周六的下午，姑娘们都出去约会游玩去了，而这个任西德外交部秘书的 35 岁老处女却早已没有男子的垂青了。正当海因兹寂寞难耐的时候，门铃响了。她打开门，吃了一惊：门口站着一个仪表堂堂、风度潇洒的男子，他手里捧着一束鲜艳的玫瑰花，脸上却有一种忐忑不安的神情。

“您好，格特弗里德小姐，”他看到海因兹迷惑不解的样子，有些窘迫地说：“难道您不是格特弗里德小姐吗？那我一定是弄错了，看来我上了一个玩笑的当了。”陌生男子忙把手里的玫瑰花递过来：“太抱歉了，请原谅我的失礼，把这些玫瑰收下吧！”

海因兹小姐从来没有遇到过这样的事情，她那刻板的生活始终被每天大量的机密文件所占据，她好奇地问：“您来这找谁?”

男子温存文雅地递过一张名牌：“我叫谢特林，怎么说呢？说来话长……”

海因兹对他顿生好感，于是她微笑着请他进屋，喝一杯咖啡。

两个人坐下，谢特林详细讲了他来这里的经过。他是一个电影摄影师，工作使他一直漂泊不定。因此现在虽已过40，仍然孤身一人。“前不久，我给报纸上的‘寂寞的心’写信，后来收到了一个女人的回信，她寄给我照片和一个地址，我就按这个地址找到您这儿。谁料到，原来这是一个玩笑。唉，不知是什么人在戏弄我这个不幸的人。”

两个孤独的中年男女由于浪漫的误会遇到一起。感到格外亲切，他们畅快地谈了起来。两个人发现，自己很久没有这种倾述心怀的渴望了。两个人都感到好像彼此早就非常熟悉，好像自己长期以来期待的就是对方。接下来，他们一起看电影、听音乐、吃饭，一起在温馨的夜风中漫步于莱因河畔。谢特林对海因兹关怀备至，体贴入微。很快，两个人宣布结婚，成就百年之好。这时，谢特林开始要求海因兹把外交部的机密文件拿回家里。被迟来的爱情弄得痴迷如醉的海因兹想尽办法满足丈夫的要求。她做了一个特殊的手提包，里面有一个夹层，每天上班时带上它，把文件偷偷放在里边，中午带回家，下午上班时再把文件放回去。这样整整6年，她为谢特林带回了3000多份秘密文件，其中包括北大西洋公约组织“法拉克斯”和“法拉克斯66”两次军事演习的详细情况，而这两次演习是为了检验西德武装力量的战斗准备情况和北约防御准备情况的。文件中还有1963年在加拿大举行的一次北约重要会议的备忘录，有西德为对付苏联情报活动而部署的每一个反间谍计划的材料。

有“美女计”，就必定会有“美男计”。除了进攻对方的性别不同外，二者在各方面同出一辙。女人在情感方面的需要比男性更迫切，因此以情感为诱饵，或直接或间接地拉其入伙，为己所用，一般对方是无法察觉更难以抵御的。

美国工程师身陷美人计

1966年夏天，一位在与美国空军订有合同的公司工作的美国工程师来到苏联，他是来进行休假旅行。在莫斯科和列宁格勒，工程师都遇到一些主动热情、美丽动人的姑娘。愉快的经历，使工程师觉得长期以来听说的关于西方人在苏联如何遭到冷遇的传言都带有极大的偏见。

一天，他走进哈尔科夫的一家餐馆，服务员让他和一位漂亮的金发少女同坐一桌。两个人愉快地谈了起来，很快地，他们变得非常熟悉。姑娘英语说得很流利。他们约好第二天晚上再共进晚餐。

第二天，两人在一个公园的餐厅吃完饭后，姑娘领他通过一条黑暗狭窄的小道来到圆形剧场旁边。工程师和少女在长凳上热烈地拥抱。就在工程师忘却一切的时候，少女突然用俄语大声喊叫起来。

树丛中随喊声立刻跳出十几人，同时照相机的闪光灯闪烁不停。工程师还没明白发生了什么事情，已经被以强奸未遂罪逮捕。

在克格勃办公室里，一个军官告诉工程师："如果您认罪，只判您 3 至 8 年刑；如果不认罪，将有 6 至 10 年刑等着您。"

美国人说："请叫美国大使馆来人。"

"可以，但要等判决之后"，军官接着说，"当然，如果您同意和我们合作的话……"

工程师被关进单人牢房。在孤立无援和严酷的恫吓下，美国人屈服了，答应"合作"。3 天后，他被带到莫斯科，软禁在一家旅馆套间里。6 天之中，他被迫向克格勃专家详细讲述了空军的绝密研究。克格勃强迫他宣誓当苏联间谍，约定第二年 12 月在墨西哥与克格勃人员接头。

毫无疑问，这是克格勃定下的计谋，那个美丽的姑娘，也是克格勃安排的特工。

雪国耻西施立功

公元前 496 年，越王允常去世，勾践继承了王位，吴王阖闾不听伍子胥的劝阻，趁越国办丧事之机，出兵攻打越国。战斗中吴王阖闾右脚负伤，回到吴国后几天就死了。由嫡子夫差继承吴国王位，决心为父报仇。公元前 494 年，吴王夫差发兵攻打越国，勾践在会稽山被围，被迫与吴王讲和，表示情愿当吴王的顺从臣下。勾践夫妇作为人质在吴国小心伺候吴王，受尽屈辱，取得了吴王的信任，3 年后被赦回到越国。勾践回到越国后，卧薪尝胆，立志雪耻复国。勾践与文种商量复仇大计，文种向勾践献上破吴七计，其中的第三计就是美人计。为了实施美人计，越国大夫范蠡找到了深明大义的美女西施和郑旦，把她们送给夫差。西施不但相貌绝美，而且能歌善舞，才干过人，很快得到夫差的宠爱。夫差对西施可谓是言听计从。于是西施便和郑旦用计竭力挑拨吴王夫差和重臣伍子胥的关系，借夫差的刀杀掉了足智多谋的伍子胥。极大地削弱了吴国的力量。公元前 473 年，越王勾践分析时机已到，便带领大队人马攻打吴国，包围了夫差，夫差被迫自杀，越国大获全胜，不久称霸一方，成为春秋五霸之一。

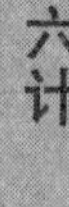

堕情网布鲁斯听命

在第二次世界大战中，有一位服务于英国情报机构的女间谍，名叫辛西亚，以其姿色和非凡的智慧与勇气，获取了敌国大量的政治、军事情报，为英国在二次大战期间制定政治、军事策略立下了汗马功劳。

辛西亚1910年出生美国，1937年以后，成为一个地道的英国专业情报员。她的工作使指挥英国间谍活动的斯蒂芬森非常满意。不久，斯蒂芬森要求辛西亚搞到法国维希政府驻华盛顿大使馆和欧洲之间定期往来的全部邮件，即全部信件和电报。

辛西亚发现使馆负责新闻工作的布鲁斯是个40多岁的中年男子，1940年曾与英国皇家空军有过良好的关系，他忠于维希政府，但不喜欢德国人。辛西亚决定以一个同情法国维希政府的美国女记者的身份，要求采访维希政府驻美大使，这样就可以先找负责新闻司务的布鲁斯上尉取得联系。

一天，有意打扮的辛西亚来到法国驻美使馆，见到布鲁斯，她的气度和美貌立刻吸引了布鲁斯。第二天，布鲁斯派人送来了鲜花和请柬，邀请辛西亚与他共进午餐。以后，辛西亚又在自己的寓所接待了布鲁斯，两人很快便打得火热。

但是，由于布鲁斯对工作情况守口如瓶，辛西亚一时无法搞到情报，这下可把蹲在纽约的斯蒂芬森急坏了。

正在这时，维希政府为了紧缩财政开支，决定裁减外交人员，布鲁斯也属于裁减之列。他对此很不满，请求大使继续留任他。最后，大使以只领一半薪水为条件答应了他的请求，但这对于过惯上流社会生活、挥金如土的人是不能接受的，何况他又有家室呢？无可奈何，布鲁斯决定回国。辛西亚向上司报告了这一情况，上司决定由英国情报机关出钱，通过辛西亚去“补助”布鲁斯的薪俸，好让他继续留在使馆，有朝一日，为英国做事，辛西亚找到了布鲁斯，说是自己已经迷恋了他，离不开他，希望他继续留在使馆任职，并暗示，她可以在经济上帮助他。聪明的布鲁斯这时竟也怀疑她的动机，并向她提出种种疑问，这时辛西亚索性孤注一掷，承认她是在为美国情报机构干事，需要布鲁斯的帮助。并说只有这样，他们俩人才能始终呆在一起。

从此以后，布鲁斯便忠实地为辛西亚提供她感兴趣的信函、电报、文件及其他情报了。

丘吉尔政府决定1942年底进攻法属北非地区和马达加斯加，迫切需要搞到维希政府海军的通讯密码。斯蒂芬森把这一任务又交给了辛西亚。这种密码共有几大巨册，密藏在机要室的保险柜里，除了大使和负责密码的军官，其他人连看到都不可能。当辛西亚把这个任务告诉布鲁斯时，布鲁斯大吃一惊，连连摇头，说这是异想天开。于是，辛西亚只好铤而走险，自己去找译电员，译电员是个年轻伯爵，十分狡猾，从辛西亚那里得到“好处”后，不但不提供帮助，还告发了辛西亚。辛西亚一出问题，布鲁斯也势必会受牵连。于是，布鲁斯只好与辛西亚同舟共济，先发制人，向

大使告发了那位伯爵对辛西亚有非分要求，遭到美丽的辛西亚的拒绝；还说伯爵在背后散布大使的桃色新闻，如此等等，惹得大使大为恼怒，一气之下，把伯爵调离了机要室。

这下，辛西亚、布鲁斯总算渡过了难关。此后，布鲁斯更坚定了决心，协助辛西亚偷出了密码，完成了上司交给的任务。

盟国得到通讯密码之后，于 1942 年 6 月攻克了马达加斯加，尔后又在阿尔及利亚和摩洛哥顺利登陆。盟军在北非几乎没有遇到维希政府的抵抗。有位盟军军官说：辛西亚搞到的密码，改变了战争的进程。

三十六计　第三十二计　空城计

虚者虚之，疑中生疑 (1)；刚柔之际 (2)，奇而复奇。

注释

（1）虚者虚之，疑中生疑：第一个“虚”为名词，意为空虚的，第二个“虚”为动词，使动，意为让它空虚。全句意：空虚的就让它空虚，使他在疑惑中更加产生疑惑。

（2）刚柔之际：语出《易经·解》卦。解，卦名。本卦为异卦相叠（坎下震上）。上卦为震为雷，下卦为坎为雨。雷雨交加，荡涤宇内，万象更新，万物萌生，故卦名为解。解，险难解除，物情舒缓。本卦初六，《象》辞“刚柔之际，义无咎也”，是使刚与柔相互交会，没有灾难。

此计运用此象理，是说敌我交会，相战，运用此计可产生奇妙而又奇妙的功效。

按语

虚虚实实，兵无常势。虚而示虚，诸葛而后，不乏其人。如吐蕃陷瓜州，王君焕死，河西恼惧。以张守圭为瓜州刺史，领余众，方复筑州城。版干裁立，敌又暴至。略无守御之具。城中相顾失色，莫有斗志。守圭日：“徒众我寡，又疮痍之后，不可以矢石相持，须以权道制之。”乃于城上，置酒作乐，以会将士。敌疑城中有备，不敢攻而退。又如齐祖廷为北徐州刺史，至州，会有陈寇，百姓多反。廷不关城门。守陴者，皆令下城，静座街巷，禁断行人鸡犬。贼无所见闻，不测所以，或疑人走城空，不设警备。廷复令大叫，鼓噪聒天，贼大惊，顿时走散。

解析

这则按语又讲了两个故事。张守圭接替战死的王君焕，正在修筑城墙，敌兵又突然来袭。城里没有任何守御的设备，大家惊慌失措。守圭说："敌众我寡，又处在城池刚刚破坏之后，光用石头和弓箭是不对退敌的，应该用计谋。"他让将士们和他一道，坐在城上，饮酒奏乐，若无其事。敌人怀疑城中有备，只有退兵。齐祖铤也用近似的方法退兵，他的做法比张守圭又多一招：等贼兵以为人走城空，不设警备时，突然命士兵大声叫唤，更将贼兵搞得胡里胡涂，只得退兵。

虚虚实实，兵无常势，变化无穷。在敌乘我虚之时，当展开心理战。一定要充分掌握对方主帅的心理和性格特征，切切不可轻易出此险招。况且，此计多数情况下，只能当作缓兵之计，还得防止敌人卷土重来。所以还必须有实力与敌方对抗，要救危局，还是要凭真正实力。

探源

空城计，这是一种心理战术。在己方无力守城的情况下，故意向敌人暴露我城内空虚，就是所谓"虚者虚之"。敌方产生怀疑，更会犹豫不前，就是所谓"疑中生疑"。敌人怕城内有埋伏，怕陷进埋伏圈内。但这是悬而又悬的"险策"。使用此计的关键，是要清楚地了解并掌握敌方将帅的心理状况和性格特征。诸葛亮使用空城计解围，就是他充分地了解司马懿谨慎多疑的性格特点才敢出此险策。诸葛亮的空城计名闻天下，其实，早在春秋时期，就出现过用空城计的出色战例。

春秋时期，楚国的令尹（宰相）公子元，在他哥哥楚文王死了之后，非常想占有漂亮的嫂子文夫人。他用各种方法去讨好，文夫人却无动于衷。于是他想建立功业，显显自己的能耐，以此讨得文夫人的欢心。

公元前666年，公子元亲率兵车六百乘，浩浩荡荡，攻打郑国。楚国大军一路连下几城，直逼郑国国都。郑国国力较弱，都城内更是兵力空虚，无法抵挡楚军的进犯。

郑国危在旦夕，群臣慌乱，有的主张纳款请和，有的主张拼一死战，有的主张固守待援。这几种主张都难解国之危。上卿叔詹说："请和与决战都非上策。固守待援，倒是可取的方案。郑国和齐国订有盟约，而今有难，齐国会出兵相助。只是空谈固守，恐怕也难守住。公子元伐郑，实际上是想邀功图名讨好文夫人。他一定急于求成，又特别害怕失败。我有一计，可退楚军。"

郑国按叔詹的计策，在城内作了安徘。命令士兵全部埋伏起来，不让敌人看见一兵一卒。令店铺照常开门，百姓往来如常，不准露一丝慌乱之色。大开城门，放下吊桥，摆出完全不设防的样子。

楚军先锋到达郑国都城城下，见此情景，心里起了怀疑，莫非城中有了埋伏，诱我中计？不敢妄动，等待公子元。公子元赶到城下，也觉得好生奇怪。他率众将到城外高地眺望，见城中确实空虚，但又隐隐约约看到了郑国的旌旗甲士。公子元认为其中有诈，不可贸然进攻，先进城探听虚实，于是按兵不动。

这时，齐国接到郑国的求援信，已联合鲁、宋两国发兵救郑。公子元闻报，知道三国兵到，楚军定不能胜。好在也打了几个胜仗，还是赶快撤退为妙。他害怕撤退时郑国军队会出城追击，于是下令全军连夜撤走，人衔枚，马裹蹄，不出一点声响。所有营寨都不拆走，族旗照旧飘扬。

第二天清晨，叔詹登城一望，说道："楚军已经撤走。"众人见敌营族旗招展，不信已经撤军。叔詹说："如果营中有人，怎会有那样多的飞鸟盘旋上下呢？他也用空城计欺骗了我，急忙撤兵了。"这就是中国历史上第一个使用空城计的战例。

案例

孔明智设空城计

这个智谋故事见于《三国演义》第九十五回"马谡拒谏失街亭武侯弹琴退仲达"。

三国时期，诸葛亮因错用马谡而失掉战略要地——街亭，魏将司马懿乘势引大军15万向诸葛亮所在的西城蜂拥而来。当时，诸葛视身边没有大将，只有一班文官，所带领的五千军队，也有一半运粮草去了，只剩2500名士兵在城里。众人听到司马懿带兵前来的消息都大惊失色。诸葛亮登城楼观望后，对众人说："大家不要惊慌，我略用计策，便可教司马懿退兵。"

于是，诸葛亮传令，把所有的旌旗都藏起来，士兵原地不动，如果有私自外出以及大声喧哗的，立即斩首。又教士兵把四个城门打开，每个城门之上派20名士兵扮成百姓模样，洒水扫街。诸葛亮自已披上鹤氅，戴上高高的纶巾，领着两个小书童，带上一张琴，到城上望敌楼前凭栏坐下，燃起香，然后慢慢弹起琴来。

司马懿的先头部队到达城下，见了这种气势，都不敢轻易入城，便急忙返回报告司马懿。司马懿听后，笑着说："这怎么可能呢？"于是便令三军停下，自己飞马前去观看。离城不远，他果然看见诸葛亮端坐在城楼上，笑容可掬，正在焚香弹琴。左面一个书童，手捧宝剑；右面也有一个书童，手里拿着拂尘。城门里外，20 多个百姓模样的人在低头洒扫，旁若无人。司马懿看后，疑惑不已，便来到中军，令后军充作前军，前军作后军撤退。他的二子司马昭说："莫非是诸葛亮家中无兵，所以故意弄出这个样子来？父亲您为什么要退兵呢？"司马懿说："诸葛亮一生谨慎，不曾冒险。现在城门大开，里面必有埋伏，我军如果进去，正好中了他们的计。还是快快撤退吧！"于是各路兵马都退了回去。

城墙上的酒宴

唐玄宗在位时，吐蕃侵袭瓜州，杀了唐军的元帅，玄宗派张守桂前去接任。

张守桂到任后，先指挥居民修复城墙，工作还未完成时吐蕃又来犯。城里的人，个个惊慌失措，根本无心应战，张守桂说：

"我寡敌众，又缺乏防备，只得用计退敌了。"

他下令在城墙上举行酒宴，此时有乐队演奏，大声喧闹不已。

兵临城下的吐蕃军目睹此景，疑为城内必有伏兵：遂撤兵而去。

氏叔琮的旗马阵

公元 902 年（唐昭宗天复二年），氏叔琮围攻晋阳（今山西太原南）。

氏叔琮指挥有方，手下兵将猛攻猛打。倒下一个，一大批冲上。晋阳守军给这批杀红眼的汉子吓坏了，军心涣散。眼看晋阳城即将易手。

老天不帮忙，这节骨眼上，氏叔琮军中流行大疫。生龙活虎的将士，一下子四肢无力，再无斗志，氏叔琮急在心里："天不助我，只能退军啊！"

晋阳守将李嗣昭、周德威远远望见攻城队伍如潮退去，不禁心花怒放："此时不追杀，更待何时！"嘎嘎嘎，城门洞开。李嗣元、周德成率兵猛追，刹那间，烟尘滚滚，杀声盈野。

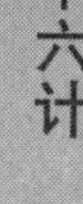

氏叔琮退到石会关（今山西榆社西），心急如焚："再不想出锦囊妙计，真要全军覆灭啊！"他带领随从察看地形。一位随从突然惊呼一声："这山岗高高的，要埋伏一支军队多好。准能打得追兵落花流水！"

氏叔琮眼前一亮："唉，对呀。来个金蝉脱壳之计！"他忙将 30 多位随从叫到身边，一五一十地吩咐。一会儿，将士们忙碌着，刹那间，高高的山岗上插上了一排排整齐的旗帜，一些战马也给系在刚钉好的木桩上。

大队人马继续撤退……

李嗣昭、周德威亲率人马气势汹汹扑来，一座地势凶险的高高山岗扑入眼帘！他们勒马停下，遥观山岗。"哗哗哗！"岗上旌旗飘扬。一忽儿，猛听得那里战马嘶鸣，且越来越响。两人互相打量着对方，不禁心里发毛："莫不是氏叔琮做了圈套，先假装退兵，在此设下埋伏！"他们嘀咕了一会儿，再也不敢向前追击。旌旗猎猎作响，马嘶更猛，似有雄兵正欲出击。李嗣昭、周德成将手一挥："撤回晋阳城!"

一团团灰尘高高卷起，晋阳追兵乖乖地走了。氏叔琮率领的大军平安无事，撤回目的地。

刘坦开城惑敌平叛乱

南北朝时，萧齐的始兴内史王僧粲起兵造反，自称湘州刺史，领兵进袭长沙（今湖南长沙）。长沙太守刘坦素以多智著称，一边调兵迎敌，一边注意内部动向。

长沙城外有家大族很有势力，族长名钟玄绍。他早已接到王僧粲的密信，准备响应王僧粲起事。早有密探把这事报告给刘坦，并打听到钟玄绍就在第二天夜晚动手。

怎么办？大军在远离长沙的边防阻击王僧粲大军，一时间抽调不回来。城内守兵尽是老弱病残，不是王僧粲一伙儿的对手。怎么办？手下人都着了慌。刘坦沉吟了半晌，说："没关系，我们来个疑兵之计。"

刘坦一边派人火速往前线送信，抽调一批人马回城，一边让手下老弱残兵各处调防。折腾了一天，傍晚时候，吩咐手下人一反常规，大开城门。钟玄绍等人夜深人静时果然悄然来到城门外，准备偷袭守门兵。一看，却见城门大开，悄无人声。钟玄绍一下子疑惑起来，早探听到城中白天调动兵马，自己原想偷袭不成就硬攻的，哪料到却城门大开！莫非里面有埋伏。为了慎重起见，他令手下退回，宁愿晚一天起事，也别中了埋伏送了命。

第二天，钟玄绍装作没事的样子来到城中刘坦衙中，像往常那样与刘坦攀谈，准备探点口风。刘坦早看透了钟玄绍的诡计，他一边与钟玄绍虚言周旋，一边暗中派人去查抄钟玄绍的家。

钟氏家人突见官兵到来，又没见钟玄绍的面，一个个不知怎么办才好，任凭官兵抄查。不一会儿，便查到了钟玄绍与王僧粲的来往信件。官兵按刘坦预先的吩咐带上几个钟家主要人物回衙了。

官兵呈上密信，刘坦脸色一变，把信甩给钟玄绍。钟玄绍一看傻了眼，手下人又不在，没办法，只好听凭捕抓。

刘坦公布了钟玄绍通敌谋反之罪，杀了钟玄绍和几个主要人物，当众烧了钟玄绍的党羽名单，安定了民心。派人传令回救部队半路返回前线。

这样，刘坦巧用疑兵，一反常规，开城迎敌，却吓得敌人推迟起事时间，为刘坦平灭叛乱争得了时间。

毕再遇金蝉脱壳巧退兵

南宋抗金名将毕再遇，以智谋闻名。一次，他率军与金兵对垒，久战不决，金兵援军赶到，兵力十倍于宋军，战必不胜，毕再遇准备退兵。可在强敌面前，若贸然撤退，必受敌人追杀，后果是十分危险的。

怎谋退兵之策呢？毕再遇苦思良计，想到了一计，于是秘密安排起来。首先传令军中，做下三天干粮，士兵们自带身上。营帐、旗帜一律不动。又传令手下找来几只活羊，将它们后腿吊起，前腿放在更鼓上，缚好。

夜深了，毕再遇传令，马勒嚼链，兵士衔枚，不准点火，悄然集合，一队队趁夜幕掩蔽向南撤退。

再说金兵主师早就恨透了毕再遇，今次得机会困住毕再遇，必定要活捉。于是传令附近兵马速来增援。大军一到，准备稍事休整，明天发起攻击。但他知道毕再遇是一智谋非凡的将领，形势明明对宋军不利，他会谋路撤退。于是，金兵主帅派出多路哨兵，盯住宋营，若一旦有宋军撤退的迹象，马上来报告，即刻便挥师掩杀过去，并严令哨兵克尽职守，误者军法从事。

哨兵们接到命令，一个个都找好位置，向宋营了望。只见今夜宋军像往常一样，入夜后即灭灯入睡。旗帜依旧，并不时传来"咚咚"的更鼓声。原来，毕再遇退兵前，已让手下人放开羊前腿。羊被吊疼了，便四蹄挣扎，前腿蹬得更鼓"冬冬"直响。蹬一阵子，羊累了，便停下来。过一会儿，羊有了劲就又挣扎，更鼓就又响起来。远远听了，活像人打更一般。

更鼓响了一夜，天明远望宋营旗帜仍在，故而哨兵们也没人去报告。太阳出来了，金兵主帅传令手下，吃饱饭后全线攻击，务必一举歼灭宋军，活捉毕再遇。而后，他上了高坡，向宋营了望，以作具体部署。太阳老高了宋营中却不见人影，而一些乌鸦却落在营帐上。情况反常，金兵主帅忙令哨兵们贴近观察，才知道宋军已悄然撤走，留下了一座空营。

眼见"煮熟的鸭子"却飞了，气得金兵主帅吹胡子瞪眼。

英军北非巧摆"迷魂阵"

1941 年 11 月初，英国第八集团军为了进攻德军在利比亚和埃及边境的防线，于空旷无际的沙漠里建立了一个大型铁路终点站，准备装卸和储备大批的汽油、弹药和轻重武器等作战补给品。为了迷惑德军，减少德军飞机对这个终点站的轰炸，英军总司令部在该站前方不远的地方，秘密设立了一个假补给基地，并且在其终点站与假补给基地之间，按正常的筑路速度铺设了一条假铁路，铁路上设有一辆辆机车、煤水车、棚车和油槽车，这些车辆时常重新组编，造成一种运输繁忙、车队流动不停的现象。基地的空地上，整齐地停放着大批卡车、装甲车、坦克和其它补给品，这些作战物资经常变换位置，给人一种货物搬运频繁、旧去新来之感。不过，基地内所有的车辆和作战物资都是假的，机车只是个模型，上面生了一个火炉，昼夜冒烟、喷火。与此同时，英军还特地安排卡车运输队不停地在假基地内来往通行。假基地周围还配置了几个高炮连，既给假基地增强了真实感，又有效地阻止了德军侦察机的接近，以免看出破绽。英军摆出这种迷魂阵，果然使德军中计。假基地牵制了德军大批轰炸机，不仅掩护了终点站的安全，从而为英军的作战行动保证了补给供应，还促使德军对英军的作战行动作出了错误的判断。

叔詹退敌

早在春秋战国时期，就有过令尹成功运用空城计的战例。

公元前666年，楚文王去世，王后息伪是一位倾国倾城的美人，楚文王的弟弟公子元想讨好嫂嫂，得到美人的欢心，在息伪寝宫附近的馆合中日夜歌舞，奏靡靡之音。息伪知道公子元的用意，感叹道："我的丈夫文王，问军事，未曾向国外扬威，致使声望日下。阿督身为令尹，不奋发图强，重振国威，却沉醉于靡靡之音中，真令人担心！"息伪的话传到公子元耳朵里，公子元想炫耀一下楚国的武力，讨好嫂嫂，决定派定队出去打几个胜仗。于是，他率领大军去攻打邻邦郑国。

郑国兵力远不及楚国。面对来势汹汹的侵略军，郑文公惊慌失措，急忙召集御前紧急会议，商讨对策。会上，有的人认为郑国不是楚国对手，只有跟楚国纳款讲和。少壮派世子华则主张跟楚国硬拼。只有叔詹沉思不语。郑文公征求叔詹的意见，叔詹不慌不忙地说：以前，楚国出兵，从未有这次这么大规模，据我所知，公子元这次出兵，不过是讨好他的嫂嫂，没有什么政治目的。楚兵若来，老臣自有退兵之计。

不久，楚军先头部队越过市郊，直指皇城。叔詹下令军队统统埋伏在城内，大开城门，街上商店照常做买卖，百姓来来往往，熙熙攘攘，秩序井然，毫无紧张气氛，楚军先行官见到这番情景，大大出乎意料，料定城中早有防备，是在故意诱敌深入，先行官满腹狐疑，不敢贸然杀进皇城，下令就地扎营，等候主帅的指示。

公子元率领大部队赶到，听了先行官的报告，也大吃一惊，走到一个高地向城内眺望，见城内秩序井然，似有埋伏，心里踌躇。他想到，郑国与齐、宋、鲁有盟约，眼下城内有埋伏，万一不能取胜，齐、宋、鲁援军一到，前后夹击，楚军失利，脸上无光，嫂嫂会瞧不起自己。再说这次出兵，已攻下几个地方，几天之间，就打到郑国都城，也算是打了胜仗，讨好嫂嫂、炫耀武力的目的已经基本达到，还是见好就收吧！

于是，公子元连夜班师回国，又怕郑军追击，命令所有营帐保持原样，遍插旗子，也想摆一个空城计，疑惑郑兵。

次日一早，叔詹登城遥望楚营，一会儿，便高兴地叫起来：楚兵撤走了，大家不相信，叔詹指着远处说："凡是军队驻扎的营地，必定击鼓壮威，以吓骇鬼神。你们看那里有飞鸟盘旋，证明营里连一个人影也没有了。我料定楚军怕齐国援军一到，被内外夹击，连夜撤走了，还摆下一座空营计来迷惑我们哩！可惜的是，公子元会摆空营计，却识不破我的空城计！"

陈毅黄桥弈棋退敌兵

1940 年 9 月，国民党江苏省主席、第 24 集团军司令韩德勤奉蒋介石之命，放着日本鬼子不打，调集 10 万大军向以黄桥为中心的我新四军苏北抗日根据地进攻。驻守黄桥的新四军只有 3 个纵队，共 7000 人马，敌强我弱，情况十分危急。

当时，以李明扬、李长江为正副指挥的苏鲁皖游击总队，有、11 个纵队，3 万人，驻在泰州一带。还有国民党财政部所属的税警总团，以陈泰运为首，有 4 个团 3000 多人驻在溱潼、曲塘一带，任务是护税。泰州“二李”的苏鲁皖游击总队和陈泰运的税警团，都属杂牌军，地方实力派，名义上受韩德勤指挥，实际上和韩德勤矛盾很深。他们并不坚决反共，还想借新四军的力量抵制韩德勤对他们的吞并。

陈毅洞察到局势的严重性，根据毛泽东“发展进步势力，争取中间势力，反对顽固势力”的策略，决定采取“联李、击敌、反韩”的方针。

因此，大军压境之际，陈毅给这次进攻黄桥的左、右两路司令长官分别写了信，大意是：半月前，韩德勤无理要求新四军撤出姜埝，作为他不打内战、参加抗日的条件。为顾全大局，我新四军作出了让步。可是，韩德勤背信弃义，我军刚撤出姜埝，他就重兵压境，攻打黄桥，妄图一举全歼我苏北新四军。如今各将军兵临城下，是出于上命难违。但望各位能以国难为重，不弃“友军”之谊，择取中立，静待我军与韩德勤交锋之变化。若我胜，则各位可率本部将士与我军一起打扫战场，一切所获各自留用；若我败，撤出黄桥之前，决不忘各位“中立”之请，一定电告各位，先占黄桥者，攻城头功仍能唾手可得。利弊得失，请各位权衡三思！信写得字字中肯，句句动心！这样，在各种力量犬牙交错的复杂形势下，使二李和陈部保持中立，在全局上转化了敌我力量对比。

韩德勤统率的十万大军分左、中、右 3 路包围了黄桥，中路为韩的嫡系主力，左、右路是“二李”和陈泰运部。中路 3 万主力在韩德勤亲自督促下，向黄桥发起了猖狂进攻。当时，新四军驻守黄桥有 3 个纵队。第三纵队在陶勇带领下，打退了敌 33 师的 4 次进攻。陈毅见第三纵队有力地牵制了敌人，命令一纵队出击，把敌人长蛇阵拦腰截断，分割包围，又命二纵队迂回到野屋基，向 89 军军部发起佯攻，使敌人首尾不顾，难以应付。

突然，前线传来东坟头失守的消息。东坟头失守，敌人就会像洪水般涌来，黄桥就会有丢失的危险。陈毅身边已没有部队可派。恰在这时，陶勇来到指挥部，报告敌 33 师炮团把被新四军的地雷和手榴弹炸坏的大炮零件拼凑起一门炮，加强了对黄桥的攻势的情况。黄桥没有城墙，以一些简陋的土围子作为工事，经不起炮轰。陶勇十分担心陈毅的安全，特地来请陈毅暂时离开黄桥。陈毅此刻十分冷静，说服了陶勇，自己决不离开黄桥，并布置陶勇去把那门拼凑的大炮夺过来，以解黄桥之围，陶勇领命而去。

陶勇刚走，情报处送来报告：左右两路敌军从战斗一开始，就一直保持中立。但东坟头失守，他们就会分别进入严徐庄、官庄，缩小对黄桥新四军的包围圈。如果他们和中路一齐进攻，敌人的兵力将猛增到10万！如果不把左、右两路敌军稳住，“取炮解围”的计划将会落空。李参谋十分着急。

在这生死存亡的关键时刻，陈毅对李参谋说：“兵贵神速，两路人马到了黄桥附近而不马上进攻，这说明他们对我们的情况还不清楚，还在犹豫。来，你现在的任务是陪我下棋！”李参谋想，这火烧眉毛的关键时刻，陈总还有兴致下棋，一定是又有什么奥妙。于是坐下来与陈毅对弈。不一会，警卫员报告说：“朱履先要见陈总。”陈毅一听，心想，果然不出所料，两军对垒之际，他是来探听虚实的。正好可以将计就计。朱履先是国民党的元老，看不惯国民党官场的腐败，退职在黄桥老家。对共产党一心抗日救国的行动称颂不已，在黄桥一带有些名望。刚才，左、右两路司令官李长江派人来找朱履先，告诉他：“新四军东坟头失守，看来国军已胜利在望，攻城之前，请朱老暂时去他们那里避难。”朱履先嘴上叫他们不要轻举妄动，心里为新四军担忧，这才来指挥所一探虚实。陈毅见朱履先一进来，满面春风，忙拉他下棋。朱履先想，危在旦夕，哪有兴致下棋呢？便说：“恕老朽直言，刚才闻东坟头失守，黄桥两万生灵能否转危为安，全赖陈总英明决策。”陈毅见朱履先着急，笑着说：“朱老，围棋自春秋起，就为军事博戏的工具。历来将帅运筹帷幄，都视围棋为智囊。就目前形势而言，棋盘上也可告诉一二的呀！”朱履先不由得去看棋盘上的形势，棋盘上，陈总一大片黑子被包围了，但并不是死棋，只要利用几只死子送吃，马上就可以回吃他几个白子，局势立即会起变化。这在棋路上叫“倒脱鞋”。正在这时，电话铃响，李参谋去接电话，朱履先坐下来与陈毅下棋。

电话是李长江打来的。这次进攻，李长江一直保持了中立，但中路突破东坟头，韩德勤下令要他进攻，上命难违，把队伍开到严徐庄。李长江想，陈毅用兵变幻莫测，我须步步小心，他一怕陈毅有埋伏，二则刚才在朱履先处没摸到什么情况，所以想打电话听听陈毅在干什么。

李参谋拿起电话，一听是李长江，就说：“是李总指挥吗？你有什么话对我说吧，陈总此时正有事。”李长江正是要知道陈毅此刻在干什么，忙问：“陈总在忙什么呀？”李参谋说：“不瞒你说，陈总正与朱老下棋哪！”长江大吃一惊：东坟头都丢了，还下棋？看来陈毅已经有了准备，是胸有成竹的。于是，说请朱老听电话。李长江想摸摸情况。陈毅笑嘻嘻地说：“朱老，李总指挥找你有事，你请便。”朱履先拿起话筒，只听李长江拐弯抹角地说：“听说朱老不愿来严徐庄，宁可在重围之中弈棋，真是雅兴不浅哪！”朱履先亲眼看到陈毅沉着冷静的态度，又想起那盘棋的形势，一语双关地对李长江说：“李总指挥，棋局未终，胜负难料，尚不知你围他，还是他围你呢？”李长江听到这里，料定陈毅有备无患，心想，自己千万不能大意失荆州。连忙恭维朱履先几句，挂上电话，马上命令部队，不许乱动一步。

陈毅等朱履先回到棋盘边，笑呵呵地说：“朱老，辛苦了。”朱履先心想，听个电话有什么辛苦？他哪里知道，自己刚才一番话，把李长江的部队牵制住了。李长江来电话，是陈毅意料中的事，对这个人，他是了如指掌；弈棋是陈毅智守黄桥计策的一部分。这正是：古有孔明空城弹琴退司马，今有陈毅黄桥弈棋退敌兵。

陈毅与朱履先一局棋未终，前方战事已有转机，陶勇部用计夺下了敌人的大炮，一纵队切断了33师退路，二纵队在野屋基打响了，新四军大反攻时机已到，经过一天一夜的激战，敌89军死伤惨重，五日下午，纷纷溃退。这一仗新四军以少胜多，歼灭韩德勤军11000多人，打击了国民党顽固势力，巩固和发展了华中抗日根据地，奠定了华中敌后长期抗战的基础。

三十六计　第三十三计　反间计

疑中之疑（1）。比之自内，不自失也（2）。

注释

（1）疑中之疑：句意为在疑阵中再布疑阵。

（2）比之自内，不自失也：语出《易经，比》卦。比，卦名，本卦为异卦相叠（坤下坎上）。本卦上卦为坎为为相依相赖，故名“比”。比，亲比，亲密相依。本纷六二。《象》辞：“比之自内，不自失也。”

此计运用此象理，是说在布下一重重的疑阵之后，能使来自敌内部的间谍归顺于我。

按语

间者，使敌自相疑忌也；反间者，因敌之间而间之也。如燕昭王薨，惠王自为太子时，不快于乐毅。田单乃纵反间曰：“乐毅与燕王有隙，畏诛，欲连兵王齐，齐人未附。故且缓攻即墨，以待其事。齐人唯恐他将来，即墨残矣。惠王闻之，即使骑劫代将，毅遂奔赵。又如周瑜利用曹操间谍，以间其将；陈平以金纵反间于楚军，间范增，楚王疑而去之。亦疑中之疑之局也。

解析

按语举了好几个例子来证明反间计的成效。田单守即墨，想除掉燕将乐毅，用的是挑拨离间的手段，散布乐毅没攻下即墨，是想在齐地称王，现在齐人还未服从他，所以他暂缓攻打即墨。齐国怕的是燕国调换乐毅。燕王果然中计，以骑劫代替乐毅，乐毅只好逃到赵国去了。齐人大喜，田单以火牛阵大破燕军。陈平也是用离间之计使项羽疏远了军师范增。

采用反间计的关键是“以假乱真”，造假要造得巧妙，造得逼真，才能使敌人上当受骗，信以为真，作出错误的判断，采取错误的行动。

探源

反间计，原文的大意是说：在疑阵中再布疑阵，使敌内部自生矛盾，我方就可万无一失。说得更通俗一些，就是巧妙地利用敌人的间谍反过来为我所用。在战争中，双方使用间谍是十分常见的。《孙子兵法》就特别强调间谍的作用，认为将帅打仗必须事先了解敌方的情况。要准确掌握敌方的情况，不可靠鬼神，不可靠经验，“必取于人，知敌之情者也。”这里的“人”，就是间谍。《孙子兵法》专门有一篇《用间篇》，指出有五种间谍，利用敌方乡里的普通人作间谍，叫因间；收买敌方官吏作间谍，叫内间；收买或利用敌方派来的间谍为我所用，叫反间；故意制造和泄露假情况给敌方间谍，叫死间；派人去敌方侦察，再回来报告情况，叫生间。唐代社收解释反间计特别清楚，他说：“敌有间来窥我，我必先知之，或厚赂诱之，反为我用；或佯为不觉，示以伪情而纵之，则敌人之间，反为我用也。

案例

周瑜假书赚蒋干

这个智谋故事见于《三国演义》第四十五回“三江口曹操折兵群英会蒋干中计”。

周瑜是江东孙氏集团中一个足智多谋的将领。他用反间之计，一举除掉了曹操手下两个得力的水军将领。

原来，曹军士兵，多系北方人，不习水战。曹操在占领荆州之后，便用降将蔡瑁和张允为都督，训练水军，为扫平江东做准备。蔡、张二人，久居荆州，深得水战之妙。由他们训练水军，对江东显然是一种潜在的威胁，周瑜深为忧虑。一天，周瑜正在帐中议事，有人通报故人蒋干来访。周瑜对众将作了一番部署，遂整衣出迎。

这蒋干，字子翼，与周瑜自幼同窗，交情颇厚，现为曹操帐下幕宾。这次，他是主动请命前来江东的，目的是要说动周瑜投降。对此，周瑜自然心中有数。所以，他一见面就把蒋干的嘴“封”了起来：他命大将太史慈监酒，声称“今天是老同学相见，但叙朋友之情，不言军旅之事，有言之者当即斩首”。然后，他又以江东精勇雄壮的士兵、堆积如山的粮草和众多的文武英杰，夸示蒋干，使得蒋干始终无法开口道出说词。欢宴之后，周瑜一定要与蒋干同榻而眠。他故作大醉之状，和衣而卧，呕吐狼藉，一会儿就鼾声如雷。那蒋干因心中有事，难以入睡，二更即起，见帐内残灯尚明，桌上堆着文书，便下床偷看，他见有蔡瑁、张允写给周瑜的一封投降书信，不禁

大惊，忙将其藏到了身上。这时，周瑜在床上翻了个身，说起了梦话，道是数日之内要让蒋干看那曹操的脑袋。蒋干连忙熄灯上床。将近四更时分，只听得有人进帐唤道："都督醒了吗？"周瑜装作梦醒的样子，故意问那人说："床上睡的是什么人？"那人答道："都督请子翼一同睡觉，怎么忘记了？"周瑜懊悔地说："我平日从未醉酒，昨天喝醉了，不知可曾说过些什么？"那人道："江北有人过来。"周瑜小声喝道："低声！"又叫："子翼。"蒋干装作睡着，一声不应。

周瑜同来人悄悄走出帐外，蒋干则在帐内偷听。只听来人在外面说："蔡、张二位都督道：'急切中无法下手。'"后面的话因声音太小，无法听清。一会儿，周瑜回到帐内，又叫："子翼。"蒋干不应，仍然蒙头假睡。周瑜遂脱衣就寝。蒋干暗想：这周瑜是个精细人，天亮后若不见了蔡、张二人的书信，岂肯与我干休？因此，刚到五更，即趁周瑜熟睡之机，悄悄溜出帐外，叫上随身带的小童，飞快地赶到江边下船回江北去了。

蒋干回到江北，去见曹操。曹操问道："子翼，事情办得怎么样？"蒋干回答说："周瑜雅量高致，不是言词所能打动。"曹操十分不悦，道："事情没有办成，反让人家笑话！"蒋干说："虽然没能说动周瑜，却为丞相打听到一件重要事情。请摒退众人。"待左右之人退下，蒋干取出书信，并将听到的事情一一告诉了曹操。曹操大怒道："这两个贼人竟敢如此大胆！"遂唤蔡瑁、张允入帐，未容二人分辩，即命武士推出斩首。这样，大战尚未开始，曹军最为得力的两个水军将领，就被周瑜以反间之计轻而易举地除掉了。

韦孝宽施死间计除斛律光

南北朝时，北周武帝有位大将叫韦孝宽，善于用间。不论是他派遣到北齐的间谍，还是他从北齐收买的间谍，都很尽职。北齐有位战功卓著的将军叫斛律光，号称明月，能征善战，英武可畏。韦孝宽为了除掉这个敌手，先叫参军曲严编造歌谣："百升飞上天，明月照长安。""高山不推自溃，槲树不扶自竖。"这里的升，原指旧时容量单位，十升等于一斗，十斗即一百升，等于一斛。歌谣中的百升，影射斛律光的斛字。北齐王姓高，歌谣中的"高山"，影射北齐王；"槲树"影射斛律光。这两句歌谣的意思是说，：斛律光将要当皇帝，北齐王就要垮台了。

韦孝宽令间谍们把写有这些歌谣的传单，散发到北齐的京城邺（今河北临漳）。当时任北齐宰相的祖孝，恰与斛律光有矛盾。祖孝见了这些传单，又添枝加叶渲染扩

大，并让小孩子在大街小巷传唱，传得满城风雨，然后将情况汇报给北齐的后主高纬。后主不辨真伪，怀疑斛律光要造反，立即下令杀了斛律光。

韦皋挑敌互疑破吐蕃

公元778年，吐蕃兴兵10万侵扰大唐川西地区，川西守将韦皋发兵抵抗。两军对垒，互有胜负。吐蕃王见急切不能胜，便写信给云南王，让他出兵相助。

云南王接到吐蕃王的信，左右为难，出兵援助吧，自己已向大唐王朝表示愿归附唐王朝，而今出尔反尔，得罪了大唐，恐怕给日后埋下灾祸。但不出兵援助吧，过去自己一直与吐蕃结盟，而今吐蕃有事不去相助，说不定吐蕃马上会兴师问罪，立时就有刀兵之患。正在左右为难之时，大臣中一人出主意，可效仿战国年间五国攻秦时齐国的办法，答应派兵，但驻扎观望，等待胜负有定时再作打算。云南王一听大喜，马上答应吐蕃，即刻便发兵去救助。

吐蕃王接到云南王回信，更增长了勇气，向唐军发动更猛烈的攻击。韦皋正在全力对付吐蕃时，却听说背后云南兵正向自己接近，大吃一惊，忙从川内调兵阻挡。哪知云南兵进到泸水（今四川雅砻江下游）时，却停兵扎营，等待观望起来。

韦皋闻报，顿时松了一口气，但又一想，危机仍没过去。云南兵在驻扎观望，等自己和吐蕃决出胜负后再作打算。若一旦自己失利，那么云南兵从背后杀过来，仍摆脱不了腹背受敌的场面。韦皋觉得要变被动局面为主动局面，必须争取云南兵倒向自己这一边。要争取云南兵倒向自己，必须设法破坏云南王与吐蕃王的关系。怎么破坏他们之间的关系呢？韦皋苦思一夜，终于有了办法。

第二天，他写了一封给云南王的信，信上说云南王已决定归附大唐，这是明智之举，今番来兵名义上助吐蕃而实际上帮唐军夹击吐蕃，此举甚好。若一举灭了吐蕃，愿把吐蕃的牛羊马群分给云南王云云。将信用以前给云南王送信用的银匣装好，封上封印，揣在怀中，前去出战吐蕃。对阵时，佯作不支，仓促后退，从怀中掉出银信匣。吐蕃战将见有银器落地，忙拍马来抢。韦皋大叫声“那是机密”，便令手下去抢。可那银匣离吐蕃军近，早被吐蕃抢入大营。韦皋装作迫不得已退兵回营。

吐蕃王拿到这封信一看，气得胡子直抖，马上拨出两万人马，扼住云南王来战场的要道，以防云南兵来助韦皋。云南王听说吐蕃无缘无故地派兵阻击自己，十分生气，马上下令班师回朝。韦皋解除了后顾之忧，全力对付前边的吐蕃兵，将吐蕃兵打得大败而逃。

岳飞反间除刘豫

公元1130年，金人在大名府（河北大名南）封宋朝的投降官员刘豫做大齐皇帝。以后刘豫多次配合金人攻打宋军，成为宋军北伐的最大障碍。宋将岳飞认为，要想拒

逐金兵，必须先除去刘豫。他了解到刘豫与金将粘罕狼狈为奸，金国元帅对此十分忌恨。于是就想利用敌人的矛盾来铲除刘豫。恰好宋军捉到一个金兀术派来的间谍，岳飞便故意将他装作是自己派出去的人员，责问他说：“你不是张斌吗？前些日子派你送信给刘豫，要他设法把金兀术引诱出来。不料你竟一去不复返。以后我又派人去联系。刘豫已经答应到冬天把金兀术引诱到清河（江苏淮阴东大清河口）和我共同夹击。你为什么不把信送到呢？”间谍怕岳飞杀死他，也就顺水推舟，冒认张斌，岳飞要他再给刘豫送信，信中叙述谋杀金兀术的事，封成蜡九。然后嘱咐间谍说：“我饶恕了你，这回你一定要守秘密，把信送到。”这个间谍以为既保住了性命，又窃得重要情报，好不喜欢。回到金国，马上把信献给兀术。兀术一看，勃然大怒，立即撤消了刘豫的皇帝名号，并把他充军到临潢（今内蒙古自治区西林县），宋朝一个逆敌就这样被除掉了。

胡宗宪使间胜倭寇

嘉靖年间，江浙一带倭寇泛滥。嘉靖三十三年（1554 年），胡宗宪按察浙江，后因与赵文华联手，得到明世宗的重用。

当时倭寇的主要首领徐海、陈东和麻叶在乍浦一带建立据点，四处抢掠。胡宗宪在他们之间制造矛盾、挑起他们自相残杀利用这一办法，各个击破。

到嘉靖三十五年（1556 年），胡宗宪已使徐海暗地里归顺，就对徐海说：“你已经归附朝廷，现在吴湘江一带盗贼蜂起，为什么不去杀贼夺船，戴罪立功呢？”徐海果然带兵出战。而同时胡宗宪又命俞大猷把徐海的船一把火给烧了。徐海感到事情有些不妙，为了表明诚意，把他的弟弟交给胡宗宪作人质，并将他的鱼冠、坚甲、名剑及其他许多珍玩送给胡宗宪。胡宗宪也盛情招待他的弟弟，并告诉徐海说，如果你能够抓住陈东和麻叶，我包你可以得到世爵。

不久，徐海果然把麻叶抓来献给胡宗宪。徐海一走，胡宗宪就给麻叶松绑，让他写信给陈东，让陈东进攻徐海。而胡宗宪马上又把麻叶写信的事告诉徐海，徐海一怒之下，把陈东也抓来献给胡宗宪。这时官军大举围攻徐海的老巢乍浦。

徐海约定时间来向胡宗宪投降，胡宗宪还摸摸徐海的脑袋安慰他，让徐海率众住在河东。而陈东的部属驻在河西，然后胡宗宪迫使陈东写信给他的部下，信中说，胡宗宪已命令徐海今晚过河来抓你们，陈东部下得信后，当晚就渡河进攻徐海，徐海仓惶逃走。第二天，官兵围剿，徐海投水自尽。这样，徐海、陈东、麻叶一个一个落入胡宗宪手中。

胡宗宪把陈东、麻叶和徐海的头献给京师，世宗非常高兴，赐胡宗宪金币，加进右都御史。第二年兼浙江巡抚。两浙倭寇也暂时平息。

皇太极离间害崇焕

明朝大将袁崇焕死于满清皇太极之离间计，乃是自毁长城，加速了明王朝的灭亡。在明王朝危亡的紧要关头，袁崇焕戍边七勒，先后大败后金汗努尔哈赤及皇太极，取得宁远（今辽宁兴城）大捷和宁（远）锦（州）大捷，稳定了辽东防线，鼓舞了明朝军民抗击后金军的信心。后因遭阉党魏忠贤的诬陷，罢职归乡。公元1627年，朱由检（即崇祯帝）继位后，起用袁崇焕为兵部尚书兼右副都御史，督师蓟、辽，兼管河北、山东的军事防务，并赐给袁崇焕一把尚方宝剑，给予他先斩后奏的大权。然而，崇祯帝是一个好大喜功、刚愎自用而又生性多疑的人。当袁崇焕于次年六月用尚方宝剑杀了私通敌国、为非作歹、不听军令的总兵毛文龙之后，崇祯皇帝就开始对袁崇焕产生了怀疑。

崇祯二年（公元1629年）十月，后金兴兵攻明。皇太极由于畏惧袁崇焕，不敢直接进攻锦州，他避开山海关防区，绕道蒙古边地，袭取龙井关、大安口，进逼北京。袁崇焕闻警，立即挥师入关，他自率几千名骑兵，昼夜急驰，抢先赶到北京城下，并在广渠门外击败皇太极部的进攻。

正当袁崇焕千里驰援、大战后金之际，魏忠贤余党温体仁为首的一伙奸臣，乘机重弹“议和通敌”的老调，诬陷袁崇焕“纵乱拥兵”，“引敌胁敌，将为城下之盟”。明朝廷的一伙阉党余孽则重金贿赂一些不明真相的文人墨客编写小说，绘声绘色地在京城内外大肆散布袁崇焕是“汉奸”，勾结后金反明云云。这些进一步加剧了崇祯皇帝对袁崇焕的怀疑。当袁崇焕因兵马疲劳而要求入城休息时，他断然予以拒绝。

皇太极获知明朝廷中的上述情况后，便决定施行反间计。以达到用明朝皇帝之手杀掉袁崇焕的目的。为此，他故意引兵撤退，同时让明军降将高鸿中在囚禁两个明朝太监的屋外对看守人员说：“你知道我军为什么退兵吗？这是因为皇上和袁巡抚订了密约，看来，占领北京的大事很快就要成功了。”尔后，又故意让两名太监逃走。逃回城里的太监立即向崇祯皇帝报告。已对袁崇焕疑心重重的崇祯皇帝一听到太监的告发，更加深信不疑，马上以召见为名，把袁崇焕逮捕下狱。袁崇焕的部将祖大寿等人，为抗议朝廷逮捕主帅，自率部离京还宁远。身陷囹圄的袁崇焕时刻以国家安危的大局为重，在崇祯皇帝的恳请下，亲笔手书请祖大寿等全体官兵，要他们听从朝廷命令，团结一心，坚持抗金，决不能因为他个人生死而轻举妄动，千万不要危害抗金大业。祖大寿等全体官兵被袁崇焕的信感动得失声痛哭，当即回师入关，期望能用奋勇杀敌之举来保全他们主帅的性命。

但是，一意孤行的崇祯皇帝在后金军撤离北京后，不顾广大明军将士的强烈呼声，竟在崇祯三年（公元1630年）八月十六日，以“谋叛”的罪名，将袁崇焕残酷地杀害了。直到清朝中期官修的《明史》问世之后，编史者从清人的历史档案中，发现了皇太极施离间计的原始记载，至此袁崇焕的冤案才真相大白。历史学家评论此事说："崇祯帝自毁长城也"，"自崇焕死，边事益无人，明亡徵决矣"。

钱藻双施间审军士

明将钱藻在密云（今北京密云）驻守时，地方官府交来一桩案子。原来是两名驻守京城（今北京）的军士外出公干时，结伙在路上抢劫财物，被密云衙吏擒获。解到官府，那两名军士自恃是京城守军，地方上奈何不得他们，便口出狂言，目无官府。官府难以治服他们，便解到地方驻军长官钱藻处，请他代为审理此案。

一经审问，那两名军士也不把作为地方驻军长官的钱藻放在眼里，照样刁蛮不讲理，并口出威胁之言。钱藻手下人都十分生气，吵着要揍他俩。钱藻一摆手制止了他们。钱藻明白，这两名军士的长官也是自己的上司，若这两个军士不能招供认罪，上司怪罪下来，于自己也不好。想了一想，他生出一条计来。

他看那甲军士性情火爆，便命手下人将甲军士押出军门外数丈处，让他看着自己审讯乙军士。钱藻装出温和的样子跟乙军士闲话起来。乙军士见这长官变了态度，且问些与本案无关的问题，因此也平静下来回答。每当乙军士说一段，钱藻就在纸上写一阵子。那甲军士把这一切都看在眼里。

过了一会儿，钱藻让人押走乙军士，传来甲军士，晃着手中的纸说："看，乙军士都招供了，这事你是主谋，还不快快认罪！"甲军士一听就火了，大跳大叫着说；"胡扯！这事都是他的主意，他怎么能赖我？"钱藻笑了笑："他说了，这事是你先出主意抢劫的。"甲军士更火了，一跳老高，叫着："他放屁！我俩出来公干，不小心把盘缠丢了，难回京都。他说：'人家偷咱的，咱不会抢人家的吗？咱手中有家伙，哪个不害怕！'于是领我躲在路边上，抢了那个商人。"钱藻一一记下来，又问了些细节，让甲军士画了押，押了出去。

他又把乙军士传来，说："甲军士都招了，主谋是你。"乙军士是个奸诈人，起初还不相信，听钱藻念出细节之后，也火了，说："主意是我出的不假，但动手的是他。"于是把经过也讲了一遍。钱藻记下之后，也让乙军士画了押。

这样，钱藻两边巧施离间计，让两个军士互相攀咬，终于审出了案子真情，把那两军士分别治罪，并呈报给两军士的长官。那长官看有军士供状，也就不好说什么。

林肯诘难竞争对手

总统大选前夕，形势对林肯十分不利。其对手民主党在南方蓄奴州的票万无一失，只要争取到不多的几个北方州，就可稳操胜券。

民主党的内定候选人是道格拉斯。如果想战胜道格拉斯，首先必须制造民主党内部的不和。于是，林肯便想出一离间计。在一次辩论时，他向道格拉斯提出了一个挑战性的问题："在未成立州的美国领土之内，人民是否可以合法地把奴隶制驱逐至界外?"

这是一个十分难答的问题。如果道格拉斯作肯定的回答，就会失去南部各州的支持；如果作否定的回答，又会失去北部各州的支持，包括他的本州伊利诺州在内。

道格拉斯在他本州民主党机器的压力下，加上他本人也不愿背叛江东父老，便作了肯定的回答。结果激怒了南方民主党人。他们决定取消对道格拉斯的支持，另外组党。这样，民主党就宣告分裂，南方民主党也选出了自己的候选人。

林肯使用离间计，使民主党内部出现内耗、分裂。他提的问题十分高明，无论道格拉斯如何回答，都肯定会失去一部分选民。

英人截取情报施间计

第一次世界大战进行到第三个年头，协约国和同盟国已厮杀得精疲力尽，但仍是势均力敌，尚难预料鹿死谁手。美国至此为止一直保持中立，然而他们与交战双方大做军火买卖，大发战争横财。交战双方都希望美国帮助自己打败对方，尤其英国更寄希望于美国参加协约国一方，想借这支生力军早日打败同盟国，结束大战。但是，美国人却只想坐山观虎斗，独享渔翁之利，因此迟迟不愿参战。

1917 年，一个偶然的发现使英国人轻易地实现了上述愿望。当时英国人已暗中窃取了德国人的密码，能够破译截获的德国电报。有一次，英国情报机关破译了一份著名的“齐默尔曼电报”。电报内容清楚地表明，德国不仅打算无限制地进攻所有协约国和中立国的船只，还想拉墨西哥参战，和德国站在一边。这一行动是对美国宣称的美洲大陆中立化政策的挑战，而这个政策又是迄今为止美国对外政策的基础。

为了掩盖已破译德国外交密码一事，英国人先把这份电报和其他类似电报的详细内容告诉了美国驻伦敦大使馆的爱德华·贝尔。贝尔起先怀疑这些消息的可靠性，认为这或许是德国人搞的骗局，或许是协约国情报机构伪造的。经过英国海军情报处处长霍尔的反复解释，他才相信，并将情报报告了美国驻英国大使。美国大使佩奇博士是坚定的亲协约国分子，他对此消息十分感兴趣，因此立即敦促英国外交部把电报全文交给美国总统。电报很快就转到了美国总统威尔逊的手中，不久又被公布于众。这使美国大为轰动，公众舆论立刻转向了协约国一边。威尔逊总统就此对国会发表了讲话，他说，德国政府的阴谋“使我们终于认识到，德国政府对我们没有什么真正的友谊可言，相反却打算在他们认为合适的时候，破坏我们的和平与安全。”几天后，威尔逊总统签署了宣战文告。

离间之术，在政治、军事、经济等领域被广泛使用。它往往是利用敌营垒内部的矛盾，使其相互猜忌，形成内耗。上述例子中，美国虽非德国的友好盟邦，但他是协约国和同盟国都极力争取的对象。他同情或参加哪一方，对战争胜负都有着决定性的影响。因此，协约国和同盟国都尽一切努力拉拢他，至少不能让他站到对方一边，这就必须利用一切手段恶化美国与自己敌手的关系。正是在这个意义上，英国人利用截获的电文，向美国人晓以利害，引起美国舆论对德国的愤恨，转而同情协约国，使美国终于站到了协约国一边。这可以说是一次成功的离间计。

德国人误中反间计

第二次世界大战中，英德两国曾利用潜艇在海中进行了多香角逐。为了消灭对方，保存自已，两国在用潜艇相互攻击的同时，也展开了各式各样的反潜战。德国人在这方面走在英国人的前面，他们的潜艇使用了一套反探测战术，就是每当遭到英国“潜艇探测器”的搜索时，德国潜艇就从鱼雷管里往外打出空气，造成大量的气泡，让英国人的“潜艇探测器”去跟踪气泡，而自己则乘机逃之夭夭。为了破坏德军这一反探测战术，英国海军在让科学家们研究新技术的同时，又让一位名叫塔特的双重间谍（是指将对方间谍捕获后，经过收买使之为我所用的间谍）给德国情报局发报，诡称他最近宴请了一位英国海军新式驱逐舰上的指挥官，这位指挥官酒后失言吐露真情说：我们有了对付德国反探测的新办法，这些德国笨蛋不知道他们喷出的气泡恰好帮了我们的忙！塔特把这份情报与前不久英国人偶然击沉一艘经过反探测训练的德国潜艇联系在一起，向德国情报机关作了报告。德国人信以为真，认为英国反潜技术有了新的发展，德国原来的反探测战术已经不适应了，于是放弃了这种战术。结果在以后的潜艇战中，德国人遭受了更大的损失。

收买或利用敌方派来的间谍为我所用，叫“反间”。在通信技术和联络手段高度发达的现代战争中，反间计各种各样，丰富多彩。英国人破坏德国的反潜战术就是一个精彩的例子

古尔德设计赚威廉

在美国内战期间，西联电报公司在美国处于垄断地位，其总经理是诡计多端的老范德比。古尔德早就看上了西联电报公司，只是老范德比不好对付，只好等待时机。老范德比死后，由其大儿子威廉·范德比继任老板。古尔德看到时机已到，想出一着妙棋。

他先花了100万美元开了一条新电报线路，成立了太平大西洋电报公司。威廉·范德比意识到了古尔德的威胁，立即派人与他谈判。经过讨价还价，威廉以500万美元买下了太平大西洋公司。太平大西洋公司的设备及人马全都转入了西联电报公司。而且，由于知识与技术的原因，太平大西洋公司的艾克特还做上了西联的总工程师。威廉·范德比十分得意，认为不仅扩大了实力，而且还引进了一员虎将。

过了一些时候，爱迪生发明了四重发报机，比原来的电报效率提高了一倍以上。西联公司派艾克特与爱迪生谈判。临行前，威廉叮嘱艾克特要用低于5万美元的价格收买爱迪生的专利。威廉·范德比自以为西联是一垄断公司，爱迪生别无他择，一定

稳操胜券。

然而，艾克特是古尔德预先设下的内线。他一边与爱边生谈判，一边把谈判的进展告诉古尔德。

在谈判的第一天夜间10点，古尔德与艾克特一同乘车赶到爱迪生家，把爱迪生请上马车，然后直奔古尔德公馆而去。

一到古尔德家，艾克特忙说："我今天上午跟你谈判的时候，是代表西联。现在我代表的是现在成立的美联电报公司。我与古尔德先生愿意出10万美元收买您的专利，而且要请你出任本公司的总工程师，薪金好说。"爱迪生是一科学家，不懂生意经，他觉得这个条件比西联的好多了，因此就应诺下来；

古尔德在撤走西联总工程师和掌握爱迪生这张王牌的形势下，要挟西联。威廉·范德比大呼上当，几乎气死，然而又束手无策，只好同意两家公司合并，由古尔德任总经理。

古尔德把刚成立的太平大西洋公司卖给威廉，并非投降，其目的是在西联里安插自己的人马，从内部搞垮威廉。他一夜之间夺得皇座是由于能抓住时机，利用了爱迪生这张王牌。可以想象，西联如果不答应古尔德的条件，肯定会走向破产。

红军放走两个女间谍

大革命时期，毛泽东在井冈山领导红军与国民党的"围剿"展开了艰苦卓绝的斗争，打了许多漂亮战。在恢复边界根据地战斗中，毛泽东巧施反间计，诱敌上钩，在运动中消灭了盘踞在新城的敌人，收复了宁冈全县。

1926年9月24日，国民党从太和、赣州调集李文彬团和独立第七师围剿井冈山根据地。

9月26日，在遂川打了大胜仗的毛泽东率领红军大队撤回井冈山，可敌人不知道这一情况。宁冈县新城敌军周浑元派一个营6个连的兵力加上当地地主武装靖卫团，企图乘红军尚未返回宁冈之机，彻底破坏我井冈山根据地。井冈山地区军民闻讯，立即采取措施，加强了戒备。

敌营长周宗昌派出两个女奸细，到茅坪一带刺探军情，主要任务是了解红军大队回来没有。女奸细很快被红军抓获了。毛泽东和朱德商量过后，决定释放这两名女奸细，并如此这般地作了安排和布置。茅坪乡工农兵政府负责人谢贵山回到村里，传达了毛泽东的指示。然后叫人押来女奸细，厉声训斥道："你们俩回去后不能把这里的情况讲出去，如果这几天茅坪出事，毛委员率领红军大队回来，定要你们的脑袋!"

女奸细受到训斥，慌忙表示低头认罪，但心里却想着已经从训斥中得到所需的"情报"了，便立即回去向周宗昌报告说："毛泽东和红军大队还没有回到井冈山，现在正是进攻井冈山的时候……"周宗昌一听，大喜过望，决定赶在毛泽东回山以前偷袭茅坪。10月1日清晨，周宗昌带领全营人马和靖卫团，出新城，经桥上赤坑向茅坪扑来。

毛泽东利用女奸细传达了假情报，料定周宗昌很快就会偷袭茅平。

坳头垅是茅坪北面一条南北走向的狭长山谷，长约五六里，两侧高峰耸立，草深林密；谷底一条小路直通茅坪，是新城至茅坪的必经之路。毛泽东、朱德决定在坳头垅设伏，等敌人进到坳头垅这个布袋形的狭谷后，四面出去，消灭敌人。

周浑元虽然认为茅坪没有红军，但仍有点不放心，派出 3 名士兵走在前面探路，红军及茅坪的群众故意放他们顺利地进了茅坪。3 个白狗子见村里一片平静，一切正常，便在村口点起一堆大火，给周宗昌发信号。周宗昌见到信号，心里“踏实”了，命令部队快速前进。

周宗昌部队终于来到 28 团战士们的射程之内，顿时，枪声响处，杀声一片。一小时后，伏击战胜利结束，全歼熊式辉部一个营和部分靖卫团。这一战给进犯井岗山之敌以歼灭性打击，鼓舞了军民斗志，对恢复根据地有着十分重要的意义。

三十六计　第三十四计　苦肉计

人不自害，受害必真；假真真假，间以得行（1）。童蒙之吉，顺以巽也（2）。

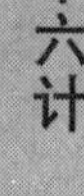

注释

（1）人不自害，受害为真；假真真假，间以得行：（正常情况下）人不会自我伤害，若他受害必然是真情；（利用这种常理）我则以假作真，以真作假，那么离间计就可实行了。

（2）童蒙之吉，顺以巽也：语出《易经·蒙》卦（卦名解释见第十四计注）。本卦六五.《象》辞：“童蒙之吉，顺以巽也。”本意是说幼稚蒙昧之人所以吉利，是因为柔顺服从。

本计用此象理，是说用采用这种办法欺骗敌人，就是顺应着他那柔弱的性情达到目的。

按语

间者，使敌人相疑也；反间者，因敌人之疑，而实其疑也；苦肉计者，盖假作自间以间人也。凡遣与已有隙者以诱敌人，约为响应，或约为共力者：皆苦肉计之类也。如：郑武公伐胡而先以女妻胡君，并戮关其思；韩信下齐而骊生遭烹。

解析

间谍工作，是十分复杂而变化多端的。用间谍，使敌人互相猜忌；做反间谍，是利用敌人内部原来的矛盾，增加他们相互之间的猜忌；用苦肉计，是假装自己去作敌人的间谍，而实际上是到敌方从事间谍活动。派遣同己方有仇恨的人去迷惑敌人，不管是作内应也好，或是协同作战也好，都属于苦肉计。

郑国武公伐胡，竟先将自己的女儿许配给胡国的君主，并杀掉了主张伐胡的关其思，使胡不防郑，最后郑国举兵攻胡，一举歼灭了胡国。汉高祖派郦食其劝齐王降汉，使齐王没有防备汉军的进攻。韩信果断地乘机伐齐，齐王怒而煮死了郦食其。这类故事都让我们看到，为了胜利，花了多大的代价！只有看似“违背常理”的自我牺牲，才容易达到欺骗敌人的目的。

探源

苦肉计：人们都不愿意伤害自己，如果说被别人伤害，这肯定是真的。己方如果以假当真，敌方肯定信而不疑。这样才能使苦肉之计得以成功。此计其实是一种特殊作法的离间计。运用此计，“自害”是真，“他害”是假，以真乱假。己方要造成内部矛盾激化的假象，再派人装作受到迫害，借机钻到敌人心脏中去进行间谍活动。

周瑜打黄盖——一个愿打，一个愿挨。这已是尽人皆知的故事了。两人事先商量好了，假戏真作，自家人打自家人，骗过曹操，诈降成功，火烧了曹操八十三万兵马。

春秋时期，吴王阖闾杀了吴王僚，夺得王位。他十分惧怕吴王僚的儿子庆忌为父报仇。庆忌正在卫国扩大势力，准备攻打齐国，夺取王位。

阖闾整日提心吊胆，要大臣伍子胥替他设法除掉庆忌。伍于胥向阖闾推荐了一个智勇双全的勇士，名叫要离。阖闾见要离矮小瘦弱，说道：“庆忌人高马大，勇力过人，如何杀得了他？”要离说：“刺杀庆忌，要靠智不靠力。只要能接近他，事情就好办。”阖闾说：“庆忌对吴国防范最严，怎么能够接近他呢？”要离说：“只要大王砍断我的右臂，杀掉我的妻子，我就能取信于庆忌。”阖闾不肯答应。要离说：“为国亡家，为主残身，我心甘情愿。”

吴都忽然流言四起：阖闾弑君篡位，是无道昏君。吴王下令追查，原来流言是要离散布的。阖闾下令捉了要离和他的妻子，要离当面大骂昏王。阖闾假借追查同谋，未杀要离而只是斩断了他的右臂，把他夫妻二人关进监狱。

几天后，伍子胥让狱卒放松看管，让要离乘机逃出。阖闾听说要离逃跑，就杀了他的妻子。这件事不断传遍吴国，邻近的国家也都知道了。要离逃到卫国，求见庆忌，要求庆忌为他报断臂杀妻之仇，庆忌接纳了他。

要离果然接近了庆忌，他劝说庆忌伐吴。要离成了庆忌的贴身亲信。庆忌乘船向吴国进发，要离乘庆忌没有防备，从背后用矛尽力刺去，刺穿了胸膛。庆忌的卫士要捉拿要离。庆忌说：“敢杀我的也是个勇士，放他走吧！”庆忌因失血过多而死。要离完成了刺杀庆忌的任务，家毁身残，也自刎而死。

案例

周瑜导演苦肉计

这个智谋故事开始于《三国演义》第四十六回“用奇谋孔明借箭献密计黄盖受刑”，结束于第四十九回“七星坛诸葛祭风三江口周瑜纵火”。

诸葛亮草船借箭以后，又不谋而合地与周瑜一起提出了火攻曹操水旱大营的作战方案。恰在此时，已投降曹操的荆州将领蔡和、蔡中兄弟，受曹操的派遣，来到周瑜大营诈降。心如明镜的周瑜又装聋卖傻，将计就计，故意接待了二蔡。一天夜里，周瑜正在帐内静思，黄盖潜入帐中来见，也提出火攻曹军的作战方案。周瑜告诉黄盖：他正准备利用前来诈降的蔡中、蔡和为曹操通报消息的机会，对曹操实行诈降计。并说：要使曹操堕于诈降计，必须有人受些皮肉之苦。黄盖当即表示：为报答孙氏厚思和江东的事业，甘愿先受重刑，尔后再向曹操诈降。

第二天，周瑜召集诸将于大帐之中，他命令诸将各领取3个月的粮草，分头作好破曹的作战准备。黄盖打断周瑜的话茬，抢先说：“不要说3个月，就是支用30个月的粮草，也无济于事。如果这个月内能打败曹操，那再好不过了；如一月之内不能击溃他，倒不如依了张子布的主意，干脆束手投降。”周瑜闻听到这种灭自家威风、长他人志气、动摇军心的投降论调后，勃然大怒，喝令左右将黄盖推出帐外，斩首示众。黄盖也不示弱，他以江东旧臣的资格倚老卖老，根本就没把周瑜放在眼里。这就越发使周瑜怒不可遏，他立命从速斩决。周、黄矛盾的升级激化使诸将悄悄不安。大将甘宁以黄盖乃东吴旧臣为由，替黄盖求情，被一阵乱棒打出大帐。众文武一见大都督火冲脑门，老将黄盖死在眼前，就一齐跪下，苦苦为黄盖讨饶。看在众人的面子，周瑜这才松了口，将立即斩决改为重打100脊杖。众文武还觉得杖罚过重，仍苦求周瑜抬手。周瑜此次寸步不让，他掀翻案桌，斥退众官，喝令速速行杖。行刑的士兵把黄盖掀翻在地，剥光衣服，狠狠地打了50脊杖。众官员见状再次苦苦求免，周瑜这才恨声不绝地退入帐中。周瑜和黄盖导演的双簧苦肉计，几乎瞒过了所有的文武官员。惟独一人心里清楚，他一言不发，袖手旁观，他就是诸葛亮。

这50军棍将黄盖打得也真够惨的，他皮开肉绽，鲜血迸流，一连昏死过几次。其他将领来探视时，黄盖守口如瓶，只是长吁短叹，似乎有许多难言的隐情。当他的密友阚泽抱着怀疑的态度前来视疾时，黄盖才道出了实情，并转请素有忠义和胆识的阚泽替他潜去曹营代献诈降书信。富有阅历、老谋深算的曹操，面对潜至的阚泽和诈降书，将信将疑。但阚泽也决非等闲之辈，他既具胆识，又能言善辩，最终使曹操不得不信。恰在此时，已混入周瑜帐下的蔡中、蔡和两人也遣人送来了周瑜怒杖黄盖的密报。阚泽离开曹营回去之后，又使人给曹操带去了密信，进一步约定了黄盖来降时的暗号和标识。这期间，蔡和、蔡中也从江南岸为曹操暗通消息。这一切，做得天衣无缝，更使曹操对黄盖"投降"一事深信不疑了。

曹操水军多由北方人组成，他们不适应水上生活，不少人因颠簸晕船而发生疾病。另外，周瑜等虽然确定了火烧战船的作战方案，但曹操水军战船各自独立，一船着火，他船尚可以迅速离去。为了为火攻创造更有利的条件，周瑜又巧妙地让庞统潜至曹营，为曹操献上了将战船拴到一起的"连环计"。这样一来，曹操的战船或30只一队，或50只一组，都用铁锁连到了一起，并在船上铺了木板，士卒战马往来如履平地。晕船的问题解决了，不仅士卒为之欢呼雀跃，就是久经战阵、深明兵法的曹操，面对稳如泰山的船阵，也自以为得计。

建安十三年（208年）十一月二十日，孙刘联军方面已作好大战前的准备与部署。诸葛亮设坛祭风三日，是夜将近三更时分，果然东南风渐起，并越来越急。黄盖也将准备好的20只大船，装满芦苇干柴，浇上鱼油，铺好引火用的硫黄、焰硝等物，然后用青布油单遮盖好，船头还钉满大钉，船上又树起诈降的联络标识"青龙牙旗"。每条大船后面各系着行动便捷的小船"走舸"。黄盖还特派小卒持书与曹操约定当晚来降。周瑜也安排好接应黄盖的船只和进攻的后续队伍。

江北的曹操，正在大寨中与诸将等待消息时，黄盖的密信送到。信中称：因周瑜关防甚严，黄盖一时无计脱身。巧遇鄱阳湖运粮船队到寨，周瑜遂命黄盖巡逻，这才有了出营的机会。于是，定于当晚二更来降，插着青龙牙旗的船队就是来降的粮船。曹操见书大喜，与诸将来到水寨的大船之上，专等黄盖的到来。

黄盖座船的大旗上，写着"先锋黄盖"四个大字。他指挥着诈降的船队，趁着呼呼的东南风向北岸疾进如飞。当曹操看到黄盖的船队远远驶来时，高兴异常，认为这是老天保佑他成功。但曹操的部下程昱却看出了破绽，他认为满载军粮的船只不会如此轻捷，恐怕其中有诈。曹操一听有所醒悟，立即遣将驱船前往，命令黄盖来船于江心抛锚，不准靠近水寨。但为时已晚。此时，诈降的船队离曹军水寨只有二里水面，黄盖大刀一挥，前面的船只一齐放火。各船的柴草、鱼油立即燃烧起来，火乘风威，风助火势，船如箭发，冲入曹操水寨。曹军战船一时俱燃，因各船已被铁锁连在一起，所以水寨顿时成为一片火海。大火又迅速地延及北岸的曹军大营。危急中，曹操在张辽等十数人护卫下，狼狈换船逃奔北岸。孙刘的各路大军乘胜同时并进，曹军被火焚水溺、着枪中箭而死的不可胜数，曹操本人也落荒而逃。周瑜、黄盖的"苦肉计"、"诈降计"，至此取得重大成果，它是孙刘联军取得赤壁大战胜利的重要计谋之一。

李靖舍人质擒敌首

唐太宗贞观年间，李世民决定对东突厥用兵，消除边患，派李靖为帅，率六路30万大军攻突厥。东突原可汗颉利仓促应战，被打得大败，于是退守城堡，向唐王朝投降。

唐太宗李世民接到降表，派唐俭等为受降使，前往东突厥接受投降事宜。这时大唐正在兴盛之时，故对东突厥提的条件很苛刻，除了纳贡称臣之外，还有不许扩兵等限制。

受降使到了唐营，与李靖交谈情况。李靖料到敌人难以接受，故早做好了硬攻的准备。

唐俭等来到东突厥都城，颉利隆重地迎进城去，安排住下，宴请招待。第二天，双方谈判。果然，颉利对纳贡称臣没有异议，对禁止扩兵一条不能接受。双方僵持在那里，唐俭忙派人把消息报告李靖。

李靖接到报告，召集部将研究对策。有人主张马上攻城，但立刻有人反对，说若一攻城，颉利必然杀掉唐俭等。双方争执不下。最后，李靖说："当今是消灭东突厥的最有利时机。我们重兵围城，几十倍兵力于敌，突厥兵只擅野战，不会守城，我们攻之必得。若错过这一时机，东突厥获得喘息之机，死灰复燃，必为我大唐边患无疑。是的，我们一攻城，唐俭等必遭杀害，但我们不能因小失大，为了大唐利益，只有牺牲他们了。"当下即部署兵力，准备攻城器械。

第二天，围城唐军从四面八方发起攻击。颉利一面令部下顽抗，一面派兵去驿馆，把唐俭等人抓来，当众砍死。

不久，李靖攻下东突厥城，擒获了颉利可汗。

王佐断臂入番说文龙

南宋初年，金国四太子兀术率兵南侵，宋国派岳飞领兵抵挡，两军在朱仙镇（在今河南开封西南）会战。兀术有位义子叫陆文龙，是兀术自小调教的，武艺超群，对了几阵，几位宋将都败在他手下，岳飞只好挂出免战牌，思谋新计。

宋部中有位部将叫王佐，原是杨幺部下，自从来到岳飞营中，一直没什么建树。这天晚上，他突然来到岳飞帐中，说有破敌之策。岳飞大喜，忙问他计将安出。王佐说："那陆文龙本是我们大宋潞州节度使陆登的儿子。潞州失陷，兀术杀了陆登夫妇，而把在襁褓中的陆文龙和乳娘带到北番养大。在下愿去番营说服陆文龙来降。"岳飞当然高兴，但转念一想，王佐怎能打入番营呢？王佐说："这个在下早已有计了。"说罢抽出剑来，一挥便砍下自己的右臂。岳飞赶忙来制止，王佐已倒在血泊中。岳飞忙让军医来包扎护理。王佐醒来，如此这般说了一番打入金营的办法，感动得岳飞热泪盈眶。

休养了几天，王佐瞅个夜晚来到金营。巡逻兵带他来见兀术，王佐痛哭流涕，说了一番劝岳飞识时务，不要跟强大的金国对抗，及早与金人讲和而激怒了岳飞，岳飞砍下了他的右臂的假造经过，直说得兀术动起情来，安慰了一番，收在帐下。见王佐已不能出阵打仗，权当顾问，需要了解宋营将士情况便找他来问。

王佐本是儒将，饱读诗书，历史故事烂熟。金营诸将最爱打听中原历史，所以不时有人来召王佐去饮酒闲扯。

一日，王佐饮酒闲扯后回自己帐篷，路过一处，见一老年妇人中原打扮，在帐外晒衣服。王佐看左右没人注意，便上前搭话，果然是陆文龙乳母。乳母把他请入帐中，询问宋国情形，表示出不忘故国之情。王佐趁机问她日后有什么打算。妇人见是中原人，也不避讳，表示出南归之意。王佐亮出身份，两个定下游说陆文龙之计。

此后，王佐在乳娘安排下，常去陆文龙营中为陆文龙讲故事。一天，王佐带去一幅画，说要为陆文龙讲个精彩故事。陆文龙刚刚 16 岁，孩子气未褪，自然十分高兴。讲故事前，王佐先让他看看那幅图画。陆文龙展开画，见上面画着一座官衙大堂，一位番将坐在堂上，堂前躺着一位宋将和一位妇人，皆已身首异处。旁边站着一位妇人在抹眼泪，怀里还抱着个孩子。陆文龙百看不解，请王佐从头讲来。

于是王佐讲金兀术入侵潞州杀死节度使陆登夫妇，抢走陆家公子陆文龙的故事。陆文龙一听，忙问："那小孩怎么与我重名?"王佐说："那小孩就是你，怎么不与你重名? 不信，可问你乳娘，画上那位抱小孩的妇人，就是你现在的乳娘。"陆文龙将信将疑，乳娘从帐后哭着出来讲述了当时的经过。

陆文龙听罢，又恨又气，恨只恨兀术杀死父母，气只气自己全然不晓，认贼作父。

不久，陆文龙在王佐安排下投奔岳飞去了。岳飞得此猛将，大举进攻，把金兵打退了。

李宗仁杀一儆百

李宗仁使用"李代桃僵"的谋略指挥过著名的台儿庄大战，大败日寇。在他早年时，也曾经用杀一儆百的办法管理过部队。

民国十年，即 1921 年，粤桂大战，桂系失败。李宗仁的部队接受了陈炯明的收编。

李宗仁率领的桂军，当晚在横县百合隅宿营。白天尸陈路旁的情景还在李宗仁脑子里久久地无法退去。他叫司号员吹起紧急集合号。部队集合后，他在队前大声训话，号召军队一定要遵守纪律，爱护百姓，特别强调如下两点：本军宿营时，不准抢占民房；本军与商民打交道，一定要买卖公平，严禁强买强卖。最后他反复强调："谁要违犯，军法严惩！"

第二天，在百合隅的大街上，检查队发现本军的一名士兵与一个白发苍苍的老太婆发生纠缠。检查队上前盘问方知，原来这位老太婆有一个裹着衣服的包袱不见了。她在寻找这个包袱时正好碰见这位士兵提着一个同样的包袱。老太婆拦住这位士兵，说包袱是她的，两人便纠缠起来。巡逻的检查人员开始进行排解，老太婆就是不让士兵走，说她的包袱内裹有什么样衣服，要这位士兵打开包袱检查。检查人员在排解无效时，使命令这位士兵将包袱打开，其中果有便衣一套，虽是旧衣，尚很整洁。检查人员问老太婆："此衣物是你的吗？"老太婆望着眼前的情景，不知为什么，半天不说一句话，最后也是吞吞吐吐，不愿直说。检查人员因其不能认定，遂没有把这个包袱判交给老太婆，而这个有偷窃嫌疑的士兵却被检查队拘到司令部来了。检查队将这一情况马上报告了李宗仁。

那士兵开始以为只是小事一桩，听李宗仁要重办他，十分惊慌，"扑通"一声跪在地上，哭泣着哀求："长官，我错了，我认错。"

李宗仁板着脸孔说："你可以认错，也欢迎你认错，但是为了严肃部队纪律，我必须重办你！"这最后一句话犹如板上钉钉子，铿锵有力。

那士兵看到李宗仁的表情和说话的严肃劲儿，知道不妙，心情越来越紧张，不得已打出最后一张牌："长官，我是桂林两江隅的小同乡，请你从宽发落……"

李宗仁决心已定，便命号兵吹紧急集合号。瞬息之间，全军两千多人已在野前指定的地方集合完毕。部队整整齐齐地排列成一个四方阵，阵中间置一方桌。李宗仁站在桌子上向部队训话：

"诸位，我军是一个具有光荣传统的部队，曾参加过护国、护法等诸多战役，战绩辉煌，功在民国。今日行军至此，愧未能保国保民，反而骚扰百姓，殊为我军人之羞耻。现在我眼前这个士兵，他违犯纪律，偷窃民财，人证物证俱在，然而他以为是本司令的小同乡，冀图幸免。这实属罪无可迫，当按军法论处，就地枪决。"

语毕，李宗仁遂命令将那个违纪士兵就地枪决。

随着一声枪响，那个士兵倒地，全军上下和四面围观的民众，无不暗自咋舌。当地的老百姓很快就把这件事情传播开了。民众都一致赞叹李宗仁治军有方，纪律严明，军令如山。民众说："像这样的军队为历年过往军队所未见。"

经过李宗仁这番整顿以后，无论是行军还是打仗，全军上下均能做到令行禁止、秋毫无犯。这支军队所到之处，军民都彼此相安。

但是，事后李宗仁每想起这件事来，总感到内疚。他在回忆录中写道：

"这名士兵劫取民财，有物证而无人证，罪不及死。且事后调查，那套衣服确是捡来的，而他也的确是我的小同乡，他家与我家相距仅七里。他那时如不说是我的小同乡，我也许不至将他处死。正因为他说是我的同乡，我才决定牺牲其生命，以整饬军纪。然而这个士兵本人多少有点冤枉。"

拿破仑舍卒保车

1812 年 5 月初，拿破仑率 68 万法军揭开了进攻俄国的战争，于同年 9 月 14 日攻占了俄国的首都莫斯科。俄国将军库图佐夫作战略撤退，避其锋芒，并采取焦土政策，莫斯科城内大火数日，粮食及物品化为灰烬，数十万法军粮断薪缺，处境日趋困难。等冬天到了，拿破仑军队却一直找不到俄军主力作战，军内又无御寒之衣，于是决定于 10 月 19 日撤军。此时库图佐夫却率军追击，把拿破仑军打得大败。败军归途之中，在渡涅漫河时，前无舟桥，后有追兵，拿破仑不得已，命令士兵们跳进冰冷的河水中，用自己的身体筑成一座尸体的人桥，从而让主力部队渡过了此河。当时拿破仑的士兵们一个个高喊着“皇帝万岁”跳进了河中，从而保住了部分主力军。

柯达的牺牲

美国柯达公司是摄影器材业的先驱，其所生产的照相机，相纸、胶卷及冲印服务，一度曾执世界之牛耳。但是，在专业的领域内，柯达公司真正傲视群伦的是胶卷和相纸。

不过，即使是胶卷、相纸和冲印，柯达公司也遭到强烈的挑战和竞争。日本的富士、樱花，德国的爱克发等名牌也积极开拓市场，而且以较低的价格争取市场占有率。因此，近年来柯达的声势已不如往昔。1984 年洛杉矶奥运会由美国主办，但一切与摄影有关的器材，均采用日本富士的产品，即可见一斑。

柯达早年为扩大胶卷冲印和相纸的市场，曾经使出一招“苦肉计”的计策，即开发出以简单易操作为原则的“立即自动”照相机。该机的特色是构造简单，使用方便，且无须测光对焦，只要对准摄影的目标按下快门，就完成照相的操作，是任何不懂照相原理的人都可使用的产品，因此有人称之为“傻瓜照相机”。

这种“傻瓜照相机”，据说柯达公司曾投入庞大的研究费用才开发成功的，照理它的售价应高于一般照相机。然而，这种照相机上市之后，却以出入意料的低价销售。

究其真正的目的，乃在于借便宜简易的相机为先锋，增加使用照相机的顾客，以便于扩大相纸和胶卷的市场开拓。相机的销售可能是没有利润，甚至亏本，但却可由相纸和胶卷方面获得更大的利润。

柯达这种利用相机作为“先行的牺牲品”，而掩护相纸、胶卷，乃至冲印服务的行销策略，就是“苦肉计”。

大腿的代价

这是一场严重的交通事故：一辆高级轿车把一个行人的一条腿轧断了。肇事的是丹麦一家啤酒厂老板，受害者是一个远道而来的日本人。

受害者被送进医院后，丹麦老板说：“你异乡客地，很对不起啊？以后怎么办呢?”

这位日本人说：“等我好了以后，就让我到你的啤酒厂看门，混碗饭吃吧?”

丹麦老板一听不找麻烦，高兴极了，赶紧说：“你快养伤吧，好了就给我看门。”

于是，这个日本人养好伤后就当了这家啤酒厂的门卫。

日本人工作非常认真，对进出厂的货物检查十分仔细，赢得了高级职员们的信任。他对职工非常谦和，有些职工有空经常到门卫室小憩、闲谈。

3 年后，日本门卫攒了一些钱，便辞职回国。丹麦人对他从未有过怀疑。

其实这个日本人是日本的一位大老板，来丹麦是觊觎当时享誉世界第一的该厂酿酒技术。但当时的啤酒厂保密程度很高，是不允许随便参观的。他在啤酒厂周围转了 3 天也没有办法。后来他看到每天早晚都有一部黑色的小轿车进出，一打听，车上坐的正是这家啤酒厂的老板。他就趁老板开车出来，处心积虑地制造了那起交通事故，当了厂门卫。

三年来，他利用工作之便，想尽一切办法，终于掌握了该厂的原料、设备和技术的情况。

他牺牲了一条腿，换来了世界一流的啤酒酿造技术，回国后，成功地开设了一座颇具规模的啤酒厂。

英国人的苦肉计

第二次世界大战时，英国海军情报局的谍报人员中，有两个名叫穆特和杰夫的挪威籍人。他们原来是德国的情报人员，德国情报局派他们潜伏到英国，担任制造恐怖事件、进行破坏活动、收集军事情报等任务。英国反间谍机构捕获他们并加以收买以后，一下又变成了英国的情报人员，从而成了“双重间谍”。为了使他们继续取得德国情报局的信任，让他们创造出一些“惊人的奇迹”来，英国海军情报局和有关当局合作，专门为他俩导演了两次引人注目的爆炸事件。第一次是 1941 年 11 月，在维尔德斯敦附近一个食品货栈里，英国人预先选择了实际上不会造成多大损失的地点，让穆特和杰夫制造爆炸事件。这是一个人口密集的地区，事件发生后，引来许多过路人上前救火，随后，英国报纸大量进行报道，以扩大事件的影响。接着英国人又在纽弗莱斯特，选择了一个人烟稀少，但在地图上标有一座旧军火工厂的地方，再次让穆特和杰夫制造爆炸事件。为了造成是德国间谍进行破坏的假象，还专门在现场留下了作案证据，包括穆特“不慎”失落在现场的那只挪威制造的袋装指南器，而在英国军情五处派去特别调查员“发现了更多的线索”之前，英国人对这一事件却不加宣扬。这种以假作真、恰到好处的安排，使德国人对两次事件信以为真并非常满意。当穆特和杰夫的情报发去后，德国人急忙用降落伞空投了许多英镑、无线电发报机和一些爆破

器材，供他俩继续使用。穆特和杰夫乘机提供假情报，为英国海军进行了大量的欺敌活动。

丘吉尔割爱考文垂

1940 年 11 月 12 日，德国空军司令部通过最新、最复杂的通讯密码作出决定：为了报复英国皇家空军同月 8 日对德国慕尼黑城的挑衅性空袭，将派空军机群于 14—15 日对英国内陆的中心实行猛烈轰炸。这个被称为“月光奏鸣曲”计划的实施目标将在英国建筑历史上和工业上占有重要地位的考文垂城进行。

英国通过“超级机密”截获了德国这一情报。但是，如何应付这次空袭，英国人却面临着两难的选择。一种方案是采取主动措施保卫考文垂，当时曾制订了一项代号为“冷冲”的行动计划，即动用一切可以调动的飞机，在一开始就挫败敌人的袭击。因为当时有足够的时间集中高射炮火、探照灯和烟幕防御设施，加强全城的救火和救护工作。用炮火和探照灯配合作战，至少可以迫使德国人在高空飞行或把他们驱离目标。然而，这样一来，就有可能使德国人怀疑自己的密码已被破译，英国人已经事先得到了空袭的警告。接着，德国人就会更换一种新的密码系统，而已被英国人掌握的“超级机密”也必将失去作用。因此，另一种方案就是让考文垂的防务措施保持原封不动，对空袭作出合乎常情的反应，也就是要忍痛割爱，用牺牲考文垂城来保住“超级机密”。

面对这种困难的抉择，只有丘吉尔首相有权作出决定。他经过反复权衡，认识到“超级机密”的安全比一个重要工业城市的安全更为重要，因为“超级机密”在未来的战役中肯定是有决定性意义的重要武器。为了全局利益，为了保证整个战争的胜利，只有牺牲考文垂来保住“超级机密”了。

结果，考文垂就在没有任何更多防务的情况下，痛苦地承受了德国飞机长达 10 小时的空袭。在 500 多枚重磅炸弹引起的爆炸中，考文垂像遭受地震一样变成了一片废墟，考文垂成了殉难的城市，为了“超级机密”而殉难了。

垃圾中捡的勋章

第二次世界大战之后，导弹作为一种新式的武器发展很快。特别是美国到处建立导弹基地，作为威慑力量，妄图使各国就范。

战后的德国分为东西两个敌对的国家，美国在其控制的西德设有一个秘密导弹库，里面贮有两种新式的导弹，这对东德极具威胁，所以东德情报部门千方百计想获取这个导弹库的有关情报。

美军对这个导弹仓库保卫极为严密，简直达到了无隙可入的地步。但智者千虑，必有一失，这些在国外安于享受的少爷兵，不愿做低贱的活计，于是就雇用了一个德国籍的勤杂工人，当然对他也严加防卫，只能在仓库外工作，不能越雷池一步，而且他们在挑选勤杂工时，选中了一个呆头呆脑、相貌奇丑的老年男性，以免惹事生非。

谁知这个相貌奇丑的勤杂工，却有个美貌绝伦的女儿，她的倩影很快被美国军人相中，不久就有幸成为一名军官的情人。由于女儿的关系，父亲在仓库基地受人尊敬多了，出入活动也减少了种种限制。

但那位勤杂工并无越轨行为，只是勤勤恳恳地工作。他每天把在驻地清理出的垃圾，认真地销毁处理掉，丝毫没有引起美国军人的怀疑。

然而，这个勤杂工正是民主德国情报部门的间谍，他的工作就是在垃圾中清理出有用的情报。他表面上是把垃圾消除掉，而实际上却留下了可能有用的文件和资料。他把这些材料悄悄地带回家中，再加清理，把确实有用的部分保存起来，待积累到一定数量时，就扎成纸包，由其老婆带往柏林火车站交给一个秘密信使，这些垃圾就及时传到了东德的情报部门。

美军导弹军火库的垃圾箱简直是个“聚宝盆”，里面居然有“北大西洋组织驻欧洲兵力配备”、“北约武器弹药库的库存清单”、“美国在西欧储备的各种导弹规格和用法”、“驻西欧美军官兵能力鉴定表”等绝密材料。有一次，这个勤杂工居然还捡到了3份某种新式导弹的说明书，这些材料对东德的情报部门而言，无异是无价之宝，所以他们向那个勤杂工颁发了一枚“奇勋”勋章。他这枚勋章真可谓是从垃圾堆中捡出来的。

杀庆忌要离献计

春秋战国时期，姬光利用专诸杀死了吴王僚，自立为吴王，这就是阖闾。吴王僚有个儿子叫庆忌，行走如飞，非常勇猛。父亲被杀，庆忌逃亡在外，寻找机会，收罗人马，准备报杀父之仇。

阖闾为此忧心忡忡，想派人去行刺，可一时又没有合适的人选。阖闾的大夫伍员终于找来了要离。阖闾一见，要离高不足五尺，腰大貌丑，大失所望。伍员介绍说：要离虽然其貌不扬，但机敏过人，且对吴王十分忠诚，是可以重用。阖闾相信伍员的话，与要离密谈。阖闾问要离有何妙计刺杀庆忌。要离充满信心地说，庆忌正在招纳妄命之徒，为父报仇，我打算诈称是“罪臣”去投奔他，但为了使他相信我，请大王斩断我的右手，杀死我的家人，这样就能取得庆忌的信任，因而也就可以乘机行刺了。

阖闾起初不忍无故斩去要离的右手，也不忍杀死他的家人，但又看到要离的态度十分坚决，而且，思之再三，觉得除此以外，别无良策，于是便同意了。

第二天，伍员与要离入朝，当着文武百官的面，保荐要离为将军，率军攻打楚国。阖闾闻奏，怒斥伍员：“你保荐的这人身矮力微，怎能带兵打仗。”要离当面顶撞阖闾：“大王真是太忘恩负义了，伍员为你安定了江山，你却不派军队替伍员报仇。”

阖闾大怒：这人竟敢当面顶撞羞辱寡人。命人把要离的右臂砍掉了。并押进大牢，拘留他的妻子。伍员叹息而出，群臣一时也莫名其妙。

过了几天，伍员悄悄叫人放松了对要离的监视，让要离趁“机”越狱跑了，阖闾便下令把要离的妻子斩首示众。

要离逃出以后，四处鸣冤叫屈。听说庆忌在卫国，便跑到卫国求见庆忌。庆忌疑他有诈，不肯收容，要离便脱掉衣服给庆忌看那只被斩断了的右臂。正当庆忌将信将疑之际，庆忌的心腹又来报告要离的妻子被斩的消息，庆忌这时便完全相信要离与阖闾确有深仇大恨了。

要离向庆忌表示自己与他一样有复仇的决心，并愿意充当向导。还说伯嚭是无谋之辈，不足为虑；伍员虽智勇双全，但他之所以帮助阖闾，目的是想借兵伐楚，以报父兄大仇。眼下，阖闾安于王位，从不提为伍员报仇的事，所以伍员与阖闾已有隔阂，只要庆忌报仇后肯为伍员报仇，伍员愿为内应；如此等等，一番话说得庆忌深信不疑，便立即派要离训练士卒，修治兵船。

3 个月后，要离怂恿庆忌出兵，水陆并进，杀往吴国。庆忌与要离同乘一条船，驶到中流，要离趁庆忌到船头观看船队的机会，一戟刺在庆忌的心窝上。到这时，庆忌才明白，自己是中了要离的苦肉计，抱恨而死。要离杀死庆忌后，自己也饮剑自尽了。

保“哑谜”考文垂殉难

第二次世界大战初期，英国情报部门得到一部叫“哑谜”的德军无线电编码机，这种编码机是德军统帅部直接同团以上指挥部进行联系的保密通信工具。在使用中由于没有发现有任何泄密的痕迹，所以希特勒非常信任它，许多重要的命令、计划、情报，都通过“哑谜”机传送。

英国自从得到“哑谜”机后，获取了德军许多重要情报。1940 年 7 月 2 日，希特勒制定了入侵英国的“海狮”计划，英国获得这一情报及早采取了措施，使“海狮”计划不得不延期执行。9 月 5 日，希特勒决定对英国进行大规模空袭，英国又截取了这一情报，采取最佳的拦截方案，仅以少量飞机，便使德军的空袭失败。英国非常重视“哑谜”机，丘吉尔首相认为，它的作用胜过了一支军队。英政府对“哑谜”机采取了严密的保护措施。为了保护这一“超级机密”，英军每当从“哑谜”得到情报，在采取某种应变措施前，先派飞机、舰艇或其他办法佯作侦察，以迷惑德军。因为一旦被德军发现“哑谜”已泄密，他们就会改变编码，情报源便会因此而中断。

1940 年 11 月 2 日，英国从“哑谜”机截获到德军司令部下达的“月光协奏曲”计划，即要在 11 月 14 日至 15 日大规模轰炸考文垂。

考文垂有 25 万人口，是一座历史悠久的工业城市，拥有英国主要的军火库，能制造轰炸机、汽车，还有气势宏伟的大教堂。

情报送到丘吉尔的办公桌上，丘吉尔的参谋机构立即研究应变方案。有人主张采取措施加强考文垂的防空能力，以打退敌人的空袭。但这样做便有可能引起德国人怀疑“哑谜”机已经泄密。丘吉尔认为，“超级机密”是争取战争最后胜利的一项重要武器，决不能放弃。最后决定牺牲考文垂，用“苦肉计”保证“超级机密”。

1940 年 11 月 14 日 19 日，德国空军的轰炸机群飞抵考文垂，紧接着，成百吨炸弹倾泻在这座防空松懈的城市里，数以百计的降落伞投下的地雷，摧毁了一座座建筑物，数万枚燃烧弹使考文垂变成一片火海。

长达 10 小时的空袭使考文垂变成了一片废墟。

丘吉尔的苦肉计换来了“超级机密”的安全。在以后的大西洋海战中，在非洲战场，在盟军的诺曼底登陆作战中，英国通过“哑谜”获得了大量重要情报，取得了一次又一次战斗的胜利。直到大战结束，德军都在使用“哑谜”传递情报，并未发现“哑谜”机已经失密。考文垂被人们称为“殉难的城市”。

三十六计　第三十五计　连环计

将多兵众，不可以敌，使其自累，以杀其势。在师中吉，承天宠也 (1)。

注释

(1) 在师中古，承天变也：语出《易经·师》卦（卦名讲释见前第二十六计注）。本卦九二，《象》辞：“在师中吉，承天宠也”是说主帅身在军中指挥，吉利，因为得到上天的宠爱。此计运用此象理，是说将帅巧妙地运用此计，克敌制胜，就如同有上天护佑一样。

按语

庞统使曹操战舰勾连，而后纵火焚之，使不得脱。则连环计者，其结在使敌自累，而后图之。盖一计累敌，一计攻敌，两计扣用，以摧强势也。如宋毕再遇赏引敌与战，且前且却，至于数四。视日已晚，乃以香料煮黑，布地上。复前博战，佯败走。敌乘胜追逐。其马已饥，闻豆香，乃就食，鞭之不前。遇率师反攻，遂大胜。皆连环之计也。

解析

按语举庞统和毕再遇两个战例，说明连环计是一计累敌，一计攻敌，两计扣用。而关键在于使敌“自累”，从更高层次上去理解这“使其自累”几个字。两个以上的计策连用称连环计，而有时并不见得要看用计的数量，而要重视用计的质量，“使敌

自累”之法，可以看作战略上让敌人背上包袱，使敌人自己牵制自己，让敌人战线拉长，兵力分散，为我军集中兵力，各个击破创造有利条件。这也是“连环计”在谋略思想上的反映。“大凡用计者，非一计之可孤行，必有数计以襄（辅助）之也。……故善用兵者，行计务实施。运巧必防损，立谋虑中变。”意思说明，用计重在有效果，一计不成，又出多计，在情况变化时，要相应再出计，这样才会使对方防不胜防。

探源

连环计，指多计并用，计计相连，环环相扣，一计累敌，一计攻敌，任何强敌，无攻不破。此计正文的意思是如果敌方力量强大，就不要硬拼，要用计使其自相钳制，借以削弱敌方的战斗力。巧妙地运用谋略，就如有天神相助。

此计的关键是要使敌人“自累”，就是指互相钳制，背上包袱，使其行动不自由。这样，就给围歼敌人创造良好的条件。

案例

王允巧使连环计

这个智谋故事见于《三国演义》第八回“王司徒巧使连环计董太师大闹凤仪亭”。

司徒王允一直想为国除害，搞掉董卓。一天晚间，他执杖信步来到后园，正为无计可除董卓而仰天垂泪，忽听有人在牡丹亭旁长吁短叹。王允过去一看，原来是府中歌伎貂蝉。貂蝉自幼被王允收养于府中，学习歌舞，美而聪慧，王允待若亲女。王允起初以为她是为儿女私情而深夜于此长叹。后经询问，方知她是蒙王允养育之恩，常思报效。王允见状，计上心来，便把貂蝉请到画阁中，向她流泪跪拜说：“汉家天下全寄托在您的身上了！奸臣董卓，阴谋篡位；朝中文武，束手无策。董卓有一义儿，姓吕，名布，骁勇无比。董、吕二人都是好色之徒。我，打算用连环计：先将你许嫁吕布，然后献给董卓。你便从中找机会离间他二人反目成仇，让吕布杀掉董卓，为国家除掉大患。不知您同意否？”貂蝉当即表示甘愿献身实施“连环计”。

次日，王允便请良匠以家藏宝珠数颗嵌饰金冠一顶，使人密送吕布。吕布受冠大喜，即亲到王允宅致谢。酒至半酣，王允叫貂蝉盛妆而出，与吕布相见。吕布仗着几分酒意，与貂蝉眉来眼去。王允趁机指着貂蝉对吕布说：“我想将小女送给将军为安，不知将军同意否？”吕布大喜过望，拜谢而回，只盼王允早送貂蝉来。

几天后，王允趁吕布不在，便请董卓次日来家中赴宴。王允又唤貂蝉出来以歌舞助兴。董卓很为貂蝉绝妙的舞姿和娇美的容颜所倾倒，称赏不已。王允便说：“这是我家歌伎貂蝉。我想将她献给太师，不知太师肯收留否？”董卓闻言大喜，再三称谢。席散后，王允即命先将貂蝉送到相府，然后亲送董卓回府。

等到吕布前来打探，王允又骗吕布说：太师已经带貂蝉回去与你完婚。

次日晨，吕布到相府打探消息。董卓侍妾告诉吕布："昨夜太师与新人共眠，至今未起。"吕布闻言大怒。董卓一日入朝议事，吕布执戟相随。吕布趁董卓与献帝交谈的机会，策马径到相府来见貂蝉。貂蝉请吕布至后园凤仪亭互诉衷肠。貂蝉泪汪汪地对吕布说："自初见将军，我即暗暗以身相许。谁想太师起不良之心，将我占有。自入相府，我即痛不欲生，只因未与将军一诀，故忍辱偷生至今日。今日既已与您相见，我当死于君前，以明我志！"说罢，即手攀曲栏，往荷花池便跳。吕布慌忙抱住貂蝉。

董卓在殿上，回头不见了吕布，心中怀疑，忙辞了献帝，登车回府。寻入后园，见吕布正与貂蝉在凤仪亭下共话。画戟倚在一边。董卓勃然大怒，大喝一声。吕布忽见董卓来到，慌忙便跑，董卓抢过画戟，挺着赶来。董卓体胖赶不上，便掷戟刺吕布，吕布打戟落地，夺门而逃。

董卓回后堂问貂蝉说："你为何与吕布私通？"貂蝉流泪说："我在后园看花，吕布突然而至，我见其居心不良、动手动脚，便欲投荷池自尽，却被这厮抱住。正在生死之间，幸亏太师赶到救了性命。"董卓说："我想将你赐给吕布，何如？"貂蝉闻言大惊，哭道："妾宁死不辱！"边说边抽下壁上的宝剑就要自杀。董卓连忙劝住。

董卓即日带貂蝉还坞，百官俱拜送。车已去远，吕布凝望车尘，叹息痛恨。王允装作惊讶地问道："这么长时间，还未送给您？"吕布恨恨地说："已被老贼占为已有了！"王允佯装不信，吕布便将前事一一说给王允听。王允听罢，半晌不语，良久才说："想不到太师作出此等禽兽之行！"因请吕布到家中商议。商议间，王允又激吕布说："太师淫我之女，夺将军之妻，诚为天下耻笑。然而我是老朽无能之辈，无所谓；可惜将军盖世英雄，亦受此污辱！"吕布怒气冲天，拍案大叫："誓杀董贼，以雪我耻！"王允见时机成熟，便说："将军若扶持汉室，便是忠臣，当流芳百世；若助董卓，便是反臣，当遗臭万年。"吕布闻言即拔刀刺臂出血，誓杀董卓。王允跪谢说："大汉天下，全仰仗将军了！"

随即，二人又请仆射士孙瑞、司隶校尉黄琬共商诛董卓之策。最后决定请当初为董卓劝降吕布的李肃奉献帝诏书前往坞请董卓入朝议事。同时让吕布奉献帝密诏，带领甲兵伏于朝门之内，待董卓入朝时诛杀之。

李肃因怨董卓不迁其官，因而慨然依计至坞，奉诏宣董卓入朝。董卓即排驾回朝，群臣迎谒于道。到北掖门，董卓所带军兵尽被挡在门外，只让董卓及其车夫进入宫内。吕布率伏兵一拥而上，将董卓刺死于殿门之前。随后：王允、吕布等，又派人擒杀董卓死党李儒等人，并派军前去查抄董卓家产人口。

刘锜出奇计败兀术

公元 1140 年，南宋刘锜被任命为东京（今河南开封）副留守，率军 3 万余人前去东京驻扎，以伺机牵制敌人，保卫江南。但当大军行进到顺昌（今安徽阜阳）时，却得到消息，说东京已被金兵占领，而且金兵正向南扑来。刘决定固守顺昌，以牵制敌人。

他先派人日夜加固城墙，赶制防御器械，并让人在城墙上增修避箭矢的工事，而在外城土墙上挖了许多可望敌、射敌的洞。

工事修好，金兵便扑了过来。刘让手下大开城门，迷惑敌人。敌兵怕中了埋伏，果然不敢杀进来，只是远远放箭。宋兵有避箭工事，故而伤亡不大。宋兵都伏在墙上从洞口中射箭，却给敌人以很大杀伤。金兵见占不到便宜，便退守 20 里以作打算。刘借机率部冲出去，打得敌人狼狈逃窜，掉进颍水中淹死了不少。

敌人在 20 里外扎营，妄图重新部署，组织攻城。刘未等敌人下手，便乘一个雷雨之夜，让部将阎充带 500 名勇士，摸进金兵大营偷袭，直杀得敌人狼狈后退 30 里扎营。第二夜，天又雷雨。刘让战士百余人穿上黑衣，每人带一竹制哨子，当雷电照射时便起身猛砍敌人，同时吹哨。电光一灭就伏下不动。敌人不知是什么怪物，以为有鬼神作祟，又退出 50 里处扎营。

敌主帅兀术听说遇到强敌，便亲率十几万大军从开封赶来增援。刘为诱敌深入，先派两人在战斗中故意坠马，让金兵掠去。金兀术审问时，他们按刘预先布置好的说："刘只是一个花花公子，只熟悉些小玩艺儿，不会用兵。"以引敌人轻进。同时，刘让人在颍水河南岸撒下大批毒药，又送信给金兀术说："你敢过颍水作战吗？若敢，我将在颍水上架五座浮桥迎接你。"金兀术一听，气得火冒三丈，即刻率主力杀到颍水边。一看，颍水上果然架着五座浮桥。金兀术气得哇哇叫，挥军从浮桥上杀过颍水，正进了刘的"毒药区"，人马饮水时中毒的不计其数。刘让手下自带水、粮，杀进"毒药区"。上午隐蔽不出，下午等敌人晒得疲惫至极时则小股突袭。这种"藏猫猫"战术，打得兀术军哇哇叫，找刘主力作战又找不到，只好狼狈退兵。

图德拉巧用迂回计

图德拉原是委内瑞拉的一位自学成才的工程师。他想做石油生意，可是他既无石油界的老关系，又无雄厚的资金。于是，他采用了"迂回"的连环计。

他先从一位朋友处打听到阿根廷需要购买 2000 万美元的丁烷，并且又知道阿根廷的牛肉过剩。

接着，他飞到西班牙，那里的造船厂正为没有人订货而发愁，他告诉西班牙人："如果你们向我买 2000 万美元的牛肉，我就在你们的造船厂定购一艘造价 2000 万美元的超级油轮。”西班牙人愉快地接受了他的建议。这样，他就把阿根廷的牛肉转手卖给了西班牙。

此后，图德拉又找到了一家石油公司，以购买对方2000万美元的丁烷为交换条件，让石油公司租用他在西班牙建造的超级油轮。

就这样，图德拉凭着迂回的艺术，精心设计一个大胆的“连环计”，单枪匹马杀入了石油海运行列，开始了前途远大的经营。

德弗丽斯不慎爱错人

在荷兰驻苏联大使馆秘书的洛兰·德弗丽斯是个性格温柔的女性，她已年近五十，早就打消了结婚的想法；但是有一天，她结识了一个比自己小10岁的苏联人，他的名字叫鲍里斯·谢尔盖耶维奇·库津金。库津金精力充沛，和德弗丽斯一样对圣像有极大兴趣，他从神学院毕业后就在俄罗斯东正教会的国际科工作。两个人从去公园散步慢慢发展到一起去剧院看戏，去餐厅在烛光下吃饭。很快，鲍里斯向德弗丽斯表示了爱慕之情。他说自己的妻子是个非常无聊的人，她不能使他在感情上得到满足，他很苦恼而又难以摆脱这种夫妻关系。他渴望得到德弗丽斯的爱情。同时，他向德弗丽斯谈了自己更多的烦恼：他是一个教徒，而在苏联社会中教徒是受歧视的；他向往西方社会，因此经常受到政府的谴责与批判，他这样一个人在苏联制度中感到与现实格格不入，所以精神上长期处于痛苦状态。

在去莫斯科工作前，德弗丽斯曾被荷兰保安机关详细告知克格勃惯用的手法，因此她一直处事小心。但是，鲍里斯的话感动了她，特别是她了解到鲍里斯对苏联制度极其反感之后，她更抛掉了一切警惕与戒心。于是，她接受了鲍里斯的求爱，他们关系变得极为密切。

几个月后，德弗丽斯和几个朋友去列宁格勒作短期旅行休假。她们本来预定住在阿斯托里亚饭店，可是临时旅行社却“弄错了”，把她安排在欧罗巴饭店二楼的一个华丽的房间。极巧的是，库津金恰好也在这时来到列宁格勒，而且也在这个饭店的二楼租了房间。中午，库津金把她请到自己房间，两人一起喝葡萄酒。库津金开始爱抚她，德弗丽斯担心房间里设有监视摄像机和窃听器。他们检查了一下，什么也没发现。为了慎重，库津金还拉上了窗帘。

过了一个星期，德弗丽斯突然接到库律金的电话，要她立即去公园见面，语调十分惊慌。见面后，库津金告诉她，就在今天早晨，他正在莫斯科主教家的时候，克格勃把他拘捕，带到卢比扬卡监狱。克格勃的官员严厉审问他和德弗丽斯的关系，并拿出他们一起散步的照片，同时暗示他们还掌握着更重要的证据。库津金懊恼地说，政府早就在想法整他，这回全完了。怎么样才能掩盖这件丑闻呢？两个人几乎同时想到：找尼古拉·布托夫，他也许有办法帮上忙。

以前，库律金向德弗丽斯介绍过布托夫，说他是个有很多“重要关系”的大官。

当天晚上，他们请布托夫帮忙，布托夫叹了口气：“卢比扬卡的案子都是非常严重的，你们俩干吗去列宁格勒呢？不过，你们放心，我一定会全力想办法！”

第二天，德弗丽斯接到布托夫的电话，布托夫邀请她单独去一座公寓吃饭。吃饭时，布托夫告诉她，他已设法弄到了库津金的材料，材料中有一批胶卷，自己虽然不想看，但她却必须看一下。德弗丽斯一看，胶卷毫无遗漏地展现着她和库津金在列宁格勒的风流韵事。“还有一盘录音带，”布托夫说，“您想听听吗？”

这时，德弗丽斯精神已近崩溃，她痛哭起来。

好心的布托夫安慰她说，他可以把这些材料锁进自己的保险柜。但是，德弗丽斯必须在保证感谢他和今后合作的誓文上签字。德弗丽斯顺从地写完誓文。之后，她抬起头，茫然地问布托夫：“您是克格勃的人吗？”

“非常正确！”布托夫冷冷地说。

时至今天，德弗丽斯也不知道她的情人鲍里斯·库津金也是克格勃的特务，她以为他也是一个受害者。

为了接近一个人以达到自己的目的，首先必须要取得他的信任，这就要投其所好，使自己扮成他所希望的那种人。这样他就会对你产生亲近感并去掉一切戒心，成为你的俘虏，乖乖地为你服务。

故事中的故事

在 1919 年的美国钢铁工人大罢工中，钢铁工人工会打入资本家内部的一名同志通知福斯特说，美国钢铁公司的老板们常常获得工会组织委员会的记录。这一消息使福斯特吃惊不小。因为工会组织委员会共有 45 名代表，人手一份记录，而蜡纸的底稿是福斯特亲自销毁的；这 45 名代表是忠诚于工会事业的先进分子，记录怎能落入敌人手中呢？起初，福斯特以为这只是偶然现象，以后虽然格外小心，但记录仍继续失窃。

于是福斯特不得不开动脑筋，设了一条顺藤摸瓜之计。他在 45 份记录中打上不同的记号，这一记号做得非常仔细，务求肉眼无法辨认出来，而且，这一记号仅福斯特一人知道。过了一段时间，打入资本家内部的那位同志把敌人盗去的影印件复制了一份。影印本上活生生地把暗号复印了下来。通过这一暗号，福斯特查到了被盗窃的记录是送给芝加哥铁匠国际兄弟工会全国办公室的那一份。福斯特又亲自布置，加紧暗中看管这一办公室。这样，就轻易地捉住了偷送记录的女内奸。她的办法是把记录偷走一晚，影印后于第二天早上送回原处。

女特务自以为神不知鬼不觉，然而仍然被福斯特捉住了。有些问题看起来十分复杂，无从着手，然则，通过顺藤摸瓜的方法可以一步一步地接近目标。

平托上校测谎

二战后期，盟军攻入比利时。一天，一支部队抓到一个嫌疑犯，被怀疑是德国间谍。他被送到荷兰籍的著名反间谍专家奥莱斯特·平托上校处。

上校对嫌疑犯进行了审问。嫌疑犯自称只是个比利时的农民，村庄被炸毁了，妻子也炸死了。一切都回答得没有破绽，但是上校凭多年经验仍感到这个嫌疑犯非常值得怀疑。他决定从语言方面入手，寻找破绽。——因为这一地区的比利时人都讲法语，如果这个嫌疑犯是德国间谍，不管他对法语的掌握程度多高，作为母语的德语最终还是可能流露出来。

上校开始了他对嫌疑犯的语言测试。

首先，他让嫌疑犯数一盘豆子。因为当地人在说“72”时不是用标准的法语，而是发一个专门的方言的音，这样就能检验出嫌疑犯是不是地道的当地人。但是，嫌疑犯在数到“72”时，清楚地发出了方言的音。这样，上校的第一次测试失败了。

第二次，上校决定在晚上进行测试。因为一个人在刚睡醒时，思维还不能完全清醒，有可能在这时不小心说出母语。晚上，当嫌疑犯睡着后，上校命人在门外放起火来，有人在门外用德语告诉嫌疑犯着火了，但嫌疑犯醒来听到后没有任何反应。然后，又有人用法语告诉他着火了，嫌疑犯才惊慌失色地站起来。上校的第二次测试又失败了。

第三次测试是在审讯的过程中。上校在问过嫌疑犯几个问题后，与旁边的人聊起天来。上校用德语告诉旁边的人说，这个嫌疑犯在第二天就要处决了。但是，嫌疑犯好像什么也不知道似的，连眼睛和喉头都没有丝毫的变化。这似乎证明，他根本不懂德语，也就不可能是德国间谍。

上校的第三次测试又失败了。经过再三考虑，上校决定再进行最后的一次测试，如果再失败，只能当场将嫌疑犯释放。

第二天清晨，嫌疑犯被带进上校的办公室。上校装作正在看一份文件，看完后拿起笔在文件上签了字。然后，上校抬头看看嫌疑犯，平静地用德语说道：“好了，一切都清楚了。你现在自由了!”

这时，嫌疑犯长长地舒了口气，像卸下了沉重的包袱，仰起脸，露出了愉快的神色，然后开始往外走。立刻，他警觉到自己犯了个致命的错误。可是一切都晚了。

上校在一系列测试失败之后，终于在最后关头反败为胜。人毕竟是有感觉的，再高明的间谍也不可能掩饰住自己所有的心情，当听到获释的消息时，怎么能不因为心情的急剧变化而出现差错呢？上校正是用极其高明的伪装蒙蔽了间谍，用使之惊喜的消息打乱了间谍的思绪，破绽怎能不露出来呢？

罗伯逊营救友军

拿破仑在进攻西班牙之前，以丹麦遭到英国的威胁为由，狡猾地骗西班牙派一些最精锐的部队去丹麦，以减轻自己入侵西班牙时将遇到的抵抗。后来，拉罗马纳侯爵领导的一支约15000人的西班牙部队被秘密围困在丹麦某地沿海的岛屿上。英国十分关心这些西班牙人的下落，为了找到他们，派出了能讲一口流利德语的詹姆斯。罗伯逊去执行这项艰巨任务。

罗伯逊首先去英国新近占领的赫利戈兰，因为英国情报机构已在那里建立起监听站和情报中心。接着有人安排他偷偷地乘小船沿威悉河口而上，进入德国。他徒步抵达不来梅后即化名为亚当·罗劳厄尔，从不来梅到汉堡，他沿途打听，得知西班牙部队早已被分割成小股，以削弱其战斗力，现在大部分被困在丹麦沿海的岛屿上。

原本就是一位修道院院士的罗伯逊毅然决定冒险，靠自己在天主教徒中的联系来搜集情报，结果，发现有一位西班牙牧师知道拉罗马纳将军的部队的所有情况和将军本人在哪里。牧师告诉他如何才能见到拉罗马纳，于是，罗伯逊就取道哥本哈根来到富宁岛。但拉罗马纳在岛上孤立无援，不能与外界建立通信联系。足智多谋的罗伯逊便假扮成商贩，把携带的大量雪茄烟和巧克力卖给西班牙士兵，通过这种方式，罗伯逊见到了拉罗马纳将军，向他转达了英国政府愿意帮助他的信息。

但是，如何才能把情况通知给英国人，告诉他们西班牙人愿意接受营救呢？因为英国当局事先既没有作出信号方面的任何安排，也没有向罗伯逊提供通信设备。有一天，一艘英国快速帆船在丹麦沿海行驶，罗伯逊果断行动，站到悬崖顶上挥动手帕，想与那条船取得联系，不慎被一个巡逻的丹麦士兵发现，立即将他逮捕。他声称自己是个商贩，在向西班牙人出售货物后，打算与那条英国船做买卖。由于他不会说丹麦话，那个士兵不相信他，便把他带去见丹麦指挥官。幸运的是，他在对答中发现那位指挥官会说德语，就用自己流利的德国话同指挥官攀谈起来。这样一来，丹麦人便相信了他，把他当作亚当·罗劳厄尔——一名商贩释放了。经过多次冒险，罗伯逊终于成功地向赫利戈兰发出信息，通知英国海军作好营救西班牙军队的准备。几天后，在英国海军的帮助下，经过罗伯逊和拉罗马纳将军的周密安排，一个虎口脱险的计划成功了。15000名西班牙士兵中大约有9000名士兵登上英国船只回到了祖国，并在那里协助英国的威灵顿公爵抗击法军，从而增强了反法联军的力量。

罗伯逊在这次营救行动中运用了多种智谋。他有时改名换姓，有时乔装改扮，或迂回而进，或瞒天过海，历尽艰难终于找到西班牙人被困之地，并使他们与英国海军取得联系，制订了一个里应外合的计划。最后，在虎口中骗过敌人，成功地“金蝉脱壳”而去。这些活动有一个总的特点，就是隐蔽性，即以各种手段瞒过敌人耳目。隐蔽性的好坏，是成败的关键。

赫鲁晓夫逢场作戏

1959年，尼克松作为美国副总统去参加在苏联莫斯科举办的美国国家展览会的开幕典礼。在尼克松动身去苏联之前不久，美国国会正好通过了所谓《被控制国家决议案》。这个决议案是针对苏联和东欧社会主义国家的，它攻击苏联的社会主义制度"压迫"、"奴役"人民，"剥夺"人民的自由。

赫鲁晓夫对《被控制国家决议案》十分愤怒，他认为这是美国对苏联的挑衅。而且，对尼克松长期以来坚持反共立场，指责苏联社会是"铁幕"，赫鲁晓夫也非常不满。他决定在尼克松这次访苏期间，利用种种机会，给尼克松上一课。但是，在外交场合中，这又不能做得太明显、直露。

美国国家展览会开幕式上，赫鲁晓夫陪同尼克松出席。一行人边谈边参观展览。大家走到展览的电视台模型前，一位青年技术人员走上来，提议把赫鲁晓夫和尼克松互相寒暄和谈话的镜头拍摄下来，以便在展览期间向参观的群众播放。在场的苏联观众围拢过来，兴致勃勃地看着这个场面。赫鲁晓夫发现时机到了，于是爬上讲台，开始讲话，并示意技术人员准备录相。

赫鲁晓夫对着摄像机问尼克松："美国存在多少年了？170年。好吧，大家请看，这就是她达到的水平。我们存在只不过42年，而再过7年，我们将达到同美国一样的发达水平！"在场的苏联观众被赫鲁晓夫的讲话吸引住了，他们振奋地热烈鼓掌。赫鲁晓夫继续情绪高昂精神焕发地讲着："当我们赶上你们并超过你们的时候，我们会向你们招手的！"说着，他回身向后挥着手，好像美国正在慢慢逝去。

赫鲁晓夫抓住偶然碰到的机会，敏锐地借题发挥，既奚落、挖苦了美国，难堪了尼克松，又大大振奋了在场苏联人的精神，提高了自己的威信。

尼克松访苏期间，有一次由赫鲁晓夫陪同乘游艇游览莫斯科河。游艇在河上行驶着，河上许多游客在畅游。赫鲁晓夫几次让人把船停下来，向附近的人招手致意。人们游过来，围着游艇，向赫鲁晓夫欢呼。赫鲁晓夫故意大声问他们："你们之中哪个是被控制、被压迫的？"河里的人们一齐大声回答："没有！"赫鲁晓夫又大声问："难道你们都是奴隶吗？"游泳者又异口同声喊："涅特！"——不是。赫鲁晓夫得意地用胳膊肘碰碰尼克松的胸脯，高声说："看看我们的奴隶们是如何生活的？"然后他又冲河里的人们说："有人非说你们是被奴役、没有自由的人，这可笑吗？"河里的人们"轰"地发出一阵嘲笑声。随同的苏联记者们将刚才的每一句话、每一个场景都记录下来，第二天就在各个报刊上发表了。在这一过程中尼克松窘迫得哑口无言。

赫鲁晓夫这种随时随地抓住一切机会，宣传苏联的成就、美好，借以回敬、驳斥、戏弄尼克松的做法，虽使得尼克松感到难堪，但却佩服其手腕的高明。他对赫鲁晓夫说："你知道，我真佩服你，你决不放过任何一个机会进行宣传。"赫鲁晓夫当即反驳他："不，不，我不是搞宣传，我说的是真话，是千真万确的真理。"

在访苏期间，尼克松参观、访问了许多工厂、农庄、市场。在每个尼克松要去的地方，赫鲁晓夫都安排布置好几个人。当尼克松来到的时候，这几个人就从人群中走出来，站在尼克松面前，自我介绍说："我是一个普通苏联公民。"然后，一连串地质问尼克松："为什么美国阻挠为停止原子弹试验所做的努力?""为什么美国想要战争?"或者："为什么美国拿在外国领土上建立军事基地来威胁我们苏联?"

尼克松明明知道这是陷阱和圈套，也只好硬着头皮往里跳，往里钻。他反反复复一遍遍讲着道理，回答着问题，弄得口干舌燥、疲惫不堪，最后也达不到任何效果。提问题者毫不在意他的回答。

就这样，在访苏期间，尼克松常常被这种场面纠缠得苦不堪言，而第二天还要受苏联报刊诸如"苏联一工人质问尼克松，尼克松在正义面前无言以对"之类的题目控告、奚落。由于这些提问者都是以群众面孔出现，尼克松也无法向苏联当局报怨，怕落个"美国领导怕见群众"的名声。

宣传，是一门高深的学问，里面包含着丰富、复杂的智谋。聪明的宣传家，能够随时把握一切别人往往忽略的机会，从容、自然、顺势地进行宣传，以达到既扰乱、打击了敌人，又激励、鼓舞了自己，同时还抬高了宣传者本人的多重效果。

丁谓一举而三得

火海满天横流，吞噬了雄伟巍峨的宫室楼台，吞噬了金碧辉煌的殿阁亭榭……几天几夜之后，那里变成了一片断垣残壁。这是公元 1015 年发生在北宋皇宫里的一场罕见的大火。在废墟上，宋真宗皇帝叹息道："没有皇宫，如何上朝，如何议政，如何安居呢?"他叫来宰相丁谓（962 — 1033 年），令他负责皇宫的修建工作。

丁谓接受任务后，在废墟上走来走去。他为遇到的三件难办的事而感到苦恼：一是盖皇宫要很多泥土，可是京城中空地很少，取土要到郊外去挖，路很远，得花很多的劳力；二是修建皇宫还需要大批建筑材料，都需要从外地运来，而汴河在郊外，离皇宫很远，从码头运到皇宫还得找很多人搬运；三是清理废墟后，很多碎砖破瓦等垃圾运出京城同样很费事。

路过临时搭的一个小木棚，丁谓见有个小姑娘在煮饭，趁饭还没煮熟，她又缝补起被火烧坏的衣服。丁谓想："她倒真会利用时间呀!"忽然他灵机一动：办事情要达到高效率，就要时时处处统筹兼顾，巧妙安排好财力、物力、人力和时间。经过周密思考，他提出了一个科学的方案：先叫工人们在皇宫前的大街上挖深沟，挖出来的泥土即作施工用的土，这样就不必再到郊外去挖了。过了一些时候，施工用土充足了，而大街上出现了宽阔的深沟。

"哗哗哗"，忽然一股汹涌的河水，从汴河河堤的缺口中奔将出来，涌向深沟之中，等汴河的水和深沟中的水一样齐时，一只只竹排、木筏及装运建筑材料的小船缓缓地撑到皇宫前。丁谓站在深沟前捋着胡子笑了。是的，没费多大力气，就一举解决

了两道难题。

一年后，宏伟的宫殿和玲珑的亭台楼阁修建一新。这一天，汴河河堤的缺口堵住了，深沟里的水排回汴河之中。待深沟干涸时，一车车、一担担瓦砾灰土填到了深沟之中，一条平展宽坦的大路重又静静地躺在皇宫之前……

救鲁国子贡巧施连环计

公元前484年，齐国的右相陈恒企图操纵国政，但又害怕朝中大臣国书、高无平从中作梗，便向齐简公建议，派国书等几位大臣领兵攻打鲁国，说是鲁国曾与吴国一道攻打过齐国，应该报仇解恨。齐简公采取了陈恒的建议，派国书为大将，带着高无平等大臣率领兵车千乘来到汶水之滨扎营。

孔子听到这个消息，大吃一惊，与他的几个学生商量说："鲁国是我们的父母之邦，现在有难，不可以坐视不救，有谁能制止齐军攻打鲁国呢?"听了孔子的话，子贡自告奋勇地说他有办法解救鲁国面临的危难。

子贡先到齐国见到右相陈恒，他对陈恒说道：鲁国的城墙低而薄，护城河狭而浅，国君懦弱，大臣无能，军队不善于打仗，是个难于征伐的国家，而吴国城墙高而厚，护城河宽而深，兵多将广，是个比较容易征伐的国家啊！陈恒听了这话，很生气，认为子贡在戏弄他。子贡便让陈恒屏退左右，悄悄地对陈恒说："据我观察，相国与大臣国书、高无平有些不和。国书与高无平率军进入衰弱的鲁国，一定能取胜；取胜的功劳自然属于国书与高无平，这些人的权势会不断增加，而相国您便将因此面临困境了。因此，假如您能设法使国书、高无平率兵攻打吴国，势必遭到失败，国书与高无平将面临困境，这对于相国您掌大权是很有利的啊!"

陈恒听了子贡的话，很是高兴，但考虑到齐军已开到汶水，忽然又叫他去打吴国，别人会怀疑他的动机，因而有些犹豫不决。

子贡了解到陈恒的思想顾虑，便又对陈恒说："只要您能叫他们按兵不动，我便立即到吴国去说服吴王来救鲁伐齐，这样，齐国就有理由攻打吴国了。"陈恒同意子贡的主意，竟以听说吴国将出兵攻齐为理由，叫国书暂不攻鲁。

子贡日夜兼程赶到吴国，对吴王夫差说："上次吴国和鲁国联合攻齐，现在齐国人为了报仇，已屯兵汶水之上，准备先攻打鲁国，再攻打吴国。大王您何不先发制人，兴兵伐齐救鲁？以吴国的强大，定能打败齐国，这样也可使鲁国听命于吴国了。"夫差说："上次打败齐军后，齐国表示服事吴国，一直不来朝贡，我正要向他问罪呢?只是听说越国有侵犯吴国的野心，我准备先打越国，再进兵齐国。"

听了夫差的话，子贡表示自己愿意去说服越王，让越王亲自率军跟随夫差攻齐。夫差高兴地答应了。

子贡来到越国，告诉勾践说：夫差怀疑越国将攻打吴国，吴国就要兴兵伐越了。勾践听了很着急。子贡便教给他一个办法：亲自率领一支军队，跟随吴王攻打齐国，这样可以消除吴国对越国的怀疑，将来如果吴国战败，力量就会削弱，吴军战胜，一定会与强大的晋国争霸，这样，后方必然空虚，越国便可以乘虚而入。勾践十分赞成子贡的主意。过了几天，越王便派文种向吴王献宝剑、精甲等礼物，并表示越王将亲率3000军士随吴伐齐。吴王很高兴。子贡又说服吴王，只要让越军参战就行，而越王勾践则不必亲自出征了。

接着，子贡辞别了吴王，又赶往晋国，对晋王说：人无远虑，必有近忧。吴军正要攻打齐国，如果吴军取胜，吴王一定会要和晋国争霸，晋国应有所准备……

等子贡回到鲁国，吴军已打败齐国。不久，吴王又率大军北上伐晋。这时，越王勾践便乘机攻占了吴国都城。

子贡一番攻心游说，布置了一个使齐、吴、越、晋等国互相牵制的连环巧计，使鲁国免遭齐军的攻伐，又免受吴国的挟制，从而挽救了鲁国。

三十六计　第三十六计　走为上

全师避敌（1）。左次无咎，未失常也（2）

注释

（1）全师避敌：全军退却，避开强敌。

（2）左次无咎，未失常也：语出《易经·师》卦（卦名解释见前二十六计注）。本卦六四.《象》辞："左次无咎，未失常也。"是说军队在左边扎营，没有危险，(因为扎营或左边或右边，要依时情而定）并没有违背行军常道。

按语

敌势全胜，我不能战，则：必降；必和；必走。降则全败，和则半败，走则未败。未败者，胜之转机也。如宋毕再遇与金人对垒，度金兵至者日众，难与争锋。一夕拔营去，留旗帜于营，豫缚生羊悬之，置其前二足于鼓上，羊不堪悬，则足击鼓有声。金人不觉为空营，相持数日，乃觉，欲追之，则已远矣。(《战略考·南宋》）可谓善走者矣！

解析

敌方已占优势，我方不能战胜它，为了避免与敌人决战，只有三条出路：投降，讲和，撤退。三者相比，投降是彻底失败，讲和也是一半失败，而撤退不能算失败。撤退，可以转败为胜。当然，撤退决不是消极逃跑，撤退的目的是避免与敌主力决战。主动撤退还可以诱敌，调动敌人，制造有利的战机。总之退是为进。

何时走？怎样走？这里要随机应变，学问大得很。按语中讲的毕再通用缚羊击鼓蒙蔽金人，从容撤走的故事，就显出毕再遇运用“走为上计”的高超本领。

探源

走为上，指敌我力量悬殊的不利形势下，采取有计划的主动撤退，避开强敌，寻找战机，以退为进。这在谋略中也应是上策。这句话，出自《南齐书. 王敬则传》：“檀公三十六策，走为上计。”其实，我国战争史上，早就有“走为上”计运用得十分精彩的例子。

春秋初期，楚国日益强盛，楚将子玉率师攻晋。楚国还胁迫陈、蔡、郑、许四个小国出兵，配合楚军作战。此时晋文公刚攻下依附楚国的曹国，明知晋楚之战迟早不可避免。

子玉率部浩浩荡荡向曹国进发，晋文公闻讯，分析了形势。他对这次战争的胜败没有把握，楚强晋弱，其势汹汹，他决定暂时后退，避其锋芒。对外假意说道：“当年我被迫逃亡，楚国先君对我以礼相待。我曾与他有约定，将来如我返回晋国，愿意两国修好。如果迫不得已，两国交兵，我定先退避三舍。现在，子玉伐我，我当实行诺言，先退三舍。（古时一舍为三十里。）”

他撤退九十里，已到晋国边界城濮，仗着临黄河，靠太行山，足以御敌。他已事先派人往秦国和齐国求助。

子玉率部追到城濮，晋文公早已严阵以待。晋文公已探知楚国左、中、右三军，以右军最薄弱，右军前头为陈、蔡士兵，他们本是被胁迫而来，并无斗志。子玉命令左右军先进，中军继之。楚右军直扑晋军，晋军忽然又撤退，陈、蔡军的将官以为晋军惧怕，又要逃跑，就紧追不舍。忽然晋军中杀出一支军队，驾车的马都蒙上老虎皮。陈、蔡军的战马以为是真虎，吓得乱蹦乱跳，转头就跑，骑兵哪里控制得住。楚右军大败。晋文公派士兵假扮陈、蔡军士，向子玉报捷：“右师已胜，元帅赶快进兵。”子玉登车一望，晋军后方烟尘蔽天，他大笑道：“晋军不堪一击。”其实，这是晋军诱敌之计，他们在马后绑上树枝，来往奔跑，故意弄得烟尘蔽日，制造假象。子玉急命左军并力前进。晋军上军故意打着帅旗，往后撤退。楚左军又陷于晋国伏击圈，又遭歼灭。等子玉率中军赶到，晋军三军合力，已把子玉团团围住。子玉这才发现，右军、左军都已被歼，自己已陷重围，急令突围。虽然他在猛将成大心的护卫下，逃得性命，但部队丧亡惨重，只得悻悻回国。

这个故事中晋文公的几次撤退，都不是消极逃跑，而是主动退却，寻找或制造战机。所以，“走”，是上策。

案例

姜维求计避祸

这个智谋见于《三国演义》第一百十五回“诏班师后主信谗托屯田姜维避祸”。

当姜维在祁山一带同魏将邓艾殊死战斗时，后主刘禅在成都，听信宦官黄皓的话，贪恋酒色，不理朝政。朝中大臣因后主荒淫，对国家前途不免忧心忡忡，一时之间，贤人逐渐离去，而小人却乘虚而入。当时有个名叫阎宇的右将军，什么功也没立，只因善于巴结宦官黄皓，居然爬得很高。他听说姜维在祁山战斗不利的消息，便求黄皓对后主刘禅说：“姜维一次又一次出兵都毫无建树，可以让阎宇代替他。”后主自然听从，便派出使臣，携了诏书，召回姜维。姜维正在祁山进攻魏军的营垒，忽然之间一天连来三道诏书，命他班师。他无可奈何，只好从命。

回到汉中以后，姜维安排好人马，便同使臣一起到成都去面见后主。可后主一连十天都不上朝。姜维心中十分疑惑。这一天来到了东华门，正好遇见秘书郤正。姜维问他：“天子要我班师，你知道是什么缘故吗？”正笑着回答：“大将军怎么还不知道，这是黄皓为了让阎宇立功，请求朝廷，发出诏书召回将军。后来又听说邓艾善于用兵，估计阎宇不是他的对手，这事才又搁下不提了。”姜维一听此言，不由大怒说：“我一定要杀掉这个奴才！”正制止他说：“大将军继承诸葛武侯的事业，责任大，职权重，怎么能那么感情用事？如果闹得天子都容不下你，那可就不妙了。”姜维很感激地说：“先生的话很有道理。”

第二天，后主与黄皓在皇宫后花园设宴饮酒，姜维领几个人直接进来。早有人向黄皓通风报信，黄皓慌忙躲到花园的一角。姜维来到亭下，叩拜后主，流着泪说：“臣将邓艾已围困在祁山，陛下接连降下三道诏书，召我回朝，不知陛下是什么意思？”后主默默不语。姜维又说：“黄皓奸邪狡猾，专擅朝政，与东汉末年那些祸乱国家的宦官没什么两样。只有早早杀掉此人，朝廷才可以安宁，中原才可以恢复。”后主笑着说：“黄皓不过是一个供使唤的小臣，就算他专权，也不能有什么作为。你又何必把他放在心上？”姜维叩头说：“陛下今日不除黄皓，灾祸很快便会降临了！”后主说：“爱一个人便愿意他活下去，恨一个人便要他死，你怎么连一个宦官也容不下？”说着便命人到花园一侧去找来黄皓，让他向姜维叩头请罪。黄皓哭鼻子抹眼泪地说：“我不过是伺候皇上罢了，并不曾干与国政。将军千万不要听信外人的传言，想要杀我。我这条小命就掌握在将军的手里，还请将军可怜可怜我。”说罢，又是叩头，又是哭号。

姜维愤愤而出，见郤正，将这些情况详详细细地告诉了他。正说：“将军将有大祸临头了。将军若有个三长两短，国家也就完蛋了。”姜维说：“请先生教我保国安身的办法。”正说：“陇西有一个地方，名叫沓中，那里土地十分肥沃。将军何不仿效诸葛武侯屯田的事，上报天子，前往沓中屯田？这样，一可以收获粮食以供军中之用，二可以夺取陇右大片土地城池，三可以使魏国军队不敢对我汉中轻举妄动，最后，将军在外握有兵权，谁也不敢算计你，可以避祸。这就是保国安身的办法，将军应早早去实行。”姜维大喜，道谢说：“先生的话真是金玉良言。”

第二天，姜维上表后主，要求去沓中屯田，仿效诸葛亮，后主答应了，他便回到汉中。

申屠蟠逃避议政

申屠蟠生于汉代末年。当时游士汝南范滂等人非议朝政，随之，公卿以下的官，都折断符节辞职，太学院里学生争相仿效议政的时风，认为文学将兴起，文人将被重用，申屠蟠偏偏叹息道：“从前战国时代，文人在一起议政，各国国王争相作扫除异己的先驱，最终有了焚书坑儒的大祸，今天看来也要有祸了。”于是销声匿迹，躲到梁山、砀山之间，以树做房屋，一切都自己动手干。

过了两年，范滂等人果然因“诽讪朝廷”而惹祸，有的被处死，有的受刑，只有申屠蟠保全了性命。

伯颜自留后路

元代时有人告乃颜想要谋反，皇帝下诏令伯颜去侦察他的情况。伯颜知道自己此去凶多吉少，就做了精心的准备。伯颜发现如果要平安回来，逃回来时的交通是一个关键。于是，伯颜就带上许多皮袍进入乃颜所管辖的地区。到了乃颜控制的地区以后，每到一个驿站，伯颜就把这些皮袍送给管驿站的官员，一路上交了不少朋友。

乃颜反心已决，对伯颜的来意也有所了解，他设下一个计谋，准备除掉伯颜。伯颜到了乃颜处，乃颜为他设宴，打算在宴会中把他抓起来。伯颜发现事态不妙，同他的随从快步逃了出来，分三条道逃走，管理驿站的官员因为得了他皮袍，便争着把健壮的快马献给他，于是他便逃脱了。

万二听诗知势

明太祖洪武初年，嘉定县有个人叫万二，是元朝的遗民，他在郡内是数一数二的富豪。有人从京城回来，万二问他京城有什么见闻。那人回答："皇帝最近作了首诗：百僚未起朕先起，百僚已睡朕未睡。不如江南富足翁，日高三丈犹披被。"万二叹道："不好的兆头已出现了。"他分析是皇帝对江南富豪拥有的财富有了担心，有可能对江南的富户采取行动，剥夺他们的家财。

万二马上安排出去避祸，他把家财委托几个能干的家人掌管，自己买了一艘巨船载妻子儿女泛水漫游，到洞庭湖和湘江一带去了。果然，明太祖对江南富豪采取了严厉的敛财政策，不到两年，江南财主陆续破产，独有万二避祸在外，躲过一劫，后来家业兴旺。

刘伯温功成身退

为朱元璋平天下，治天下，立下了汗马功劳的刘伯温在功成之后，多次上书请求告老还乡，其原因亦是主动与被动两种因素相撞促成的结果。洪武三年（1371 年），朱元璋授予刘伯温弘文馆学士，封开国翊运守正文臣、资善大夫、上护军、诚意伯。刘伯温为了免遭朝廷官场斗争的不测之祸，随即上书明太祖，要求辞仕过隐居生活。原因有二：一是青少年立下的报国志得以实现，位至开国功臣之列。二是他生就这豪爽刚正、嫉恶如仇的思想性格，在为朱元璋出谋划策时曾得罪过不少人，像宰相李善长、胡惟庸等人，就是对明太祖朱元璋，他也常常直谏不讳。因此，他想尽早从官场的旋涡中抽出身来，激流勇退。洪武四年二月，刘伯温回到浙江青田南田山（今浙江省文成县）故里，在乡间每日读书吟诗，饮酒奔棋，谢绝同一切官府来往，静心修养，乐哉快哉。说刘伯温上书请求辞职含有被迫原因，还可以从他后来被朱元璋剥夺俸禄一事加以佐证。公元 1373 年，胡惟庸当上了亟相，他对刘伯温曾经在明太祖面前不同意自己担任丞相一事，怀恨在心，故诬陷刘伯温在故里谋占有王气之地为自己墓地，图谋不轨。朱元璋因疑心极重，遂于第二年下旨剥夺了刘伯温的俸禄。刘伯温被迫忍气吞声进京说明真情，不想在京积忧成疾，公元 1375 年 3 月他重病不起，被送回乡里，一月后逝世。如果刘伯温在朱元璋登基称帝的前夕，不待封官列侯即隐退故里或山中寺院，恐怕也不至于后来遭到剥夺俸禄的冤屈。由此看来，政治斗争中的急流勇退宜早不宜迟，否则，虽辞职也难保全终身。

华盛顿辞职当农夫

美国第一位总统乔治·华盛顿，在美国独立战争胜利后，主动辞去大陆军总司令职务，不当国王当农夫，回到了蒙特维尔农庄当他的种植园主，重温“在葡萄树和无花果树的绿荫下享受宁静的生活”。嗣后，即在连任两届美国总统后，华盛顿又主动辞去总统职务，不搞终身制，可以说，华盛顿的任职与辞职，都是为国为民，不存在为个人索取什么，这充分体现了一个伟人的坦荡心怀和一位将帅崇高品格的风范。1782年，美国独立战争已结束，胜利后不久，一些阶层和集团都主张华盛顿效仿英国政体——君主制，“登基”做美利坚合众国的“国王”。华盛顿统率的军队也表示支持。对此，华盛顿表示愤怒和坚决反对。他挥笔疾书：“让我恳求你们，如果你们对你们的国家还有一丝尊敬之情，如果你们还为你们自己和你们的子孙后代着想，或者你们还尊重我的话，那么就从你们的头脑中彻底清除这种念头。我认为这个念头包藏着可能降临我国的巨大灾难。”1783年12月23日，华盛顿即在安那波利斯正式交还大陆军总司令委任状，返回到蒙特维尔农庄与家人团聚，恢复了一个平民的身份。

美国独立后，建立起来的是资产阶级和奴隶主联合专政。当时，软弱的联邦政府毫无实权，国库空虚，负债累累，投机商人囤积居奇，大发横财。作为革命原动力的广大人民群众仍旧生活在水深火热之中。因此，美国人民的不满情绪日益高涨。1786年秋，在独立战争发源地的马萨诸塞州爆发了一场谢斯农民起义。美国独立战争的胜利果实正“濒临混乱和毁灭的边缘”（华盛顿语）为此，华盛顿决定再度出山。1787年，华盛顿主持制定宪法会议。1789年，华盛顿又以他的特殊地位、荣誉和声望，当选为美国第一任总统。宪法规定，每届总统任期4年。华盛顿连任了两届后。就在他离世的前一年1798年，在美法关’系恶化、战争一触即发之时，已经卸职回到蒙特维尔农庄的华盛顿，又应新总统的召唤重披戎装，担任一支新建军队的总司令，继续为国效劳。——为国为民，鞠躬尽瘁，死而后已，这是华盛顿任职与辞职的本质所在!

撤退的哲学

1964年，日本松下通信工业公司突然宣布不再做大型电子计算机。

对这项决定的发表，大家都感到震惊。松下已花5年的时间去研究开发，投下10多亿元的巨额研究费用，眼看着就要进入最后阶段，却突然全盘放弃。松下通信工业司的经营也很顺利，不可能会发生财政的困难，所以令人十分费解。

松下幸之助所以会这样断然地做决定，是有其考虑的。他认为当时公司用的大型的市场竞争相当激烈，万一不慎而有差错，将对松下通信工业公司产生不利影那时再撤退，就为时已晚了，不如趁着现在一切都尚有可为时撤退，才是最好

上，像西门子、RCA这种世界性的公司，都陆续从大型电脑的生产领域撤的美国市场，几乎全被IBM独占。像这样，有一个强而有力的公司独占市场了，更何况在日本这样一个小市场呢？

富士通、日立、日立电器等 7 个公司都急着抢滩，他们也都投入了相当多的资金，等于赌下了整个公司的命运。在这场竞争中，松下也许会生存下来，也许就此消退。松下衡量得失后，终于决定撤退。

交战时，撤退是最难的，如果无法勇敢地喊撤退，或许就会受到致命的打击。松下勇敢地实行一般人都无法理解的撤退哲学，将“走为上”之计运用自如，足见其眼光高人一等，不愧为日本商界首屈一指的大将。

彝陵之战

退为攻三国时，魏文帝黄初 3 年（公元 222 年）正月至 6 月，东吴大将陆逊率军与刘备率领的蜀军相持于责道虢亭（今湖北宜都县西北）。当时，汉主刘备举军东下，锐气正盛，且乘高守险，难以抵御。陆逊主张实施战略退却，“奖励将士，广施方略，以观其变。陆逊的部下多是东吴的功臣宿将和公室贵戚。他们自命不凡，或自恃功高，对陆逊这位年轻统帅既不服气，又不尊重。对于陆逊实施退却更是很不理解，以为这是陆逊怯懦无能的表现。

这时，刘备命令军队从巫峡建平起到彝陵 700 里间，接连设营，以冯习为大都督，张南为前部都督。从正月到 5 月，与东吴相持不下。刘备要求决战不得。于是派吴班带领数千人在平地立营，想以此引诱吴军出战。陆逊非但拒不出战，还连续退却 700 里。任你蜀军怎样讨战，坚持不予理睬。并且劝告众将说：“吴班讨战，其中必有诡计，我们姑且观望一下吧！”刘备见诱敌之计不成，只好把埋伏在山谷中的 8000 伏兵撤出来。这时，陆逊上书孙权说：“彝陵这个要害地方，是东吴的重要关口。虽然容易攻取，也很容易失守。一旦失去，连荆州也难以保住。所以，今天我们争夺这个战略要地，定要一举成功，一劳永逸；开始时，我顾虑刘备水陆大军同时前来，那样，我们势必要分兵抵抗。现在，他不要水军，单用陆路，又在 700 里内，处处结营，分散兵力，看来，刘备这一布置对我军十分有利，所以，请您放心，不需再为攻打刘备的事而挂心了。”

闰 5 月，陆逊观察形势，准备由退却、防御转为进攻。将领们认为，要进攻刘备，应当在初来的时候，如今我军步步退却，他们却在我们国境六七百里内到处设有重兵把守，这时进攻一定不会有好处。陆逊则说：我军连续退却，他们找不到我们的空隙，他们的士兵已经很疲惫，士气低落，又想不出打败我们的计划。现在，正是我们用计打败刘备的时候。于是，便先派兵攻打刘备一个大营，没有成功，又改变战术，命令士兵每人拿一把茅草，用火攻的方法，袭击蜀军，得手后，陆逊便率领全军人马同时发起进攻，斩了蜀将张南、冯习及少数民族武装首领沙摩柯，攻破蜀军 40 多个大营，蜀军将领杜路、刘宁等被迫投降，刘备逃上马鞍山，将军队沿山环列，进行困守。陆逊督促所有将领四面猛攻，蜀军全军溃散，死伤数以万计，刘备又连夜逃走，靠着沿途焚烧辎重器械，堵塞山路隘口，才阻住吴军的追击，得以匆忙地逃进白帝城。

陆逊以“走”为上计，实施战略退却，等待时机，终于转人反攻，大获全胜；刘备兵败彝陵，也以“走”才保住了性命。

四渡赤水出奇兵

遵义会议后，毛泽东打算率领红一方面军北渡长江，与红四方面军会合。1935 年 1 月 19 日，3 万余中央红军从遵义出发，挥师北上，向川黔边境的赤水前进。

当时敌众我寡，形势险恶。蒋介石纠集 40 万兵力围追堵截，企图把红军消灭在川、黔、滇 3 省交界地区。红军能否跳出国民党军队的包围圈，关系到中国革命的生死存亡。在这关键时刻，毛泽东高瞻远瞩，作出果断决策：主动撤退，改变原进军路线，避实就虚，迷惑敌人，调动敌军，乘隙脱离险境。红军在毛泽东指挥下，不是被动地“为走而走”，而是边走边打，变被动为主动，伺机打击敌人。1 月 29 日，红军由土城一带一渡赤水，准备渡过长江与四方面军会合。这时，蒋介石急忙调刘湘 36 个团，以及薛岳、周浑元的湘、黔、滇军 9 个师从东南、西南方向紧逼红军，再次对红军形成大包围。

毛泽东分析当时的敌情，决定暂时改变北渡长江的计划，率红军西进，到达敌人设防空虚的云南省扎西一带，一下子把敌人甩到后面，成功地“走”出重围。

蒋介石发觉后，派兵追赶而来。毛泽东又从扎西挥戈东指，杀一个“回马枪”，2 月 18 日到 21 日在太平渡、二郎渡二渡赤水河，又一次甩掉了敌人的追击。

蒋介石尾追不成，恼羞成怒，采用围剿的方法，妄图把红军逼在遵义、鸭溪地区消灭掉。毛泽东又率领部队三渡赤水，并突然大规模地向东突击，从川南折回贵州，于 3 月 21 日到 22 日，四渡赤水，把敌人的重兵甩在赤水河西岸。然后，红军强渡乌江，甩开敌人，跳出包围圈，大踏步由黔南向云南前进。

四渡赤水，东突西走，边走边打，打击了敌人，保存了革命力量，表现出毛泽东善用“走为上”计谋的智慧和胆略。